中国媒体发展研究报告

2011年 · 媒体卷

本集刊为CSSCI收录刊源

武汉大学媒体发展研究中心
武汉大学新闻与传播学院 主办
武汉大学"社会转型与中国大众传媒改革"创新基地

WUHAN UNIVERSITY PRESS
武汉大学出版社

本刊实行匿名评审

目 录

上篇 2010中国媒体发展盘点与研究述评
——2010年中国媒体发展盘点

中篇 重大项目专题研究报告

国家社科基金重大项目“互联网管理与中国特色网络文化建设研究”研究成果

教育部重大课题攻关项目“国际传播理论、现状与发展趋势研究”研究成果

教育部重点研究基地重大攻关课题“中国报业发展战略转型研究”研究成果

国家哲学社会科学基金项目“我国大众传媒的竞争与合作研究”研究成果

国家哲学社会科学基金“媒介融合对新闻传播的影响研究：新技术环境下如何提升中国新闻网站的国际影响力”研究成果

下篇 2010中国媒体发展专题研究报告

Contents

Volume One An Overview & Research Commentary of China's Media Development in 2010

Volume Two Special Research Report of Major Projects

上　篇

2010 中国媒体发展盘点与研究述评

——2010 年中国媒体发展盘点

变革　扶持　普及　承担

——2010年中国媒体发展盘点①

强月新　熊　燃

2010年是我国“十一五”规划的收官之年，国民经济取得了突破性发展，国内GDP总量跃居世界第二，传媒业发展稳中有进。在国家大力扶持下，传媒业逐渐摆脱金融危机的阴霾，开始全面回暖，稳重有进。随着文化体制改革进一步深化、新媒体发展日益迅猛，传统媒体急须谋求一条变通之路，而新媒体在技术的日趋成熟下，盈利模式日渐明朗。推进文化体制改革、推动文化信息产业发展以及加强从业人员管理仍是媒介规制的主题。面对社会转型期的各种突发事件，传统媒体应对更加从容、自信，而网络媒体的参与也越发积极。

媒介经营方面，报业体制改革继续深化，报刊退出机制全面展开，报业在多元化经营中探索变通之路。广播电视创新不断，三网融合促使广电企业谋求资本运作，电视购物、3D电视开始升温，省级卫视在娱乐节目和自制电视剧方面强势出击。互联网商业价值继续扩大，竞争愈发激烈，移动互联网用户猛增，微博带来新革命。出版业转企改制进入尾声，产业重组进一步升级。国家扶持下的电影票房突破百亿元大关，国产影片精品不断，营销手段多元化，产业前景广阔。

政府规制建设方面，政府扶持成为主旋律。推进文化产业体制改革，促进文化产业和信息产业的发展是宏观层面的大方向。在传媒各行业的管理上，规范成为不变主题：除规范媒体从业人员外，报业内部管理不断科学；出版业数字战略得到大力实施；广电行业出台多条规定加强对节目的监管，提高产权意识；互联网则加强安全管理，提升产业素质；广告业对虚假违法广告的整治力度进一步加大。

新媒体的使用日趋普及，微博成为年度主题词，它以简单快捷的方式开启了更加扁平的网络化交流时代，受到越来越多人的喜爱。网络团购成为网络购物的新风尚，由此产生的实惠价格备受年轻人欢迎；腾讯与360之争折射出新媒体发展中的问题引人关注；手机媒体的使用量飞速增长，直接推动了即时通信和社交网络的应用；电子出版物借平板电脑之东风抢滩市场，但随即而来的版权争端则困扰整个新媒体发展；此外IPTV用户继续增长，国内数字电视产量大幅提高，移动电视的广阔前景引起外资关注。

2010年上海世博会、广州亚运会、深圳特区成立30周年等大事件，彰显了我国在改革开放以来取得的重大成就，对此媒体投入大量精力，承担起向世界发出中国的声音的重任。一系列成就报道不仅全面、客观、及时，还注入了更多的平民视角，增添互动性的同时使百姓也能够分享到国家的喜悦。社会转型时期各种问题频发，在公共危机中，媒体基本履行了其社会职责，及时、客观、恰当的报道有效维持了社会稳定。网络媒体的力量进一步显现，网民积极参与对热点事件的讨论，推动信息透明公开化。日渐强大的中国在涉外报道方面更加成熟，媒体在见证国家发展的同时，也时刻捍卫着国家利益。

---

① 本文是2010年湖北省软科学研究专项课题“媒介融合背景下湖北传媒产业创新研究”的阶段性成果。

一、媒介经营盘点

1. 报业积极变通谋求发展

2010年，我国报业继续深化体制改革，报刊退出机制全面展开。市场方面，报业加快资本运作，广告收入上升；在与新媒体融合过程中，报业迈出实质性步伐；竞合中的我国报业正在数字化、跨区域化、多元化道路上继续探索。

（1）体制改革继续深化

2010年，中国报刊退出机制工作在全国范围内推广。新闻出版总署署长柳斌杰表示，报刊改革方面，要按不同性质分类改革，时政类报刊要在3年内完成内部机制改革，实行宣传与经营两分开；非时政类报刊出版单位要在两年内全部完成转企改制。“改制是体制机制的第一步。对企业来说下一步最重要的是选择发展方向，进行股份制改造、公司制改革，最终建立现代企业制度，全面提升竞争力”。①

2月，文汇新民联合报业集团旗下的上海东方体育日报社整体转制为上海东体传媒有限公司。10月，辽宁省委宣传部接中宣部批复，同意将辽宁日报传媒集团所属辽沈晚报社列为全国都市报，作为非时政类媒体整体转制的试点。

（2）多元化经营推进市场化进程

尽管目前我国报业市场化水平较低，2010年的报业市场化进程仍在努力探索中。资本运营方面，4月文汇新民联合报业集团旗下的新民传媒广告有限公司相继进行两次资本运作。上海新华传媒股份有限公司撤资退出，文汇新民联合报业集团则对新民传媒广告公司增资5 000万元。8月，粤传媒发布公告，向其实际控制人广州日报社的全资子公司广州传媒控股有限公司定向增发3.74亿股，用以购买广州日报社旗下约42亿元传媒资产，自此，广州日报社将42亿元资产成功注入粤传媒。

2010年多家报业集团在种好自家田地的同时，开展多元经营。河南日报报业集团斥资1 600余万元打造的动漫产品《少林海宝》，受到央视及多家省级电视台追捧，该集团还成立大河传媒置业有限公司，进军房产中介领域。8月，湖北日报传媒集团与汉王科技合作力推数字阅读，该集团还在房地产开发、酒店、文化产业园等多领域涉足。

（3）跨区域化、专业化经营崭露头角

当前媒介融合的大环境下，报业继续做出各种尝试以谋求自身发展。基于新媒体的强势和自身的瓶颈，2010年报业继续朝着跨地域化、专业化方向发展。

4月，南方报业集团承办新版《今日广东》并同步上网，《欧洲商报》、《美洲商报》等海外华文媒体要求整版刊用《今日广东》。羊城晚报报业集团旗下《新快报》进入深圳市场，推出深圳新闻版。8月，《经济日报》与台湾地区《经济日报》全面合作框架协议在重庆签署。

综合类报纸的市场饱和使得一些报纸另辟新战场，通过专业化以寻求市场空隙。2月，北京第一家公开发行的社区报——《北京社区报》亮相，年内发行量突破30万份。12月，由深圳报业集团和深圳地铁集团全面合作的免费报纸《地铁早八点》于2011年2月正式投放市场。

---

① 孙正一，柳婷婷，刘廷飞．2010：中国新闻业回望（下）[J]．新闻记者，2011（1）．

(4) 报刊广告收入开始回暖

据CRT市场研究公司提供的数据，2010年全国传媒业广告市场整体达到13%的增长率。慧聪邓白氏研究①对大陆报纸广告刊登的数据统计显示，2010年，报刊广告市场继金融危机之后迎来了增长，这个增长是连续5年来少有的一次双位数的增长，达到了16.94%。机动车、家电、家居家装这三个行业的增长最为显著，而房地产的绝对值贡献则是最大，同比去年增长12.48%。除通信类2010年对比2009年同期广告投放额度略有下降外，其他22个行业均呈上升趋势。② 另外，《成都商报》成为了中国都市报中第一个广告年收入突破10亿元的报纸。③

(5) 多媒体报纸井喷式发展

随着2010年美国苹果公司的数字产品iPad上市，国内媒体竞相进入电子移动终端市场。截至年底，全国已有包括《中国日报》、《南方都市报》、《人民日报》等在内的40余家报纸推出iPad终端应用程序。

南方报业集团进入广播电视领域，实现了“报纸听得见，广播看得见”的目标。《南方都市报》正式入主凯迪网络，成为该网最大股东。④ 5月，文汇新民联合报业集团联合汉王科技，在汉王电子书上推出集团旗下的部分报刊，成为国内领先、沪上首家涉水电子阅读器产业的报业集团。

随着电子移动终端设备的兴起与普及，有关网络报纸的资费问题浮出水面。1月，作为党报的《人民日报》正式推出电子版收费阅读服务。3月，《人民日报》数字报推出新的收费标准，前四版内容长期免费，五版及五版以后版面内容，当天免费。网络报纸付费问题引起了传媒业界普遍的关注，关于这一收费举措是否能够引起我国传统媒体的数字化收费潮流等方面的争论，成为业界和学界的热点话题。

2. 广播电视产业以创新求发展

2010年是中国广电业的3D元年，“创新引领发展”成为年度主题词。内容、技术、市场是推动广电业快速、健康、和谐发展的三驾马车。只有内容新、技术强、市场活，中国广电业才能迎来长久的繁荣，更好地引领整个传媒业。

(1) 广播电视产业延续良好发展态势

2010年，体制机制改革继续深化，三网融合及数字化进程的大力推动，我国广电业延续着良好发展态势。据国家广电总局初步统计，2010年1—10月全国广播电视广告收入同比增长超过10%。目前虽然电视广告播出时间缩短，但是我国电视业经济效益却保持增长态势，2011年中央电视台黄金资源广告招标额超过127亿元，同比增长超过15%，创17年来的新高。

据2010年12月《统计快报》反映，全国有线广播电视用户18 730万户，比2009年增

---

① 慧聪邓白氏研究是提供一站式的市场研究与媒介监测解决方案的信息集团。在IT、通信、汽车、家电、医药、媒体、化工、工业品等多个行业提供市场研究服务，提供1 400多家平面媒体监测与7 000多个网址源监测的媒体监测解决方案，是国内一流的市场研究机构。详见 http://baike.baidu.com/view/5057990.htm.

② 慧聪网［EB/OL］. 详见 http://www.media.hc360.com/.

③ 尹婷婷［EB/OL］. 广告年收入首破10亿 全国登广告感恩成都［N］. 成都日报，2010.

④ 黄常开，王军. 解密《南方日报》“珠三角战略”——党报品牌区域市场的链式扩张路径解析［J］. 中国记者，2011 (2).

长6.89%，其中数字电视用户数8 798万户，比2009年增长39.19%。

2010年全国广播电视行业总收入预计2 238亿元，首次突破2 000亿元，比2009年增长20.78%。其中，广播电视广告收入970亿元，比2009年增长24.04%；有线电视网络收入预计506亿元，比2009年增长20.77%。①

据国家广电总局发展研究中心的数据显示，目前我国广播综合覆盖人口率达到96%以上。由于私家车数量猛增以及城市交通拥堵等因素影响，广告商加大了广播电台广告的投放力度，其增速领跑其他传统媒体。不少广播电台获得了突破性的发展，如2010年浙江电台交通之声（FM93）广告额破亿元，成为浙江首个广播亿元频道。②

（2）三网融合背景下广电企业谋求上市

2010年被称为三网融合元年，随着试点的全面展开，不少广电企业都面临着融资难的困境，而银行贷款等无法迅速填补三网融合进程中的巨大投资缺口，更多的广电企业试图通过上市来破解三网融合融资瓶颈。10月11日，湖南广播电视台所属的中南出版传媒集团股份有限公司刊登招股意向书和初步询价及推介公告，它将成为第一家全产业链整体上市的出版传媒类上市公司。③

另外省级卫视为了顺应三网融合的趋势，也建立深度合作谋求新发展。2010年初，湖南卫视通过对青海卫视输出节目、团队、主持人等方式，与其展开深度合作，获得广电总局批复；2月，上海文广与宁夏卫视签订合作协议，意在加深宁夏和西部的报道厚度。此类合作开创了体制内电视媒体跨区域深度合作的序幕。

（3）3D电视引领视界新时代

2010年也被称为3D元年。3D以技术创新颠覆了平板电视传统收看方式，极具冲击力的画面效果和真实震撼的视觉体验赢得了消费者的一致认可，并迅速成为市场消费热点，引领视界进入新时代。有数据显示，2010年全球3D电视消费增至120万台左右，2013年将增至1 560万台，到2018年，全球3D电视的出货量有望达到6 400万台。但目前国内3D电视价格高、片源有限，消费者尚处在观望阶段，3D电视的销售量暂时并不理想，但其发展空间还很大。

（4）媒体零售业成为电视产业新增点

2010年11月12日，由长沙广播电视台、株洲广播电视台、湘潭电视台联合开办的电视购物频道首播，其定位为全国首个专注女性消费者媒体购物品牌的嘉丽购，也是国内首个由市级广电联办的电视购物频道。《2010年中国通信营销渠道行业发展白皮书》调查显示，我国电视购物所占的份额低于我国社会消费品零售总额的1%。④ 而在发达国家这一比例高达10%左右，可见我国电视购物存在一定发展空间。

由于国家广电总局鼓励各级电视台自办电视购物频道，这些购物频道在品牌度、推广渠道以及成本等方面，相比电视购物企业更有优势。但目前国内电视购物频道发展参差不齐，同质化严重，因此必须走差异化细分市场的道路，才能获得更大的发展空间。

---

① 国家广电总局网站［EB/OL］. 详见 http：//www.sarft.gov.cn/articles/2011/01/14/20110114163045950874.html.

② 国家网络电视台网站［EB/OL］. 详见 http：//news.cntv.cn/20101208/103395.shtml.

③ 湖南频道［EB/OL］. 详见 http：//hn.rednet.cn/c/2010/10/10/2084534.htm.

④ 数据来源：2010年中国通信营销渠道行业发展白皮书［R］.

(5) 不断尝新，省级卫视重洗娱乐牌

8月26日，2010年中国国际影视节目展正式开幕，自制剧成为本届影视节目展的最大亮点。安徽卫视以"剧行天下"为宣传语，大举推出《新包青天》等自制剧。省级卫视自制剧的推出，给大量民营影视制作公司带来极大的竞争压力。有专家预测，民营影视公司将面临重新洗牌的局面。

由于受到政策限制和特殊因素的影响，近年电视娱乐节目渐入沉寂。2010年婚恋节目热潮重燃娱乐硝烟，江苏卫视《非诚勿扰》、湖南卫视《我们约会吧》的收视率长期高居不下，由此产生的热门话题也成为大众谈论的焦点。东方卫视的《中国达人秀》成为选秀节目的最大亮点，该节目总决赛第一次将电视选秀节目的舞台搬进体育场，并且成为时隔三年后广电总局首次允许通过短信投票的方式决定冠军归属的选秀节目。① 此外，已经连续举办五年的湖南卫视《快乐中国跨年演唱会》将大型跨年音乐演唱会成功克隆至全国。同年，江苏卫视、东方卫视等多家省级卫视也纷纷抢滩跨年演唱会市场。

(6) 广播电台变招求生存

2010年广播电台无论是在技术更新，还是在传播形态多元化以及广告收入等方面，都取得了显著的成绩，其中"广播大联盟"开启重大事件播报新模式。上海世博会期间，东方广播公司下属七套广播联合美国、日本等九个国家的十二家电台以及全国城市广播联盟二十五家电台、长三角交通广播联盟、全国戏曲广播联盟等数十家电台，推出世博特别节目，通过电波的力量辐射全国乃至全球。

2010年8月国家广电总局正式批准中央人民广播电台开办"央广广播电视网络台"(CNBN)，中国国际广播电台开办"中国国际广播电视网络台"(CIBN)。地铁电台推动"交通广播"升级，2010年12月8日，第一视频"地铁0号线"全球同步上线。

3. 互联网行业竞争愈加激烈

据CNNIC发布的《第27次中国互联网络发展状况统计报告》显示：截至2010年12月，我国网民规模达到4.57亿人，较2009年底增加7 330万人；互联网普及率攀升至34.3%，较2009年提高5.4个百分点。我国网民规模已占全球网民总数的23.2%。② 其中搜索引擎首次成为国内互联网第一大应用；移动互联网规模陡增；电子商务类互联网应用继续引领我国互联网经济发展，网络购物用户年增长48.6%，我国消费型互联网趋势明显。

(1) 移动互联网发展迅猛

2010年中国3G部署和推广渐入佳境，用户规模及终端出货量不断提升，移动互联网稳步发展。据艾瑞咨询研究发现：由于手机电子商务和手机游戏等细分行业在本年度良好的市场表现，以及基于手机应用商店为核心的产业链生态的初步形成，中国移动互联网市场稳步提升，2010年市场规模达202.5亿元，同比增长31.1%。③ 研究还指出，2010年中国移动互联网用户规模达3.03亿人，同比增长30.0%。其中在细分行业构成中，移动增值服务份额最高，占比57.3%，手机游戏和手机电子商务居于其次，分别占比12.7%和11.8%。

---

① 陈栋.2010年传媒盘点之广电篇：创新引领发展［J］.今传媒，2011（1）.

② 中国互联网络信息中心.第27次中国互联网络发展状况统计报告［R］.2011（1）.

③ 艾瑞网［EB/OL］.详见 http：//news.iresearch.cn/viewpoints/132139.shtml.

截至2010年底，手机网民在总体网民中的比例上升至66.2%。① 智能手机价格和通信成本继续降低，手机应用商店模式受到追捧，App Store等全球主流手机应用商店也在进入中国市场，互联网企业纷纷加速手机业务的创新。网易推出网易手机邮，用户可通过网页端和手机客户端两种使用形式，实现用手机随时免费收发邮件、网页和手机互通等功能。业内专家普遍认为，移动互联网的发展将会对传统互联网形成巨大的冲击。

（2）微博引爆互联网新革命

2010年又被称为“微博发展元年”，很多知名网站的主要活动阵地向微博转移。据《第27次中国互联网络发展状况统计报告》数据显示，2010年国内微博用户规模约6311万人，在网民中的使用率为13.8%，其中手机网民中手机微博的使用率达15.5%，手机微博的快速发展带来了手机端信息生产和消费行为的快速拓展。

国内微博网站从形式上以效仿Twitter模式为主，门户网站的微博各有自己的核心竞争力。如新浪微博力推名人圈，以“名人”为突破点，逐步打造人气；腾讯微博主要抓用户资源和即时通信端。

据CNNIC分析，微博将对互联网产业产生深远影响，使新闻媒体的传播形态发生变化；将对其他社交网络应用市场产生较大影响，加快社交网络的平台化发展和实时搜索等网络服务的技术开发与应用②。

（3）团购成为网络购物的新风尚

据艾瑞咨询对2010年各网络应用服务的用户数据分析，团购服务位居2010年最受网民欢迎的应用服务之榜首。据CNNIC的统计数据显示，2010年网络购物用户增长率高达到48.4%，网上支付和网上银行也以45.8%和48.2%的年增长率，远远超过其他类网络应用。③ 团购用户规模达到1 875万人，在网民中占比为4.1%。

2010年春天开始在我国逐渐兴起的网络团购以价格低、小额支付等优势吸引众多网民参与，团购网站的数量目前已超过1 800家。而团购导航网站提供的信息多，方便用户比较挑选，同时为用户提供了交流分享的场所，其用户访问黏性显著高于团购网站。与此同时，团购陷阱、售后服务无法保障等一系列问题还须进一步的规范管理。

（4）视频网站多元化发展

2010年我国视频网站围绕上市、版权、合作等关键词展开角逐。

多家视频网站纷纷步入资本市场。6月，盛大旗下的酷6借壳上市公司华友世纪成功上市，成为中国第一家独立在美国上市的视频网站。8月，乐视网在深圳创业板上市，成为首家在A股上市的视频公司。12月，优酷正式在美国纽交所成功上市。

随着相关政策的出台，视频网站的版权问题再次引起各方关注。6月，全国网络视频版权监测与调查取证服务平台启动，标志着视频内容盗播取证技术出炉。面对盈利更加艰难的局面，国内视频网站纷纷进行版权合作。9月，酷6网宣布与华纳兄弟国际品牌服务公司达成版权方面的合作，未来酷6将获得华纳公司欧美影视作品在中国地区的网络播放权。这也是国内视频门户网站与欧美影视公司进行的首次版权合作。版权费高涨也使得视频网站纷纷开始了各自的自制内容计划。5月，土豆网宣布启动“橙色盒子”的网络自制剧计划，视频网站纷纷进入自制剧开发时期。

---

① 传媒经济参考［J］. 2011（3）.

② 中国互联网络信息中心. 第27次中国互联网络发展状况统计报告［R］. 2011（1）.

③ 新华网［EB/OL］. 详见http：//news. xinhuanet. com/fortune/2011-01/19/c_121000953_3. htm.

（5）婚恋网站

2010年，电视相亲节目带动了婚恋网站的发展，国内各大婚恋网站获得了大量的注册用户资源。据《中国经济周刊》报道，2010年有1 600万人注册成为世纪佳缘网的新会员。当前相亲网站的付费率为15%左右，如果保守按照信息服务费平均每人200元来计算，世纪佳缘网线上业务就能实现4.8亿元的营收。①

目前我国婚恋网站的核心盈利模式主要包括：线上增值服务（包括会员收费）、线下互动活动、广告。② 一方面，用户注册为付费会员后，将按照不同服务期限及赠送虚拟货币数量分别收费；另一方面，举办一些收费相亲会等活动。目前我国婚恋网站发展面临许多问题，必须采取有效手段将用户资源转化为盈利资本，探索出有效地盈利模式。

（6）互联网行业竞争矛盾激化

2010年网络商战碰出火花，其中腾讯与360的"3Q大战"和盛大文学与百度文库的版权之争最为关注。

从10月27日至11月初，奇虎360公司和腾讯公司在互联网业务中产生纠纷，先是腾讯宣称：在360公司停止对QQ进行外挂侵犯和恶意诋毁之前，腾讯将在装有360软件的电脑上停止运行QQ；随后360公司采取相应措施应对。纠纷不断升级，双方不正当的竞争行为直接影响了用户的利益，工信部会同相关部门对此进行调查处理，最终平息该纠纷。

与此同时，盛大文学有限公司首席执行官侯小强在微博上怒指百度公司须为盗版问题以及国内文化创意产业负责。侯称，盛大文学旗下网站的知名小说中95%以上都出现在百度文库中。11月3日，盛大文学宣布，有史以来最大规模针对百度的连锁诉讼或将形成。面对指责，百度方面称"毫无压力"。这场版权之争，凸显了各大网络公司冲突的一面。

4. 出版业驶入市场化、数字化快车道

2010年，是新闻出版总署确定的改革决胜年，这一年，新闻出版体制改革进入全面提速、纵向深入、务求实效的新阶段。市场方面，中国出版业累计生产图书135.8万种、338亿册，是"十五"期间的2倍；报纸年发行量接近500亿份，新闻出版业总资产、总产出、总销售较"十五"时期实现翻番，中国出版业"航空母舰"已初具规模。③

（1）转企改制接近尾声

根据中央关于深化文化体制改革的总体部署，2010年我国经营性图书、音像出版单位基本完成转企改制，1 251家非时政类报刊出版单位转制或登记为企业法人，3 000多家国有新华书店完成转制，出版社包括地方出版社、高校出版社、中央各单位各部门出版社在内的经营性出版社基本转制成企业。新闻出版业深化改革、成效显著，体制改革产业发展全面进入新阶段，新闻出版业呈现大改革态势。

（2）产业重组进一步升级

截至2010年底，共有100多家新闻出版企业集团组建，45家新闻出版企业上市，包括

---

① 李凤桃．1.8亿单身男女的生意［N］．中国经济周刊，2011-05-06.

② 邹迎九．我国婚恋网站的问题及发展策略［J］．新闻知识，2010（4）.

③ 中国新闻出版网［EB/OL］．详见 http：//www.chinaxwcb.com/2011-02/21/content_217469.htm.

出版、印刷、发行、报业、数字出版系统。其中有4家出版集团资产超百亿元，改变了市场主体缺位的状况。

在重点打造的三大国家级出版集团中，中国教育出版集团刚刚挂牌成立，中国科技出版集团现正加紧筹备，北方联合出版传媒（集团）股份有限公司分别与天津出版传媒集团有限公司、内蒙古新华发行集团股份有限公司股权合作，这标志着三方的战略合作迈出了关键一步，我国出版发行跨地区重组获得重大进展。

(3) 数字出版业继续发展

2010年，中国数字出版业进入黄金时代，全年总产值超过1 000亿元。

9月，新闻出版总署下发了《关于加快我国数字出版产业发展的若干意见》；10月，新闻出版总署又下发了《关于发展电子书产业的意见》；11月，由新华日报报业集团与有关方面研发、具有自主知识产权的新闻产品《新华日报iPad版》面向全球正式发布。

中国电子书市场风起云涌，出版商、运营商竞相逐鹿。3月，国内最大的网络原创文学平台——盛大文学推出“一人一书”计划，发布电子书战略；5月，拥有5.6亿用户的中国移动正式推出手机阅读业务，强势介入电子阅读市场。据称，2010年已有接近400家公司进入电子阅读器行业。①

5. 助兴文化产业，电影产业突飞猛进

“十一五”期间我国文化产业整体规模和实力快速提升，期间全国文化产业年均增长速度在15%以上，比同期GDP增速约高6个百分点。② 我国已经成为世界第三大电影生产国和世界第一电视剧生产国，2010年文化产业增值达到1万亿元。

据国家广电总局电影局公布的数字显示，全国城市电影票房收入101.72亿元，比2009年同期增长39.14亿元，增长率为63.9%。其中，国产影片票房总额为57.34亿元，占全年票房总额的56.3%，再次以绝对优势超过进口影片。继美、日、英、法和印度之后，中国正式跃升为世界第六大电影市场，市场份额达到了5%，而且按照目前的增幅来看，三年内中国电影票房将占全球10%的市场份额。③

(1) 影视公司加快资本运营步伐

继华谊兄弟、华策影视创业板挂牌上市后，博纳影业集团正式登陆美国纳斯达克，至此成为国内第一家在美上市的中国影视公司。公司前三季度的营业利润同比增长670.6%，远远高于2010年中国电影票房收入65.2%的增长率，公司年度总收入将超过5 000万美元。博纳影业CEO于冬表示，博纳以电影制作、发行、影院投资等多元业务为核心，“截至目前，博纳影业已有9家影院，共制作了48部电影，其中25部为近两年新作，超过了过去几年的总和”。

(2) 国产电影精品不断，营销手段多样化

2010年票房过亿的国产影片高达17部，收入占据了整体收入的一大半。④ 动作片如《狄仁杰通天帝国》、《叶问2》，喜剧如《大笑江湖》，西部片如《让子弹飞》，言情片如

---

① 盘点2010年中国文化产业那些事儿［EB/OL］. 详见 http：//www.cnci.gov.cn/content/2011110/news_61350_p5.shtml.

② 文化部党建在线［EB/OL］. 详见 http：//dangjian.ccnt.com.cn/ztbd.php？col=678&file=28216.

③ 国家广播电影电视总局［EB/OL］. 详见 http：//www.sarft.gov.cn/.

④ 重庆晨网新闻中心［EB/OL］. 详见 http：//www.cqcb.com/cbnews/instant/2011-01-13/852040.html.

《非诚勿扰2》等精品影片分布于全年的各个档期，给观众提供了多样化选择。

这一年中国电影业的进步还体现在营销推广手段上的多样化，如利用城市营销，包括《唐山大地震》将唐山市形象和这部电影宣传联系起来，《非诚勿扰2》生动地植入了海南旅游广告取得双赢等；如《西风烈》通过微博进行造势；又如年末大热的《让子弹飞》采取好莱坞式的重金营销等，都取得了不俗的效果。①

（3）3D引导的电影技术潮流与革命

曾有人将2009年称为“3D电影的元年”，而2010年初在国内上映的一部叫做《阿凡达》的好莱坞大片将IMAX塑造成了电影业的一种重要现象。3D技术也给国产影片的发行上映带来了新变化，如冯小刚作品《唐山大地震》在部分地区上映IMAX版。

专家认为，由于3D电影制作成本较高，二维电影在一定时期内仍将在电影业中占统治地位。但3D类电影制作在中国地区逐渐踏入正轨，中国版的《歌舞青春》及《堂吉诃德》都形成了一定的话题性。随着数字3D放映机的影院增多，3D引领的电影技术化浪潮已经开始卷入中国。

二、政府规制建设

2010年，深化体制改革、完善行业管理、推进三网融合的发展、加大对文化产业的支持力度成为演绎我国媒介规制的四重奏。为确保整个传媒业健康发展，政府着重通过发布通知、颁布规划、实施管理办法等方式，进一步监督和规范从业单位及从业者行为，构建传媒和谐生态。

1. 宏观层面的政策规制

（1）金融扶持，促进文化产业发展

2010年，中国文化产业继续推动结构调整与改革深化，在多数领域实现了快速增长，成为国民经济重要支柱。2010年，党和政府继续贯彻落实科学发展观和《文化产业振兴规划》，不断加大对文化产业发展的支持力度，为其可持续发展提供物质基础和政策保障，推动文化产业进一步升级。

2月，国家主席胡锦涛在中央党校举行的省部级主要领导干部“深入贯彻落实科学发展观加快经济发展方式转变”专题研讨班开班仪式时指出，“加快发展文化产业，在重视发展公益性文化事业的同时，坚持经济效益与社会效益相统一，深化文化体制改革，加快公共文化服务体系建设，加快发展经营性文化产业，加快开拓文化市场。”

为切实推进文化产业的发展，2010年3月19日，由中宣部、中国人民银行、财政部、文化部等九个部门联合印发了《关于金融支持文化产业振兴和发展繁荣的指导意见》（银发〔2010〕94号），进一步改进和提升对我国文化产业的金融服务质量，支持文化产业振兴和发展繁荣。《意见》是近年来首个金融行业全面支持文化产业繁荣振兴的文件，是继2009年发布的《关于金融支持文化出口的指导意见》后又一个落实《文化产业振兴规划》的实质性文件。它不仅有助于推动文化产业与金融业的有效对接，还有助于满足文化企业发展的资金需求，为其发展提供充实的物质基础，促进文化产业的创新和繁荣。

---

① 搜狐娱乐［EB/OL］. 详见 http：//yule. sohu. com/20101228/n278541863. shtml.

（2）三网融合，助力国家信息产业发展

2010年党中央、国务院高度重视国家信息化产业建设工作，将三网融合作为重要任务纳入国家发展战略。政府通过广播电视网络建设、3G网络建设和光纤宽带网络建设，为三网融合提供基础，推动电子信息产业的进一步调整和振兴。

1月21日，国务院颁布了《推进三网融合总体方案》(国发〔2010〕5号)，标志着三网融合进入实质性推进阶段。三网融合总体方案明确指出：推进三网融合战略部署，不仅是当前和今后一个时期应对国际金融危机的重大举措，也是推动国家信息化、培育战略性新兴产业的重要任务；积极推进各地分散运营的有线电视网络整合，逐步实现全国有线电视网络统一规划、统一建设、统一运营、统一管理。2010年至2012年为三网融合试点阶段，以推进广电和电信业务双向阶段性进入为重点，制订三网融合试点方案，选择有条件的地区开展试点，不断扩大试点广度和范围。①

3月17日，工业和信息化部等八部门发布了《关于推进第三代移动通信网络建设的意见》，要求充分认识3G网络建设的重要性，共同推进网络建设发展；落实3G发展规划，促进网络协调持续发展；制订和出台3G网络建设的支持政策。同一天工信部还发布了《关于推进光纤宽带网络建设的意见》，要求充分认识光纤宽带网络建设的重要性，共同推进网络建设发展。《关于推进光纤宽带网络建设的意见》的出台将加快电信宽带网络建设，大力推进城镇光纤到户，扩大农村地区宽带网络覆盖范围，全面提高网络技术水平和业务承载能力。

7月1日，国家广电总局科技司发出《关于转发〈中国下一代广播电视网（NGB）自主创新战略研究报告〉的通知》；7月8日，又发出《关于成立中国下一代广播电视网（NGB）工作组的通知》，决定成立中国下一代广播电视网（NGB）工作组，执行NGB相关推进实施工作。NGB工作组的工作范围是具体承担政策研究、技术、设备等方面的实施工作，实现以自主创新支撑行业发展、催生战略新兴产业发展，带动战略新兴产业发展的战略目标。② 下一代广播电视网的成立将加快有线数字电视网络建设和整合，全面推进有线电视网络数字化和双向化升级改造，提高网络承载能力和综合业务支撑能力，建立符合全业务运营要求的技术管理系统和业务支撑系统。

2. 传媒各行业的政策规制

（1）报刊业：加快“转企改制”，全面启动退出机制

为提高传统媒介行业的核心竞争力，政府积极推动其调整产业结构，转变经济增长方式，促进产业优化、升级。2010年，全国进一步深化党报党刊发行体制改革和非时政类报刊出版单位“转企改制”工作。目前，已有1 200多家非时政类报刊出版单位完成“转企改制”，49家报业集团全部完成采编、经营“两分开”。新闻出版总署署长柳斌杰表示，“报刊体制改革数量大，任务重，未来五年是新闻出版业深化改革、加快发展和产业格局调整与升级的关键时期”。③

在全面“转企改制”的同时，报刊市场退出常态化管理机制也逐渐确立。政府在全国范围内推开报刊评估退出试行工作，推出一批优秀品牌报刊，退出和停办一批不具备出版能

---

① 工业和信息化部、广电总局就推进三网融合答问［J］. 有线电视技术，2010（3）.

② 引自国家广播电影电视总局. 中国下一代广播电视网（NGB）工作组工作章程. 第一章第四条［R］.

③ 唐绪君，卓宏勇. 2010年中国报业关键词［J］. 中国报业，2011（1）.

力和条件、不具备市场生存能力的报刊。7月，新闻出版总署印发《报刊出版综合质量评估实施办法》(试行)，定于2011年1月1日正式施行。该试行办法明确了报刊出版综合质量标准、评估要求、退出流程以及具体实施措施，适用于总署对全国报纸期刊的出版质量进行分类评估使用，同时可作为各省级新闻出版行政部门评估当地报纸期刊出版主体时的参考，旨在建立全面反映报刊出版活动全流程的质量与效果评价指标体系，形成报纸期刊出版优胜劣汰机制。①

此外报业内部加强了记者站的规范管理，以及合法舆论监督的支持。10月，新闻出版总署通报了中国经济时报社、中国妇女报社等七家报刊出版单位记者站严重违法违规情况。新闻出版总署表示，针对记者站管理中存在的问题，各报刊出版单位应进一步完善自身有关管理制度，加强对记者队伍的管理。同时，关于《经济观察报》记者因报道上市公司关联交易内幕遭到全国通缉一事，新闻出版总署新闻报刊司在第一时间要求浙江省新闻出版局与丽水市公安局沟通调查了解详情，并表示支持媒体记者进行正常正当的舆论监督。

(2) 出版业：高举数字战略大旗

2010年1月1日，新闻出版总署下发《关于进一步推进新闻出版产业发展的指导意见》，明确指出：必须坚持转变发展方式，优化产业结构，进一步降低新闻出版企业生产能耗和污染物排放，提高新闻出版发展的质量和效益；必须坚持以体制机制创新和科技进步为动力，继续深化新闻出版体制改革，推动新闻出版内容创新与战略性新兴产业发展。《意见》提出了下一阶段出版业的战略目标：深化新闻出版体制改革，推动经营性新闻出版单位转制和改制，建立和完善法人治理结构，实行股份制改造，培育合格的市场主体；加快企业兼并重组和资源整合，鼓励和支持新闻出版骨干企业跨媒体、跨行业、跨地区、跨国界和跨所有制重组，努力打造具有国际竞争力的跨国出版传媒集团。

3月新闻出版总署下发《关于印发〈2010年新闻出版体制改革工作要点〉的通知》，提出新闻出版体制改革的六大要点。它包括重点完成经营性出版单位“转企改制”，培育合格市场主体；着力培育一批主业突出、辐射力强、综合性、专业性的大型出版传媒集团；加快推进保留事业体制的新闻出版单位的改革；努力提高新闻出版产业服务经济社会发展的能力；进一步落实与完善新闻出版改革的配套政策和切实加强新闻出版体制改革工作的组织领导。

值得注意的是，新闻出版总署在9、10月陆续出台《关于加快我国数字出版产业发展的若干意见》和《新闻出版总署关于发展电子书产业的意见》，11月公布了首批电子书牌照。至此，对应数字出版产业链的各个环节已经显现有序管理布局。未来我国数字出版的发展蓝图规划如下：要构建要素完整、结构合理、水平先进、效益良好、多方共赢的数字出版产业发展新格局，把数字出版产业打造成新闻出版支柱产业；要以数字化带动新闻出版业现代化，鼓励自主创新，研发数字出版核心技术，推动出版传播技术升级换代，构建传输快捷、覆盖广泛的现代新闻出版传播体系；要将优质内容与数字技术紧密结合，打造具有国际影响力的数字出版产品和品牌；要加快研究制订电子书产业发展规划，将其纳入新闻出版产业发展总体规划之中，以促进新闻出版产业结构调整和发展方式转变。

此外，新闻出版总署进一步完善管理体系建设。1月，由中国出版工作者协会、中国书刊发行业协会和中国新华书店协会联合发布的《图书公平交易规则》出台，明确规定供货商不允许以低于批发价或相当于批发价的价格直接给零售书店发货。这是我国出版发行业第

① 2010中国报业十件大事［J］. 中国报业，2011（1）.

一个以三家协会名义发布的行业规则，是出版发行业诚信体系建设的一个标志性成果。12月，新闻出版总署发布《关于促进出版物网络发行健康发展的通知》，指出新闻出版行政部门鼓励、支持通过网络依法销售各种内容健康的出版物，但均要取得《出版物经营许可证》和《音像制品经营许可证》。在出版物文字使用的规范性方面，12月新闻出版总署发出《关于进一步规范出版物文字使用的通知》，要求在汉语出版物中，禁止出现随意夹杂使用英文单词或字母缩写等外国语言文字。汉语出版物中需要使用外国语言文字的，应当用国家通用语言文字做必要的注释。

（3）广播电视行业：加强监管、保护版权

①*加强对电视节目、电视剧内容的监管*。5月1日起，国家广电总局相继发布了《广电总局电视剧司关于进一步规范卫视综合频道电视剧编播管理的通知》、《电视剧内容管理规定》，加强对影视作品内容及编播的监管。其中前者规定，卫视综合频道每天播出电视剧的时间总量不得超过每天播出电视时间总量的45%；同一部电视剧每天播出总集数不得超过6集；19：00至24：00之间，同一部电视剧播出总集数不得超过3集。从时段、集数到首播，“限播令”对电视剧的放送条件做出了严格规定。后者对电视剧内容的备案和公示、审查和许可、播出管理、法律责任等做出详细解答。相比2004年发布的《电视剧审查管理规定》，新规定将原规定中的罚则改为法律责任，并对电视剧制作机构、播出机构、审查人员等做出规定。①

为引导广播电视类节目的健康发展，6月，国家广电总局下发了《广电总局关于进一步规范婚恋交友类电视节目的管理通知》及《广电总局办公厅关于加强情感故事类电视节目管理的通知》，对引起诸多争议的婚恋交友节目、情感节目进行规范管理。《通知》要求这两类节目禁止伪造嘉宾身份，禁止讨论低俗涉性内容，禁止展示和炒作拜金主义等不健康、不正确的婚恋观等。7月，国家广电总局下发《关于切实加强广播电视证券节目管理的通知》，要求各级广播电台、电视台不得出租、转让时段，不得播出咨询机构提供的节目，不得在证券节目中与咨询机构进行商业化合作，不得对具体证券或者证券相关产品的价格涨跌或者市场走势做出确定性的判断。

②*提高知识产权意识，加强对广播影视版权的保护*。11月，国家广电总局下发《广播影视知识产权战略实施意见》，要求进一步规范广播电台电视台合法使用作品，提高广播电台电视台尊重创作、尊重知识产权的意识，严厉打击互联网侵权盗版，重点打击影视剧作品侵权盗版行为，再次强化对盗版美剧、日韩剧的打击力度。

此前，国家广电总局于2月下发《广电总局关于改进和完善电影剧本（梗概）备案、电影片审查工作的通知》，明确了“一备双审”制度，为电影制片单位提供了更加便捷高效的服务。② 10月，国家版权局就电影著作权集体管理使用费收取标准等发布公告，明确了网吧以及各类交通工具的电影使用费收取标准及转付办法。

（4）互联网、手机等新兴媒体：加强安全管理

2010年，政府出台多项政策加强互联网、手机等新兴媒体行业的安全管理，进一步规范市场行为，提升产业素质。

---

① 许青红，国家广电总局解释电视剧内容管理规定［EB/OL］. 详见 http：//media. people. com. cn/GB/40606/11728341. html.

② 广电总局下放部分影片备案审查权［EB/OL］. 详见 http：//politics. people. com. cn/GB/1027/11022760. html.

1月，《最高人民法院、最高人民检察院关于办理利用互联网、移动通信终端、声讯台制作、复制、出版、贩卖、传播淫秽电子信息刑事案件具体应用法律若干问题的解释（二）》出台，为惩治利用新媒体传播淫秽语音信息等犯罪活动提供了法律依据。7月，全国“扫黄打非”工作座谈会召开，会议提出坚决打击互联网和手机网站传播淫秽色情信息的违法行为。此外，国家版权局、公安部等联合开展的2010年打击网络侵权盗版专项治理“剑网行动”在京启动，建立了侵权盗版网站黑名单制度。12月，文化部对500多家网络音乐网站进行了清理审查，其中有237家网络音乐网站涉嫌违规被文化部要求限期整改。

此外，8月1日起，《网游管理暂行办法》正式实施，这是我国第一部专门针对网络游戏管理的规范性文件。办法首次系统地就网络游戏的娱乐内容、市场主体、管理监督和法律责任等作了具体规定，并明确了网络游戏、网络游戏上网运营、网络游戏虚拟货币等概念。

1月30日，工业和信息化部印发了《关于加强互联网域名系统安全保障工作的通知》，要求加强域名系统安全防护和应急工作，建立完善公共域名安全技术平台，强化域名安全保障工作的监督检查。8月29日，《通用网址争议解决办法》与《无线网址争议解决办法》正式实施，新规加大了对域名网址资源持有者的保护力度，同时首次明确了恶意域名注册的认定标准。

9月，财政部下发《互联网销售彩票管理暂行办法》，要求对各地彩票销售机构利用互联网销售彩票的行为进行全面清查，纠正和制止未经财政部批准利用互联网销售彩票的行为。12月，工信部、国家工商行政管理总局联合印发《关于进一步整治手机“吸费”问题的通知》，打击手机“吸费”等不法行为，并要求加强对相关增值电信业务的监督管理，加大流通领域手机商品质量监督检查力度，严格规范手机内置软件。

（5）广告行业：大力整治虚假违法广告

为营造健康有序的广告市场环境，1月27日，中共中央宣传部、国家广电总局等12部门联合发布《2010年虚假违法广告专项整治工作实施意见》。文件指出，要把直接关系人民群众健康安全的医疗、药品、保健食品广告，危害未成年人身心健康的非法涉性、低俗不良广告，以及扰乱公共秩序、影响社会稳定的严重虚假违法广告作为整治重点，建立部门间监管信息反馈处理机制，进一步增强联合监管的合力与实效。①

在大力打击虚假违法广告的同时，广电总局等部门还进一步加强了对广播电视广告的管理。1月4日，国家广电总局发布《广电总局办公厅关于停止播放“美国美艾可”等电视购物短片广告的通知》，对一些电视台播放“美国美艾可”等非法涉性、低俗、误导消费者的电视广告的行为提出批评。2月，广电总局发布《广电总局关于进一步加强广播电视广告审查和监管工作的通知》，再次强调禁止涉性广告，要求各级广播电视播出机构加强电视购物短片广告的审查把关。3月，广电总局发布《关于规范电视购物短片广告投放企业资质等有关情况备案格式的通知》，要求各省级广电管理部门汇总辖区内电视购物短片广告投放企业资质等有关情况，于每月5日前向总局备案。

三、新媒体发展回望

2010年我国进入微博时代，由此建构的互联网公共广场使得信息流通更快，舆论监督渠道拓宽。手机与平板电脑成为即时通信和社交型网站高速发展的强力推手，其商业价值被充分挖掘。此外，网络团购成为电子商务新宠儿，电视新媒体的推广渐入佳境，电子出版日趋普及都表明，在政策和技术两大因素推动下，我国新媒体继续巩固着自身优势。但伴随出

① 引自12部门联手整治虚假违法广告［N］. 中国新闻出版报，2010-02-22.

现的版权纠纷、腾讯与360之争等问题，迫使融合发展中的新媒体进行深刻反思。

1. 微博：开启更加扁平的网络化交流时代

2010年被称为中国的微博元年，2009年底新浪微博率先发轫，随即便凭借其平台开放性、终端扩展性、内容简洁性与门槛低等特性，短时间内便渗透到网民当中，成为一种重要的社会化媒体，一个更加扁平的网络化交流时代到来了。

（1）微博现状：呈井喷式发展，用户已具规模

2010年，微博呈井喷式发展态势。据CNNIC《第27次中国互联网络发展状况统计报告》显示，我国微博客用户规模达到6 311万，在网民总数中占比13.8%。其中，传统媒体及其从业人员在2010年开始大量入驻微博。①

以一种媒体从普及5 000万人的速度为例进行对比，可以清晰地看到：电视用了13年，互联网用了4年，微博只用了14个月。② CNZZ统计数据显示，2010年，微博行业站点数由年初的17家增长至12月的88家，增长率高达417%，雄踞国内互联网第一集团——艾瑞咨询发布的监测数据显示：截至10月，微博用户规模达到12 521.7万人，用户渗透率也由3月的14.7%增长至10月的36.9%。

（2）传播特点：信息互动便捷，意见领袖影响力大

由微博传播特点带来的变化大致有四点：第一，微博成为网民快捷获取、发布新闻信息、参与社会交往等方面的新选择；第二，微博成为社会公共舆论、商业推广、传统媒体信息传播的重要平台；第三，微博与即时通信、社交网站等用户高度重合，加速了社交网络的平台化发展；第四，微博信息的即时性等特征，将加快网络服务的技术开发和应用。

微博对舆情热度的把握比较敏感，2010年舆情热度靠前的50起重大案例中，微博首发的有11起，占总数的22%。在河南考生"被"落榜事件、江西宜黄拆迁事件、"河北大学车祸案"中，微博都发挥了重要作用。在微博上具有影响力的案例中，个人案例占25%之多，其中娱乐明星又是最易引起关注的焦点。此外，用户最常使用的微博功能依次是："评论"（近70%）、"关注"（61%）、"热门话题"（57%）、"转发"（约40%）。③

据统计显示，微博在传播中还表现出意见领袖的特点。在2010年影响较大的74起与微博相关的舆情案例中，近五成表现出明显的积聚性、集权性、圈群化、跨界化和亲和力等新特点。这种导向作用引起了政府部门的高度重视，各地公安部门纷纷开通官方微博，许多领导也先后开设微博与网友们进行互动交流。

（3）发展趋势：从精英到草根，从网络社交到网络问政

《2010中国微博年度报告》指出，未来微博将持续快速增长，产品运作模式逐步成熟，并从精英走向草根，从"围观"名人到网络社交。传统媒体需增强与微博的合作，进一步推进媒介融合；网民要提高个人媒介素养，以适应微博时代"裂变式"的信息传播方式和"碎片化"的生活方式。此外，微博被视为未来盈利的爆发点，堪称电子商务的新战场，趣玩网、凡客诚品等商家已在微博安家落户。

诸多公益性活动也逐渐在微博上兴起。"微公益"是指利用微博平台展开各种公益活

---

① 数据来源：CNNIC. 第27次中国互联网络发展状况统计报告（2011年1月）[EB/OL]. 详见http://www.cnnic.net.cn/dtygg/dtgg/201101/t20110118_20250.html.

② 姜泓冰.《2010中国微博年度报告》发布　逾1.2亿人用上了微博［N］. 人民日报，2010-12-30.

③ 金振邦. 微博时代来临　抢占新闻报道制高点［N］. 人民日报，2011-02-09.

动，或捐款捐助，或帮弱势群体完成心愿，是一种零门槛、零负担的公益方式。2010年的“微公益”既有影视明星等名人发起的灾区捐款活动，也有普通人发起的群体行动。此外，微博重塑了官员与百姓的互动方式，官民对话移至幕前，微博问政逐渐成为信息时代政府执政新方式。自从2月份广州市开通实名制官方微博以来，越来越多的政府部门开通官方微博，及时公布百姓关注的热点话题，切实履行了政府信息公开职责。

（4）存在问题：缺乏管理机制，谣言滋生

伴随着微博的井喷式发展，也显现出诸多问题，最为明显的就是谣言滋生、蔓延的现象不断加剧，类似“金庸去世”、“山西地震”等微博谣言层出不穷。

谣言是眼球经济驱动和管理机制缺失的结果。一方面与互联网本身的特性及发展水平有关，另一方面微博的传播模式使得话语权下放及把关人缺失。具有强大媒介融合功能的微博，其碎片化文本及碎片化的表达方式等，都能加剧谣言的扩散。

2. 手机媒体：良好发展拉动即时通信与社交网站应用

在中国，即时通信已走过11年的发展历程，并成长为用户覆盖最为广泛，使用最为频繁的网络服务之一。据CNNIC《第27次中国互联网络发展状况统计报告》调查统计，截至2010年，我国即时通信用户的规模已达3.5亿人，较2009年增长8 025万人，增长率为29.5%。该报告还表明，2010年手机即时通信依然是渗透率最高的应用，高达67.7%。

同时，数据显示手机社交网站的渗透率在2010年增长较快，达到36.6%，互联网的社交化趋势已经变得不可阻挡。但手机互联网一直是在模仿、借鉴传统互联网，因此整体发展慢于传统互联网。① 不过，手机网民的规模继续扩大，截至2010年12月，已高达3.03亿，较去年同期增加6 930万。尤其是随着3G技术的成熟，以及诸多手机预装即时通信工具，都让手机网民成为即时通信与社交网站发展的重要推手。

此外手机报纸、手机电视、手机搜索等手机媒体随着3G技术的推广，自身发展稳中有进。2010年南非世界杯期间，中国移动推出“手机电视看直播，足球盛宴不错过”活动，开设专门的世界杯频道，全程直播世界杯精彩比赛，手机电视因其优势备受青睐。科技进步使得手机报纸在时效性、内容量等方面的实践越发成熟，其内容仍以报纸、网络信息为主。但据CNNIC发布的《第27次中国互联网络发展状况统计报告》分析，新增手机网民的两大主要来源“存量手机用户”和“新增手机用户”在经历了2009年爆发后出现滑坡，加之其使用的性价比不高，手机媒体的兴盛繁荣仍须时间。

3. 网络购物：团购引领互联网购物新风尚，监管机制有待完善

团购是与微博并行的互联网2010年发展的新亮点，也成为电子商务的新方式，据悉2010年国内团购网站总销售额突破10亿元。作为团购元年的2010年，电子商务融合与创新主要体现在：广电增值业务新方向；电子商务与网络营销相结合，成为团购的新形式；电子商务将成为SNS社区价值变现的重要出口。这些变化表明，我国电子商务已经完成由量到质的转变。

截至2010年12月，团购用户规模已达1 875万，在网民中占4.1%，用户年增长48.6%，网购已成为用户增长最快的应用类型。尽管目前的团购还未成为主流的网络购物消费模式，但其所蕴含的爆发力已逐渐显露。随着网络进一步普及和电子商务的发展，网络团购将更加普及，市场将继续扩大。据统计，截至2010年11月底，国内具有一定规模的团购网站总数已达1 664家，拍拍、淘宝等网站都先后推出了自己的团购频道。作为互联网业界

---

① 中国手机社交网站渗透率增长最快 即时通信居首［EB/OL］.［2011-01-19］. 中华新闻网.

盈利与增强用户黏性的有效工具，团购网站模式迅速普及。

尽管团购网构建出的双赢模式备受青睐，但同时也凸显出一些不足，如中国的团购网站在售后服务方面做得确实并不尽如人意。网站借用美国的盈利模式，却忽略了对消费者基本权益的保障。此外团购支付方式也存在漏洞，大多数消费者在收到商品之前，就被要求通过支付宝、网上银行等支付平台预先付款。当商品或服务出现质量瑕疵，消费者要求团购网站退款时，一些不规范网站便以种种借口不予退款，从而严重侵害了消费者的合法权益。对此，业界呼吁建立并健全团购相关监管机制，由一个公正的第三方出台相关规则，以监督团购网站的销售数据。

4. 电视媒体新形态

2010 年，电视媒体新形态继续丰富并稳步发展。IPTV 乘“三网融合”东风，拓出一片新天地；数字电视的智能化发展大势所趋，3D 电视的热度迅速升温；移动电视让城市中出行的人们随时随地都能感受到它带来的便利，其不断扩大的用户规模引外商青睐。电视媒体形态的发展呈现出更多的技术因素与人文关怀，未来发展空间广阔。

（1）IPTV：既乘“三网融合”东风，又临“小浪”困扰

2010 年 1 月 13 日，国务院常务会议决定，加快推进我国电信网、广播电视网和互联网的三网融合。允许广电经营增值电信业务和部分基础电信业务、互联网业务；电信从事部分广播电视节目生产制作和传输；鼓励广电企业和电信企业加强合作、优势互补、共同发展。这一决定使产业形势变得更加错综复杂的同时，“也为 IPTV 带来了发展的竞合机遇”。①

以 TCL 为首的中国彩电企业力推互联网电视产业，康佳、创维、海信、长虹等也紧随其后。在其发布的中高端新产品中，网络功能已成为标准配置。有统计数据显示，2010 年上半年互联网电视占所有新品的比例由 15% 跃升至 41%，互联网电视零售 181 万台，国内品牌在互联网电视市场中的份额高达 95%。

当然，随着互联网电视的发展，也暴露出较为明显的侵权问题。2010 年北京优朋普乐科技有限公司作为国内影视数字发行商，认为互联网电视的推出，使其独享的《王贵与安娜》、《少林寺传奇Ⅱ》、《熏衣草》等影视作品的信息网络传播权受到侵害。最终，北京市第二中级法院判定被告 TCL 集团股份有限公司、深圳市迅雷网络技术有限公司等单位败诉，赔偿北京优朋普乐科技有限公司 8 万余元②。这也是由互联网电视引发的全国首例著作权案。

（2）数字电视：技术智能化带来优质享受

2010 年，数字电视技术在政府的大力扶持下，着力朝着智能化的方向发展。6 月 3 日，首款基于 Android 操作系统的智能电视由 TCL 集团研制成功，并通过广东省科技厅的科技成果鉴定，达到国际先进水平。业内专家指出，该智能电视赋予用户内容与功能的主动选择权，其问世标志着消费者今后将逐步实现由“看电视”时代向“玩电视”时代的跨越。中国电子视像协会副秘书长郝亚斌也认为，智能电视实现了平台开放与技术共享的理念，对提升产业核心竞争力、促进三网融合的进一步发展均具有十分重要的意义。

目前，市面上几乎所有的彩电主流厂商都已切入到 3D 彩电领域，3D 电视热潮正扑面而来。据市场研究公司 Display Search 的数据分析，2010 年 3D 电视的出货量已达到 120 万台。

---

① 张彦翔．2010：IPTV 竞合之年［J］．中国传媒科技，2010（1）．

② 赵立辉．全国互联网电视第一案一审宣判 TCL 败诉［N］．人民法院报，2010-10-09．

（3）移动电视：稳步增长，外商跃跃欲试

2010年，移动电视业稳步发展，以业内"大哥大"——华视为例，其"拥有29个公交数字移动电视联播网城市，8个地铁电视联播网城市，83 000辆公交车，35条地铁线路，141 000个公交数字移动电视终端，51 000个地铁电视终端，覆盖中国无线发射技术播放终端数的81.6%，占已开通地铁电视终端数的100%，并延伸至香港地区，影响中国主流消费城市超过4亿人次。"① 与此同时，移动电视接收芯片厂商法国迪康公司中国区总经理许夏叶女士日前表示，"2011年将更加关注中国国内市场，并致力于积极开拓国内平板电视及车载移动电视市场"。②

5. 电子出版物抢滩新媒体市场，版权问题凸显

（1）数字阅读方式逐步普及

2010年中国电子书市场发展迅猛，进入市场的品牌与产品大幅增加，销量明显上升。在2010年初，进入中国电子书市场的品牌仅有10家左右，产品数量不超过40款。至当年11月，品牌数量接近30家，产品数量超过120款。但从市场发展的角度看，在产品定位、价格等因素影响下，行业礼品采购仍占据较大市场份额，电子书市场还处于向个人消费市场转变的过程中。③

年中，上海世纪出版社、中国出版集团公司、《读者》杂志社等内容提供商纷纷推出自己的阅读器终端。盛大推出定价999元的电子阅读器Bambook，点燃了整个电子阅读器市场的价格战。目前，国内市场存在几十个具有自主知识产权的电子阅读器品牌，生产电子书的"山寨厂"则高达数百家，如此惨烈的竞争促使电子书价格出现明显下降。

此外以苹果iPad为首的平板电脑的冲击也是电子书价格下降的原因之一。继iPhone推出后，美国苹果公司1月发布iPad，抢购风潮再次引领移动阅读时尚，并带动了移动阅读产业。业界惊呼，iPad将改变传统报刊业的生存格局。与此同时，手机阅读已遥遥领先。据调查，中国手机网民上网以阅读小说为主要目的的占51.7%。

（2）搭建云平台，数字出版进入3.0新阶段

业界人士认为，数字出版短期看终端，中期看平台，长期看内容。2010年是云平台得到认可的一年，也是实实在在的云平台服务之年。云平台，即聚合了海量作品资源的内容资源平台。目前国内酝酿成立了多个类似的云平台（产业联盟），如中国移动、中国电信、中国联通三大通信运营商推出了各自的手机阅读平台，盛大文学通过OPOB（一人一本）战略搭建云图书馆，汉王力推汉王书城等。

2010年元旦起，人民军医出版社的每一本新书，都同步出版网络版跨媒体智能数字图书，该数字图书具有数据库深度查询功能。另外，去年年底前购买该社出版纸书的读者，可凭借随书附赠的一张阅读卡登录其网站阅读原版原式电子书、听语音书、观看视频。此举首次实现电子书、数据库无缝化链接，标志着数字出版进入3.0阶段。④

---

① 华视传媒［EB/OL］. 详见 http://www.visionchina.tv/index_01.html.

② 2011年法国迪康积极开拓国内平板电视及车载移［EB/OL］. 中小企业网经新闻，详见 http://news.youboy.com/2010/12/15/newsc16845.html.

③ 周蒙. 2010—2011年中国电子书市场研究年度报告［EB/OL］. 中关村在线，详见 http://zdc.zol.com.cn/211/2112502.html.

④ 李新祥，崔波. 2010中国数字出版关键词：版权问题未妥善解决［N］. 中国新闻出版报，2010-12-16.

(3) 数字版权纠纷呼唤集体管理

继 Google 图书馆计划引起轩然大波之后，2010 年百度文库再次“戳痛”数字出版神经，版权纠纷在数字出版中进一步激化，数字出版中作者、出版社、终端厂商之间围绕版权而产生的利益纠纷较传统出版更为激烈。在这种情况下，集体管理极可能是解决网络环境下版权问题的关键：集体管理组织能改变单一著作权人面对使用者的不平等和弱势地位，有效推动作品的传播；能帮助广大著作权人维护自身合法权益；能帮助使用者处理海量作品的授权，为产业界服务；还能降低交易成本，提高作品传播效率、速度和广度。

6. 腾讯 360 之争：折射出新媒体发展中的问题

2010 年底，作为中国前两大互联网客户端软件，360 安全卫士和腾讯 QQ 端围绕市场份额展开利益纷争。此事件由一度紧张的相互抵制到政府出面调和，过程可谓跌宕起伏。这场恶性争斗在新媒体发展如火如荼的今天产生了深远影响，整个事件在促进网民提高保护自我隐私和资讯安全意识的同时，也迫使政府和相关部门在如何平息新媒体发展中各方矛盾方面进行思考。

四、重大新闻报道解析

2010 年作为“十一五”收官之年，重大新闻事件接踵而至。传统媒体在报道中更加理性、专业、权威，坚定了民生化报道路线，增强了新闻可读性，并通过进一步谋求与新媒体之间的合作，共同引导舆论。以微博为代表的新媒体，依靠其信息的高互动性和流动性，正成为中国社会转型期一股不可忽视的监督力量。

1. 成就报道

2010 年中国在内政外交各方面所取得的成就一如既往般亮眼，各路媒体也各展所长，并娴熟地撒开“全媒体之网”网罗“盛世盛事”：上海世博闪耀东方、“嫦娥二号”成功发射、广州亚运完美落幕、高铁腾飞刷新中国速度……这些盛事不仅见证了中国与日俱增的实力，更成为展示国家形象的窗口。

(1)“两会”报道：微博报道首次试水

2010 年“两会”报道中，央视精心打造的“两会盛宴”全力聚焦民生与经济议题，重点关注人大代表的履职表现。如 CCTV-1《见证履职》栏目就以“云南旱情”、“广东招工难”等问题请代表们出谋划策，CCTV-2 也推出《提问 2010》来拷问“民生”①，话题深入经济前沿并全面覆盖当前社会热点，反响热烈。新媒体方面的两会报道则尽显“E 时代”特色。人民网《强国 E 两会》、《网民议事厅》等老牌栏目持续升温，新推的《G 族看两会》则打通了手机移动网络和互联网，进一步引爆了手机网友的参政热情。②

2010 年微博首度助力“两会”。各级权威媒体争先恐后地推出自己的官方微博，网媒与纸媒则纷纷开设微博互动专版，更有知名记者以个人微博记录“两会点滴”，代表委员将议案、建议直接上传微博，这些饱含趣味与诚意的信息极大地满足了公众的知晓欲与参政热情。虽然“微博议政”的质量与前景还有待考量，但微博无疑为公众了解、认识、参与两会提供了全新的方法和便捷的渠道。

---

① 彭华新，李弋．电视新闻：在迎接挑战中锐意进取［J］．中国广播电视学刊，2011（1）．

② 王媛媛．新媒体助力全国两会报道［J］．青年记者，2010（7）．

（2）上海世博会：世博因传播更精彩

为期184天的上海世博会因全球媒介的广泛持续参与，成为中国对外传播历史上的一座里程碑。来自中外1 300多家媒体的1.3万名记者汇聚上海，对世博开闭幕式、国家馆日、论坛展览、文艺演出等各类活动展开了全方位的报道。

《人民日报》在开幕日当天推出主题为“8年来，世界的眼光紧紧追随着世博”的号外以示重视。中央电视台下属频道根据各自专业特点，共推出世博固定栏目和特色板块100余个，如财经频道《魅力世博》、中文国际《世博烙印》、少儿频道《海宝来了》，服务不同受众群体。①

上海地方媒体将推介世博作为头等要务，上海人民广播电台和东广新闻台在世博开幕之际，并推出了创纪录的3天广播大直播“璀璨世博耀浦江”。电视方面，东方卫视推出“世界，你好”的世博开幕直播，三天内分别以“拥抱世博”、“欢聚世博”、“畅想世博”为主题，通过演播室嘉宾访谈，多达200次的记者现场连线，以及分演播室观众互动等形式，全景展现世博园区②，让观众足不出户就能玩转世博。

在新媒体环境下，网络在世博传播中地位显赫：上海世博首次开启网上世博会，综合运用互联网、Web3D、富媒体等技术就能将实体世博搬上网络空间，全球网民都能通过三维游园的形式获得身临其境的体验；中国网络电视台在世博期间，既集成传统电视媒体的精品内容，又集纳网民上传的节目，还启动了“We Are One”亿万网友相聚世博作品大赛等互动专题，成功拓宽了世博报道的舞台。

（3）广州亚运会：全媒体时代的体育赛事报道

经历过北京奥运会的锤炼洗礼，中国的媒体应对起广州亚运更显从容得体。亚运期间，《人民日报》的亚运特刊，共发布亚运会相关报道226篇，图片123幅。新华社则以全媒体形态出击，以多国语言向世界全景式、多角度展现广州亚运盛况，24小时不间断发稿。电视方面，中央电视台投入了CCTV-1、CCTV-5、CCTV-7、高清、CNTV等平台全媒体聚焦广州，报道规模超过历届亚运会。中国网络电视台（CNTV）倾力打造的广州亚运会全程网络直播平台（yayun. cctv. com），为观众提供所有亚运赛事的全程直播及点播服务的同时，还首次尝试用3D手段进行直播。中广传播也在全国330个城市开通了亚运同步直播信号，并同广东移动合作，在亚运史上首次使用了中国移动多媒体广播电视技术（CMMB）。

因地利优势，广州各地方媒体的亚运报道也精彩。南方报业传媒集团本次的亚运报道就粗具全媒体雏形：全媒体采访、大编辑部制、全介质传播、读者网友广泛参与、海外行动，实现了媒体的跨越式转型。③ 亚运大考，广州纸媒为地方性报纸在大型国际活动报道方面树立了典范。

（4）深圳经济特区成立30周年

8月26日，深圳经济特区迎来三十岁生日。在深圳经济特区成立30周年庆祝大会召开之际，各大媒体再度聚焦深圳经济特区。中央电视台《新闻联播》从9月5日开始，推出名为《特区再出发》的系列报道，全面反映深圳等经济特区近年来在坚持改革开放、推动科学发展等方面作出的生动实践。凤凰网的纪念主页推出了“深圳30年图片记录”、“邓小

---

① 徐明明．央视世博报道之特色［J］．现代视听，2010（9）．

② 宣克炅．从东方卫视世博报道看电视新闻直播的发展趋势［J］．新闻记者，2010（6）．

③ 王春芙．盛会有南方　此处有高度——南方报业全媒体出击亚运［J］．新闻战线，2010（12）．

平南行视频集”等专题栏目，全景回眸深圳从小渔村到梦工厂的发展历程。《深圳特区报》策划组织了“续写春天的故事”大型系列活动。深圳新闻网则更关注深圳人的感受，特设“深圳人网络档案馆”让深圳千万无名英雄在“网络纪念馆”中留下自己的名字与经历，共同庆贺特区30周年生日。

在此次纪念报道中，媒体还着力于带着问题意识与未来意识来冷静思考深圳的现状与未来。如《中国日报》在8月26日刊发的《深圳特区成立30周年 数据反映优势尽失》一文中，就表达了对“特区不特”的担忧与焦虑。这也表明我国媒体正逐步跳出成就报道的窠臼，报道观念越来越趋于理性与多元。

2. 公共危机报道

（1）玉树地震

4月14日7时49分，青海省玉树县发生7.1级强震，人民群众生命财产遭受严重损失。与汶川地震报道相比，此次报道中主流媒体对于玉树地震的报道更加成熟与理性，在报道的“度”上有了较好把握；报道言论及图片基本都集中在头版与抗震救灾特刊上，新闻分布较有条理、秩序。① 主流媒体的报道适当安抚了国人的情绪，确保救灾工作合理、有序进行，有效地进行了环境监控。

14日上午，网易、腾讯、搜狐三家网络媒体在灾难发生后第一时间设立专题进行深度报道；人民网开辟“玉树地震实时播报”，及时发布人员伤亡、建筑物破坏、次生灾害等信息。网络新闻在危机传播中的策略具有明显趋向性，在获取灾情本体信息不占优势下，以“救援”为核心的信息发布策略十分奏效。② 14日的《新闻联播》头条新闻报道了玉树地震，揭开了央视各频道密切报道抗震救灾的序幕；15日《人民日报》头版头条刊载了《胡锦涛温家宝对青海玉树抗震救灾工作作出重要指示》，并在地震救援期间开辟专版进行报道。

（2）舟曲泥石流

8月7日，甘南藏族自治州舟曲县突降强降雨，县城北面的罗家峪、三眼峪泥石流下泄，由北向南冲向县城，造成沿河房屋被冲毁，泥石流阻断白龙江形成堰塞湖。据中国舟曲灾区指挥部消息，截至28日，灾害造成1 463人遇难，失踪302人。相比玉树地震报道，这次媒体在做好抗震报道和灾情监控的同时，跳出固有模式，更多地倾向于扮演反思者的角色，通过记者考查和专家分析，引导人们思考灾害原因、灾害预防与应急机制等问题。

国家主流媒体习惯性的在重大灾难面前扛起报道大旗。8日《新闻联播》头条新闻报道了胡锦涛总书记和温家宝总理对甘肃舟曲抢险作出的重要指示，镜头跟随温家宝一同赶赴灾区；9日《人民日报》头版头条刊载了国家领导人对抢险工作的重要指示。互联网、广播等媒体通过其互动优势发动人们为灾区祈福，配合了整个报道的基调。深度性报纸《南方周末》刊出《舟曲：天人之战》、《中国还有多少个“舟曲”》等文章对泥石流所折射出的问题进行了理性分析。

（3）王家岭煤矿透水事故

3月28日，中煤集团一建公司施工的山西华晋焦煤有限责任公司王家岭煤矿发生透水

---

① 李雷婷．人民日报关于汶川与玉树地震报道的对比分析［J］．青年文学家，2010（14）．

② 王晶红，胡小锋．试析玉树地震72小时灾害报道与危机传播特点［J］．新闻记者，2010（7）．

事故，造成153人被困。经全力抢险，115人获救，另有38名矿工遇难。随着社会转型期的到来，我国社会面临的公共危机日趋频发。媒体是构建公共危机管理体系、开展公共危机管理的极其重要的参与者①，其传播信息与引导舆情的功能在政府公共危机管理中起着至关重要的作用。由于种种原因，矿难的屡见不鲜使得媒体在灾难报道中形成一种定式，即“救援+庆功+反思”，受害群体往往被淡化处理，造成其缺位。

（4）11·15上海静安区高层住宅大火

11月15日，上海余姚路胶州路高层住宅发生重大火灾，大火导致58人遇难。此次报道，作为政府与公众沟通桥梁的大众媒体表现有所好转。以往“喜事在办，坏事不报或者晚报”，此次火灾恰好平行于广州亚运会期间，关于火灾的大范围报道改变了“大事大和谐”的舆论传统。而上海本地的媒体如《东方早报》采用10多个版面进行连续报道，出色履行了其本职的社会责任，通过“环境监视”以及“议程设置”等功能，及时传递信息、调节社会情绪，成功扮演了社会稳定剂与反思者等重要的社会角色。随着多家媒体的介入，此次大火的诸多真相也被揭露出来。

此外官方媒体也即时介入，表明官方立场，问责事故原因。人民网“强国社区”发表评论《上海大火是该浇醒一些只顾捞钱的人》，《人民日报》经济茶座发表《人没了，发展还有什么意义》等，都体现出灾难报道中的一些变化。

3. 民生新闻

（1）新国十条打压房价

2010年初部分城市房价、地价又出现过快上涨势头，投机性购房再度活跃。4月17日，国务院对此出台了坚决遏制部分城市房价过快上涨的通知。随着“新国十条”的出炉，媒体也加大了对房价调控的追踪关注，有关报道大致分为三类。一是房价现状及走势分析，如新华网刊登的报道《社科院住房绿皮书：我国七个大中城市房价泡沫超50%》中指出，我国大中城市房价泡沫程度偏大，部分城市泡沫程度过大。二是对房价调控的关注，央视新闻频道播出的《我国调整房地产税收政策》用通俗易懂的语言解读了房产税在房价调控的作用。三是对持续高房价原因的探究，《21世纪经济报道》文章《陈全生：十年楼市数据显示供给不足》，权威解析了我国房价上涨的根本原因。

纵观各类房价报道，存在两点不足。一是房价涨跌报道失真。在报道中，很多记者、编辑过度重视相关机构发布的统计数据，甚至将其直接写入导语或作为标题，如《南方都市报》2010年6月24日A7版《深圳房价今年首度跌破两万元》。这种以偏概全的做法极有可能造成受众的不实感受。二是客观性原则的缺失。房价飙升造成民怨四起，作为社会公器，媒体应该站在公众立场，遵守客观性的原则，坚持民生视角，既不做高房价的推手，也不盲目“唱空”楼市。

（2）圣元奶粉致婴儿性早熟风波

8月，媒体报道婴幼儿因食用圣元奶粉导致性早熟，相关部门随即开展调查处理。经卫生部专家组评估认为，湖北三例婴幼儿发育早熟与食用奶粉没有关联。三鹿毒奶粉事件后，这场有关奶粉的风波再次触动了媒体的神经，同时也引发了媒体在食品安全报道上的反思。

---

① 徐拥军，宋琳. 公共危机管理中政府与媒体的良性互动关系模型——基于多学科视角的审视[J]. 东南传播，2010（4）.

这场事关重大民生问题的报道，充斥着媒体同商家的三阶段博弈。第一阶段始于5日武汉三名女婴疑似因食用圣元奶粉后出现性早熟，家长一致质疑圣元奶粉就是罪魁祸首。随着媒体对此事件曝光，江西、山东、广东也爆出三起类似病例。7日圣元公司致媒体公开信否认此事，并要起诉媒体。这一阶段，新闻媒体则作为监督者，在官方没有介入调查之前，代表消费者发出质疑和呼吁。第二阶段是官方介入。随着10日卫生部开始着手调查此事件，媒体报道多围绕卫生部的态度、立场和调查进程展开。同时，社会人士也开始就此事件通过媒体发表看法，如打假斗士方舟子接受和讯网专访时表示，“圣元奶粉致性早熟或属偶然”。第三阶段开始于网上盛传“事件背后有黑手策划”，媒体和公众的关注点随即转移到“蒙牛”与“圣元”的商业竞争行为上。21日圣元公司主动在中新网进行危机公关，声明圣元奶粉的品质没有任何问题，呼吁媒体进行客观冷静的报道。

食品安全问题事关重大，而越来越多的不安全食品被曝光也正体现了媒体的公信力。但在问题面前，有些媒体矫枉过正的做法不仅容易引起民众恐慌，还会损害企业形象。媒体只有公正、客观、及时、全面的报道，才能消解公众的疑虑。

（3）北京治堵

12月23日，北京市人民政府新闻办公室召开“北京交通改善措施”新闻发布会，宣布北京市将实施小客车数量调控措施，以摇号方式无偿分配小客车配置指标。这一事件引起了媒体的广泛关注。

城市的日渐拥堵使得市民怨声不断，媒体在其中扮演着调和器角色。为了提高人民生活质量，政府出台相关政策后，媒体的解读尤为关键。传统媒体方面，央视通过《新闻直播间》、《东方时空》、《新闻1+1》等栏目及时、深入地解读了北京治堵新政，并协调地方电视台介绍我国相关城市治堵经验。财经频道的《环球财经连线》、《第一时间》等多档资讯节目也密切配合，从治堵方案给北京汽车市场带来的影响、全球其他城市治堵经验等角度分析展望。凤凰卫视比较全面、客观地评价分析了北京治堵方案，挖掘出北京交通拥堵的深层次原因。网络媒体方面，新华网和人民网分别从网民对方案的担忧和困惑的角度进行解释，主要是正面宣传治堵方案的积极意义，消除人们的困惑；中国证券网则从经济专业性和汽车行业的市场性角度对事件进行分析。

（4）信义兄弟

2月10日，南兰高速发生特大交通事故，20余车连环追尾。黄陂建筑商孙水林为赶在春节前给农民工结清工钱，在返乡中遭遇这起车祸中，一家五口全部遇难。弟弟孙东林完成哥哥遗愿，将工钱按时送到了农民工手中。兄弟俩因其诚信之举，被人们称为“信义兄弟”。事发当时媒体主要聚焦在对交通事故的报道上，对这一新闻事件背后的新闻并没有挖掘，而这正被武汉《楚天都市报》敏感捕捉。

2月21日，《楚天都市报》通过几个整版率先报道了“信义兄弟”的守诺事迹，随后央视播发了此条新闻。22日《新闻联播》播发了该新闻，盛赞孙家兄弟的诚信事迹。《人民日报》、新华社也分别刊发报道，聚焦“信义兄弟”接力送薪的感人事迹，展现“信义兄弟”20年来重信守诺的品质。25日《湖北日报》头版刊发长篇通讯《超越生命的承诺——记生死接力的“信义兄弟“孙水林、孙东林》和评论《千秋万代信义为本》，深度挖掘和全方位报道“信义兄弟”的感人事迹。随后新浪网等主要门户网站转载，无数网友为之动容。本地网站《荆楚网》、《腾讯·大楚网》亦独立参与了对“信义兄弟”的大量报道，在内容生产上另辟战场。地方媒体在此次报道中发挥了自身优势，联动中央媒体、门户网站，将典型事迹推广至全国，激起国人在今天重拾对诚信的思考。

4. 网络力量

（1）宜黄“强拆”自焚案

9月10日上午，江西省宜黄县凤冈镇在“强拆”的压力下发生房主自焚事件，造成一人死亡。当地官方发通稿称自焚是“不慎误伤”，网上质疑声四起。迫于网络舆论压力，官方才不得不承认是强拆导致了自焚。16日，钟家姐妹钟如翠、钟如九应凤凰卫视之约到北京接受采访，却遭宜黄县委书记带队阻截。姐妹俩躲进厕所向媒体反映情况，记者邓飞在微博上进行实时直播，轰动网络。

此事件表明，在民间舆论与新媒体、传统媒体形成合力的立体舆论监督之下，隐瞒真相只能是痴心妄想。宜黄“强拆”自焚事件证明，越是掩饰真相，试图阻挠舆论传播，舆论力量反弹就愈加激烈。广大网民的关注最终主导了舆论。

（2）“李刚门”事件

10月16日晚，河北大学新区发生车祸，导致一死一伤。本该是普通交通肇事案的事件因为肇事者一句“我爸是李刚”而引起社会的广泛关注。该事件经网络和传统媒体报道被迅速引爆，“我爸是李刚”旋即成为最火爆的流行语，并被《新周刊》收录入“2010十大锐词”之列。

广大网民对这一事件表现出了极大的兴趣和探索精神，反映了民众对于权力被滥用的极度愤慨和强化社会监督的渴望。事件初期传统媒体失语，在广大网民的搜索和揭露下，事实真相逐渐暴露于公众面前。

《南方周末》曾发表题为《关注就是力量，围观改变中国》的评论，论述网民的围观具有强大的力量。但同时，与网络的自发性和审查机制的缺失伴随而来的还有网络围攻、网络暴力甚至是“媒介审判”，使得事件真实性和公信度大大降低。网络力量应该在充分保障自由的基础之上加强自律，专业媒体应该充分履行自己的职责。

（3）钱云会事件

2010年末，浙江乐清寨桥村村委主任钱云会惨死在车轮下，再次挑动中国网民敏感的神经。最初是新浪微博上一张惨不忍睹的死者照片激起了网友的普遍愤怒。但地方部门很快将其定性为一桩由无证司机引起的交通事故，这个结论让网民怀疑。热心的博友在微博上罗列案件疑点，并以几何倍数增速向外转发。随后传统媒体记者陆续挺进事发地，乐清县所属的温州政府旋即表态，一定要彻查此事。

此次事件由微博发起推动，一天内就演变成全国关注的公共事件，可见微博在推动事件报道中的分量。但由于网络自身存在的一些限制，还需要传统媒体跟进报道，并通过其权威性的报道消除人们疑虑，如央视《新闻调查》及时向全国观众还原钱云会死亡之谜，《人民日报》等党报也发表评论，正确把握舆论方向，稳定社会情绪。

（4）富士康员工“跳楼”事件

5月，在全国媒体和网络力量的共同关注下，富士康员工“跳楼”事件经历了从“七连跳”到“十三连跳”的悲剧。在全社会共同探讨“血汗工厂”的原因及“情感抚慰机制的缺失”等深层次原因之外，网络媒体的专业主义精神和职业伦理道德等问题凸显。有资深媒体人认为，媒体显然不应该“有跳必报”，这涉及媒体在极端负面新闻报道上的角度问题。但也不能为了避免引起他人仿效或影响公众情绪，就选择不报。部分网络媒体在“跳楼”事件中惊诧不已，殊不知揭露问题的本质才是解决问题的最佳途径。网络媒体只有审慎的报道、适度报道才能使事件所反映出来的问题朝着好的方面发展。

五、涉外报道

1. 吉利收购沃尔沃

3 月 28 日，中国吉利控股集团有限公司与美国福特汽车公司在瑞典哥德堡正式签署收购沃尔沃汽车公司的协议。8 月 2 日，吉利控股集团正式完成对福特汽车公司旗下沃尔沃轿车公司的全部股权收购。随着吉利沃尔沃的资产交割顺利完成，这场中国汽车行业史上最大的一次海外并购圆满结束。针对此次收购事件，国内主流媒体纷纷进行了深度报道，就收购的背景、未来前景等方面进行了专业化的解读。

新华社发表分析文章《吉利并购沃尔沃的深层次解读》，传递了国家对这一市场行为的强烈关注；《人民日报》发表评论文章《蛇吞象式不对称并购沃尔沃　吉利图啥》，从权威角度理清了并购的目的、前景，折射出国家对民营企业“走出去”发展的支持；主流经济类报纸《21 世纪经济报道》着重用专业视角对收购前景进行展望和预测，其理性的分析带给人们一个全方位的视角。此外，各大汽车网站以及门户网站的汽车版块都采取了专题的形式，系统跟进踪整个收购过程，极大满足了人们的知情欲。MSN 中文网汽车频道推出专题“给老外当主人，安静的为吉利鼓掌”，在向网友全面解读沃尔沃为何被卖、收购带来的好处和问题的同时，也为网友提供了交流的平台。

（1）香港游客菲律宾遭劫持事件

8 月 23 日上午，乘坐一辆观光大客的 22 名香港游客在马尼拉市中心遭持枪绑匪劫持。由于救援不利，尽管警方将绑匪击毙，但仍有 8 名香港游客在事件中遇害。电视媒体凭借其现场直播等优势，在整个突发事件的报道中抢得先机。凤凰卫视第一时间对事件过程进行了全程直播，中央电视台新闻频道等电视媒体也采取了转播。整个救援过程，各大门户网站即时推出热点专题，密切关注事态进展，如腾讯网利用其即时通信平台，将最新消息发布给广大用户。

悲剧发生后，报纸开始全面介入事后报道。主流媒体通过报道菲律宾政府的调查与反应、菲方对事件的态度以及大陆香港政府的立场等，表达了国人对凶手的强烈谴责、对菲方救援不利的质疑以及对事件进行彻查的要求。媒体通过合理的舆论引导，既为人们提供了感情宣泄的平台，又很好地控制了一些极端声音。此外有人认为，电视直播一定程度上影响到了菲国警方与劫匪的谈判，这也引起了有关媒体伦理、突发事件报道策略以及媒介责任等问题的思考。

（2）日本非法抓扣中国船长事件

9 月 7 日上午，在钓鱼岛海域一艘载有约 15 名船员的中国渔船与日本海上保安厅巡逻船相撞，日方随即登船检查。当晚，日本海上保安厅以涉嫌妨碍公务逮捕这艘中国渔船的船长，同时以涉嫌违反《渔业法》对该船展开调查。对此我国政府对日方提出强烈抗议，甚至暂停中日省部级以上交往活动，敦促日方无条件放人。9 月 24 日，船长詹其雄被释放，随后乘坐中国政府派出的包机安全返抵福州，事件虽得以平息，但与事件相关的领土争端问题仍在国内持续升温。由于此事件关系国家外交、领土主权及公民安全等重大问题，媒体在报道上与政府保持高度一致，表现出自强的民族意志和维护国家利益的政治立场。

由于事件涉及中日敏感问题，互联网成为网民宣泄不满的公共平台。新华网第一时间发布消息，随后便被转载至全国。环球网、搜狐网等各大网站即时开辟专版，聚集网友密切关注事态进展，号召大家声讨日方非法行为。传统媒体则很好地充当了政府的传声筒，坚决从国家立场出发，积极引导舆论，提升国家凝聚力。《人民日报》发表《日方非法抓扣中国渔船渔民的两个“小算盘”》、《和平发展并不等于一味忍让》等文章向世人表明了中国的鲜明立场，强烈又不乏理性。《新闻联播》也对该事件持续关注，通过声画报道使国人真切地感受到政府在坚持原则方面的决心。而针对由此事件所引发的全国性反日游行，《人民日报》呼吁国人理性表达爱国热情，很好地把握了民族主义情绪的尺度。

【作者简介】

强月新，武汉大学媒体发展研究中心研究员，教授，博士生导师，主要研究领域为新闻业务，媒介经营。

熊燃，武汉大学新闻与传播学院2009级博士研究生。

（参与本文及《2010年中国媒体发展大事记》的资料收集和初稿写作的还有张婷婷，付静宜，张文，吴婧，陈芸，刘莲莲，李珊珊，蔡晶晶，杨杏芳，何阳，柯瑞，夏奕，黄路漫，段思平，王雨同学）

附录 1

2010年中国媒体发展大事记

1月

- 1月1日，广西电视台国际频道开播，它伴随着中国-东盟自贸区的建成而诞生，面向全体东盟华人。
- 1月1日，由新华通讯社主办的中国新华新闻电视网（CNC）正式上星向亚太地区和欧洲部分地区播出。
- 1月1日，《人民日报》正式推出电子版收费阅读服务。其收费模式有三种：每月24元、半年128元、全年198元，读者可以通过在线支付、银行转账和邮局汇款三种方式支付。
- 1月6日，百家动漫企业享受税收优惠。国家税务总局指出，在经全国23家省级认定机构初审通过并申请认定的303家动漫企业中，有100家通过审核，符合享受税收优惠的条件。
- 1月10日，四川省有线广播电视网络股份有限公司创立大会举行，四川省广播电视网整合进入实施阶段。
- 1月10日，根据广电总局传媒机构管理司《关于加快开展电视购物时段备案工作的函》，自即日起，除经批准开办的电视购物频道和经备案的专门购物时段外，其他模拟、数字和付费频道一律不准播放电视购物节目。
- 1月13日，国务院总理温家宝主持召开国务院常务会议，会议决定进一步加快推进电信网、广播电视网和互联网三网融合。
- 1月13日，2010年全国新闻出版工作会议首次提出建设新闻出版强国战略目标，明确今后10年将实现我国由新闻出版大国向新闻出版强国的转变，这是新闻出版业发展方式的一次重大调整和转变，成为新闻出版业改革发展的重要标志。
- 1月14日，广电总局决定撤销江苏电视台英语学习和辽宁广播电视台智趣两个付费电视频道，两频道均违规播放大量购物节目。

- 1月14日，湖南卫视宣布与英国最大商业电视台ITV合作。根据双方签署的协议，湖南卫视未来3年授权ITV使用几种电视节目，双方还将共同开发、制作和拥有新的节目。
- 1月15日，文广SMG旗下新媒体运营公司——百视通与法国电信在上海达成战略合作，双方将在三屏融合技术、内容、投资等领域进行全方位合作，促进“三网融合”加速。
- 1月15日，江苏卫视首播《非诚勿扰》，婚恋交友节目开始火爆荧屏。
- 1月18日，深圳广电集团退出独立域名网站“中国时刻”，欲打造“全息跨界媒体平台”。深圳广电也成为国内第六家进军视频网站的广电巨头。
- 1月21日，四川广播电视台授牌仪式在成都举行，四川人民广播电台和四川电视台合并，四川广播电视集团更名为四川广播电视台。
- 1月24日，中国教育“广西国家数字电视教育平台”启动暨广西广电网络HiTV“电视课堂”开播仪式在南宁举行。平台由国家数字电视平台与广西广电网络公司共同建设，为远程教育提供了一种新模式。
- 1月28日，新闻出版总署宣布，未来3年内，中国农业银行对新闻出版行业发展提供总额不低于500亿元的意向性信用额度。
- 1月28日，中广传播（集团）召开“睛彩电视，睛彩中国”新闻发布会，宣布“睛彩中国”业务在全国范围内正式启动，全国31个省（自治区、直辖市）280个城市正式加密运营，CMMB开始全国正式商业运营。从2010年2月开始，中广传播与中国移动合作的CMMB手机电视业务，也陆续在各省上线。
- 1月29日，中国广告协会和上海世博会事务协调局联合发出倡议，呼吁全国广告行业从业单位和人员不得以搭世博“顺风车”、打世博“擦边球”等任何方式埋伏营销广告行为。

2月

- 2月1日，电广传媒5 000万搭建影业平台。为实施传媒主业发展战略，电广传媒宣布拟斥资4 750万元投资设立电广传媒影业投资（北京）有限公司，新公司有意独立运营电影项目的制作发行全程。
- 2月3日，广东数字出版产业联合会成立，广州日报报业集团董事长戴玉庆当选首任会长。
- 2月8日，宁夏电视台与上海广播电视台合作开发的宁夏卫视频道新版节目开播仪式在银川举行。
- 2月8日，《阿童木》的制作方“意马动画工作室”在香港宣布清盘，宣布《阿童木》全球亏6.3亿元。2006年其购入《阿童木》制作权，全球总开支高达人民币8.2亿元，全球最终票房仅为人民币1.9亿元。
- 2月9日，湖北省新闻出版工作会议透露，知音传媒等湖北省三大新闻出版集团年利润超亿元。
- 2月21日，贵州大众广播传媒有限公司与陕西及吉林传媒公司开始实施合作，后者代理经营贵州人民广播电台新闻频率健康类节目时段，仅此一项，贵州人民广播电台新闻频率进账1 100万元，而此前该频率最高年份的收入是850万元。
- 2月25日，北京金英马影视文化有限责任公司与福建九华发展股份有限公司签署战略协议，双方共同注资1亿元注册成立金英马影视文化股份有限公司。
- 2月26日，全国人大常委会关于修改《中华人民共和国著作权法》的决定发布，决定自2010年4月1日起施行。

- 2月26日，据《人民日报》报道，台湾地区三家媒体首次正式驻点福建。台湾东森、中视两家电视媒体和中国时报集团旗下的《旺报》分别驻点福州和厦门，台湾地区媒体正式驻点福建尚属首次。
- 2月28日，四川广播电视台国际频道在东南亚地区正式开播。
- 2月28日，中国首家公开发行的社区报《北京社区报》亮相，将以全体社区居民和社区单位为核心服务对象公开发行，有专家预测称，其2010年发行量或突破30万份。

3月

- 3月初，新闻出版总署（国家版权局）在全国范围内部署开展为期一个月的打击盗版音像制品专项行动。该行动旨在有效遏制盗版音像制品在一些区域蔓延泛滥的势头，为2010年上海世界博览会的成功举办营造良好的版权保护氛围。
- 3月1日，经国家新闻出版总署批准，文汇新民联合报业集团旗下的上海东方体育日报社整体转制成上海东体传媒有限公司，揭牌仪式在文新报业大厦隆重举行。
- 3月2日，时代出版发布公告，公司拟对中国文联直属中国文联出版社、大众文艺出版社实施资产重组，重组后的“两社”由公司控股、中国文联参股。
- 3月2日，中央级出版社与安徽出版产业强强联姻。安徽出版集团与北京万方幸星数码科技有限公司签约；安徽新华发行集团参与中国外文局新世界出版社股份制改造战略合作框架协议签约；安徽出版集团与中国文联签署中国文联出版社、大众文艺出版社、中联影视中心资产重组合作协议。
- 3月4日，全国政协委员、新闻出版总署副署长李东东就推进新闻出版事业和产业发展的相关问题接受记者采访时表示，我国目前共有580家出版社已比较集中地完成了改制，包括报纸1 943种、期刊9 821种。这11 000多家报刊和580家出版社，要实现目标“做强做大一批、整合重组一批、停办退出一批”。
- 3月5日，《人民日报》数字报前四版内容长期免费，五版及五版以后版面内容当天免费；原先免费用户阅读前四版内容，也须注册登录，3月5日后，无须注册登录即可阅读当天及历史前四版内容，但阅读往期报纸的其他版面仍要付费。
- 3月10日，奥飞动漫发布公告，公司以自有资金出资9 000万元收购广东嘉佳卡通影视有限公司60%股权，收购完成后将控股经营嘉佳卡通。
- 3月12日，湖南广电和盛大网络合资创办的华影盛世在北京召开发布会，宣布启动一项全新选秀节目《我要拍电影》。
- 3月12日，中国电影交易中心落户青岛市崂山区。该项目是经广电总局审核批准的国家级电影产业化项目，主管单位是中国电影制片人协会，项目总投资约18亿元。
- 3月13日，中国网络电视台和盛大网络宣布双方全面战略合作，横向上涉及网络视频、游戏、影视、文学、音乐、无线及在线平台等业务，纵向上包含内容制作、技术支持、授权合作等领域。
- 3月15日，上海东方传媒集团和索尼（中国）有限公司签署合作协议，双方就3D的现场直播技术进行探索性合作，并将成果运用至2010上海世博会各类晚会演出直播中去。
- 3月19日，由科技部高新司、广电总局科技司、上海市科委和市文广局主办的2010中国下一代广播电视网（NGB）高峰论坛在上海召开，中国下一代广播电视网应用实验室也在上海揭牌。
- 3月22日，中广传播与中国移动联合宣布，TD+CMMB手机电视业务正式商用，推出每月6元的促销资费，提供6套节目。
- 3月23日，广西、江西、内蒙古、宁夏等10家有线电视网络运营商在北京签署协议，发起成立广电网络友好网，10家网络公司之间率先实现网络互联互通。

- 3 月 23 日，台湾地方当局新闻主管部门宣布新增厦门卫视及湖南电视台两家大陆地方媒体赴台驻点采访。
- 3 月 23 日至 25 日，人民日报社在北京主办“第四届中国-东盟媒体合作高层研讨会”，研讨会主题为“新媒体发展”，议题是“新闻网站发展现状及趋势”、“新媒体技术应用”。
- 3 月 23 日，第十八届中国国际广播电视信息网络展览会在北京开幕，“三网融合”与“新媒体”成为本届展会亮点。
- 3 月 23 日，番薯网召开主题为“自由自在‘云阅读’全球首款中文图书搜索引擎发布仪式”，作为该平台的核心组成部分，全球首款中文图书搜索引擎也同时亮相。
- 3 月 24 日，中国首个通过多语种方式传播华语电影文化的网站——“华影在线”，在香港会展中心正式启动。该网站将被建成一个永不落幕的“网上华语电影展”，让海外受众通过互联网欣赏华语电影，了解中华文化。
- 3 月 24 日，广电总局正式向中国网络电视台颁出第一张互联网电视牌照。
- 3 月 26 日，首届大学生电视节在北京启动。
- 3 月 26 日，北京电视台与索尼（中国）专业系统集团在北京签署战略合作备忘录。索尼为北京电视台 3D 视频提供从制作、传输到家庭的全链条设备、技术的全方位支持。
- 3 月 27 日，作为世界自然基金会 2010 年“地球一小时”活动的重要合作媒体，旅游卫视直播了“地球一小时”特别节目，并且演播室熄灯一小时，成为中国第一家在黑暗中进行直播的电视媒体。
- 3 月 28 日，中国 IT 领袖峰会在深圳举行，80 名余中国国内最有影响力和号召力的电子信息及互联网企业 CEO、投资家及相关政府官员围绕“后危机时代：IT 引领中国经济发展新模式”主题展开讨论。
- 3 月 29 日，江苏广电旗下好享购物频道开播。频道首推“验货后付款、12 天体验、无理由免费退换货”等服务承诺。
- 3 月 29 日，南方报业转让《21 世纪商业评论》杂志社有限公司 41% 股权，并于近日在南方联合产权交易中心挂牌交易，报价为 114.8 万元，转让方为广东南方报业传媒集团。
- 3 月 31 日，湖南广电旗下快乐购物有限责任公司（下称“快乐购”）与弘毅投资、中信产业投资基金、红杉资本组成的投资团签署协议，从三家机构共计获得 3.3 亿元的投资，这是中国电视购物领域迄今为止最大的一笔融资。融资交易完成后，湖南广电继续保持对快乐购的绝对控股权和实际控制权。

4 月

- 4 月 1 日，首批三张互联网电视牌照发放。中国网络电视台、上海文广新闻传媒集团以及杭州华数传媒网络有限公司夺得头筹。
- 4 月 1 日，上海东方传媒集团有限公司旗下东方购物频道正式开播，这是全国首家 24 小时电视购物模拟频道，也是国家发放的首张模拟电视购物频道牌照。
- 4 月 7 日，北方联合出版传媒（集团）股份有限公司与盛大文学（上海宏文网络科技有限公司）签署了战略合作协议。
- 4 月 8 日，天津报业成立广告合作伙伴俱乐部。
- 4 月 8 日，人民网推出手机电视新版“人民视讯”。
- 4 月 9 日，我国正式启动《网络电视机应用技术要求》及《网络电视机用户认证管理系统技术要求》两项技术要求。

- 4月12日，《羊城晚报》副总编张洪潮涉经济违纪被调查。
- 4月12日，湖南日报报业集团获得工商银行湖南分行和建设银行湖南省分行授信共110亿元。
- 4月12日，南方报业精选50家上市公司合作开发“南方报业——低碳50指数”，加大对低碳经济、环境保护的宣传报道力度，推进经济社会的可持续发展。
- 4月12日，国家广电总局发文要求清查全国IPTV业务。
- 4月13日，河南日报报业（集团）有限公司与《证券时报》联手建立期货日报公司。
- 4月14日，新华社发布依法使用新华社新闻产品公告。
- 4月14日、15日，《贵州都市报》、《贵阳晚报》分别采用香水印刷，“香味报纸”在贵州首次出现。
- 4月15日，中国日报社与浙江日报报业集团合作推出一份浙江英文周刊。
- 4月16日，《十堰晚报》推出中国首份3D报纸。
- 4月20日，中国网络电视台暴风台上线，这是中国网络电视台和暴风影音公司合作打造的新一代网络视频平台。
- 4月20日，北京人民广播电台点播服务正式开播，该项服务是数字广播技术应用的全新业务模式，在国内外尚属首次。
- 4月22日，唐山广播电视台挂牌成立。
- 4月22日，国内首家专业动漫博物馆在上海落户成立。
- 4月24日，北京日报、长春日报、长江日报等十家报社共同发起成立“中国城市日报汽车联盟”。
- 4月25日，湖南广电旗下的全国第一家消费电台“快乐886”正式开播，首开国内电视、电台融合发展之先河。
- 4月26日，西部首个国家级数字出版基地在重庆北部新区挂牌。
- 4月26日，云南云视传媒集团有限公司成立，标志着云南电视台台属、台管、台控的云南云视传媒集团有限公司正式成立。
- 4月26日，浙江日报报业集团与华数数字电视传媒集团有限公司战略合作，全面推进媒体融合。
- 4月26日，解放日报报业集团开发的iPhone应用“解放新新闻”正式上线。
- 4月28日，3G手机电视业务在上海免费商用至该年10月底。
- 4月28日，辽宁邮政与辽宁报业传媒合组北方报刊零售发行公司。
- 4月29日，陕甘七家地市报结成新闻产业战略伙伴。
- 4月29日，甘肃省音像出版社有限责任公司正式挂牌，甘肃音像出版社完成转企改制。
- 4月30日，新华社推出的中国新华新闻电视网英语台在北京举行试开播仪式。

5月

- 5月9日，苏州市党委建立党委发言人制度，并确定了首批23名新闻发言人。
- 5月10日，新华社广东分社与广东移动全面合作进军新媒体。
- 5月10日，广电总局发出《关于电影全面实行“一备二审制”的公告》，公告要求省级广电部门负责本行政区域内的各电影制片单位的电影剧本（梗概）备案工作和电影片初审工作。
- 5月12日，北京地铁解除“禁报令”，乘客可在北京地铁选定的13个站点购买到各类报刊。
- 5月13日，激动网正式获得新闻牌照，成为首家获得新闻拍照的民营视频网站。
- 5月14日，华数集团与云南广电网络集团正式签约成为战略伙伴，探索广电跨省联合全新模式。

- 5 月 14 日，湖北日报传媒集团与汉王科技达成战略合作关系，力推数字阅读。
- 5 月 16 日，北京华控汇金投资管理有限公司与国家新闻出版总署机关服务中心合作，成立北京国新华控文化传媒有限公司，这意味着新闻出版总署在出版市场的投融资方面迈出实质性步伐。
- 5 月 19 日，国家广播电影电视总局公布《电视剧内容管理规定》。
- 5 月 19 日，谷歌正式对外发布 Google TV。
- 5 月 20 日，第七届全国城市报业发行网络联盟论坛在重庆召开，探索发行新兴业务形态。
- 5 月 21 日，北方文化产业投资集团在天津成立。
- 5 月 25 日，成都广播电视台签约华数传媒，实现三屏联合运营。
- 5 月 28 日，上海广播电视台、上海东方传媒集团有限公司与中国银联股份有限公司合作，建立电子商务在线支付平台。
- 5 月 28 日，华文出版社正式加入中国出版集团公司，全面启动转企改制工作。
- 5 月 28 日，2010 中国传媒投资年会在京召开。
- 5 月 29 日，杭州日报报业集团与杭州地铁集团合资创办地铁报刊。
- 5 月 30 日，南方报业正式入股凯迪网络，成为其最大股东。
- 5 月 31 日，由北京北广传媒集团、北京人民广播电台、北京电视台整合组建的北京广播电视台正式成立，加速了台网融合。
- 5 月 31 日，黑龙江日报报业集团启动报业多通道跨地域新闻制作共享平台。

6 月

- 6 月 1 日，《安徽商报》推出中国第一份 3D 报纸广告，所有广告全部由铜版纸印刷，图片均进行了 3D 立体影像处理。
- 6 月 2 日，东莞报业传媒集团正式成立。
- 6 月 2 日，北京文化金融中介服务平台正式启动，4 家文化创意企业首批通过版权质押等方式获得 3 100 万元贷款支持，首开版权、未来收益权、版权应收账款质押担保贷款先河。
- 6 月 3 日，动车报《青年时讯》继华北、华南、华东启动发行后，开始在西南的所有动车组发行，这标志着其全国布局基本完成。
- 6 月 6 日，广东省广播电视网络股份有限公司成立大会审议通过了省网络公司筹建工作报告、公司章程等 7 项议程。
- 6 月 6 日，国务院三网融合领导小组开会，明确广电总局获得全国互联网宽带接入业务以及 IPTV 节目内容播控权。
- 6 月 8 日，人民日报社与意大利天天电信有限公司合作推出的《人民日报》海外版意大利手机报正式投入运营，意大利约 30 多万华侨华人通过手机通信形式可接收到当天的午报和晚报。
- 6 月 8 日，新浪网旗下的微博客服务网站新浪微博开放平台将全面推出合作计划，本次开发平台合作计划主要以网站合作为主。
- 6 月 9 日，百度和日本乐天共同组建的“乐酷天”网上商城正式开始招商。
- 6 月 9 日，国家广电总局正式下发《广电总局关于进一步规范婚恋交友类电视节目的管理通知》及《广电总局办公厅关于加强情感故事类电视节目管理的通知》两份正式文件，对“相亲类节目泛滥、造假、低俗”等倾向着手整治。
- 6 月 10 日，天津日报报业集团打造的天津市首张高端财经类报纸《新金融观察》试刊。

- 6月10日，中国版权保护登记中心为人民微博颁发“软件著作权登记证书”，这标志着人民网旗下的人民微博成为国内首个进行著作权登记的微博软件系统。
- 6月11日，为支持北京市高清交互数字电视工程的稳步实施，北京市财政局将2010年高清交互机顶盒4.2亿元补助资金的70%，即2.94亿元拨付给歌华有线，专项用于北京市2010年推广100万用户高清交互机顶盒补贴。
- 6月12日，国内首起博客文章著作侵权纠纷案宣判，海淀法院认定著名跳水教练于芬侵权。
- 6月17日，中央人民广播电台斥资亿元独立筹备经营的央广购物电视频道在京津地区开播。
- 6月17日，时代出版社全体董事会议审议通过了《关于公司与新浪网合作的议案》，拟于新浪网在业务、资源、内容、版权、产品、服务、市场和新媒体开发、人才培养等领域建立全面战略合作关系。
- 6月20日，人民网股份有限公司创立暨“人民搜索”测试版上线典礼在京举行。
- 6月21日，广电总局启动了3D电视标准制定的筹备工作。
- 6月21日，新闻集团宣布，对电子书制造商Skiff的收购已完成。
- 6月21日，辽宁沈阳文化知识产权交易所有限责任公司正式挂牌成立，这是迄今东北地区唯一的文化产权交易市场。
- 6月21日，复旦大学新闻学院、信息与传播研究中心联合发布《新媒体技术环境下上海市民媒介使用状况报告》，其显示上海市民平均每天使用电视、报纸、杂志和广播四大传媒的时间为4.84小时。
- 6月22日上午，文化部发布《网络游戏管理暂行办法》，该办法于8月1日起正式实施。
- 6月22日，杭州广电网络运营商杭州华数宣布，全国首家3G手机电视集成播控平台已研发成功，可实现3G手机电视内容控制。
- 6月22日，普华永道发布报告称，未来5年，中国娱乐及媒体行业将快速增长，年均增长率达到12%，远超全球5%的增长速度。
- 6月22日，四川新华文轩连锁股份有限公司公布与四川出版集团有限责任公司签订收购协议，以12.55亿元人民币收购四川出版集团15家全资子公司的全部股权。
- 6月22日，华数集团宣布，其3G手机电视集成播控平台已经通过广电总局的验收。
- 6月24日，卫生部新闻办表示，由卫生部新闻宣传中心承办的《卫生部公报》针对2009年度审计报告的问题已经按要求基本整改完毕，并已停止所有广告宣传活动。
- 6月24日，求是杂志社、浙江日报报业集团正式签署协议，合作重组红旗出版社。
- 6月25日，新华社《金融世界》杂志创刊号正式面向国内外公开发行。
- 6月26日，央广新媒体与车音网结成战略合作伙伴，双方将联合推出一款名为“唯智驾”智能辅助驾驶系统。
- 6月28日，湖南广播电视台暨芒果传媒有限公司挂牌仪式在长沙举行。
- 6月30日，百度成立社会化网络事业部，并开始招聘SNS技术、产品方面的人才。
- 6月30日，国家新闻出版总署副署长阎晓宏在“新文化、新媒体、新版权”峰会上表示，中国目前需要一些代理版权和集约的机构，承担起解决版权纠纷和调解、维护作者利益等职责。

7月

- 7月1日，由新华社主办的中国新华新闻电视网英语电视台（CNC WORLD）正式开播。
- 7月1日，重庆广播电视信息网络有限公司正式成立。

- 7月2日，由国家民政部主管，中国社会工作协会主办的《社会与公益》杂志创刊首发仪式在北京人民大会堂举行。
- 7月5日，由7所高校学子创作的近70部电影剧本入选2009“扶持青年优秀电影剧作计划”。国家广电总局电影局副局长张宏森表示，国家广电总局每年都会投入200万元来支持青年编剧。
- 7月6日，全国广播影视局长座谈会在重庆举行，重庆广播电视事业发展成果将全面接受国家及省市相关部门领导的检阅。新版重庆卫视日播新闻4小时，省级卫视新闻日播量全国第一，并强调“收听收视率不能作为评判节目的唯一标准”。
- 7月7日，中国社会科学院发布的新媒体蓝皮书《中国新媒体发展报告（2010）》显示，传统媒体同新兴媒体融合已经成为大势所趋，将主导未来媒体产业的发展方向。
- 7月7日，据百度官方网站发布的招聘信息显示，百度搜索研发部欲招聘“语音识别技术带头人”、多名“语音识别高级工程师”等语音识别方面的技术人才，这也意味着百度正式计划研发语音搜索技术，印证了百度将进军语音搜索领域的传言。
- 7月9日，中国和平出版社举行员工上岗签约仪式，这标志着该社重组改制基本完成。中国和平出版社作为国内首家跨地域重组的股份制出版社而备受业界关注。
- 7月12日，在中央电视台梅地亚中心，200位普通观众体验了3D世界杯的魅力，见证西班牙捧杯的精彩画面。赛后八成观众认为这次3D世界杯转播体验活动效果超乎预料，认为直播带来的现场感也是3D电影所不能及的。
- 7月13日，据中国新闻出版报报道，近日沈阳晚报社与上海世纪出版集团合作，推出了以辞海阅读器为阅读终端的数字版《沈阳晚报》，成为国内率先打造集数字出版、技术研发、终端建设于一体的数字出版平面媒体之一。
- 7月13日，天涯社区与港中旅旗下全资子公司芒果网在香港会议展览中心签署战略合作协议，宣布双方将联手打造跨平台互动商务生态旅游大社区，此举也被看做是天涯社区进军旅游电子商务、布局香港的积极信号。
- 7月14日，首届“中国数字媒体峰会”在上海举行。国内行业人士交流经验，深入探讨社交网站、在线视频、新电子商务等业界最时兴的数字媒体形态。
- 7月15日，全国中文新闻信息标准化技术委员会成立大会暨第一次工作会议在北京召开，这标志着中文新闻信息技术的两项国家标准将在世界范围内正式大规模推广应用。
- 7月18—19日，2010年全国新闻出版局长座谈会在西安召开。从会上获悉：2009年我国新闻出版产业总产出突破万亿元大关，增加值超过3 000亿元，提前完成了新闻出版业“十一五”规划的各项目标。
- 7月19日，2010年中国数字出版年会上，中国出版科学研究所发布了《2010年中国数字出版年会年度报告》。《报告》称，截至2009年底，中国数字出版总产值达到799.4亿元，比2008年增长50.6%，总产值首次超过传统书报刊出版物总值。
- 7月20日，国家广电总局网站刊登了《关于切实加强广播电视证券节目管理的通知》，要求各级广播电台、电视台所办证券节目不得对具体证券或者证券相关产品的价格涨跌或者市场走势做出确定性判断。
- 7月20日，经过近两年的筹备，中国出版东贩株式会社在日本东京宣布成立，中国出版集团进入日本出版市场成为现实。
- 7月21日，据最新出炉的央视索福瑞“2010年上半年电视剧50强”收视数据显示，《三国》当之无愧成为今年上半年的“电视剧之王”。
- 7月21日，工信部AVS标准（数字音视频编解码技术标准）工作组将已经定稿的国产3D音视频解码数字标准上交工信部、国标委等国家相关部委待批。这套拥有完整自主知识产权的标准将填补中国在3D电视标准上的空白。

- 7月21日，打击网络侵权盗版专项治理“剑网行动”在全国正式启动，该行动将持续到10月底，为期三个月多。这也是继2005年开展以来的第六次网络专项行动。
- 7月22日，《唐山大地震》全国公映，电影取材于1976年唐山大地震。
- 7月24日，东方卫视开播百集《世界文明讲坛》。复旦大学教授钱文忠开讲古代巴比伦文明，坦言现在过度娱乐导致传统文化素养缺失严重。
- 7月25日，历时数月的选秀节目《中国达人秀》正式在东方卫视播出300进40的首场晋级赛。作为首次进驻中国的全球最知名的选秀节目，一个选手从晋级赛到决赛一共也只有三次露脸的机会，这和之前反复露面的选秀节目大大不同。
- 7月26日，文化部所属中国文化传媒集团与中国联通战略合作签约仪式在文化部举行，这也标志着国内第一家文化类手机报《中国文化手机报》正式诞生。
- 7月26日，新闻出版总署在北京发布《2009年新闻出版产业分析报告》，这是新中国成立以来第一次由政府行业主管部门发布全国新闻出版产业年度分析报告。报告显示，2009年我国新闻出版业总产出突破万亿元，增加值超过3 000亿元，已经成为文化产业的生力军，成为国民经济中不可忽视的产业部门和重要力量。
- 7月26日，国家新闻出版总署出版产业发展司司长范卫平在《2009新闻出版产业分析报告》新闻通气会上回答《中国证券报》记者提问时表示，新闻出版总署正在积极推动改制到位的出版企业上市，未来在资本市场上将形成一支可观的“文化生力军”。
- 7月27日，《经济观察报》记者仇子明因报道上市公司关联交易内幕遭全国通缉。
- 7月27日，中国第一视频网站优酷在北京举行盛大发布会，正式推出视频行业以“向真爱致敬”为题的首个“主题季”：“优酷恋爱季”、“优酷恋爱季”的启动，拉开了中国互联网视频领域主题季运作的序幕。
- 7月28日，华友世纪在2010年度股东大会上宣布，公司股东同意将华友世纪更名为酷6传媒（Ku6 Media），并选举所有9名提名董事出任公司董事。
- 7月29日，据中国新闻出版网报道，日前盛世骄阳与网络电视新媒体PPTV，正式达成深度战略合作，合作内容包括新版《红楼梦》、《三国》等在内的热门剧集。
- 7月30日，上海广播电视台宣布获得广电总局颁发的互联网电视和3G手机电视牌照。获牌后，上海广播电视台可在全国开展互联网电视和3G手机电视集成播控、运营与内容服务业务。

8月

- 8月1日，中央电视台坚持多年的中心制改为频道制，被视为央视重组新闻中心后，动作最大的一次内部调整。
- 8月1日起，由文化部出台的我国第一部专门针对网络游戏管理和规范的部门规章《网络游戏管理暂行办法》正式实施。
- 8月4日，土豆网日前宣布完成第五轮融资，融资总金额为5 000万美元。从2005年4月土豆网正式上线到目前为止，该网站已完成五轮融资的总金额升至1.35亿美元，成为融资总量最大的中国视频网站，其最终目标为中国首家在美国独立上市的视频网站。
- 8月8日，优酷联手此前独家代理CCTV-5、CCTV-8广告业务的北京未来广告有限公司，试水双屏（电视+网络）联动营销。
- 8月9日，湖南卫视自制大剧《一起又看流星雨》在湖南卫视正式开播，将挑战去年创下的年度最高收视率纪录。
- 8月9日，华人文化产业投资基金（CHINA MEDIA CAPITAL，下称CMC）与新闻集团（NWSa. O）联合宣布，双方已正式签署协议，CMC将控股新闻集团原本全资拥有的星空卫视普通话频道、星空国际频道、Channel [V] 音乐频道，以及星空华语电影片库业务。

- 8月9日，网易在其运营的游戏《魔兽世界》官网上宣布，《魔兽世界：巫妖王之怒》即将正式运营。该游戏所有玩家需要实名注册，15岁以下玩家将不能进入游戏；15岁以上18岁以下玩家则需受未成年人相关保护措施的限制。
- 8月9日，由拥有京城最具时尚活力读者群的《北京晚报》手机报与中国职业时装模特委员会联手奉献的“中国模特大会掌上阅读专题”正式上线，《北京晚报》手机报的技术平台已悄然升级。
- 8月10日，天津日报传媒集团有限公司、今晚传媒集团有限公司正式成立，标志着天津市党报宣传经营两分开改革取得新的突破，走在全国前列。
- 8月12日，乐视网董事长贾跃亭在深圳证券交易所敲响了开市钟，这是国内A股首家网络视频公司成功上市。
- 8月12日，以“数字网络环境下的版权保护”为主题的OPOB高峰论坛在上海书展召开。数字出版产业呈现高速发展的趋势，高速发展的市场让版权保护问题迫在眉睫。
- 8月16日，2009第七届亚洲传媒论坛在吉林省长春市开幕。
- 8月17日，由工业和信息化部等部委指导、中国互联网协会主办的2010中国互联网大会在北京国际会议中心隆重开幕。
- 8月17日，雅虎与英超赛事的主办方签署一份为期3个赛季、价值数百万英镑的合作协议，雅虎将在网站上推出英超视频集锦服务。
- 8月18日，中国新闻摄影最高荣誉“金镜头”奖颁奖盛典隆重上演，共颁出9类40个奖项以及3个年度大奖。
- 8月19日，国家工商总局在其网站首次表态，“植入式广告”成为一种新的营销形式，已向国家立法机关提出相关立法建议。
- 8月23日，中国控制吸烟协会发布2009年国产影视作品烟草镜头统计，《风声》等电影因吸烟镜头过多被点名。广电总局表示：除非剧情需要，否则删掉吸烟镜头。
- 8月23日，盛大在其电子书Bambook官网发布公告，这款由盛大推出的全球首款支持太阳能充电的电子阅读器正式零售价已定为999元。
- 8月23日，新浪网宣布启用www. weibo. com、www. weibo. com. cn、www. weibo. cn等weibo相关域名，此举证明其已收购了所有weibo相关域名。
- 8月23日，大型电视纪录片《公司的力量》在中央电视台财经频道首播，这是中国第一部深刻探讨公司制度的电视纪录片。
- 8月24日，腾讯公司最终正式确认了传闻数月的对康盛创想的收购案。
- 8月24日，第六届数字新媒体高峰论坛（CDMS2010）在北京召开。
- 8月25日，台湾地区“行政院新闻局”核准大陆杂志《读者》入岛发行，这是大陆第一本杂志获准进入台湾地区。
- 8月26日，中国国内首份互联网域名安全报告出炉，报告显示超过半数的域名服务器存在风险。
- 8月30日，由中国互联网新闻中心（中国网）主办的国家重点新闻网站廉政新闻频道“中国网 · 廉政中国频道”(lz. china. com. cn/）正式上线。
- 8月30日，天津首份高端财经类报纸《新金融观察》正式创刊暨新金融文化传媒发展有限公司成立仪式举行。
- 8月31日，纪念建党九十周年的电视版《建国大业》正式开机。

9月

- 9月初，电视剧《婚姻保卫战》在搜狐视频独家播放15天播放总量超过2亿元，成为中国网络视频历史上最短时间冲破“两亿”播放量的电视剧。

- 9月1日，《中国新闻出版报》报道，日前广东家庭期刊集团推出了国内第一本全媒体概念杂志《赢未来》，借助互联网、通信平台，实现了印刷杂志、手机杂志、电子杂志等立体协同发展。
- 9月2日，百度宣布正式推出应用开放平台，合作开发者借此可在搜索结果中直接展示产品。
- 9月2日，央视三套改版方案基本确定，《动物世界》等四档节目正式转战一套。
- 9月2日，美国童光萃集有限公司（Highlights）举行新闻发布会，宣布旗下发行量最大的 Highlights High Five 杂志中文版《天才宝宝》将登陆中国。
- 9月3日，腾讯宣布已与中国最大的社区软件平台及服务提供商康盛创想（Comsenz）达成收购协议。
- 9月6日，国务院新闻办举行文化体制改革发布会，国家广电总局副局长表示：在中国市场上目前还不适宜推进电影分级制。
- 9月6日，微软已在中国启动广告平台，以期同对手谷歌争夺市场份额。
- 9月8日，阿里巴巴正式推出了其网商招聘求职平台“淘工作”(zhaopin. taobao. com)，它是我国第一个为网商提供人力资源服务的信息平台。
- 9月10日，由人民日报社主管主办的新闻杂志《民生周刊》在北京举行了创刊首发仪式。
- 9月14日，吉视传媒股份有限公司对吉林省有线数字电视开机画面广告使用权进行拍卖，这是国内首次对开机画面广告这一新兴广告载体进行公开拍卖。
- 9月15日，生活信息门户赶集网宣布推出生活信息手机客户端。
- 9月15日，即日起视频网站再度迎来了新一轮正版化热潮，新浪、搜狐、百度、腾讯、优酷等15家网站被纳入国家版权局主动监管网站名单，开展侵权盗版自查。
- 9月16日，中国第一视频网站优酷（YOUKU. com）举行了全站支持 iPad 和 iPhone4 的技术演示会。在此之前，优酷已成为全球首家全站支持苹果两款明星产品访问的视频网站，牢牢占据了无线战略部署的领先地位。
- 9月17日，广东电视台品牌推介会在上海举行。推介会以亚运为主题，将详细介绍今年第16届亚运会举办期间所专门开设的一系列亚运特别节目。
- 9月17日，据《北京晨报》报道，国内最大的网上鞋城乐淘网日前宣布，其功能和 PC 版接近的 iPhone 手机版网站正式上线，这是国内垂直 B2C 网站首次推出的 iPhone 手机版。
- 9月19日，央视王牌节目《正大综艺》从央视三套回归央视一套，节目全新改版邀观众玩游戏。
- 9月21日，腾讯公司正式发布了手机 QQ 浏览器的黑莓版本，可广泛支持 Blackberry4. 5 和 Blackberry5. 0 的全部机型。
- 9月27日，千橡互动集团宣布，从即日起将旗下的两家 SNS 网站——人人网（Renren. com）和开心网（Kaixin. com）进行逐步合并。
- 9月27日，世界首富比尔·盖茨于当日开通了新浪微博。
- 9月28日，由世界品牌实验室和世界经理人集团共同编制和发布的2010年《亚洲品牌500强》排行榜在香港揭晓。来自中国内地的《人民日报》入选榜单，排名第71位。
- 9月28日，国内第一份省级全英文新闻周刊 *Zhejiang Weekly* 在杭州正式创刊。
- 9月28日，微软搜索引擎 Bing 与深圳汇海科技开发有限公司在深圳打响了中文“必应”(Bing) 在华推广的第一枪。
- 9月30日，第二届海峡媒体峰会在台中举行，来自两岸40多家媒体的负责人、从业人员齐聚一堂，共话两岸媒体合作新途径，以及扩大华文媒体世界影响力的新思路。

- 9月30日，中央电视台历时近三年全力打造的大型纪录片《华尔街》在财经频道与观众见面。
- 9月30日，自2010年1月1日开始，至本月底，万达院线已成功突破10亿元票房大关，成为中国第一条票房超过10亿元的院线。国家广电总局发贺信表示，“万达院线年度10亿元票房大关的突破，标志着中国电影院线的发展迈上一个崭新的台阶”。

10月

- 10月8日，开播11年的央视一套《今日说法》栏目全新扩版，时长由过去的20分钟延长至30分钟，将呈现更精彩的故事，更多的看点和更新的观点。
- 10月9日，中央电视台台长焦利亲临圣城拉萨，为该台旗下拉萨应急报道点揭牌授旗。
- 10月10日，继韩寒的《独唱团》高调宣传“天价稿费”后，由上海作协主管的《收获》、《上海文学》等文学刊物得到上海市文化专项资金扶持，宣布从2010年最后一期开始，在原有的稿费基础上大幅度提高标准。
- 10月12日，第19届金鸡百花电影节在江苏江阴举行，这是该电影节首次落户县级市。
- 10月15日，《方圆》杂志披露一份翔实的中石油系列窝案串案最新名单。
- 10月15日，由中国信息化推进联盟、中国报业协会、湖北省广播电视总台等主办的“第四届中国报业创新（武汉）峰会暨中国报业创新奖颁奖典礼”在武汉召开。
- 10月15日，新浪对外宣布，与美国职业篮球协会（NBA）达成战略合作联盟。
- 10月中旬，“2010年世界日报发行量前100名排行榜”发布，中国有26家报纸进入世界日报发行量百强行列，是上榜数最多的国家。在上榜的中国报纸中，前四名为《参考消息》(第6位)、《人民日报》(第10位)、《广州日报》(第20位)，《扬子晚报》(第22位)。
- 10月18日，国务院总理温家宝登上美国《时代》周刊亚洲版封面人物。
- 10月19日，中国第一本面对南亚国家主流社会发行的政经新闻杂志——《桥时代——中国新闻周刊·南亚版》在昆明举行创刊首发式。
- 10月19日，由百度和日本乐天合资成立的网购商城乐酷天正式上线。
- 10月22日，AOC-TV与上海广播电视台正式缔结为IPTV战略合作伙伴。
- 10月22日，网易公司在新加坡证券交易所挂牌。
- 10月23日，中国导演贾樟柯新作《海上传奇》在第30届夏威夷国际电影节获得最佳纪录片奖。
- 10月25日，国内著名画家范曾称《文汇报》连续刊登的文章侵犯了自己的名誉权，将该报社及文章作者起诉，要求赔偿其精神损失500余万元。北京市昌平区人民法院受理了此案。
- 10月25日，第四届东京国际电视节闭幕，由上海SMG出品的《媳妇的美好时代》，摘得“最佳海外电视剧”奖。
- 10月26日，中国电子商务网站麦考林在美国纳斯达克上市。
- 10月27日，由新华网、江苏省委宣传部、南京市委宣传部共同承办的第十届中国网络媒体论坛在南京举行。
- 10月28日，第五届中国（北京）国际大学生动画节在中国传媒大学开幕。
- 10月29日，新闻出版总署就中国经济时报社、农民日报社、中国妇女报社、安徽江淮晨报社、中国食品质量报社、《中国经贸》杂志社、环境与发展报社等7家报刊社记者站从事有偿新闻、虚假新闻，甚至以负面报道相要挟，对基层单位和群众敲诈勒索等严重违法违规行为进行了查处并通报批评。

- 10月29日，淘宝搜索网站一淘（http：//www. etao. com/）和搜狗进行合作。
- 10月31日，广州电视移动频道《亚运交通直播室》节目举办开播仪式。
- 10月31日，第23届东京国际电影节闭幕，王千源和范冰冰分别摘得影帝和影后的桂冠。

11月

- 11月1日，由浙江广电集团主办的第五届中国（浙江）电视观众节开幕。
- 11月2日，《中国日报》宁波记者站在宁波正式挂牌成立。
- 11月3日，辽宁卫视《北方剧场》开播由辽宁广播电视台携手德云社郭德纲投拍的全国首部电视相声系列剧《我是大侦探》。
- 11月3日，腾讯360之争爆发。当晚腾讯发布公告，在装有360软件的电脑上停止运行QQ软件。360随即推出了“WebQQ”的客户端，但腾讯随即关闭WebQQ服务，使客户端失效。11月10日，在工信部等三部委的积极干预下，腾讯与360和解。
- 11月5日，新一届央视优秀播音员主持人（即“十佳主持人”）评选落下帷幕，来自新闻中心的白岩松和张宏民以全票当选。
- 11月10日，2010年度中国播音主持“金话筒奖”颁奖典礼在北京举行，中央电视台的李小萌、芮成钢等来自全国45名播音员主持人获此殊荣。
- 11月11日，中央电视台首次公开招聘主持人，英语新闻频道以“寻找中国面孔”为主题的招募活动拉开序幕。
- 11月13日，人民日报社原总编辑范敬宜于13时42分因病抢救无效，在北京医院去世，享年79岁。
- 11月15日，首届新媒体影视版权高峰论坛在北京召开。论坛共同发布了一份“打击新媒体影视盗版的联合声明”，号召新媒体产业链上的各方企业尊重版权，杜绝一切利用网络平台非法传播使用影视作品的行为。
- 11月16日，上海东方传媒集团有限公司（SMG）、中国对外文化集团公司、韩国CJ集团宣布联合投资成立亚洲联创（上海）文化发展有限公司，以音乐剧和大型演唱会等为主营业务。
- 11月17日，国务院新闻办公室与美国Discovery探索频道在京签署《神奇的中国》合作备忘录。双方宣布在未来3年内，将共同出资、联合制作具有国际影响力的中国题材纪实节目。
- 11月19日，中央电视台英语新闻频道（CCTV-News）获得2010年意大利“热鸟”电视奖（Hot Bird TV Awards）的“民族之窗”奖（National Window）。
- 11月19日，解放日报报业集团成立十周年纪念大会在上海环球金融中心举行。上海市委书记俞正声，上海市委副书记、市长韩正等分别发来贺信。
- 11月21日，工信部在其网站上发表信息向奇虎360和腾讯提出严厉批评，责令两公司公开道歉。
- 11月22日，《2010年中国公民的网络表达与公共管理分析研究报告》指出，互联网已成为中国公民表达诉求的重要途径。
- 11月23日，新华通讯社与美国国家广播公司（NBC）在纽约签署了合作备忘录，确定双方在国际电视新闻领域建立多层次的商业合作关系。
- 11月23日，贵阳广播电视台暨贵阳广电传媒有限公司正式挂牌。
- 11月25日，《中国统一战线》杂志社成立15周年座谈会在京举行，中共中央政治局常委、全国政协主席贾庆林致信祝贺。
- 11月25日，在北京市信访矛盾分析研究中心成立一周年之际，《信访与社会矛盾问题研究》正式创刊，这是全国首个信访理论刊物。

- 11 月 26 日，由央视电影频道华诚传媒有限公司投资建造的全 3D 五星级标准影城——华诚国际影城在青岛正式开业，这是 CCTV-6 兴建的首家影院，标志着其开始向全产业链的终端影院投资全面进军。
- 11 月 30 日，上海市三网融合工作协调小组第一次全体会议召开，上海三网融合试点工作将全面启动。

12 月

- 12 月 1 日，吉林市电视剧制作公司挂牌成立，该公司由吉林市电视台电视剧制作中心转企改制成立。
- 12 月 1 日，华谊兄弟耗资 2 000 万元将 Hello Kitty 黑色城堡主题乐园引进中国内地，正式跨入动漫娱乐产业。
- 12 月 1 日，央视中文国际频道（CCTV-4）进行了最大规模改版，由原来的以新闻为主的综合频道拓展为“新闻 · 文化”综合频道。
- 12 月 2 日，由中国网络电视台具体组织建设的 IP 电视集成播控平台完成。该平台具备了完善的节目集成、播控、计费、版权、用户管理等功能，为三网融合 IP 电视业务的开通打下了良好基础。
- 12 月 3 日，《中国日报欧洲版》在英国伦敦创刊发行，是我国在欧洲发行的首份国家级英文报纸；12 月 10 日，《中国日报亚洲版》在香港创刊，并在印度尼西亚、泰国、新加坡、日本、马来西亚等国家和地区发行；12 月 17 日，《中国日报美国版》开始在美国得克萨斯州的港口城市休斯敦正式开印，成为中国日报社在美国的第六个印点。
- 12 月 3 日，中国动画片《梦回金沙城》在洛杉矶的主流商业影院上映。该片已经跻身第 83 届奥斯卡最佳动画片首批入围名单，这也是中国动画电影首次入围奥斯卡。
- 12 月 3 日，电影《唐山大地震》在澳大利亚获得第 4 届亚太电影奖最佳影片奖，陈道明获得最佳男演员奖。
- 12 月 6 日，2010 中国（广州）国际纪录片开幕式暨“广东日”活动、2010 中国（广州）国际纪录片大会评优颁奖典礼在广州举行。
- 12 月 7 日，中国网络电视台（CNTV）与航美传媒宣布共同打造“CCTV 移动传媒——民航频道”。
- 12 月 8 日，视频网站优酷网在纽交所上市，发行价 12. 8 美元。
- 12 月 8 日，第三届中国广电行业发展趋势年会暨投融资论坛在北京开幕，与会人士就三网融合背景下的广电产业进行了阐述与展望，并发布了“2010 年中国广电行业十大新闻”和“2010 年广电技术领域十大事件”评选结果。
- 12 月 9 日，保利博纳公司成功在美国纳斯达克证券交易所上市，成为国内首家在美国上市的影视公司。
- 12 月 10 日，中国新华新闻电视网（CNC）公司与南非米瑞德公司在北京举行签约仪式。双方宣布：自 2011 年 1 月 1 日起，新华社英语电视台将通过米瑞德公司的电视播出网络覆盖非洲大陆。
- 12 月 10 日，由慧聪邓白氏主办、中国新闻出版报社联合协办的“首届媒介形态发展趋势研讨会”在北京召开。
- 12 月 12 日，改版后的央视科教频道正式播出，《地理中国》、《创新无限》、《自然传奇》、《原来如此》4 档日播新栏目登陆频道主力时段，原有的知名栏目《百家讲坛》、《走近科学》等也将增加内容含金量，借助改版进行升级。
- 12 月 14 日，成都传媒集团所属的《成都商报》广告年收入首次突破 10 亿元大关，迎来了中国报业发展史上又一个里程碑。

- 12月14日，尼尔森公司宣布与北京中传网联数据服务有限公司共同合资成立尼尔森网联，通过数字电视使用行为检测提供数据服务。
- 12月15日，CNTV（中国网络电视台）正式上线国内首个少数民族语言频道：朝鲜语频道。
- 12月15日，2010中国动画年会在云南昆明开幕，《喜羊羊与灰太狼之虎虎生威》、《彩云南》分获年度影视动画票房奖、特别贡献奖。
- 12月15日，中央人民广播电台经济之声在北京宣布，将从16日零时起全新改版，实现24小时不间断播出，内容突出“大经济、证券理财投资、民生”三条主线，财经内容的比重从48%增加到90%以上。
- 12月16日，中央人民广播电台广告经营中心正式成立，作为台直属机构统筹经营其广告资源。
- 12月16日，安徽广电传媒产业集团与中科招商创业投资管理有限公司签署协议，在安徽共同设立中科·安广股权投资基金，总规模50亿元，这是安徽省首支文化产业投资基金。
- 12月16日，武汉广电与中国电信武汉分公司组建的武汉市三网融合合资公司成立。
- 12月17日，纪念中国人民广播事业暨中央人民广播电台创建70周年大会在京举行。
- 12月18日，宁夏广电传媒集团以9 000万元顺利收购信达地产持有的宁夏广播电视网络有限公司49%的股权。
- 12月20日，光线传媒与新浪达成战略合作协议，光线传媒将依托新浪平台，构建光线娱乐频道。
- 12月20日，《生灵的远征》系列纪录片中国首映礼在重庆举行。该系列节目由重庆卫视携手美国国家地理频道摄制，将作为重庆卫视《纵横天下》栏目年度特别节目全国独家首播。
- 12月21日，工信部网站发布信息称，我国际语AVS标准的3D电视技术试验系统取得重大进展，首次实现3D电视制作和播出系统的集成。
- 12月22日，首个国家级网络视听基地——中国（上海）网络视听产业基地正式在上海揭牌成立。当日，中国银联和上海东方传媒集团（SMG）共同打造的智能电视支付系统平台亮相上海，该平台在三网融合的背景下应运而生，支持互联网支付和IC卡支付。
- 12月23日，安徽广播电视台正式挂牌成立。
- 12月23日，江苏网络广播电视台经广电总局批准正式开播，这是全国第二家获批并开播的省级网络电视台。
- 12月24日，由冯小刚执导、葛优主演的中国2011年贺岁档影片《非诚勿扰2》在北美20家影院上映，这也是华语电影史上第一次海外华人可与中国国内观众同步观赏的华语贺岁电影。
- 12月26日，中共中央政治局常委、国务院总理温家宝同志考察中央人民广播电台“走进中国之声”直播间，参与特别节目《重返灾区——中国之声温暖行动》，通过广播慰问四川青川、青海玉树和甘肃舟曲灾区人民，并与全国听众及网友互动。
- 12月27日，由韩寒担纲主编并以150万的销量打破了文学期刊市场沉寂的《独唱团》操作团队正式宣告解散，今年7月以“以书代刊”的形式发行出版一期的《独唱团》成为绝唱。
- 12月28日，广州广电传媒集团有限公司挂牌成立。
- 12月28日，黑龙江台北京节目研发制作中心建成启用，同时黑龙江电视台宣布与华谊兄弟进行资本合作，组建文化经济实体。

- 12月28日，湖北广电总台、武汉广播电视局启动“同城同网”工作，武汉市彻底告别有线电视网络同城不同网的历史。
- 12月29日，由陕西电视台农林卫视运营中心打造的“中国农林卫视网”正式上线。
- 12月30日，湖南电视四十周年纪念大会举行。截至当天，湖南广播电视台的年经营创收总收入首次突破100亿元大关。
- 12月30日，作家郭敬明旗下高端杂志《文艺风尚》和《文艺风象》全面出版上市。其定位是高端纯文学年轻态先锋刊物，目的是“集合国内中青两代顶尖作家精品佳作，为当今文学名作家打造不一样的形象”。
- 12月31日，四川广播电视台在成都召开新闻发布会宣布四川卫视将在新的一年里全面升级频道包装及节目内容，以“中国爱”这一寓意深远的频道定位闪亮登场。
- 12月31日，中国电视史上最激烈的跨年大战拉开序幕。多家省级卫视主打跨年歌会，安徽卫视却推出奇兵，在31日到元旦之夜的48小时内，连推“国剧盛典”和“元旦晚会”两场荧屏盛宴。

（以上资料由张婷婷，付静宜，张文，吴婧，陈芸，刘莲莲，李珊珊，蔡晶晶整理）

附录2

2010年中国媒体发展政策法规一览

项目资料组

1月

- 国家广电总局发布《关于加强电视购物短片广告和居家购物节目管理的通知》，自2010年1月1日起，所有电视购物短片广告作为广告管理，计入广告播出总量。
- 2010年1月4日，广电总局发布《广电总局办公厅关于停止播放“美国美艾可”等电视购物短片广告的通知》。
- 2010年1月5日，中纪委、中宣部、监察部、文化部、国家广电总局、新闻出版总署联合发布《关于加强廉政文化建设的意见》。
- 2010年1月18日，广电总局发布《广电总局关于2009年12月全国国产电视动画片制作备案公示的通知》。
- 2010年1月26日，新闻出版总署新闻报刊司发布《关于做好2009年度报刊核验工作的通知》（新出报刊司［2010］16号），各地2009年度报刊核验工作从2010年2月1日开始，4月30日结束。
- 2010年1月26日，广电总局发布《广电总局关于发布〈广播电影电视工程建设项目竣工验收工作规程〉的通知》。
- 2010年1月29日，国家知识产权局、公安部、海关总署、国家工商行政管理总局、国家版权局、最高人民检察院、中国国际贸易促进委员会、国务院新闻办等八部门联合发出《关于开展2010年世博会知识产权保护专项行动的通知》，进一步加强上海世博会知识产权保护工作。专项行动从2010年2月开始，到2010年11月结束。
- 2010年1月30日，工业和信息化部发布《关于加强互联网域名系统安全保障工作的通知》。

2月

- 2010年2月4日，广电总局发布《广电总局关于改进和完善电影剧本（梗概）备案、电影片审查工作的通知》。

- 2010年2月12日，广电总局发布《广电总局关于进一步加强广播电视广告审查和监管工作的通知》。
- 2010年2月20日，国家工商总局、中宣部、国务院新闻办、公安部、监察部、国务院纠风办、工业和信息化部、卫生部、广电总局、新闻出版总署、国家食品药品监管局、国家中医药管理局12部门联合发布《2010年虚假违法广告专项整治工作实施意见》。
- 2010年2月23日，广电总局发布《广电总局关于推动农村电影放映工程持续健康发展的通知》。

3月

- 2010年3月7日，文化部部务会议审议通过《网络游戏管理暂行办法》，自2010年8月1日起施行。这是我国第一部专门针对网络游戏进行管理和规范的部门规章。
- 2010年3月11日，广电总局发布《广电总局科技司关于对直播卫星信道解调芯片和机顶盒进行检查的通知》。
- 2010年3月12日，国家发改委发布《关于组织实施2010年信息安全专项有关事项的通知》(发改办高技［2010］549号)。
- 2010年3月18日，广电总局发布《关于规范电视购物短片广告投放企业资质等有关情况备案格式的通知》。
- 2010年3月22日，广电总局发布《广电总局电视剧司关于进一步规范卫视综合频道电视剧编播管理的通知》。
- 2010年3月25日，广电总局发布《广电总局关于2010年2月全国国产电视动画片制作备案公示的通知》。
- 《电视剧内容管理规定》经广电总局2010年3月26日局务会议审议通过，并发布，自2010年7月1日起施行。
- 为贯彻落实《国务院关于印发文化产业振兴规划的通知》精神，进一步改进和提升对我国文化产业的金融服务，支持文化产业振兴和发展繁荣，2010年3月26日，中国人民银行会同中宣部、财政部、文化部、广电总局、新闻出版总署、银监会、证监会和保监会等九部委联合发布了《关于金融支持文化产业振兴和发展繁荣的指导意见》。

4月

- 2010年4月1日，广电总局发布《互联网视听节目服务业务分类目录（试行）》的通告。
- 2010年4月13日，广电总局发布《广电总局关于2010年3月全国国产电视动画片制作备案公示的通知》。
- 2010年4月19日，广电总局发布《广电总局关于推荐2010年度第一批优秀国产动画片的通知》。
- 2010年度文化产业发展专项资金自6月2日起开始申报，新闻出版总署新闻出版业发展项目库重点项目被列入支持重点。

5月

- 5月12日，财政部出台了《文化产业发展专项资金管理暂行办法》，对专项资金的支持范围与方式、申报流程和管理监督等诸多方面作出了明确规定。
- 2010年5月17日，财政部、国家税务总局、中宣部发布了《关于公布学习出版社等中央所属转制文化企业名单的通知》(财税［2010］29号)，学习出版社等13家中央所属转制文化企业可按相关规定享受税收优惠政策。

- 2010 年 5 月 25 日，广电总局发布《广电总局关于 2010 年 5 月全国拍摄制作电视剧备案公示的通知》。

6 月

- 2010 年 6 月 3 日，广电总局发布《广电总局关于 2010 年 4 月全国国产电视动画片制作备案公示的通知》。
- 2010 年 6 月 3 日，广电总局发布《广电总局关于公布 2009 年度少儿精品发展专项资金及国产动画发展专项资金项目评审结果的通知》。
- 2010 年 6 月 28 日，新闻出版总署发布《关于编制“十二五”国家重点图书、音像、电子出版物出版规划的通知》。
- 2010 年 6 月 29 日，广电总局发布《广电总局关于 2010 年 6 月全国拍摄制作电视剧备案公示的通知》。
- 2010 年 6 月 29 日，《电影艺术档案管理规定》经国家广播电影电视总局局务会议、国家档案局局务会议审议通过，并发布，自 2010 年 8 月 1 日起施行。
- 2010 年 6 月 30 日，国务院办公厅关于印发《第一批三网融合试点地区（城市）名单的通知》，三网融合试点工作正式启动。第一批三网融合试点地区（城市）名单：北京市、辽宁省大连市、黑龙江省哈尔滨市、上海市、江苏省南京市、浙江省杭州市、福建省厦门市、山东省青岛市、湖北省武汉市、湖南省长株潭地区、广东省深圳市、四川省绵阳市。

7 月

- 2010 年 7 月 1 日，广电总局发布《广电总局关于 2010 年 5 月全国国产电视动画片制作备案公示的通知》。
- 2010 年 7 月 1 日，广电总局发布《广电总局科技司关于转发〈中国下一代广播电视网（NGB）自主创新战略研究报告〉的通知》。
- 2010 年 7 月 6 日，文化部发布《文化部文化市场司关于加强网络游戏市场推广管理制止低俗营销行为的函》。
- 2010 年 7 月 8 日，广电总局发布《广电总局科技司关于成立中国下一代广播电视网（NGB）工作组的通知》。
- 2010 年 7 月 12 日，新闻出版总署发布《关于做好庆祝建党 90 周年、纪念辛亥革命 100 周年百种重点出版物选题出版工作的通知》。
- 2010 年 7 月 14 日，广电总局向各省、自治区、直辖市广播影视局，新疆生产建设兵团广播电视局，中央三台、中国教育电视台发布《关于切实加强广播电视证券节目管理的通知》。
- 国务院三网融合工作协调小组办公室于 2010 年 7 月 20 日向三网融合试点地区（城市）所在省（市）人民政府办公厅印发了《关于三网融合试点工作有关问题的通知》。
- 2010 年 7 月 20 日，广电总局发布《广电总局关于重申未取得〈广播电视节目制作经营许可证〉机构不得参加广播影视节（展）的通知》。
- 2010 年 7 月 23 日，广电总局通告 2010 年第二季度全国引进境外影视剧许可证情况。
- 2010 年 7 月 27 日，广电总局发布《广电总局关于推荐 2010 年第二批优秀国产动画片的通知》。
- 2010 年 7 月 30 日，广电总局发布《广电总局关于 2010 年 6 月全国国产电视动画片制作备案公示的通知》。

8月

- 2010年8月4日，广电总局发布了《广播电视钢塔桅防腐蚀保护涂装》一项广播电影电视行业标准的通知。
- 2010年8月10日，广电总局发布《广播影视企业上市审核管理办法（试行）》，这是总局首次发文引导广播影视企业上市，充分表明了广电总局支持广电行业文化体制改革的积极态度。
- 2010年8月27日，广电总局发布《关于推荐中国进出口银行"扶持培育影视文化出口重点企业、重点项目贷款"有关事项的通知》。
- 2010年8月30日，广电总局发布《广电总局关于2010年7月全国国产电视动画片制作备案公示的通知》。

9月

- 2010年9月2日，广电总局发布《关于促进高清电视发展的通知》(广发〔2009〕58号）和《关于促进高清电视发展的补充通知》。
- 2010年9月3日，广电总局发布《关于2010年8月全国拍摄制作电视剧备案公示的通知》。
- 2010年9月8日，包括中国地图出版社、搜狗、百度、新浪等在内的31家单位获得国家测绘局颁发的互联网地图服务甲级《测绘资质证书》，获准独立自主地开展互联网地图服务活动。
- 2010年9月14日，环境保护部和新闻出版总署签署《实施绿色印刷战略合作协议》。
- 2010年9月25日，财政部、工业和信息化部、银监会、国家知识产权局、国家工商行政管理总局、国家版权局等部门联合印发《关于加强知识产权质押融资与评估管理支持中小企业发展的通知》。
- 2010年9月29日，广电总局发布《广电总局关于2010年9月全国拍摄制作电视剧备案公示的通知》。

10月

- 2010年10月10日，新闻出版总署发布《新闻出版总署关于发展电子书产业的意见》。
- 2010年10月11日，广电总局发布《关于立即停止播出加盟代理秸秆气化炉广告的通知》。
- 2010年10月14日，国家版权局发布《电影作品著作权集体管理使用费收取标准》公告，明确了网吧以及各类交通工具的电影使用费收取标准及转付办法。
- 2010年10月18日，广电总局发布《关于2010年度少儿精品发展专项资金及国产动画发展专项资金项目申请事项的通知》。
- 2010年10月21日，广电总局发布《广电总局关于2010年度原创动画作品及创作人才扶持项目申请事项的通知》。
- 2010年10月22日，广电总局发布《广电总局关于2010年第三季度全国国产电视剧发行许可证颁发统计情况的通告》。
- 新闻出版总署10月28日发布相关通告并指出，未经报刊出版单位同意，报刊记者站工作人员不得私自设立报刊出版单位网站或者记者站网站。报刊社应严格规范和管理报刊网站地方频道，记者站工作人员不得与报刊网站地方频道的工作人员混岗，不得以报刊网站地方频道名义进行采访活动。
- 2010年10月29日，新闻出版总署发布《关于加强养生保健类出版物管理的通知》。

11 月

- 2010 年 11 月 5 日，广电总局发布《广电总局关于 2010 年 10 月全国拍摄制作电视剧备案公示的通知》。
- 2010 年 11 月 5 日，新闻出版总署发布《关于制定和报送 2011 年图书和音像、电子出版物出版计划的通知》。
- 2010 年 11 月 10 日，广电总局发布《广电总局关于规范发行许可制度实施前的国产电视剧重播管理的通知》。
- 2010 年 11 月 12 日，广电总局发布《广电总局关于公布继续有效的广播影视部门规章和规范性文件目录的通知》。
- 2010 年 11 月 12 日，广电总局发布《广播影视知识产权战略实施意见》，再次强化了对盗版美剧、日韩剧的打击力度。

12 月

- 2010 年 12 月 17 日，国家版权局颁布《著作权质权登记办法》，并于 2011 年 1 月 1 日起开始施行。
- 2010 年 12 月 23 日，广电总局发布《关于开展广播电视节目制作经营机构和〈电视剧制作许可证（甲种）〉持证机构 2010 年度业绩审核工作有关事宜的通知》。
- 2010 年 12 月 28 日，工业和信息化部、国家工商行政管理总局联合发布《关于进一步整治手机“吸费”问题的通知》。

附录 3

2010 年中国媒体发展研究论著选目

项目资料组

综合报告类

- 叶朗：《中国文化产业年度发展报告（2010）》，北京大学出版社 2010 年版。
- 童兵：《中国新闻传播学研究最新报告（2010）》，复旦大学出版社 2010 年版。
- 方延明：《探索与追求：南京大学新闻传播学院 2009 年卷》，南京大学出版社 2010 年版。
- 杜骏飞：《沸腾的冰点：2009 中国网络舆情报告》，浙江大学出版社 2010 年版。
- 王兰柱：《中国电视收视年鉴 2010》，中国传媒大学出版社 2010 年版。
- 黄升民：《2009—2010IMI 城市居民消费行为与媒体接触研究报告》，中国传媒大学出版社 2010 年版。
- 张金海：《中国媒体发展研究报告（2009 年广告卷）》，武汉大学出版社 2010 年版。
- 王育济，等：《中国文化产业学术年鉴 1979—2002 年卷（上下册）》，山东大学出版社 2010 年版。
- 中国电影家协会产业研究中心：《2010 中国电影产业研究报告》，中国电影出版社 2010 年版。
- 国家广播电影电视总局发展研究中心：《2010 年中国广播电视发展报告》，新华出版社 2010 年版。
- 崔保国：《2010 年：中国传媒产业发展报告（2010 版）》，社会科学文献出版社 2010

年版。

- 黄升民、杜国清、邵华冬，等：《广告主蓝皮书：中国广告主营销传播趋势报告 No. 5（2010 版）》，社会科学文献出版社 2010 年版。
- 刘瑞生、尹韵公：《中国新媒体发展报告（2010 版）》，社会科学文献出版社 2010 年版。
- 喻国明：《中国传媒发展指数报告（2010）》，人民日报出版社 2010 年版。
- 吴玉兰：《中国财经类媒体发展研究：以媒介生态学为视角》，中国社会科学出版社 2010 年版。

媒介与社会

- 童兵：《科学发展观与媒介化社会构建——新闻传播学视角的研究》，复旦大学出版社 2010 年版。
- 刘燕：《媒介认同论：传播科技与社会影像互动研究》，中国传媒大学出版社 2010 年版。
- 张宁：《媒介社会学》，中山大学出版社 2010 年版。
- 申凡：《传播心理与媒介社会》，华中科技大学出版社 2010 年版。
- 刘扬：《媒介 · 景观 · 社会》，重庆大学出版社 2010 年版。
- 刘少文：《1872—2008：中国的媒介嬗变与日常生活》，中国社会科学出版社 2010 年版。
- 杨魁、刘晓程：《政府 · 媒体 · 公众：突发事件信息传播应急机制研究》，中国社会科学出版社 2010 年版。
- 杨魁：《风险社会与危机传播研究丛书》，中国社会科学出版社 2010 年版。
- 张国良：《社会传播：创新、合作与责任》，上海人民出版社 2010 年版。
- 曾祥敏：《新媒体环境下的电视分众化传播》，中国广播电视出版社 2010 年版。
- 李明伟：《知媒者生存——媒介环境学纵论》，北京大学出版社 2010 年版。
- 柯惠新、王兰柱，等：《媒介与奥运：一个传播效果的实证研究（北京奥运篇）》，中国传媒大学出版社 2010 年版。
- 胡正荣、李煜：《社会透镜：新中国媒介变迁六十年（1949—2009）》，清华大学出版社 2010 年版。
- 贺文发、李烨辉：《突发事件与信息公开——危机传播中的政府、媒体与公众》，中国传媒大学出版社 2010 年版。
- 张国良：《e 社会传播：创新、合作与责任》，上海人民出版社 2010 年版。
- 李艳波、廖莹：《传媒实践力》，中国传媒大学出版社 2010 年版。
- 张昆：《政治传播与历史思维》，华中科技大学出版社 2010 年版。
- 戚鸣：《媒介融合背景下的新闻报道》，浙江大学出版社 2010 年版。
- 刘康：《国家形象与政治传播（第一辑）》，上海交通大学出版社 2010 年版。
- 赵晶晶：《和实生物——当前国际论坛中的华夏传播理念》，浙江大学出版社 2010 年版。
- 戴元光：《全球传播前沿对话》，上海交通大学出版社 2010 年版。
- 曾庆香、李蔚：《群体性事件：信息传播与政府应对》，中国书籍出版社 2010 年版。
- 张磊、胡正荣、李继东：《焦虑与希望：对北京城市贫困群体的传播社会学研究》，中国广播电视出版社 2010 年版。
- 韦路：《传播技术研究与传播理论的范式转移》，浙江大学出版社 2010 年版。

媒介素养与教育

- 袁军：《媒介素养教育论》，中国传媒大学出版社 2010 年版。
- 李军林，等：《信息时代的媒介素养》，湖南人民出版社 2010 年版。
- 张志安、汪凯：《躲不起惹得起：提高你的媒体素质》，南方日报出版社 2010 年版。
- 吴信训、张咏华、沈荟：《国际新闻传播名校教育镜鉴》，上海三联书店 2010 年版。
- 陈力丹、王辰瑶、季为民：《艰难的新闻自律：我国新闻职业规范的田野调查/深度访谈/理论分析》，人民日报出版社 2010 年版。
- 闻闸、王煜：《应对新闻媒体》，中国广播电视出版社 2010 年版。

媒介经济与媒介产业

- 曹俊：《中国传媒产业结构升级研究》，中国传媒大学出版社 2010 年版。
- 冉华、张金海、程明，等：《报业数字化生存与转型研究：基于产业发展的视角》，武汉大学出版社 2010 年版。
- 李本乾、陈晓云、陈蕾、董静：《媒介经济与中国经济》，上海交通大学出版社 2010 年版。
- 周亭、胡正荣、李继东：《中国电视娱乐产业研究：一种生产者的视角》，中国广播电视出版社 2010 年版。
- 孔炯：《传媒赢利模式》，中国传媒大学出版社 2010 年版。

媒介经营与管理

- 黄悦：《电子媒介管理与商业运营战略》，清华大学出版社 2010 年版。
- 胡正荣、李继东：《中国广播电视公共服务体系：目标与实践研究》，中国广播电视出版社 2010 年版。
- 魏永刚：《电视剧集管理：操盘影视项目八大流程》，中国传媒大学出版社 2010 年版。
- 魏永刚：《电视节目运营：塑造传媒品牌九项要点》，中国传媒大学出版社 2010 年版。
- 高福安：《电视节目质量模型与控制方法》，中国传媒大学出版社 2010 年版。
- 何勇：《德国公共广播电视研究》，中国传媒大学出版社 2010 年版。
- 潘可武、胡智锋：《媒介经营管理的理念与实践》，中国传媒大学出版社 2010 年版。
- 马胜荣、唐润华：《新闻媒介的融合与管理：一种业界视角》，重庆大学出版社 2010 年版。
- 洪丽、胡正荣、李继东：《公共广播收入模式研究》，中国广播电视出版社 2010 年版。
- 王佳航：《主流媒体核心竞争力》，中国传媒大学出版社 2010 年版。
- 赵均、胡智锋：《中国传媒经典个案（1998—2008）》，中国传媒大学出版社 2010 年版。
- 何舟、陈先红：《危机管理与整合策略传播》，武汉大学出版社 2010 年版。

媒介发展史

- 李幸、欧慧玲：《视听传播史论》，中国社会科学出版社 2010 年版。
- 陈日浓：《中国对外传播史略》，外文出版社 2010 年版。

媒介广告与营销

- 陈刚：《当代中国广告史 · 1979—1991》，北京大学出版社 2010 年版。
- 王钧、刘琴、舒咏平：《文化品牌传播》，北京大学出版社 2010 年版。
- 张贤平、陈丽娟、舒咏平：《服务品牌传播》，北京大学出版社 2010 年版。

- 李立、胡智锋：《传播艺术与艺术传播》，中国传媒大学出版社 2010 年版。
- 陈培爱：《中国元素与广告营销》，厦门大学出版社 2010 年版。
- 黄合水：《广告研究经典案例》，厦门大学出版社 2010 年版。
- 朱健强、陈培爱：《平面广告视觉设计》，厦门大学出版社 2010 年版。
- 朱健强：《品牌形象识别与传播》，厦门大学出版社 2010 年版。
- 何五元、林景新：《营销造势Ⅱ》，暨南大学出版社 2010 年版。
- 奥美公司：《奥美的观点 6》，中国市场出版社 2010 年版。
- 张立梅：《广告文案创作》，经济管理出版社 2010 年版。
- 闫治民：《狼道营销》，经济管理出版社 2010 年版。
- 张家平：《新媒体广告经典评析》，学林出版社 2010 年版。
- 许正林主编：《新媒体新营销与广告新理念》，上海交通大学出版社 2010 年版。
- 舒咏平：《品牌传播论》，华中科技大学出版社 2010 年版。
- 夏晓鸣、程彬、夏颖：《营销传播策划实务》，武汉大学出版社 2010 年版。
- 曹芳华：《聚合营销：网络整合营销传播》，人民邮电出版社 2010 年版。

媒介战略与创新

- 陈俊良：《传播媒体策略》，北京大学出版社 2010 年版。
- 何苏六、张国平：《科技与传播：策略及创新研究》，中国传媒大学出版社 2010 年版。
- 刘建民：《区域媒体竞争力：实证、范式、差异化》，浙江大学出版社 2010 年版。
- 张国涛、胡智锋：《传媒观察：危机与转机》，中国传媒大学出版社 2010 年版。

媒介法规与制度

- 郎劲松、邓文卿、侯月娟：《社会变迁与传媒体制重构：亚洲部分国家和地区传媒制度研究》，中国传媒大学出版社 2010 年版。
- 张咏华、郝进平、曾海芳，等：《西欧主要国家的传媒政策及转型》，上海人民出版社 2010 年版。

媒介批评

- 李岩：《媒介批评——立场、范畴、命题、方式》，浙江大学出版社 2010 年版。
- 胡正强：《中国现代媒介批评研究》，中国传媒大学出版社 2010 年版。
- 雷跃捷、刘自雄、刘年辉：《大众传播与媒介批评》，中国传媒大学出版社 2010 年版。
- 曾娅妮：《媒介批评》，四川大学出版社 2010 年版。
- 董天策：《中外媒介批评·（总）第 2 辑》，广州暨南大学出版社 2010 年版。
- 蒋原伦、张柠：《媒介批评（第四辑）》，广西师范大学出版社 2010 年版。
- 清华大学新闻与传播学院（编）：《全球传媒评论（IV）》，清华大学出版社 2010 年版。
- 程曼丽：《北大新闻与传播评论（第五辑）》，北京大学出版社 2010 年版。
- 宫承波：《新传媒》(2010 年第 3 期)，中国传媒大学媒体创意研究中心，中国广播电视出版社 2010 年版。
- 宫承波：《新传媒》(2010 年第 2 期)，中国传媒大学媒体创意研究中心，中国广播电视出版社 2010 年版。
- 宫承波：《新传媒》(2010 年第 1 期)，中国传媒大学媒体创意研究中心，中国广播电视出版社 2010 年版。
- 郭兆强：《映象·重构——北京上海传播新锐观与思》，上海交通大学出版社 2010 年版。

- 张君昌：《冷眼看电视：当代电视批评范例精选》，中国广播电视出版社 2010 年版。

广播电视电影媒介

- 欧阳宏生：《电视传播核心价值论》，北京大学出版社 2010 年版。
- 李岩：《广播学导论》，浙江大学出版社 2010 年版。
- 侯海涛：《中国电视新闻媒介生态研究——转型期的媒介守望》，中国传媒大学出版社 2010 年版。
- 钟蕾：《美国电影积极传播研究》，中国传媒大学出版社 2010 年版。
- 李宇：《中国电视国际化与对外传播》，中国传媒大学出版社 2010 年版。
- 易前良：《美国“电视研究”的学术源流》，中国传媒大学出版社 2010 年版。
- 孔令顺：《中国电视的文化责任》，中国传媒大学出版社 2010 年版。
- 胡智锋：《创意与责任：中国电视的本土化生存》，中国传媒大学出版社 2010 年版。
- 杨乘虎、胡智锋：《广播电视名家访谈》，中国传媒大学出版社 2010 年版。
- 易绍华、陈培爱：《电视的活路：数字化背景下电视媒体的网络化生存研究》，厦门大学出版社 2010 年版。
- 谭天、董天策，等：《港澳台广播电视》，暨南大学出版社 2010 年版。
- 胡智锋、杨乘虎，等：《电视受众审美研究》，北京师范大学出版集团，北京师范大学出版社 2010 年版。
- 欧阳照：《电视新闻的叙事学研究》，重庆大学出版社 2010 年版。
- 马梅：《中国农业电视传播发展研究》，中国电影出版社 2010 年版。
- 索亚斌：《香港动作片的美学风格》，中国传媒大学出版社 2010 年版。
- 杨晓林：《奥斯卡最佳动画短片分析》，中国传媒大学出版社 2010 年版。
- 张斌：《镜像家国——现代性与中国家族电视剧》，学林出版社 2010 年版。

媒体和文化

- 单波：《跨文化传播的问题和可能性》，武汉大学出版社 2010 年版。
- 陈国明、安然：《跨文化传播学关键术语解读》，中国社会科学出版社 2010 年版。
- 安然、崔淑慧：《文化的对话：汉语文化与跨文化传播》，北京大学出版社 2010 年版。
- 张国涛、胡智锋：《传播文化：全球化与本土化》，中国传媒大学出版社 2010 年版。
- 张晨阳：《当代中国大众传媒中的性别图景》，中国传媒大学出版社 2010 年版。
- 蔡罕：《传播学视域下的企业文化研究》，浙江大学出版社 2010 年版。
- 陈默：《媒介文化：互动传播新环境》，北京师范大学出版社 2010 年版。
- 蒋原伦：《媒介文化十二讲》，北京大学出版社 2010 年版。
- 郭可、陈沛芹：《全球青少年媒介消费比较研究》，安徽大学出版社 2010 年版。
- 秦志希，等：《媒介文化新视点》，武汉大学出版社 2010 年版。
- 赵勇：《大众媒介与文化变迁——中国当代媒介文化的散点透视》，北京大学出版社 2010 年版。

网络媒介和其他新媒体

- 贾朝辉：《网络信息采集与利用》，中国人民大学出版社 2010 年版。
- 张鹏：《网络传播技术与实务》，中国人民大学出版社 2010 年版。
- 余红：《网络时政论坛舆论领袖研究——以强国社区“中日论坛”为例》，华中科技大学出版社 2010 年版。

- 朱海松：《网络的破碎化传播——传播的不确定性与复杂适应性》，中国市场出版社2010年版。
- 张向宏、张少彤：《互联网新技术在媒体传播中的应用》，清华大学出版社2010年版。
- 王宏、陈小申、张星剑：《数字技术与新媒体传播》，中国传媒大学出版社2010年版。
- 匡文波、谢新洲：《手机媒体：新媒体中的新革命》，华夏出版社2010年版。
- 张淑华：《网络民意与公共决策：权利和权力的对话》，复旦大学出版社2010年版。
- 薄琥：《媒介社区化聚合》，中国传媒大学出版社2010年版。
- 彭虹：《涌现与互动——网络社会的传播视角》，中国社会科学出版社2010年版。
- 张放：《虚幻与真实——网络人际传播中的印象形成研究》，中国社会科学出版社2010年版。
- 张杰：《变革与回归——中国政府网络信息传播研究》，中国社会科学出版社2010年版。
- 彭兰：《中国新媒体传播学研究前沿》，中国人民大学出版社2010年版。
- 刘连喜：《媒介前线——网络和电视的亲密接触》，中华书局2010年版。
- 黄金著：《媒介融合的动因模式》，中国书籍出版社2010年版。
- 陆地、高菲：《新媒体的强制性传播研究》，人民出版社2010年版。

附录4

2010年中国媒体发展研究论文选目

项目资料组

一、媒介与社会

- 陈红梅：《框架与归因——关于乌鲁木齐7.5事件报道的比较研究》，《新闻与传播研究》，2010年第1期。
- 沈荟：《共同参与的表演：人际互动对美国竞选政治的影响新闻与传播研究》，《新闻与传播研究》，2010年第2期。
- 郭小平：《西方媒体对中国的环境形象建构——以〈纽约时报〉全球气候变化风险报道(2000—2009)为例》，《新闻与传播研究》，2010年第4期。
- 陶建杰：《传媒与城市软实力关系的实证研究》，《新闻与传播研究》，2010年第4期。
- 赵永华：《穷传媒、无序民主与国家动荡——解析吉尔吉斯斯坦政变中的传媒之争》，《新闻与传播研究》，2010年第4期。
- 黄敏：《新闻话语与政治的中介化：奥巴马首次国情咨文讲话的媒体报道》，《新闻与传播研究》，2010年第5期。
- 曹晋、赵潇爽：《男性时尚杂志与后殖民国家西方资本扩张》，《新闻与传播研究》，2010年第5期。
- 黄卫星、丁宁：《试析中美主流媒体的国家利益观差异——以〈纽约时报〉和〈光明日报〉的哥本哈根气候峰会报道个性为案例研究》，《新闻与传播研究》，2010年第5期。
- 陶建杰：《农民工人际传播行为及影响因素研究》，《新闻与传播研究》，2010年第5期。
- 吴华清、沈国麟、杜旭赟：《现代化理想图景的诉求——从2010年世博会报道看中国公共外交的话语建构》，《新闻与传播研究》，2010年第6期。

- 麦尚文：《“关系”编织与传媒聚合发展——社会嵌入视野中的传媒产业本质诠释》，《国际新闻界》，2010年第1期。
- 杨凯：《美国多族裔文化背景下新闻媒体的族裔平衡理念——一种新闻专业主义的构建》，《国际新闻界》，2010年第2期。
- 赵永华：《乌克兰传媒格局与总统大选中的媒体现象分析——媒体、资本、权力的交织》，《国际新闻界》，2010年第3期。
- 刘琛：《老挝电视传媒：历史，身份与意识形态》，《国际新闻界》，2010年第3期。
- 张晋升、谢璇：《网络政务监督流行语解读——“躲猫猫”事件的符号特征与传播意义》，《国际新闻界》，2010年第3期。
- 袁军：《媒介素养教育的世界视野与中国模式》，《国际新闻界》，2010年第5期。
- 赵云泽、付冰清：《当下中国网络话语权的社会阶层结构分析》，《国际新闻界》，2010年第5期。
- 张蕾：《媒介文本的符码呈现与受众的差异化意义生产——源自实证调查的〈蜗居〉受众分析》，《国际新闻界》，2010年第6期。
- 师曾志：《网络媒介事件及其近年来的研究现状与特点》，《国际新闻界》，2010年第6期。
- 于丹、张洪忠、杨东菊：《我国官方传播渠道在重大公共事件中的公信力研究》，《国际新闻界》，2010年第6期。
- 菲利普·赛博：《跨国新闻、公共外交及其虚拟新闻》，《国际新闻界》，2010年第7期。
- 贾文山、岳媛：《面子VS实力：中美全球传播模式比较研究》，《国际新闻界》，2010年第7期。
- 王正祥：《社会经济地位与汶川地震消息的扩散——来自安徽淮北的调查结果》，《国际新闻界》，2010年第7期。
- 陈阳：《大众媒体、集体行动和当代中国的环境议题——以番禺垃圾焚烧发电厂事件为例》，《国际新闻界》，2010年第7期。
- 涂晓华：《日本媒体地震报道及其启示——以日本阪神大震灾、新潟大地震为例》，《国际新闻界》，2010年第7期。
- 涂光晋、宫贺：《公共关系视角下中国内地政府网站使用研究》，《国际新闻界》，2010年第8期。
- 何舟、陈先红：《双重话语空间：公关危机传播中的中国官方与非官方话语互动模式研究》，《国际新闻界》，2010年第8期。
- 薛可、陈晞、余明阳：《公共关系视野中的“社会责任”研究——对美、台、中三地期刊的分析和比较》，《国际新闻界》，2010年第8期。
- 尹连根：《邓玉娇案的框架分析：网上公共舆论如何影响网下媒体报道》，《国际新闻界》，2010年第9期。
- 王秀丽、韩纲：《“中国制造”与国家形象传播——美国主流媒体报道30年内容分析》，《国际新闻界》，2010年第9期。
- 王斌：《地方新闻、社区信息化和传播自主性——传播与中国社会转型的一个分析框架》，《国际新闻界》，2010年第10期。
- 谭云明、袁援：《市场化语境下中国传媒公共政策定位分析》，《国际新闻界》，2010年第10期。
- 张涛甫：《“天下观”对“世界观”的反拨——上海世博会的议程变革》，《国际新闻界》，2010年第10期。

- 尹瑛：《风险的呈现及其隐匿——从“太湖水污染”报道看环境风险的媒体建构》，《国际新闻界》，2010 年第 10 期。
- 黄会林、阮青、李播玎、林嵒、李漫：《2009 年度未成年人电视媒体收视行为调研报告(上)》，《现代传播》，2010 年第 1 期。
- 叶皓：《在网络监督的常态下提高执政能力》，《现代传播》，2010 年第 2 期。
- 牛光夏：《电视媒体突发性事件报道中的民间影像》，《现代传播》，2010 年第 2 期。
- 方延明：《论新闻舆论的新境界》，《现代传播》，2010 年第 3 期。
- 刘燕南：《收视率调研的中国景观：技术、市场与意识形态——对电视从业者四次调查结果的纵向梳理与思考》，《现代传播》，2010 年第 3 期。
- 曾建雄、曾俊、邓文艳：《新闻传播类硕士研究生教育的危机与转机——关于变革国内研究生人才培养模式的深层思考》，《现代传播》，2010 年第 3 期。
- 荆学民、李彦冰：《全球化背景下中国政治传播主体意识研究》，《现代传播》，2010 年第 4 期。
- 李亦中：《中国式大片的传播与接受》，《现代传播》，2010 年第 4 期。
- 王雷、廖祥忠：《阿凡达》带给中国动漫的启示，《现代传播》，2010 年第 4 期。
- 夏骏、张梓轩、郭云强：《在文明较量的时间差中坚守——中国电视走向世界的宏观命题探讨》，《现代传播》，2010 年第 5 期。
- 肖永明、张天杰：《中国文化软实力建设视域中的对外文化传播》，《现代传播》，2010 年第 5 期。
- 吴廷俊、夏长勇：《我国公共危机传播的历史回顾与现状分析》，《现代传播》，2010 年第 6 期。
- 胡智锋、李继东：《中国影视文化创意产业的三大问题》，《现代传播》，2010 年第 6 期。
- 徐舫州、张静滨、高阳：《我国跨地域跨媒体传播发展研究》，《现代传播》，2010 年第 7 期。
- 张晶：《大众传媒在国家美育工程中的社会担当》，《现代传播》，2010 年第 7 期。
- 郑保卫、刘艳婧：《论中外不同文化语境下的新闻媒介观》，《现代传播》，2010 年第 7 期。
- 张燕：《大众传媒语境下原生态民族文化传播问题探讨》，《现代传播》，2010 年第 8 期。
- 段京肃、段雪雯：《乡村媒介、媒介乡村和社会发展——关于大众传播媒介与中国乡村的几个概念的理解》，《现代传播》，2010 年第 8 期。
- 韩国林、李志敏：《平衡在国家与社会之间——论中国传媒的身份危机》，《现代传播》，2010 年第 9 期。
- 于丹、王蕾蕾：《2009 年国内重大事件的传播渠道与效果分析——基于京、沪、穗城市居民的调查》，《现代传播》，2010 年第 9 期。
- 丁来、宋晨：《在路上：手机与农民工自主性的获得——以西部双峰村农民工求职经历为个案》，《现代传播》，2010 年第 9 期。
- 叶皓：《应把媒体民意调查引入政府决策机制之中》，《现代传播》，2010 年第 10 期。
- 颜纯钧：《社会的国家化进程——建国之初的电影传播》，《现代传播》，2010 年第 10 期。
- 朱虹：《中国数字电影的现状与发展战略》，《现代传播》，2010 年第 11 期。
- 荆学民、李彦冰：《政治传播视野：国家形象塑造与传播中的国家理念析论——以政治国家与市民社会的良性互动为理论基点》，《现代传播》，2010 年第 11 期。

- 郑保卫、李玉洁：《论新闻媒体在气候传播中的角色定位及策略方法——以哥本哈根气候大会报道为例》，《现代传播》，2010 年第 11 期。
- 陈力丹、王 晶：《“伪真实”：媒介建构中的仪式景观——基于广西仫佬族依饭节的观察访谈与媒体报道分析》，《现代传播》，2010 年第 12 期。
- 张树庭、张文良、余延殊：《电视节目网络人气指数体系（IPI）的初步建构》，《现代传播》，2010 年第 12 期。
- 王华：《从战事“拾零”到民族大团结想象——建国初期少数民族题材纪录片（1949—1952）》，《新闻大学》，2010 年春季第 103 期。
- 董媛媛：《深度报道正义价值观的建构——基于对大众传媒消费主义的批判》，《新闻大学》，2010 年春季第 103 期。
- 陆晔：《媒介使用、社会凝聚力和国家认同——理论关系的经验检视》，《新闻大学》，2010 年夏季第 104 期。
- 章宇光、黄芝晓：《“分众中的大众”——从“分众”与“大众”的悖论看行业消费类杂志的受众策略》，《新闻大学》，2010 年夏季第 104 期。
- 江根源、季靖：《文化地理、党报与城市形象》，《新闻大学》，2010 年夏季第 104 期。
- 周立：《文化生产与接受研究的取向与进路》，《新闻大学》，2010 年夏季第 104 期。
- 胡春阳：《美国传播学博士教育及其对中国的启示》，《新闻大学》，2010 年秋季第 105 期。
- 马德永：《新闻工作者之“德国制造”——探析德国新闻职业学院教育模式》，《新闻大学》，2010 年秋季第 105 期。
- 程金福：《当代中国媒介权力与政治权力的结构变迁——一种政治社会学的分析》，《新闻大学》，2010 年秋季第 105 期。
- 赵高辉：《社会转型时期的中国人际传播研究》，《新闻大学》，2010 年秋季第 105 期。
- 熊萍：《突发事件中媒体信息传播研究》，《新闻大学》，2010 年冬季第 106 期。
- 孙玮：《上海城市地方主义与传媒想象——周立波现象分析》，《新闻大学》，2010 年冬季第 106 期。
- 陶建杰：《城市软实力构建中的媒体发展策略》，《新闻大学》，2010 年冬季第 106 期。
- 吴飞：《新闻从业者职业权威理念的实证分析》，《新闻记者》，2010 年第 3 期。
- 黄建新、闫鹏飞：《美国报纸危情与新闻业生态再造》，《新闻记者》，2010 年第 4 期。
- 董天策、蔡慧、于小雪：《当代中国灾难新闻报道模式的演变》，《新闻记者》，2010 年第 6 期。
- 曾庆香、李蔚：《政府应对群体性事件的三种信息传播策略》，《新闻记者》，2010 年第 9 期。
- 周敏、张璇：《从新闻品质和公民参与看中国网络媒体的发展》，《新闻记者》，2010 年第 11 期。
- 陈力丹：《新形势下的“政治家办报”》，《新闻战线》，2010 年第 10 期。
- 罗庆华：《公共危机事件中主流媒体的社会责任》，《新闻战线》，2010 年第 12 期。
- 彭垒：《论新闻媒体在公共议题的政策制定过程中的角色建构——以“住房保障政策”的新闻评论为例》，《新闻界》2010 年第 6 期。
- 胡翼青、何乔：《传播与城市的想象——以燕子河镇儿童为例》，《当代传播》，2010 年第 5 期。
- 邵培仁：《景观：媒介对世界的描述与解释》，《当代传播》，2010 年第 4 期。
- 刘文辉：《颠覆与转向——20 世纪 90 年代传媒文化转向观察》，《当代传播》，2010 年第 2 期。

- 邵培仁、范红霞：《传播仪式与中国文化认同的重塑》，《当代传播》，2010 年第 3 期。
- 童兵：《突发群体性事件和新闻传媒的社会使命》，《当代传播》，2010 年第 6 期。
- 吴晓恩：《电视节目同质化和网络山寨文化的兴起》，《中国广播电视学刊》，2010 年第 1 期
- 仲呈祥、陶冶：《大事不虚　小事不拘——重大革命历史题材影视创作的理性梳理》，《中国广播电视学刊》，2010 年第 1 期。
- 闫伟、欧阳宏生：《电视纪录片：辉煌历程与当世社会的影像纪实》，《中国广播电视学刊》，2010 年第 2 期。
- 谢娟、刘川郁：《电视剧：革命历史的全景展现与现实的多维透视》，《中国广播电视学刊》，2010 年第 2 期。
- 黄良奇：《“春晚”图腾仪式的文化贡献及内涵剖析》，《中国广播电视学刊》，2010 年第 4 期。
- 蒋宁平、欧阳宏生：《社会核心价值建构中电视的责任担当与现实境遇》，《中国广播电视学刊》，2010 年第 5 期。
- 曹晚红：《老年人的收视行为特征与老年人节目受众定位》，《中国广播电视学刊》，2010 年第 5 期。
- 黄鸣刚：《创新与保护：国际化电视竞争视野中的思考》，《中国广播电视学刊》，2010 年第 5 期。
- 黄劼、余潇枫：《泛传播安全：一种非传统安全的视角》，《中国广播电视学刊》，2010 年第 7 期。
- 冶铁夫、刘新传：《从受众视角看民间影像的大众化传播》，《中国广播电视学刊》，2010 年第 11 期。
- 朱天、唐骏：《论城市电视媒体舆论引导能力创新的可为空间》，《电视研究》，2010 年第 5 期。
- 朱春阳、杨绪伟：《电视媒体如何提高舆论引导能力——以舆论监督为分析视角》，《电视研究》，2010 年第 7 期。
- 王炜：《网络出版时代传统出版转型策略研究》，《编辑之友》，2010 年第 2 期。
- 张文芳：《消费时代的出版走向分析》，《编辑之友》，2010 年第 5 期。
- 喻国明、宋美杰：《2009 年度媒介观察：社会视野下的传媒业热点》，《编辑之友》，2010 年第 11 期。
- 王灿发、侯欣洁：《出版低碳化路径研究》，《中国出版》，2010 年 5 月下第 243 期。
- 易图强：《出版的社会效益与经济效益的关系新释》，《中国出版》2010 年 6 月下第 245 期。
- 柳斌杰：《后金融危机时代的出版国际合作》，《中国出版》2010 年 9 月上第 250 期。
- 张凤杰：《网络实名制：让虚拟网络实起来?》，《出版发行研究》，2010 年第 1 期。
- 范小青：《网络口碑与传播信任机制》，《出版发行研究》，2010 年第 4 期。
- 谢新洲、张炀、田丽：《浅论提升我国出版业图书营销能力的几点策略》，《出版科学》，2010 年第 3 期。
- 李金慧：《当代图书出版对社会文化心理的负面影响》，《出版科学》，2010 年第 4 期。
- 杨保军：《公共化或社会化：“后新闻业时代”新闻道德的一种走向》，《编辑学刊》，2010 年第 3 期。
- 方延明：《媒介传播的社会责任和“问题意识”》，《南京社会科学》，2010 年第 7 期。
- 丁柏铨：《失衡与平衡——论灾难事件中政府、新闻传媒与公众的关系》，《南京社会科学》，2010 年第 9 期。

- 陈林侠：《德性政治、异化的竞争及其叙事重建——论当前电视剧中的道德形象传播》，《天津社会科学》，2010 年第 5 期。
- 赵光杯：《媒介环境、受众与媒体公信力下降问题》，《山东社会科学》，2010 年第 12 期。
- 刘祖云：《超越“虚拟的美丽”——“虚拟政府”引论》，《社会科学研究》，2010 年第 4 期。
- 谢俊贵：《网上虚拟社会建设：必要与设想》，《社会科学研究》，2010 年第 6 期。
- 汤怡：《网络传播视域下的伦理失范与道德规制》，《武汉大学学报（人文科学版）》，2010 年第 2 期。
- 吴秀明、方爱武：《论全球化语境下“中国形象”的塑造与传播》，《浙江大学学报》，2010 年第 6 期。
- 纪忠慧：《全球化背景下的公共舆论——论非传统安全与软力量的舆论支点》，《清华大学学报》，2010 年第 6 期。
- 蒋晓丽、胡登全：《风险社会与媒介表征》，《四川大学学报（哲学社会科学版）》，2010 年第 2 期。
- 晓黎、董子铭、雷力：《从汶川与海地地震灾难危机传播管理的比较看中国特色新闻传播体制》，《四川大学学报（哲学社会科学版）》，2010 年第 3 期。
- 王炎龙：《重大突发事件信息次生灾害的生成及治理》，《四川大学学报（哲学社会科学版）》，2010 年第 6 期。

二、传媒体制改革

- 雷跃捷：《审视传媒转型中的中国新闻业——读〈重建美国新闻业〉的启示》，《新闻与传播研究》，2010 年第 2 期。
- 刘琛：《“开放性”和“文化自觉性”与对外传播政策评价：以中国与蒙古电视传媒为例》，《新闻与传播研究》，2010 年第 6 期。
- 周小普、王冲：《突破与困窘——解析 2009 年中央电视台新闻频道改版》，《国际新闻界》，2010 年第 2 期。
- 刘自雄、许雯、高亚男：《论美国报业面对数字化转型危机的拯救策略——解读〈重构美国新闻业〉报告》，《国际新闻界》，2010 年第 5 期。
- 谢进川：《媒体改革运动：传播政治经济学的社会实践性考察》，《国际新闻界》，2010 年第 6 期。
- 赵双阁、艾岚：《论传媒参与公共政策的公民权利实现》，《国际新闻界》，2010 年第 6 期。
- 易文：《“敢言”的背后——试析革新以来影响越南媒体舆论监督的主要因素》，《国际新闻界》，2010 年第 6 期。
- 陈卫星、徐桂权：《权力衍续与媒介寻租：中国与俄罗斯的比较制度分析》，《国际新闻界》，2010 年第 7 期。
- 张雷、王勇：《英国广电业制播体制改革的最新进展及其启示》，《国际新闻界》，2010 年第 7 期。
- 李良荣、方师师：《“双转”：中国传媒业的一次制度性创新》，《现代传播》，2010 年第 2 期。
- 张志君：《多重视阈下拷问制播分离改革》，《现代传播》，2010 年第 3 期。
- 尹鸿：《“分离”或是“分制”？——对广电制播分离改革的思考》，《现代传播》，2010 年第 3 期。

- 李向阳：《评析“制播难分离”》，《现代传播》，2010 年第 12 期。
- 季峰：《中外出版法制建设比较研究》，《编辑之友》，2010 年第 2 期。
- 蔡磊：《出版社体制改革的方向和出路》，《编辑之友》，2010 年第 3 期。
- 孙月沐：《构建书业报刊传媒新格局》，《新闻战线》，2010 年第 1 期。
- 雷蔚真、欧阳春香：《视频拍客对公民新闻传播机制的影响》，《新闻战线》，2010 年第 2 期。
- 侯自强：《视听传媒变局：联动与融合》，《新闻战线》，2010 年第 6 期。
- 邢静：《融合对央视的影响及对策》，《新闻战线》，2010 年第 6 期。
- 门书均：《转企上市背景下新闻网站商业模式的转型与创新》，《新闻界》2010 年第 6 期。
- 陶喜红：《媒介融合背景下传媒产业结构转型分析》，《当代传播》，2010 年第 4 期。
- 潘祥辉：《中国传媒业改制的逻辑与困境——从〈中华新闻报〉停刊说起》，《当代传播》，2010 年第 2 期。
- 金雪涛：《广播电视产业规制依据与变革特征》，《当代传播》，2010 年第 1 期。
- 杨璐、张璐璐、徐明明：《电视新闻：改革与融合中的多元伸拓》，《中国广播电视学刊》，2010 年第 2 期。
- 周德文、谢立文：《广播电视制播分离的理念、层次与路径》，《中国广播电视学刊》，2010 年第 3 期。
- 顾广欣：《是制播分离还是频道租赁——西部卫视如何在制播分离中保持特色》，《中国广播电视学刊》，2010 年第 6 期。
- 郑维东：《电视媒体由收视竞争转向品牌竞争的路径分析》，《电视研究》，2010 年第 2 期。
- 周百义、芦珊珊：《再论编辑对文化资源的再创新》，《出版科学》，2010 年第 3 期。
- 敖然：《出版业态转型几个问题的思考》，《出版科学》，2010 年第 4 期。
- 黄先蓉、刘玲武：《我国出版法制建设研究综述》，《出版科学》，2010 年第 5 期。
- 王清、杨威：《“十一五”期间版权输出与引进研究述评》，《出版科学》，2010 年第 5 期。
- 冯志杰：《出版体制改革与出版人才资源配置方式转变》，《出版科学》，2010 年第 6 期。
- 周蔚华：《转企改制后出版人的文化担当》，《编辑学刊》，2010 年第 6 期。
- 欧宾、胡杨：《高校经营性期刊股份制改革的探索》，《编辑学报》，2010 年第 3 期。
- 郑根成：《传媒立法的伦理审视》，《浙江学刊》，2010 年第 2 期。
- 张金海、罗书俊：《集团化制度安排下的报业改革困境》，《武汉大学学报（人文科学版）》，2010 年第 6 期。
- 冉华、李明：《文化体制改革背景下报业的改革发展与未来取向》，《武汉大学学报（人文科学版）》，2010 年第 6 期。
- 于小川：《我国报纸产业改革历史逻辑检视》，《武汉大学学报（人文科学版）》，2010 年第 6 期。
- 熊澄宇、吕宇翔、张铮：《中国新媒体与传媒改革：1978—2008》，《清华大学学报》，2010 年第 1 期。

三、传媒扩张与产业发展

- 谷虹：《产业视角下中国媒介融合研究的演进路径和核心议题——2005—2009 年中国媒介产业融合研究综述》，《国际新闻界》，2010 年第 3 期。

- 张歆、郑笑眉、张琛：《冲击与共赢——基于电子书对出版业影响分析的电纸书产业策略研究》，《国际新闻界》，2010 年第 8 期。
- 潘文年：《中国出版业“走出去”：跨国经营的文化风险分析——以跨文化传播为理论视角》，《国际新闻界》，2010 年第 9 期。
- 比畅：《媒介融合语境下的新移动传媒产业发展》，《国际新闻界》，2010 年第 10 期。
- 朱虹、胡智锋：《中国广播影视发展新起点——2010〈现代传播〉年度对话》，《现代传播》，2010 年第 1 期。
- 喻国明、苏林森：《中国媒介规制的发展、问题与未来方向》，《现代传播》，2010 年第 1 期。
- 陈共德：《中国电影市场结构研究》，《现代传播》，2010 年第 2 期。
- 喻国明、张佰明：《从版面扩张到界面拓展：传统媒介未来发展的关键转型》，《现代传播》，2010 年第 6 期。
- 徐帆：《身份与路径的双重否定："公共频道"对公共电视在华发展的影响》，《新闻大学》，2010 年秋季第 105 期。
- 朱春阳、曾培伦：《角色重塑与路径转换：中国传媒业的创新聚焦——2009 年中国传媒产业发展评述》，《新闻大学》，2010 年秋季第 105 期。
- 罗慧：《媒介圈地的抵制与传播公地的重建：当前西方另类媒体的传播形态与价值困顿探析》，《新闻大学》，2010 年冬季第 106 期。
- 梁洪文：《报业集团管控模式探析》，《新闻大学》，2010 年冬季第 106 期。
- 曹鹏：《传媒产业需正确认识和处理的十个重要关系浅议》，《新闻记者》，2010 年第 5 期。
- 崔保国、周逵：《中国传媒产业的规模、格局与趋势》，《新闻战线》，2010 年第 6 期。
- 江作苏：《融合背景下平面媒体运营模式的创新》，《新闻战线》，2010 年第 9 期。
- 曹轲：《构建新型媒企关系》，《新闻战线》，2010 年第 9 期。
- 项仲平、刘静晨：《论网络电视对传统电视的冲击》，《当代传播》，2010 年第 2 期。
- 张晋升、张殷婷：《广播联盟：联合发展新亮点　做大做强新路径》，《中国广播电视学刊》，2010 年第 1 期。
- 林如鹏、曹鋈：《对外广播：全面优化　构建现代国际广播体系》，《中国广播电视学刊》，2010 年第 1 期。
- 张学勤、赵鹏：《电视媒介产业运营的变革与挑战》，《中国广播电视学刊》，2010 年第 1 期。
- 王瑞林：《电视产业：危中见“机”稳中求进》，《中国广播电视学刊》，2010 年第 2 期。
- 曾静平：《从 4C 融合到 4C 营销——中国广播电视产业的融合与突围之道》，《中国广播电视学刊》，2010 年第 4 期。
- 李江玲：《电视媒体跨区域合作的现状、趋势及发展对策》，《中国广播电视学刊》，2010 年第 8 期。
- 田应坪：《中国传媒业的资本运作》，《中国广播电视学刊》，2010 年第 12 期。
- 李岚：《2009 年中国电视产业竞争格局与发展态势》，《电视研究》，2010 年第 1 期。
- 赵静超、司若：《媒介融合与文化创意产业价值链的延展》，《电视研究》，2010 年第 6 期。
- 胡正荣、柯妍：《媒介融合背景下的电视新媒体所有权变化及其对文化创意产业的启示》，《电视研究》，2010 年第 6 期。
- 李弋：《媒介融合背景下电视直播的商业盈利模式》，《电视研究》，2010 年第 6 期。

- 何国平、饶小燕:《"三网融合"背景下电视能力建设的机遇和挑战》,《电视研究》,2010年第10期。
- 杨娟:《全媒体背景下我国媒介全景化生产格局探讨》,《电视研究》,2010年第10期。
- 耿相新:《传统文化资源出版产业化前瞻》,《编辑之友》,2010年第2期。
- 周山丹:《媒介融合时代图书出版业的发展策略》,《编辑之友》,2010年第2期。
- 张雪峰:《网络出版的发展与传统出版业的转型》,《编辑之友》,2010年第2期。
- 王宇鸿:《出版传播力与出版产业化》,《编辑之友》,2010年第6期。
- 肖灵:《论中国数字报业的发展现状及其价值取向》,《编辑之友》,2010年第7期。
- 熊玉涛:《论数字出版产业的运作与发展》,《编辑之友》,2010年第7期。
- 蒋雪湘:《产业融合环境下我国图书出版产业组织合理化目标模式探讨》,《编辑之友》,2010年第9期。
- 范绪泉:《在经济低迷中发展出版业的成长机会》,《编辑之友》,2010年第10期。
- 田海明:《以创新和转型推动出版产业跨越式发展》,《出版科学》,2010年第2期。
- 张美娟、何国军、周瑜:《基于产业组织理论的我国出版产业研究述评》,《出版科学》,2010年第5期。
- 姚永春、马清燕:《"走出去"战略视域下中国出版业国际化发展研究综述》,《出版科学》,2010年第5期。
- 高宏、游苏宁、张晓冬、张琳琳:《全球化中与我国科技期刊相关的自我歧视》,《编辑学报》,2010年第1期。
- 张建军、刘胜博、任延刚、高森:《科技期刊集团化产业发展的研究热点问题分析》,《编辑学报》,2010年第2期。
- 曾玉梅:《集团化与品牌化——中国文化产业发展趋势》,《湖北社会科学》,2010年第4期。
- 艾红红:《从党派"营地"到民众"喉舌"——民主党派报刊属性与功能之变迁(1928—1949)》,《山东社会科学》,2010年第3期。
- 张明新、强月新:《传媒竞争研究的生态学进路》,《武汉大学学报(人文科学版)》,2010年第3期。

四、媒介理论

- 韩鸿:《参与式传播:发展传播学的范式转换及其中国价值——一种基于媒介传播偏向的研究》,《新闻与传播研究》,2010年第1期。
- 隋岩:《元语言与换喻的对应合谋——符合传播意义的深层机制之一》,《新闻与传播研究》,2010年第1期。
- 芮必峰:《描述乎?规范乎?——新闻专业主义之于我国新闻传播实践》,《新闻与传播研究》,2010年第1期。
- 张大伟:《文本与快乐:受众理论视野中的女性阅读》,《新闻与传播研究》,2010年第1期。
- 蔡骐:《论大众媒介对粉丝形象的建构》,《新闻与传播研究》,2010年第2期。
- 单波:《媒介即控制及其理论想象》,《新闻与传播研究》,2010年第2期。
- 胡翼青:《传播实证研究:从中层理论到货币哲学》,《新闻与传播研究》,2010年第3期。
- 姜飞:《美国跨文化传播研究形成发展的理论脉络》,《新闻与传播研究》,2010年第3期。
- 王晓华:《报料人参与媒体议程设置情况的实证研究》,《新闻与传播研究》,2010年第

3 期。

- 杨霜：《试论“互媒体性”》，《新闻与传播研究》，2010 年第 4 期。
- 何威：《网众与网众传播——关于一种传播理论新视角的探讨》，《新闻与传播研究》，2010 年第 5 期。
- 殷乐：《媒介融合环境下欧美受众研究的范式转换》，《新闻与传播研究》，2010 年第 6 期。
- 丁和根：《中国大陆的传播符号学研究：理论渊源于现实关切》，《新闻与传播研究》，2010 年第 6 期。
- 朱天、吴曦聪：《新世纪以来我国对农电视传播研究探悉》，《新闻与传播研究》，2010 年第 6 期。
- 魏丽宏：《毛泽东、邓小平、江泽民、胡锦涛的新闻思想比较》，《新闻与传播研究》，2010 年第 6 期。
- 隋岩：《从符号学解析传媒言说世界的机制》，《国际新闻界》，2010 年第 2 期。
- 常江：《个人主义与重商主义的交缠：经典好莱坞叙事中的新闻业和新闻记者》，《国际新闻界》，2010 年第 2 期。
- 孙旭培、卢家银：《新闻出版自由是“一切人的平等权利”——试析卡尔·考茨基的新闻出版自由理念》，《国际新闻界》，2010 年第 3 期。
- 戴元光、夏寅：《莱文森对麦克卢汉媒介思想的继承与修正——兼论媒介进化论及理论来源》，《国际新闻界》，2010 年第 4 期。
- 周葆华：《转型年代：效果研究的聚焦与哥伦比亚学派的兴起》，《国际新闻界》，2010 年第 4 期。
- 阳海洪：《论民粹主义与典型报道的起源——以“吴满有”报道为例》，《国际新闻界》，2010 年第 4 期。
- 黄华：《从文化霸权的角度分析“白话文运动”》，《国际新闻界》，2010 年第 5 期。
- 孙彩芹：《框架理论发展 35 年文献综述——兼述内地框架理论发展 11 年的问题和建议》，《国际新闻界》，2010 年第 9 期。
- 曾一果：《封面：现代性的渴望——媒介叙事中的“上海形象”》，《国际新闻界》，2010 年第 10 期。
- 中国人民大学传播与认知科学实验室：《媒介即信息：一项基于 MMN 的实证研究——关于纸质报纸和电纸书报纸的脑认知机制比较研究》，《国际新闻界》，2010 年第 10 期。
- 张晓辉：《以传播心理学视角解读广播夜谈节目》，《国际新闻界》，2010 年第 10 期。
- 尹韵公、王凤翔：《新闻评论传播范式的话语转型与构建——以中央电视台〈今日观察〉栏目为例》，《现代传播》，2010 年第 1 期。
- 朱光烈：《文明大灭绝：广义进化论视角下的观察》，《现代传播》，2010 年第 2 期。
- 欧阳宏生、闫伟：《论电视艺术的学理重构》，《现代传播》，2010 年第 2 期。
- 云贵彬、宋霞：《休闲类手机短信编写的语用策略》，《现代传播》，2010 年第 3 期。
- 郑保卫：《当前中国媒介批评的几个问题》，《现代传播》，2010 年第 4 期。
- 刘进、孙宜君：《电视剧传播创新与本体新质论》，《现代传播》，2010 年第 6 期。
- 欧阳宝生、李弋：《21 世纪以来中国电视批评的若干思考》，《现代传播》，2010 年第 8 期。
- 支庭荣：《从“双效统一论”到“多效合一论”——对传媒运作的一条基本原则的辨析》，2010 年第 11 期。
- 李良荣、杨梅：《2009 年中国新闻学研究回顾》，《新闻大学》，2010 年春季第 103 期。
- 陈力丹：《“遵循新闻从业基本准则”——马克思主义新闻观立论的基础》，《新闻大学》，2010 年春季第 103 期。

- 隋岩：《含蓄意指与隐喻的等值对应——符号传播意义的深层机制之一》，《新闻大学》，2010 年春季第 103 期。
- 芮必峰：《新闻生产与新闻生产关系的再生产——以“宣传通知”及其执行情况为例》，《新闻大学》，2010 年春季第 103 期。
- 郑丽勇、郑丹妮、赵纯：《媒介影响力评价指标体系研究》，《新闻大学》，2010 年春季第 103 期。
- 姚琳：《再论批判学者的社会实践——以传播政治经济学先驱达拉斯·斯迈兹为例》，《新闻大学》，2010 年夏季第 104 期。
- 赵振宇、胡沈明：《“任仲平”文章新闻评论属性探析》，《新闻大学》，2010 年秋季第 105 期。
- 吴飞、杨席珍：《后殖民视角下的殖民传播》，《新闻大学》，2010 年秋季第 105 期。
- 李良荣、朱佳沅：《理论之痛、实践之难——中国当下新闻学界、业界的困惑》，《新闻大学》，2010 年冬季第 106 期。
- 丁和根：《生产力·传播力·影响力——信息传播国际竞争力的分析框架》，《新闻大学》，2010 年冬季第 106 期。
- 陈国权：《分化是传媒发展的趋势——“融合论”质疑》，《新闻记者》，2010 年第 3 期。
- 罗慧：《挑战主流商业媒体的另类声音——从纸老虎电视的运作看美国另类电视的传播理念与实践》，《新闻记者》，2010 年第 5 期。
- 刘兢：《“当代中国传媒改革”的海外视角——20 世纪 90 年代以来海外学者“中国传媒改革”研究综述与思考》，《新闻记者》，2010 年第 7 期。
- 陈力丹：《传媒为什么会“本能造假”》，《新闻记者》，2010 年第 8 期。
- 陈寅：《影响力、决策力和执行力构筑传播力》，《新闻战线》，2010 年第 11 期。
- 林溪声、童兵：《市场与责任：西方核心新闻理念的演化及价值》，《当代传播》，2010 年第 1 期。
- 陈力丹、陈俊妮：《论人内传播》，《当代传播》，2010 年第 1 期。
- 丁柏铨：《论新闻传播对受众的影响力》，《当代传播》，2010 年第 1 期。
- 韦路、鲍立泉、吴廷俊：《媒介技术演化和传播理论范式的转移》，《当代传播》，2010 年第 1 期。
- 张宏军：《历史活用为新闻的合理“由头”》，《当代传播》，2010 年第 1 期。
- 丁志远、吴飞：《中国大陆传播学研究分期问题的实证分析》，《当代传播》，2010 年第 2 期。
- 杨保军：《新闻道德的一般根据及具体构成分析》，《当代传播》，2010 年第 2 期。
- 胡翼青、吴越：《新闻客观性的幻象与大众传播研究的缘起》，《当代传播》，2010 年第 2 期。
- 丁柏铨：《略论“三农”报道及“三农”报道研究——兼评夏雨禾〈改革开放以来〈人民日报〉“三农”议程设置研究〉》，《当代传播》，2010 年第 2 期。
- 陈力丹、韩娜：《手机短信的误读及误读的情境分析》，《当代传播》，2010 年第 2 期。
- 杨保军：《新闻道德规范内容的结构分析》，《当代传播》，2010 年第 3 期。
- 姚君喜：《政府议程、媒介议程和国家形象——2010 年全国人大会议总理记者会的解读和分析》，《当代传播》，2010 年第 3 期。
- 石义彬、南长森：《阅读方式变革与文化身份认同的两极互动》，《当代传播》，2010 年第 4 期。

- 韦路：《媒介能使我们感到更幸福吗——媒介与主观幸福感研究述评》，《当代传播》，2010 年第 4 期。
- 刘建明：《马克思人民报刊思想发生“两个转变”了吗》，《当代传播》，2010 年第 4 期。
- 田大宪、贾举：《网络集群行为的生成机理与调控方略》，《当代传播》，2010 年第 4 期。
- 徐敬宏、李欲晓、方滨兴、刘颖：《非常规突发事件中网络舆情的生成及管理》，《当代传播》，2010 年第 4 期。
- 石义彬、吴世文：《我国大众传媒再现与建构中国文化身份研究——基于数字传播和全球传播环境的思考》，《当代传播》，2010 年第 5 期。
- 金苗：《媒介霸权论：理论溯源、权利构成与现实向度》，《当代传播》，2010 年第 5 期。
- 邵培仁、夏源：《媒介尺度论：对传播本土性与全球性的考察》，《当代传播》，2010 年第 6 期。
- 郑丽勇：《媒介影响力乘法指数及其效度分析》，《当代传播》，2010 年第 6 期。
- 秦志希、杨华：《新媒体时代广播电视与网络的舆论竞争》，《当代传播》，2010 年第 6 期。
- 董天策、韩琼：《广播新闻：在本位回归中向纵深延伸》，《中国广播电视学刊》，2010 年第 1 期。
- 袁军、王宇：《从理政广播看服务型政府建设中的媒介功能创新》，《中国广播电视学刊》，2010 年第 1 期。
- 姚争：《媒介形态演进与加强公共媒介素养建设》，《中国广播电视学刊》，2010 年第 1 期。
- 杨席珍：《CNN 新闻报道的倾向性分析》，《中国广播电视学刊》，2010 年第 1 期。
- 方毅华、魏倩：《传播学视野中的央广地震报道》，《中国广播电视学刊》，2010 年第 4 期。
- 叶向群、汪凯：《电视文化的乐观主义解读——论约翰·费斯克的电视理论》，《中国广播电视学刊》，2010 年第 3 期。
- 詹小路、王淑华：《从博客使用看大学生网络媒介素养现状及教育走向》，《中国广播电视学刊》，2010 年第 4 期。
- 蔡骐：《传播学视阈下的“金芒果粉丝节”》，《中国广播电视学刊》，2010 年第 5 期。
- 李家国：《论当下媒介的伦理冲突》，《中国广播电视学刊》，2010 年第 10 期。
- 欧阳宏生、汤天甜、杨璐：《开阔视野　推动理论研究的多元创新——2009 年中国电视理论研究综述》，《电视研究》，2010 年第 1 期。
- 李镜镜、张志强：《长尾理论对图书营销的启迪》，《编辑之友》，2010 年第 8 期。
- 王亮：《报刊发行量认证的困境及对策——基于集团理论的解释》，《编辑之友》，2010 年第 8 期。
- 王蕾：《时尚杂志：产生、发展及其消费主义本质》，《中国出版》，2010 年 1 月上第 235 期。
- 钟虎妹：《报业价值链与报业组织竞争优势生成机制分析》，《中国出版》，2010 年 4 月上第 240 期。
- 李昕：《图书出版的思路和选题创新——以三联书店多年坚持的出版理念和实践为例》，《中国出版》，2010 年 10 月（上）第 252 期。

- 杨庆国：《出版强国软实力评价指标体系构建及其评价方法》，《中国出版》2010 年 12 月下第 257 期。
- 张伟、嵇玲：《新闻价值要素对体育新闻选择的影响——以地方性综合类报纸的体育版为例》，《中国编辑》，2010 年第 4 期。
- 罗紫初、吴亮芳、杨欢：《近几年来出版学基础理论研究综述》，《出版科学》，2010 年第 5 期。
- 吴平、黄星：《编辑学研究五年》，《出版科学》，2010 年第 5 期。
- 张国辉：《编辑学研究的新趋向》，《出版科学》，2010 年第 5 期。
- 米加德：《编辑心理健康研究进展》，《出版科学》，2010 年第 5 期。
- 高晓虹：《电视传播理念的创新思考》，《编辑学刊》，2010 年第 1 期。
- 孙英春、孙春霞：《跨文化传播研究的全球场域与本土追问》，《浙江学刊》，2010 年第 4 期。
- 柯泽：《中国本土媒介伦理形成的理论与个案分析》，《湖北社会科学》，2010 年第 5 期。
- 马驰：《异中有同的文化研究路径——法兰克福学派和伯明翰学派比较研究》，《黑龙江社会科学》，2010 年第 2 期。
- 聂静虹、梅琼林：《公共性视野下的大众传媒与公共政策》，《河南社会科学》，2010 年 1 月第 18 卷第 1 期。
- 刘江船：《社会影响力——传播学的新视角》，《河南社会科学》，2010 年 1 月第 18 卷第 1 期。
- 方邦超：《壮族地区特色文化传播的媒介生态探析》，《广西社会科学》，2010 年第 11 期。
- 廖俊玉：《媒体框架建构：研究中国-东盟博览会报道的新视角》，《广西社会科学》，2010 年第 7 期。
- 朱全国、肖艳丽：《数字化视野中的符号与文化传播》，《广西社会科学》，2010 年第 6 期。
- 邓希泉：《网络集群行为的主要特征及其发生机制研究》，《社会科学研究》，2010 年第 1 期。
- 周建国：《关系强度、关系信任还是关系认同——关于中国人人际交往的一种解释》，《社会科学研究》，2010 年第 1 期。
- 连水兴、梅琼林：《媒介批判的转向：从"工具理性"到"交往理性"——论哈贝马斯的媒介批判理论》，《社会科学研究》，2010 年第 5 期。
- 李晖：《论新闻符号学的理论建构》，《社会科学研究》，2010 年第 6 期。
- 姚婷婷、戴钢书：《汶川地震灾后思想重建中的信息传播与舆论引导研究》，《天府新论》2010 年第 3 期。
- ［美］杰拉德．马修斯、［美］罗伯特·恩特曼：《新闻框架的倾向性研究》，《浙江大学学报》，2010 年第 2 期。
- 邱戈：《巴赫金理论的传播思想史意义》，《浙江大学学报》，2010 年第 2 期。

五、媒介营销

- 吴来安：《中国动漫产业国际化发展的战略路径探讨——以〈相信品牌的力量·水墨篇〉广告为例》，《国际新闻界》，2010 年第 7 期。
- 雷霏：《法国队"法语世界"的传播策略解析——以 TV5MONDE 电视台为例》，《国际新闻界》，2010 年第 10 期。

- 董彬：《网络游戏内置广告的营销价值分析》，《新闻大学》，2010 年夏季第 104 期。
- 王国伟：《“第一眼”的魅力何来——时尚消费类期刊封面设计、营销策略辨析》，《新闻记者》，2010 年第 1 期。
- 冯卫民：《钱江报系的诞生与探索》，《新闻战线》，2010 年第 1 期。
- 王仁维：《解放日报的个性追求》，《新闻战线》，2010 年第 7 期。
- 李岚：《省级卫视联姻的模式、启示和趋势》，《新闻战线》，2010 年第 8 期。
- 裘新：《有声有色：世博舆论场的党报新构建》，《新闻战线》，2010 年第 10 期。
- 金雁、胡云：《全媒体时代的品牌经营》，《新闻战线》，2010 年第 10 期。
- 刘九洲、孙海：《金融危机下的都市报生存之路——以武汉都市类报纸为例》，《当代传播》，2010 年第 2 期。
- 陈亚旭、罗以澄：《地方报在竞争中的生态能量分析》，《当代传播》，2010 年第 3 期。
- 廖圣清、申琦：《电视相亲节目的创新与发展——受众分析的视角》，《当代传播》，2010 年第 5 期。
- 郑达威：《QQ 与 360 之争的媒介经济学批判》，《当代传播》，2010 年第 6 期。
- 陆小华：《媒介融合时代的多现场电视直播报道》，《中国广播电视学刊》，2010 年第 2 期。
- 刘大卫：《让民生新闻迈入融媒体时代》，《中国广播电视学刊》，2010 年第 2 期。
- 段文武、刘君：《向内动力要发展力—构建内动力系统实现“品牌强台”的实践和思考》，《中国广播电视学刊》，2010 年第 4 期。
- 朱矛量：《浅谈国产动画片之嬗变及动漫产业发展中的品牌塑造》，《中国广播电视学刊》，2010 年第 5 期。
- 从珩：《论“凡客体”的流行与病毒营销在信息传播上的差异》，《中国广播电视学刊》，2010 年第 10 期。
- 魏彬：《中国大陆国有书业电子商务经营管窥——以网上书店为视角》，《编辑之友》，2010 年第 2 期。
- 许清：《中国网上书店的运行模式初探》，《编辑之友》，2010 年第 2 期。
- 赵振宇、尚媛媛：《金融危机背景下我国女性期刊竞争策略探析》，《编辑之友》，2010 年第 3 期。
- 李建伟、董彦君：《我国女性文摘类期刊：现状及建构》，《编辑之友》，2010 年第 3 期。
- 李法宝：《论全媒体出版产业发展策略》，《编辑之友》，2010 年第 3 期。
- 王丹丹：《出版社十大数字化营销方式探析》，《编辑之友》，2010 年第 5 期。
- 王艳、王正飞：《中国文学类图书出版的繁荣与困惑》，《编辑之友》，2010 年第 7 期。
- 雷雁林：《媒介生态与图书出版的转型》，《编辑之友》，2010 年第 9 期。
- 李东平：《百度搜索引擎的媒介化研究》，《编辑之友》，2010 年第 10 期。
- 刘友芝、周豫、高璐：《文化产业振兴背景下文学期刊发展的新路径探索》，《编辑之友》，2010 年第 12 期。
- 李君：《中国图书分销物流存在的问题与前景展望》，《中国出版》，2010 年 3 月上第 238 期。
- 王立平、李军蓓：《浅析个人博客助力图书营销的几种方式——以部分畅销书作家的新浪博客为例》，《中国编辑》，2010 年第 1 期。
- 王晓乐、彭显东：《价值创新：出版营销的战略性选择》，《出版发行研究》，2010 年第 1 期。
- 唐溯：《我国出版上市公司绩效综合评价》，《出版发行研究》，2010 年第 8 期。
- 方卿、许洁：《近五年来我国出版营销战术研究进展》，《出版科学》，2010 年第 5 期。

- 刘学明：《关于处理引导市场与整合市场关系的几点思考》，《出版科学》，2010 年第 6 期。
- 庄曦：《收视率流通中的市场共谋》，《编辑学刊》，2010 年第 3 期。
- 刘丽娟：《引进版的中国语境问题——从〈环球经典名曲导读〉系列唱片营销个案谈起》，《编辑学刊》，2010 年第 5 期。
- 李远涛：《中国图书出版产业的竞争趋势》，《编辑学刊》，2010 年第 5 期。
- 谭丰华：《科技期刊知识营销探索》，《编辑学报》，2010 年第 3 期。
- 涂晓华：《中外期刊出版管理比较》，《编辑学报》，2010 年第 4 期。
- 张惠：《科技期刊与出版环境的协调发展——基于生态学视野的分析》，《编辑学报》，2010 年第 4 期。

六、媒介广告经营

- 周培勤、薛飞：《“绿色”广告的“灰色”地带——广告的环保诉求内容分析》，《新闻与传播研究》，2010 年第 1 期。
- 刘学义：《“广告中心”还是“用户中心”？——美英报纸网站商业模式转型分析》，《新闻与传播研究》，2010 年第 3 期。
- 杨海军：《广告舆论研究探析》，《新闻与传播研究》，2010 年第 5 期。
- 康瑾：《交叉学科视角下的广告学术研究——2000—2009 年 CSSCI 期刊广告文献分析》，《国际新闻界》，2010 年第 9 期。
- 倪宁、谭宇菲：《公益广告中的中国元素回顾与展望》，《现代传播》，2010 年第 7 期。
- 张健：《从“尴尬的亲戚”到“高高在上的主人”——进步主义时代美国广告业与报刊社会关系的再构建》，《新闻大学》，2010 年（夏季）第 104 期。
- 张殿元：《对广告文化批判若干问题的思考》，《新闻大学》，2010 年（冬季）第 106 期。
- 陶喜红、王灿发：《中国期刊广告市场集中度实证分析》，《编辑之友》，2010 年第 10 期。
- 郭传菁：《病毒式广告营销的“圈套”》，《当代传播》，2010 年第 2 期。
- 孙平、李丽：《后“三鹿”时代的乳品广告策略分析——对河北市场乳制品广告的调查》，《当代传播》，2010 年第 3 期。
- 李军林：《电视广告中女性刻板形象研究》，《当代传播》，2010 年第 3 期。
- 刘林沙：《广告中的“之徒”原型形象研究》，《当代传播》，2010 年第 4 期。
- 彭虹：《广告的科学性与艺术性之辩》，《当代传播》，2010 年第 5 期。
- 臧丽娜：《论在线广告的娱乐互动传播》，《当代传播》，2010 年第 5 期。
- 周立华：《媒介购买公司：广告市场的第四要素?》，《当代传播》，2010 年第 6 期。
- 沈土成、沈兵虎：《手机媒体广告可持续发展的路径选择》，《中国广播电视学刊》，2010 年第 1 期。
- 赵津晶、朱华乔：《论文化视角中的广告传播》，《中国广播电视学刊》，2010 年第 2 期。
- 初广志、谢莹莹：《电视政治广告的传播策略研究——以奥巴马竞选总统为例》，《中国广播电视学刊》，2010 年第 4 期。
- 张劲：《儿童广告现存问题及运作对策》，《中国广播电视学刊》，2010 年第 10 期。
- 党海燕：《探寻植入式广告健康发展之路》，《中国广播电视学刊》，2010 年第 10 期。
- 刘潆檑、莫梅锋：《电视互动广告的发展现状与问题》，《电视研究》，2010 年第 7 期。
- 陈堂发：《略论明代三山街私刻书坊的大众文化经营》，《出版科学》，2010 年第 1 期。
- 廖秉宜：《中国广告产业市场结构、行为及绩效分析》，《国际新闻界》，2010 年第

9 期。

- 康瑾：《交叉学科视角下的广告学术研究——2000—2009 年 CSSCI 期刊广告文献分析》，《国际新闻界》，2010 年第 9 期。

七、媒介管理

- 张健：《编营分离制度为何可能被逐利的美国新闻业主接受——一种新制度经济学的解释》，《国际新闻界》，2010 年第 1 期。
- 郑保卫：《善待媒体，善用媒体，善管媒体——对李长春同志讲话的解读与思考》，《国际新闻界》，2010 年第 2 期。
- 涂凌波：《谁来控制西方民主社会中的大众媒体？——两种观念的冲突与发展》，《国际新闻界》，2010 年第 5 期。
- 黄瑞刚：《危机中政府与媒体互动的协同效应》，《国际新闻界》，2010 年第 5 期。
- 陈致中：《报社员工组织文化认同度及其影响之研究——以台湾〈联合报系〉为例》，《国际新闻界》，2010 年第 5 期。
- 乔治·索瓦凯斯、科斯塔·阿高什、阿西娜·佐托斯、安德烈·威格利斯：《读者满意度和内容质量在消费类杂志订阅中的作用》，《国际新闻界》，2010 年第 5 期。
- 程忠良：《"全媒体"时代报业经营之立体渠道策略》，《国际新闻界》，2010 年第 6 期。
- 陈绚：《Copyleft 之于网络传播的道德价值与法律价值》，《国际新闻界》，2010 年第 6 期。
- 赵晋：《从政策网络视角看驻华外国媒体和外国记者管理政策》，《国际新闻界》，2010 年第 10 期。
- 黄升民、宋红梅、周再宇：《突围与重建：区域媒体经营新论》，《现代传播》，2010 年第 1 期。
- 陈力丹：《谈谈网络管理的几个基本理念》，《现代传播》，2010 年第 4 期。
- 中国传媒大学党报党刊研究中心课题组：《试谈我国报刊经营管理中的问题》，《现代传播》，2010 年第 5 期。
- 广电总局发展研究中心课题组：《美国地方性电视台基本架构、运作机制及其启示》，《现代传播》，2010 年第 9 期。
- 初广志：《整合营销传播的本土化研究——中国企业营销传播管理者的视角》，《现代传播》，2010 年第 12 期。
- 闻洪涛：《全球金融危机背景下的专业电视财经媒体的收视现状、问题及对策——基于艾杰比尼尔森第一财经频道收视数据的实证分析》，《新闻大学》，2010 年夏季第 104 期。
- 吴定海：《在浅阅读与深阅读的契合中寻求报纸的生存策略》，《新闻记者》，2010 年第 5 期。
- 王玲英：《网络时代的内参取向探析》，《新闻记者》，2010 年第 9 期。
- 朱金玉、魏旭：《三网融合背景下民营电视公司的存在方式探析》，《新闻记者》，2010 年第 11 期。
- 孙玉双、聂娟、曹振宝：《报业集团管理模式的创新策略》，《新闻战线》，2010 年第 1 期。
- 李新全：《创新经营模式　做强广播产业》，《新闻战线》，2010 年第 1 期。
- 徐向明：《地市报业与广电业合并发展刍议》，《新闻战线》，2010 年第 2 期。
- 周志伟、陈睿、王青：《全媒体布局　立体化传播——广州日报报业集团的跨媒体融合之道》，《新闻战线》，2010 年第 6 期。

- 黄扬略、黄斐：《正确处理党报改革与发展的五大关系》，《新闻战线》，2010 年第 8 期。
- 黄昌林：《综合性传媒集团转型的“大”字经》，《新闻战线》，2010 年第 11 期。
- 闵阳：《后危机时代中国传媒业的发展战略》，《当代传播》，2010 年第 5 期。
- 张鸣：《产业组织理论视阈下的区域报业市场结构研究》，《当代传播》，2010 年第 5 期。
- 罗小东：《市场规则与媒体规制》，《当代传播》，2010 年第 5 期。
- 顾华祥：《中国网络信息安全形势及法制对策》，《当代传播》，2010 年第 4 期。
- 陈建群：《电视业的一个帕累托改进》，《当代传播》，2010 年第 4 期。
- 张鸣：《钻石理论与文化产业集群建设——以动漫创意产业为例》，《当代传播》，2010 年第 3 期。
- 王红忠、李冰玉：《监控视频在电视新闻中的应用分析与思考》，《中国广播电视学刊》，2010 年第 2 期。
- 郑蓓：《儿童电视节目交互性提升的利弊》，《中国广播电视学刊》，2010 年第 2 期。
- 袁军、王宇：《对发挥广播自然灾害第一媒体作用的思考》，《中国广播电视学刊》，2010 年第 4 期。
- 罗萍：《“低俗”与“非低俗”的启示——关于电视传媒低俗化讨论的思考》，《中国广播电视学刊》，2010 年第 6 期。
- 喻国明、赵晋：《电视民生新闻发展瓶颈突破方式探析》，《中国广播电视学刊》，2010 年第 9 期。
- 罗以澄、戴思洄：《从民生新闻节目的转型看地方频道的努力方向》，《中国广播电视学刊》，2010 年第 9 期。
- 周建光：《引导优秀文化产品的有益实践》，《中国广播电视学刊》，2010 年第 10 期。
- 李立功：《现代企业制度：制播分离改革成败的关键》，《中国广播电视学刊》，2010 年第 10 期。
- 林红志：《广播电视媒体人才管理机制创新刍议》，《中国广播电视学刊》，2010 年第 10 期。
- 李文冰：《比较视野下治理我国媒介低俗化的政府规制建设》，《中国广播电视学刊》，2010 年第 11 期。
- 冷冶夫、刘新传：《媒介融合时代民间影像网络传播的净化管理》，《中国广播电视学刊》，2010 年第 12 期。
- 邵培仁、陈兵：《基于品牌建构的电视节目编排策略与流程管理》，《电视研究》2010 年第 2 期。
- 程曼丽：《中国电视对外传播的品牌战略》，《电视研究》，2010 年第 3 期。
- 李岚、朱珠：《广播电视品牌评估：国内外经验与启示》，《电视研究》，2010 年第 5 期。
- 喻国明、李彪：《电视收视全效指标评估体系研究——以电视剧为例》，《电视研究》，2010 年第 7 期。
- 彭志雄：《高校学报集团化之构想》，《编辑之友》，2010 年第 2 期。
- 石研：《金融危机下财经报刊需应对的几个问题》，《编辑之友》，2010 年第 3 期。
- 王熙：《媒体资产管理与教育出版数字化的“长尾”战略》，《编辑之友》，2010 年第 5 期。
- 曾凡斌、张荣：《媒体的整体上市探析——以出版传媒为例》，《编辑之友》，2010 年第 7 期。

- 杨丹丹：《消费类期刊与行业期刊的经营收入来源与管理》，《编辑之友》，2010 年第 9 期。
- 张志林、何志成：《出版业网站评价原则与指标体系构建》，《中国出版》，2010 年 2 月上第 236 期。
- 代杨：《出版企业引进战略投资者的风险评估与价值管理》，《中国出版》，2010 年 8 月下第 249 期。
- 付龙：《浅议交互电视对编辑工作的新要求》，《中国编辑》，2010 年第 1 期。
- 岳广鹏：《收视行为“碎片化”背景下省级卫视的编排思路》，《中国编辑》，2010 年第 1 期。
- 杨鹏：《论多维度审视编辑人才培养模式》，《中国编辑》，2010 年第 2 期。
- 李林容：《浅谈网络编辑思维方法》，《中国编辑》，2010 年第 5 期。
- 巢乃鹏、胡菲：《学术期刊的网络同行评议》，《中国编辑》，2010 年第 6 期。
- 武玉霞：《网络媒体报道突发性地质灾害时间的条件及网络编辑应有的作为》，《中国编辑》，2010 年第 6 期。
- 陈正雄：《简谈学术图书出版机制的建立》，《出版发行研究》，2010 年第 6 期。
- 何皓：《图书质量：出版宏观管理的一个重要范畴》，《出版科学》，2010 年第 1 期。
- 王鹏涛、彭海文：《读者参与创新驱动下的出版品牌管理绩效提升模式研究》，《出版科学》，2010 年第 3 期。
- 梁浩光、徐建华：《近五年来我国出版业资本运营研究述评》，《出版科学》，2010 年第 5 期。
- 李新祥：《我国网络出版行政管理问题的思考》，《编辑学刊》，2010 年第 6 期。
- 俞晓群：《“基金化生存”随想》，《编辑学刊》，2010 年第 5 期。
- 庞沁文：《出版的基本规律是什么》，《编辑学刊》，2010 年第 4 期。
- 耿相新：《传统出版面临的四大困境》，《编辑学刊》，2010 年第 2 期。
- 贺圣遂：《编辑创造力三题》，《编辑学刊》，2010 年第 1 期。
- 李朋义：《中国出版扬帆出海——华文出版面临的问题及应对策略》，《编辑学刊》，2010 年第 1 期。
- 徐真、周舜培：《呼唤完善版权代理制度》，《编辑学刊》，2010 年第 1 期。
- 耿蕊：《中国动漫产业发展的危机与转机——基于创新的理论范式》，《湖南社会科学》，2010 年第 1 期。
- 周亚明：《基于市场竞争的党刊读者群细分》，《湖南社会科学》，2010 年第 2 期。
- 陈力丹：《论突发性事件的信息公开和新闻发布》，《南京社会科学》，2010 年第 3 期。
- 吴飞：《新闻场与社团组织的权利冲突与对话》，《南京社会科学》，2010 年第 4 期。
- 李大凯、孙曰瑶：《免费与收费商业模式下厂商盈利能力的比较分析——以网络游戏产业为例》，《广西社会科学》，2010 年第 11 期。
- 宋江飞、张劲松：《产业集群升级中的路径依赖与聚变效应契合分析——以广西北部湾经济区电子信息产业为例》，《广西社会科学》，2010 年第 8 期。
- 国秋华：《创建学习型媒体组织——论知识经济时代我国传媒管理创新策略》，《武汉大学学报（人文科学版）》，2010 年第 2 期。
- 曾凡斌：《传统付费报纸和免费报纸的博弈及其启示》，《暨南学报（哲学社会科学版）》，2010 年第 5 期。

八、数字化与新媒体

- 范明献：《网络媒介的文化解放价值——一种基于媒介传播偏向的研究》，《新闻与传播研究》，2010 年第 1 期。

- 雷蔚真：《信息传播技术采纳在北京外来农民工城市融合过程中的作用探析》，《新闻与传播研究》，2010 年第 2 期。
- 周裕琼：《QQ 群聊会让人更相信谣言吗？——关于四则奥运谣言的控制实验》，《新闻与传播研究》，2010 年第 2 期。
- 丁汉青、王亚萍：《SNS 网络空间中“意见领袖”特征之分析——以豆瓣网为例》，《新闻与传播研究》，2010 年第 3 期。
- 罗昕：《美国“网络中立”争论：在介入政治与开放之间》，《新闻与传播研究》，2010 年第 3 期。
- 王晓光：《博客社区内的互动交流结构：基于评论行为的实证研究》，《新闻与传播研究》，2010 年第 4 期。
- 夏雨禾：《微博互动的结构与机制——基于对新浪微博的实证研究》，《新闻与传播研究》，2010 年第 4 期。
- 余红：《知识决定参与？大学生网上社会公共事务参与影响因素分析》，《新闻与传播研究》，2010 年第 5 期。
- 白寅：《网络流言传播的动力学机制分析》，《新闻与传播研究》，2010 年第 5 期。
- 陈晓云：《韩国网络治理现状及启示》，《新闻与传播研究》，2010 年第 6 期。
- 魏丽萍：《网络舆情形成机制的进化博弈启示》，《新闻与传播研究》，2010 年第 6 期。
- 瞿光勇：《网络计量学视角下政府网站“信息孤岛”实证研究》，《新闻与传播研究》，2010 年第 6 期。
- 匡文波：《新媒介环境下西方国家保护未成年人免受不良信息侵害的策略分析》，《国际新闻界》，2010 年第 1 期。
- 张志：《解析日本的新媒介法制构想及内容规制理念》，《国际新闻界》，2010 年第 1 期。
- 高钢：《物联网和 Web3.0：技术革命与社会变革的交叠演进》，《国际新闻界》，2010 年第 2 期。
- 张佰明：《嵌套性：网络微博发展的根本逻辑》，《国际新闻界》，2010 年第 6 期。
- 王辰瑶：《结构性制约：对网络时代日常新闻生产的思考》，《国际新闻界》，2010 年第 7 期。
- 邵华冬、杜国清：《中国企业数字新媒体广告传播平台研究》，《国际新闻界》，2010 年第 10 期。
- 孟伟：《英国广播数字化的发展》，《国际新闻界》，2010 年第 10 期。
- 黄升民：《三网融合：构建中国式“媒·信产业”新业态》，《现代传播》，2010 年第 4 期。
- 周艳：《三网融合背景下，广电如何应对?》，《现代传播》，2010 年第 5 期。
- ［新加坡］石惠敏：《虚拟与实体相结合的互动数字媒体发展新貌——以新加坡为例》，《现代传播》，2010 年第 7 期。
- 石长顺、石婧：《“三网融合”下的传媒新业态与监管》，《现代传播》，2010 年第 8 期。
- 黄世席：《数码环境下美国影视版权的保护探讨》，《现代传播》，2010 年第 8 期。
- ［韩］李智惠、刘永烨：《韩国移动社交网络服务的类型分析与促进方案》，《现代传播》，2010 年第 8 期。
- 黄勇：《论中国广电在“三网融合”新阶段的战略方位》，《现代传播》，2010 年第 9 期。
- 谷红、黄升民：《三网融合背景下的“全战略”反思与平台化趋势》，《现代传播》，

2010 年第 9 期。

- 李良荣、童希：《互联网时代新闻报道新思维》，《现代传播》，2010 年第 10 期。
- 葛岩，等：《网民评论对消费态度和意愿的影响——观察信息刺激、信源可信度与品牌经验的相互作用》，《现代传播》，2010 年第 10 期。
- 丁俊杰、张树庭、李未柠：《视网融合背景下的电视节目影响力评估体系创新初探》，《现代传播》，2010 年第 11 期。
- 孙少晶、王嘉颖、同心：《新技术环境中的传播陷阱分析》，《新闻大学》，2010 年（春季）第 103 期。
- 周笑：《新媒体环境中视听率研究的框架性构想》，《新闻大学》，2010 年（春季）第 103 期。
- 张大伟：《数字出版即全媒体出版论——对“数字出版”概念生成语境的一种分析》，《新闻大学》，2010 年（春季）第 103 期。
- 孙少晶、王嘉颖、同心：《新技术环境中的传播陷阱分析》，《新闻大学》，2010 年（春季）第 103 期。
- 潘忠党、於红梅：《互联网使用对传统媒体的冲击：从使用与评价切入》，《新闻大学》，2010 年（夏季）第 104 期。
- 周葆华：《新媒体使用与主观阶层认同：理论阐释与实证检验》，《新闻大学》，2010 年（夏季）第 104 期。
- 张月萍：《微博客对网络新闻评论的影响》，《新闻大学》，2010 年（夏季）第 104 期。
- 蒋晓丽、石磊：《从媒介融合看报业的数字化转型》，《新闻大学》，2010 年（夏季）第 104 期。
- 秦新安：《网络时代的财经报纸——华尔街日报的启示》，《新闻大学》，2010 年（秋季）第 105 期。
- 丁汉青、李华：《网络空间内意见领袖在消费者维权活动中的作用——以惠普“质量门”事件为例》，《新闻大学》，2010 年（秋季）第 105 期。
- 阴良：《孤独感、社会认同与 SNS 使用之研究——以人人网为例》，《新闻大学》，2010 年（冬季）第 106 期。
- 金萍华：《网络交往中“不愿和陌生人说话”之现象阐释》，《新闻大学》，2010 年（冬季）第 106 期。
- 程士安、陈思：《基于地理位置服务（LBS）技术平台的传播规律——以“街旁”为例解读技术赋予信息分享的信权力》，《新闻大学》，2010 年（冬季）第 106 期。
- 薛可、陈晞：《BBS 中的“舆论领袖”影响力传播模型研究——以上海交通大学“饮水思源”BBS 为例》，《新闻大学》，2010 年（冬季）第 106 期。
- 钟智锦：《暴力游戏对玩家暴力倾向的影响：理论、方法与结论》，《新闻大学》，2010 年（冬季）第 106 期。
- 邓建国：《学习新媒体寻求新模式——美国网络新闻商业模式创新的三个新动向》，《新闻记者》，2010 年第 4 期。
- 薛慧卿：《社会媒体冲击下的报纸应对之策》，《新闻记者》，2010 年第 4 期。
- 马正恺：《手机报：是过渡而不是终点》，《新闻记者》，2010 年第 6 期。
- 吴信训、吴小坤：《我国数字出版产业链的冲刺关键——构建数字出版公共（交易）平台的构想》，《新闻记者》，2010 年第 8 期。
- 汪文斌：《中国网络电视台的战略构想与实践》，《新闻战线》，2010 年第 2 期。
- 济生：《中国网络电视台：抢占制高点》，《新闻战线》，2010 年第 2 期。
- 梁海涛、张岚山：《新媒体时代党报改革的路径选择——〈河北日报〉改版的启示与思考》，《新闻战线》，2010 年第 2 期。

- 张雄伟、崔砺金：《3G 时代行业报的转型与升级》，《新闻战线》，2010 年第 3 期。
- 唐古千峰：《网络媒体监督的界限及侵权规避》，《新闻战线》，2010 年第 3 期。
- 胡泳：《中国网络论坛的源与流》，《新闻战线》，2010 年第 4 期。
- 王侃、吴重生、叶萌、汪震宇：《从传统媒体向新媒体转型——网络论坛“19 楼空间”的崛起之路》，《新闻战线》，2010 年第 4 期。
- 魏寿华：《“天涯”现象——网络论坛是怎样炼成的?》，《新闻战线》，2010 年第 4 期。
- 尹明华：《回归本原——数字时代的报业选择》，《新闻战线》，2010 年第 5 期。
- 张治中：《新媒体的用户属性与传统媒体的战略转型》，《新闻战线》，2010 年第 5 期。
- 喻季欣：《微博对新闻传播的拓展》，《新闻战线》，2010 年第 5 期。
- 王秀云、金晓辛、何其姝：《新媒体的世界杯盛宴》，《新闻战线》，2010 年第 7 期。
- 闵大洪：《微博客的媒体特质与传播能量》，《新闻战线》，2010 年第 9 期。
- 刘燕南：《新旧媒体受众测量特征之比较》，《新闻战线》，2010 年第 9 期。
- 刘瑞生：《新媒体发展的态势与基本特征》，《新闻战线》，2010 年第 11 期。
- 彭兰：《网络新闻 2. 0：变革的必然》，《新闻战线》，2010 年第 12 期。
- 金永成、金晓春：《数字媒体时代的媒介产业融合：产业经济学视角的分析》，《新闻界》，2010 年第 6 期。
- 窦紫遐、张金海：《互联网交互式信息平台营销传播探析》，《新闻界》，2010 年第 6 期。
- 邬建中、钟鑫靓：《浅析 B2C 网站分众传播的当前问题及对策》，《新闻界》，2010 年第 6 期。
- 吴江文：《新媒体赢利模式探析》，《当代传播》，2010 年第 1 期。
- 杜俊飞、陈友华、巢乃鹏、苗国、梁靖雯：《网络新闻中的政治与民主（上）》，《当代传播》，2010 年第 1 期。
- 吴祐昕、吴波、张明：《社会化网络隐患对国家信息安全的影响》，《当代传播》，2010 年第 1 期。
- 喻国明、欧亚、张佰明、王斌：《试论微博的中国本土化发展战略———种基于用户培育的差异化竞争》，《当代传播》，2010 年第 2 期。
- 杜俊飞、陈友华、巢乃鹏、苗国、梁靖雯：《网络新闻中的政治与民主（下）》，《当代传播》，2010 年第 2 期。
- 杨晓茹：《传播学视阈中的微博研究》，《当代传播》，2010 年第 2 期。
- 周忠成：《论手机媒体的定位》，《当代传播》，2010 年第 2 期。
- 夏光富、刘应海：《数字创意产业的特征分析》，《当代传播》，2010 年第 3 期。
- 聂静虹：《媒介生态视角下的网络隐私权保护》，《当代传播》，2010 年第 3 期。
- 张洪忠、季娇：《新媒介公信力考察——基于全国十大城市网络、手机调查数据的分析》，《当代传播》，2010 年第 4 期。
- 吴玉玲、鲍立：《数字电视节目收视偏好与付费意愿分析——基于北京地区数字电视收视情况的调研报告》，《当代传播》，2010 年第 4 期。
- 巢乃鹏、王美芳：《对网络失范行为的公众认知和态度调查》，《当代传播》，2010 年第 5 期。
- 赵云泽、王钰、王洁：《搜索引擎：三重属性的矛盾及解决途径》，《当代传播》，2010 年第 5 期。
- 杜建华：《三网融合下的广电媒体内容生产》，《当代传播》，2010 年第 6 期。
- 肖尧中：《威客模式下网络问政的路径创新》，《当代传播》，2010 年第 6 期。
- 傅萌：《网络时代，传统媒体如何引领舆论》，《中国广播电视学刊》，2010 年第 3 期。

- 王淑华:《“动新闻”的伦理思考及未来发展的可行性探索》,《中国广播电视学刊》,2010 年第 3 期。
- 黄匡宇:《数字化语境下江苏卫视的数字升级——“情感世界,幸福中国”的逻辑解读》,《中国广播电视学刊》,2010 年第 3 期。
- 余伟利:《从博客到微博:网络问政“两会”的媒体应对》,《中国广播电视学刊》,2010 年第 6 期。
- 刘燕南:《技术之变与规则之守——关于数字双向有线电视收视率测量的思考》,《中国广播电视学刊》,2010 年第 9 期。
- 叶丹:《三网融合呼唤媒体内容资产价值评估》,《中国广播电视学刊》,2010 年第 11 期。
- 马克燕:《三网融合时代内容如何为王》,《中国广播电视学刊》,2010 年第 11 期。
- 张敬民:《广电的全媒体时代》,《中国广播电视学刊》,2010 年第 12 期。
- 周笑:《移动视频新媒体的消费偏好研究》,《电视研究》,2010 年第 9 期。
- 马胜荣、董梦杭:《专业化是网络媒体提升国际传播能力的基础》,《电视研究》,2010 年第 9 期。
- 韩晓芳:《微博时代传统媒体的生存之道》,《编辑之友》,2010 年第 2 期。
- 董开栋:《Kindle 启示和 3G 机遇:电子书在中国的发展策略分析》,《编辑之友》,2010 年第 2 期。
- 董昕:《浅析手机报的媒介特性及发展策略》,《编辑之友》,2010 年第 2 期。
- 刘寒娥:《传统出版业数字出版发展策略探析》,《编辑之友》,2010 年第 3 期。
- 邱慧:《借鉴与融合:新媒体环境下传统出版业的机遇》,《编辑之友》,2010 年第 3 期。
- 牛静、丁智肇:《手机出版的发展现状及其策略探析》,《编辑之友》,2010 年第 5 期。
- 张丽萍:《数字出版背景下,传统期刊业的发展模式创新》,《编辑之友》,2010 年第 8 期。
- 金更达、王同裕:《数字出版及其产业认识与思考》,《中国出版》,2010 年 5 月上第 242 期。
- 樊丽、王亚男:《手机出版内容现存问题及对策研究》,《中国出版》,2010 年 5 月上第 242 期。
- 于红:《网络舆论监督:数字化背景下反腐倡廉新锐器》,《中国出版》2010 年 5 月下第 243 期。
- 张蕾:《谁是手机报的大客户群——农民工群体手机报使用情况研究》,《中国出版》2010 年 9 月下第 251 期。
- 蔡雯:《浅谈数字时代新闻编辑工作的主要特点》,《中国编辑》,2010 年第 1 期。
- 李宇:《浅析网络时代电视新闻选题策划与内容选择——以中央电视台新闻频道〈24 小时〉栏目为例》,《中国编辑》,2010 年第 2 期。
- 韩冰:《略议 3G 网站的媒体特征与受众本位的编辑策略》,《中国编辑》,2010 年第 2 期。
- 唐佳希:《3G 云计算时代的媒介展现、内容编辑与信息获取》,《中国编辑》,2010 年第 4 期。
- 王朦、李苓:《微博不等于浅阅读》,《中国编辑》,2010 年第 4 期。
- 李钊平:《〈青年文摘〉在数字化环境中的生存选择》,《中国编辑》,2010 年第 5 期。
- 麦尚文、陈佳芝:《数字期刊发展模式探析》,《中国编辑》,2010 年第 5 期。
- 胡政平:《传统期刊网络化存在的问题及应对策略》,《出版发行研究》,2010 年第4 期。

- 方卿、冯蓓：《网络科技期刊内容模式研究》，《出版科学》，2010 年第 1 期。
- 贺子岳、平悦：《电子阅读器产业运作模式分析》，《出版科学》，2010 年第 4 期。
- 徐丽芳、方卿、邹莉、丛挺：《数字出版物研究综述》，《出版科学》，2010 年第 5 期。
- 王丹、王宗殿：《从“批发”到“零售”：手机出版服务创新思考》，《出版科学》，2010 年第 6 期。
- 方鸿辉：《数字出版大趋势》，《编辑学刊》，2010 年第 2 期。
- 王武林：《新媒体时代出版业的深度营销》，《编辑学刊》，2010 年第 3 期。
- 王联合：《中美数字出版市场运营模式比较——传统中小出版社的数字化空间探析》，《编辑学刊》，2010 年第 4 期。
- 雷启立：《“微传播”时代的文化特质》，《编辑学刊》，2010 年第 4 期。
- 任殿顺：《数字出版的平台竞争初探》，《编辑学刊》，2010 年第 6 期。
- 沈毅：《网络空间的社会文化意涵——从比较社会学的视角看社会文化的冲撞》，《浙江学刊》，2010 年第 2 期。
- 岳改玲：《互联网上的社会支持：中西方研究现状与前瞻》，《江淮论坛》，2010 年第 3 期。
- 喻发胜、王晓红、陈波：《网络传播的衍生效应与网络舆论》，《湖北社会科学》，2010 年第 5 期。
- 张燕：《第二代互联网的民意价值研究》，《北京社会科学》，2010 年第 4 期。
- 黄洪珍：《网络传播对民主政治的影响与决策》，《湖南社会科学》，2010 年第 2 期。
- 韩敏：《商议民主视野下的新媒体事件》，《南京社会科学》，2010 年第 7 期。
- 宫承波：《新媒体文化精神论析》，《山东社会科学》，2010 年第 5 期。
- 荀瑶：《公危机事件与网络舆情安全》，《黑龙江社会科学》，2010 年第 6 期。
- 宋遂周：《论以互联网为媒介的公民政治参与》，《黑龙江社会科学》，2010 年第 4 期。
- 刘祥国、周玉林：《数字化时代中国版权制度改革的路径思考》，《广西社会科学》，2010 年第 11 期。
- 戴庆瑄：《数字化时代学术期刊的蓝海战略》，《广西社会科学》，2010 年第 11 期。
- 张放：《网络人际传播效果研究的基本框架、主导范式与多学科传统》，《四川大学学报（哲学社会科学版）》，2010 年第 2 期。
- 宋石男：《互联网与公共领域构建——以 Web2. 0 时代的网络意见领袖为例》，《四川大学学报（哲学社会科学版）》，2010 年第 3 期。

九、媒介史

- 倪延年：《中国新闻事业发展阶段新论》，《新闻与传播研究》，2010 年第 1 期。
- 黄春平：《汉代朝政消息的发布-布告》，《新闻与传播研究》，2010 年第 3 期。
- 朱至刚：《试论“文人论政”的流变：以报人的自我期许为中心》，《新闻与传播研究》，2010 年第 3 期。
- 陈培爱、杜艳艳：《五四时期广告教育与广告学研究初探》，《新闻与传播研究》，2010 年第 4 期。
- 吴果中：《图说中国近代知识普及化传播——以〈启蒙画报〉为中心的视觉解读》，《新闻与传播研究》，2010 年第 4 期。
- 阳美燕：《日本在华第一家舆论机关〈汉报〉的“中日关系”报道及其论调——基于〈汉报〉原件的文本分析》，《新闻与传播研究》，2010 年第 5 期。
- 徐新平：《论维新派新闻自由观》，《新闻与传播研究》，2010 年第 5 期。
- 王天根：《晚清维新舆论的媒介建构与报刊命运的考量》，《新闻与传播研究》，2010 年第 6 期。

- 王晓梅：《建国初党报领导下的“读报组”发展探析——以建国初〈解放日报〉“读报组”发展为基本脉络》，《新闻与传播研究》，2010 年第 6 期。
- 魏海岩：《宋代进奏院隶属关系考证》，《国际新闻界》，2010 年第 1 期。
- 谷长岭：《晚清报刊的两个基本特征》，《国际新闻界》，2010 年第 1 期。
- 刘继忠：《南京〈民生报〉停刊事件再审视》，《国际新闻界》，2010 年第 1 期。
- 王樊逸：《“新”旧之分，耳学之“闻”——中国古代“新闻”观的语义学再考》，《国际新闻界》，2010 年第 2 期。
- 樊亚平：《“意有所在，凡归政治而已”——梁启超报刊职业认同探析》，《国际新闻界》，2010 年第 2 期。
- 李卫华：《从邮运渠道看清末被禁报刊流通的原因》，《国际新闻界》，2010 年第 2 期。
- 邓绍根：《中美新闻交流的互动：沃尔特·威廉博士与上海〈申报〉》，《国际新闻界》，2010 年第 2 期。
- 黄旦、瞿轶羿：《从“编年史”思维定势中走出来——对共和国新闻史的一点想法》，《国际新闻界》，2010 年第 3 期。
- 吴廷俊：《“政治家办报”——研究二十世纪五六十年代中国新闻史的一个关键词》，《国际新闻界》，2010 年第 3 期。
- 李彬、刘宪阁：《新闻社会史：1949 年以后中国新闻史研究的一种可能》，《国际新闻界》，2010 年第 3 期。
- 江凌：《城市化移民、人口集聚与区域城市近代报刊业的兴起——以近代两湖地区城市报刊业的兴起为例》，《国际新闻界》，2010 年第 4 期。
- 谷长岭、叶凤美：《发现最早的现代中文周报——〈蜜妥士贸易报〉》，《国际新闻界》，2010 年第 8 期。
- 毛章清：《从〈全闽新日报〉（1907—1945）看近代日本在华南报业的性质》，《国际新闻界》，2010 年第 9 期。
- 涂鸣华：《抵制和迁都：再论〈顺天时报〉停刊的深层原因》，《国际新闻界》，2010 年第 9 期。
- 吴婧：《日常生活与现代性启蒙——〈良友〉中的“名流”形象》，《国际新闻界》，2010 年第 10 期。
- 齐辉：《民国报业展览会于中国现代新闻业的成长——以上海世界报纸展览会为中心探讨》，《国际新闻界》，2010 年第 10 期。
- 赵玉明：《再谈中国现代广播史研究中的若干问题（上）——与陈尔泰同志商榷》，《现代传播》，2010 年第 2 期。
- 陈尔泰：《关于中国广播史若干问题的讨论——兼答赵玉明教授》，《现代传播》，2010 年第 12 期。
- 陆小华：《媒介融合进程中电视直播报道形态的演变》，《新闻战线》，2010 年第 2 期。
- 戴元光、陈钢：《中国新闻史研究的本体意识与范式创新》，《当代传播》，2010 年第 3 期。
- 雷蔚真、胡雅婷：《从地域性变化看中国民生新闻的十年》，《中国广播电视学刊》，2010 年第 4 期。
- 艾红红、张素艳：《广播评书的历史回顾与特色分析》，《中国广播电视学刊》，2010 年第 10 期。
- 刘年辉：《中国报业组织结构演进轨迹考察》，《编辑之友》，2010 年第 3 期。
- 王洪武：《十年来文学类图书出版的繁荣与困惑》，《编辑之友》，2010 年第 7 期。
- 范军：《中国出版史研究综述》，《出版科学》，2010 年第 5 期。

- 范军:《2009年出版文化史研究论著目录》,《出版科学》,2010年第6期。
- 刘建新、强月新:《中国广播电视规制的历史检视及其改革路径》,《湖北社会科学》,2010年第1期。
- 申启武、安治民:《九十年来我国广播研究发展特征分析》,《暨南学报(哲学社会科学版)》,2010年第2期。
- 朱天、梁英:《新闻舆论导向思想的历史演进及其解读》,《四川大学学报(哲学社会科学版)》,2010年第6期。

十、媒介研究方法

- 胡正强:《论中国现代新闻传播学中的量化研究传统》,《国际新闻界》,2010年第3期。
- 李红涛、黄顺铭:《有形的知识积累与无形的社群互动——由知识社会学角度反思新闻传播领域之引证研究》,《国际新闻界》,2010年第5期。
- 徐帆:《问题与方法:也谈新闻学的引证研究——与肖燕雄、熊敏商榷》,《国际新闻界》,2010年第5期。
- 禹卫华:《"第一人"效果:现状、问题与应用》,《国际新闻界》,2010年第7期。
- 周翔:《内容分析法在网络传播研究中抽样问题——以五本国际期刊为例(1998—2008)》,《国际新闻界》,2010年第8期。
- 丁汉青、李亚菲:《博客营销价值评估指标体系研究》,《国际新闻界》,2010年第8期。
- 王维佳、赵月枝:《重现乌托邦:中国传播研究的想象力》,《现代传播》,2010年第5期。
- 逄增玉、孙晓平:《中国文化跨语际传播中的价值定向与方法论问题》,《现代传播》,2010年第6期。
- 喻国明,等:《在多维空间的解析中把握媒介接触时间——关于媒介注意力测量新范式的探讨》,《现代传播》,2010年第10期。
- 张晓峰:《政治传播研究方法对马克思主义大众化研究的借鉴意义》,《现代传播》,2010年第12期。
- 田园、付清泉:《2009海峡两岸暑期偶像剧的比较研究》,《中国广播电视学刊》,2010年第3期。
- 徐帆:《电视媒介的网络传播:一种"中国模式"的案例分析》,《中国广播电视学刊》,2010年第7期。
- 尹农:《中外消费类杂志比较研究》,《南京社会科学》,2010年第9期。
- 风笑天:《社会调查中的无回答与样本替换》,《南京大学学报》,2010年第5期。

十一、媒介与艺术

- 黄式宪:《关于近30年中国电视剧在美学建构上的断想》,《现代传播》,2010年第1期。
- 张晶:《电视艺术的审美文化尺度》,《现代传播》,2010年第3期。
- 蒲震元:《"和"之美三题》,《现代传播》,2010年第6期。
- 李立、高会燃:《中国传统文化资源与影视剧艺术创作》,《现代传播》,2010年第7期。
- 金冠军、刘海波:《广播电视艺术学学科现状分析》,《现代传播》,2010年第7期。
- 高薇华、青语潇:《中国传统文化题材动画片创作的历史、现状及趋势(1926—2008)》,《现代传播》，2010 年第 9 期。

- 王志敏：《多重人生呈现：一个独特的艺术传播范例》，《现代传播》，2010 年第 11 期。
- 李亦中：《美国电影褒奖与传播平台——奥斯卡八旬光与影》，《现代传播》，2010 年第 12 期。
- 胡奕颢：《游戏改编电视剧的美学特征及其文化根源》，《中国广播电视学刊》，2010 年第 3 期。
- 李雅：《顾颉刚与朴社》，《出版科学》，2010 年第 1 期。
- 蒋艳：《休·海夫纳的出版哲学与传奇人生》，《出版科学》，2010 年第 2 期。
- 陈静：《抄本传播与魏晋南北朝时期的作者、读者和作品》，《出版科学》，2010 年第 2 期。
- 向敏：《王云五出版思想初探》，《出版科学》，2010 年第 3 期。
- 李常庆、魏本貌：《日本动漫产业探析》，《出版科学》，2010 年第 4 期。
- 吴永贵：《汪原放回忆录中的失收与误记》，《出版科学》，2010 年第 4 期。
- 王鹏飞：《陶亢德的办刊实践与办刊思想》，《出版科学》，2010 年第 6 期。

附录 5

2010 年媒体发展研究译著一览

项目资料组

一、媒介与社会

- ［澳］约翰·皮尔格著，牟磊等译：《别对我撒谎：23 篇震撼世界的新闻调查报道》，华东师范大学出版社，2010 年 3 月版。

【内容简介】

本书收录了历来调查报道的扛鼎之作，涵盖过去五十年来意义重大的事件、丑闻与抗争。从玛莎·盖尔霍恩（Martha Gellhorn）笔下 1945 年被解放的纳粹达豪（Dachau）集中营到麦卡锡主义的威胁，从揭发南非种族隔离政权行刑队到洛克比空难真相的揭示，从卢旺达大屠杀中西方世界的角色到对德国外籍劳工悲惨生活的展示，一直到 2003 年美军师出无名入侵伊拉克后的血腥杀戮，本书共收录 23 篇报道。

- ［美］丹·吉摩尔著，陈建勋译：《草根媒体》，南京大学出版社，2010 年 3 月版。

【内容简介】

这本书谈的是新闻业的转变，从 20 世纪的大众媒体结构，转变成某种更有草根意味和深化民主的东西。作者的基本立场是草根媒体正改变着新闻业的面貌，对话将成为新闻生产中重要的一环，我们需要保卫草根新闻，就跟保卫其他自由权的魄力时一样。

- ［美］奈森·嘉戴尔斯、迈克·麦德沃著，何明智译：《全球媒体时代的软实力之争：伊拉克战争之后的美国形象》，中信出版社，2010 年 3 月版。

【内容简介】

本书旨在剖析如何迎接所谓伊拉克战争之后美国面临的挑战，如何理解形象的力量以及美国娱乐文化的全球支配地位带来的力量及反应；并分析这种力量如何在全球化的背景下不断传播，以及应该如何把握形象的力量，将之作为一种文化外交手段，重振旗鼓，使黯然失色的美国形象大放异彩。

- [美] 迈克尔·舒德森著，贺文发译：《为什么民主需要不可爱的新闻界》，华夏出版社，2010年4月版。

【内容简介】

本书以美国媒体为研究对象，辅之以比较研究的文本背景，对新闻服务于民主的主要功能、新闻业在美国的模式、美国报业的发展、寻常状态下政治报道的不同寻常之处、对话与民主的关系等问题进行了深入的探讨。媒体并非完美的真理代言人。它对政治的报道建立在一些无意识的，有时甚至是不合理的假设上。

- [美] 韦斯特著，董立译：《美国传媒体制的兴衰》，北京大学出版社，2010年4月版。

【内容简介】

全书对美国媒介的报道倾向的变迁以及与社会发展的关系做了细致的分析，对于了解美国媒介的运作机制有一定参考价值。

- [英] 安德鲁·查德威克著，任孟山译：《互联网政治学：国家、公民与新传播技术》，华夏出版社，2010年4月版。

【内容简介】

本书研究了新传播技术对政党与选举、压力集团、社会运动、地方民主、公共机构和全球治理的影响，分析了持续性的和争议性的政策问题，包括数字鸿沟，互联网自身的治理，监视、隐私与安全之间的张力，互联网媒体领域的政治经济学。

- [英] 尼克·戴维斯著，崔莹译：《媒体潜规则——美国名记揭秘全球新闻业黑幕》，南方日报出版社，2010年5月版。

【内容简介】

尼克·戴维斯在此书中，毫不留情地披露了英国各家主流报纸和新闻通讯社的丑事，揭示了并非广为人知的政治宣传、商界公关力量及其他压力干预新闻报道乃至误导公众、事实造假等做法。

- [日] 井之上乔著，陆一、王冕玉译：《公关力：从避免崩溃到有效传播的战略要素》，东方出版社，2010年5月版。

【内容简介】

本书不仅介绍公共关系学在其诞生发展地美国的各种概念和技巧，同时将通过公共关系学导入日本的过程揭示、分析其发展迟缓的原因。另外，还将通过对日本10名有代表性的企业经营者的调查，表明在现场第一线管理者对公共关系的理解，展现他们的实践方法和分析手法，探究21世纪公共关系的职能和重要性。

- [美] 戴维·巴特莱特著，余瀛波译：《说出你的重点：完美公关（攻关）陈述》，广东经济出版社，2010年9月版。

【内容简介】

本书揭秘媒体传播的内幕，为你提供高效的行动准则，既能有效帮助你未雨绸缪、预防危机，也能让你掌握种种技巧破解公关危机。在当今多种媒体和社交网络背景下，要谨慎而有效地运用公共关系手段做好传播，而不是处处被动、步步皆错。

- ［法］戎跋著，汪晖译：《数码村：网络第二生涯》，中国传媒大学出版社，2010 年 10 月版。

【内容简介】

本书共分六章，介绍了网络的早期生活、网络第二生涯的酝酿时期、我们就是网络、免费的商务模式、动荡之先兆、展望：进入网络第二生涯的核心等内容。

- ［美］Erik Qualman 著，刘吉熙译：《颠覆：社会化媒体改变世界》，人民邮电出版社，2010 年 11 月版。

【内容简介】

本书主要讲述了全新的社会化媒体时代到来之时，社会形势、个人行为及观念所发生的转变，以及企业需要做出的相应改变。书中首先讲述了社会化媒体时代人们的两种典型的行为——防御行为和自夸行为；接下来通过奥巴马当选总统的具体例子说明了社会化媒体的强大力量；之后讲述了社会化媒体给个人、企业带来的影响，以及个人和企业在这种影响下所应采取的措施。

- ［美］莱斯莉·巴克斯特、唐·布雷思韦特著，殷晓蓉等译：《人际传播：多元视角之下》，上海译文出版社，2010 年 12 月版。

【内容简介】

这是一本旨在向传播学的学习者和研究者介绍人际传播研究主要理论视角的书。全书主要包括三个部分：以个体为中心的人际传播理论、以话语/互动为中心的人际传播理论、以关系为中心的人际传播理论。

- ［加］罗伯特·哈克特著，赵月枝等译：《维系民主：西方政治与新闻客观性》，清华大学出版社，2010 年 12 月版。

【内容简介】

本书从西方新闻体系、新闻哲学以及新闻与民主的关系的高度来探讨政治与新闻客观性的来龙去脉，并着重于美国、加拿大的社会现实和新闻现实。

二、媒介经济与媒介产业

- ［美］普林格尔（Peter K. Pringle）、斯塔尔（Michael F. Starr）著，佟雪娜译：《电子媒体管理》，人民邮电出版社，2010 年 1 月版。

【内容简介】

现今人们对媒体，尤其是电子媒体的依赖越来越多，众多的媒体决策者都面临着判断社会发展趋势和寻找潜在发展机会的任务。本书通过对最新的媒介比较研究揭示了媒体管理中的一些由变化引起的管理反应，体现出电子媒体的最新变化和发展趋势，对管理决策者有较强的借鉴和指导作用。

- ［美］乔·科姆著，毛心宁译：《用谷歌关键词广告赚大钱》，辽宁科学技术出版社，2010 年 1 月版。

【内容简介】

本书主要内容包括：关键词广告的基本概念和内容，关键词广告的设计和安排的技巧；广告搜索的设置，如何在不同的网页类型上放置广告，广告内容的撰写；建立不同的渠道检测广告效果，广告定价的相关问题，如果了解访问者，申请谷歌关键词广告的注意事项；谷歌关键词广告的相关技术和工具介绍；使用关键词广告的注意事项、常见问题和技巧，并以具体案例说明。

- ［美］古德曼著，李波、王伟译：《赢在关键字广告 Google Adwords 制胜法宝》，人民邮电出版社，2010 年 2 月版。

【内容简介】

本书从付费搜索市场的机会讲起，全面介绍了 Google Adwords 关键字广告的发展史、运作方式、相关的投放策略，以及通过 Adwords 取得较高的投资回报率的方法等。

- ［美］戴比尔，梅里尔编，郭之恩译：《全球新闻事业：重大议题与传媒体制》，华夏出版社，2010 年 4 月版。

【内容简介】

本书主要对全球新闻事业最紧要的重大议题及传媒体制进行了分析阐述，即对全球新闻事业框架内各洲的传媒体制所发生的深远且迅速的变革进行分析。全书分为三个相互关联的板块：有关传媒现状和新闻理论的综述；对于全球新闻工作者、传媒机构、受众及其他传媒世界中相关各方所面对的主要问题的梳理和分析；聚焦世界八大主要地区的新闻现状。

- ［美］沙恩著，姚林青、刘戈、程静薇、赵亮译：《电子媒体的广告销售》，人民邮电出版社，2010 年 6 月版。

【内容简介】

本书分析了电子媒体销售环境，提出“销售是通过判断和满足顾客的需求赢得利益，商家和顾客双方都将受益”这一理念。论述了电子媒体销售的基本理论，包括电子媒体销售的七个步骤，媒体指标的基本概念和使用，销售管理以及各种销售方式。

- ［美］布朗·奎尔著，钟新，等译：《广播电视管理》，中国人民大学出版社，2010 年 6 月版。

【内容简介】

本书借鉴了国外同类经典著作中的管理理论，并将其应用于广播、有线以及非商业的公共广播电视领域。基于对这一领域的调查，作者探索了广播电视管理背后的原理，深入分析了广播行业的主要构成元素，探讨了人力资源、受众、节目、销售、财务、法规、工程等关键内容。

- ［美］沙恩著，姚林青译：《电子媒体的广告销售》，人民邮电出版社，2010 年 6 月版。

【内容简介】

该书全方位地论述广播、电视、有线电视以及由互联网所引发的新媒体的广告销售，采访行业领军人物，对他们的销售经历进行总结，得出实践要领，侧重于研究电子媒体的融合和不同层次媒体品牌的打造，为读者提供了一个宽阔的视野，使读者能够深入掌握电子媒体销售领域的知识精髓。

- ［美］格申著，陈积银，等译：《电子媒介管理与商业运营战略》，清华大学出版社，2010 年 9 月版。

【内容简介】

本书是电子媒介和商业管理相结合的研究专著，既着眼于传播技术所带动的媒介发展，又侧重于全球经济发展和新媒介变迁的互动关系。回顾电子传媒行业结构的管理实践和影响，阐述如何制定并实施向顾客提供信息和娱乐服务的商业战略，对广播、电视和互联网等媒介之间的关系及融合模式进行了理论和实践层面的双重探索。

- ［美］阿尔瓦兰主编，崔保国、杭敏等译：《传媒经济与管理学导论》，清华大学出版社，2010年9月版。

【内容简介】

本书包括传媒经济与管理学的理论探索、传媒经济与管理学的具体问题、传媒经济与管理学的分析工具、传媒经济与管理学的未来方向四部分内容。

三、媒介本体的新闻传播学研究

- ［美］约翰·维维安著，顾宜凡，等译：《大众传播媒介》，北京大学出版社，2010年1月版。

【内容简介】

本书从大众媒介，大众信息和大众媒体问题三个方面对大众传播媒介进行深入分析。涉及大众媒体的主要形式——图书、杂志、报纸、唱片、电影、广播、电视和网络，讨论了媒体向广大受众所传播的内容的主要形式，包括新闻、公共关系、广告以及娱乐。

- ［英］戴维·莫利著，郭大为译：《传媒现代性和科技“新”的地理学》，中国传媒大学，2010年1月版。

【内容简介】

全书通过跨学科的研究视角，从地理和历史两个维度理解“现代性”以及手机等新媒体科技对于公共和私人领域的文化意义，汇集了多年以来在媒体和文化研究领域出现的有关研究理论和方法等方面的诸多论争。

- ［美］大卫·斯隆著，刘琛、戴江雯、苏曼等译：《美国传播史》，上海人民出版社，2010年3月版。

【内容简介】

本书对美国各个时期的报纸、杂志、广播、电视、广告，以及后来的娱乐事业进行了详细描述和深入探讨，是美国传媒史研究中最权威、最全面、最透彻的著作，堪称美国传媒业的百科全书。

- ［美］凯利·莱特尔等著，宋铁军译：《全能记者必备：新闻采集、写作和编辑的基本技能》，中国人民大学出版社，2010年4月版。

【内容简介】

《全能记者必备》是一部实践性强的、基础性的教科书，它教导学生如何采集、写作和编辑新闻，这种技能可以使他们写出出色的报道，就像约翰·科里在他卓越的记者生涯中那样。

- ［美］迈克尔·舒德森著，徐佳权译：《新闻社会学》，华夏出版社，2010年4月版。

【内容简介】

本书对当代新闻媒体的起源、结构、符码、文化以及运作实践提供了阐释。

- ［美］坦尼·哈斯著，曹进译：《公共新闻研究：理论、实践与批评》，华夏出版社，2010年4月版。

【内容简介】

本书是一部对新闻改革运动，即“公共新闻”理论基础与实践的介绍性著作。书中阐述了公共新闻的基本主张及其历史渊源，阐释了公共新闻的含义，寻求公共新闻产生的历史语境及其在今日的地位，描述公共新闻如何应用于实践。

- ［英］安妮·格里高利著，卫五名译：《公共关系规划与管理》，北京大学出版社，2010 年 4 月版。

【内容简介】

内容包括公关在企业中的角色、公关人员在组织中的作用、公关策划的基本问题、调研的重要性、公众的类型、大众媒介的作用等。书中给出了具体的操作建议，并辅以大量案例，可以有效地指导实践。本书按照公共关系规划的步骤分章讲述，包括分析、目标、公众（受众）、信息、战略、策略、时间安排、资源、评估、回顾。

- ［美］约瑟夫·R·多米尼克著，傅玉解改编：《大众动力传播学：数字时代的媒介（第 9 版）》，中国人民大学出版社，2010 年 5 月版。

【内容简介】

本书从大众传播的本质与历史、媒介、特定媒介职业、大众媒介规制和媒介影响这五个部分论述了媒介的历史、现状及彼此的合并、竞争与融合。着重强调了媒介的经营和对社会的影响，以系统、动态、宏观的视野分析研究大众传播，把握数字时代大众媒介的本质和规律，捕捉大众传播的时代特征和发展趋势。

- ［英］西莉亚·卢瑞，科斯特·拉什著，要新乐译：《全球文化工业·物的媒介化》，社会科学文献出版社，2010 年 5 月版。

【内容简介】

本书的宗旨是从物的媒介化的角度研究全球文化工业，证明了文化产品一旦被制造出来，便会以商品或同一性质产品的形式流通。文化产品的流动造成了资本积累，人们购买文化产品的同时将其原子化，文化产品便成为再生产所必需的原子化主体。

- ［美］克雷格著，刘勇译：《网络新闻学：新媒体的报道、写作与编辑》，中国时代经济出版社，2010 年 5 月版。

【内容简介】

作者介绍了有关网络新闻的采访、写作和编辑的专业知识，同时也提及了法律法规和道德伦理对网络记者的要求。本书的目标不仅是教会学生关于网络报道、写作和编辑的最重要的专业知识，同时也让他们始终保持对网络新闻独特个性与发展需求的关注度。

- ［英］安德鲁斯著，周黎明译：《体育新闻从入门到精通：国外新闻人实用操作教程》，中国人民大学出版社，2010 年 6 月版。

【内容简介】

书中讲述了印刷媒体、广播媒体和数字媒体体育报道的组织和方式，也论及了采访、信息来源和联系人，体育活动的策划、研究和报道，撰写新闻、特稿和人物评论等内容。本书的重点在于“如何做体育新闻”，把体育新闻实践与新闻学理论结合起来。

- ［英］佩普·费瑟斯通著，周黎明译：《报纸新闻：从入门到精通》：中国人民大学出版社，2010 年 6 月版。

【内容简介】

本书讲述了构成优秀报纸新闻的关键要素，阐述了新型新闻记者需要学习和培养的技能，涉猎了新闻报道的结构和内容，讨论了“保持简洁易懂并讲述报道”、“全部新闻要素”和“倒三角形结构”等原则，探讨了新闻范围内一些专业领域的写作风格和实践，分析了新闻和特稿之间存在的区别、互联网写作方式与印刷媒体写作方式的差异、语言和内容必须反映某种不同阅读环境需求等内容，并对新闻记者在社会中的角色进行了思考。

- ［荷］丹尼斯·麦奎尔著，崔保国、李琨译：《麦奎尔大众传播理论 第五版》，清华大学出版社，2010年7月版。

【内容简介】

本书主要论述了大众传播的概念和模式，大众传播与文化、媒介与社会的联系，新媒介及其新理论，媒介结构及其表现形式、媒介经济及其控制方式，全球化时代下的大众传播，媒介组织的压力、需求和媒介文化，媒介内容及内容的分析方法，媒介的效果。

- ［美］萨默瓦、波特著，闵惠泉，等译：《跨文化传播（第四版）》，中国人民大学，2010年7月版。

【内容简介】

本书比较全面、系统地阐释了跨文化传播的理论与实践。第一部分主要研究跨文化交流，包括交流的定义、组成部分、原则和重要性，还有跨文化交流的重要性和挑战性。第二部分由表及里，先论述感知中的文化多样性，包括信仰、态度和文化模式；接着探讨文化多样性深层次的结构，即现实的根源，其中包括文化的深层结构和世界观。第三部分和第四部分则是化理论为实践、知识为行动。

- ［美］特瑞·汤普森编，宋祖华，等译：《商业新闻报道写作》，中国时代经济出版社，2010年7月版。

【内容简介】

本书分为三个部分。第一部分是关于经济和商业的背景和基本概念，包括经济如何管理，公司怎样经营，资金市场怎样操作，以及其他方面如何配合。第二部分讲报道实务和写作及技巧。第三部分写如何处理日常报道，以及特定分类报道调查技巧和策略的描述，包括实务报道与写作技巧和获取故事：专线报道的调查技巧与策略两部分。

- ［美］伊丽莎白·爱森斯坦著，何道宽译：《作为变革动因的印刷机：早期近代欧洲的传播与文化变革》，北京大学出版社，2010年8月版。

【内容简介】

作者考察从手抄书文化向印刷文化转变的总体意义，然后研究近代早期的三大运动：文艺复兴、宗教改革和近代科学。这是跨学科的巨著，涉及印刷史、技术史、文艺复兴史、宗教改革史、欧洲史、传播学。

- ［英］托尼·哈尔卡普著，周黎明译：《新闻工作：从原则到应用》，中国人民大学出版社，2010年9月版。

【内容简介】

书中探讨了新闻、特稿、信息来源、采访和新闻道德等诸多内容，提出了诸如新闻工作充当的社会角色、新闻工作者必备的核心技能、公众明显不信任新闻工作者的原因、媒体研究承受如此沉重压力的缘故、新闻工作所受到的一系列结构性因素的影响、新闻工作服务的对象与目的、媒体新闻风格的选择和表现形式所具有的意识形态含义、新闻工作是否可以同时具有娱乐化和解说性、新闻工作者是否有权编辑人们的引语、调查性新闻工作呈现的衰落趋势、互联网对把关人和信息过滤器等新闻工作原则构成的威胁、互联网现在是否把每个人都变成了新闻工作者等涉及新闻学原则与应用的重要话题。

- ［美］乔治·罗德曼著，邓建国译：《认识媒体》，世界图书出版公司，2010 年 12 月版。

【内容简介】

本书分别介绍了图书、报纸、杂志等印刷媒介，电影、唱片、广播、电视、互联网等电子媒介及公关、广告的历史、行业状况以及面对的争议，生动形象地再现了美国的媒介生态。

附录 6

2010 年传媒领域重要学术会议

项目资料组

• 2010 年 3 月 26 日，2010 年中国城市报业传媒高峰论坛

3 月 26 日，由《中国新闻出版报》、中国人民大学新闻学院与合肥报业传媒集团主办，美国密苏里大学新闻学院、安徽大学新闻传播学院、安徽师范大学文学院联合主办的 2010 年中国城市报业传媒高峰论坛在安徽合肥召开，本次论坛以“拥抱全媒体时代”为主题。来自国内外的著名报业集团负责人、著名传播学者、知名公司高管等约 200 人齐聚一堂，探讨新媒体环境下的传统报业发展之路。

• 2010 年 4 月 10 日，第五届中国新闻传播学科国家重点文科基地联席会议

4 月 10 日，“第五届中国新闻传播学科国家重点文科基地的联席会议”在华中科技大学举行，北京大学、清华大学、中国人民大学、复旦大学、中国传媒大学、武汉大学的十余名新闻与传播学科“985”国家哲学社会科学创新基地和教育部人文社会科学重点研究基地的代表和相关专家受邀出席了此次会议。

会议就“学科交叉发展”、“文科科研成果评价机制”、“教育部人文社会科学重点研究基地的整体建设”等问题进行讨论，并为华中科技大学媒介技术与传播发展研究中心的建设提出了宝贵的建议。会议最后商定，下一届联席会议将于 2011 年在清华大学召开。

• 2010 年 4 月 24 日至 25 日，第四届全国新闻学与传播学博士生学术研讨会

4 月 24 日至 25 日，由中国传媒大学研究生院主办的第四届全国新闻学与传播学博士生学术研讨会在北京召开。本届研讨会的主题是“传媒 · 公共性 · 事件”。来自北京、上海、武汉、南京、成都、哈尔滨等地的三十多位新闻传播学博士出席本次研讨会。

本次研讨会共分六个主题单元场次展开讨论和交流，包括传播思想与历史、舆论与公共政策、传媒规范与制度、网络传播研究、危机传播研究和国际传播研究。来自北京大学、中国人民大学、中国传媒大学等高校的知名新闻传播学者现场点评了博士生的论文发言。

• 2010 年 5 月 8 日，第五届中国传媒创新年会

5 月 8 日，由新闻出版总署主管的《传媒》杂志社主办，北京大学新闻与传播学院、清华大学新闻与传播学院、中国人民大学新闻学院联合举办的第五届中国传媒创新年会在中国人民大学举行。

本届年会以“创新引领传媒”为主题，包括主题论坛、传媒创新论坛和媒体与企业论坛三个部分。百余位学界、业界领军人物和企业界的代表，共同探讨中国传媒行业的新起点和新格局，全面深入地剖析2010年中国传媒业的发展态势，展望了传媒行业的创新远景，提出了诸多新观念、新思路和新举措。

•2010年6月22日至23日，第五届中国品牌传播趋势论坛

6月22日至23日，由北京大学、中国广告主协会主办，北京大学新闻与传播学院、中央电视台广告部、《广告大观》杂志社联合主办的第五届中国品牌传播趋势论坛在北京大学博雅国际会议中心召开。

共有来自企业、媒体、广告公司和广告学界等相关领域专业的专家学者、高校师生等共300余人参会，从品牌传播的角度共同探讨并深刻理解中国的经济发展。

中国品牌传播趋势论坛原名为中国广告趋势论坛，自2010年起更名为中国品牌传播趋势论坛，旨在为我国营销传播行业搭建一个思想碰撞、观念创新的高端交流平台。经过五年的时间，论坛已经成为行业发展的一个重要的神经和枢纽。今年，论坛还增设了“中国经典传播大奖”，同时举办了“第二届全国广告研究优秀硕士论文评选”发布仪式。

2010年的趋势论坛以“品牌造就城市”为主题，分别对“中国产业发展与品牌趋势”、“传媒变革的机会与挑战”、“城市品牌与营销传播策略”、“创意传播管理与中国广告业转型”、“企业品牌传播策略”等多个议题进行了深入探讨。

•2010年6月27日，第二届中国品牌与传播大会

6月27日，第二届中国品牌与传播大会在北京召开，本次大会由中国新闻文化促进会、中国广告主协会、北京大学新闻与传播学院、复旦大学新闻学院、武汉大学新闻与传播学院、中国传媒大学MBA学院联合主办，中央电视台广告部等单位承办。

本次大会的主题为“品牌在传播中壮大，传播为品牌导航”，十届全国人大常委会副委员长成思危、中国记协党组书记常务副主席翟惠生、新闻出版总署产业发展司副司长张亮等领导出席了大会并讲话。另外二十多位来自传媒学术界的专家学者，七十多位知名企业领导、八十多位市场推广人士，近一百位知名媒体领袖，三十多位来自国际4A、知名本土广告公司和公关公司的高层以及十余位著名的影视明星等近四百人，齐聚一堂，巅峰论道共襄盛举。

大会重点分析年度最成功的品牌传播策略及下阶段的传播趋势，同时独创性地把企业界的领袖人物和传媒界的掌门人聚集起来，展开触碰行业核心价值和合作的巅峰对话，实现企业传媒多重层次的资源共享，让优秀的企业和媒体联手推动中国的品牌建设与传播。

•2010年7月3日至5日，2010中华传播学会年会暨第四届数字传播国际学术研讨会

7月3日至5日，由中华传播学会主办的中华传播学会年会暨第四届数字传播国际学术研讨会在台湾地区中正大学举行。来自中国大陆、香港地区、台湾地区和美国、加拿大等地的学者200余人，出席了这一东方传播学术盛会。

本次大会的主题是“传播研究的在地知识与全球实践：从东看，往南走”。与会者通过专题讲座、论文发表、论坛等交流形式，就“传播教育在南方”、“灾难、危机与数位传播”、“开拓后危机时代传播研究新视野”、“当代传播理论的观点与展望”、“媒体改革的在地知识与全球实践”、“传媒表现及社会影响”、“中国新闻与政治传播”、“亚洲传媒”、“全球及在地的广告实务与文化”等分论题，进行了充分的研讨。力图揭示传媒转型与传播学术发展过程中东方与南方地区的知识脉络、实践路径。

•2010年7月9日至10日，第十一届中国传播学大会

7月9日至10日，由中国传播学会、北京大学新闻与传播学院和中国社会科学院新闻与传播研究所共同主办的第十一届中国传播学大会在北京大学隆重举行。

来自海内外的260多名传播学者相聚燕园，以“新媒体·多元文化·全球传播：挑战与应变”为主题，通过传播学视野的拓展，在传播研究的本土化与迫切的社会现实问题之间，构建开放与包容的思想空间，展开中国和全球性问题的反思与探讨，共同研讨全球化与网络化对社会与文化带来的影响与挑战。

本届大会的规模超过往届，提交的中英文论文达260余篇，与会学者来自美国、英国、法国、日本、印度、阿联酋等国以及我国香港和台湾地区。

•2010年7月10日至11日，中国广播电视学研究会2010年会暨区域广播电视发展与广播电视学教学改革学术研讨会

7月10日至11日，由中国广播电视研究会主办，西北大学新闻传播学院承办的中国广播电视学研究会2010年会在西安召开，同时举办“区域广播电视发展与广播电视学教学改革”学术研讨会，来自全国40余家高等院校的近70名专家学者参加了此次研讨。

本次学术研讨围绕“广播电视学教学改革”、“播音主持教学改革”、“区域广播电视发展”和“广播电视专题”四个中心议题展开。年会共收到50余篇研究论文，其中34篇论文在研讨会上演讲。

研讨会上，来自北京大学、复旦大学、中国人民大学、武汉大学、华中科技大学、暨南大学、西北大学、台湾世新大学等院校的学者就年会中心议题进行了热烈讨论，与会专家一致认为，在媒介融合时代，广播电视教学和研究必须与时俱进地进行相应的改革和调整。

•2010年7月15日，2010中国数字媒体峰会

7月15日，由AdChina易传媒与第一财经社联合主办的2010中国数字媒体峰会在上海召开。

本次数字媒体峰会上，除了深入探讨了数字媒体价值的体现、数字媒体时代各方面角色定位等宏观话题，如今发展最迅速最火热的新兴数字媒体形态——在线视频和社交媒体未来的发展也得到了重点讨论。

•2010年7月21日至22日，2010广告前沿问题国际学术研讨会暨中国高等教育学会广告教育专业委员会首届学术年会

7月21日至22日，由中国高等教育学会广告教育专业委员会主办，南京大学新闻传播学院以及南京财经大学营销与物流管理学院承办的2010广告前沿问题国际学术研讨会暨中国高等教育学会广告教育专业委员会首届学术年会在南京召开。

来自美国、英国、澳大利亚、日本和国内各高校、业界约300名代表与会。中国广告学会名誉理事长、原教育部副部长吴启迪，中国广告学会理事长、中国传媒大学丁俊杰教授，来自美国的著名营销学者米尔顿·科特勒，美国广告学会前主席查尔斯·R·泰勒教授，日本电通品牌专家岗崎茂生分别作了主题报告。

本次年会旨在给进一步繁荣和发展中国广告教育与学术研究，为来自世界各地的广告专家、学者和广告业界提供一个平台，探讨全球化背景下广告研究、教学与实践的新思想、新理论、新方法和新成果。

•2010年7月26日至28日，中国广告教育研究会第九届学术年会

7月26日至28日，由中国广告教育研究会主办，兰州大学新闻与传播学院、兰州智诚同辉文化传播有限公司承办的“中国广告教育研究会第九届学术年会”在兰州召开。此次年会围绕“突破与融合——广告、广告教育与中国社会发展”这一主题展开深入讨论，共举行三场主题发言和三组小组讨论。

中国广告教育研究会会长张金海教授、秘书长姚曦教授及来自全国各地的100所高等院校的152名国内广告教育界专家学者参加了本次年会。会议收到参会论文共计90篇，11位嘉宾做了大会主题发言。

中国广告教育年会是中国高等教育学会新闻学与传播学专业委员会广告学研究分会主办的大型学术会议，自2002年开始至今，本届会议是2010年中国高等教育学会新闻与传播学专业委员会广告学研究分会第九届学术年会。

本届年会上，与会专家学者集思广益、凝聚共识，深入探讨了广告学教育目标、任务、内容、方法及体制等问题，为广告学教育的进一步健康良性发展、为各高校新闻与传播学院开创教学科研和学术交流新局面搭建了更为广阔的平台。在明确广告教育发展的根本任务、新时代背景下广告教育在中国社会发展进程中的作用等方面具有重大意义。

•2010 年 8 月 3 日至 5 日，第三届中国报业竞争力年会

8 月 3 日至 5 日，由新闻出版总署报纸期刊管理司主办的“第三届中国报业竞争力年会”在北京召开，会议发布了《全国报纸出版“十一五”发展纲要（2006—2010）》和第三期《中国报业竞争力监测报告》，启动了传统报业向数字化转型的“数字报业实验室计划”，并揭晓了报业竞争力监测结果。

本届年会的主题是“科学引领发展，创新成就未来”，新闻出版总署署长龙新民为大会做了题为《实施数字报业战略　开创中国报业新局面》的开幕致辞。他指出，“十一五”时期是我国全面建设小康社会的关键时期，也是报纸出版业创新机制、加强管理、加快发展的关键时期。我们要以更加长远的战略眼光，把发展观念真正统一到科学发展观上来；以更强烈的创新精神，推动报业内部机制、内容形式、经营管理、技术装备、人才培养等方面的改革；以更加积极的进取姿态，融入新型数字内容产业的横流，通过实施数字报业战略，来不断增强在多元传播格局中的影响力和竞争力。

本届年会的最大亮点是发布了《全国报纸出版“十一五”发展纲要（2006—2010）》。《纲要》对整个报业的结构、布局、发展趋势进行了系统的分析，确定了今后五年报业发展的具体目标和各个类别报纸的发展趋势，并提出了报业如何通过体制改革来增强应对市场的能力，从而随着行业、内容的调整及市场的变化改变内容及形态。

400 余位报业主管部门、报业集团、报社的负责人，新闻教育机构和行业研究机构的负责人及一些著名的新媒体、通信产业运营商、广告商的高管人士出席了本届年会，与会人士围绕“全面创新　科学发展观引领报业转型”、“融合发展　多元传播环境中的新技术和新媒体”、“固本培元　深度开发传统市场潜力”等议题展开了深入探讨。

•2010 年 8 月 5 日至 7 日，第三届中华青年新闻传播学者论坛

8 月 5 日至 7 日，由香港城市大学主办，厦门大学新闻传播学院承办的第三届中华青年新闻传播学者论坛暨第五届多闻雅聚会在厦门大学成功举办。

来自香港城市大学的 7 名传播学者以及来自全国十余所重点院校的 20 多名传播学者参加本次论坛。香港城市大学何舟教授与李金铨教授分别发表了主题演讲。

•2010 年 8 月 29 日，2010 北京国际出版论坛

2010 年 8 月 29 日，由新闻出版总署、国务院新闻办公室和中国民主促进会中央委员会共同主办的 2010 北京国际出版论坛在北京举行。

本届论坛的主题为“全球出版合作与中国市场机遇”，探讨出版全球化的基础上，更侧重数字化时代的图书发展之路，并紧紧围绕中国市场的巨大潜力，为与会者提供建议与良策，成为国内外出版业探索未来发展方向的导航灯。论坛采取主分论坛相结合的会议形式，上午设主论坛，下午设大众图书出版、儿童图书出版、科技教育图书出版分论坛。

北京国际出版论坛从 2004 年开始，到本届已成功举办了七届，是我国对外介绍中国出版业发展及政策走向、中外出版人开展对话交流的重要平台。

•2010 年 9 月 24 日至 25 日，“媒介融合时代中国新闻传播教育的变革”学术研讨会

9 月 24 日至 25 日，由中国新闻传播教育史学会主办，华中科技大学新闻与信息传播学院承办的“媒介融合时代中国新闻传播教育的变革”学术研讨会在武汉举行。

中国新闻史学会会长程曼丽教授、中国新闻史学会新闻传播教育史研究委员会多位理事以及来自全国 52 所高校的 78 位代表出席会议。与会代表分别围绕融媒时代新闻传播教育变革研究、特色研究、教学体系研究、教学模式研究、教育发展研究、教育素养研究等六个主题进行了深入探讨。

• 2010 年 9 月 29 日至 30 日，2010 第四届全球传播论坛

9 月 29 日，由上海交通大学全球传播研究院、上海交通大学媒体与设计学院、美国普渡大学传播系、丹麦哥本哈根商学院跨文化传播与管理系、国际传播学会（ICA）共同主办的 2010 第四届全球传播论坛在上海举行。

本届全球传播论坛以“e 时代的全球都市——传播·设计·创意”为主题，分主论坛、产业论坛和专题论坛三个部分进行，并设有“全球化进程中的媒体景观与生态”、“数字化时代的传播与文化”、“城市形象的建构与提升”、“城市管理的变革与创新”4 个分论坛，论题涉及公民媒体的构建与使用、e 时代公民行动的意义建构、中国话语的议程设置效果、政府网络形象的传播与建构、融合背景下的传媒价值、中国城市化进程中都市文化与乡村文化的传播生态等一系列传播、文化与城市发展中的重大问题。

• 2010 年 10 月 20 日至 21 日，第五届“广告与文化传播”国际学术会议

由武汉大学媒体发展研究中心、武汉大学新闻与传播学院与韩国成均馆大学新闻放送学院共同主办的“第五届广告与文化传播国际学术会议”于 2010 年 10 月 20 日至 21 日在武汉大学成功召开。

来自韩国、日本、新加坡和中国内地、香港地区、台湾地区的 20 多所高校和学术研究机构的 40 多位广告学者出席了会议。

与会者围绕“亚洲广告产业的发展与新媒体广告”的会议主题，就新媒体与新媒体经济、新媒体广告的发展，不同国别的广告与广告产业、广告形态的发展，亚洲广告营销的趋势与管理等问题，发表学术演讲，交流最新成果，展开学术互动。各位点评嘉宾对每场报告进行了画龙点睛的评论。

会议期间，部分学者还举行了“亚洲广告学术联盟”圆桌会议，讨论建立亚洲广告学术联盟，并签署了“亚洲广告学术联盟意向书”。

• 2010 年 10 月 23 日，2010 中国传媒论坛

10 月 23 日，代表中国传媒最高级别的行业论坛——2010 中国传媒论坛在江西南昌的十七届中国国际广告节上隆重召开。

中国传媒论坛是由中国广告协会主办、《广告人》杂志社承办的中国传媒领域顶级的专业论坛。本届中国传媒论坛共分为综合论坛、报业专场、广告代理商·新媒体专场三大部分，凭借着必要性、引导性、权威性、高端性四大亮点，以发布年度趋势报告，把脉传媒经营未来主题，对 2010 年中国媒体的宏观环境分析及经营趋势，以及广告主对传播的新认识、新需求进行探讨；对媒体在内容创新、经营突破和媒企共赢方面的成功经验予以分享。

• 2010 年 10 月 23 日，第三届中国青年传播学者论坛

10 月 23 日，第三届中国青年传播学者论坛在南京大学召开。来自中国人民大学、复旦大学、武汉大学、北京大学、中国传媒大学、南京大学、暨南大学等三十多所全国知名高校的 50 多位青年传播学者汇聚一堂，展开了一场传播学领域的思想大碰撞。

此次论坛没有限定具体议题，框定了两大选题范围，一是传播研究的范式、路径与学派，二是传播学前沿问题探究。发言学者们分成 24 个小组，进行了一对一发言并相互点评。

• 2010 年 11 月 6 日，“生态文明视域下的媒介社会责任”研讨会

11 月 6 日，由武汉大学媒体发展研究中心与《中国地质大学学报（社会科学版）》、中国地质大学（武汉）艺术与传媒学院、黄冈师范学院新闻与传播学院联合举办的“生态文明视域下的媒介社会责任”全国学术研讨会在武汉成功召开。

本次会议以“生态文明视域下的媒介社会责任”为主题，是国内学者以“生态传播”为题召开的首次全国性专题学术会议。研讨会共收到论文 60 余篇，其中发言论文 15 篇。来自武汉大学、南京大学、上海交通大学、四川大学、华中科技大学、辽宁大学、天津师范大学、徐州师范大学、中南民族大学、中南财经政法大学等机构的50余名专家学者，以及传媒业界的代表《南方周末》副总编辑伍小峰先生与《楚天都市报》副总编辑熊爱玲女士参加了会议。

• 2010年11月18日至22日，“第三届中国国际版权博览会”暨“2010国际版权论坛”

11月18日至22日，由中国新闻出版总署、国家版权局、国家工业和信息化部、文化部、广播电影电视总局、共青团中央、中国国际贸易促进会及北京市人民政府主办的“第三届中国国际版权博览会”暨“2010国际版权论坛”在北京隆重举行。世界知识产权组织总干事弗朗西斯·加利，全国人大常委会副委员长、全国妇联主席陈至立，中国新闻出版总署署长柳斌杰，和来自四十多个国家的版权及相关产业领域嘉宾，以及中央和国家各部委，北京市相关领导出席开幕式。

博览会秉持交流、合作、创新发展的宗旨，通过国际版权论坛、文化展演、产业展览、主题活动四大板块，为全球版权贸易、交流、合作打造多层次的服务平台。

承袭前两届的宗旨和方向，本届博览会还将举办“中国国际影像文化节”“中国版权维权高峰论坛”“中国网络文学节”以及“国际影视与新媒体论坛”等七项主题活动。

作为中国版权产业唯一的常态化国家级专业盛会，从2008年起，以“交流、合作、创新、发展”为主旨的“中国国际版权博览会”已成功举办两届，得到超过四十个国家和地区以及众多版权组织的积极响应，成为具有国际影响力的文化创意及版权产业盛会。

• 2010年11月19日至21日，第三届中国广告教育论坛

11月19日至21日，第三届中国广告教育论坛在深圳隆重举行，来自全国各地的91所院校的130余名专家学者与高校老师、中国大型广告公司、世界第一大广告公司日本电通、韩国、台湾地区的广告学者等论道于深圳大学，共话中国广告教育发展问题。

教育部刘凤泰司长、高教司文科处领导王淑荣同志、教育部新闻学科教学指导委员会主任李良荣教授、中国高等教育学会广告学教育专业委员会理事长丁俊杰教授等出席了论坛。

中国广告教育论坛由教育部新闻学科教学指导委员会、中国高等教育学会广告教育专业委员会、全国大学生广告艺术大赛组委会联合主办，迄今已成功举办两届。论坛两年举办一次，与“大学生广告艺术大赛（大广赛）”交替进行，是目前国内广告教育领域中促进大学新闻传播、广告、艺术教育交流与改革的重要平台。本届中国广告教育论坛由深圳大学传播学院承办。

• 2010年11月28日，第八届亚洲传媒论坛

11月28日，由中国传媒大学和韩国高等教育财团联合主办的第八届亚洲传媒论坛在北京隆重召开。本次论坛的主题为三网融合的国际经验与中国路径。

论坛以国际化的视角，结合在国际上领先的日韩等国经验，从运营方式、政策解读、受众行为与媒体营销的改变等方面，深度研讨这一在广电、通信、互联网三界都热议的焦点话题。

• 2010年11月27日至28日，第九、第十届“新世纪新闻舆论监督研讨会”

11月27日至28日，由浙江大学传媒与国际文化学院、北京外国语大学国际传播研究中心、中国人民大学舆论研究所、中国传媒大学传播研究院、暨南大学新闻与传播学院和中山大学传播与设计学院联合举办的第九届和第十届“新世纪新闻舆论监督研讨会”在杭州召开。

本次研讨会的主题为“改革开放三十年后科学发展观语境下的新闻舆论监督和媒体法制”。围绕这一主题，研讨会分别就“胡锦涛2008年6·20讲话和2009年10·9讲话与新闻舆论监督”、“新闻舆论监督与公民社会和公共领域的发展”、“群体性事件与新闻舆论监督”等分议题展开讨论：

• 2010年12月4日至8日，2010中国版权年会

12月4日至8日，由中国版权协会主办的2010中国版权年会在深圳召开，此次论坛的主题是“三网融合与版权保护”。

本次年会是中国版权协会举办的第三届年会，也是第一次在北京以外的城市举办中国版权界规模最高的年度盛会。国家版权局、工信部、国家“三网融合”专家组成员、各地版权产业产学研代表300余人出席了本届年会。新闻出版总署副署长、国家版权局副局长阎晓宏，中国版权协会理事长沈仁干，副市长袁宝成等出席会议并致辞。

●2010年12月9日至12日，2010中国新媒体传播学年会

12月9日至12日，2010中国新媒体传播学年会在广州暨南大学召开。本次会议以“新媒体·新生活·新世界”为主题，海内外传播学研究的专家学者130余人出席会议，会议在学科交叉融合与传播研究国际化、科学化、本土化的大趋势下，对新媒体的现状与未来、影响与使命进行广泛的探讨与交流，并将对新媒体传播研究本身进行总结与反思。

本次会议以“主题演讲、专题论坛”为主要形式，分设“媒介融合与社会发展研究”、“新媒体与政治传播研究”、“移动新媒体研究”、“新媒体与公民社会研究”、“网络新媒体业务实践研究”、“新媒体产业研究”、“微博客传播现状与趋势研究”、“新媒体基础理论”、“新媒体文化研究”等9个单元专场。

●2010年12月10日至11日，“传播与中国·复旦论坛”(2010)

2010年12月10至11日，以“信息全球化时代的新闻报道：中国媒体的理念、制度与技术”为主题的第二届“传播与中国”复旦论坛在上海复旦大学举行。本次论坛由复旦大学信息与传播研究中心、复旦大学新闻学院主办。会议邀请了中外各国学者汇聚一堂，就“新闻视野里的中国和世界”、“新技术与公众话语”、“当代中国的网络行动主义”、“全球化时代的媒介与受众”等议题展开研讨。

●2010年12月10日至12日，2010中国传播学论坛

12月10日至12日，由中国传播学会与国际中华传播学会共同主办的2010年中国传播学论坛“全球传播，本土视野”国际学术研讨会在香港城市大学召开。

为期三天的会议共包括24个专场和6个小组讨论，参会者就全球化与传播研究、批判理论与文化理论、新闻理论与实践、媒介与社会、媒介融合、媒介制度、创意文化产业等传播学理论与前沿问题展开热烈讨论。

（本资料由刘牧负责收集整理）

战略联盟：中国报业成长绕不开的话题

罗以澄　姚劲松　王声平

战略联盟（Strategic Alliance）普遍使用的定义为：两个或两个以上的组织处在不连续的短期合约（Discrete Short-term Contracts）和完全兼并（Complete Merger）之间的任何一种组织间合作形式。具体地说，战略联盟包括合作营销协议、合作研发（R&D）、技术交易、专门生产权和专门经营权、股权投资和合资等形式。① 学术界对战略联盟提出了多种解释框架，如交易费用观、资源观、组织学习观、网络观、战略选择观、制度环境观等。据现代企业成长理论奠基人 Edith T. Penrose 的观点，企业是“建立在管理型框架内的各类资源”的集合体，“企业的成长则主要取决于能否更为有效地利用现有资源”。② 有效利用现有资源，不仅包括充分挖掘来自于企业内部的资源，更强调企业新吸纳的社会资源与市场份额。基于 Penrose 的观点，本文采用基于资源的战略管理理论视角，认为战略联盟是为了获得补充资源，并可通过整合补充资源，将企业的价值创造能力集中到一起，合作开发新的资源、刺激新型市场或业务出现。

一、中国报业：渐入需要联盟的时代

根据企业组织理论和战略理论的观点，当企业发展到“成长的高级阶段”，必须通过战略联盟来突破成长“瓶颈”，以破除内生性发展障碍，获得更大的发展机遇和价值增长空间。③ 尽管中国报业集团大多还在向规模化进军，远未达到“成长的高级阶段”，但传媒政策的改革与调整、新技术形态竞争者的不断涌入、受众信息消费方式的不断改变等，使得报业的竞争环境越来越激烈而动荡，其竞争的范围、强度、方式等大大超过以往。传统报业靠控制、垄断某个环节（刊号、区域、行业等）建立起来的竞争优势正逐渐被消解，已很难完全依靠自有资源和能力实现持续成长。所以，寻找合作者，从外部进行资源、能力的收集与交易，从而优化资本、产品、技术、市场等资源结构，就成为此时报业的一种战略需要。事实上，扫描 2010 年的中国报业，不难发现，在技术、市场和政策三维力量之下，中国报业的自我突破与发展，正将自身引入一个需要联盟的时代。

1. 战略联盟，正成为当下报业“跨地域、跨媒体、跨行业”扩张中的重要扩张手段

2010 年的中国报业，面对压力和机遇努力探寻跨域扩张之路。一方面，跨地域扩张呈现多元、立体发展的格局：既有跨省区结盟，如云南日报报业集团和精品传媒集团共同打造《精品消费报》，合肥报业传媒集团与南方报业传媒集团合作推出《今报南都娱乐》，河南日报报业集团与人民日报社所属证券时报社共同出资成立期货日报传媒有限公司等；又有省市

---

① 李再扬，杨少华．企业战略联盟理论的新发展：一个综述［J］．经济学家，2003（3）．

② Edith T. Penrose. *The Theory of the Growth Of the Firm*［M］. Oxford University Press，1997：88.

③ 王作军，任浩．企业组织间的战略联盟优势与竞合方式［J］．改革，2008（6）．

报之间的联姻，如黑龙江报业集团以旗下的《生活报》为龙头，整合省内8家地市报，以其地方版的形式全新亮相，辽宁报业传媒集团与鞍山日报报业集团组建股份公司，合并经营《千山晚报》和《北方晨报》，大众报业集团与临沂日报报业集团牵手组建传媒有限公司，共同经营《沂蒙晚报》和《鲁南商报》；还有省内地市报之间的合作，如西安、宝鸡等7家地市报社结成新闻产业合作发展战略伙伴；甚至还有地市报逆向进军省域市场，如贵州安顺日报社主办的《黔中早报》逆向进入省城贵阳报业市场。另一方面，跨媒体、跨行业扩张则体现出报业更加务实的心态，其重心从以往着重集成不同形态媒介开始向跨界合作进军新领域转移。如北青传媒股份有限公司与河北出版传媒集团有限责任公司进行战略合作，确定合作的重点领域之一是建立股份公司，力争上市；浙江日报报业集团年初与央视财经频道、红旗出版社合作拓展出版业务；南方报业传媒集团与南方广播影视传媒集团签署战略合作协议，其旗下杂志《鞋包世界》推出电子商务网站“鞋包世界网”。这些跨域扩张的探索，折射出成长中的中国报业追求核心资源（品牌、人才等）增值、核心能力（内容生产理念与能力、影响力等）扩张的冲动，而战略联盟正日益成为这些跨域扩展的重要手段，在不同层面被不同程度地运用着。

2. 战略联盟，将成为转企改制后作为市场主体的报业实现成长的自觉战略选择

2010年的中国报业，正在按既有路线图加快推进体制改革的步伐。非时政类报刊方面，2月26日，文汇新民联合报业集团旗下的上海东方体育日报社整体转制为上海东体传媒有限公司，成为报业集团中首家自主要求转制的非时政类经营性报刊。目前已有1 251家非时政类报刊出版单位转制和注册为企业法人单位。时政类报刊方面，所有党报、党刊都完成了采编经营两分开。报纸兴办的新闻类网站方面，人民网率先股改，人民网股份有限公司于6月20日正式挂牌。此外，新闻出版总署于7月印发《报刊出版综合质量评估实施办法》(试行)，明确了报刊出版综合质量标准、评估要求、退出流程以及具体实施措施等。该办法于今年下半年正式实施，标志着报刊退出机制全面启动。随着转企改制加快推进，报业的市场主体身份得以明确，加之报刊退出机制全面启动，非时政类报刊及报纸兴办的新闻类网站正陆续进入完全由市场决定其兴衰生死的规则之中。战略联盟作为企业发展的重要战略手段之一，必将成为在市场搏击中的报业的自觉战略选择。

3. 战略联盟，是报业面对新媒体冲击弥补技术及其运营能力缺陷的优先战略选择

2010年的中国报业，借力技术推动阅读终端的数字化转型与变革风起云涌；以电子阅读器、智能手机、平板电脑为代表的智能终端，成为2010年各报数字化转型的发力点：文汇新民联合报业集团在汉王电子书上推出旗下部分报刊，并推出基于iPhone的新民网新闻客户端、世博英文信息客户端、黑莓手机世博插件等；《人民日报》于iPad在中国内地发售之日，发布iPad阅读客户端，各报也竞相推出iPad、iPhone版本；杭州日报报业集团推出了自有的手机客户端“城市通”……此外，自3月比利时推出世界上第一份3D报纸后，中国报纸亦争相追赶这一潮流，以给读者带来新颖、立体的感官体验。新技术改变受众信息消费行为和重塑传媒市场边界的效力已是有目共睹！中国报业推动阅读终端的数字化转型与变革亦是其面对冲击的突围之举。可以说，面对媒介技术的快速更新，网络媒体、移动媒体等凭着灵活机制不断攻城略地，IT业、电信业向传媒领域全面渗透，中国报业充分利用现有的黄金发展期，完成多介质传播渠道与传播能力的布局已是无法回避的话题。战略联盟通过联盟手段以较低的成本和风险，弥补报业在新媒体技术及其运营方面的能力缺陷，无疑是报业实现数字化转型或进入新媒体领域的最优战略。

4. 战略联盟，是报业拓宽融资渠道、有效进行资本运营的重要战略选择

2010年的中国报业，仍热情洋溢地奔走在迂回曲折的上市融资苦旅上。8月，粤传媒披露重组预案，其实际控制者广州日报社及其下属企业所控制的 42 亿元报刊经营业务资产整体注入粤传媒，意味着除采编业务外，广州日报社的主要经营性资产实现上市。12 月，浙江日报报业集团将报刊传媒类经营性资产置入 * ST 白猫，成功实现借壳上市，并持股 64.62% 成为控股股东。毋庸置疑，中国报业要实现规模化发展必须借助资本力量。粤传媒的成功重组和浙报集团的借壳上市值得欣喜，但上市融资后如何发挥资本杠杆作用，有效实现资本与资源、产业嫁接，从而保证成长性和业绩是它们及所有上市报业不得不面临的问题，而它们艰辛、曲折的上市之路也提醒报业须通过其他手段拓展融资渠道。事实上，融资也好、投资也罢，战略联盟作为备受企业推崇的外部成长战略，也将在报业的资本运营中发挥着极其重要的作用。

上述扫描发现，无论是立足于当下，还是着眼于长远，战略联盟是成长中的中国报业无法绕开的话题。事实上，“联盟”对于中国报业来说并不新鲜，自 2001 年成立国内第一个报业联盟“西北五省区主流都市报联盟”后，中国报业先后经历了两次报业联盟创建高峰，即报业“寒冬论”盛行的 2005 年和被称为报业联盟元年的 2007 年，至今各种名目、各种层次的报业联盟已有 20 多个。与此同时，中国报业的战略联盟也经历了一个从小范围、区域性到全国性，从松散到相对紧密，从限于广告、发行领域合作到新闻联动、人员交流培训的演进过程。然而，客观地说，绝大部分报业联盟并未给各报带来预期价值，甚至转化为一种仪式性联盟，“大多数媒体联盟都根本不具备联盟存在的条件，可以说大部分都是姿态性的，或是为了追求形式的好看和制造噱头，很难产生‘1+1>2’的聚变效应。”① 所以，如何增强报业战略联盟的有效性，以真正实现其战略价值是当前中国报业亟须解决的问题。

二、联盟原则：弥补“成长缺陷”

泰吉和奥兰德等人曾提出“战略缺口”(Strategic Gap) 假设，认为企业在分析竞争环境和评估自身的竞争力及资源时，往往会发现，在竞争环境中它们所取得的战略绩效与它们依靠自有资源和能力所能达到的目标之间存在着一个战略缺口。这在一定程度上限制了企业依靠自有资源实现内部扩张型的发展，在客观上要求走战略联盟的道路。② 所以，报业战略联盟的核心原则，就在于通过联盟从外部获取能弥补自身“成长缺陷”的补充性资源和能力，以形成优化的资源结构和能力结构，寻找到新的价值成长空间和市场，从而突破成长瓶颈。

纵观中国报业 10 年的联盟实践，尽管合作的深度和广度在不断扩大，但从本质上看，大多报业联盟仍局限于广告、新闻、发行、人才等领域的联动、交换，以共享资源，提高新闻、广告的传播效率，相互吸收先进理念及发展经验等，这就决定了报业通过联盟所获得的资源，并非亟须能弥补成长缺陷的互补性资源与能力，而是通过与其他报业交换，实现已有资源的延伸与扩展，这就导致难以找到新的价值成长空间和市场。明确地说，联盟成员所在意的广告资源不太可能随着联盟的出现而增加，只是对现有资源的一种交换或者再分配。然而，在松散的联盟结构之下，不同区域的各报在资源共享中的贡献率如何衡量，核心所指的广告资源如何共享，有限的资源如何再分配等都存在操作上的模糊性和不确定性，导致各报缺乏明确的收益预期。最终，报业联盟既难以寻找到新的价值空间，又没有明确的利益分配与收益预期，要么走向瓦解，要么名存实亡。

对现阶段的报业而言，在媒介技术不断更新、产业日益融合、媒介形态日益多样的背景下，其资源与能力结构缺陷将更多地出现在跨媒体、跨行业发展之路上，所以须更多地将视野转到建立跨媒体战略联盟、跨行业战略联盟上，从报业之外的它媒体、它行业中获取能创

---

① 郭全中．媒体联盟，姿态抑或实质？[J]．传媒，2007 (10)．

② 杨强，汪秀婷，胡传军．战略联盟——企业发展的新思路 [J]．管理现代化，2001 (1)．

造价值的补充性资源和能力。浙江日报报业集团以“全媒体、全国化”为发展目标，在这方面做了系列探索：2009年6月，该报业集团结盟亚洲最大的电子商务平台淘宝网，创办中国第一份网络潮流导刊《淘宝天下》；9月与中央电视台财经频道（CCTV-2）进行战略合作，除进行稿件互换外，还在联合采访、联合报道方面实现“人员共享、选题共享、设备共享”；2010年4月，与华数数字电视传媒集团有限公司签署战略合作协议，将在品牌推广、内容联动、项目投资等若干方面进行深入合作；6月与求是杂志社合作重组红旗出版社。浙江日报报业集团通过跨媒体、跨行业建立联盟，从联盟伙伴那里获取了自己无法具备或难以培育的补充资源。如与淘宝网合作就获得了淘宝网庞大的卖家及买家群体、附带的物流体系、庞大的数据库和电子商务性质的盈利模式等资源。与央视财经频道结盟后，获取了异质媒体的报道资源和团队资源，将报道素材整合后，进军新的图书出版市场，已合作编辑出版《提问2010》、《提问G20》、《提问“十二五”规划》等书籍，其中《提问2010》发行突破10万册；这些图书都是在重组的红旗出版社出版。在当前报业、广电行业纷纷以打造“全媒体集团”为目标而又在各自阵营建立联盟的背景下，浙报集团的跨媒体联盟是一个非常有价值的探索。毋庸置疑，报业、广电行业在全媒体之路上，均存有能力结构上的缺陷：视频资源是报业集团的能力缺陷，尽管已在探索全媒体采编、全媒体业务等，但这需要相当的成本投入和相当长的时间，且效果和结果难以预料；而更加娴熟的市场化运作能力、深度的文字报道能力又是广电集团的能力缺陷。因此，在相容性的战略目标之下，报业集团与广电集团通过建立战略联盟，实现资源、能力互补，从而在新市场领域尤其是新媒体领域共同投资，联合开发新产品甚至刺激新市场产生，是值得考虑的一条路径。可喜的是，南方日报传媒集团先后于2009年12月与凤凰卫视、2010年7月与南方广播影视传媒集团签署了战略合作协议。其中与凤凰卫视的首期合作项目，包括子媒网站的内容互换、共同打造视频栏目、开展话题调查、联合进行专题策划、共建网络视频财经频道以及进行大型活动方面的合作等，可见双方合作的领域已达到一定深度。

报业战略联盟以弥补“成长缺陷”为核心原则，就容易构建起长期、稳定、有效的联盟关系。一方面，这一原则强调报业从它媒体、它行业中收集和交易补充性资源与能力，从而决定了其联盟伙伴大多来自于报业不相关甚至与传媒产业不相关的行业，盟友之间处于一种非竞争性或竞争性弱的关系，这样就避开了同质报业联盟中盟友之间或直接或间接的竞争关系。同时，由于产业不相关或相关性低，盟友之间进入对方领域的可能性就不大甚至没可能，加之也很难具备学习对方核心能力的基础，这既使联盟各方有一种安全感和信任感，也避免了像同质报业联盟那样存在退化为一种学习竞赛，谁先学会对方经验就把对方踢开解除联盟的可能性。另一方面，这一原则的目标在于通过聚合各联盟成员互补性的资源和能力，产生一种新的单个联盟成员所无法具备的价值创造能力，可以开发新的资源、研发新的产品、刺激新型市场或业务出现……全新的价值创造能力所带来的明确而稳固的收益将成员的个体利益与联盟的共同利益紧紧绑在一起，从而建立起稳定的联盟关系。

三、联盟目标：新型业务与市场拓展

一个成功的联盟须建立在兼容目标的基础上，企业之间如果没有相互适应的企业目标或战略，就没有理由组成战略联盟。① 然而，中国现有的或曾出现过的报业联盟大多缺乏统一、稳固、相容的战略目标：联盟成员各有所图，有的为了稳固自己的市场地位，有的为了扩大自己影响力的范围，有的看重联盟的短期交易和利益，有的为了学习联盟成员的先进理念和经验，有的将联盟作为压制对手的暂时机制，有的把加入联盟本身作为目的……目标的

① 赵岑，姜彦福．中国企业战略联盟伙伴特征匹配标准实证研究［J］．科学学研究，2010（4）．

不相容会带来不相容的行为，当个体利益与联盟利益发生冲突时，极可能做出“囚徒困境”式的选择，即寻求对自己最有利的策略而不考虑联盟的公共利益，最终导致联盟尤其不是以产权为纽带结成的联盟走向失败与解体。所以，要增强报业联盟的有效性和稳定性，就须合理设置目标，尤其强调从单一利用对方的资源、市场优势，以将自身业务打入对方市场的由竞争思维主导的目标，转变为通过资源、能力互补开发新产品、刺激新型业务和市场出现的由合作思维主导的目标。如此目标，既具有较为明确的收益预期，使联盟成员能从新业务、新市场中获益，从而将成员的个体利益融入联盟的公共利益之中，又能将联盟更多地导向股权式战略合作，以此提高联盟的加入与退出成本，并提高成员的信任感和责任感，从而使联盟更加持久有效。前面提到的浙江日报报业集团所实施的联盟战略，均将目标锁定于新产品、新型业务与市场，如与淘宝共同出资5 000万元，浙报持股51%，推出新产品《淘宝天下》，其单期发行量已达到40万册，一跃成为中国实发量最大的周刊，包括发行、广告等在内的总收入已达1.5亿元；与求是杂志社联合重组注册成立的红旗出版社有限责任公司，进军出版市场，业绩也令人瞩目。

需要明确的是，报业战略联盟目标所在的新产品、新型业务与市场等并非无边界的，如不考虑自身的核心资源与能力之所在，盲目涉入毫不相关的业务与市场领域，就极有可能陷入“扩张陷阱”，非但不能带来预期收益，还会导致资源分散、经营冲突、运营成本增加、核心业务削弱等后果。20世纪90年代，中国多家报业陷入多元化经营泥潭就是例证。综合考虑各方因素，将报业战略联盟目标所在的新型产品、业务和市场等限定在文化产业①领域，具有较高的增值空间和安全性。这主要基于以下几方面的理由：首先，文化产业具有的附加值高、边际效用递增、经济萧条期的逆增长性、绿色环保等特征，使其具有很好的成长性。“目前整个世界市场的增长率约为3%，而文化产业的增长率近6%。”② 近年来，中国的文化产业呈现出持续快速的发展态势，如2009年，中国文化产业的增加值达8 400亿元左右，比2008年现价增长10%，其增速明显高于同期GDP增速。其次，文化产业已上升为国家的战略性产业，将得到良好的产业政策支撑和资金扶持。2009年7月，《文化产业振兴规划》由国务院常务会议审议通过，成为国家第十一个产业振兴规划，这意味着文化产业将被作为国家发展的战略性产业来扶持。此外，相关部委先后出台一系列政策③，为文化企业拓宽融资渠道，多渠道获取金融支持，推动跨地区、跨行业联合或重组等提供了强有力的政策支撑。再次，报业所在的传媒产业居于文化产业的核心层，其在文化产业领域拓展新型业务与市场，实乃从文化产业的核心层向外围层、相关层拓展，这种由里向外的扩张是一种相关多元化式的成长，风险相对较低。浙江日报报业集团联盟中国烟草集团浙江公司、浙江省财务开发公司等国有企业，共同组建了注册资本为2.5亿元的东方星空创业投资有限公司，进入文化产业投资这一新型的业务与市场，目前已在演艺业、网游、影视剧、院线、动漫等文化产业领域投资了多个项目。

综上所述，报业通过战略联盟将各联盟成员互补性的资源和能力聚合为全新的价值创造

---

① 国家统计局在《文化及相关产业分类》中，将文化及相关产业界定为“为社会公众提供文化、娱乐产品和服务的活动，以及与这些活动有关联的活动的集合”，并将文化产业的范围分为“核心层”、“外围层”和“相关层”。文化产业核心层包括新闻服务，出版发行和版权服务，广播、电视、电影服务，文化艺术服务；文化产业外围层包括网络文化服务、文化休闲娱乐服务、其他文化服务；相关文化产业层涵盖文化用品、设备及相关文化产品的生产和销售。

② ［韩］李普京．韩国：保持文化独立性［N］．人民日报，2005-04-01.

③ 这些政策包括2009年先后出台的《关于外商投资创业投资企业、创业投资管理企业审批事项的通知》（商务部）、《首次公开发行股票并在创业板上市管理暂行办法》（中国证监会）、《关于进一步推进新闻出版体制改革的指导意见》（新闻出版总署），2010年发布的《关于金融支持文化产业振兴和发展繁荣的指导意见》（中国人民银行等九部委）等。

力，在文化产业领域开发新产品，拓展新型业务与市场，无疑是规避报业成长瓶颈和扩张风险，追求新的利润增长点的理智选择。需强调的是，尽管当前中国文化产业与欧美等国渐趋成熟稳定的结构秩序相比，尚处于快速成长期，大多领域还有足够的投资回报空间，报业通过联盟进入文化产业相关领域也能通过协同效应达到规模经济和范围经济的效果；然而，“半个世纪以来，企业的多元化经营遵循着一条由以分散风险为主旨的不相关多元化向以获取协同效应为目标的相关多元化转变、再向以核心能力为基础的有限相关多元化演进的脉络。”① 所以，着眼于长远，伴随中国文化产业市场的竞争加剧及结构秩序的日趋成熟，报业战略联盟的目标还得以自身的核心能力为基础，将其更加细化地锁定于文化产业的特定层次和具体领域。

【作者简介】

罗以澄，国务院新闻传播学科评议组成员，武汉大学新闻与传播学院教授、博士生导师。

姚劲松，武汉大学新闻与传播学院传播学博士生，湖南怀化学院中文系讲师。

王声平，武汉大学新闻与传播学院新闻学博士生，浙江万里学院文化与传播学院副院长、副教授。

① 王生辉，施建军．论多元化经营逻辑演变［J］．外国经济与管理，2002（11）．

新媒体事件研究：话语运动与传播赋权①

——基于“我爸是李刚”事件的个案考察

石义彬　吴世文　谭文若

基于彼时作为新媒体的电视媒体，丹尼尔·戴扬（D. Dayan）和伊莱休·卡茨（E. Katz）于1992年提出了“媒介事件”(media events）的概念。② 在当前以网络媒体为代表的新媒体环境下，中国发生了系列“新媒体事件”(new media events,，也被称作“新媒介事件”)。③ 例如，“孙志刚”事件、“厦门PX”事件、“邓玉娇”事件、“我爸是李刚”事件等。“新媒体事件”即“新的”媒介事件，是在新的社会历史与媒介环境下发生的媒介事件，它经过以网络为主要代表的新媒体的广泛参与和传播而造成了重大的社会影响。新媒体事件集中体现了网络媒体的力量，标志着我国网络社会的进一步发展与转型，并带给了中国现实社会诸多触动。如何理解“新媒体事件”的概念？其生成机制、社会影响、未来走向如何，反映了网络新闻传播发展的哪些新特点？这是本研究集中探索的所在。

一、“事件牵引”：网络新闻传播发展的新方向

2010年10月16日晚，一辆黑色轿车在河北大学校园内撞倒两名女生，致一死一伤。肇事司机没有停车，继续前往校内宿舍楼接女友，返回途中被学生和保安拦下。双方交涉中，肇事者说，“有本事你们告去，我爸是李刚!”一语激起千层浪。当晚，猫扑、天涯、豆瓣等各大知名论坛陆续出现了相关帖子与照片，有些主帖甚至直接以“我爸是李刚”命名。这些帖子随后被快速分享、转发，“我爸是李刚”事件爆发。网民随即自发组织人肉搜索，将肇事者的姓名、家庭等信息曝光，并发起从“我爸是李刚”到“恨爹不成刚”的造句大赛。越来越多的关注、讨论、人肉搜索、恶搞等使得事件不断发酵，“我爸是李刚”迅速成为网络流行语。10月24日，肇事者李某因涉嫌交通肇事犯罪被依法批捕。2011年1月30日，案件一审宣判，李某因交通肇事罪被判处有期徒刑6年。④

这是近年来我国发生的系列新媒体事件中的一个个案。戴扬和卡茨的“媒介事件”的

---

① 本文系“211工程”第三期项目“社会转型与中国大众媒介改革”研究成果，同时获得了“中央高校基本科研业务费专项资金资助”课题“网络公共事件研究”资助，课题编号：2010103001。

② 他们认为，电视媒介事件“是特殊的电视事件，与那种平常晚间节目样式相比有着鲜明的区别”，并形象地称为“历史的现场直播”。参见：[美] 丹尼尔·戴扬，伊莱休·卡茨著．媒介事件：历史的现场直播 [M]. 麻争旗，译．北京：北京广播学院出版社，2000：5-7.

③ 这一概念2006年被首度用来指涉“扩展了的媒介生态体系”环境下的媒介事件。参见：Qiu, J. L.. Life and Death in the Chinese Informational City: The Challenges of Working-class ICTs and the Information Have-less [C]. Paper presented at the conference “Living in the Information Society”, Makati City, Philippines, 2006, April. 也有研究者将其界定为“话语事件”．参见：曾庆香．话语事件：话语表征及其社会巫术的争夺 [J]. 新闻与传播研究，2011 (1)：4-11. 等。

④ 河北大学车祸“我爸是李刚”事件全记录 [EB/OL]. [2011-06-10]. http://news.ifeng.com/society/wtpa/detail_2010_11/01/2966701_0.shtml，凤凰网，2010-11-01.

概念主要讨论了电视（彼时的新媒体）如何改造公众事件的传播，如何参与历史事件的建构并重构人们特定阶段的历史记忆。① 他们是从文化角度论述媒介事件的，强调媒介事件塑造特定的共识文化价值的仪式性功能。而中国语境中的新媒体事件不再只是文化意义上的、预先策划好的仪式，它充满了不确定性，其“新”表现在：①主要以网络媒体为传播载体，一般发生在有影响的BBS论坛或网络社区，要么由网络外的危机事件触发，要么由网络中的帖子引起。②具有不可控性、分散化、碎片化等传播特征。③在传播内容、话语权、媒介系统内部互动等方面反映出了社会变迁的新趋势和新的社会关系结构。④在集聚公众注意力而形成、重构、互动与改造公众事件中带来了结构性的变化。

新媒体事件的频发集中反映了网络新闻传播“事件牵引”的发展新方向。网络新闻传播随着网络媒体的广泛应用而兴起，使其成为新闻传播的一个重要分支。自20世纪90年代接入国际互联网并开展新闻传播活动以来，我国网络新闻传播经历了政策推动、组织推动（尤其是传统媒体）、个人推动（网民）的发展模式与阶段，于当下进入了以新媒体事件频发为标志的“事件牵引”的发展新阶段。网民个人、组织（正式的与非正式的）与政策的力量汇流、互动、碰撞、聚合，共同推动着新媒体事件发生、发展、解决。而新媒体事件具有吸引注意力与聚集舆论能量的“焦点效应”，是网络新闻传播影响社会的重要方式与途径，也是近年来网络新闻传播的重要内容，彰显了网络新闻传播多样化的社会影响，推动着网络新闻传播的新发展。

新媒体事件之所以能够成为网络新闻传播发展的牵引力量，是因为它们虽然在网络虚拟空间中“发酵式”地发展，但是，却是社会问题的映射，反映了普遍的社会心理。“我爸是李刚”事件反映了基层官民关系问题，昭示着建构和谐的基层官民关系的诉求，呼应着这样一种社会心理：如果某一天自己不幸成为像那两位女生一样的受害人，“我”该怎么办。该事件反映了社会个体的弱者心态，普通担忧自己因个体力量弱小而可能遭受损害，关注如果遭受损害后是否能够得到公正对待。这也反映了中国当下的社会情绪。

二、话语运动：新媒体事件生成的重要动力机制

话语，在福柯（Michel Foucault）看来，是“隶属于同一的形成系统的陈述整体”。②从狭义上讲，话语是“语言的形式”，而从广义上讲，话语则涵盖了“文化生活的所有形式和范畴”。③ 随着大众媒体深度介入人们的社会交往，话语与大众传播融为一体，大众媒介成为话语的重要载体。网络媒体为话语提供了新的开放式平台，带来了话语权的回归，即：网络传播将话语权交给最广大的人民群众，网络话语领域呈现出市民性、参与性、社区性等特征，个人话语在网络社会中找到了生存空间，网络公共话语的“逆向冲动”和网络话语运动成为可能。④

话语在新媒体事件中扮演着重要角色。新媒体事件的核心是话语，话语即“行动”，没有话语就没有新媒体事件。广大网民参与讨论“我爸是李刚”事件，在网络社会中广泛开展互动，发帖、转帖、跟帖，乃至“灌水”，于网络社会中发起了一场针对该事件的、声势浩大的、特定的话语运动。所谓话语运动，是指由公众与媒体参与建构，挑战地方政府有关职能部门言行或既定政策与决策的公共话语行动。

---

① ［美］丹尼尔·戴扬，伊莱休·卡茨著．媒介事件：历史的现场直播［M］．麻争旗，译．北京：北京广播学院出版社，2000.

② ［法］福柯著．知识考古学［M］．谢强，马月，译．北京：生活·读书·新知三联书店，2007.

③ 王治河．福柯［M］．长沙：湖南教育出版社，1999：5-9.

④ 张赐琪．公民新闻的产生与特征［J］．毛泽东邓小平理论研究，2009（5）：55.

话语运动为事件在网络社会中的发生、发展并嵌入现实社会情境、得到实际解决提供了重要动力。在网络社会中针对“我爸是李刚”事件形成了强大的话语场，官方权力话语（代表地方政府）、传统大众媒体话语（代表媒体）、网民话语（代表公众）在其中互动与博弈，推动着话语运动的开展。该事件首先是由肇事者驾车撞人逃逸被拦下后口出狂言引起，其话语运动是由现实社会中的事件触发的。网民广为传播与讨论“我爸是李刚”这句点燃公众情绪的话语，猛烈抨击基层官员霸权和“官二代”特权，呼吁严惩肇事者，网民话语形成，并吸引传统媒体的关注。传统媒体介入报道该事件后，将网民的观点和诉求纳入其报道体系，塑造媒体话语，这鼓舞了网民的话语行为，增进了他们对自身话语行为合法性的认知与信心。媒体话语放大了网民话语，同时，网民话语为媒体发出普遍的社会诉求开辟了新的空间。媒体通过引用或转述网民的言论，或者报道“广大网民关注”，借此运用网民的力量和符号象征资源制造与影响舆论，“网民”因此成为了媒体据以“借力”的一种符号资源。

“我爸是李刚”事件中，官方权力话语并没有过多地出场，只是通过陆续发布有关事件处理的消息而存在。但是，由于事件包含基层官员霸权与“官二代”的要素，网民话语其实是把政府与事件牵涉的基层官员笼统地、模糊地“捆绑”在一起，把官方权力话语作为潜在的对象和批评的靶子开展对话。媒体话语与官方权力话语对话时不像网民话语那样直接、激进，它采取了一定的手段与策略，运用了新闻报道的艺术。例如，通过转引网民话语，或者刊登社会评论等。

网民话语与媒体话语开展互动，在部分议题上达成一致。当然，它们之间也存在冲突，各自抢占话语资源，争夺对事件的解释框架。在网民话语与媒体话语“拟合度”较高的部分，它们共同指向了一个关乎社会大多数人利益的公共议题，即：普通民众如何保障自身的生命与财产安全不受基层官员霸权与“官二代”的侵害。正是在公共议题上，它们形成了“合力”，对官方权力话语进行“话语抵制”。话语运动由此在网络社会中热烈地进行着，推动着该事件的发展。

网民话语、媒体话语与官方权力话语进行博弈，它们同时也在寻找达成共识的节点，以解决事件，恢复社会秩序。最终，它们在该事件涉及的公共议题方面找到了共同点。虽然官方权力话语在事件爆发初期表现出了一定的惰性，但是，它同样反感与痛斥基层官员霸权以及“官二代”特权，主张严惩肇事者，平息民愤。话语运动推动着事件的解决。

在针对该事件所形成的特定的话语运动中，网民话语大规模地爆发，出现了“膨胀”现象，上升为强势话语，并与媒体话语形成了“合力”，汇合成为公共话语，具备了特定的话语力量。网民话语是主动出击的、积极扩张的话语，但它离不开媒体话语的确认与“汇流”。媒体话语在新媒体事件中同样扮演着重要角色。官方权力话语在事件中虽然被动和受到挤压，但正是官方权力话语的参与与认可，才赋予了网民话语与媒体话语广泛的合法性，并最终促成事件得以解决。

三、传播赋权：新媒体事件过程和结果的向度？

话语总是与权力密切相连。新媒体事件中的话语运动指向了传播赋权问题。赋权（empowerment，又译为“增权”）是西方20世纪六七十年代出现的一个概念，后来广泛应用于个体、组织、社区的发展研究中。① 赋权可以从动机性和关系性两个层面理解。从个体动机

① 参见：陈树强．增权：社会工作理论与实践的新视角［J］．社会学研究，2003（5）：70-83；谢进川．试论传播学中的增权研究［J］．国际新闻界，2008（4）：33-37；丁未．新媒体赋权：理论建构与个案分析——以中国稀有血型群体网络自组织为例［J］．开放时代，2011（1）：124-145.

角度讲，赋权是“赋能”，它源于个体对自主的内在需求，通过提升个人效能意识以增强个体达成目标的动机，是一个让个体感受到自己能够控制局面的过程。① 从社会情境角度讲，赋权的核心是权力（power），指的是增加政治权力，是一个政治过程。综合这两个层面的界定，简单说来，赋权是指增强个人、人际与集体的自我效能或政治力量，使个人、团体或社区有能力、有权力采取行动以改进现状的过程。② 哈梅休克（Hamelink）还提出了“自我赋权”（self-empowerment）的概念，运用到媒体传播领域，指强调让无权者拥有、控制媒体，“让无声者发声”（giving a voice of the voiceless），为自己说话（people speak for themselves）。③ 综上所述，传播赋权可以理解为人们通过积极接近、使用媒介，增强个人的自我效能或政治力量，以达至有能力、有权力采取行动来改进自身现状的过程。

新媒体事件中，由于网络媒体的参与式传播模式改变了公众在传统媒体线性传播模式下缺少或缺失话语权的状况，在网络论坛和微博等新媒体应用形态中相对自由地、开放地表达自己的观点成为可能，因此，公众能够作为重要的话语主体介入事件的发展进程，进而在一定程度上影响事件的发展走向与处理结果。通过广泛而彻底的非中介化对官方权力话语进行解构，打破传统媒体传播环境下官方与社会精英的话语垄断权，新媒体事件重构了话语权，公众有机会获得言论赋权。而事件沿着公众合理诉求方向解决，则使网民获得了一定的力量感与参与满足感，能够提升网民的自我效能感。网民之间、网民与媒体之间的互动拓展了网民个体、网络社区的社会资源，也是传播赋权的表征。

但是，新媒体事件的传播赋权过程是长期的、潜移默化的，赋权结果的产生是复杂而漫长的，取决于事件与政策、决策互动的效果。同时，新媒体事件存在被常规化、被工具化的危险倾向，传统媒体在受到新媒体事件的冲击后会很快做出“范式修正”，导致事件中的权力关系回到传统媒体依旧更加强势的状态④、更为深刻的层面，对网络社区的赋权只有通过反思与行动的有机结合才能够进行。⑤ 网民参与讨论新媒体事件是一种网络话语实践，其赋权的效率与效果有待观察，它如何改善网民的政治力量需要深入研究。此外，新媒体事件中的网民参与是否会变成一场狂欢派对⑥抑或一种话语宣泄，或者演变成“常态化”的网络参与行为；网民在激情释放与社会心理诉求没有满足的情形下，是否会出现“审美疲劳式”参与惰性，均须进一步考察，它们都有可能成为新媒体事件传播赋权的挑战。

需要强调的是，新媒体事件是网络新闻传播影响社会的“非常态力量”，具有偶然性与不可控性，它不断爆发从侧面反映了当前中国社会问题的真相，其传播赋权诉求反映了我国网络社会发展的新趋势，呼唤现实社会治理和网络社会治理不断调整与主动适应。如何通过有效治理在更大的范围、更深的层次推进网民的传播赋权发展，推动网民更加理性地开展网络行动，推动网络社会发展与网民自我发展，是社会治理需要直面的问题。

---

① Jay A. Conger, Rabindra N. Kanungo. The Empowerment Process: Integrating Theory and Practice [J]. *The Academy of Management Review*, 1998, 13 (3): 471-481.

② 参见：Boehm, A., Boehm, E.. Community Theaters as a Means of Empowerment in Social Work [J]. *Journal of Social Work*, 2003, 3 (3): 283-300；薛曼娜，叶明理．社区老人权能激发过程之概念分析［J］．护理杂志，2006，53（2）：5-10.

③ Hamelink, J.. *World Communication: Disempowerment and Self-Empowerment* [M]. London & NJ: Zed Book, 1995.

④ 李立峰．范式订定事件与事件常规化——以 YouTube 为例分析香港报章与新媒体的关系［M］//邱林川，陈韬文．新媒体事件研究，北京：中国人民大学出版社，2011：161-180.

⑤ 孙曼苹．公民新闻 2.0：台湾公民新闻与“新农业文化再造”型塑之初探［M］//邱林川，陈韬文．新媒体事件研究．北京：中国人民大学出版社，2011：181-212.

⑥ 雷蔚真．从“仪式”到“派对”：互联网对“媒介事件”的重构［M］//邱林川，陈韬文．新媒体事件研究．北京：中国人民大学出版社，2011：66-96.

四、结语

2010年，我国发生了多起新媒体事件，网络新闻传播的“事件牵引”发展方向不断拓展，社会影响力持续增强。话语运动推动着新媒体事件的发生、发展与解决，不过，事件的最终解决取决于话语运动与地方政府有关职能部门或既定政策、既有决策互动的张力。在中国的文化与社会语境中，网络话语运动演化为现实的社会运动是危险的，也是不现实的。虽然新媒体事件的集体示范效应正在显现①，但是，“我爸是李刚”事件作为个案，它能否超越个案的意义而促动体制机制性的变革，从根本上解决事件所指向的社会问题，则取决于网络社会中的话语运动与现实社会中的政策议题互动的结果以及政策本身变革的弹性。新媒体事件具有传播赋权潜能，不过，它并没有政治权力诉求。这从侧面表明，我们对于新媒体事件大可不必杯弓蛇影。新媒体事件如何推动实践性的传播赋权，推动网民的自我发展，尚须继续观察。后续对新媒体事件的研究可以聚焦于其传播机制、传播赋权模式、与政策议题互动路径以及如何提高公众参与理性等命题。

【参考文献】

[1] [美] 丹尼尔·戴扬，伊莱休·卡茨著. 媒介事件：历史的现场直播 [M]. 麻争旗，译. 北京：北京广播学院出版社，2000.

[2] 丁未. 新媒体赋权：理论建构与个案分析——以中国稀有血型群体网络自组织为例 [J]. 开放时代，2011 (1)：124-145.

[3] 蒋建国. 新媒介事件：话语权重构与公共治理的转型 [J]. 国际新闻界，2009 (2)：91-94.

[4] 雷蔚真. 从“仪式”到“派对”：互联网对“媒介事件”的重构 [A] //邱林川，陈韬文. 新媒体事件研究. 北京：中国人民大学出版社，2011：66-96.

[5] 邱林川. 新媒体事件与网络社会之转型 [J]. 传媒透视，2009 (1)：10-11.

[6] 邱林川，陈韬文. 迈向新媒介事件研究 [J]. 传播与社会学刊，2009 (总9)：19-37.

[7] 邱林川，陈韬文. 新媒体事件研究 [M]. 北京：中国人民大学出版社，2011.

[8] 吴世文. 新媒体事件研究：议题建构与话语运动——基于“邓玉娇”事件的个案研究 [C]. 2010中国传播学论坛“全球传播，本土视野”国际学术研讨会论文集，2010：339-355.

[9] 杨国斌. 悲情与戏谑：网络事件中的情感动员 [J]. 传播与社会学刊，2009 (总9)：39-66.

[10] 曾庆香. 话语事件：话语表征及其社会巫术的争夺 [J]. 新闻与传播研究，2011 (1)：4-11.

[11] 周葆华. 新媒介事件中的网络参与和政治功效感——以“厦门PX事件”为例 [M] //邱林川，陈韬文. 新媒体事件研究. 北京：中国人民大学出版社，2011：215-244.

【作者简介】

石义彬，武汉大学新闻与传播学院院长、教授，博士生导师，武汉大学媒体发展研究中

① 周葆华. 新媒介事件中的网络参与和政治功效感——以“厦门PX事件”为例 [M] //邱林川，陈韬文. 新媒体事件研究. 北京：中国人民大学出版社，2011：215-244.

心专职研究员，主要从事传播理论研究。

吴世文，武汉大学新闻与传播学院2009级博士研究生，主要从事传播理论研究。

谭文若，武汉大学新闻与传播学院2010级博士研究生，主要从事传播理论研究。

网络热点事件中网络舆论的表达形态研究①
——以“宜黄事件”为例

石义彬　胡琼之　王彦林

2010 年 9 月 10 日，江西省抚州市宜黄县凤冈镇发生一起因拆迁引发的自焚事件，造成房主钟家一死三伤。实际上，在该事件发生一周后，传统媒体对事件鲜有报道；真正让该事件进入公众视野并成为公众舆论的焦点还要源于《新世纪》周刊记者刘长和《凤凰周刊》记者邓飞的微博。其中，邓飞微博现场直播内容中的“女厕攻防战”，成为事件进展的关键。本文主要对“宜黄事件”网络舆论的表达形态进行研究，试图厘清“宜黄事件”传播中不同网络载体的舆论功能出现怎样的分化？网民的言论表达是否存在“群体极化”倾向？微博在推动网络舆论的形成中怎样体现其策略取向？

一、“宜黄事件”的网络扩散

“宜黄事件”的网络扩散大致经过了四个阶段。第一阶段，事件起因：2010 年 9 月 10 日，江西省抚州市宜黄县钟家因拆迁发生了一死两伤的悲剧，钟氏姐妹准备到北京接受凤凰卫视台“社会能见度”的专门采访。9 月 16 日，姐妹二人来到南昌昌北机场准备登机进京时，却引来了宜黄县政府大批工作人员的阻挠，钟氏姐妹被迫滞留机场。因事先已告知《新世纪周刊》记者刘长，当刘长知晓钟氏姐妹被扣留机场后，积极奔走，在电话无法达到“解救”的目的后，开始微博的信息传播。第二阶段，事件发展：记者刘长在微博上进行“紧急求助”，希望通过微博让更多的人关注该事件。刚开始，这条微博并没引起人们过多关注。经过“慕容雪村”② 的转发，瞬时之间使其转载两千七百多次。“紧急求助”的发布虽然引起大量转载，还远未达到疯狂程度。第三阶段，事件升级：钟氏姐妹为躲避干扰，钻进了卫生间，用电话继续与记者刘长沟通。而《凤凰周刊》记者部主任邓飞在刘长的建议下，打开了新浪微博，撰写出系列微博“昌北机场直播”、“两女躲在卫生间和中国保持通话”、“昌北机场女厕攻坚战”等，创造出了所谓“女厕门”事件。至此，有关该事件的话题开始在网络中疯传。第四阶段，全面报道：虽然“自焚事件”已被相关媒体广泛报道，但都不足以与微博“女厕门攻坚战”相媲美。微博的传播，使“宜黄事件”迅速引起广泛关注，成为 2010 年的网络热点事件之一。

二、“宜黄事件”中网络载体的舆论功能分化

2010 年，网络媒体在迅猛发展的同时，各种网络载体的舆论力量也在悄然发生变化。网络载体基本可以分为六大类型：新闻跟帖、新闻论坛、新浪微博客、小众网站、博客、播

---

① 本文系“211 工程”第三期项目“社会转型与中国大众媒介改革”研究成果。

② 见 http：//tech. sina. com. cn/i/2010-10-14/10494745740. shtml［EB/OL］.［2011-02-19］，被记者邓飞称为“网络意见领袖”。

客（见表1）。根据2010年互联网上有关“宜黄事件”的信息统计（其中对新闻跟帖、博客、播客主要选择代表性言论进行统计），从传播的数量以及传播的影响上来看，不同的网络载体传递的信息数量各不相同。

表1 “宜黄事件”在主要网络载体的分布统计（条/篇）①

网络载体	新闻跟帖	新闻论坛	新浪微博客	小众网站	博客	播客
数据统计	7 112	33 495	44 990	1 810	181	55

1. 微博成为触发网络舆论的先锋

微博的即时性使其成为触发舆论的先锋。2010年，随着微博影响力的不断扩大，微博已经成为网民收发信息的首选载体之一。当某一事件发生时，微博用户通过关注相关信息，就极易分辨它的受关注程度，以及人们对它的倾向性态度，通过转发和恢复，容易形成滚雪球效应，使与这一事件相关和不相关的人都参与到事件的讨论中来，这样在微博中就形成了广泛的舆论圈。②

根据表1，六类主要的网络载体对“宜黄事件”的传播，出现了数量上的分化。“宜黄事件”的网络传播中，数量最大的为新浪微博客，是44 990条；其次是新闻论坛，而播客的数量最小。在“宜黄事件”中，自从“女厕攻防战”之后，有关事件进展的微博信息每发布一次，博友们就充分利用微博“对话”、“转播”和“点评”的功能表明态度、扩大影响和表达意见。在事件经历了拆迁户自焚、机场截访、钟如九被押上车、医院抢尸、政府约谈伤者家属、积极救治伤者家属、相关官员问责之后，事件的每一步进展，博友们都会通过微博各抒己见，微博业已成为公众舆论形成的中心。

现今，越来越多的专家学者、社会名人，甚至普通网民开始使用微博。微博话题从日常琐事转向社会公共事件，并逐渐发展成为介入公共事务的新媒体，其涉及领域已渗透到网民社会生活的各个方面。无论是在重大突发事件、灾难事故，还是公民权益、社会救助等各个领域，微博都成为重要的信息发布渠道之一，并成为网络舆论中最具影响力的网络载体。

2. 传统网络舆论载体的功能“稳中有降”

新闻跟帖、新闻论坛、博客被认为是三种最强大的传统网络舆论载体。在“宜黄事件”中，尽管来自于五大社区（如天涯社区、凯迪社区、强国论坛、新浪论坛、中华论坛，详见表2）、门户网站、博客等的信息数量依然较大，但舆论功能有所下降。

这是因为2010年，在以微博为代表的新的网络载体的挑战中，论坛、博客的活跃程度有所减弱。如表1中有关“宜黄事件”的数据统计中，比较其他，五大论坛（见表2）的关注程度依然很高，但与微博相比，五大论坛发帖量的总和远不及新浪微博的发帖数。这集中体现出微博在信息传播中的决定优势，和传统载体相比，使用微博发布信息更便利、传播更迅速；同时，方便用户通过电脑、手机等多平台浏览发布，所发信息实时传达，并可一键转发。另一方面也与当下论坛、博客以及新闻跟帖的管理日趋严格有关。

---

① 统计截止到2011年4月25日。

② 杨维．论微博在网络舆论形成中的作用［J］．现代试听，2011（1）．

表 2　　“宜黄事件”在五大新闻论坛的分布统计（条）①

新闻论坛	天涯社区	凯迪社区	强国论坛	新浪论坛	中华网论坛	合计
数据统计	22 100	2 416	1 919	608	6 452	33 495

由于论坛和博客等适合于深度阐述观点、剖析问题，在未来社会热点事件中仍会拥有强大的生命力，尤其适合“意见领袖”发挥作用。但随着微博逐渐成为互联网舆论的新领地，其他传统网络舆情载体的功能受到较大挑战。

3. 小众网站的影响力开始凸显

除了专业门户网站外，“宜黄事件”的传播还有赖于各种小众网站的报道和讨论。如矮番薯、贴库网等，这些原本专业性很强的小众网站，也开始关注时事政治，关心公众讨论和跟帖，表现为积极的政治化倾向。这些网站不但频繁转载各大门户网站的“宜黄事件”新闻，同时还连续发帖进行批评与讨论。即使一些原本专业性很强的小众网站像榕树下网，本来是文学爱好者的天地，也开始关注自焚事件，关心公众的讨论和跟帖，表现出积极的时事化倾向。豆瓣网原本是以书评和影评为主的网站，但也有不少网友转载，直接参与“宜黄事件真相”、“不能让‘宜黄事件’发展成为违宪恶例”等话题的讨论。甚至是在一些娱乐、游戏类的小众网站中，网游爱好者们在讨论游戏之余不忘议论“宜黄事件”的经过和“声讨”相关政府的解释。正是在小众网站这样一个小众群体集聚的场域中，对各种关于“宜黄事件”的新闻、转帖及评论等不断碰撞、对抗与协商。这种较量的结果，必然推广小众网站的影响力，以此形成与主流门户站相抗衡的网络生存格局。

4. 传统媒体与网络媒体的舆论“互动”

微博作为一种新的舆论监督的表现形态，因其便捷性、简洁性、及时性和交互性的特点，成为弱势群体获得言论自由和公民权利的有效途径。广大博友的“围观”，得到了各大传统媒体的关注，网络媒体和传统媒体的合力形成了强大的舆论压力。传统媒体对事件的广泛报道，使“宜黄事件”成为公众关注的焦点。如 9 月 16 日，《新世纪》周刊记者刘虹桥赶到昌北机场，拍下了钟家两姐妹的憔悴面容，照片被广为流传；之后，成都电视台“真相三十分”和凤凰卫视“社会能见度”分别报道了“女厕门”；9 月 17 日，《现代快报》以“宜黄县委书记带队围堵上访户　昌北机场现 40 分钟‘女厕攻防记’”为题对事件进行了报道；9 月 19 日，新华社评宜黄事件，“权力滥用成悲剧源泉”；9 月 20 日，《人民日报》以“‘围堵’无助化解矛盾　官员漠视公民人权”为题批宜黄强拆是土霸王行为，只能是制造“火药桶”；中央电视台“新闻 1+1”评宜黄事件，“为人民服务不能变成为人民币服务”。

三、“宜黄事件”中网民言论表达的“群体极化”倾向

人们对社会热点事件的态度一经发展为民意或形成议题，再经网络得以深化，就能形成公共意见。在信息不充分的情形下，网民极易将长期以来或由特定议题引发的愤怒，迁怒于某一个具体的问题或对象。“宜黄事件”的传播过程，正是网民基于这种情绪，产生了“群体极化”倾向，广泛迁怒于“宜黄事件”中的地方政府和工作人员的所作所为，以期抒发

---

① 励漪. 2010 年度 20 个网络热点事件火热出炉［EB/OL］.［2011-01-30］. 人民网，http://sh.people.com.cn/GB/138654/13490681.html.

长期以来积攒于胸中的极端化情绪。

关于“群体极化”一词，很多学者用来解释人们参与网络时表现出来的仇恨。美国当代法哲学家凯斯·桑斯坦（Cass Sunstein）还发展出了相关理论，他认为这种“极化”现象早已在群体成员中普遍存在，但是通过群体的作用能使其得到强化，进而使一种观点或态度从原来的“群体平均水平”加强到具有支配性地位的程度。“团体成员一开始既有某些偏向，在商议后，人们朝偏向的方向继续移动，最后形成极端的观点。在网络和新的传播技术的领域里，志同道合的团体会彼此进行沟通讨论到最后他们的想法和原先相同，只是形式上变得更加极端化了。”① 桑氏的“群体极化”理论基于这样一种假设：群体的讨论可以使群体中多数人同意的意见得到加强，使原来同意“这一意见”的人更确信此种意见的正确性；与之相对，原来群体反对的意见，经过群体讨论后，反对的程度得以加强。由此形成了两种极端化倾向——“冒险偏移”和“谨慎偏移”。而“群体极化”也具有了双重的意义，一方面能够促进群体意见保持一致，增强群体的内聚力和群体行为；同时也能使错误的判断和决定更趋极端化。

“宜黄事件”中，出于对“被逼自焚”、“围追堵截”等信息流的愤恨，网民表现出强烈的回击，其言论表达大多可以归结于上述两种极端化倾向——“冒险偏移”和“谨慎偏移”。此种言论表达本质上正是长期以来就“违规拆迁问题”的愤怒，迁就于具体的“宜黄自焚事件”本身，这从其语言表述上就体现了出来（见表3）。如网民在新闻论坛、跟帖、播客等载体上就钟家人“自焚”事件多用“血拆”、“用生命维持”、“掐死”、“强拆”等愤怒词语阐述己见；对有关政府的解释信息多持“本末倒置”、“权力滥用”、“掩盖真相”等语言借以表达；但在微博中，大多网民对那些名人“意见领袖”的意见关注甚高，采用“反对—反对”、“赞同—赞同”的态度积极互动。

表3 **网络载体中有关“宜黄事件”的关键词统计**

网络载体	新浪微博	新闻论坛	新闻跟帖	博客	播客	小众网站
关键词	愤怒、强拆、血拆、用生命维持、掐死、冷漠、悲哀、掩盖真相、太监文化、官德低、卷土重来、重演、传统媒体失声、本末倒置……	强拆、独裁、土霸王、围堵、漠视、悲剧、问责、人渣、“双建国”开脱、遮掩、幕后黑手、“强拆发展观”、“死给制度看”、“无良媒体”、丑陋表演、“白色新闻”、“不让百姓活”……	“重拿轻放”、“白白死去”、用命相抗、“绵羊”的愤怒、阻挠、“土匪”、巧取豪夺、愤怒、“绝对”腐败、“你删”……	权力滥用、千古笑话、用“事实”解读、“软暴力”、没有人性、用命换、拆迁悲剧、恶性事件、语焉不详……	偷拆、强拆、国法难容、无公平、无言以对、极大创伤、被夷为平地、被牵连……	蓄意、违宪恶例、凄惨无比、重复悲剧、愤怒、严重违法、有失公允、无奈逝去、损失……
叙事手法	真实 vs 虚构；政府 vs 平民 精英 vs 草根	政府 vs 平民 精英 vs 草根	政府 vs 平民；发言 vs 限制言论	政府 vs 平民；真实 vs 虚构	政府 vs 平民	政府 vs 平民；精英 vs 草根

① ［美］凯斯·桑斯坦．网络共和国——网络社会中的民主问题［M］．黄维明，译．上海：上海人民出版社，2003：47.

总的来说，新浪微博、新闻论坛、新闻跟帖、博客、播客、小众网站等载体中语言表述框架，集中在四个方面：真实 vs 虚构、政府 vs 平民、精英 vs 草根、发言 vs 限制言论。不管哪种叙事框架，所反映出的都是网民的群体心理和情绪。在网络空间中，同一议题极易造成群体情绪感染和同化。“在所谓道德话语与网络狂欢的指引下，诸多网民以网络‘哄客’的匿名身份，躲藏在黑暗的数码丛林当中，高举话语暴力的武器，阻击那些被设定为‘有罪’的道德猎物；网络媒体的道德批判迅速转变为现实的道德仇恨与群体的情绪宣泄。”① 而这种情绪宣泄存在着内在的心理机制。法国社会心理学家勒庞以为，个体在一个非理性、易激动、少判断、好左右的群体里很可能走向极端化，人作为行动群体的一员，其集体心理与他们的个人心理有着本质的差别，成员的判断极易受到感情、名望与权威等因素的影响。

而在这样一些事件中，微博又很容易成为公众宣泄不满情绪的工具。“宜黄事件”的网络传播中，既有积极向上的成分，也有任意谩骂之声。在热点事件激发公众的好奇心理后，极易成为突发事件中滋生的温床。“宜黄事件”的官员被免职的决定发出后，许多专家、学者纷纷发表意见，尤其是法律专家何兵对免职和撤职的处罚区分后，网友更是表现出了对政府处罚的极度不满。而宜黄官员的投书《透视强拆自焚事件》在财新网公布后，斥责之声充斥网络。在媒体记者纷纷撰文呼吁网民不要一味谩骂而应理性应对的情势下，这种不满的情绪才得到了及时的控制。

四、微博引导舆论策略：草根话语和精英话语的互动

如上所述，群体中的个人情绪和行为极易受到某种“权威因素”的左右，这对微博来说更为突出。在精英话语、草根话语与“宜黄事件”的互动与较量中，“草根”话语试图做出自己的意见判断和评价，而精英话语作为对宜黄事件解读的“权威信息”，其对“宜黄事件”的评论与态度，深深影响着草根网民的态度与情绪，即精英话语和草根话语之间存在着相互屈从的交叉关系。

对于“草根”(grass-roots) 一词，人们通常认为包含两层含义：一是指同政府或权威决策者相对的势力；二是指同社会名流、主流阶层，或是主流、精英文化相对的弱势阶层。微博空间的“草根”更趋向于第二种解释。微博注册的低门槛，从根本上保障了用户的广泛性和多样性，这在“宜黄事件”的传递过程中全部彰显出来。和网络的其他载体一样，由于微博的匿名性，除了少数因加 V 而公开身份的“名人”参与者外，我们很难确认其他用户的具体身份。但是，可以确定的是，这些匿名的用户虽然具备了一定的文化知识储备，但明显缺少“名气”，其所感所想所评不被同类群体成员过分认可，他们很难进入那些代表“精英文化”的精英话语圈子。而相对“草根”，网络事件中的舆论“精英”囊括从传统媒体转化而来的意见领袖、社会“公共知识分子”范畴的意见领袖、网上活跃的各类明星等。

“宜黄事件”传播过程中，少数名气大者（通常是加 V 认证的名人）对事件的转载、评价、论述的确都冠以“高雅”、“经典”、“权威”，而客观上否定了“草根”们的意见，挑战了其他普通网民对“宜黄事件”参与互动的“创造性原则”。因此，将微博空间中的舆论引导策略定义为“草根”与“精英”的对抗，正是出于“宜黄事件”中信息传递的这种现实，即“草根”极力挣脱种种“限制”以实现自我意见评价，而“精英”又始终以“高雅”、“权威”的姿态引导网络舆情，同时还不停地创造事件“真实”信息，客观上否定了“草根”意见的广泛进入。当然，这并不是说“草根”和“精英”之间的对抗硝烟烈火似地白热化，而突出的是“宜黄事件”的舆情引导在所谓“文化政治”上的对抗性和斗争性。和其他的流行文化形式一样，“宜黄事件”也是各种意识形态斗争的载体。在这一平台上，

---

① 张磊．和谐社会、公民社会与大众媒介［M］．北京：中国传媒大学出版社，2009：194.

代表不同文化派别和利益的“草根”与“精英”话语不断碰撞、对抗和协商，构成一种周而复始，永不停止的舆情引导态势。

五、结语

本文主要以“宜黄事件”为例，对网络热点事件网络舆论的表达形态进行研究。基于网络传播的势态，着眼于广大网民面对这种“烈性事件”的言论表达，考察广大网民与不同网络载体之间的互动关系，据此透视社会热点事件在网络媒体中引发网络舆情的机制问题。不难看出，随着微博在中国社会的广泛使用，其必将拓展成为新的信息来源、舆论阵地，甚至是公民维权的武器。在“宜黄事件”中，精英话语和草根话语之间存在着强烈的互动。在网络空间中，该议题造成了群体情绪感染和同化。无论是以哪一种形式参与网络舆论，所反映出的都是网民的群体心理和情绪。

【参考文献】

[1] [美] 保罗·莱文森．数字麦克卢汉——信息化新纪元指南 [M]．何道宽，译．北京：社会科学文献出版社，2001.

[2] [英] 丹尼斯·麦奎尔．麦奎尔大众传播理论 [M]．崔保国，译．北京：清华大学出版社，2006.

[3] 刘毅．网络舆情研究概论 [M]．天津：天津人民出版社，2007.

[4] 喻国明．中国社会舆情年度报告（2010）[M]．北京：人民日报出版社，2010.

[5] 汝信，陆学艺，李培林．社会蓝皮书：2011 年中国社会形势分析与预测（2011 版）[M]．北京：社会科学文献出版社，2011.

【作者简介】

石义彬，武汉大学新闻与传播学院院长、教授，博士生导师，武汉大学媒体发展研究中心专职研究员。

胡琼之，武汉大学新闻与传播学院 2009 级博士研究生。

王彦林，武汉大学新闻与传播学院 2010 级博士研究生。

2010 年跨文化传播事件解析[①]

单　波　刘　学　李丹丹

跨文化传播事件是指发生在不同的文化背景（即不同的性别、年龄、国籍、种族、民族、语言、宗教等）的人之间的交流与理解活动。它发生在人类日常交往实践之中，与文化事件、政治事件、宗教事件、媒介事件等交织在一起。它一方面呈现着文化异质的人的互动以及交往空间的拓展，另一方面又表现着人的跨文化交流的悖论：人的跨文化敏感、共同感知、移情能力、文化适应能力成为跨文化传播的心理动力，同时，人又无不受限于特定的文化思维方式、坚固的文化认同、对他者的恐惧、权力的欲望、支配与被支配关系中的快感与焦虑。正是因为这些特质，它成为人的传播实践的重要观察点。

2010 年，全球化以其历史的惯性向前发展着，世博会第一次走进中国，世界杯第一次踏入非洲，微博在信息社会悄然兴起“微革命”，更多的人或被置于对话与交流的语境，或被同化到一种主导的文化。与此同时，文化冲突此起彼伏，法国针对穆斯林妇女的“禁袍令”以及针对罗姆人的遣返令给人们带来极大的困扰，美国牧师特里·琼斯在网上策动的焚烧《可兰经》事件以及白人至上团体的集会更是引发了不可遏制的暴力，全球化的另一种可怖的景象展露无遗：更多的人强调绝对的差异以表现自我，更多的人在强权压迫下走向暴力。人类的跨文化传播实践就在这种全球化的图景之中成为引人注目的“事件”。

那些被凸显出来的跨文化传播事件一般具有以下特点：其一，它呈现着文化异质的人的互动以及交往空间的拓展，表现着跨文化交流的悖论；其二，它构成了对全球化图景的重要诠释；其三，它引发媒体的广泛关注和网民的广泛讨论；其四，它表现着人们在跨文化传播实践中反复思索的问题以及由此形成的观念，从而成为人类跨文化传播历史的重要组成部分。2010 年的跨文化传播事件就是根据以上特点选择出来的。

一、日本式道歉遭遇美国式“拷问”

2010 年，丰田汽车被曝出质量问题，丰田公司随即进行了大规模的召回活动，其中在美国要召回 37 万辆汽车，即便如此美国人并不放弃问责。2 月 24 日，美国国会举行听证会，丰田公司总裁丰田章男受邀出席听证会，接受美国议员的“拷问”。在听证会中，丰田章男因其隐晦曲折的道歉方式引发了一场与美国议员之间的跨文化冲突。

根据法新社报道，在听证会上，美国议员时不时地挥舞着报纸，指头对着道歉者，还不时拉高嗓门，而丰田章男及丰田北美地区总裁则面无表情接受议员们的拷问，这引来了美议员的不满，俄亥俄州的民主党人马西卡普图尔说她对丰田章男的态度表现不满，认为他没有表现出对死者足够的诚意。

除了面无表情之外，丰田章男在回答议员提出问题时的曲折含蓄也使得美国议员愤怒，

① 本文是“211 工程”第三期项目“社会转型与中国大众媒介改革”研究成果。

民主党众议员埃多尔弗斯·汤斯（Edolphus Towns）追问丰田能否修好油门的故障。丰田章男给出了一个冗长、间接的回答。汤斯则恼怒地说“我就想知道，到底能还是不能?”可是，丰田章男始终没有直接回答。

丰田章男在听证会上的证词首先说到了丰田的质量控制理念，并保证不断改进，制作出更优质的产品；其次，他说明此次事故出现的可能原因在于丰田发展速度过快而忽视了质量问题，并再一次强调将更注意产品安全性；最后他提出，将来也会更加注重质量问题，并给出了一个看上去很专业化也很“日本化”的陈述：“我个人是一名训练有素的试车手。作为一名专业人员，我能够发现一辆车的故障，了解问题的严重性。我驾驶过油门踏板存在故障的车辆以及普锐斯，比较了修理前后的车辆。我相信只有通过亲身检查问题，才可以从消费者的角度作出决定。管理层不能依靠报告或是数据在会议室中解决问题。”①

这样的道歉方式显然不能满足国会议员们的要求，且不说美国议员的贸易保护主义情绪膨胀起来，已使“打击丰田”成为某种情感指向，仅从文化交流方式而言，丰田章男就遇到了难以跨越的文化障碍：美国的企业文化要求领导人直面问题，并拿出解决方案；而日本道歉的目的是为了减少人与人之间的摩擦，将冲突以及不和谐的噪音降到最低，正如美国麻省理工学院文化人类学家伊恩·康德里（Ian Condry）在接受法新社采访时说，这可能会有个风险，日本人认为是对国会表示尊敬，也表示忏悔，但美国这一边觉得这种做法还不够。美联社发表文章指出，日本公司的负责人是由于他们擅长团队决策才得到选拔的，谦卑被视为财富，他们的职责是确保稳定和谐。而“和谐”却是一个不经常与美国国会联系在一起的词。在日本的企业文化中，谦虚谨慎以及谦卑的态度是解决问题的重要步骤，而美国则希望有问题就直接解决问题，因此他们并不接受日本的“绕弯子”道歉文化。在美国人看来，丰田章男除了道歉，还必须拿出担当，为公司的失误和失策负责。这才是美国企业对企业领导人的认知。

显然，在这场贸易纷争的背后还隐含着深层的文化冲突。根据霍尔的划分，中国、日本属于高语境（high context）文化国家，而美国、德国等属于低语境（low context）文化国家。高语境文化更多地依赖于语境而非内容，而低语境文化则更依赖语言的表达。言下之意，高语境文化的人讲话比较内隐、含蓄，较多的暗码信息和非语言编码，反应很少外露，注重和谐意义的表达；而低语境文化的人讲话比较外显、明了，较多的明码信息和言语编码，反应外露，直面问题。如此二元对立的处世态度，发生矛盾和误解是在所难免的。按照凤凰时事评论员加藤嘉一的说法，丰田章男已经尽日本人的最大诚意道歉了，但站在美国人的角度，他的道歉比较委婉，不够诚意②。此时，解决矛盾的唯一途径就是站在他者的角度思考，即考虑他者的感受、他者的接受方式、他者的情感模式。用美国经济学者欧亚伦的话来说，丰田章男应该按照美国的方式道歉③。同样，美国议员如果按照日本文化的方式来理解丰田章男的道歉，就会少一点美国式的愤怒了。不过，前提条件是，双方都要在听证会上表现出相互理解、共同面对问题的勇气，少一些贸易保护主义的情绪，多一些跨文化的态度，就能找到破解僵局的路径了。

二、富士康“跳楼事件”凸显中国新生代农民工的交流困境

法国存在主义作家阿尔贝·加缪（Albert Camus）有句名言：真正严肃的哲学问题只有

① 丰田章男美国听证会书面证词全文［EB/OL］. 中国新闻网，http://www.chinanews.com/auto/news/2010/02-25/2138654.shtml.

② 凤凰卫视，2010 年 2 月 27 日《一虎一席谈》。

③ 凤凰卫视，2010 年 2 月 27 日《一虎一席谈》。

一个：自杀。2010年富士康“跳楼事件”把这一问题摆在了中国人面前。

自2010年1月23日富士康员工第一跳起至2010年11月5日，富士康连续发生14起跳楼事件，共有14名员工坠楼，其中12人死亡，2人身受重伤入院治疗，此外一人割脉自杀未遂。人们悲伤地发现，这些死亡或受伤的人都是80后、90后农民工，而在富士康80余万名员工中，85%的人都处在这花季般的年龄。在自杀原因的追寻之中，人们又发现最内在的原因是这些员工陷入一种“人际荒漠”①，他们生存在生产流水线上，没有文化娱乐，没有朋友交往，他们为网络产业而工作，但他们失去了社会网络，无法融入社会，无法融入城市，甚至也无法拥有自己的社交网络，也就是说，他们生产着网络产品的同时，也生产着自己依附于机器的边缘人生活。

这种处境立即让人想起了卓别林的《摩登时代》的场景，工人理查在工厂打工，他不停地在拧螺丝，拧啊拧，在他的眼前除了螺丝，别无他物。他机械地拧着螺丝，追赶秘书小姐；又用拧着螺丝的动作跑到街上，甚至想把一个胸脯丰满的过路女士的乳房也拧紧些，最后进入精神病院。富士康员工的处境再现了《摩登时代》的场景，一时间，社会舆论纷纷指责富士康是“血泪工厂”，抨击其劳工管理制度和军事化的管理方式，《南方周末》记者进一步揭示了在这种管理背后富士康员工被机器劫持的人生，导引出涂尔干在《论自杀》中提出的一个命题：个体的社会关系越孤立、越疏离，便越容易自杀：

> 这些富士康工人每天上班，下班，睡觉，上班，下班，睡觉。——而这种钟表一样的生活，反过来压缩着他们社交的私人时间。即使像自杀员工卢新这样多才艺的“明星”人物，在富士康的社交圈，也仅限于同学和校友之中②。

涂尔干曾在《论自杀》中列举了四种自杀的动机类型：利己型、利他型、宿命型和失范型。除了利他型之外，这些年轻员工的自杀合乎了其他三种动机类型，如由于个体与群体整合程度不足而导致的利己型自杀，由于社会调控过度造成的个体感到在命运面前的绝望感导致的宿命型自杀，由于社会快速变革引起个体的价值信仰缺失造成的失范型自杀。由此我们可以细分出他们的三种生活处境：因被生产线区隔失去了与内群体的整合，而处于分离状态；因被城市所同化、被网络产业收编而消失在失去自我的世界里；因农民工的身份而被边缘化、廉价化而失去了生活的尊严。

2010年6月至8月，来自中国各地的60多位社会学系和新闻学系的师生对富士康在内地的工厂展开实地调查，最终发布的调查报告似乎证实了这一事实。他们发现，富士康人员流失速度快、数量大，56.3%的受访者在富士康工作不满半年，富士康在经营管理中的问题形成了一股将个人往外“推”的力量：在生产车间，日夜重复的机械动作，极高的劳动强度，使个人感觉自己“比机器还像机器”，他们的地位甚至低于无生命的机器，“空调都是用来给机器服务的”，“工人是用来被机器消耗的”；在生活管理中，同乡不会被安排在同一个房间，一个车间的同事也不会住在同一间宿舍，工人之间在生产之外的生活关系完全被割裂，工人除了孤独、无助，只剩下冷漠；在表达自己的生活感受时，受访者使用最多的词汇是压抑、枯燥、乏味、辛苦、忙碌、累、没前途、无聊、无奈、空虚，而谈到自杀事件时，大多数受访者异常冷静，认为自杀是个人行为，与个人性格关系最大③。最后一种情况表明，还有很多的员工处在自杀的边缘。调查组碰到的戏剧性一幕是，8月18日，富士康举

① 詹奕嘉，彭勇，刘大江．富士康员工为何接连跳楼？[N]．中国青年报，2010-05-15.

② 刘志毅，杨继斌．富士康“八连跳”自杀之谜[N]．南方周末，2010-05-12.

③ 潘毅，卢晖临，郭于华，沈原主编．富士康辉煌背后的连环跳[M]．北京：商务印书馆，2011：12-14.

行5万人誓师大会，鼓励员工珍惜生命。誓师大会上的狂欢似乎在帮助这些年轻人释放压力、关爱生命、欣赏自我，但会上背诵的“郭台铭语录”，打出的“郭爷爷，您辛苦了”以及“总裁，我们永远支持富士康”等标语，似乎预示着这些年轻员工还活在某种精神绑架的阴影里。而事实上，富士康所采取的关爱生命的措施之一就是，一旦发现某个员工有情绪和心理问题，就会劝其在24小时内辞职回家。也就是说，他们面临的选择只能是，要么忠诚于企业，要么回家去疗伤。

应该说，社会还是作出了帮助这个特殊的群体走向社会化的准备。步入新世纪以来，学者开始把他们归入“新生代农民工”群体，他们发现，相较于上一代农民工而言，新生代的农民工融入城市的愿望更加强烈，一切的努力都是为了能在城市生活中找到一席之地，而愿景与现实的冲突使得新生代的农民工有更强烈的受挫感。退回农村，他们不愿也做不了合格的农民；融入城市，他们想要打拼出自己的前程和事业，却很难逾越横亘在面前的制度、文化之墙，难以摆脱现实当中的种种屏障，成为所谓的“无根的一代”，被“双重边缘”①。学者们给出的建议是，每个城市都不要为了眼前的利益而将农村流动人群排斥在外，不能再继续把他们仅仅当做“过客”，继续靠农村流动人群的廉价劳动维持繁荣和发展的余地将越来越小，只有给予农村流动人群以基本的市民待遇，让他们分享城市改革、发展和繁荣之成果，一个城市才能真正实现和睦相处、社会和谐的理想，才能保持可持续发展②。中国政府也意识到了这一问题的重要性，2010年1月31日，国务院发布的中央一号文件《关于加大统筹城乡发展力度　进一步夯实农业农村发展基础的若干意见》中，首次使用了“新生代农民工”的提法，并要求采取有针对性的措施，着力解决新生代农民工问题，让新生代农民工市民化。对于处在交流困境中的新生代农民工来说，这无疑是曙光，可问题是，这种社会整合策略的实行依赖的是自由交流社会的形成以及自由人格的形成，而资本与权力的支配力量正在破坏着这种可能性。

香港学者邱林川把他们归入“网络劳工”。这一概念指向两个过程：一方面是“网络化劳工”，也就是传统制造业和服务业的劳动过程随信息技术普及和全球化程度的提高，而被日益网络化。这里的网络，作为技术组织手段，是一种新的生产工具。另一方面，网络劳工也指“网络即劳工”，也就是说网络不单是一种物理存在的生产工具，它本身更是一种新的生产方式，一种可以把非物质劳动集腋成裘，再转化为资本积累的生产活动。这种活动需要周而复始地运行，因为其中涉及的劳动形式一旦停下来，就可能导致网络信息产业链条的断裂③。可是，这些网络劳工群体内在心理的断裂以及他们与社会的断裂，将会带来更严重的后果，那就是和谐社会的断裂。

三、麦当劳式婚礼服务显示文化涵化的力量

在当代英语中，全球化（Globalization）有两个词，即“可口可乐化”(Cocacolalization)和“麦当劳化”(Mcdonalization)，预示着美国的价值观、消费品和生活方式通过无可比拟的“时尚感觉”，实现着全球范围内的文化涵化。所谓文化涵化，是指异质的文化接触引起原有文化模式的变化。当处于支配从属地位关系的不同群体，由于长期直接接触而使各自文化发生规模变迁④。相互接触的群体，总有一个是强大的，处于支配地位，另外的则处于从属

① 李春根，孙霞．聚焦“第二代农民工”——第二代农民工问题研究综述［J］．社会保障研究，2010（5）．

② 王春光．排斥抑或融合：新一代农民工还是城市过客吗？［N］．中国青年报，2006-09-03．

③ 邱林川．新型网络社会的劳工问题［J］．开放时代，2009（12）．

④ 黄淑娉，龚佩华．文化人类学理论方法研究［M］．重庆：重庆出版社，2004：207．

地位。从属的群体通常从支配的群体借用的文化因素较多。但也存在相反的情况，若从属的群体存在强大的文化优势，最终被涵化的将是支配的群体。接触的群体有时也会各自丧失文化个性，而形成一种新文化。

2010 年麦当劳发布了一个入驻中国二十周年的纪念活动，掀起不少人如潮的回忆，对于 80 年代和 90 年代在中国长大的年轻人而言，麦当劳是和家人团聚一起享受美好时光的回忆。在豆瓣网上还有网友发起名叫“麦当劳中国 20 周年玩具总动员”的线上活动，参与者达到 18 286 人，在这个活动中，大家彼此分享或者交换各自珍藏的麦当劳玩具，互相交流这些玩具背后的故事；新浪博客还发起了一个“我的麦当劳记忆”的征文活动，让 80 后、90 后回忆第一次吃麦当劳的经历，第一次在麦当劳里的约会，第一次在麦当劳里的打工经历。总之，这一切都在把这些年轻人的幸福时光还原为麦当劳时光，把他们的集体记忆定格为麦当劳记忆。正如香港中文大学人类学教授戈登·马修（Gordon Mathews）在接受《纽约时报》的采访时所说的那样：“在香港，即将迈入婚姻的年轻一代几乎都曾经历过坐在麦当劳里学习和等待的时光，在 20 世纪 80 年代到 90 年代的香港，麦当劳就像是一个安全的天堂，学生们可以在这里看书、学习，麦当劳是一个可以信赖的场所。在美国和其他一些国家，中产阶级和上流社会的人不会认为麦当劳是个可以举行婚礼和派对的正式场合，但是在香港则不同。”①

2010 年 10 月 10 日，香港麦当劳第一次为一对新人举办了婚礼。麦当劳的工作人员穿着黑色礼服，按照高级酒店里服务员的言谈举止标准进行服务，他们在嘉宾进入的门口热情地招待，引导人们走到签到台处在签到册上签名。新婚夫妇将被赠予一个雕刻有麦当劳图案的相框，并且刻上限量版的吉利数字。香港麦当劳公关负责人说：“传统婚礼上，新人要一起吃樱桃并接吻。我们将用薯条代替。”② 报道称在麦当劳举行婚礼如今只需要 1 280 港币即可，对于追求经济实惠的年轻人而言，无疑是个不错的选择。香港麦当劳计划在 2011 年推出婚礼服务，并将这项服务延伸到中国内地。

对于许多西方人而言，在快餐店举行婚礼是不可思议的，报道中也提出这样的问题，即麦当劳婚礼如何进一步改变中国年轻人的文化观？是由不健康环境和文化的影响带来的问题的一个解决方案还是一个全新的问题？一位美国网友质疑，难以想象神父竟然穿着麦当劳的衣服扮红色小丑，这个世界需要的只是用饱和脂肪、钠和发泡胶组成的不健康的快餐婚礼而已。

当然也有不少人持赞同的意见，认为中国传统的婚礼过于昂贵，麦当劳婚礼对于工薪阶层的年轻人而言是个不错的选择，不仅中国，印度也面临着同样的问题，昂贵奢华的婚礼除了浪费钱别无他用。

尽管众说纷纭，但有一点可以肯定，中国人适应麦当劳文化的过程，即是一个“文化涵化”（culture acculturation）的过程，它把人导向“同化”（assimilation），也就是最大可能地与这种文化保持融合状态，从而成为这种文化的从属。无疑，这一过程还在以新的形式延续。

四、翟田田“涉恐”事件：边缘人的侵略性与他者的恐怖化

翟田田，西安人氏，于 2003 年获签证到美国，被捕前在新泽西斯蒂文思技术学院攻读

---

① Joyce Hor-Chung Lau. Raising a Milkshake to the Bride and Groom [EB/OL]. http://www.nytimes.com/2011/02/28/world/asia/28hong-kong-mcdonalds-mcweddings.html? scp = 1&sq = mcwedding&st = cse.

② 路透社中文网．麦当劳将在香港推出婚礼服务 [EB/Ol]. http://www.foods1.com/content/1013435/.

物理专业博士学位。2010 年 4 月 15 日，翟田田与教授发生口角，其间并无任何肢体冲突，但翟田田说了“大不了就拼了”之类的狠话，教授报告了校警，校警当天拘捕了翟，并将他移送给警方。其好友在问及他如何应对学校对他的指控时，他表明会用诉讼或者媒体的方式来毁学校的名誉（burn your reputation）。“毁”一词用的是英语中的“burn”，其大有“烧毁”之意。他因此被控“恐怖威胁罪”。

2010 年 7 月 30 日，翟田田“涉恐”案结案，美国控方把原来的“恐怖威胁”降为“小型行为不当”，不负刑事责任，并批准其 8 月即可回国。8 月 10 日晚间，翟田田自纽约肯尼迪国际机场抵达北京首都国际机场。在异国他乡经历约 4 个月的牢狱之灾后，翟田田终于凭借“自动离境”权利离美归国。

《新泽西时事新闻》(*New Jersey Real-Time News*) 的一篇报道称，该学院担心中国媒体误读了对翟田田的指控。学院新闻发言人史纳利（Michael Schinelli）纠正说：“不是恐怖分子，而是恐怖威胁（terrorist threat）。”①他称对翟田田的指控是指他的口头威胁（a range of verbal threats）而非恐怖分子。

这篇报道引起了众多网友的跟帖，有人说如果翟获罪的话，Youtube 上 20% 的评论者都应该被逮捕。也有一些中国网友评论：“大不了拼了”，是社会最底层弱势群体的最后一句能自慰的话，竟然在美国是犯了天条，美国的言论自由在哪里，美国宪法不是明令不能以言入罪的吗?② 中国人民大学跨国商事法律研究所所长钱卫清律师也表示，单纯因为口头言语就定罪，有些不可思议，他认为这是典型的“以言定罪”③。

翟田田事件在不少中国人看来是个“误会”，认为他是“被人陷害”，然后有不少评论指出对于该事件的不同解读源于中美两国法律之间的差异。根据美国法律，“恐怖威胁”罪名包括一个人扬言威胁他人，给他人造成恐惧感，以及扬言威胁公共设施。美国各州对“恐怖威胁”罪的惩罚也不一样，一般有罚款、监禁和监视等。因此尽管美国以言论自由著称，但自由仍有一定的界限，法律与习俗之间的巨大差异，才导致翟田田被判定“恐怖威胁”的罪行在国内引起如此大的恐慌。

但是，误会并不能仅仅用“差异”来解释，它还典型地说明了主流群体忽视了边缘人的交流经验。根据奥尔布（M. Orbe）的“共文化理论”(co-cultural theory)，边缘人在与主流社会结构的交流中，会基于独特的生活经验，采取不同的立场，与那些企图让他们沉默的主流社会中的人进行协商，获得平等权利，主要包括自信、不自信和侵略性三种倾向，其中，侵略性包括此类传播策略：通过对主流社会成员的自我概念进行人身攻击，使其遭受心理伤痛；摧毁主流群体成员在主流社会结构中充分利用其特权的能力，等等。显然，美国社会没有理解边缘人的侵略性传播策略，而是简单地把他者“恐怖化”，从而加深了群体间的误解。如果人们更多地从平等权利的角度理解边缘人的侵略性并加以调适，就会更好地协调群体间的交往，使之合乎人的交往理性。

五、法国以推行共和价值的名义颁布的“禁袍令”

一般说来，为了保持社会结构的稳定与和谐，政府应推行“支持法案”(affirmative

---

① Hoboke, N. J.. College Officials Worry Arrest of Chinese Student Accused of Arson Threat is Being Misreported [EB/OL]. *New Jersey Real-Time News*. http://www.nj.com/news/index.ssf/2010/05/officials_at_stevens_institute.html.

② 新浪网．中国留美博士因与教授发生口角被控为恐怖分子 [EB/OL]. http://news.sina.com.cn/s/2010-05-23/015920327450.shtml.

③ 李国平，孙东旭．留美博士翟田田因言获罪 湖南律师团赴美讨说法 [EB/OL]. 中国新闻网，http://www.chinanews.com/hr/hr-mzhrxw/news/2010/06-03/2321696.shtml.

action），使弱势群体享有某种庇护或优待，平衡强势群体和弱势群体之间的权力关系。可是，法国反其道而行之，在这一年颁布了使歧视少数族群获得正当性的“禁袍令”。

2010 年 9 月 14 日，法国参议院以 246 票对 1 票的压倒性优势，通过了禁止穆斯林妇女在公共场合穿“将全身都遮盖起来长袍”（布卡）的议案。该法案称，法国将在公共场合禁止女性穿着穆斯林长袍，这些公共场所包括公共交通工具、学校、医院和公务办公部门等。但在街道和私人场所，女性依然可以穿着穆斯林长袍①。在法国，伊斯兰教是第二大宗教，所以会有 2 000 多名女性要因为这个禁袍令而彻底改变生活习惯。

该法案源于法国总统萨科齐的一次演讲，在这之前，数名法国立法者呼吁成立一个议会委员会用以调查一些人倡导按照穆斯林的着装习惯穿戴覆盖全身长袍的活动，萨科齐的此次演讲是对这一活动的回应。据英国《泰晤士报》报道，在演讲中，萨科齐猛烈攻击穆斯林妇女从头到脚裹起来的罩袍，声称这种服饰在法国不受欢迎，“在我们的国家，我们不能够接受妇女们像囚犯一样被挡在屏幕之后，这些妇女们与社会隔绝，完全没有身份可言”。该禁令规定，对违反法律规定强迫妇女穿罩袍者施以 150 欧元的罚款。违反规定者还将面临一年以内的监禁和 3 万欧元的罚款，还将被要求上课学习政府所说的“共和价值”（republican values）。如果被强迫穿罩袍者是未成年人，那么对强迫者的罚款将提高一倍。吊诡的是，所谓“共和价值”意味着在无支配的前提下通过协商与包容的和平方式来实现共同治理，“禁袍令”解除了宗教服饰对于某些妇女的“支配”，却形成对宗教文化的“支配”。到底谁更应该去重温“共和价值”呢？

在穆斯林的文化中，服饰不仅仅起到装饰的作用，更是一种道德标准的体现，穆斯林的服装必须遮盖“羞体”，伊斯兰教法规定，男人的羞体是从肚脐至膝盖，女人除脸，手和脚以外均为羞体，都应当遮盖起来，其目的是遵守教规，保持尊严，在异性前起掩饰作用。②许多妇女似乎认为，她们穿布卡的决定只是一种宗教义务，因为根据萨拉菲斯特正教（Orthodox Salafist）传统，先知穆罕默德的妻子们穿的就是布卡。一位穆斯林妇女在接受《纽约时报》的采访时表示，脱掉长袍令她们觉得有“裸体”之感。然而这项议案却认为令穆斯林妇女脱掉罩袍的目的是保障自由，维护共同的生活以及维护穆斯林妇女的尊严。穆斯林群体感受到了明显的群体间歧视。

歧视为什么能大行其道？主要还源于法国人的启蒙心态和文化优越感。其典型的话语就是法国司法部长 Michèle Alliot-Marie 在接受《纽约时报》采访时所表述的：这是民主和法国价值的一次胜利，是自由的价值对抗对个人的压制，表现了男人和女人之间的平等③。殊不知，穆斯林所应享有的平等与自由就在这种启蒙话语中被扼杀了，在强力推行的价值认同里，自由与平等是不真实的，遭受歧视和打击的群体也很容易选择强力去报复社会，而最后遭殃的必定是“被保护”的女人和孩子。

欧洲的立场在这方面不尽一致。比利时早在 3 月初就率先通过议案，全面禁止在公共场合穿着布卡，同时禁穿只露出眼睛但罩住整个脸庞的面纱（niqab）。丹麦与奥地利两国认为，禁止穆斯林妇女穿着长袍是保障女权的一项举措，奥地利公共管理部长则视布卡为女性屈从的象征。但瑞典与荷兰不赞同以捍卫女权为由禁穿布卡。瑞典总理赖因费尔特深信，政府不应以权力强迫妇女解放。荷兰则说，他们向来允许表达不同信仰的传统。英国则支持自

---

① 中国新闻网．法国下议院通过罩袍禁令　欧洲多国民众支持［EB/OL］．［2010-09-14］．

② 中国清真网．穆斯林的衣着服饰［EB/OL］．http：//www. musilin. net. cn/baike/2008/0721/article_1349. html.

③ John Vinocur. New Normal on the Issue of Migrants：Incoherence［EB/OL］．http：//www. nytimes. com/2010/08/17/world/europe/17iht-politicus. html? scp = 5&sq = Nicolas% 20Sarkozy% 20Islam% 20BURQA&st = cse.

由表达信仰。英国首相布朗说，英国允许表达信仰的自由，这是重要的国家认同与国力的一部分。

英国《新政客》杂志认为，反对穆斯林罩袍和面纱的行为，反映出欧洲人对伊斯兰的恐惧。法国唯一反对这项禁令的议员加里格表示，“法国政府正走向一条阴暗的道路。为了同一种极端行为作战，我们正冒险滑向一个独裁的社会”。据媒体报道，这一禁令得到了法国超过60%的民众的支持，有人认为，法国不断降低的生育率以及穆斯林人口的不断膨胀和高生育率都是恐惧的一个原因。因为这些年轻移民带来的是一种“异质文化”，并将导致欧洲基督教文明的质变，引发欧洲人的“身份认同危机”①。

六、白人至上主义集会、琼斯烧经、驱逐罗姆人演绎群体间歧视

如果说偏见是一种态度，那么，歧视（discrimination）则是一种行为。当对异文化的态度转化为行动时，产生的行为便是“歧视”，即在种族、宗教、性别等层面上不公正地对待群体与个体的行为过程。分布于西方国家的各种白人至上团体就一直没有停止过这种歧视行为。4月17日，洛杉矶的“国家社会主义者运动”(National Socialist Movement）作为白人至上团体的一个重要派别再次上街集会，重提“白人至上主义”，目的是为了驱逐美国境内的非法移民（illegal immigration)。虽然只有区区70人上街，但哪里有歧视，哪里就有反制的力量。他们的举动引来了包括西裔、非裔、白人，以及少数亚裔在内的抗议人士的抗议，他们将白人至上团体称为“纳粹”，并高喊“停止种族主义”的口号，并因此发生了流血冲突。这一事件再次把美国人带入平等与自由的悖论之中。

在这之前，白人至上主义（white supremacist）申请到在洛杉矶市政府举办游行的许可证便引起了众多争议。有人认为，在美国种族平等的今天，白人至上主义者的游行不应当被政府批准，因为他们会发表仇恨言论煽动暴力行为。而国家社会主义者运动地区总监豪尔(Jeffrey Russell Hall）则表示，根据宪法第一修正案（First Amendment)，他所在的团体也有表达意愿的集会权。支持者的观点认为，每一个美国人都有抗议、集会以及向政府请愿的权利，这是宪法所赋予的，不论他们的看法有多么恶劣。这一行为引起包括华裔在内的很多人的不满，认为美国是作为一个多元化的移民国家，尤其是洛杉矶作为国际大都会，应当成为各种文化与各族融合的大熔炉，洛杉矶市政府允许这样的行为出现是不可思议的。

在历史的长河里，白人早已赢得歧视的利益，即成为特权群体，其重要表现在于，白人从不给自己贴一个标签，白人不在乎别人怎么称呼自己的族群，他们的身份成为别的群体衡量自我的标准；“白”这个词与“自由”(freedom）一样，蕴含着强大的意识形态功能②。大多数白人很惬意地享受着多元种族社会的生活，甚至一些白人至上主义者也倒向了多元种族价值，因为“白人性”(whiteness）已使他们隐秘地得到了文化特权。而这些上街的白人至上主义者似乎并不满足，他们总是把现实的危机归因于他者，总是满怀对他者的恐惧，从而像着了魔似地排斥多元种族社会、仇视他者。可是，街头的流血冲突表明，这并不能排解危机与恐惧，只是悲剧性地增加了仇恨。

爱自由的美国人总是干着很悖论的事情，他们以自由的名义发动劳工运动、妇女解放运动、民权运动，也以自由的名义使歧视和仇恨性言论合法化。美国佛罗里达州的牧师特里·琼斯（Pastor Terry Jones）2010年7月12日在Twitter上，继而7月25日在Youtube上宣布要在“9·11”纪念日焚烧200部《可兰经》，并且把这个日子命名为“国际烧古兰经日”。

---

① 中国新闻网．法国下议院通过罩袍禁令 欧洲多国民众支持［EB/OL］．［2010-09-14］．

② Martin, J. N., Krizek, R. L., Nakayama, T. K. & Bradford, L.. Exploring Whiteness: A Study of Self Labels［J］. *Communication Quarterly*, 1996 (44): 125-144.

这疯狂的举动引来了暴风雨般的谴责，联合国秘书长潘基文的批评最符合跨文化传播的尺度，他认为这一行为与宽容、跨文化理解以及不同文化与宗教间的相互尊重等原则背道而驰。可是，在把烧国旗也看做是言论的自由表达的美国，此等仇恨言论也受宪法保护。如果他执意烧经，不但无法阻止他，而且任何事后来自官方的打击，都可能被视为对公民基本权利的镇压①。因此，纽约市长彭博（Michael Bloomberg）一边批评焚烧可兰经的想法"令人讨厌"，一边又说根据美国宪法第一修正案，琼斯有权焚烧他想烧的书籍②。

在这一场激辩中，信奉"意见的自由市场"的美国人还是让"平等、宽容、尊重"的价值显现出真理的光辉，不过，付出的社会成本也是巨大的：文化冲突加剧，反美情绪高涨，安全焦虑加重。唯一的"收获"是，琼斯从默默无闻的牧师成为国际名人。

把目光转移到法国，从印度到中东再到欧洲，流浪了上千年之久的罗姆人（吉普赛人）再一次遭受歧视的厄运。据英国广播公司8月19日报道，作为法国全国打击非法营地运动的一部分，法国政府宣布将在未来3个月内拆除300处吉普赛人（或称罗姆人）居住的非法营地，并将遣送700多名吉普赛人回原籍国家。一些法国人对罗姆人的刻板印象（骗子、小偷、肮脏、不可信任、阴险）转化成猛烈的歧视行为。幸好，罗姆人并不孤单，这一举措在法国引起了强烈的反应，上万法国居民走上街头发起抗议活动，欧洲人权组织"欧洲反种族歧视网络"认为法国这一举动是"族群主义"和"带有歧视性的"。

让人迷惑的是，法国人如此充满悖论，各种各样的民调数字显示，支持这项政策的法国人不在少数，有的说是79%，有的说是65%，最低的也说有48%③。在人权与安全之间，法国人显然选择了后者。根据法国内政部公布的数字，2008年吉普赛人犯下的案件数为1 323件，2009年为3 151件，上升了138%，法国五分之一犯罪源于罗姆人④。法国政府为治安问题头痛不已，早已有意遣返吉普赛人，7月18日由吉普赛人发动的两起骚乱事件终于使其下定决心；而法国公众似乎也因为对安全问题的焦虑倒向了政府。

可是，法国人犯糊涂了，如果伤害了人权，如何保障人的安全？在法国，吉普赛人被视为"二等公民"，"吉卜赛"的称呼本身就带有歧视的意味。这些人没有工作许可证和合法居留证，长期生活在城市废弃的住宅居住，或人迹罕至的空地上、桥梁下、铁路旁搭建帐篷营地，不少人以从事偷盗、卖淫和毒品交易等非法活动为生，因此在不少法国人看来是不安全的因素，对他们百般歧视。他们中间大约有1 000万人分布在欧洲，普遍受到歧视，政治地位和经济生活状态都不好。由保加利亚等国发起的"接纳罗姆人十年运动"（Decade of Roma Inclusion，2005—2015）时间已过半，但实际情况是，他们的状况很少改变，很难被接纳，甚至很少引起关注，该项运动的新闻官员安迪·霍普特反问记者："如果不是因为这次法国政府大规模驱逐他们，你们的目光会投向他们吗？"⑤ 从文化适应理论上讲，当主流群体排外时，非主流群体通常会边缘化，更多地与社会分离，更多地失去发展的机会，自然也更容易通过暴力发泄不满。只有实施自由、和谐的多元文化政策，才能真正拯救这些边缘人，真正拯救法国人的安全，而这一切是以尊重人权为基础的。

欧洲人总是在大规模排斥行动发生的时候才想起历史的伤痛。英国《泰晤士报》评论道，驱逐让欧洲倒退了50年，让人想起盖世太保。这种想象不无道理，因为历史不乏先例，纳粹曾把罗姆人与犹太人一并送入集中营，进行大规模屠杀。虽然眼下的驱逐与过去的清洗

---

① 安替．不能阻止他，我们就羞死他——美国对琼斯烧经的态度［EB/OL］．http：//blog.sina.com.cn/s/blog_593f15670100kyqb.html.

② 中国新闻网．美牧师称因清真寺迁建 决定取消焚烧可兰经计划［EB/OL］．［2010-09-10］．

③ 郑若麟．法国驱逐罗姆人风波背后玄机．新民周刊，2010（35）．

④ 陈君．谁能接纳"流浪者"？［J］．中国新闻周刊，2010（35）．

⑤ 陈君．谁能接纳"流浪者"？［J］．中国新闻周刊，2010（35）．

有程度上的差异，但群体间的排斥及其后果是一致的。

七、广州“保护粤语”行动

2010年7月5日，广州市政协召开会议，政协常委会专题报告提交书面建议：“把广州电视台综合频道或新闻频道改为以普通话为基本播音用语的节目频道，或在其综合频道和新闻频道的主时段中用普通话播出。”此项提案意为适应来穗参加亚运会和旅游的国内外宾客的语言环境需要。此议一出，不少广州人以为要取消广州电视台主频道的粤语播出，表示强烈反对，很多广州人将其理解为打压粤语、挑衅粤人文化底线。

在中国，几乎每个地区都有自己的方言，而方言似乎也成为身份认同的首要标志。人们通过方言就能够立刻推测交流对象是上海人、东北人、四川人或是广东人，随后便能对这些人的性格特征、言行举止、风俗习惯等进行大致的推断。由于使用面积大、使用人口多、使用频率高，在中国大多数地区方言的流失现象并不明显。但是，在全球化社会，正像英语形成了对汉语的冲击，普通话也形成了对方言的冲击。面对冲击，如何既能促进跨文化传播与交流，又能有效保护、弘扬和传承方言，这成了“保护粤语”行动必须面对的问题。

在第一语言为粤语的人群中，粤语表达着岭南文化认同，是一种精神城堡。海德格尔的名言“语言是存在的家”，在老百姓那里就是一个通俗的道理：语言是我的精神寄托。用保护粤语者的话来说，“语言是根，是一种情感上的认同和亲近”，“一种语言代表一种文化，是广州人都要撑粤语”(广州电视台主播王燕微博)。

在全球化背景下，人们不断突破语言的障碍，学会掌握多种语言代码与异乡人交流。对于广东人来说，夹杂着粤语腔调的普通话成了最典型的语言同化现象。他们在面对不会使用粤语的人进行交流时，就会使用粤语腔调的普通话来进行沟通。这一方面是为了使沟通能够顺利进行下去，另一方面也是为了尊重异乡人。异乡人在遭遇相异的粤文化时，会有较为强烈的愿望，希望通过首先了解粤语这个语言介质，能逐渐融入当地文化，并与当地人进行更深层次的交流。

对于少数族群的语言、地区性语言或方言来说，从文化差异权、文化生态的多样性等角度加以保护是必要的，但必须找到延伸转移的途径，使之成为可交流的语言，否则，一个语言文化群体就会丧失自由交流的基础，文化身份的意义也会流失殆尽。从这个意义上讲，保护一种语言，并不是发掘其丰富的、奇特的文化信息供世人观赏，而是使之向世界说话，使之与各种语言代码互动。

八、跨文化戏剧风行海内外

在全球化时代，各种文化越来越难保持自身的纯粹性。随着与其他文化之间的交流与碰撞，文化之间的融合和借鉴变得越来越频繁，跨文化戏剧也因此变得可能，且越来越受到观众的欢迎和追捧，显现出独特的魅力。

法国戏剧学者帕维斯（Patrice Pavis）在《跨文化表演读本》(*The Intercultural Performance Reader*）中将跨文化表演分为六种类型：跨文化戏剧（Intercultural Theatre）、多元文化戏剧（Multicultural Theatre）、文化拼贴（Cultural Collage）、综合戏剧（Syncratic Theatre）、后殖民戏剧（Post-colonial Theatre）以及第四世界戏剧（Theatre of the Fourth World）①。日本跨文化戏剧大师铃木忠志的《李尔王》便是文化拼贴的一个典型，在这出戏中饰演李尔王的演员使用德语、长女使用英语、二女使用韩语、三女使用日语，但是演员之间也没有出现

---

① Pavis Patrice, eds.. *The Intercultural Performance Reader* [M]. Routledge, 1996: 8-10.

不理解而跳词，而是依赖呼吸与动作进行交流，正如铃木在接受台湾媒体采访时所说："创造平台发挥每个文化的独特性，能够做到这点，就是完美的政治家与艺术家了。"

法国著名女导演莫努虚金（Ariane Mnouchkine）带领的阳光剧团成员来自世界各地，剧团本身就是一个跨种族的组合。而她的戏剧则将东方剧场（如中国、日本、印度）的特质融入其中。莫努虚金曾说，"如果莎士比亚知道东方剧场的话，他会选择用东方剧场来呈现，并且所谓的戏剧，就是东方剧场。"而新加坡的青年导演王景生则试图寻找一种亚洲的跨文化戏剧，将中国、日本以及印度等东南亚文化融合在一起。他的戏剧《山打根镇挽歌》（*Sandakan Threnody*）从跨文化的观点反映战争带来的悲剧，将各种文化意象拼在一起，创造出独特的剧场美学。这些戏剧得到了观众的强烈回应。

2010 年最典型的跨文化戏剧是根据德国著名戏剧家布莱希特（Bertolt Brecht）的《四川好人》(Der gute Mensch von Sezuan）改编的话剧《北京好人》。

《四川好人》于 1943 年在瑞士苏黎世首演，讲述的是三个神仙在好人难做的时代来到四川寻找好人。可是无论什么样的人都不愿收留他们，只有妓女沈黛例外。三位神仙离开的时候给沈黛留下了一笔钱，沈黛用这笔钱开了一个烟店，并经常接济需要帮助的人，为他们提供食宿。可是好心未得好报，受助者造谣生事，她的小店难以为继。于是，沈黛假装成表兄"隋大"来管理小店。精明苛刻的隋大把烟店管理得井井有条。假装旅游归来的沈黛爱上了一位失业飞行员，可是沈黛的善良爱情使她再次濒临破产。沈黛又一次扮演自己的表兄隋大，开设了卷烟厂，给沈黛的客人们提供工作，进行残酷的剥削和管理，生意越做越好。沈黛的客人们很感激隋大给了他们工作，同时也怀念善良的沈黛。有人举报正是隋大谋害了其表妹沈黛，霸占她的产业。三位神仙扮成法官，隋大还原真实身份，说"既要善待别人，又要善待自己，这我办不到。"话剧留下了一个让读者思索的问题，在这样的世界，如何做一个好人。

2010 年 11 月 7 日，从《四川好人》改编而来的《北京好人》在北京朝阳文化馆上演。《北京好人》提出了一个类似的哲学命题，即当好人还是不当好人。《北京好人》讲述三个神仙来到人间寻找好人。在一位下岗技校教师的帮助下，神仙们终于找到了一个好人，即北京胡同里的洗头妹沈黛。沈黛在神仙的资助下开了间杂货店，接济需要帮助的人，有求必应。可在残酷的现实中，沈黛不得不三次假装成恶人隋大，以恶制恶，靠剥削和仗势欺人化解危机。故事的尾声没有大团圆结局，而是通过沈黛的进退两难把思索留给了观众。《北京好人》舞台演出本及曲词的作者、中央戏剧学院外国戏剧研究所主任沈林在接受采访时表示，《北京好人》的灵魂是布莱希特的。布莱希特的戏，就是不让观众过这个瘾，哭不是哭，笑不是笑。他的叙述体戏剧，更希望抓住社会本质和历史理性，引导现场观众思考①。

与《四川好人》相比，《北京好人》有更多的本土文化元素，比如长板凳、手推车等老物件，三弦、八角鼓等乐器的使用。在话剧的开场和第七场、第九场，每当神仙出现，舞台上就会传出"北京站钟声"或"中央人民广播台东方红钟声"。显然，《北京好人》是一出京味儿十足的话剧。

布莱希特的戏剧讲究"陌生化效果"(alienation effect)，把剧中人物和故事情节放置于观众完全陌生的环境中，剥去观众司空见惯的、一目了然的要素，使观众对戏剧所表现的人物故事形成全新的感受和认识。《四川好人》的故事背景被设定为观众不熟悉的中国四川，同时在叙事中挪用了中国古典精神如孟子的"人之初，性本善"等文化因素，制造了陌生化的情节。布莱希特希望在陌生化情境中，让观众对戏剧所讲述的故事产生打破思维定势的思考，从而达到社会批判和变革的效果。

---

① 桂杰．沈林教授：一个热爱文化的人不可能是势利眼［EB/OL]．中青在线，http://zqb.cyol.com/content/2010-11/18/content_3446126.htm.

《北京好人》虽然是从《四川好人》改编而来，但是并没有延续其“陌生化效果”。相反，同样的思考性命题被《北京好人》放置在观众熟悉的大量“北京元素”或者“中国元素”之中，增加了对观众的本土化吸引。同时这种熟悉的现实感也使观众产生更多的现实思考。除了引发观众思考之外，《北京好人》的另一目的是沈林所说的“通过戏剧提倡理性”，展现知识分子对现实批判的担当。对《四川好人》的这种方式的跨文化改编，展现了中国当下更加急切的现实焦虑，以至于剧作者放弃了布莱希特追求异文化元素的陌生化表现方式，转而以熟悉的现实感来增进戏剧的现实批判力度，成为法国戏剧学者帕维斯所说的综合戏剧的跨文化戏剧类型。

九、上海世博会呈现跨文化对话景观

2010年，世博会在上海举行，“Better city，Better life”(城市，让生活更美好）成为上海世博会的主题。但在如何理解这一主题的问题上出现了跨文化的冲突。

人民网对此的解读是，“城市，让生活更美好”。从大的方面看，为了让城市真正成为美好生活的基础，需要解决三大类问题：一是城市化过程中出现的人与人的冲突；二是人与居住环境即城市本身的冲突；三是人与自然大环境即人的整个生存空间的冲突①。这一主题的目的在于，不仅是向外国人同时也是向国人传播“城市是美好生活的基础”这一理念。然而这一宣传语一经推出即遭到各方的质疑和讨论。

首先，这个宣传语在对外传播和对内传播中的不一致引起众多讨论。“Better city，Better life”原本应当翻译为“更好的城市，更好的生活”，然而中文却表述为“城市，让生活更美好”。对此，中国艺术研究院马惠娣教授曾发表文章表示，忽略了“更好的城市”这样的概念，是因为不是所有的城市都会让生活更美好，“造城”易如反掌，几天内城市便拔地而起。可是建造“更好的城市”却是“千年久酿，甘甜醇厚”。② 学者朱学勤在接受联合早报网采访时则说，世博会应该是呈现宽广、包容的盛会，但是安保所制造的紧绷情绪弥漫整个城市，却形成鲜明地对比。而“城市，让生活更美好”这一主题所凸显的排他性，也不像英文主题“Better City，Better Life”那么宽容③。“城市，让生活更美好”过于单一和武断，意味着人们应当大肆建设新城市，让更多的人到城市来生活。而“更好的城市，更好的生活”则意味着我们应当努力改善我们所居住的城市环境，改善环境就是改善我们的生活。

此外，关于“城市，让生活更美好”除了官方的解读之外，还有更加多元的解读。官方解读更注重对愿景的描述，而网络上的普通中国民众则通过当下中国存在的一些现象来解读。一些网友借官方宣传口号衍生出其他的口号，如：“上海世博：赔掉城市，赔掉生活”，“世博，让房地产更美好”，韩寒的《城市让生活更糟糕》的演讲，等等。画家陈航峰则旗帜鲜明地反对世博，并于2010年3月展出了自己的作品“泡沫城市，泡沫人生”。一个铁笼子包围着一串不间断的泡沫，几乎所有的泡沫最终都会撞上笼壁的铁丝网，然后破裂。借此，民众表达了他们对世博的态度。

英国《金融时报》的报道指出，本届世博会的主题是“城市，让生活更美好”，但是，

---

① 季路德．“城市，让生活更美好”——如何理解上海世博会主题［EB/OL］．人民网，http：//world. people. com. cn/GB/11434798. html.

② 马惠娣．纠正对“Better city，Better life”的误读为时不晚［EB/OL］．http：//www. chineseleisure. org/2010n/20101014. html.

③ 联合早报网．上海2010年：激情开始　悲情结束［EB/OL］．http：//www. ibtimes. com. cn/articles/20101228/shanghaishibo_1. htm.

“本届世博会的筹备工作却很难证明上海能够做到这一点：为了美化城市，大片的传统住宅被拆除，这种不顾后果奔向未来的做法，存在彻底毁掉历史的危险。”而世博会期间，所有媒体一致赞美的口径，网民们的讨论被删帖或封杀，不得不让人怀疑上海“美好生活”是否处于真空之中。《纽约时报》称这次国际盛会以“城市，让生活更美好”为主题，并以推动城市的可持续发展为核心目标。但是该目标却与整个活动要花费数十亿美元来修建仅仅运营6个月的将近200多个展位、展馆的做法背道而驰。

除了围绕世博会主题解读的跨文化冲突之外，世博期间韩国“超级少年”(Super Junior)音乐组合的演出事件同样呈现了跨文化的冲突。

2010年5月30日，超级少年组合将在韩国馆演出，原本计划送出的5 000张免费入场券实际派发的只有2 000张，导致粉丝们不满，并最终导致暴力行为。粉丝们疯狂向馆内冲去，并冲破了武警组成的人墙。抢不到票的粉丝们开始打骂武警，甚至冲入世博官员办公室大吵大闹，声称要世博局做出交代。

这一事件使得这些粉丝们成为众矢之的，也激起网民对超级少年粉丝的集体讨伐。部分网民甚至发动一场“圣战”。“圣战”官网宣称：“6月9日晚7时（下午2点开始动员），我们将集结百度、猫扑、天涯、人人、红客联盟、黑客联盟，各大鹰派军事论坛等中国爱国网民……一起参加战斗!! 需要各种人才的加入，期待你。”而所谓的“作战”则是通过刷帖、爆吧最终导致明星官网、贴吧等不能正常访问和使用。其活动口号是：“脑残不死，圣战不休”，主要为针对当时网络上疯狂哈韩哈日的群体展开大规模的言论攻击。而“圣战”的策划人更是在微博上及时公布他们的战果：“昨天大概爆掉韩网近20个，SJ吧、SJM吧等被重爆，韩国明星被殃及不少。反哈韩反脑残圣战仍在继续”。

这一事件引起了各方的激烈讨论，“爱国主义”“粉丝群体”以及“代际沟通”成为讨论的焦点。

维基百科援引凤凰网的调查称，大约700万人参与此次调查，其中94%的网友认为此次“六九圣战”是“爱国行为”，有1.8%的网友指出这是炒作行为，还有4.2%的网友认为“这与哈韩者没什么区别”。有微博认为，如果“69圣战”是商业炒作的一个手段，拿爱国主义当幌子，只能证明这个社会没有底线，跟风者没有脑子；如果是自发行为，那么需要讨论，怎样才是“爱国”，怎样才能用“爱国的名义”。这一条微博更引起了“圣战”人士的围攻，被指责为“假冷静”、“高高在上的道德教化”，其评论以“眨眼一页”的速度累计。

围绕“超级少年”演出事件的冲突实际上是80后、90后这类代际文化冲突。号称80后的批评者认为“超级少年”的粉丝是脑残的代表，疯狂、盲目、没有国家和民族概念，个人喜好至上。但这些批评者的初衷是对“超级少年”粉丝的娱乐文化偏好的不容忍、不理解。这种代际文化偏好在不同的时期有不同的表现，在我国近些年就出现了所谓“哈美”(这个称号是日后追授的)、“哈日”、“哈韩”的文化消费潮流，因此也对应出现了反对“哈美”、反对“哈日”、反对“哈韩”的批评浪潮。由于这些文化偏好与其他国家有紧密的联系，因此批评者往往以“爱国”为名打出文化偏见的牌。

实际上不同代际的文化差异也需要我们以包容之心，同情地理解其他群体的文化偏好，平等地对待所谓“小孩子”们的文化喜好，尊重他们的文化自由和选择权，实现代际跨文化沟通。

十、联合国年度世界文化报告聚焦文化多样性与文化间的对话

2010年5月21日，联合国教科文组织总干事伊琳娜·博科娃在上海世博会的联合国馆内发布了教科文组织成立65年来第一份关于文化的世界报告，即《世界报告：着力文化多

样性与文化间对话》。

发布该报告的背景是："日趋加速的全球化进程增强了个人的跨文化能力，使我们得以更有效地管理文化多样性并监测文化的演变。假如没有这种能力，源于认同问题的种种误解就会滋生蔓延。增强这种能力是本报告各项建议的中心所在。"①

该报告的一大特色在于其全球性视野。文化多样性和对话问题从产生以来无疑就具有全球问题色彩，它深深地烙着可持续发展和对当代西方物质人文主义的全球性反思的印迹。报告企图开创一种全球化时代的新人文主义，其核心命题是多样性形态下的包容和互动。如何解读它，就成了跨文化主题下的关键命题。

关于全球化可能对文化多样性带来的威胁与影响，该报告建议成立世界文化多样性观察站，以监测全球化对文化多样性的影响，广泛收集传播有关文化多样性的资料和统计数据；为政府部门、公共机构以及私营机构开发适合国家或地方情况的评估、计量和监测文化多样性的方法和工具；建立国家观察站，以监督政策并就促进文化多样性的适当政策提供咨询。

在全球化过程中，文化多样性逐渐引起人们的关注。有人认为文化多样性本质上是积极的，"因为它是指共享世界上每一种文化所体现的财富，因此也指通过交流和对话的过程把大家团结起来的纽带。"同时，其他人则认为，"文化差异会让人们看不见彼此共有的人性，因而它也是引发无数冲突的根源所在。"（导言）因此，我们首先要做的就是对"文化多样性"有个清楚的界定与认识，探讨世界范围内文化多样性的实际存在状态。

文化多样性具有的潜在影响力使得我们不得不关注它的实际情况。文化多样性是什么，以及不是什么，这是我们首先要回答的问题，也是采取下一步行动的前提。这个问题是"二战"以来教科文组织持续关注的话题。在全球化深入发展的背景下，这个问题有了新的变化，因为它面临很多新的问题和挑战；为此，我们需要作出某些改变，更加深入地理解当代文化多样性的实际范围，探讨在新的情况下不同文化间对话的冲突场所何在，以及如何寻找新的共同因素来化解这些矛盾。

该报告指出，文化多元常常导致文化价值观的种族化，因此为让文化多样性促进多元化，必须强调提供一种有利的环境，促进接触其他文化——新的社会交往和社会融合方式不断涌现，可促进不同群体间的对话，也有助于增强社会凝聚力。在这里，新的社会交往和融合形式包括网络、工会组织、社交俱乐部以及慈善团体等以公民为导向的活动，能够合作共事，同时能够与社会团体合作共同解决局部问题。

同时，该报告对多样文化具体发挥作用的领域和场所进行了研究，它提出了四个主要的领域：语言、教育、传播与文化内容以及创造力与市场。通过第一部分的论述显而易见的是文化多样性是确实存在和影响着人类生活的；但是这四个领域可以对文化多样性的展开发展提供坚实的舞台，这是将文化多样性纳入实际可操作发展的重要一步。其中，传播与文化内容这一环节强调，由于刻板观念和对文化的偏见性认识，造成了对文化报道的交流可能性的阻碍；即对文化多样性的报道不仅没有促进交流对话反而有碍于其生成。报告指出，需要在促进媒体知识和技能传播等方面的努力来消除这方面的障碍。

在媒体与跨文化这一部分，该报告指出，万维网开始具备根本矫正地方与全球政治和经济力量不平衡以及不同社会团体之间分歧的能力，由于媒体有能力引导人们关注或无视公共问题，能够决定哪些问题社会应当解决，哪些问题社会可以忽视，因此本土内容的开发更重要。然而媒体内容的增多会导致一种"虚假多样性"，掩盖一些人只与文化参照系相同的人沟通的事实。对此，各国都制定了一些促进文化多样性的政策。例如媒体扫盲，增加全民利用新技术沟通的能力。只有知识鸿沟问题得到解决，才有可能实现建立包容性知识型社会的目标。

---

① 联合国教育、科学及文化组织．世界报告：着力文化多样性与文化间对话［R］．2010.

最后，在该报告的第三部分，分析了如何让多样性帮助解决困扰国际社会发展问题的解决办法：一方面是持续发展的问题，一方面是和平以及普世人权的问题。该报告认为，文化多样性应被认为是能为这些问题提供解决方案的有效工具，而非障碍。

联合国教科文组织发布促进文化多样性和文化间对话的世界报告，肯定文化多样性是世界和谐发展的基本力量，并提出了一系列促进文化间对话的举措，对于唤醒、培养跨文化的文化素养和推进跨文化的传播进程具有重要的意义。只有良性的跨文化世界，才会成为一个和平、发展的世界。

【作者简介】

单波，武汉大学新闻与传播学院教授，博士生导师，主要研究跨文化传播、比较新闻学。

刘学，武汉大学新闻与传播学院讲师，博士，主要研究比较新闻学。

李丹丹，武汉大学新闻与传播学院硕士研究生。

融合背景下中国媒介营销的调整、整合与创新①

——2010 年中国媒介营销活动评析

吕尚彬 徐同谦

2010 年，对于中国传媒业来说，是不同寻常的一年。文化体制改革的深入，新技术变革的冲击，市场的新变化，促使媒介融合进程空前加速。传媒组织的营销环境发生了剧烈的变化，调整、整合与创新，成为 2010 年以来中国传媒业营销活动的关键词。

一、营销环境的变化：政策、技术、市场三维力量驱动媒介加速融合

任何管理活动的起点，起始于环境的分析。来自于政策、技术和市场层面的因素，影响着传媒产业的格局，成为影响传媒营销活动最重要的因素。

对于传媒产业来说，新技术的影响并非起于 2010 年，而市场层面的变化，也是践行的因素，2010 年营销环境的深切变化，源于本年度传媒政策层面的体系化，以及由此而产生的政策、技术和市场三维力量的交互影响。

（一）政策层面：系列文化产业政策和支持文化产业发展的政策渐成体系

2010 年以来，文化和传媒产业的主管部门（中宣部、文化部、广电总局、新闻出版总署等）以及相关部门先后出台了一系列政策，支持或引导文化产业和传媒产业的发展。这些政策渐成体系，分别涉及投资体制、金融支持、财政扶持、产业导向和经营性政策。

1. 投资体制改革

从政策导向看，传媒产业对多种资本的利用，有松动的迹象。

《关于进一步推动新闻出版产业发展的指导意见》② 首次对非公有资本如何参与新闻出版产业进行了详细表述，引导和规范个体、私营资本投资组建的非公有制文化企业以内容提供、项目合作、作为国有出版企业一个部门等方式，有序参与科技、财经、教辅、音乐艺术、少儿读物等专业图书出版活动。

《关于金融支持文化产业振兴和发展繁荣的指导意见》提出大力发展多层次资本市场，扩大传媒企业直接融资规模。证监会正式发文予以明确，非公有资本进入文化产业须遵循“七准三禁”。除明确了细分领域的准入门槛外，证监会对于非公有资本被许可进入的细分领域股权也做出明确规定，要求国有资本必须控股 51% 以上，非公有资本不得超过 49%。主要涉及与出版物印刷发行、广告和节目制作以及有线电视接入网和数字化改造相关的两大类领域。其中，按照证监会规定，从事有线电视接入网部分社区业务的企业可以除外。

---

① 本文属于国家社科基金课题“三网融合背景下中国报社组织结构转型研究”（项目编号：10BXW013）中期成果之一。

② 新闻出版总署官网［EB/OL］. http：//www. gapp. gov. cn/cms/html/21/508/201001/695926. html.

2. 金融支持

《关于金融支持文化产业振兴和发展繁荣的指导意见》明确鼓励银行业加大有效信贷投放；完善授信模式、加强和改进对文化企业的金融服务；鼓励商业银行以银团贷款等方式提供金融支持。

支持企业发展多层次资本市场，扩大其直接融资规模；支持经营较为稳定的大型文化企业在主板市场上市，鼓励已上市的文化企业进行并购和重组，促进产业链整合；加强适合于创业板市场的中小文化企业项目的筛选和储备；还鼓励风险投资基金、私募股权基金等风险偏好型投资者积极进入处于初创阶段、市场前景广阔的新兴文化业态。

此外，鼓励保险机构开发适合文化企业特点和文化产业需要的保险产品，提高保险在文化产业中的覆盖面和渗透度，有效分散文化产业的项目运作风险。

该意见由九部委联合下发，涉及间接融资，直接融资、风险投资、报信等；其会同部门之多，涉及面之广，在近年来涉及文化传媒产业的政策中，比较少见，充分表现了政府的扶持决心和力度。

3. 财政支持及财政政策支持

财政支持表现为直接投入的增长。财政部公布的 2010 年文化体育与传媒预算中，尽管总额有所下降（1.9%），但新闻出版预算和其他预算有较大幅度的增长。其中，中央本级支出新闻出版预算数为 45.9 亿元，比 2009 年执行数增加 15.92 亿元，增长 53.1%，对地方转移支付新闻出版预算 20.16 亿元，比 2009 年执行数增加 12.12 亿元，增长 150.7%，增加的新闻出版预算将主要用于新闻媒体建设等项目。①

财政政策的支持，主要体现在十部委联合发文《关于进一步推进国家文化出口重点企业和重点项目相关工作的指导意见》，明确了《文化产品和服务出口指导目录》和《国家文化出口重点企业和重点项目目录》的制定和调整程序，要求重点企业和重点项目承担企业及时填报文化进出口情况，并加大资金支持力度、实行税收优惠政策。

4. 产业导向

《关于进一步推动新闻出版产业发展的指导意见》和《关于进一步推进国家文化出口重点企业和重点项目相关工作的指导意见》，支持各种所有制的新闻出版企业到境外投资兴办实体。

《关于加快我国数字出版产业发展的若干意见》指出，到“十二五”末，我国数字出版总产值将力争达到新闻出版产业总产值的 25%；在全国形成 8～10 家各具特色、年产值超百亿元的国家数字出版基地或国家数字出版产业园区；形成 20 家左右年主营业务收入超过 10 亿元的具有国际竞争力的数字出版骨干企业；传统出版单位到 2020 年基本完成数字化转型。②

5. 经营性政策

这些政策分别有 2010 年 1 月 1 日实施的《广播电视广告播出管理办法》、国务院常务会议于 4 月 9 日审议并原则通过的《国家知识产权战略纲要》、中国互联网络信息中心（CNNIC）对外发布《关于做好已注册域名信息核对工作的通告》、《全国文化系统人才发展规划（2010—2020 年）》等，分别对电视广告播出，知识产权发展与保护，网络实名制、人才培养等提出了规范或指导意见。

---

① 财政部官方网站［EB/OL］. http：//www.mof.gov.cn/zhengwuxinxi/caizhengshuju/.

② 新闻出版总署［EB/OL］. http：//www.gapp.gov.cn/cms/html/21/2975/201009/706056.html.

（二）技术与市场层面

技术与市场持续影响着传媒组织的营销环境，2010年来的新变化主要体现在互联网的持续普及、移动终端的迅速发展和读者阅读情况的变化。

1. 互联网的持续普及，网民数量继续增长

2011年中国互联网发展报告显示，2010年12月，中国网民4.57亿，普及率34.3%，其中宽带网民4.5亿。基础网络安全有明显改善，2010年遇到病毒或木马供给的网民比例为45.8%，较2009年下降了10.8百分点。

2010年我国域名总数下降为866万，网站数量下降为191万个，搜索引擎使用率达到81.9%，用户规模3.75亿，成为网民的第一大应用。传统门户网站地位有所下降，搜索引擎越来越显现出“新门户”的特点。

商务类应用用户规模继续领涨，网络购物用户规模年增幅48.6%，是增幅最快的应用。网上支付、网上银行的使用率迅速提升；娱乐类应用使用率普遍下降，网络音乐、网络游戏和网络视频的用户渗透率分别下降4.2，2.4，0.5百分点。

微博客和团购用户数粗具规模：微博用户规模达到6 311万，在网民中占13.8%，团购用户规模达到1 875万，在网民中占比为4.1%。

社交网站的用户规模和渗透率比2009年有较大提升，至2010年12月中国网络交友2.35亿，比上年同期分别增长5 918万人，网民使用率为51.4%，比上年同期5.6%，广告是社交网站盈利的主要来源。

2. 移动终端的迅速发展

手机、电子阅读器和平板电脑的销量猛增，移动终端的使用，将影响传媒组织的内容生产和分销。

截至2010年底，中国手机网民3.03亿，比2009年增加了6 390万，手机网民在总网民的占比由去年同期的60.8%提升到66.2%，平均每周上网时间18.3小时；网民手机网络应用继续发展，手机即时通信使用率仍占首位，达到67.7%；手机新闻和手机搜索分别占59.9%和56.6%。

电子阅读器在2010年强劲发力，我国2010年上半年电子阅读器出货量占全球总量超两成，仅次于美国，估计全年达910万台。随着厂商的强力注入和3G应用的进一步普及，将为国内电子书带来更多可能，或将促成产业井喷。

iPad自4月3日上市后，在不足60天全球销售超过200万台，至2011年上半年全球发售量达到2 500万台。

3. 国民阅读情况的变化

根据第八次全国国民阅读调查结果显示，2010年我国国民综合阅读率达77.1%，传统纸质媒介阅读率稳健增长，每天接触报纸和图书的时长有所增加，期刊接触时长有所减少，人均每天上网时长和手机阅读时长有大幅度增加。

数字阅读接触率强劲增长，数字化阅读方式的接触率为32.8%，比2009年的24.6%增加了8.2个百分点，增幅为33%；其中23%的国民进行过手机阅读，3.9%的国民在电子阅读器上阅读，18.1%的国民通过网络在线阅读，2.6%的国民使用PDA/MP4电子词典等进行数字化阅读，1.8%的用光盘进行阅读。

手机阅读群体有51.7%是26岁及以下的年轻人，从职业看有52%是农村居民，手机报和手机小说是国民手机阅读的两大主要内容。

在各类数字化阅读方式中，电子阅读器的接触率增长幅度最大，增幅达到 200%。国民的图书、报纸、期刊的阅读量较 2009 年均有增加，电子书阅读量超过 6 亿本，但 63.8% 的网民更倾向于“拿一本纸质图书阅读”。①

二、战略方向的调整与业务领域的整合

（一）经营方向和战略业务单位的调整

为了适应外部环境的变化，谋求在媒介融合浪潮中竞争制胜，中国传媒企业（组织）纷纷对自己的经营战略进行调整，并对战略业务单位进行优化管理。这种调整主要体现在战略目标的调整和战略业务单位的调整上。

1. 战略目标转向上市寻求资本抑或治理结构的优化

越来越多的传媒组织将自己的战略目标进行调整，出版业着重指向企业化改革，重组上市，至 2010 年 8 月，全国正在上报 IPO 材料的文化企业近 100 家。

数字化、与新媒介的融合成为众多企业的调整目标，报网融合、数字出版始终是本年度的热门话题。

已经上市或发展较成熟的企业，则注重治理结构的优化，如金鹰投资挂牌 1 亿元转让快乐购 11.76% 股权，其转让条件颇为严格。受让方须为在中国内地注册的经济实体，其股东及出资人不得为外商投资企业。受让方须同时拥有文化传媒行业及零售渠道行业国有企业的改制及投资经验，其目的是积极引入社会资本和战略投资者，这将有利于其未来发展。最终引入弘毅投资、中信产业基金和红杉资本三家战略投资者。

2. 战略业务单位的调整

面对新技术带来的威胁和机会，各传媒机构纷纷调整自身的战略业务单位，向新的业务领域发展。这些领域或者是新媒体领域或是自身产业链的延伸。

央视、新华网、人民网，360 等纷纷进军搜索业务；湖南卫视于年初开始设立购物频道；辽宁出版集团和北方联合出版传媒，强势进军动漫业；电广传媒成立华丰达晨投资基金谋求三网融合的投资机会；星美国际收购电影制作公司和院线；华谊投资 1.49 亿元进军移动游戏产业等。中国移动与中广传播共同宣布 TD+CMMB 手机电视业务在全国范围内正式商用；人民网旗下人民视讯文化有限公司成立，并推出手机电视新版“人民视讯”；光明日报社推出“光明云媒”，为高端智能手机和各种平板电脑量身打造移动新媒体。

（二）整合：通过重组或战略联盟寻求价值链和产业链的优化

1. 间接融资空前活跃，银行贷款大量涌入中国传媒业

所谓间接融资，是和直接融资相对而言，指企业经过中介获得的融资，主要是银行贷款。2010 年以来，中国传媒产业的银企合作呈现出上升势头：

3 月 25 日，央广传媒将获得工行北京分行 50 亿元人民币的金融支持。4 月 12 日，湖南日报报业集团获得工商银行湖南省分行授信 60 亿元、建设银行湖南省分行授信 50 亿元。5 月 27 日，湖北长江出版传媒集团有限公司与中国民生银行武汉分行签署了战略合作协议，

① 第八次全国国民阅读调查报告［EB/OL］. http://news.xinhuanet.com/book/2011-04/24/c_121341147.htm.

民生银行将为该集团提供总额38亿元人民币的融资。上海市政府与国家开发银行签订了合作备忘录，国家开发银行从2009年起5年间对上海市文化产业的融资规模可达300亿元。7月13日，广东省广播电视网络股份有限公司与中国建设银行广东分行签署战略合作协议，获得建行授信180亿元贷款用于网络基础建设和公司业务的发展，通过银企合作促进三网融合建设。8月26日，文化部与中国农业银行股份有限公司在京举行全面战略合作启动仪式暨中国农业银行加入“文化部文化产业投融资公共服务平台”仪式。同日，国家广电总局与中国进出口银行在京签署协议，在今后5年内，中国进出口银行计划为我国广播影视企业提供不低于200亿元的融资支持。10月28日，农行北京分行与北京市文化创意产业促进中心签署合作协议，每年提供200亿元信用支持额度。12月7日，云南日报报业集团与中国银行云南省分行签订战略合作协议。根据协议，3年内，中行省分行将为云报集团提供不低于50亿元人民币的意向性融资。

银行与传媒业的合作，尽管一直存在，但2010年来呈现出授信规模大、涉及地区广、参与银行多的特点，说明《关于金融支持文化产业振兴和发展繁荣的指导意见》发挥了立竿见影的效果。

2. 通过资本市场进行资产重组走向高潮

2010年1月6日，安徽新华传媒股份有限公司（皖新传媒）成功完成IPO新股发行工作，共募集资金12亿多元。1月7日，数字电视广告商华视传媒宣布完成收购数码媒体集团的交易，交易总价值1.6亿美元。1月12日，盛大游戏收购Mochi Media，交易涉及大约6 000万美元现金和2 000万美元股权。1月20日，皖新传媒上市次日封涨停总市值达176亿元，将发力建“三网”。

4月30日，湖北广电网络借壳武汉塑料整体上市。5月6日，广东省广告股份有限公司于深交所中小板上市交易，成为中国本土第一家上市的广告公司。5月30日，南方报业正式入股凯迪网络，成为其最大股东。7月16日，中南出版传媒集团股份有限公司在上交所IPO的申请审批通过。

8月15日，广州日报社42亿资产注入粤传媒粤。8月12日，乐视网在深圳证券交易所上市。8月17日，酷6传媒（Ku6 Media）正式在美国纳斯达克挂牌，成为国内首家在国外上市的视频网站。8月28日，新华网A股上市计划已获中宣部批准。除新华网外，人民网、央视网外，另有千龙网、北方网、东方网、大众网、浙江在线、华声在线、四川在线共10家官媒网站将登陆A股。

11月4日，湖北长江出版传媒（601999）集团有限公司以每股5分的价格拍得ST源发35%股权，并达成重组意向，借机进军A股；12月18日，宁夏广电传媒集团以9 000万元收购信达地产股份有限公司持有的宁夏广播电视网络有限公司49%的股权。12月15日，湖南天舟科教文化股份有限公司正式登陆深市创业板，业务横跨出版、传媒等领域，天舟文化堪称“民营出版传媒第一股”。

3. 战略联盟的兴起

（1）传媒组织与其他产业的联盟。中国移动、中国联通、中国电网等国有企业采用各种形式，参与三网融合的进程；中国邮政和TOM网合作试水网络购物；宁夏日报和中石油宁夏日报报业集团与中石油宁夏销售公司结成战略合作伙伴，在报纸征订发行、油品销售、品牌维护、信息调查、资源互惠、文化建设等多方面实现深度战略合作。

（2）传统媒体间的联盟。传统媒体间的联盟以报业和电视媒体居多。如报业间的战略联盟：合肥报业传媒集团与南方报业传媒集团合作推出《今报南都娱乐》；黑龙江报业集团整合省内8家地市报，以其地方版的形式全新亮相；辽宁报业与鞍山日报报业集团合并经营

《千山晚报》和《北方晨报》等。电视媒体间的联盟：如青海电视台、湖南广播电视台在北京签署了合作运营青海卫视的协议；京华时报社与中央人民广播电台央广购物频道合作推出汽车团购活动等。

（3）传统媒体与新媒体的联盟。这一类的战略联盟方兴未艾，几乎所有的传统业态都选择与新媒体组建战略联盟，优化自身的价值链或产业链，试图以此来把握技术创新带来的市场机会，应对新媒体带来的挑战。

报业、出版业、期刊业与新媒体的联盟，主要体现在数字化和移动媒体方面，如时代出版联手新浪，两者在业务、资源、内容、版权、产品、服务、市场和新媒体开发、人才培养等领域建立全面战略合作关系。新华社与盛大展开战略合作、湖北日报和汉王合作力推数字阅读，都是意图实现内容和渠道的互补。

电视与网络媒体间的战略联盟，一种是基于业务领域的调整，如前文提及的湖南卫视与淘宝网战略合作。另一种类型是内容和渠道的合作。如光线传媒与新浪于年底在京达成战略合作协议，将依托新浪视频、娱乐、微博等平台，构建"光线娱乐频道"，每天与全国300余家电视台立体互动并同步播放。华数数字电视传媒集团也与微软、淘宝、中影、华谊等签署了技术、内容合作协议，试图通过产业链的整合，在互动电视、互联网电视、手机电视、新业态电视取得竞争优势。

（4）新媒体通过战略联盟进行竞合。如新浪与百度宣布共建百度乐居频道，对前者垂直媒体资源和百度的强大用户资源进行整合。相应的，搜狐宣布与阿里巴巴合作，将旗下的搜狗分拆出来，引入阿里巴巴和云锋基金，以两者在B2B、B2C领域的绝对地位，对抗来自百度的竞争。双方还将在搜索、输入法、浏览器等诸多搜狗产品上进行合作，试图制衡360旗下的360浏览器、360搜索等。

三、传媒业的营销创新

除了整合外部资源，优化产业链的结构，中国传媒机构通过营销创新来优化内部的价值链，提升竞争力。这些创新主要表现在营销模式创新、产品创新、价格创新探索和渠道创新等方面。

1. 营销模式的创新

营销模式的创新主要的现象是媒体零售业的蓬勃兴起。媒体零售业是指媒体渗入零售行业，由传统的提供资讯、售卖注意力资源（广告）开始转向直复媒体发展，依靠直复营销获取利润，直邮、网络购物、电视购物成为主要的形式。媒体零售正成为媒体业新的盈利模式。

电视购物频道。截至2010年，国家广电总局已经批准核发了中视购物、山西的优购、安徽的家家购、湖南的快乐购、江西的峰山购物、重庆的时尚购物、贵州的家有购物、央广购物电视频道、东方购物频道9家全国性家庭购物电视频道。全球电视购物行业以每年超过20%的速度增长，国内电视购物已达百亿元规模，为电视购物频道的发展提供了巨大的市场空间。

网络购物。以淘宝为代表的购物网站，新浪网上商城为代表的门户网站所属的购物垂直网站，还有各类专业购物网站的经营额普遍增长。更多的传媒机构大力发展网络购物媒体，如南方报业传媒集团旗下的《鞋包世界》在创刊一周年之际，推出电子商务网站——鞋包世界网。百度和日本乐天共同组建的"乐酷天"网上商城。网络团购交易规模迅猛增长，团购网站获得成功，拉手网、淘宝网聚划算网、美团网等团购网站发展迅速。

2. 产品创新

产品创新基本上都是围绕新媒体、新技术展开，比较有代表性的有：报业的3D报纸，数字化移动媒体、IPTV、iPad电子报与电子杂志等。

（1）3D报纸的创新探索。4月16日，《十堰晚报》推出中国首份3D报纸，并随报赠送阅读眼镜，报纸图片均为3D立体呈现。随后相继有《南方都市报》、《每日商报》、《都市周报》、《齐鲁晚报》、《厦门日报》、《重庆晚报》推出了3D报纸或3D内容的报纸。

3D报纸的出现，在阅读体验方面确实为读者带来了短期的兴奋感，较大地刺激了报纸的发行，给平淡的报业市场带来了不小的震动。但印刷成本高，制作周期长，作为报业常态发行，恐怕有比较大的障碍，其广告效果和广告价值有待于市场检验。但结合重大事件或活动，则有其价值，是报业产品创新的有益探索。

（2）基于手持移动媒体的产品开发活跃。手持移动媒体的繁荣，带动并迫使中国传媒机构不得不重视手持移动媒体产品的开发，其中电子阅读器、手机阅读视听产品和平板电脑媒介产品为主。

《读者》推出利用仿效墨水显示技术的“读者电纸书”；盛大电子阅读器Bambook8月正式内测。

手机报和手机电视产品不断增多。新华网推出新华军事手机报；广州日报报业集团于5月推出了Widget手机报客户端，支持Ophone、Symbian、WM等主流智能手机平台的多款移动媒体客户端，iPhone、iPad客户端平台，可视化搜索手机客户端，农家书屋移动阅读终端等六大产品，依托报纸内容资源优势与资讯服务能力为客户提供丰富的移动资讯服务与移动应用体验。人民网旗下的人民视讯文化有限公司，推出名为“人民视讯”的3G手机电视服务。

iPad的推出，给传媒业特别是平媒以很大的期望。从2010年1月iPad正式面世不到一年间，全球几大最具影响力的报业集团几乎全部加入其行列。截至2010年底，全国已有40余家报纸实现了iPad中文报刊应用。凤凰网于5月推出了自己的视频应用，成为全球首家推出iPad视频产品的华语媒体。目前国内进入iPad应用程序商店的媒介产品绝大部分采用免费的策略。

3. 价格创新与探索

中国传媒机构在价格创新与探索方面，并没有呈现出明显的潮流，但两个事件值得关注，可能会给业界带来思考。

第一是关于数字化媒体产品的收费及其影响。

2010年1月1日，《人民日报》电子版开始收费。目前收费模式有每月24元、半年128元和全年198元三种；读者可以通过在线支付、银行转账和邮局汇款等方式支付。进行收费决策时人民网预计这一举措在短期内不会带来太大收益，但将促进报纸的发行，并为防止盗版侵权提供技术保障。然而，仅仅两个月后，该产品又回归免费阅读。

付费在线新闻不仅国内在尝试，海外也有数字化媒体产品收费的探索，新闻集团就是在线收费的领导者，其麾下的《泰晤士报》7月2日开始实行付费阅读，至11月初，该报流失了90%的网络用户。尽管如此，默多克依然坚持对在线新闻进行收费，《纽约时报》也计划从明年开始对部分在线内容进行收费。

《人民日报》这一价格创新探索，一方面反映了在短时期内，付费阅读并不符合我国网民的阅读习惯和消费习惯；另一方面，也反映了我国传媒机构在市场判断和科学决策方面，尚不成熟。

第二个值得关注的事件是《淘宝天下》创新广告模式。

《淘宝天下》自2009年底采用了一种被称作“淘代码”的全新广告模式。通过手册设置了1 000元的初始登载价格，并在每则广告上附有一个编码。读者在网上通过输入此编码进入店铺页面，则会被淘宝后台系统计数，《淘宝天下》据此对广告主进行二级收费，如果买家进一步完成了交易，交易额等数字同样会进入淘宝的后台统计，《淘宝天下》则第三次收费。

这种广告收费模式，其实质是综合考虑了点击量与购买量的因素，既考虑了广告传播效果，又顾及了广告销售效果，比较容易为广告主接受。

4. 渠道的争夺与创新

年初北京地铁报纸“禁报令”的出台及5月的取消，是当前中国媒体渠道争夺的一个小小缩影。面临激烈的地域间的封闭市场和本区域市场内渠道竞争，中国传媒机构通过渠道创新，试图能打破这种因行政区域和行政权力不同而形成的封闭市场，或试图加强自身的渠道资源取得竞争优势。

其主要方式主要是通过前文提及的战略联盟或资产重组，如四川邮政由四川省邮政公司和四川日报报业集团双方共同投资组建的四川省鸿闻报刊亭经营有限责任公司，以运营能力覆盖绝大部分地级市、州中心城市的近3 000个报刊亭。宁夏日报报业集团与中石油宁夏销售公司结成战略合作伙伴同样是寻求渠道上的合作。

纵观2010年，这是中国传媒机构营销活动异常活跃的一年，经营战略的调整与整合，营销创新全面展开。这种调整与创新，一方面来自于传媒机构寻求发展的内部力量驱动，也是政策、技术、市场等外部营销环境变化的结果，其绩效将受到中央政策与地方利益间的博弈、技术环境的演变和行业竞争等要素的综合影响。

【作者简介】

吕尚彬，武汉大学新闻与传播学院教授、博士生导师，武汉大学媒体发展研究中心副主任，主要研究领域为媒体发展、品牌与广告传播。

徐同谦，武汉大学新闻与传播学院教师，博士、副教授。

2010年中国期刊行业发展的热点探究与分析

冉 华 刘艳娥

顺应社会多元转型与受众需求由大众化走向分众化、专业化和个性化的变化趋势，我国期刊业也先后经历了大众化期刊的崛起、时尚化期刊的涌现和财经类期刊的发育三次大的发展浪潮。特别是随着数字传播技术的演进，我国期刊的发展不仅表现为种类与数量的增加，其产品形态、传播平台、流通渠道、运营模式等也在发生革命性转变，整个期刊业面临着新的生存与发展的历史选择。从社会转型与传媒体制改革带来传媒格局的碰撞与不稳定的大环境下，2010年对于经受了2008年到2009年金融危机淘涤之后的我国期刊业无疑具有极为关键的意义。本文主要就这一年我国期刊业发展中的一些热点问题进行梳理、分析与总结，以期进一步明晰我国期刊业的发展脉络与趋势。

一、我国期刊行业的数字化问题

经济一体化全球化、数字传播技术的变革、互联网的蔓延与渗透、中国社会转型以及文化体制改革主导下传媒体制改革，所有这些都催生与推进了我国期刊业的数字化转型与发展。转型意味着我国期刊的载体形式与信息传播方式将发生由传统的纸质形态向光盘电子期刊形态、网络期刊形态等的延伸与拓展，由单一的文字信息向图、文、声、画等兼容并重的多媒体信息发展，形成文字信息与多媒体信息并存、纸质期刊与电子期刊互补、现实传播与虚拟传播共同发展的现代期刊业综合多元的运行格局。作为成长演进过程中的一个必经阶段，转型已成为新形势下摆在我国期刊业面前不可回避的现实问题和战略课题。国际期刊联盟主席唐纳德·库墨菲尔德在第36届国际期刊大会上也曾明确指出，“虽然纸面印刷仍然将是未来期刊业的一个重要的组成部分，也许对中国期刊来说仍然是最重要的组成部分，但当下期刊产业正处在很多人所说的‘转型期’，即从一个仅仅依靠印刷的媒体，到一个能够使用各种新技术和平台的媒体来使消费者拥有他们所需要的内容，这是一个过渡期”①。瑞士Edipresse集团董事长、国际期刊联盟（FIPP）新任主席皮埃尔·拉姆涅尔也在第37届国际期刊大会的讲话中强调：“期刊业正在面临恐怕是最严重的增长萎缩势头，出版社要继续发展数字出版平台的建设并且不断创新超越，只有这样，期刊业的发展才会更加适度有序、更加强劲”②。不难看出，数字化既是一种生存形态的转换，也是一种运营模式的创新。自《神州学人》“上网”揭开我国期刊数字化、网络化之序幕以来，在数字传播的技术逻辑与传媒体制改革的制度资源等双重流体的强势推动下，我国出版业数字业态初步形成并表现出了较为强劲的产值增长优势与行业辐射潜力，成为我国期刊业数字化的重要推手和一盏明

① 唐纳德·库墨菲尔德．期刊面临的来自数字世界的挑战［EB/OL］．［2007-05-15］．人民网-传媒频道，http：//media. people. com. cn.

② 钱秀中：第37届世界期刊大会在伦敦举行，“悦读伦敦”、“展示杂志魅力”成为主题词［N］．中国图书商报，2009-05-15.

灯。数字化作为期刊业发展的必然趋势和变革升级加速的根本动力，更是成为2010年我国期刊业发展的突出特征。

这集中表现在以下四个方面：

一是我国期刊业数字化的受众市场渐成规模。2010年4月中国出版科学研究所“第七次全国国民阅读调查”系统结果公布，2009年我国网民接近3.6亿，2010年预计达4.5亿，18~70周岁国民期刊阅读率为45.6%，人均期刊阅读量约为6.97本/年，数字出版阅读率为24.6%，16.7%的国民通过网络在线阅读，14.9%的国民接触过手机阅读，另有1.3%的国民使用其他电子阅读终端进行数字化阅读，18.1%的人将“阅读网络书籍、报刊”作为上网主要活动；在接触过数字化阅读方式的国民中有52.1%的读者表示能够接受付费下载阅读，91.0%的读者表示阅读电子书后就不会再购买此书的纸质版。① 受众是我国期刊业数字化发展的一个最积极、最主动和最重要的影响因素。调查数据表明，网民数量增加、生活方式改变、数字阅读习惯形成、数字消费理念改变等都将促成我国期刊数字受众群体生力军的发展壮大，并成为我国期刊业数字化的市场消费主体。

二是崛起的数字阅读终端与我国期刊行业的联袂。继苹果iPad和亚马逊Kindle DX、中国电信LifePad、汉王TouchPad等电子阅读终端推出之后，2010年我国有200多家主流期刊登陆iPad，其中不乏《财经》、《中国企业家》、《读者》、《中国国家地理》等一线期刊。2010年3月3日，汉王科技助推电子书并以中小企业版于深圳证券交易所挂牌交易，将由Kindle DX2009年以来引爆的中国电子书市场推向新的高地。2010年4月28日，大众期刊《读者》应用16灰阶电子墨水技术和采用6.0英寸大屏首次推出电子书，并设定供用户免费下载《读者》杂志的1年权限，8月25日，入驻台湾地区电子发行，成为我国内地第一本入台公开发行的大众期刊。2010年4月底，安徽出版集团借iPad实现了漫画《魔术笔记》电子书的全球发行，8月3日，《读览天下》正式入驻iPad，成为我国入驻iPad的首个正版电子杂志平台，读者可以阅读到700多个品牌原版电子杂志。② 2010年10月14日，以Wap网站为生存载体的知音集团系列杂志《知音·私房话》首次在iPad和iPhone平台推出，并启动与电信合作面向所有的手机用户。移动和联通等也在这一年强势介入电子阅读市场和布局手机阅读。电子阅读终端的发展不仅以超强的阅读功能为消费者带来了轻松的“拇指”资讯和阅读终极体验，更是为我国期刊业成为移动终端内容合作方并借此进行运营资源与平台整合带来了机遇，势必以改变期刊内容呈现形式、传播发行渠道和市场运营模式等来帮助破解我国期刊业数字化转型所遭遇的技术困境。

三是数字出版基地与数字期刊分会的建立以及数字期刊会议召开。顺应数字化传播背景与我国出版业转型升级，继国内首家数字出版基地上海张江国家数字出版基地成立之后，2010年4月26日重庆北部新区数字出版基地成立，4月30日，杭州国家数字出版基地建立，8月25日，湖北华中国家级数字出版基地成立，9月6日，吉林省数字出版基地成立，11月17日西安国家级数字出版基地成立。③ 这些数字基地有如数字化产业孵化器，在体制、机制、平台建设、管理方式等方面为我国期刊业的数字化提供实践的空间。2010年1月，中国期刊协会数字期刊分会成立，并于9月28日创办发行电子杂志《中国数字期刊行业资讯》，为促进我国期刊业内部的数字化交流和全面推动我国期刊业的数字化转型发挥着引领作用。2010年10月14—15日，第二届亚太数字期刊大会在杭州召开，以“数字变革，期刊未来”为主题探讨当前期刊业数字化的趋势与问题，对我国期刊业的数字化转型无疑

---

① 张晶媛．“第七次全国国民阅读调查”最终成果发布［EB/OL］．［2010-04-19］．中国出版网．

② 赵婷．站在新时期眺望数字出版未来［J］．编辑之友，2011（1）．

③ 李淼，赵婷．2010年数字出版月历：移动应用下载次数前所未有［N］．中国新闻出版报，2010-12-16．

具有把脉和导航的意义。

四是国家关于出版行业数字化的系列意见出台。2010 年 1 月 4 日，新闻出版总署印发《关于进一步推动新闻出版业发展的指导意见》，明确提出“发展数字出版等非纸介质战略性新兴出版产业”，“运用高新技术促进产业升级，推进新闻出版产业发展方式转变和结构调整”，“支持电子纸、阅读器等新闻出版新载体的技术开发、应用和产业化，提高数字阅读设备的质量、方便性以及版权保护水平”①。9 月 15 日发布《关于加快我国数字出版业发展的若干意见》，明确提出到2020 年我国传统出版业基本完成数字化转型的相关指导意见与目标。10 月 10 日发布《关于发展电子书产业的意见》，指出电子书产业良性发展的基本策略，11 月 4 日新闻出版总署通过首批电子书资质企业，29 家企业获批。系列政策与指导意见的出台一方面为我国期刊业数字化转型提供了良好的环境与动力，同时也表明数字化趋势已不可逆违，政府对出版行业数字化的重视也将为我国期刊业的数字化之路保驾护航。

二、我国期刊行业的“跨媒体化”问题

跨媒体化是期刊汇聚优势资源、整合传播渠道与运营平台、围绕核心价值延展产业链的必然之举，“跨媒体化”是 2010 年度我国期刊行业的一大主题。

1. 跨媒体资源整合

电信、计算机和有线电视三大网络成为我国期刊业 2010 年发展过程中的热力战场。2010 年 3 月，时尚杂志《嘉人》以“分享”的沟通方式推出国内第一本国际美妆杂志《嘉人美妆》，通过杂志、电视、网络等三维传播途径为读者和编辑打造立体化的互动交流平台，一方面以“最新美妆试用品”随刊附赠的形式给读者创造“零距离”接触和尝试美妆大牌真实功效的机会；另一方面开设杂志的网络互动社区和微博，并邀请读者参与、交流与体验；再一力举就是与中国收视率居高的旅游卫视时尚频道之美妆电视节目《美丽俏佳人》战略结盟，以最权威的、时尚化、本土化的美容节目传播方式给杂志读者以全方位阅读、欣赏与体验美妆的特质与魅力的机会。三网融合的魅力与战斗力在《嘉人美妆》的跨媒体整合和多元运营模式上得到了充分的检验与展示，杂志发行不到一年就量超国内成熟的美妆类杂志并且与很多一线大牌时尚类杂志持平，较好地克服了新期刊的慢热问题，也给其他新老期刊的运营策略调整与实践操作提供了一个可借鉴的范本。

2. 全媒体阵营打造

关于全媒体，中国人民大学的彭兰教授认为，“全媒体是指一种业务运作的整体模式与策略，即运用所有媒体手段和平台来构建大的报道系统，全媒体不是单落点、单形态和单平台的，而是在多平台上的多落点、多形态的传播”②。2010 年 6 月 6 日，家庭期刊集团推出国内第一本全媒体杂志《赢未来》。作为华南地区第一本以大学生为主流目标受众的“校园—社会”型与“实用—励志”型期刊，《赢未来》兼顾校园、职场、社会、生活方式等多元内容，针对受众的个性特点，综合杂志、网络、手机通信平台等多媒介手段与跨媒体传播方式，以印刷期刊、手机期刊、电子期刊、在线期刊等多种期刊形态实现新的内容、价值与理念的立体协同传播。2010 年 9 月 10 日，由浙江日报集团与阿里巴巴集团共同打造的《淘宝天下》以纸媒、电子杂志和网络等形式线上和线下同时发行，开创期刊全媒体采编与发行模式，实现传统媒体与网络的全面融合。这些期刊融合的实例也为我国期刊业的全媒体打

---

① 赵婷．站在新时期眺望数字出版未来［J］．编辑之友，2011（1）．

② 彭兰．媒介融合方向下的四个关键变革［J］．青年记者，2009（2）．

造开拓了新的领域。

3. 跨平台产业链延伸

在我国期刊业转型的先期阶段，产业链的延伸可经由纵向拓展和横向延伸两种形式。纵向拓展主要表现为以期刊主业为核心的产品多元开发，如围绕主刊开通期刊网站、创办系列子刊、承办各类会议、论坛、活动与举办相关行业培训等，这种产业链的构建仍驻足于期刊产品的生产与服务的提供，局限于期刊自身内部资源的整合，是一种上下游一体化的产业策略，在新的传播环境中常常会遭遇能级不足的发展困境。而产业链的横向延伸则着眼于左右逢“源”，与期刊产业相关的实体协同联合，将产业链的企业链、价值链、供需链、空间链四个维度有机对接起来，以形式、内容、渠道等为合作载体发挥各自的合作优势，这种跨界、跨平台延伸产业链的模式不仅有利于期刊业借力发展，也有利于分摊和化解各种风险，这种跨平台产业链的延伸成为2010年我国期刊业数字化转型过程中的突出表现与重要策略。2010年6月，中国医学会与万方数据股份有限公司达成合作协议，将旗下120多种医学期刊的数字化信息网络传播权独家授予万方数据运营商，借力万方数据的平台资源与传播技术优势，实现医学期刊阵营的产业链延伸与数字化跨越。2010年10月25日，中国科学院OA科技期刊集成平台正式上线。“OA”即开放获取（Open Access），是一种开放式期刊集成浏览与检索系统，旨在通过互联网达到科学研究成果的自由、快速传播和成为国内外重要期刊资源集聚发布中心以及我国科技期刊国际化的桥梁与纽带。跨平台运营有助于提高管理水平和保持业务的连续性。① 以数据库形式开发期刊内容与服务的多次售卖，与中国知网、万方数据库、龙源期刊网、维普资讯网、OA科技期刊集成平台等权威传播渠道与平台合作扩大期刊的核心价值和延伸期刊产业链，已成为我国期刊业数字化发展的看涨趋势。

三、我国期刊行业的业务扩展与运营模式拓新问题

2010年被称为“中国数字出版元年”②，我国期刊业也在这种数字化大环境下，立足已有的基础与优势，继续寻求价值增长优势和可持续发展路径，在期刊的国际化视野拓展、参与服务意识提升以及集约化运营模式创新等方面取得了很大进展。

1. 国际化：我国期刊业“两”眼看世界

作为交流与沟通的重要媒介，国际化是我国期刊业以一种积极、开放、创新的心态与国际接轨的主动选择。期刊的国际化意味着面对国际作者与读者群体而采用国际通用的衡量标准，通常包括“走出去”和“引进来”两种基本形式。2010年1月，中国和平出版社经美国国家地理学会许可，将全球发行量最大的儿童科普杂志《美国国家地理少儿版》(NG Kids) 引入国内，并由学友园教育传媒集团为运营商以月刊的形式与全球同步编排发行。2010年9月，美国儿童成长必读杂志、美国童光萃集有限公司（Highlights High Five）旗下发行量最大的杂志《天才宝宝》登陆中国，四川少年儿童出版社作为《天才宝宝》中方合作方，主要进行内容合作，由对方提供内容，四川少年儿童出版社负责编辑出版中文版月刊。在引进来的同时，我国期刊也在创新的基础上大胆地走向国际。2010年3月，电脑报集团旗下的《国家人文地理》经新闻出版总署批准，正式更名为《环球人文地理》面向国内外公开发行，并作为专门研究我国和世界各国人文地理科学的中文学术精品期刊成为联合国教科文组织世界遗产博览会合作媒体与亚洲人文地理研究会中国区的唯一合作伙伴。“引

① 张金棋．跨平台批量调度的实现及其与业务连续性的关系［J］．金融科技时代，2011（1）．
② 李新祥，崔波．2010：“中国数字出版元年”的关键性节点［N］．中国新闻出版报，2010-12-16．

进来”和“走出去”业已成为我国期刊国际化的主要方向，拓展了我国期刊业发展的视野和空间，但“引进来”的期刊国际品牌本土化问题以及“走出去”的期刊国内品牌的国际化问题也随之成了我国期刊国际化进程中应该慎重思考与权衡的问题。

2. 参与服务：我国期刊业的问题意识与服务意识崛起

服务功能彰显期刊的效用价值，是期刊生存的根本理由。作为政策宣传的渠道、信息传播的载体、科技推广的工具、观点交流的空间和成果汇聚的平台，期刊行业的服务应该是综合的和全方位的。除纸本和电子期刊订阅服务外，还应有期刊主页构建、期刊促销、期刊印刷、包装、仓储、运输以及个性化服务等。① 2010 年，我国期刊业的发展围绕这一年的国际关系问题、劳动者维权问题、社会医疗纠纷问题、低碳环保问题、城市公共文化建设问题等社会热点、焦点和难点问题以及配合世博会等国家大事而展开服务参与的价值取向明显突出。大量期刊如《公共外交通讯》、《人力资源·社会保障》周刊、《艾力彼医院观察》、《泰达低碳》、《晨读之声》、《智慧 90 后》、《世博周刊》等正是顺应这一系列社会问题与活动的思考、解读、价值引导、解决策略交流等而新创办起来的。还有一些期刊为适应环境变化调整发展策略而做出了更名发展和媒体兼容之举，以期实现期刊定位、内容覆盖、结构布局、技术汇聚、运营模式等方面的转换升级，提升期刊的思想力和影响力，从而更好地发挥期刊参与社会实践的多元服务功能。

3. 集约化：我国期刊业运营新格局

集团化、集约化和规模化发展是我国期刊业在文化体制改革和传媒体制改革背景下整合资源、打造品牌、联合发展和提升竞争力的运营模式创新，也成为 2010 年我国期刊业发展领域的热门话题。2010 年 2 月 3 日，以广东数字出版内容生产、技术研发、产业运营、教学科研等 80 多家相关企事业单位组成的广东数字出版产业联合会成立，成为国内首个数字出版社团组织，很多期刊作为内容生产和教学科研平台也参与其中。2010 年 4 月，上海文艺出版集团把以期刊为核心业务培育和构建品牌期刊群作为制定集团报刊发展战略规划的重点，以《故事会》、《咬文嚼字》等期刊为龙头发展系列子刊，并通过期刊模式改革与资源整合汇聚产量与产能，提高期刊业的集约化运营水平和产业集中度。2010 年 9 月，数字期刊阅读网站“悦读网”被国内最大的网络原创文学平台盛大注资收购，成为平台运营商主动出击兼并重组期刊业和实现规模化运作的国内首例。2010 年 11 月，淘宝官方杂志《淘宝天下》发布“天梯计划”，整合媒体、企业、投资、资讯、管理等多路资源与实力并结成“云战略”联盟，合力打造期刊的“云品牌”模式与实战格局。这些期刊的集约化发展理念与运营模式创新无疑给我国期刊业的集团化、产业化发展提供了实战经验借鉴和方向指引。

四、我国期刊行业数字化版权问题

新媒体技术和产品引导着大众阅读方式的转变，也使期刊出版业面临着产业格局的调整和数字化转型，在新的产业格局和市场环境中，遭遇到版权难题是不可避免的“成长中的烦恼”。② 2010 年是我国期刊转型发展的关键年和版权困境与矛盾集中爆发的一年，给我国期刊行业的规范、有序发展敲响了警钟。

在数字传播环境下，作品传播速度和传播方式的变化打破了原有双方的利益平衡，导致传播者（如数字出版商）、作品著作权人等在利益平衡链上的位置逐渐凸显出来，成为版权

① 卢虎．美国 EBSCO 公司的期刊发行服务模式研究［J］．出版与印刷，2010（1）．
② 张今．期刊业数字化发展过程中的版权困境与治理［J］．出版发行研究，2011（3）．

利益失衡的一个重要特征。① 自从2009年谷歌案折射出数字出版业的版权问题以来，著作权在数字化语境下的侵犯与保护问题开始唤起人们的关注与警觉。2010年爆发的几起数字版权纠纷集中反映出这一年度我国期刊业数字化过程中面临的版权困境。2010年5月，龙源期刊网作为期刊数字内容运营商，因存在未经纸质作品著作权人同意而将其著作数字化并在网上传播的行为，被著作权人魏剑美以侵权名义告上法庭并要求赔偿，这就是传播界和法律界流传的龙源"版权门"。2010年7月12日，网络文学作者王辉将盛大文学旗下网站起点中文网告上法庭，理由是起点中文网上署名为"黄鹤九曲"的一部《罗浮》小说故意混同他在纵横中文网发表的原创小说《罗浮》的知名度进行推广，属于不正当竞争的"山寨"行为，严重侵害了他的合法权益，这被称为"中国网络文学维权第一案"。2010年11月9日，盛大文学起诉百度公司的百度文库以分享为名侵犯其网站原创文学知识产权并要求巨额赔偿。随着数字出版业以及我国期刊业数字化的快速发展，版权问题与著作者维权纠纷频频突现，暴露出我国期刊业数字化发展中的困境与隐患。

版权问题的出现必然引起相关的思考与行动。2010年5月5日，旨在探索数字出版产业版权问题解决之道的"数字版权保护技术研发工程总体组成立大会"在北京召开。2010年11月1日，"学术期刊数字化传播与版权保护论坛"在四川成都举行，论坛以"保护期刊版权，抵制学术不端行为"为主题，围绕当前我国网络化、数字化、信息化环境下出现的侵犯学术期刊和作者版权及学术不端现象，研讨学术期刊在加强版权保护工作方面应当采取的措施，交流已经取得的经验，并通过了《"保护期刊版权，抵制学术不端行为"联合宣言》②，成为国内第一个由众多学术期刊社联合发起的学术期刊版权保护方面的文件。国家也在不断地加强数字出版行业的监管与规范，相关的法律法规也在酝酿之中。

2010年我国期刊行业的系列热点问题既具有特定时间与阶段的特点，表明我国期刊业发展在原有基础上的重大创新与突破，也反映出我国期刊业的发展轨迹与存在的问题，更从综合的层面折射出影响我国期刊业转型与改革发展过程中的多元利益与力量的博弈格局。在期刊体制改革尚未完全启动以及期刊业的发展方向尚未明确之时，新的情况与问题还会不断浮现。我国期刊业应以现代、开放、进取、合作的姿态统观全局和权衡利弊，以寻求自身行业更高平台的可持续发展。

【作者简介】

冉华，武汉大学媒体发展研究中心媒介理论研究室主任，新闻与传播学院教授，博士生导师，主要从事传播理论与媒介发展研究。

刘艳娥，武汉大学新闻与传播学院硕士研究生。

---

① 包韫慧．数字版权：权益博弈与产业发展［J］．北京印刷学院学报，2011（1）．

② 付志刚．"学术期刊数字化传播与版权保护"论坛综述［J］．四川师范大学学报（社会科学版），2011（1）．

中　篇

重大项目专题研究报告

国家社科基金重大项目
“互联网管理与中国特色网络文化建设研究”报告

我国重大网络舆论事件基本状况与传播特征分析①

钟 瑛 余秀才

网络传播的巨大威力已经有目共睹。其挖掘事实的监督功能、聚集人气的集合功能、煽动情绪的动员功能等，远远超越传统媒体的功能在诸多网络舆论事件中皆有明显表现。然而现有对网络舆论的研究，或多从个案出发或停留于感觉层面，缺乏系统、全面的案例剖析，在广度与深度上都不足以揭示网络舆论发展的本质与规律。本研究力求对有史以来重大的网络舆论案例进行系统分析，案例选择标准有二：第一，谷歌与百度两大搜索引擎上出现相关报道超过1万条；第二，在大范围内引起社会广泛关注。最终选定我国1998年初至2010年底重大网络舆论事件210起，对这些案例的关键要素，如时间、地点、群体、类型、传播途径与影响效果等进行逐一分析，以全面、系统、翔实的数据揭示我国网络舆论事件形成与发展的基本特征，力图对我国网络舆论管理，特别是网络舆论的引导方式提供有效参照。

一、重大网络舆论事件的时空特征

1. 重大网络舆论事件的时间分布

我国最早的网络舆论事件，虽有学者认为是1998年的印尼排华事件，但事实上，早在1998年1月发生的克林顿“拉链门”事件，中国网络舆论已经十分活跃。因此，我们选取网络舆论事件以此为先，时间跨度从1998年初到2010年底，对我国重大网络舆论事件发生的时间频率进行统计，结果如图1所示。

由图1可见，中国重大网络舆论事件，在时间上呈波浪状不断上扬的发展态势，2009年有所回落，但2010年又重新恢复上扬的态势。在210起重大网络舆论事件中，发生在2003年有9起，2007年有17起，2008年有58起，2009年有40起，2010年有50起。其间，2003年、2007年、2008年、2010年，特别是2008年，上升态势明显。这正印证了通常所说的：2003年是网络舆论年，2007年是网络民意年，2008年是网络舆论监督年，2010年是微博元年。这些具有标志性的年份，在网络舆论事件的数量上皆有明显表现。2008年网络舆论事件之所以达到最高峰，与2008年诸多天灾人祸及社会大事件频发有关，2009年网络舆论事件有所回落，2010年网络舆论事件回升，与过去网络舆论事件所反映的社会矛盾继续发展有关，同时也与新媒体的快速发展有关，特别是微博的发展。

---

① 本文为2007年国家社科基金重大项目“互联网管理与中国特色网络文化建设研究”(07&ZD040)研究成果。

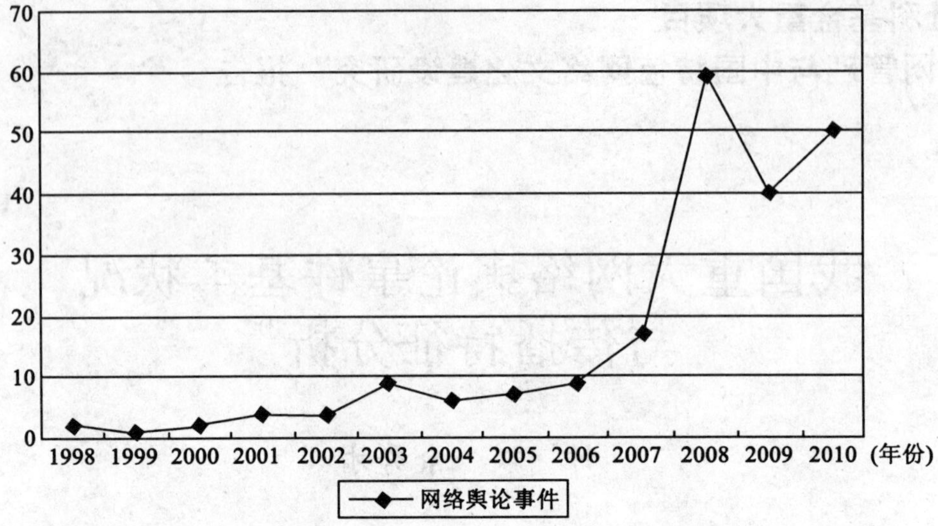

图 1　重大网络舆论事件的时间频率

网络舆论事件逐渐趋多的原因，最为主要的有三：其一，网络技术本身的发展。2003年之前，互联网还处在 Web1.0 阶段，Web1.0 是以网站提供信息为主，因此，以民意为主导的网络舆论事件在中国尚不常见。2003 年以后，互联网进入以博客、RSS、P2P、社会网(SNS)、即时通信（IM）、微博等为主导的 Web2.0 阶段，用户成为网络信息的主要提供者，互动、共享的网络传播理念及其相关技术的使用，为网络舆论兴盛准备了技术条件。其二，网民数量的急剧增长。网络使用在中国各个领域快速普及，据中国互联网信息中心发布的报告，在 1997 年 10 月，我国网络用户为 62 万，到 2009 年 12 月，网民规模已达 3.84 亿，互联网普及率提升到 28.9%。巨大的网络使用群体形成了强大的网络舆论主体。其三，中国社会民主化建设的加强。自 2003 年胡锦涛任中共中央总书记以来，政府致力推行信息公开与社会民主，特别重视网络言论，网络媒体的舆论监督作用得以充分展现。

网络舆论事件从形成、发展、高峰峭立，到有所回落，也显示出政府网络舆论管理水平的提升。

2. 重大网络舆论事件的空间分布

我们根据现实中的地域概念将网络空间进行划分，为了方便统计，我们选取方位角度、大小角度。从方位角度，我们通常以方位不同将地域分为东部、中部、西部三个部分。从大小角度，我们通常以人口数量、经济属性、消费水平等将地域分为大城市、中小城市以及农村偏僻地区。

对我国重大网络舆论事件发生的地域进行统计，结果如下：源自东部地区的重大网络舆论事件占 54%、中部地区占 22%、西部地区占 24%，具体如表 1 所示。

表 1　**网络舆论事件发生的地域**

地域	案例数	所占比例
东部地区	99	54%
中部地区	40	22%
西部地区	43	24%

源自大城市的重大网络舆论事件占 56%、中小城市占 30%、农村偏僻地区约占 14%，

具体如表 2 所示。

表 2 **网络舆论事件城市分布**

地域	案例数	所占比例
大城市	96	56%
中小城市	51	30%
农村偏远地区	23	14%

两组数据非常合乎逻辑的契合一致。由此可见，重大网络舆论事件更为频发的地域以东部地区与大城市为最，而且，城市越发达，受网络舆论关注的程度越高。以方位而言，频发顺序是：东部、中部、西部；以发达程度而言，频发顺序是：大城市、中小城市、农村偏远地区。在东部及大城市中，北京、广州、上海、深圳最为突出，其中北京占所属区域的30%，广州占8%，上海占6%，深圳占5%。显而易见的原因不外是，北京为全国政治文化中心，上海为经济贸易中心，广州、深圳为东部沿海最为发达的地区。在中部地区，网络舆论事件分布以湖北、河南、湖南、山西四省偏多，其中，湖北占30%，河南占24%，湖南占19%、山西占19%；并主要集中在武汉、湘潭两城市，武汉占10%，湘潭占8%；山西的网络舆论事件中，多数为矿难事件，占到其总数的75%。西部各地，以重庆、陕西、四川偏多，四川、重庆各占22%，陕西占19%，而且多集中在成都、重庆与西安三个城市，这也正好是西部较为发达的三个城市。

由于网络传播超越空间，一些网络舆论事件跨区域特征十分明显。这其中一部分是因为事件本身就是全国性事件，如SARS事件、房地产高房价事件、金融危机事件等；一部分事件是因为备受关注而扩散到其他区域，如印尼排华事件、“铜须门”事件、贾君鹏事件等。这种跨地域性的网络舆论事件占到整个210起网络舆论事件的3%。

对重大网络舆论事件的空间分析过程中，我们同时能感觉到事件发生地域的迁移。基本呈现出：初期阶段（1998—1999年），网络舆论事件多源起于国外，如克林顿“拉链门”事件、印尼排华事件、中国大使馆被炸事件；2000年前后，网络舆论事件重心转移到国内中西部地区，如胡长清案、广西南丹矿难、繁峙矿难；2003年以后，东部发达地区成为关注的焦点，如孙志刚案、珠海“买春”事件、上海社保案等。

二、重大网络舆论事件所涉群体与类型

1. 重大网络舆论事件所涉群体

重大网络舆论事件所涉群体，参照《当代中国社会阶层研究报告》，“以职业分类为基础，以组织资源、经济资源、文化资源占有状况，作为划分社会阶层的标准”，最终划分出中国当代社会十大阶层，即国家与社会管理者阶层、经理人员阶层、私营企业主阶层、专业技术人员阶层、办事人员阶层、个体工商户阶层、商业服务业人员阶层、产业工人阶层、农业劳动者阶层、城乡无业失业半失业阶层。① 我们对十大阶层在重大网络舆论事件中出现的频率进行统计，结果如图2所示。

由图2可见，重大网络舆论事件所涉阶层，以国家与社会管理者阶层首当其冲，相关案

① 中国社会科学院社会学研究所．当代中国社会阶层研究报告（简略版本）[EB/OL]．［2008-06-18］．http：//gongzi5386. blog. 163. com/blog/static/2756030520085188282157З/.

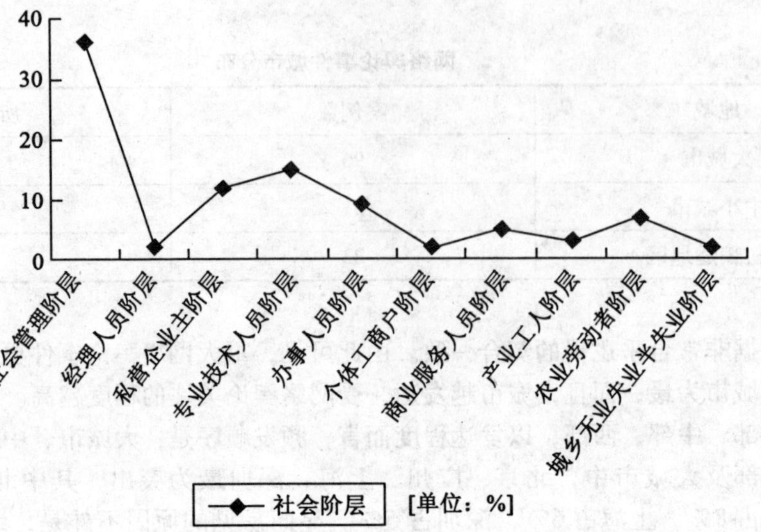

图 2　重大网络舆论事件所涉社会阶层

例共 67 起，约占整体的 36%。其次是专业技术人员阶层，案例共 28 起，占到整体的 15%。位列其三的是私营企业主阶层，案例为 22 起，占整体的 12%。其次是办事人员阶层，案例 18 起，占整体的 9%；农业劳动者阶层，案例 16 起，占整体的 7%，商业服务人员阶层与产业工人阶层各为 10 起、5 起，各占整体的 5% 与 3%。位列最后的是经理人员阶层、个体工商户阶层、城乡无业失业半失业阶层，各 3 起，仅占整体的 2%。

国家与社会管理者阶层，是党政事业和社会团体机关单位中行使实际行政管理职权的领导干部，是整个社会阶层结构中的主导性阶层，他们在整个社会阶层结构中所占比例仅为 2%，但却拥有并控制着整个社会最重要的组织资源，对社会发展具有决定性的影响作用。① 因此，构成网络舆论事件的焦点，网民极度关注他们的道德品质、管理能力、工作作风等。

2007 年的华南虎事件，不断作假的村民周正龙受到舆论指责，但更为强烈的网络舆论矛头是直指陕西省林业厅，网民关注的是政府诚信。2009 年绿坝事件，网民质疑的是工信部的工作方式，工信部没有充分论证就仓促安装过滤软件，以至抵制之声四起。2009 年，郑州副局长逯军质疑记者"替党说话还是替老百姓说话"，网络热议，人们关注的是干部的领导素质。2010 年，政府管理阶层的工作作风问题成为网民关注的重点，特别是贪污腐败与生活作风，如河北石家庄团委副书记王亚丽骗官案、河南三亚女局长之女"99"分事件、湖北恩施腐败书记日记门事件，网民把矛头直指某些地方官员的腐败问题；而在河南睢县"茶杯门"事件、安徽马鞍山局长打人事件、辽宁庄河千人市政府下跪事件、广西烟草局长"香艳日记"事件中，网民则更多关注官员的工作作风及生活作风问题。2010 年政府管理阶层中一个令人注目的现象是，不少政府管理者更加自觉地运用新媒体，如四川巴中"全裸"乡政府的费用公示、江西黎川新任科级干部财产公示，皆获得广大网民好评。

位列其二的专业技术人员阶层，他们是在各类机构中从事专业性工作、科技工作的专业人员，是我国社会中层的主要群体，在社会阶层结构中所占比例约为 15%，他们拥有社会文化（技术）资源。有研究显示，拥有文化资源的重要性在中国特定社会结构中越来越凸

① 中国社会科学院社会学研究所．当代中国社会阶层研究报告（简略版本）[EB/OL]．[2008-06-18]．http：//gongzi5386. blog. 163. com/blog/static/2756030520085188282157 3/.

显，甚至超过对经济资源的拥有。① 网络舆论对该类阶层的关注正好契合这一结论。如2008年阎崇年事件，著名学者阎崇年无锡签名售书，网友认为其观点有汉奸之嫌，遭掌掴，引起网上对其学术观点的大讨论。2008年奥运会中美女排赛，执教美国队的原中国女排队员郎平成为网络舆论评论的焦点。其他如2001年赵薇着装事件、2007年黄健翔“解说门”事件、2009年方静“间谍门”事件、2010年的方舟子被殴事件等皆如此。

位列其三的私营企业主阶层，他们拥有一定的私人资本或固定资产，占有一定的经济资源，但在我国现有社会结构之下，经济资源的支配更多取决于政府政策导向，远不及组织资源，甚至也不及文化资源重要，因而其社会地位难以与其经济地位相匹配。这一阶层在社会阶层结构中比例为12%②，也较容易成为网络舆论关注的对象。如2008年张茵提案事件，女首富张茵的提案在网上引起轩然大波，网友指责张茵是在替富人说话、无视穷人利益。2008年万科董事长王石在汶川地震中的捐款言论，引来网上一片指责。2009年中国首富黄光裕事件，网络舆论焦点直指官商勾结、非法敛财。2010年的3Q之争，腾讯与360两网络公司互掐，拿众多网民作为“人质”，受到网民的质疑与唾骂。

办事人员阶层紧随私营企业主阶层之后受到网民较多关注。办事人员阶层是各种经济成分的机构（包括国家机关、党群组织、全民企事业单位、集体企事业单位和各类非公有制经济企业）中专门从事各种专业性工作和科学技术工作的人员。其政治、文化、经济地位明显高于其他阶层，在受到网络舆论关注方面也较其他阶层高。同政府管理阶层与私营企业主阶层不同，网民对办事人员阶层的关注主要集中在工作作风与道德品质方面，如2008年的东航返航事件、2010年的广州法制办“咆哮哥”事件、城管掌掴76岁菜农事件及2008年的“范跑跑”事件等，皆显示办事人员阶层受网民关注的趋势正在上升。

农业劳动者阶层是指承包集体所有的耕地，以农（林牧渔）业为唯一或主要的职业，并以农（林牧渔）业为唯一收入来源或主要收入来源的人员。相对其他阶层，农业劳动者阶层在经济地位上属于弱势群体，但由于他们在所有阶层中的人口比例最大，其弱势境遇也最易引起社会大众的普遍同情，因此农业劳动者阶层也获得网民不同程度的关注，较容易引发网络舆论热潮。网络舆论对农业劳动者的关注主要集中在农民工问题、土地房屋拆迁问题及农民生活境遇问题。如2008年的甘肃陇南事件、贵州瓮安事件、2009年的成都唐福珍自焚事件、2010年的江西宜黄拆迁事件、四川都江堰讨薪民工被打死事件、城管掌掴76岁菜农事件等。农业劳动者阶层虽然尚不能广泛而主动地利用网络新媒体传播自我信息，然而一旦他们的不公境遇被媒体曝光，便会引来网民的广泛关注与同情。

商业服务人员阶层和产业工人阶层，皆为普通劳动者。在政治经济地位上，这两大阶层比农业劳动者阶层稍高，在人口比例上比农业劳动者阶层小。同农业劳动者阶层一样，这两大阶层的相对弱势地位和平民生活境遇很容易引起网民的同情，从而爆发强大的网络舆论热潮。最早如2003年的孙志刚事件、哈尔滨宝马撞人案、2009年的云南螺丝湾事件、南京“徐宝宝”事件、武汉“暴走妈妈”事件等皆是这种情形的反映。

在所有社会阶层中，经理阶层、个体工商户阶层、城市无业、失业、半失业者阶层受到网络舆论的关注最少。经理阶层与个体工商户阶层在经济地位上较高，人口比例却相对较小，因此获得的关注在所有网络舆论事件中比例不大。城市无业、失业、半失业者属于弱势群体，拥有很少的社会资源，从已经发生的网络舆论案例看，引起的网络舆论关注也最少。

通过对以上网络舆论关注的各阶层分析，发现网络舆论对社会阶层的关注度，明显呈

① 中国社会科学院社会学研究所．当代中国社会阶层研究报告（简略版本）[EB/OL]．[2008-06-18]．http://gongzi5386.blog.163.com/blog/static/27560305200851882821573/.

② 中国社会科学院社会学研究所．当代中国社会阶层研究报告（简略版本）[EB/OL]．[2008-06-18]．http://gongzi5386.blog.163.com/blog/static/27560305200851882821573/.

现出如下特点：对社会资源占有越多，被关注度越高；对社会资源拥有越少，被关注度越低。

2. 重大网络舆论事件所涉类型

网络舆论事件的类型是针对网络舆论事件的议题与性质。网络舆论事件所涉内容很广，我们对210起网络舆论案例进行分类，凡同类案例有5个以上的，即归为一类，结果共归纳出13个类别，对其频次进行统计，结果如图3所示。

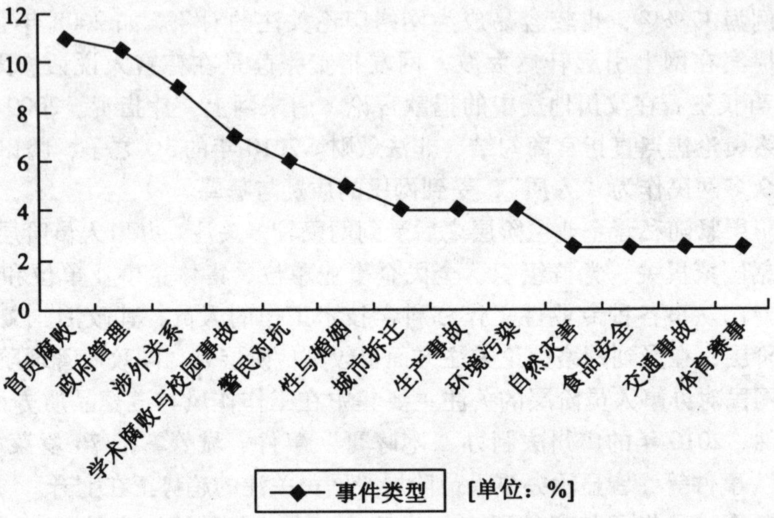

图3　网络舆论关注的事件类型

网络舆论事件关注的类型较为广泛，但主要集中在政治与民生方面。政治方面，官员腐败与政府管理密切相关，共47起，占整个案例的23%，显示出网民对政治生活的关注。网民一方面积极关注政府的管理绩效，另一方面积极监督管理中的腐败问题。前者如，2008年胡锦涛强国论坛对话网民、网民对科技部网站留言的热议、网民对中国政府大部制改革的关注，2009年薄熙来重庆打击黑社会保护伞等，都受到网民的热烈追捧。后者如，2007年上海社保案、2009年"躲猫猫"事件、湖北邓玉娇案等，极大发挥了网络舆论的监督作用。2009年腾讯网对目前举报方式的调查显示，网络曝光占35.8%，居目前举报形式之首，其他依次为传统媒体曝光（31.3%）、向纪委举报（17.2%）、向检察院举报（11.4%）、向上级政府机关举报（3.3%）、向公安部门举报（0.5%）。① 网民对政府与官员的关注，同时显示了国家政治民主的进步。2008年5月1日，国务院签发《中华人民共和国政府信息公开条例》，鼓励政府与官员信息公开。2009年，从中央部委到地方政府，建立网络快速应急机制，及时回应网民。② 2010年，四川巴中"全裸"乡政府利用网络公示费用开支，江西黎川新任科级干部财产公示，都显示地方政府在自觉利用网络新媒体传播信息与引导舆论方面更加成熟。

警民冲突问题，因案例较多，共13起，占到总数的6%，所以单列一类，事实上这类案例反映的也是网民对政府行政执法的监督。随着社会民主法治的加强，人们对公平正义的

---

① 祝华新，单学刚，胡江春．2009年中国互联网舆情分析报告［EB/OL］．［2009-12-22］．人民网舆情检测室，http：//yq. people. com. cn/htmlArt/Art392. htm.

② 祝华新，单学刚，胡江春．2009年中国互联网舆情分析报告［EB/OL］．［2009-12-22］．人民网舆情检测室，http：//yq. people. com. cn/htmlArt/Art392. htm.

要求越来越高。政法机关的执法行为，特别是执法中的不公不廉问题成为网络舆论监督的焦点。如2008年上海袭警案、哈尔滨警察打死人事件，2009年的浙江南浔两协警“临时性强奸”事件、“七十码”事件，2010年贵州安顺警察枪击致死案、凤凰少女跳楼事件，都引起网络舆论的轩然大波，对政府倡导的阳光执法起到很好的助推作用。

对民生问题的关注，是网络舆论事件关注的又一大热点。民生问题是与普通百姓生活密切相关的问题，如教育、医疗、城市拆迁、环境污染、食品安全等，这类案例共39起，占到总体数量的19%。这些内容最易于触发网民的敏感神经，引起网民共鸣，快速形成网络舆论热潮，并引发人们对体制缺陷的探讨。如2009年罗彩霞冒名顶替上大学事件、2009年南京婴儿徐宝宝医院死亡事件、2007年重庆最牛钉子户事件、2005年松花江水污染事件、2007年“太湖蓝藻”事件、2007年“厦门PX”事件、2005年“苏丹红”事件、2008年三鹿奶粉事件、2009年陕西凤翔铅中毒事件、2010年湖南校园踩踏事件、河南蜱虫事件、河南栾川县大桥垮塌事件等皆是如此。

涉外关系问题，案例17起，占到整体的8.5%。随着中国经济的崛起，国际交往越来越频繁，由此引发的网络舆论事件也渐趋增多。这类案例主要表现为爱国热情与民族情节的纠集，如1999年中国驻南斯拉夫大使馆被炸、2001年赵薇军旗装事件、2003年日本人珠海嫖妓事件、2004年民间反日入常事件、2008年抵制家乐福事件、2008年莎朗斯通“辱华”事件等。这种情绪引导得当便是一种强大的爱国力量，如2008年西藏“3·14”事件，2008年奥运火炬巴黎遭袭事件，网民对国外媒体歪曲与不实报道进行了有力的反驳与谴责，为国家赢得了尊严。2010年菲律宾劫持人质事件，网民的持续舆论关注，对促进菲律宾政府积极解决和处理香港游客被劫持问题起到很大作用。

性与婚姻问题也是网络舆论关注的焦点，这类案例共9起，占到整体的4.5%。现实社会的道德滑坡使网民特别关注体现人类基本道德的性与婚姻问题。这类问题总是与名人隐私、高官情妇、小三插足、家庭责任等联系在一起。如2006年“铜须门”事件的主人翁铜须，因被网友爆料与一有夫之妇发生婚外情，惨遭网络人肉搜索；2009年艾滋女事件，一名自称艾滋女的博主在博客上公布了279名与自己发生性关系的男性手机号码，导致公安部门介入。其他诸如“一夫二妻”区委书记事件、姜岩死亡博客事件、艳照门事件、香艳局长“日记门”事件等皆如此。

在历年重大网络舆论事件发展的类型中，2010年出现了一些新的变化。微博、手机等新媒体迅猛发展，政府管理、房屋拆迁、警民对抗事件在网络舆论事件中比例呈扩大趋势，成为最容易引发网络舆论关注的兴趣点。政府管理方面，如四川巴中“全裸”乡政府、河南睢县“茶杯门”事件、山东新泰选拔23岁副局长事件、山西问题疫苗事件、江西黎川新任科级干部财产公示事件、辽宁庄河千人市政府下跪事件、云南大理违规建别墅事件、陕西富平公开处理大会事件，占全年网络舆论事件的16%。房屋拆迁方面，如江苏东海父子自焚事件、“9·10”江西宜黄拆迁自焚事件、江西上饶拆迁事件、农民自制土炮抗强拆事件、黄陂区拆迁事件、拆迁户进京自首事件，占全年网络舆论事件的12%。警民冲突方面，如河南鲁山“喝开水”事件、河南商丘赵作海冤案、湖南常德警察抢尸事件、凤凰少女跳楼事件、贵州安顺警察枪击致死案、渭南警察进京抓作家事件、武汉民警打错人事件，占全年网络舆论事件的16%。

总之，通过以上分析，发现对政治与民生问题的关注，是重大网络舆论事件关注的热点与焦点。

三、网络舆论事件的信源与传播途径

目前，大众传播的媒体主要有三：传统媒体（包括广播、电视、报纸、杂志等）、网络媒体和手机媒体。我们对210起案例的信源与传播途径进行考察，以探寻网络舆论事件在各媒体间形成、扩散与传播的基本规律。

1. 网络舆论事件的信源

考察网络舆论事件的信息来源，我们通过多种渠道进行追溯：追溯谷歌、百度、搜狗、有道等搜索引擎；追溯门户网站以及社区论坛自带的检索系统；也通过电子期刊库进行文献追溯。通过对210个网络舆论案例的信息源的考察，我们发现：43%的网络舆论事件由传统媒体率先报道，34%源自网络媒体，3%源自手机媒体，20%各类媒体同时报道，难以分辨先后。具体如表3。

表3　**重大网络舆论事件的信源**

媒体源头	传统媒体	网络媒体	手机媒体	多种媒体
最先报道数	91	71	7	40
所占比例	43%	34%	3%	20%

结果显示，重大网络舆论事件的信息源，可查证的大多来自传统媒体，这与我们通常所感觉的网络媒体已经成为最为重要的信息源有所出入，但却十分吻合我们对门户网站信息源的分析，在门户网站提供的海量信息中，除体育与娱乐信息原创率居高外，其他新闻信息多转自传统媒体或新闻网站（新闻网站的信息多源自其母媒体）。究其原因：其一，与我国媒体管理政策密切相关。根据政府2000年、2005年出台的《互联网站从事登载新闻业务管理暂行规定》、《互联网新闻信息管理规定》，只有传统媒体创办的网站，经过申请、审批才有新闻首发权，其他网站皆不具备采访与首发新闻的权力，其新闻只能转载传统媒体或新闻网站。然而，低成本的转载与复制，快速形成新闻聚合的强势，使网络媒体找到了另外的出路。其二，传统媒体的组织结构与品牌优势，使他们在信源获取上仍具优势。传统媒体具有分布合理的信息网络，具有训练有素的专业采编队伍，在网络时代，也在不断地通过各种途径提升自身的竞争力。而网络媒体，绝大多数尚不具备这样的组织构架，分散的信息渠道，良莠不齐的信息内容，系统开发、甄别信源上仍须努力。

然而，对性质敏感、发生地偏远的事件，网络媒体的挖掘功能却有独到之处。如2002年SARS事件，在管理部门未作指示之前，传统媒体难以报道，但网络论坛上四处传播。2008年温州出国考察门事件，一张遗失的公务员出国考察账单，在事情没有核实之前，传统媒体难以报道，但网络论坛四处张贴。2008年山西娄烦矿难，几十条人命，当地政府封闭消息，传统媒体难以报道，记者孙春龙却将事件发表在自己的博客上。诸如此类，举不胜举。

网络信息发布平台众多，最为主要的集中在网络论坛、QQ群、贴吧、博客、微博客、邮件列表上。我们对源自网络的重大网络舆论事件进行考察，结果发现：源自网络论坛的居首，其次是博客，之后是微博、贴吧、邮件列表、QQ。特别是2010年，随着微博在各网站的开通普及与推广、在终端发布上与手机的衔接，微博的发布、传播更加便捷与快速，微博正迅速成为网络舆论事件信息的起源。如2010年腐败书记“日记门”事件，当事人就是在微博中首先被爆料；江西上饶拆迁事件也是《新世纪周刊》记者刘长利用微博最先报道的结果，天价微博事件更是当事人金娜利用微博爆料联通高收费，从而引起网民与消费者的极大愤慨。与微博突发事件报道增加同时，政府管理者利用微博实现信息透明与舆论引导方面的能力也逐步提高，如2009年云南螺丝湾事件，当地政府就第一时间利用微博快速发布事件发生与处理实况；2010年，广东21个地级以上市公安机关全部开微博，山东济南市公安局18个单位也在新浪组建微博群，成为既继广东公安微博群之后全国公安系统第二个新开的微博群。云南螺丝湾事件与公安微博建群皆受到网民热捧，说明利用新媒体实现信息公开与网民问政的做法是一种成熟应对社会民主进步的有效做法。

网络作为社会事件传播信息源头引发网络舆论，具体如表4所示。

表4 网络舆论事件信息源头

网络源头	案例数	百分比
论坛	33	18%
博客	10	5%
微博客	7	2.5%
贴吧	2	1%
邮件列表	2	1%
QQ	1	0.5%

网络媒体发掘信源的能力将会越来越强势，其无以数计的信息源头，其四通八达的信息渠道，特别是随着3G普及，移动网络的广泛使用，网络媒体的优势会更加明显。

2. 网络舆论事件的传播途径

对210起重大网络舆论事件的媒体传播途径进行考察，我们发现其传播途径基本如下：一是从手机媒体到网络媒体或传统媒体，占3%；二是从网络媒体到传统媒体或手机媒体，占29%；三是从网络媒体到网络媒体，占5%；四是从传统媒体到网络媒体或手机媒体，占43%；五是各媒体同时关注，占20%。事实上，网络舆论事件的形成，大多是多种媒体互为传播的结果。

对网络舆论事件的传播途径进行整体考察，发现其扩散过程基本呈现出葫芦状模型。最初，某媒体发掘信源；然后，各媒体分头传播；之后，多媒体共鸣；最后，舆论事件形成，并向社会各方扩散影响，如图4所示。

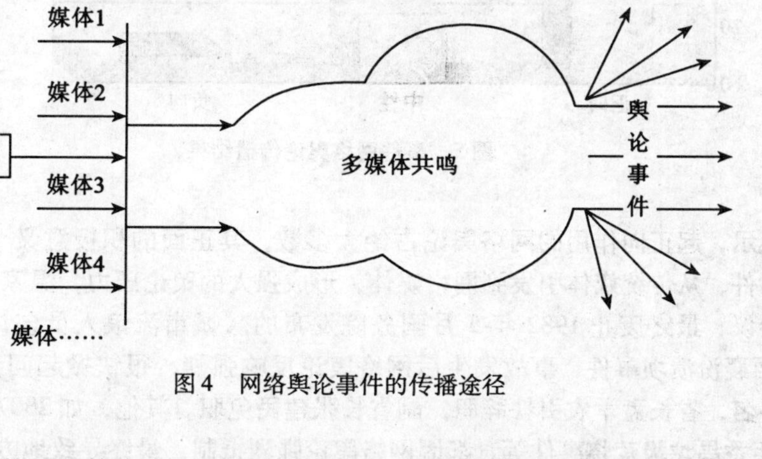

图4 网络舆论事件的传播途径

网络舆论形成的途径较为多元。在事件发展中，网络媒体的推波助澜作用尤为突出。网络媒体彻底消解了传统媒体的话语霸权，广大网民都可以发出自己的声音，探讨问题、形成观点、引导舆论。在网络舆论事件中，“意见领袖”的作用值得关注，因为起关键作用的观点往往总是来自非常有限的几个活跃分子。

值得一提的是，5%的重大网络舆论事件，在网络上沸沸扬扬，持续升温，传统媒体却处之漠然，如赵薇着装事件、一个馒头引发的血案、“铜须门”事件、贾君鹏事件等。这典型地反映出不同媒体间截然不同的价值取向，这种取向会随着媒体的多元发展更趋明显。

四、网络舆论事件的影响与效果

网络舆论不同于司法审判，它主要是通过“舆论场”形成强大的舆论压力对事件各方施加影响，从而左右事件进程。该部分探讨网络舆论事件的影响与效果，主要是从两个方面展开：一是探讨网络舆论对事件解决的多向作用；二是比较网络舆论事件中各媒体影响力。

1. 网络舆论对事件解决的多向作用

网络舆论对事件解决的多向作用，是指网络舆论在促进原始事件解决过程中的正面或负面影响。传播学先驱勒温在研究群体社会行为时建立了一个力场分析图，图中，他将促进事物变革的力量分为作用力与反作用力，当作用力大于反作用力时，事物将会发生变革；当作用力小于反作用力时，事物将会走向变革的反面；当作用力与反作用力相持不下时，事物会处于均衡状态。① 受此启发，我们将事件进程中网络舆论作用划分为三种：正向、负向与中性。网络舆论对促进事件的发展具有明显正面效果的我们称为正向；网络舆论在促进事件解决上产生负面消极作用的我们称为负向；网络舆论多方观点势均力敌，对促进事件的解决效果不甚明显的我们称为中性。

我们对210个重大网络舆论事件解析，通过各种检索工具，追踪事件发展过程以及最终解决结果，发现网络舆论在推进事件发展中作用多向。其中，起正向作用的案例139起，比例为67%，起中性作用的案例为46起，比例为24%，起负向作用的案例有20起，比例为9%，如图5所示。

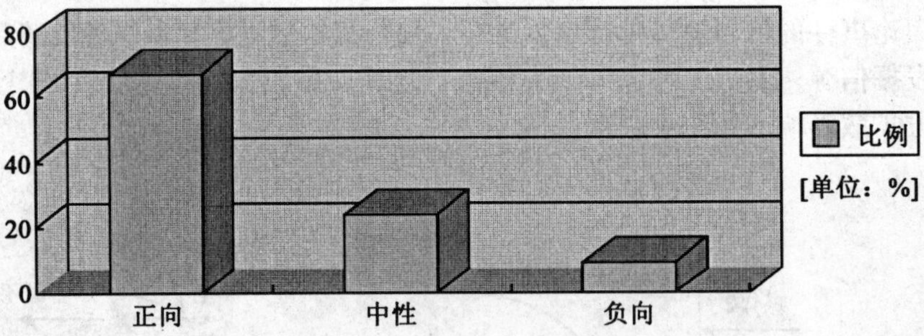

图5　事件网络舆论传播结果

数据显示，起正向作用的网络舆论占绝大多数，其正面的积极意义十分明显。如2003年孙志刚事件，从传统媒体引发到网络媒体，形成强大的舆论压力，温家宝总理亲自召开国务院常务会议，最终废止1982年5月国务院发布的《城市流浪人员乞讨收容遣送办法》。2008年山西襄汾溃坝事件，事故发生后网络舆论反响强烈，很快掀起问责风暴，涉及各级官员100多名，省长孟学农引咎辞职，副省长张建民免职。其他，如2007年“厦门PX”事件、2009年番禺垃圾焚烧事件等，都因网络舆论强烈抵制，最终导致地方政府修改决议。

起中性作用的网络舆论，对促进事件解决的作用不甚明显，但却起到了很好的广开言路

① 勒温．力场分析法［EB/OL］．MBA智库百科，http：//wiki.mbalib.com/wiki/%E5%8D%A2%E5%9B%A0%E7%9A%84%E5%8A%9B%E5%9C%BA%E5%88%86%E6%9E%90%E6%B3%95.

的作用，虽然这些言论不免良莠不齐。如2008年农民工胡小燕当选人大代表，网上舆论纷纷，有的嘲笑现行人大代表选举制度，有的积极肯定社会民主的进步，莫衷一是。2009年全国最年轻市长事件，全国最年轻市长周森峰被媒体报道后，引起网民强烈兴趣，有的赞扬中国干部年轻化制度，有的对其背景、学历、提拔方式进行质疑，舆论纷争。2008年杨师群教授"反革命"风波，有的批评学生的告密行为，有的质疑杨教授的授课行为，相持难下。2010年，万达老总捐款10亿元，网上舆论也是莫衷一是，《公益时报》曾联合搜狐网展开调查，截至11月15日15时，共2 393位网友参与投票，超半数网友认为"捐建寺庙的不算做慈善"，近四成网友表示"捐款本身是件好事，如果能用在更需要的地方就更好了"。可见，在诸如此类的网络舆论事件中，虽然没有传统媒体的强势导向，然而在网民的多元观点呈现中，人们开阔了思路，政府了解了民意。

起负面作用的网络舆论所占比例较小。网络舆论的情绪化、鼓动性、不负责任等特点，也易于引起网络暴力、网络侵权等问题。如2006年"铜须门"事件、2007年姜岩事件，当事人在网上受到网络舆论的强烈抨击，生活隐私遭到网民的人肉搜索，生活安宁受到极大干扰。也有网民不辨是非，如2008年上海杨佳袭警案，杨佳为泄小愤，刺杀6名警察，却有网民对其行为大加赞赏，称其为"沪上刀客"。对这类案例的引导如果不能及时引起重视，就会造成负面的消极影响。

2. 网络舆论事件中媒体影响力比较

比较网络舆论事件中各媒介的影响力，我们将事件进程与主要媒体报道联系在一起，对不同媒体报道对事件发展的影响作用进行考察，结果发现，网络媒体主导事件发展的案例有80起，占50%，传统媒体起主导作用的14起，占9%，多种媒体共同作用的66起，占41%，手机媒体的主导作用尚不明显，如表5所示。

表5 **网络舆论事件中媒体影响力**

媒体	网络媒体	传统媒体	手机媒体	多种媒体
案例数	105	14	0	90
所占比例	50%	6%	0%	44%

数据显示，不同媒体对舆论事件进程的影响力，网络媒体首屈一指。虽然网络媒体在信源挖掘上尚不及传统媒体，但网络媒体最具人气、最具开放性的特点使其影响力远在传统媒体之上。许多传统媒体无法解决的问题，网络媒体皆因网民的自觉参与，挖掘真相，伸张正义，最终形成势不可挡的网络舆论气势，管理者不得不重新审视问题。如2009年杭州的"七十码"事件、2009年云南的"躲猫猫"事件、2009年河南跨省追捕王帅案等，皆因执法者没有秉公执法，网民穷追不舍，最后施暴者受到严惩，受害者获得赔偿。2010年，广西来宾烟草局长"香艳日记"在网上曝光后，网络舆论一片哗然，最后"香艳局长"也在立案调查后被送进了监狱。可见网络媒体在社会监督、伸张正义中能发挥积极作用。

网络时代传统媒体受到的冲击已经迫使传统媒体不得不重新寻找出路。虽然目前在信源获取上仍有政策保护，但对重大舆论事件的影响力，已经无法与网络媒体相比。然而，在我国特定的媒体框架下，传统媒体的功能仍然不容忽视。如2004年的湖南嘉禾拆迁事件、2004年深圳妞妞事件、2006年富士康事件等，皆因传统媒体，特别是中央级媒体的介入，事件最后都得以圆满解决。到目前为止，传统媒体的权威性仍然难以被超越。

手机媒体，其媒体功能开发较晚，在舆论事件中的影响力难以考察，但其独特的便捷性、移动性，皆是其他媒体无法比拟的。如2007年“厦门PX”事件，在网络媒体传播受阻后，手机媒体仍在推动事件发展。2008年汶川地震，当传统媒体与网络媒体陷入瘫痪时，手机媒体仍在向外界传递信息。手机媒体巨大的潜力将会越来越凸显。

在全信息时代，多种媒体共同关注重大事件，共同影响事件发展，这将成为媒介发展的必然趋势。媒介融合现象已经成为学界、业界关注的热点。媒体实践早已起步，如美国“9·11”事件、中美撞机事件、中国奥运会开幕式、金融危机等，理论研究正在紧跟其后。

五、结论与启示

对网络盛行后11年间210起重大网络舆论事件进行分析，结论与启示如下：

第一，网络舆论事件上升趋势明显，特别是2008年以后，网络舆论监督成为一种社会常态。因此，政府对网络舆论的管理任重道远。第二，网络舆论事件频发点：地域上，多集中在东部发达地区；群体上，多集中在政治、文化、经济资源占有更多的群体。政府在进行网络管理的同时，也应该对这些地域的社会秩序、群体道德进行监管。第三，网络舆论事件最关注的问题，是政府官员的执政与民生问题。这些问题关涉普通百姓最敏感的神经，稍有不公，易于群情激愤，形成网络暴力。因此，政府行政执法的公正性，网民道德水平的提升，都应受到高度重视。第四，警民冲突、房屋拆迁问题，是最容易引起网络舆论关注的焦点与热点。警民对抗与房屋拆迁问题在整个网络舆论事件中有扩大发展的趋势，对政府与警察的公信力与形象产生了消极影响。这两类问题应该成为今后政府解决与处理的重点。第五，网络媒体的影响力已经越来越大，不仅在网络舆论事件发展中起到重要的主导作用，在推进事件圆满解决方面正向作用也十分突出，因此，如何有效利用网络媒体，是我们还得继续研究的课题。

【作者简介】

钟瑛，博士，华中科技大学新闻与信息传播学院教授，研究方向：网络传播。

余秀才，博士，中南财经政法大学新闻与文化传播学院讲师，研究方向：网络传播。

搜索中立？
——基于“3Q大战”事件的实证考察

罗　昕

当我们大量的知识、新闻和讨论转向网络时，搜索引擎如同传统大众媒介一样，日益成为网络空间的“把关人”，不仅能决定人们阅读什么，而且可能决定人们思考什么。2005年皮尤（Pew）报告证实：用户对搜索引擎继续保持巨大的信任，毫无疑问，公众对搜索引擎的信任有助于它的持续成功①。

搜索引擎要成为一个好的把关人，其搜索结果应努力展示信息的所有品质。“信息品质的主要标准包括：媒体应该就社会上的、世界上的相关新闻和背景信息提供综合性的服务；信息应该达到以下对客观性的要求：正确、诚实、充分、忠实于事实、经得起检验、意见与事实分离等；信息应该平衡与中立，尽可能以一种不煽情、不偏见的方式来报道不同的观点”。“和信息品质最相关的核心概念可能就是客观性”②。因此，是否拥有新闻信息的诸多品质，是衡量搜索引擎结果“客观中立”的重要标准。所谓“搜索中立”，指“搜索引擎对它们的编辑政策保持开放和透明，或者说，搜索结果应该全面、公正和基于相关性而无编辑偏见”③。因此，我们需要自动化编辑的搜索引擎是否能像传统人工编辑一样回答：多样化信源是否得到展示？多元化观点是否得到表达？是否操纵了网络信息的传播？

一、相关研究

关于搜索中立问题，我们应从搜索偏见研究开始。1999年Steve Lawrence和C. Lee Giles在国际著名杂志《自然》上发表《网络信息的可接近性》一文，标志性地揭开了对搜索偏见研究的序幕。之后，众多研究者从不同的学科领域进行了开拓性的探索。回顾十年来的研究文献，我们可以从三个方面描绘搜索偏见研究的知识地图。

1. 搜索引擎“偏见”产生的原因

一些计算机信息科学领域的研究者倾向于把这种偏见归因于技术特征。Lawrence和Giles（1999）指出，搜索引擎并不会平等地搜索网址，也不会搜索最近的网页，任何搜索引擎的索引不超过网络内容的16%。基于流行度的网页相关性排序，使得流行的网页变得

---

① Deborah Fallows. Search Engine Users: Internet Searchers are Confident, Satisified, and Trusting, but They are also Unaware and Naive [EB/OL]. [2005-01-23]. Pew Internet and American Life Project, http://www.pewinternet.org/pdfs/PIP_Searchengine_users.pdf.

② 丹尼斯·麦奎尔著．麦奎尔大众传播理论（第5版）[M]．崔保国，李锟，译．北京：清华大学出版社，2010：163.

③ SEARCHNEUTRALITY.ORG[EB/OL]. [2009-10-11]. http://www.searchneutrality.org/search-neutrality.

更流行，而新的、没有链接的网页越来越难以出现在搜索引擎的列表上①。Junghoo 等人（2004）也进一步强调，基于流行性排序的问题在于它内在地歧视一些未知的网页。这种“富者愈富”现象对于最近创造的“高质量”网页来说特别有问题②。Mowshowitz 等人（2002）提出，偏见也许在其运作时的任何阶段就进入了信息提取系统，从数据库包括的关键词选取到所使用的提取算法。偏见的来源可能是有意的或疏忽的③。因此，Fry（2006）认为在目前的技术条件下，搜索引擎不能对信息内容作进一步的理解，实际上检索结果的相关性决定是比较主观的④。

一些学者基于传统新闻传播理论，进一步开拓了搜索引擎偏见的研究视野。Eric Goldman（2006）认为，“像其他媒介公司一样，搜索引擎也作出编辑选择，系统性地偏向某些内容，旨在满足他们的用户”。“排序算法……并没有减少人工编辑判断在此过程中的角色。相反，在排序算法中选择哪些因素，对这些因素怎样权重，反映了搜索运营商对什么内容是重要的编辑判断”⑤。Van Couvering（2007）通过与搜索引擎生产者的深度访谈，认为搜索引擎发展的资源分配过分地关注市场或科技因素。公平和代表性，作为新闻人员对媒介内容质量界定的核心要素，在搜索引擎生产者的思维里并没有成为内容质量的关键要素。相反，诸如客户满意度和相关性（通常意味着压制或推销某些网站的手法如列入黑名单、白名单）等替代性标准却被认为是毫无疑问的⑥。

更多学者从政治经济学来分析搜索引擎的“偏见”。Van Couvering（2004）尖锐指出，“现实是，这些搜索结果在每个阶段受到商业过程的塑造”，“对我们这些关注建构一个能为所有人平等接近的信息社会来说，真正重要的是搜索引擎背后的政治经济学”⑦。Liwen Vaughan（2007）对不同国家和域名的搜索引擎覆盖情况进行实证研究，发现“美国网站在搜索引擎中比其他国家得到更多的覆盖，而且一些易见的网站更可能被索引。但中国商业和政府网站在覆盖面上却极为可怜”⑧。相反，Tobias（2005）批评了那些认为搜索引擎应仅仅向用户传播客观中立的结果的评论，认为搜索引擎旨在传播主观性的结果，产生一种不能提供世界总体观的“伦理主观性”，要求搜索引擎的中立将终止搜索引擎的技术发展⑨。

2. 搜索引擎“偏见”的影响

这种“偏见”影响已经广泛分布在政治、经济、社会、文化等各个领域。Introna

① Steve Lawrence, C. Lee Giles . Accessibility of Information on the Web [J]. *NATURE*, 1999, 400 (8): 107-109.

② Junghoo Cho, Sourashis Roy. Impact of Search Engines on Page Popularity[J]. WWW2004, 2004(5): 17-22.

③ Abbe Mowshowitz, Akira Kawaguchi. Assessing Bias in Search Engines [J]. *Information Processing and Management*, 2002 (38): 141-156.

④ Fry J.. Google's Privacy Responsibilities at Home and Abroad [J]. *Journal of Librarianship and Information Science*, 2006, 38 (3): 135-139.

⑤ Eric Goldman. Search Engine Bias and the Demise of Search Engine Utopianism [J]. *Yale Journal of Law and Technology*, 2006 (Spring): 188-200.

⑥ Elizabeth Van Couvering. Is Relevance Relevant? Market, Science, and War: Discourses of Search Engine Quality [J]. *Journal of Computer-Mediated Communication*, 2007 (12): 866-887.

⑦ Elizabeth Van Couvering. New Media? The Political Economy of Internet Search Engines [C]. 2004 Conference of the International Association of Media&Communications Researchers (IAMCR), Porto Alegre, Brazil, 2004 (7): 25-30.

⑧ Liwen Vaughan & Yanjun Zhang. Equal Representation by Search Engines? A Comparison of Websites across Countries and Domains [J]. *Journal of Computer-Mediated Communication*, 2007 (12): 888-909.

⑨ Tobias B.. Ethical Subjectification and Search Engines: Ethics Reconsiderd [J]. *Intenational Review of Information Ethics*, 2005 (3): 33-38.

(2000) 认为，通过搜索引擎获取信息的商业化和集中化对作为民主和平等代言人的网络空间产生了危害。这些偏见导致网络在社会中起作用的窄化，不仅与开放网络的基本结构相违背，而且与促进网络增长的价值和理念相违背①。Christoph 则提醒我们，Google 对传统大众媒介的影响，正在使我们正从一个 G（Globalitation—全球化）走向另一个 G（Googleization-Google 化）②。

Eric Goldman（2006）认为，搜索引擎排序不仅对搜索者和网络出版商有重要的影响，重要的是，网页排序的非平等主义的投票结构，使得搜索结果对有经济权力的网站产生偏见。基于流行度的排序算法也许强化和延续了现有的权力结构……导致一个自我强化的过程。相反，少数人兴趣和失去投票权的网站也许难以闯入流行度竞争中，潜在地让它们永久地被贬谪到搜索结果的后方中③。

Bing Pan（2007）等人通过眼动实验表明大学生用户非常相信 Google 在排序结果上的能力。对 Google 信任的例证，显示了搜索引擎对文化、社会和网络用户流量的巨大潜在影响④。Diaz（2008）则认为，“公众对搜索引擎的信任……来自于搜索引擎精心建造的形象。缺乏透明度的搜索引擎使得用户对它的搜索技术政治学茫然无知”⑤。Van Couvering（2004）从公共管理的角度指出，当前搜索引擎结果系统性地偏向于商业网站、流行网站和基于美国的网站。在没有公共服务托管和相关规制下，作者对当前搜索引擎是否起到“公共产品”的作用提出了质疑⑥。

3. 搜索引擎“偏见”的规避

针对技术引起的搜索“偏见”，一些计算机领域的学者提出了一些改进的方法。如 Junghoo（2005）提出了网页“质量”评估程序以替代现有的网页“流行度”的评价方式，以缓和“富者愈富”的现象，帮助最新的高质量的网页得到它们该有的注意⑦。

一些伦理学者呼吁人道主义价值观。Introna（2000）建议“建立更平等和更包容的索引机制”，督促搜索引擎开发者进行明确的公共服务。搜索引擎的设计者和建造者，不仅要致力于网络价值观，也要致力于公平价值观⑧。Bernhard（2005）提议以“信心对称性”原则来解决搜索引擎信息资源入口的垄断问题。用户可以将信任交付搜索引擎，那么这些搜索

---

① Introna，L. D. &Nissenbaum，H.. Shaping the Web：Why the Politics of Search Engines Matters [J]. *The Information Society*，2000（16）：169-185.

② Neuberger Christoph. Extended Abstract：Function Problems，and Regulation of Search Engines in the Internet [J]. *Intenational Review of Information Ethics*，2005（3）：4-5.

③ Eric Goldman. Search Engine Bias and the Demise of Search Engine Utopianism [J]. *Yale Journal of Law and Technology*，2006（Spring）：188-200.

④ Bing Pan，et al.. In Google We Trust：Users'Decisions on Rank，Position，and Relevance [J]. *Journal of Computer-Mediated Communication*，2007（12）：801-823.

⑤ Diaz，A.. Through the Google Goggles：Sociopolitical Bias in Search Engine Design [M] //Spink，A.，Zimmer，M.. *Web Search：Information Science and Knowledge Management*. Berlin：Springer Berlin Heidelberg，2008：105.

⑥ Elizabeth Van Couvering. New Media? The Political Economy of Internet Search Engines [C]. 2004 Conference of the International Association of Media&Communications Researchers（IAMCR），Porto Alegre，Brazil，July 25-30，2004：1.

⑦ Junghoo Cho & Robert E. Adams. Page Quality：In Search of an Unbiased Web Ranking [C]. SIGMOD '05 Proceedings of the 2005 ACM SIGMOD International Conference on Management of Data，2004.

⑧ Introna，L. D. &Nissenbaum，H.. Shaping the Web：Why the Politics of Search Engines Matters [J]. *The Information Society*，2000（16）：182.

引擎企业也应该将信任归还给用户，让用户创建自己的搜索机制①。Neuberger Christoph 则对这种自律和伦理观提出质疑，“不管怎样，市场反应是很低的。关于自律的效果，要得出一个结论还为时尚早”②。

一些学者显然要在市场和政府之间寻找平衡点，以防止两个主体的失灵。如 Amanda Spink（2006）就认为搜索引擎具有“公共福利”，需要政府发展公共捐助的搜索引擎，以产生社会上最优的搜索结果。同时期待细分化搜索引擎能分割市场，迎合缺乏服务的少数人兴趣③。Introna（2000）则对市场机制是否充当可接受的校正物产生怀疑，因为“网页搜索机制太重要以至于不能仅仅由市场来形成”。“假如我们把描绘网络的任务仅留给商业利益手中，我们将仅仅反映网络结构中存在的权利不对称”④。

很多学者把视角集中于政府规制。Gasser（2006）对搜索规制框架进行了详尽的结构性建构，认为搜索引擎引发在知识产权，消费者（特别是未成年人）保护，竞争法和言论自由，跨国贸易等方面的冲突。搜索引擎规制面临的核心挑战有“规制议程优先条款、各种主体利益协调、应对技术变革的学习能力、国际化和跨文化问题”，应认同的一些根本性价值包括民主价值（如信息自主权、多样化、信息平等）、政策原则（如接近、信息自我决定、透明度）等⑤。Grimmelmann（2007）基于信息流的角度，认为搜索引擎规制应关注行动者的利益取向：用户利益方面包括请求隐私、无偏见的结果；内容提供商利益方面包括成本最小化、避免不公平的竞争、突出的结果位置；第三方利益包括知识产权、名誉、隐私；搜索引擎利益包括防止搜索引擎优化和点击欺诈、创新和竞争⑥。

一些学者则对政府规制搜索引擎提出了质疑。Eric Goldman（2006）“难以想象规制介入将改善这种偏见”。“相反，政府规制在分配搜索者找到相关结果方面很少比市场力量做得好”。“规制介入反生产性地降低了搜索引擎对搜索者的价值。无论搜索引擎偏向什么不利的结果，规制校正的结果可能是更糟糕”⑦。Van Covering（2004）也认为，对商业搜索引擎的严格规制，在实践上可能既没有吸引力也不明智，也许含有某种文化精英主义或家长作风的味道。即使政策是有价值的和有效的——但也值得怀疑——它们在任何情况下都不可能通过宪法的检阅（至少在美国）。“在美国，搜索结果……受到宪法规定言论自由的保护，有权出版他们喜欢的任何内容”⑧。Grimmelmann（2011）在对搜索中立者提出的八个原则进行解构的基础上，批判这些原则作为充分的搜索规制是不合理的，当前提出的搜索中立是

① Bernhard R.. Networked Control: Search Engine and the Symmetry of Confidence [J]. *Intenational Review of Information Ethics*, 2005 (3): 26-32.

② Neuberger Christoph. Extended Abstract: Function Problems, and Regulation of Search Engines in the Internet [J]. *Intenational Review of Information Ethics*, 2005 (3): 4-5.

③ Amanda Spink, et al.. A Study of Results Overlap and Uniqueness among Major Web Search Engines [J]. *Information Processing and Management*, 2006 (42): 1379-1391.

④ Introna, L. D. &Nissenbaum, H.. Shaping the Web: Why the Politics of Search Engines Matters [J]. *The Information Society*, 2000 (16): 177-180.

⑤ Urs Gasser. Regulating Search Engines: Taking Stock and Looking Ahead [J]. *Yale Journal of Law & Technology*, 2006 (Spring): 201-234.

⑥ James Grimmelmann. The Structure of Search Engine Law (FINAN. DOC) [J]. *Iowa Law Review*, 2007, 93 (1): 3-63.

⑦ Eric Goldman. Search Engine Bias and the Demise of Search Engine Utopianism [J]. *Yale Journal of Law and Technology*, 2006 (Spring): 188-200.

⑧ Elizabeth Van Covering. New Media? The Political Economy of Internet Search Engines [C]. Conference of the Internation Association of Media&Communications Researchers (IAMCR), Porto Alegre, Brazil, 2004 July 25-30, 2004: 20.

不可能起作用的，很可能使事情更糟①。Diaz A.（2008）强调，由于对媒介法缺乏全面的检视，现有的规制建议似乎是非常不现实的。……真正难以逾越的规制和经济挑战困扰着当前要求更“平等主义”搜索引擎的建议②。

“考虑到搜索引擎在引导用户注意方面的角色，尽管研究者多年前开始考虑这些搜索服务的可能把关含义，但目前很少进行实证研究，以考察搜索引擎可能或不可能歧视某些内容而偏向另一些内容的程度。……特别是有关争议性材料和它们被索引到的相关可能性缺乏系统性研究”③。本文将通过争议性个案的实证分析，从搜索结果的信息品质来进一步考察“搜索中立”的问题。

二、研究方法与设计

1. 个案选择

个案选择应该遵循典型性的原则。“3Q 大战”事件不仅涉及两家网络运营商的利益，更涉及行业利益和网民利益等。由于此事件的主体谁是谁非具有争议性，不同信源对此事件的观点也不同，具有向不同方向、不同议题扩散的弹性空间。因此，此事件在考察搜索结果是否客观中立上具有典型性。

2. 搜索引擎选择

以国内搜索引擎的市场份额为主，我们选择了百度、谷歌、搜狗和搜搜的搜索结果为调查样本。根据艾瑞咨询发布的 2010 年中国搜索引擎年度数据显示，百度和谷歌营收份额之和超过 97.6%，基本垄断中国搜索引擎市场。2010 年谷歌退出中国后，二线运营商搜狗、搜搜得到迅猛发展，分别占据 1.1% 和 0.8% 的份额，其他的总和也仅有 0.5% 的份额④。

3. 搜索关键词选取

关键词的选取，要求简短干练，又能准确定位相关内容。太宽泛的关键词会放大搜索结果的显示范围，太狭隘的关键词又会使搜索结果达不到研究的目标。不同关键词的选择可能出现不同的搜索结果。我们通过众多相关文章的阅读，提炼出三个出现频率最高的关键词：“QQ 大战 360”、“3Q 大战”、“3Q 之争”，并从中抽取“3Q 大战”作为本次调查的关键词。

4. 搜索结果抽取

我们的搜索时间在 2011 年 3 月 27 日。为体现搜索结果的客观性和研究的可行性，在选取结果上要体现基数适量、相关性强的原则。我们根据 Fazli Can（2004）提出的搜索引擎自动化表现评价方法，认为前 100 条搜索结果来衡量搜索效果是一个好的选择，因为它稳定

---

① James Grimmelmann. Some Skepticism about Search Neutrality ［J］//Berin Szoka & Amam Marcus, eds.. The Next Digital Decade：Essays on The Future of The Internet. *TechFreedom*，2011（January）：435.

② Diaz，A.. Through the Google Goggles：Sociopolitical Bias in Search Engine Design ［M］//Spink，A.，Zimmer，M.. *Web Search*：*Information Science and Knowledge Management*. Berlin：Springer Berlin Heidelberg，2008：166.

③ Eszter Hargittai. The Social，Political，Economic，and Cultural Dimensions of Search Engines：An Introduction［J］. *Journal of Computer-Mediated Communication*，2007（12）：769-777.

④ 艾瑞咨询. 2010 年中国搜索引擎年度数据发布［EB/OL］.［2011-01-18］. http：//www.iresearch.com.cn/View/131516.html.

了人工和自动化搜索引擎评价方法的相关系数①。

5. 主要类目指标

根据信息品质的构成及其事件本身的争议角度，我们选取了"网站来源"、"信息来源"、"观点倾向"三个类目进行考察。其中"观点倾向"主要从"倾向 QQ 或 360"、"是否构成行业垄断或恶性竞争"、"双方竞争对网民或产业是否有利"、"是否支持国家干预"四个小指标进行考察。

6. 研究假设

（1）搜索结果的网站来源是否多样？考察网站来源是否体现了基于排序算法的标准，从而导致"富者愈富"的现象？

（2）搜索结果的信息来源是否全面？考察信息来源是否得到了充分的展示，从而产生片面性的索引？

（3）搜索结果的观点倾向是否平衡？考察观点倾向是否得到立体化的表达，从而产生"群体极化"效应？

三、研究结果

（1）搜索结果的网站来源主要偏向综合门户网站、新闻网站和专业资讯类网站，反映了网站索引多样化的缺乏。

在搜索结果前 100 条中，专业资讯网站被四大搜索引擎索引的平均比例最高，达到 37%，其次为新闻网站（28%），再次为综合门户网站（20%）（见表 1）。考虑到我们设定的综合门户网站主要包括搜狐、新浪、网易、腾讯等少数几个，这一比例已经相当高。而自媒体（包括博客、个人主页、播客等）、政府网站、其他网站的平均比例总和为 16%。我们对搜索结果第一页的十条结果进一步考察，发现搜索引擎不是去索引更多的网站，而是索引一个流行网站的更多网页。四大搜索引擎索引的网站均为"受欢迎的"流行网站（见表 2）。在四个搜索引擎的前四十条索引结果中，百度、新浪、网易的网页均被索引了 6 次，Pconline 网页被索引了 5 次，搜狐网页被索引了 4 次，天涯、土豆网页也都被索引了 2 次。其中百度搜索引擎的 10 条结果中，索引自己的网页竟然达到 3 次。

表 1　　**搜索结果的网页来源百分比**

项目	综合门户网站	专业资讯网站	新闻网站	自媒体	政府网站	其他网站	总百分比
Baidu. com	19%	30%	32%	9%	2%	8%	100%
Google. com. hk	11%	50%	15%	14%	1%	9%	100%
Sogou. com	27%	28%	32%	13%	0%	0%	100%
Soso. com	21%	39%	32%	5%	0%	3%	100%
平均量（约数）	20%	37%	28%	10%	1%	5%	100%

① Fazli Can et al.. Automatic Performance Evaluation of Web Search Engines [J]. *Information Processing and Management*, 2004 (40): 513.

表2 索引结果的前10个网站来源情况

序号＼网站名	Baidu	Google	Soso	Sogou
1	www. baidu. com	www. sohu. com	www. pconline. com. cn	www. baidu. com
2	www. pconline. com. cn	www. sina. com. cn	www. baidu. com	www. sina. com. cn
3	www. baidu. com	www. 163. com	www. sohu. com	www. pconline. com. cn
4	www. tianya. cn	www. 163. com	www. 163. com	www. sina. com. cn
5	www. ycwb. com	www. sina. com. cn	www. hexun. com	www. 3qdz. com
6	www. donews. com	www. tudou. com	www. sina. com. cn	www. sohu. com
7	www. 163. com	www. sohu. com	www. chinaz. com	www. tudou. com
8	www. chinanews. com	www. pconline. com. cn	www. pchome. net	www. 163. com
9	www. baidu. com	http：//apple4. us/	www. qudong. com	www. tianya. cn
10	www. 163. com	www. baidu. com	www. people. com. cn	www. sina. com. cn

（2）搜索结果的信息来源主要偏向媒体新闻或评论，反映了索引信源全面性的缺乏。

媒体新闻/评论在每个搜索引擎的信息来源中均处于高比例，几乎已经占据“半壁江山”，平均比例也达到47%。其次为商业网站自身策划的专题或编辑的稿件，平均比例为29%。来自于网民自创的内容比例为19%，而诸如政府、企业、事业单位等其他信息来源则只有5%（见表3）。由于传统媒体在网络新闻采访权上的结构性影响，使得媒体新闻或评论更多地被商业网站所编辑、转载或评论。网民和其他主体的内容被索引的比例极其低下，映射了信源全面性的严重缺乏，也进一步佐证了搜索引擎索引的结果是基于网站流行度，而不是基于网页内容的高质量或信源的全面性。

表3 搜索结果的信息来源百分比

网站名	媒体新闻/评论	商业网站策划/编辑	网民自创	其他	总百分比
Baidu. com	51%	24%	22%	3%	100%
Google. com. hk	39%	27%	26%	8%	100%
Sogou. com	50%	26%	18%	6%	100%
Soso. com	49%	39%	8%	4%	100%
平均量（约数）	47%	29%	19%	5%	100%

（3）搜索结果的观点倾向主要偏向单极化，反映了索引观点平衡性的缺乏。

在搜索结果是否倾向支持QQ或360的问题上，尽管有41%的信息持中立态度，但是我们也发现倾向360的平均比例（24%）要高于倾向QQ的平均比例（15%）（见表4）。在搜索结果是否倾向垄断或恶性竞争上，从平均量来看，将近一半的信息（46%）都倾向于把此次事件看做是一种垄断行为或恶性竞争，持中立态度的信息为10%，而只有3%不认同这是一种垄断行为或恶性竞争（见表5）。

在“3Q大战”对网民或行业是否有利的认识上，也将近有一半的信息（44%）持“不利”态度，持“有利”态度的信息比例仅为12%，而持“中立态度”的信息比例则仅为5%（见表6）。持“有利”态度的弱势声音，诸如“给第三竞争者以机会；激发网民对隐私权、选择权和接近权的关注；有利于网民获得更多的免费消费；使行业懂得何为市场竞争下的真正竞争，能做到质量和信誉、伦理和责任并重”等，在搜索结果中并没有得到更多的反映。

在搜索结果是否支持国家干预的选项上，持“支持”态度的信息比例为29%，远高于持“不支持”(8%）或“中立”(9%）态度的比例（见表7）。显然一些所谓的“另类”观点，诸如“国家干预不能消除根子”；“法律诉讼时间长、成本高”；“尊重创新，包容公平的竞争”，“强调市场规律，具有伦理自觉、公共精神和担当意识”、“在没违背国家政策法规的前提下，不可能因为行政部门的一纸命令而放弃巨大的经济利益”、“商业游戏规则应由用户、互联网行业从业者和政府一同来定”、“定性很困难，需要一个中立机构来协调”等，也未能在搜索结果得到平衡性的展示。

表4　　搜索结果倾向QQ或360百分比

网站名	倾向360	倾向QQ	中立	无关	总百分比
Baidu. com	24%	9%	44%	23%	100%
Google. com. hk	22%	18%	36%	24%	100%
Sogou. com	23%	12%	38%	27%	100%
Soso. com	26%	20%	46%	8%	100%
平均量（约数）	24%	15%	41%	21%	100%

表5　　搜索结果倾向垄断或恶性竞争百分比

网站名	倾向	不倾向	中立	无关	总百分比
Baidu. com	55%	5%	11%	29%	100%
Google. com. hk	35%	2%	10%	53%	100%
Sogou. com	52%	4%	9%	35%	100%
Soso. com	43%	2%	8%	47%	100%
平均量（约数）	46%	3%	10%	41%	100%

表6　　搜索结果反映“3Q大战”对网民或行业是否有利百分比

网站名	不利	有利	中立	无关	总百分比
Baidu. com	55%	15%	9%	21%	100%
Google. com. hk	39%	17%	6%	38%	100%
Sogou. com	43%	2%	3%	52%	100%
Soso. com	38%	14%	2%	46%	100%
平均量（约数）	44%	12%	5%	39%	100%

表7　　搜索结果是否支持国家干预百分比

网站名	支持	不支持	中立	无关	总百分比
Baidu. com	33%	16%	16%	35%	100%
Google. com. hk	24%	8%	11%	57%	100%
Sogou. com	32%	5%	4%	59%	100%
Soso. com	27%	4%	6%	63%	100%
平均量（约数）	29%	8%	9%	54%	100%

以上研究发现，我们认为技术上的客观性未必能带来信源、观点等方面的公正、平衡和多样，一定程度上总会产生结构性偏见。正如 Eric Goldman（2006）所言，由于搜索引擎的自动化操作，人们经常设想搜索引擎能中立地、无偏见地呈现搜索结果。不管怎样，这种设想是错误的。像任何其他媒介公司一样，搜索引擎肯定也控制着用户的体验：即出现歪曲搜索的结果①。作为自动化编辑的搜索引擎尽管能够向读者推荐应阅读什么样的新闻信息，但并不能复制一个好的人工编辑的功能，它仅仅能索引和传播信息，而不能核对信源、平衡观点等。

四、讨论与结语

以上偏向结果不管是否有意或故意都是一个问题，都可能影响网民的认知和行动。因为“搜索引擎有能力塑造每天上百万用户的上百万搜索。就规模来说，搜索引擎是新的大众媒介或新的元媒介，能引发公共讨论”②。不可否认，现有的技术限制在塑造这些偏向结果中的作用。因此，搜索提供商在技术上，应从当前以排序算法为主导标准转向多样化要素综合评价标准的基本格局，最大努力地确保更准确、全面、公正、平等地对待多样信息、观点的接入。

应当承认，这项实证研究并不试图去调查政治经济原因（这超越了本研究的能力范围），在这方面还不能得出坚实的结论。通过已有的相关报道，我们可以发现，在“3Q 大战”中，百度、搜狗特别是搜搜（腾讯旗下产品）都是腾讯阵营的一员，百度、搜狗等五家厂商曾通过新闻发布会表示将不兼容 360 系列软件③。但在调查“倾向 QQ 或 360”方面，百度、搜狗、搜搜的搜索结果反而更多地偏向支持 360。因此还没有证据显示，这些搜索引擎在“3Q 大战”中对 360 采取了歧视性的编辑策略。

我们的研究结果表明，任何结论不应以存在故意偏见为前提作为出发点，而更相信这些偏见来自于赢者通吃或累积优势效应。但是这种可能的持续不平衡仍然存在一个政治经济学问题。通过搜索结果的信息品质的评价，我们仍然能洞察搜索引擎这个“黑色箱子”存在某些机制上的缺陷。Hinman（2008）认为尽管搜索引擎直接篡改搜索结果很容易被发现，但是对严密的算法作微妙的调整，导致搜索结果微妙的偏差，实际上是不可能被发现的④。

综合以往相关研究，要规避这种隐形的微妙调整，一是通过市场的力量，鼓励更多的市场主体包括元搜索引擎、公共搜索引擎、开源搜索引擎、个性化搜索引擎等参与竞争，以便在网页、信源、观点上得到更多的覆盖，防止市场垄断对搜索结果的霸权控制。二是协调处理好搜索引擎与用户、广告客户、内容提供商甚至第三方等利益主体之间的关系，防止商业利益对搜索结果信息品质的过度侵蚀。三是通过一定的政策规制，以公共普遍服务为原则，以一定的透明度（在尊重商业保密和知识产权前提下）为导向，确保搜索引擎对多种信源、观点的接近，依靠高质量的信息品质，担负在公共福利上的责任，从而使用户能基于充分有效的决策参与公共生活。总之，“正如所有的把关人一样，假如我们相信商议民主的原则——尤其是假如我们相信网络是一个开放、民主的媒介——那么我们将期待我们的搜索引

---

① Eric Goldman. Search Engine Bias and the Demise of Search Engine Utopianism [J]. *Yale Journal of Law and Technology*, 2006 (Spring): 188-200.

② Ken Auletta. Googled: The End of the World as We Know it (2009) [EB/OL]. [2009-12-14]. Cf. Aaron Swartz, Googling for Sociopaths, Rawthought, http: //www. aaronsw. com/weblog/googled.

③ 新浪科技．金山搜狗可牛傲游百度宣布将不兼容 360 [EB/OL]. [2010-11-05]. http: //tech. sina. com. cn/i/2010-11-05/10084832568. shtml.

④ Fry, J.. Google's Privacy Responsibilities at Home and Abroad [J]. *Journal of Librarianship and Information Science*, 2006, 38 (3): 135-139.

擎能就任何给定的话题传播大范围的信息”①。

本次研究仅调查了国内四个主要常用的搜索引擎，以“3Q大战”为关键词，在确定的一天内，搜索出来的前100个搜索结果为观察样本，所得出的结论都限于这种特定的语境。进一步的研究将涉及更多的搜索引擎、关键词、搜索时间段和搜索结果，这种动态的语境也许会导致不同的结论。由于搜索引擎的日益重要性，搜索结果的信息品质及其中立性问题肯定是一个值得继续深入研究的领域。

【参考文献】

[1] 丹尼斯·麦奎尔著．麦奎尔大众传播理论（第5版）[M]．崔保国，李锟，译．北京：清华大学出版社，2010.

[2] Steve Lawrence，C. Lee Giles . Accessibility of Information on the Web [J]. *NATURE*, 1999，400（8）：107-109.

[3] Eric Goldman. Search Engine Bias and the Demise of Search Engine Utopianism [J]. *Yale Journal of Law and Technology*，2006（Spring）：188-200.

[4] Elizabeth Van Couvering. Is Relevance Relevant? Market，Science，and War：Discourses of Search Engine Quality [J]. *Journal of Computer-Mediated Communication*，2007（12）：866-887.

[5] Elizabeth Van Couvering. New Media? [C]. The Political Economy of Internet Search Engines. 2004 Conference of the International Association of Media&Communications Researchers（IAMCR），Porto Alegre，Brazil，July 25-30，2004.

[6] Introna，L. D. &Nissenbaum，H.. Shaping the Web：Why the Politics of Search Engines Matters [J]. *The Information Society*，2000（16）：169-185.

[7] Eric Goldman. Search Engine Bias and the Demise of Search Engine Utopianism [J]. *Yale Journal of Law and Technology*，2006（Spring）：188-200.

[8] Urs Gasser. Regulating Search Engines：Taking Stock and Looking Ahead [J]. *Yale Journal of Law&Technology*，2006（Spring）：201-234.

[9] James Grimmelmann. The Structure of Search Engine Law（Finan. Doc）[J]. *Iowa Law Review*，2007，93（1）：3-63.

[10] James Grimmelmann. Some Skepticism about Search Neutrality [J] //Berin Szoka & Adam Marcus，eds.. The Next Digital Decade：Essays on The Future of The Internet. *TechFreedom*，January 2011.

[11] Eszter Hargittai . The Social，Political，Economic，and Cultural Dimensions of Search Engines：An Introduction [J]. *Journal of Computer-Mediated Communication*，2007（12）：769-777.

【作者简介】

罗昕，华中科技大学新闻与信息传播学院2009级博士生，华南师范大学新闻传播系副教授。

① Diaz，A.. Through the Google Goggles：Sociopolitical Bias in Search Engine Design [M] //Spink，A.，Zimmer，M.. *Web Search*：*Information Science and Knowledge Management*，Berlin：Springer Berlin Heidelberg，2008：105.

网络论坛参与者参与动机的实证研究

陈 然

近年来，随着微博客等网络应用在国内的逐渐兴起，网络论坛在网民中的活跃程度有所减弱，但作为传统的网络舆论载体，其深度阐述观点和剖析问题的能力仍然优于以传播信息见长的微博客，在未来社会热点事件中仍拥有着特殊的生命力。CNNIC 的调研数据也显示，2010 年网络论坛的使用率为 32.4%，与 2009 年相比增长率达到 26.6%。① 在丰富多样的互联网应用面前，是什么推动着网民参与网络论坛？作为人的一种主观心理状态，动机被心理学家视为决定行为的内在动力，网民在网络论坛中的参与行为受到不同参与动机的驱使。本研究认为，对网络论坛参与者的参与动机进行考察将有助于我们深层次了解参与者的论坛行为。

通过对网民论坛参与动机的相关文献梳理，我们发现，目前专门研究论坛参与动机的文献较少，已有研究多从虚拟社区这一大环境出发，对其成员参与动机加以考察。具体而言，被经常提及的虚拟社区成员的参与动机有如下七种：信息性动机、工具性动机、娱乐性动机、社会联系动机、逃避现实动机、匿名替代动机以及地位提升动机（Hars&Ou，2002；Dholakia，Bagozzi&Pearob，2004；Wang&Fesenmaier，2004；蔡佩，1995；赵茂磊，2005；吕秋霞，2009）。此外，国内针对虚拟社区成员参与动机的研究多直接采用西方文献中的动机测量量表，产生于西方的测量工具在中国是否具有普适性有待进一步检验。因此，本次研究的目的一方面希望通过实证数据挖掘出网络论坛参与者的参与动机，另一方面希望通过对现有动机量表的优化分析，为后续研究提供科学的动机测量量表。需要说明的是，本研究所提及的网络论坛，不同于以论坛为基础应用，同时提供博客、个人空间、虚拟商店等一系列功能服务的综合性虚拟社区，而仅仅指：为拥有共同兴趣的网民所提供的、具有公共性的、主题-回帖型网上交流场所。

一、研究方法

作为一项针对网络论坛参与者参与动机的探索性研究，笔者首先于 2010 年 12 月 25 日至 31 日期间，在自己的 QQ 联系人里面，随机抽取 30 位朋友，通过逐一询问剔除无论坛参与经历者，共获得 24 个研究样本，通过对这 24 个研究样本进行一对一深度访谈了解他们参与网络论坛的动机。然后，结合相关的文献阅读初步确定论坛参与者的参与动机，同时获取相关文献中所采取的描述指标，并结合论坛参与者的实际情况修改部分题项的措辞，增加一些深度访谈中被提及而文献研究中没有的题项。通过深度访谈与文献阅读相结合的方式，本研究初步确定八类论坛参与者动机，并形成由 25 个题项组成的论坛参与者动机初始量表，

① CNNIC. 第 27 次中国互联网络发展状况调查统计报告［R/OL］. http：//research. cnnic. cn/img/h000/h12/attach201101211724450. pdf.

见表1。

八类论坛参与者动机分别为：①将网络论坛作为一种工具，参与网络论坛是为了完成具体的任务的工具性动机；②通过参与网络论坛享受快乐和愉悦的娱乐性动机；③通过参与网络论坛来取消某些特定活动或防止更进一步活动的逃避现实动机；④通过参与网络论坛驱散孤独寂寞，与想法相似的人接触和交流，获得友谊和社会支持的社会联系动机；⑤为了展现现实生活中隐藏的一面，以及用虚拟的身份畅所欲言而参与网络论坛的匿名替代动机；⑥通过参与网络论坛来满足控制和影响他人想法或行为的权力需求的权力动机；⑦通过网络论坛中的发帖行为，获得其他人的尊重、信任和赞赏的尊重动机；⑧通过参与网络论坛来获取或分享信息的信息性动机。

表1　**论坛参与者动机初始量表**

动机	题　项	来源
工具性动机	A1. 当我遇到一些难题时，我会到论坛来寻求帮助	Flanagin&Metzger（2001）；Dholakia，等（2004）
	A2. 与论坛中的其他人讨论，有助于我做出某些决定	
	A3. 在此论坛中，浏览信息和互动交流的行为能帮助我产生一些新的想法和观点	
娱乐性动机	B1. 参与论坛是为了获得娱乐	Teo&Lim&Lai（1999）；Leung（2003）；Dholakia，等（2004）
	B2. 在此论坛中，我的心情可以得到放松	
	B3. 当感觉无聊的时候，我会到论坛来消磨时间	
	B4. 在论坛中，我可以从紧张的状态中解脱出来	
逃避现实动机	C1. 参与论坛可以让我暂时忘掉工作或学习	Zhou&Bao（2002）；Song（2003）；赵茂磊（2005）
	C2. 参与论坛可以让我从众多的压力和责任中解脱出来	
	C3. 参与论坛可以让我忘掉困扰自己的一些问题	
社会联系动机	D1. 参与网络论坛可以让我结交到许多朋友，建立友情	Leung（2003）；赵茂磊（2005）；Ridings&Gefen（2004）
	D2. 在网络论坛中，我可以与想法相似或经历相似的人进行交流	
	D3. 当我生气时，我会在论坛中向其他人表达我的愤怒，以获取其他人的同情	
	D4. 当我遇到难题时，我会在论坛说出我的困惑，期望得到建议	
匿名性动机	E1. 希望通过参与网络论坛摆脱现实的束缚，展现自己平日隐藏的一面	汪名彦（2006）
	E2. 我希望借助网络论坛的虚拟身份畅所欲言	
权力动机	F1. 我想通过发表言论来影响其他参与者的想法和态度	Mancuso（1979）；Wang&Fesenmaier（2004）
	F2. 为了能有机会发挥影响力，我喜欢参与论坛活动和发表自己的见解	
	F3. 我想通过给予很多人忠告和帮助，来提升自己在论坛的地位和声望	
	F4. 我希望自己能够成为该论坛的焦点人物	
	F5. 我希望通过自己在论坛中的言论提升自己在其他参与者心中的形象或地位	

续表

动机	题项	来源
尊重动机	G1. 希望通过发表言论得到了其他成员的认可	Wang&Fesenmaier（2004）
	G2. 我希望通过在论坛中的发言赢得别人的赞誉	
信息性动机	H1. 我常常为了获取信息和资料而参与论坛	Flanagin&Metzger（2001）；Dholakia，等（2004）
	H2. 我是为了与他人分享有价值的信息或观点而参与网络论坛	

为了掌握网民论坛参与动机的实际情况，本研究进一步利用该动机量表进行实证研究，通过问卷调查获取论坛参与者的相关数据，然后利用 SPSS 软件包对数据进行探索性因子分析。具体说来，考虑到问卷填答对象的针对性以及研究的探索性，本次研究采用偶遇抽样的方法，在 2010 年 1 月 5 日至 20 日期间，通过天涯社区的站内短消息以及天涯社区相关 QQ 群邀请社区成员参与问卷调查，发送填答邀请 250 个，最终获得有效问卷 144 份，问卷的有效回收率为 57.6%。具体样本构成情况见表 2。从表 2 中可以看到，此次样本的男女性别构成比较符合目前中国网民的性别结构，而年龄构成来看，样本年龄段集中在 20 ~ 29 岁，与艾瑞咨询《2010 中国网络社区研究报告》中指出的"中国网络社区用户年龄七成以上集中于 18 ~ 30 岁"① 的情况相符。可见，本研究尽管采取了偶遇抽样的非概率抽样方法，但其样本仍然具有一定的代表性。

表 2　**样本性别、年龄构成**

项目	性别		年龄						
	男	女	10 岁以下	10 ~ 19 岁	20 ~ 29 岁	30 ~ 39 岁	40 ~ 49 岁	50 ~ 59 岁	60 岁及以上
人数	81	63	0	2	92	41	3	5	1
百分比（%）	56.3%	43.8%	0.0%	1.4%	63.9%	28.5%	2.1%	3.5%	0.7%

二、因子分析适合度检验与分析结果

本次研究所采用的动机量表的内容是以国内外最新的相关研究作为基础，同时结合一对一深度访谈所形成，基本能够保证问卷调查的内容效度。研究首先对样本进行因子分析检验：KMO 值为 0.868，巴特利特球体检验（Bartlett Test of Sphericity）结果是显著性 < 0.01，说明本次研究非常适合采用因子分析的方法。之后，在抽取因子的过程中，将特征值大于 1 作为选取因子的原则，并利用方差最大正交旋转法，删除因子载荷小于 0.5 的项目。根据上述原则，经过三次因子分析，本研究对 25 道测量题项进行了优化。在第一次因子分子中，删除了社会联系动机中的 D1 题、D2 题和 D3 题；在第二次因子分析中，删除了信息性动机中的 H2 题以及社会联系动机中的 D4 题；在第三次因子分析中，从剩余的 20 个题项中提取了 5 个关键因子，5 个因子的累计方差解释率达到 77.3%。每个因子由不同的问题陈述组成，因子内的题项高度相关，而不同因子间有显著的差异。因子分析的具体结果见表 3。通过对每个因子所含题项的分析，研究对提取出来的 5 个因子进行了命名，分别是：尊重动机、娱乐性动机、逃避现实动机、目的性动机以及匿名替代动机。最后，根据因子分析的结果，研究采取 Alpha 信度系数法对 5 个因子的内部一致性进行分析，结果显示，5 个因子的

① 艾瑞咨询．2010 年中国网络社区研究报告简版［R］．

内部 Alpha 信度系数均在 0.7 以上，其中 2 个高于 0.9，表明各因子内部的一致性较高。

表 3 三次因子分析结果

第一次			第二次			第三次		
因子	题项	载荷	因子	题项	载荷	因子	题项	载荷
1	F5	.908	1	F5	.921	尊重动机	F5	.917
	F4	.886		F4	.900		F4	.904
	G2	.862		G2	.869		G2	.866
	G1	.813		G1	.843		G1	.835
	F3	.763		F3	.773		F3	.796
	F2	.639		F2	.694		F2	.705
	D3	.468		F1	.609		F1	.628
2	B1	.915	2	B1	.867	娱乐性动机	B1	.904
	B3	.855		B3	.834		B3	.864
	B2	.777		B2	.819		B2	.796
	B4	.673		B4	.745		B4	.689
3	C3	.841	3	A2	.851	逃避现实动机	C3	.853
	C2	.817		A1	.817		C2	.842
	C1	.748		H1	.735		C1	.792
	D1	.456		A3	.585	目的性动机	A2	.857
4	E1	.777		H2	.417		A1	.830
	F1	.613	4	C3	.802		H1	.734
	D4	.589		C2	.717		A3	.603
	E2	.575		C1	.706	匿名替代动机	E2	.693
5	A2	.867		D4	.498		E1	.683
	A1	.827	5	E2	.685			
	H1	.631		E1	.680			
6	H2	.704						
	A3	.595						
	D2	.406						

三、网络论坛参与者参与动机

1. 尊重动机

与最初的设想不同，实证研究表明，权力动机与尊重动机并不独立构成驱动参与者进入论坛的因素，而是被合并为一个动机，本次研究将其统称为尊重动机。尽管我们不能否认，部分参与者确实存在希望通过发表言论来控制和影响他人态度的想法，但参与者获得论坛地位、声望以及影响力的需求仍然属于尊重需求的范畴。正如美国著名心理学家马斯洛在需求层次理论中提到的那样，人有对自尊心和荣誉感满足的需求，包括自我尊重和受到别人尊重两个方面。一方面，人希望有实力、拥有成就感，另一方面，人希望有名誉、威望和地位，得到别人的认可和重视。声誉的建立激励个人参与社会交换活动（Donath，1999），在虚拟社区中，能影响大部分人的行为就是在社区中响应以及贡献自身的知识，并借以影响其他人的观点（刘丽群和宋咏梅，2006）。高质量的信息、详细而有感染力的回复、帮助他人的意愿以及优雅的文字可以提升自己在虚拟社区中的地位和声望（Wang&Fesenmaier，2004）。研究已经指出，许多成员参与虚拟社区主要是回答其他人的问题和提供信息，以获得同仁的认可（Hars & Ou，2002）。因此，尊重动机可以被看成参与者参与网络论坛的驱动因素之一。具体说来，尊重动机是指论坛参与者希望通过网络论坛中的发帖行为，获得其他人的尊重、信任和赞赏，在特定的论坛中确立自己的地位和声望，甚至获得控制和改变他人想法或行为的影响力。

2. 娱乐性动机

网络论坛依靠不同的主题将人们聚集在一起，人们可以依据各自的兴趣和爱好选择自己喜欢的论坛加入，可以通过参与网络论坛打发时间，放松心情，在阅读帖文和交流互动中获得快乐。研究显示，网民在网络社区中所经历的是一种非常让人愉悦的体验流，呈现明显的享受和娱乐行为特征（楼天阳、陆雄文，2009）。因此，娱乐性动机也成为网民参与网络论坛的动机之一。娱乐性动机具体指的是，通过浏览网络论坛中的内容或与他人交流互动获得愉悦的动机。

3. 逃避现实动机

心理学研究表明，人们在受到挫折后会产生不同的反应方式，逃避便是其中的一种。现代社会，人们的生活节奏加快，常常需要面对来自工作、学习、家庭等各个方面的压力，会遇到这样或那样的挫折或困难，面对竞争压力和社会责任，一些人选择了逃避。而网络论坛为人们所提供的五花八门的讨论议题以及匿名的参与方式，使人们能够以一种比较隐匿的方式暂时躲避现实生活的困扰，获得短暂的解脱。许多研究已经发现，逃避现实是人们上网或参与虚拟社区比较重要的驱动因素。参与者通过接触轻松愉悦的信息或者与陌生人调侃，能够转换自己的心情，缓解现实生活中的压力，甚至可以通过谩骂、侮辱等方式来宣泄被压抑的情感。因此，逃避某些特定的现实活动或忘却某些现实的烦恼成为人们参与网络论坛的主要动机之一。

4. 目的性动机

网民参与论坛的目的性动机是指，网民参与网络论坛是受到某种事先明确的目的所驱动，如获取信息、解决难题等。研究最初的设想将工具性动机和信息性动机作为两类不同的动机予以区别。信息性动机是指人们参与网络论坛是为了追踪目前流行的话题与事件，及时掌握最新消息，或通过网络论坛将自己所知的信息分享出去。Ridings&Gefen（2004）指出，虚拟社区是独特的，因为社区的大部分内容是由用户创造，这不同于其他由网站供应商提供的互联网信息，虚拟社区能够成为向相关陌生人询问信息的理想之地。而工具性动机是指人们将网络论坛当做一种工具来使用，为了完成特定的任务而参与论坛，如解决某个难题、产生新的观点、作出某个决定等。但实证研究的结果显示，信息性动机与工具性动机被合并为同一个动机。这一研究结果符合 Dholakia 等（2004）在研究人们参与虚拟社区的影响因素时提到的想法。Dholakia 等（2004）认为，基于信息性动机和工具性动机的参与行为都是为了达到某种事先明确的目的，因此，这两种动机可以合称为目的性动机。

5. 匿名替代动机

希望在网上突破现实禁忌以及建构全新时空的虚拟需求是网民中存在的主要网上需求（杨宜音、陈午晴、徐冰，2000）。网络论坛的匿名参与特点使参与者可以摆脱既有的社会规范，在不暴露自己身份的情况下，表现现实生活中不能展示的一些侧面，随意地表露自我心态，将自己的真实、重要、隐私的信息向他人显示出来，获得心灵上的慰藉；同时也发表自己在现实社会不敢发表的言论，甚至做一些平常想做但现实社会规范不容许做的事情，从而寻求一种心理上的平衡。正是受到匿名替代动机的驱使，人们才会更愿意借助网络论坛披露自己的私生活，曝光现实社会的不平和委屈。

值得注意的是，研究中原本设想的社会联系动机并没有得到实证研究的证实。原设想的社会联系动机包括人际交往和社会支持两个方面。从人际交往这方面来看，随着社交网站等新的互联网应用的兴起，擅长于群体传播的网络论坛原本就不太强势的人际交往功能将更加弱化，人们不太会为了寻求友谊而参与网络论坛；而寻求社会支持的动机实际上也是出于某种特定目的而参与论坛，所以可以归为目的性动机。

本文通过文献阅读与深度访谈相结合的方式，构建了网民参与网络论坛的动机初始量表，并利用问卷调查所得的实证数据，运用探索性因子分析对初始量表进行了优化，同时挖掘出网民参与网络论坛的五大主要动机。由于时间、经费等条件的限制，本次研究采取的是偶遇抽样的方法获得样本，同时样本数较少，这将构成影响本研究外部效度的一个因素。在后续的研究中，应该利用本次研究所最终获得的动机量表来进一步探讨论坛参与者行为与动机之间的关系。

【作者简介】

陈然，华中科技大学新闻与信息传播学院博士生，黄冈师范学院新闻与传播学院讲师。

教育部重大课题攻关项目
“国际传播理论、现状与发展趋势研究” 报告

非政府组织及其国际传播分析①

——以环境非政府组织绿色和平组织为例

吴 飞 傅丽英

西方学者早在20世纪70年代初就开始注意到非政府组织（Non-Governmental Organization，NGO）在国际社会中所具有的独特作用，而我国内地学界对非政府组织的研究要到20世纪90年代中后期才起步，且单纯分析非政府组织的发展、特点等的文章较多，同时将非政府组织作为国际传播的新兴主体之一进行研究的文章不多。

近年来在国际舞台上，非政府组织因其庞大的数量、宏观的全球视野、不断增强的作用和强烈的道义性，成为国际关系领域越来越活跃的非国家行为主体，环保、社会发展和卫生、政治等各个领域的非政府组织日益发挥出重要的影响力。因此研究非政府组织极有必要，同时作为国际传播的新兴主体，非政府组织也有着其独特的国际传播方式。国际传播的主体，是指开展和实施国际传播活动的实体，过去主要是指政府、政府间组织等国际机构，而在过去的20多年中，国际传播的主体开始趋于多元，企业、公司、个人、非政府组织等逐渐成为国际传播领域中的新兴力量。相对于政府、媒体等组织来说，由于在伦理价值规范层面上所具有的突出特征（非营利性、公益性等），可能非政府组织所宣扬的理念与价值更容易得到公众认同和接受。②

一、研究背景、现状与研究方法

我国近年来在国际传播中力图树立“和平崛起”的大国形象。何为国家形象？通常来说，国家形象是指国际社会对一国的整体印象，该印象通过国际传播获得，体现对该国的总体认知与综合评价，反映该国综合国力、政府形象、国民素质以及国际影响力等。国家形象关乎一国在国际社会中的地位与影响力，但中国在打造自己和平崛起的国家形象过程中却并不顺利，20世纪90年代的“中国威胁论”、“中国崩溃论”一度甚嚣尘上。通过外交、经济、文化等各方面中国所呈现出来的国家形象，虽然总体上是一个迅速崛起的现代化大国，但“强大却不确定”、“复杂”、“矛盾”成了这一正面形象背后难以回避的关键词汇。

在2008年西藏骚乱和奥运圣火遭劫等事件中，“藏独”组织透过美国的“公民社会”及其NGO机制，造成了浩大的舆论声势和强大的社会动员能量，西方国家借此引发的“集体人权策略”攻势，造成了中国政府最大的国际阻碍。虽然我国政府及媒体一再表示愤怒与抗议，但西方世界对此普遍不以为然，反而海外华人自发组织的集体抗议得到了国际社会

---

① 本文属于教育部重大课题攻关项目“国际传播理论、现状与发展趋势研究”成果。

② 徐莹，李宝俊．国际非政府组织的治理外交及其对中国的启示［J］．国际关系学院学报，2004（3）：31.

的认同与声援。细究其中原因，一方面确实存在西方世界媒体片面不实的报道和渲染，但另一方面不得不承认的是，西方世界对政府和媒体等机构的立场持怀疑甚至不信任的态度，政府、媒体等难以发出与非政府组织一样获得国际信任和理解的声音。在这样的情况下，研究非政府组织及其在国际传播领域如何发挥作用就成了当务之急。

1. 国内外研究现状

20 世纪 70 年代末 80 年代初，非政府组织在国际政治领域中的作用和影响开始引起西方学者的注意，如罗伯特·基欧汉和约瑟夫·奈于 1980 年所著《全球体系中的压力集团：跨国关系中的议题非政府组织》①，其中对非政府组织的活动研究较为分散与个别，更多关注的还是跨国公司等市场力量和解放组织等准国家组织。较早对非政府组织的目标理念、行动方式等进行较全面分析的论著是雷曼·怀特的《国际非政府组织：它们的目标，行动方式和成就》，但其所关注的只是在联合国有咨商地位的非政府组织。进入 20 世纪 90 年代，除了国际政治学界对非政府组织继续关注外，随着社会学领域对第三部门的研究的开始，西方学者从组织理论和公共管理等角度对非政府组织进行了系统与深入的研究，“全球市民社会”这一概念的出现，使得西方多个学科领域出现对非政府组织研究的热潮，如罗尼·利普舒茨和朱蒂斯·梅尔所著的《全球公民社会和全球环境治理：从地区到全球的自然政治》，玛格丽特·E. 凯克和凯瑟琳·辛金克所著的《超越国界的活动家：国际政治中的倡议网络》，莱斯特·M. 萨拉蒙等著的《全球公民社会——非营利部门视界》等。美国霍普金斯大学政策研究所教授萨拉蒙对非政府组织的研究被许多学者所引用，在对涉及 42 个国家的非政府组织进行研究的基础上，萨拉蒙等揭示了非政府组织的规模、结构、基础及其特殊属性等问题，提供了非政府组织研究领域的基础信息与数据。在传播主体的国际传播效果方面，西方国家认为非政府组织与政府组织同样重要，“非政府组织或配合政府行为，为政府拉高声势；或补充、代替政府去完成政府不便出面或难以完成的使命”。②

我国对非政府组织的研究从 1995 年北京世界妇女大会以后才起步，处于引入国外概念、理念和理论并将其逐步本土化的研究阶段。这其中有从全球治理角度分析非政府组织的，如王杰的《全球治理中的国际非政府组织》，从全球治理角度探讨国际非政府组织的特征、影响和作用等；还有较多则集中于公共管理和国际关系领域，如汪玉凯所著《公共管理与非政府公共组织》、褚松燕所著《中外非政府组织管理体制比较》，以及盛红声所著《当代国际关系中的“第三者”：非政府组织问题研究》等。总体来说，国内学界已经充分认识到非政府组织在当下的重要作用，无论是其介于政府与个人之间的中介地位，还是其非政治化、非营利的独立性特点，但同时考察非政府组织作为国际传播主体之一的研究并不多。我国的国际传播研究起步较晚，21 世纪开始国内学者的原创性研究成果渐丰，但其中多以政府、企业、主流媒体等国际传播主体为研究对象，或讨论政府如何通过外交、公关等在国际传播中构建国家形象③，或强调西方媒体对我国形象的固有偏见以及民族主义情结④，或论述我国媒体在塑造国际形象方面所应有的着力点⑤，等等。本文在分析非政府组织的相关特点及

---

① 刘贞晔．国际政治领域中的非政府组织：一种互动关系的分析［M］．天津：天津人民出版社，2005：12.

② 刘小燕，王洁．政府对外传播中的“NGO”力量及其利用——基于西方国家借 NGO 对发展中国家渗透的考察［J］．新闻大学，2009（1）：106.

③ 贺丽青．政府公关与国家形象塑造——以上海申博为例［D］．上海：上海外国语大学，2006.

④ 李霞，李正．从民族主义透视围绕“3·14”事件的中外新闻传播——兼谈中国民族主义转型［J］．国际新闻界，2008（5）：39.

⑤ 李杨，李建华．灾难事件中国家媒体对国家形象的塑造与传播——以中央电视台汶川地震报道为例［J］．新疆大学学报，2009（1）：30.

其同政府关系的基础上，指出非政府组织在国际传播领域所具有的作用，具有一定的创新性。

2. 研究途径与方法

文献资料法，通过系统梳理非政府组织相关文献资料，分析非政府组织的基本特点、与政府之间的关系、非政府组织在国际领域的活动方式等，以及非政府组织在今后的发展中所面临的问题和挑战。

案例研究法（Case Study）又称个案法、个案研究法，早在20世纪初便一直是主流研究工具。案例研究法在20世纪20年代同定量研究的论辩中败下阵来，1935年后使用频率越来越低，直到20世纪60年代，因为研究人员对量化研究局限性的反思才又重新得到重视。近年来，由于案例研究法所具有的特殊功能与优势，西方社会科学界将其广泛应用于教育学、心理学、社会学、人类学等各个领域。活跃于国际世界的非政府组织种类很多，尤以人权组织、环境组织为主，本文只考察环境非政府组织如何在国际传播中广泛而有效地将自己的声音传播出去并引起充分共鸣，选择的案例则是环境保护领域最为突出的非政府组织之一——绿色和平组织。

二、非政府组织及其在社会发展中的作用

1994年，美国约翰·霍普金斯大学“非盈利部门比较项目”负责人萨拉蒙教授在其文章《非营利部门的兴起》中分析说，“有组织的志愿部门在全球范围开展和私人的、非营利的或非政府的组织在世界各地的建立，正在如火如荼的进行之中。”① 这种世界范围内非政府组织的广泛活跃被他称做“全球性的社团革命”(Associational Revolution)。对于非政府组织，人们有时称做“第三部门”(The Third Sector)，在英国普遍称谓是“志愿部门”(Voluntary Sector)，而在法国和比利时等人们则将其称做“社会经济”(Economie Social)，不同的国家、不同的时期，人们对非政府组织的称谓不同，但其内涵却大同小异。

1. 什么是非政府组织?

非政府组织（Non-Governmental Organization，NGO）一词最早在1945年6月签订的联合国宪章第71款正式使用，但目前对非政府组织的概念还没有普遍认可的界定，较常被引用的是联合国经社理事会（Economic and Social Council，ECOSOC）的两个决议中对非政府组织的定义。一是1950年第288（X）号决议，其中规定“任何国际组织，凡不是经由政府间协议而创立的，都被认为是为此种安排而成立的非政府组织”；二是1968年的第1296（XLIV）号决议，指出“接受政府当局指定的成员的组织，如果这种成员资格不干预该组织观点的自由表达的话”，就是非政府组织。这两个决议强调的，一是非政府性，二是独立性。后来联合国新闻部将非政府组织定义为，“非政府组织是在地方、国家或国际级别上组织起来的非盈利性的、自愿公民组织。非政府组织面向任务、由兴趣相同人们推动，它们提供各种各样的服务和发挥人道主义作用，向政府反映公民关心的问题、监督政策和鼓励在社区水平上的政治参与。它们提供分析和专门知识，充当早期预警机制，帮助监督和执行国际协议。有些非政府组织是围绕诸如人权、环境或健康等具体问题，组织起来的”。②

总之，NGO是在有限政府、市场经济、公民社会的三元社会结构框架中的一种社会组

---

① 何增科．公民社会与第三部门［M］．北京：社会科学文献出版社，2000：243.

② 非政府组织与联合国新闻部：一些问题和回答［EB/OL］．http：//www.un.org/chinese/aboutun/ngo/qanda.html.

织形态。它是指在特定法律系统下，不被视为政府部门的协会、社团、基金会、慈善信托、非营利公司或其他法人，不以营利为目的的非政府组织。传统的通过政府体系统一实现公共事务管理的"统治"模式，在信息化和全球化的时代，显出了种种无效和弊端，人们不断对"统治"下的社会秩序作出反思，探讨多元主体、社会自治的"治理"型秩序的呈现。NGO 和公民社会理念在现代社会的复兴，正是在治理秩序的背景下出现的，它体现了多元社会自治的治理观念。所以 NGO 不仅是为了承接政府办不了的事情，作政府的帮手、公益事业的补充、更多社会资源的筹集渠道等，它是社会自治的独立主体，体现了新型的治理理念。NGO 作为公民社会的组织形态，是多元化的、决策分散的、在公民的参与和表达中形成的社会自组织形式。

NGO 在全球范围的兴起始于 20 世纪 80 年代。随着全球人口、贫困和环境问题的日益突出，人们发现仅仅依靠传统的政府和市场两级还无法解决人类的可持续发展问题。作为一种回应，NGO 迅速成长。非政府组织已被列为与"企业—市场体系"和"政府—国家体系"并列的第三体系，即"非政府组织体系"。正如全球非政府组织研究的权威学者莱斯特 · M. 萨拉蒙教授所说："我们是置身于一场全球性的社团革命之中，历史将证明这场革命对 20 世纪后期世界的重要性丝毫不亚于民族国家的兴起对于 19 世纪后期的世界的重要性。"① 据调查，美国非政府组织总数超过 200 万个，经费总数超过 5 000 亿美元，工作人员超过 900 万人。如此庞大和活跃的非政府机构（NGO），是与美国"大社会，小政府"的制度结构相配套的。

NGO 在中国有三种：一种是自上而下的产生的 GONGO（政府组织的 NGO），具有较长的历史和"半官方"的特色，它们是政府主办的或者由政府派出人员担任主要职务的非政府组织，例如青少年发展基金会（见图 1）。这些 GONGO 经常是有正式注册的组织，有着明确的行政等级，志愿者也主要依靠行政的动员方式来参与，带有鲜明的政府性质；但同时也为志愿者的参与提供了正式和合法的渠道。另一种多由民间人士自发成立的草根 NGO，它们多由民间人士自下而上发起，直接从事公益服务或者组织社区行动。这些草根 NGO 缺少正式的组织，人员经常流动，但是却能相对自治，并且参与者有较强的志愿参精神。② 第三种是国际性的 NGO，世界上最重要的 NGO 很难在中国开展活动。因为中国政府对社团甚至整个非营利部门，依然采取控制型而不是发展型的监管策略③，所以中国的社团并不发达，发展也很艰难。据悉，目前全国稍具知名度的民间自发公益类 NGO 大约在 300 家。

2. 非政府组织为例越来越重要?

现在在世界上的每一个地方都形成了对非政府组织的普遍认识，但是在最初非政府组织的发展并不一帆风顺，甚至受到政治、社会权威的限制，后来随着政府自身的职能失效以及求助经济自由化的相继失败，非政府组织的作用和地位才日渐得到认可，并不断发展壮大起来。萨拉蒙教授将非政府组织广泛兴起的原因大致归为三类，一是国家形成前人们自愿集结的传统，二是政府作为公共物品提供者的内在局限，三是市场缺陷。

（1）自愿集结的传统。所谓自愿集结其实就是结社自由。结社，是指人们为了某种共同的目的组成一定社会组织的行为。当人类社会结束自然状态的时候，个体因无法进行有效的自我保护，于是就把自己的权力让渡出去结成团体，这样的团体就是非政府组织。非政府组织在出现后的很长一段时间内都被认为是违法的，直到 1864 年法令赋予了人们自由结社

① 转引自 http：//wiki. mbalib. com/wiki/NGO%E7%BB%84%E7%BB%87 [EB/OL].

② 朱健刚．草根 NGO 与中国公民社会的成长 [J]．开放时代，2004（6）.

③ 顾昕，王旭．从国家主义到法团主义：中国市场转型过程国家与专业团体关系的演变 [J]．社会学研究，2005（2）：155-175.

图1 青少年发展基金会发起志愿者活动

的权力，非政府组织才成为合法的存在。卢梭主义就主张压制所有企图在政府和公民之间寻求桥梁作用的中介。卢梭认为，国家之内不能形成各种派别和小集团，因为小集团充分讨论后所形成的只能是个别意志的综合——众意，会阻碍公民之间的充分讨论所形成的公意。

法国著名思想家贡斯当率先对卢梭以公意为由反对结社自由的理论提出批评，贡斯当认为卢梭要求社会所有个体将权力完全让渡给共同体是错误的，因为这样容易形成少数人对多数人的暴政。法国政治家阿历克西·德·托克维尔在其代表作《论美国的民主》中指出结社自由是天赋人权，制度、法律对权力的制约并不足以防止“多数的暴政”，并提出了“以社会制约权力”的市民社会观：人们依据自己的利益和兴趣组成的各种社会团体，是对政府过度侵占个人权利的一种抗衡，社会团体并不是一定要时刻站在政府的对立面，而是要制约权力的过度使用。英国思想家洛克甚至认为自由社团先于国家存在，自由结社的权利是人的自然权利的一部分，国家就是一个人们自愿结合而成立的、正式的、具有固定组织形式的社团①。

（2）政府失灵。非政府组织之所以吸引了国际社会上越来越多的注意力，大部分是因为全球性“国家危机”的扩展。20世纪50年代在西欧和北美兴起的福利国家制度涉足社会生活的各个领域，如比利时、芬兰等国采取的政府社会福利体系就建立在全民覆盖的基础上。在初期，这种由政府出面提供全面社会服务的做法取到较好效果。

进入20世纪80年代，福利国家越来越暴露出种种缺陷：日益庞大的福利开支加重了政府和公众的经济负担，政府对提供全民覆盖的社会服务越来越力不从心，缩减福利开支后使得民众越发对公共福利服务不满；完善的社会保障体系造成公民对政府的过度依赖，私人投资领域萎缩，公民的社会参与意识和经济活动能力持续降低②；政府机构本身的庞大、官僚等弊端使得政府难以提供方方面面的社会服务，大规模的运作既难以满足公民日益多元化的社会需求，又造成了国家资源的过度浪费。政府失灵在全球各个角落延续着，正如萨拉蒙所说，“发达资本主义国家的福利国家的危机，转型国家的国家社会主义的危机，第三世界国

① 王建芹，等．从自愿到自由——近现代社团组织的发展演进［M］．北京：群言出版社，2007：14.

② 刘桂云．第三部门兴起的社会分析［J］．石家庄铁道学院学报，2009（2）：65-69.

家的发展模式的危机都有一个共同点，即对政府主导社会事务的能力和意愿产生怀疑”①。

(3) 市场失灵。第三种促成非政府组织在全球范围内持续发展的原因，来自对曾经指导全球经济政策20多年的“新自由主义共识”的不断疑问。“新自由主义共识”的基本观点是，在当前无论发达社会还是发展中社会所面临的问题，都可以简单地通过释放和鼓励私有市场的方法得到最有效率的解决。其基本内容包括：每个人都是理性经济人的假设，市场处于完全自由竞争的状态；倡导个人主义，认为个人在经济活动中首先是利己的，其次才有利他动机和行为；提倡自由放任的市场经济；崇拜“看不见的手”的力量，认为自由选择是经济和政治活动的基本原则；反对国家干预经济等。

然而随着自由资本主义向垄断资本主义的发展，市场固有的一系列弊端如失业、贫富分化、周期性的经济危机等日益明显。“新自由主义共识”受到越来越多的抨击，正如世界银行首席经济学家约瑟夫·斯蒂里茨（Joseph Stiglitz）所指出的，“新自由主义共识”所倡导的观点“是不全面的，有时还会误导……不只是经济政策和人力资源决定经济成果，还有一个国家各类机构的质量也是重要的决定因素”②。

尽管结社自由理念的形成与得到广泛认同经历了限制、部分承认、承认与保护的漫长过程，甚至在很长时间里思想家们对此进行着激烈论争，但不可否认，人们依自己意愿自由结成团体在人类发展史上看来是一种必然的传统。同时，福利国家和新自由主义在社会服务领域相继遭遇失败，使非政府组织以其独立与政府和市场之外的特殊地位，以及较小规模、与公民的联系性、运作的灵活性、激发个人支持公共目标的能力等优势，重新被重视起来并得到极大的发展。

(4) 非政府组织兴起的理论解释。美国经济学家伯顿·韦斯布罗德（Burton A. Weisbrod）指出，政府、市场和非政府组织在满足个人对公共物品和私人物品的需求方面存在着相互替代性，正是由于政府和市场在提供公共物品方面存在局限性，才产生了对非政府组织的功能性需求。韦斯布罗德认为，个人的需求是异质性的，而政府通过政治决策过程所提供的公共物品通常只能反映中位选民（median voter）的需求，那么必然导致一部分人对公共物品的需求得到过度满足，同时另一部分人的特殊需求却得不到满足。另一方面，公共物品具有不可分割性和非排他性，即购买者无法排斥社会其他任何人同样消费该物品的“搭便车”现象，因此公共物品就无法通过市场体系即由个别消费者和生产者之间的交易来提供。

美国法律经济学家亨利·汉斯曼（Henry B. Hansmann）进一步指出，在市场中的某些领域，消费者和生产者之间存在明显的信息不对称，营利性的企业很可能利用自己在信息不对称关系中所占的优势地位谋求自己利润最大化，也就是合约失灵。而非政府组织存在“非分配约束”(nondistribution constraint）也就是其非营利性特征，使得非政府组织在提供存在信息不对称的商品和服务时，虽然有机会提高价格或以次充好但却不会这么做，因此更适合提供公共服务。

3. 非政府组织在社会结构中的位置与相互关系

非政府组织存在于人们自然形成的社会关系和国家公共权力构造的社会关系之外。根据社会构成的不同分类，非政府组织所处的社会结构可以被称为第三域、公众领域、公民社会等。第三域理论认为任何时代的社会都可以分为政治领域、经济领域和“第三领域”三个

① 转引自王绍光．多元与统一——第三部门国际比较研究［M］．杭州：浙江人民出版社，1999：419.

② ［美］莱斯特·M. 萨拉蒙，等．全球公民社会——非营利部门视界［M］．北京：社会科学文献出版社，2002：5.

领域①，同时这三个领域是相互关联又彼此独立的。美国肯塔基大学的托马斯·雅诺斯基教授突破国家与社会的二元对立格局，将社会划分为四个相互起作用的组成部分，即国家领域、私人领域、市场领域和公众领域。政府活跃于国家政治领域，企业活跃于市场经济领域，而非政府组织则活跃于介于国家、市场领域与私人领域之间的公众领域，非政府组织是政治、经济力量以外协调社会运作的第三种力量。

也有的学者将非政府组织活动的领域称为公民社会。英国苏塞克斯大学发展研究所研究员戈登·怀特（Gordon White）曾对公民社会做过较具代表性的定义，戈登·怀特认为公民社会是"国家和家庭之间的一个中介性的社团领域，这一领域由同国家相分离的组织所占据，这些组织在同国家的关系上享有自主权并由社会成员自愿结合而成，以保护或增进他们的利益或价值。"② 公民社会思想认为现代公民社会在削弱权威主义政治和建立民主政体方面发挥着关键作用，因此反对国家对公民社会的过度限制和干预，也反对市场经济的过分扩张。较为激进的公民社会主张者甚至认为国家与公民社会是完全对立的，两者的权力关系是此消彼长的，而国家权力的过度扩张将是对民主和自由的最大威胁。玛格丽特·E. 凯克和凯瑟琳·辛金克认为非政府组织的出现确实会在一定程度上削弱国家主权，但是在更为广泛的领域来看，二者处于一种结构性互动之中，并且国家依然是主要的行为体。③

非政府组织对政府权力确实存在某种程度的制约，同企业之间也是相互竞争的关系，但并不是完全对立、水火不容。萨拉蒙教授在分析了非政府组织和政府各自的组织特点、运作方式、规模和制度等理论推论出，由于非政府组织在收入来源、运作方式等方面与政府存在优劣互补的关系，所以在现实中非政府组织同政府之间其实是一种互相合作的伙伴关系。

第一，非政府组织的收入结构复杂，并不完全来自捐赠等慈善事业。在考察了西欧及其他发达国家、中欧、东欧、拉丁美洲等地区 22 个国家的非政府组织之后，萨拉蒙发现大多数非政府组织的收入来源于会费和公共部门，而不是慈善事业或社会捐赠。政府公共部门对非政府组织的支付占到其收入构成的 40%，而来自个人、公司或基金会等的慈善事业支持仅占非政府组织全部收入来源的 11%。④ 因此非政府组织对政府部门存在相当的依赖性。

第二，分散于社会生活各个领域的非政府组织，由于其规模、社会资源占有等方面的缺陷，可能无法全面、有效地提供社会服务。大部分非政府组织成立的目的，都是不与政府直接接触、以非直接的方式提供政府组织无法提供的服务。而非政府组织（Non-Governmental Organization，NGO）这个名称所执著的，就是不死板、不官僚、不散漫、不同于政府组织的服务方式。但是非政府组织的这种远离政府的做法也曾受到过一些学者的批评，由于财力、人力等因素所限，非政府组织通常规模较小、组织分散，它们所提供的公共物品可能无法像政府组织那样大规模、高质量。

第三，非政府组织作为一种重要的社会经济力量，对政府和企业进行补足。萨拉蒙的研究发现，不仅在美国、德国等经济发达国家，在调查的 22 个国家中非政府组织在就业和国家支出方面都占有相当重要的比例。排除宗教团体，被调查的 22 个国家的非政府组织所构成的是一个 1.1 万亿美元的产业，而非营利性支出占到所在国国内生产总值的 4.6%⑤，非政府组织提供的就业数比国家公用事业、制造业、印刷业等传统产业所提供的就业量都要

① 罗辉．第三域若干问题研究［M］．武汉：中国地质大学出版社，2006：13.

② 转引自何增科．公民社会与第三部门［M］．北京：社会科学文献出版社，2000：3.

③［美］玛格丽特·E. 凯克，凯瑟琳·辛金克．超越国界的活动家：国际政治中的倡议网络［M］．北京：北京大学出版社，2005：238.

④［美］莱斯特·M. 萨拉蒙，等．全球公民社会——非营利部门视界［M］．北京：社会科学文献出版社，2002：28.

⑤［美］莱斯特·M. 萨拉蒙，等．全球公民社会——非营利部门视界［M］．北京：社会科学文献出版社，2002：9-10.

大。

加拿大学者伊恩·斯迈利（Ian Smillie）与英国学者约翰·黑利（John Hailey）在对南亚9个非政府组织的架构和管理进行研究后发现，在不同的时期，非政府组织同政府的关系有着戏剧性的转变，甚至可以从绝对的、刻意的避免接触发展到"婚姻般"的紧密关系。①虽然非政府组织同政府之间的关系仍然处于不断发展和变化之中，是否会发展到过分亲密的关系仍未可知，但是一点可以确定的是，二者的关系有可以进行合作的空间。

4. 非政府组织的国际活动方式

组织目标具有国际性的非政府组织都可以称为国际非政府组织（International Non-Governmental Organization，INGO），但在联合国和其他多边机构的官方文件中，国际非政府组织都很少被提及，普遍使用的仍然是非政府组织一词，因此本文仍将国际非政府组织称做非政府组织。国际领域的非政府组织相比于国内非政府组织，具有较强的能动性和网络化特征。能动性即更为积极地参与国际事务与传播，网络化指的是非政府组织的机构覆盖以及活动形式的网络性。

非政府组织在国际领域的活动虽然多种多样，总体上仍可以分为两个层面，一个是操作性层面，一个是传播层面。

非政府组织在操作性层面所实施的活动通常包括赈灾、组织紧急救援、教育活动和从事对发展中国家的发展项目等。进入20世纪尤其是21世纪后，世界各地自然及人为灾害频发，无论是面对地震、海啸等自然灾害还是地区冲突、战争等人为灾难，非政府组织凭借丰富的组织资源和完善的救助制度都可以在第一时间提供高效、有力的支持与服务。同时，非政府组织是发达国家对发展中国家援助的主要承接者，是发达国家和发展中国家对话的中介。在我国汶川地震中，国际非政府组织世界宣明会（World Vision）、无国界医生（Doctors Without Borders）、世界自然基金会（World Wide Fund for Nature）等都及时投入赈灾活动中，捐赠赈灾物品、参与救援、提供灾后心理辅导等。从1989年到2007年，世界宣明会在中国的发展项目共投资12.748万美元，折合人民币10.3275亿元。② 乐施会（Oxfam International）在汶川地震中也给予了灾民积极有效的帮助。③

除了操作层面的功能外，非政府组织还具有传播层面的功能，即为了提倡和促进某种道德观念或事业而进行的国际传播活动。相对于操作层面的功能来说，非政府组织的传播功能显得更为抽象。传播的对象，通常是国际领域拥有一定权利与义务的政策制定单位，如国家政府、跨国公司等国际组织，也包括世界各地的公众。非政府组织通常谋求提出某种明确的政策目标或议程，并试图通过自己的劝服、交往等活动使目标行为体最终改变现有的一些政策，有时这种说服显得有些对抗性的成分。非政府组织通常直接要求目标行为体停止继续从事某事，或敦促目标行为体转向曾经忽视或逃避的一些问题。例如2009年6月23日，绿色和平组织成员将大量的煤炭倾倒在法国生态部门建筑楼前，要求政府停止在其西北部瑟堡港兴建煤炭码头的计划，通过媒体报道绿色和平组织的此次行为得到群众的广泛声援。

三、案例分析：绿色和平组织的国际传播方式

美国密执安大学教授卡尔·韦克在其著作《组织的社会心理学》和《组织中的理解》

---

① ［加］伊恩·斯迈利，［美］约翰·黑利．NGO领导、策略与管理：理论与操作［M］．北京：社会科学文献出版社，2005：33.

② 郭虹，等．NGO参与汶川地震过渡安置研究［M］．北京：北京大学出版社，2009：169.

③ 王名．汶川公民行动报告——紧急救援中的NGO［M］．北京：社会科学文献出版社，2009：55.

中阐述了组织行为的相关理论，卡尔·韦克认为，组织过程是“在既定的环境中，通过源于有条件地相关的过程的连锁行为来消除歧义”①。组织传播是组织重要的行为之一，那么组织传播就可以定义为在既定环境中，通过源于有条件地相关过程的连锁行为来消除歧义的过程。事实上，非政府组织的国际传播简单地说就是一个通过传播消除非政府组织与目标行为体、公众之间的认知歧义的过程。

活跃于国际社会生活各个领域的非政府组织很多，根据萨拉蒙教授等提出的非营利组织国际分类体系（the International Classification of Nonprofit Organization，ICNPO）分类法，世界上的非政府组织可以分为12大类，即：文化和娱乐类、教育和研究类、健康类、社会服务类、环境类、发展和住宅类、法律、倡议与政党类、慈善与志愿工作宣传类、宗教类、企业学会和专业协会类。其中最为活跃的当属人权非政府组织和环境非政府组织，本文选择环境非政府组织作为研究对象，选取绿色和平组织进行案例分析，试图找出非政府组织在国际传播领域的一般活动方式。

1. 绿色和平组织简介

绿色和平组织（Greenpeace）是诞生于1971年的一个国际环境非政府组织，总部位于荷兰的阿姆斯特丹。绿色和平组织引发了全球最大规模的环境保护运动——绿色和平运动，其创始人Jim Bohlen、Paul Cote和Irving Stowe通过亲历现场“见证”非人道、不公平的环境破坏事件，来唤起世人对生态环境的重视。绿色和平组织以“非暴力的直接行动”闻名于世，其使命是“保护地球、环境及其各种生物的安全及持续发展，并以行动作出积极的改变”，目前在全球40多个国家和地区设有分部，拥有超过280万名支持者，活动领域主要为核领域、气候变化、化学污染物防治，以及保护森林、海洋环境和物种多样性等。

事实上环境保护有着相当悠久的活动历史，早在19世纪末、20世纪初博物学家就曾联合起来制定早期的候鸟保护公约。② 虽然致力于国际环境保护问题的政府间组织越来越多，如1946年成立的联合国教科文组织（United Nations Educational，Scientific and Cultural Organization，UNESCO），以及1972年成立的联合国环境规划署（United Nations Environmental Program，UNEP）等，但是这些政府间组织在职能上相互重叠，并且由政府间组织所制定的协议公约等具有较弱的约束力，难以有效制止污染环境、破坏环境的行为。成立于1946年的国际捕鲸委员会（International Whaling Commission，IWC），其宗旨和任务是制定保护太平洋鲸鱼的措施，然而国际捕鲸委员会制定的协定、公约等根本不具约束力，如其规定任何成员国只要提前90天发表公告就可以回避国际捕鲸委员会的规定，那么保护鲸鱼的措施只能是一纸空文。20世纪七八十年代以来人们所面临的日益严峻的生态环境危机，以及传统的政府间组织在遏制环境危机、解决环境问题上的失败，共同促成了环境非政府组织大规模的兴起与发展。不仅从事环境保护的非政府组织的数量越来越多，其规模也越来越大，从1985年到1990年，绿色和平组织的成员数就从140万人猛增到675万人。每个非政府组织又覆盖着大量非正式的协会、组织、团体等，形成庞大的活动网络，例如印度的12 000个环境非政府组织就拥有着几十万个地方团体。③

绿色和平组织的国际传播通常是为了改变某个目标行为体的行为或态度，这些目标行为体包括破坏环境的跨国企业、监督不力的国家政府以及政府间组织等，具体传播过程依靠大

① 转引自［美］凯瑟琳·米勒．组织传播［M］．北京：华夏出版社，2000：70.

② ［美］玛格丽特·E. 凯克，凯瑟琳·辛金克．超越国界的活动家：国际政治中的倡议网络［M］．北京：北京大学出版社，2005：136.

③ 刘贞晔．国际政治领域中的非政府组织：一种互动关系的分析［M］．天津：天津人民出版社，2005：232.

众媒介进行，通过大众媒介的广泛报道将全球公众纳入自己的支持者阵营，最终对目标行为体造成强大的舆论压力。为了改变目标行为体已经形成的态度认知或行为、使自己所推崇的价值理念或观点深入人心，针对不同的目标行为体，绿色和平组织在国际领域的传播通常有直接和间接两种方式。

2. 绿色和平组织的直接传播

通常来说，绿色和平组织会首先采用直接传播的方式，即直接针对目标行为体进行一对一的沟通与交流。直接传播有两种方式，一是直接进行沟通与交流，二是“非暴力的直接行动”。

开始时这种交流与说服的方式较为温和。在每次针对某个企业或组织进行传播前，绿色和平组织都通过常规渠道来建议、要求目标行为体停止某项行为或改变某种态度，包括同目标行为体高层之间进行平等友好的对话、寄送邮件、发表声明等，有时措辞可能略显激烈。在说服雀巢停止向金光集团购进棕榈油的活动中，绿色和平组织多次同雀巢进行沟通，要求雀巢公司兑现自己的承诺：雀巢公司必须立即展开行动，立即停止与金光集团的业务往来，支持全面停止毁林。此外，绿色和平组织还以《雀巢必须立即停止从破坏原始森林和泥炭地的供应商购买棕榈油》为题向雀巢 CEO 寄送信件来达到劝服效果。

若温和的交流与劝服没有生效，绿色和平组织通常会采取一些较为激烈的做法，即“非暴力的直接行动”：亲历现场、见证正在发生的不良行为，与目标行为体形成直接的冲突与对抗。绿色和平组织是“非暴力直接行动”的代表，受贵格会（Quaker，基督教信教的一个派别）驾船驶往事发现场的启发，绿色和平组织的创始人 Jim Bohlen、Paul Cote 和 Irving Stowe 成立了一个名为“别兴风作浪委员会”的组织，组织目标即驾船驶入核试验现场、阻止核爆炸的发生。这个组织就是绿色和平组织的前身。1971 年 9 月 15 日，绿色和平组织租用渔船“Phyllis Cormack”号驶往美国进行核试验的安奇卡岛（Amchitka Island）。尽管由于美国海岸警卫队的阻挠和气候恶劣问题绿色和平组织两次都未能真正到达安奇卡岛，但这种非暴力的直接行动还是给美国政府施加了很大的压力，在承诺推迟核试验后，美国总统尼克松在次年宣布取消核试验计划。最终，安奇卡岛重又变成鸟类理想的栖息地。“非暴力的直接行动”的传统得到了绿色和平组织成员的继承与发展，1983 年绿色和平组织总干事 Gerd Leipold 与同伴驾驶热气球从西柏林飞入东柏林，并在飞跃柏林墙的刹那对民主德国士兵喊着“别害怕，我们没有带枪”①；“冷战”期间，绿色和平组织成员闯入前苏联非法捕杀鲸鱼的加工厂，而在当时，未经允许进入前苏联将被判三年牢狱之灾；1990 年，绿色和平组织驾驶由拖捞船改装的新彩虹勇士号前往太平洋，解救被日本流网（一种捕鱼技术，将所有闯入网中海洋生物一网打尽，生态学家戏称为“死亡之墙”）捕捞船捕获的长鳍金枪鱼和鲨鱼等；2008 年，两位绿色和平组织成员闯入日本青森县一家运输公司的仓库，并将其中一包 23 公斤重的鲸鱼肉展示给日本当局，以抗议日本政府以“科学研究”为名进行商业捕鲸……

直接沟通、亲历现场的直接传播方式虽然具有一定的效果，甚至有时候绿色和平组织“非暴力的直接行动”是冒着违法的危险进行的，但是多数时候目标行为体依旧不为所动、我行我素。

3. 绿色和平组织的间接传播

当直接针对目标行为体的诉求得不到应有的传播效果的时候，绿色和平组织会转而将公

---

① 唐建光，黄卫.“别害怕，我们没有带枪”：专访绿色和平组织全球总干事葛德［J］. 中国新闻周刊，2005（10）：38.

众、其他相关目标行为体作为诉求对象，即通过公众形成的强大舆论压力和其他相关目标行为体构成的直接压力，迫使目标行为体改变行为或态度。直接传播的对象是目标行为体本身，而间接传播的对象则是全球公众和其他各种组织。绿色和平组织的间接传播方式有信息传播和杠杆传播两种，其中信息传播通过影响公众对目标行为体的认知框架来发挥作用，杠杆传播则是通过更加强势的第三方作用从而使目标行为体改变态度和行为。

（1）信息传播。公众对目标行为体破坏环境的行为知之甚少，大众媒介、政府组织等也没有对相关信息进行及时披露，于是绿色和平组织成为公众了解相关事件的唯一信息来源。通过充当补充的信息来源，绿色和平组织可以获得多数公众的认可与支持，从而对目标行为体形成一定程度的舆论压力，进而使目标行为体接受绿色和平组织的观念并改变曾经所坚持的行为和立场。信息传播包括披露目标行为体不为人们所知的行为、做法，这些行为或者是违背了道德、职业伦理、人类共同价值，或者是违背了目标行为体之前所做的承诺。

披露目标行为体违背共同价值的不良行为信息。问题领域的信息通常较为分散，为了将目标行为体的行为公之于众，绿色和平组织通常要深入调查和搜集相关信息，及时了解事态进展，并通过大众媒体、国际资源等将相关信息广为传播出去，使得在地理上和社会上"处于偏远地带的公众能够理解和利用这种信息"①。绿色和平组织一向是优秀的信息传播者，在其成立之初针对美国进行核试验的劝服过程中，绿色和平组织就向全球的新闻媒体发出多份报道。1985 年，绿色和平组织启动保卫南极洲的活动，活动目的之一就是监测各国在南极洲所建基地的污染情况，如美国的 McMurdo 和新西兰的 Scott 基地，并将这些情况及时地公布出去。2004 年 11 月，经过数次实地调查后，绿色和平组织发布了《金光集团 APP 云南圈地毁林事件调查报告》，揭露世界最大的纸浆和纸张生产公司之一——印度尼西亚金光集团 APP（Asia Pulp & Paper，APP，亚洲纸浆业有限公司）——其实是最臭名昭著的毁林者之一。报告中指出，印度尼西亚大片的原始雨林被毁坏殆尽，中国云南 2 750 万亩林地被金光集团 APP 圈定为浆纸林基地，其中只有 20% 林地是荒山，其余均为天然林地，金光集团 APP 违反了《森林法》的相关规定。2009 年 5 月，绿色和平组织发布《金光集团毁林与碳排放的最新调查发现》，指出金光集团在印度尼西亚廖内省经营的油棕和林浆纸种植园每年都产生 1.13 亿吨的二氧化碳，廖内省大约 45 万公顷的原始森林被砍伐以支持金光集团 APP 在当地的纸浆厂。通过曝光目标行为体的行为，绿色和平组织将目标行为体——进行核试验的美国政府、破坏南极洲环境的合约国政府、毁坏森林的印度尼西亚金光集团 APP 等——置于公众的质疑、谴责和抗议声中，从而使目标行为体迫于公众压力而改变立场。

揭露目标行为体违背之前承诺的信息。迫于绿色和平组织以及公众压力，目标行为体通常会公开改变在某些问题上的立场，借以分散绿色和平组织和公众的注意力。然而，这些公开承诺的立场改变通常未必持久有效，因此，绿色和平组织需要持续监督与调查目标行为体的行为，检验其是否同之前的言论相一致。如果目标行为体不能履行承诺，绿色和平组织就可以根据自己所掌握的信息揭露目标行为体的言论与行为之间所存在的差距，使得目标行为体为保持公众形象而坚持履行承诺。印度尼西亚金光集团 APP 在强大的事实证据与公众舆论的压力下，于 2004 年 10 月曾做出公开声明，称将暂停采伐苏门答腊岛的高保护价值森林（High Conservation Value Forests，HCVF），还苏门答腊虎和众多珍贵野生动物一个栖息地，但不久就被证实并未履行承诺。2005 年 5 月，绿色和平组织发布《金光集团 APP 海南项目调查报告》，揭露金光集团毁坏天然林和无证采伐的现象，金光集团 APP 公开表示将遵守相关法律和政策，但后来被证实并未履行承诺。绿色和平组织对目标行为体的这种言行不一进行着持续的调查与揭露，使目标行为体无法回避公众的监督与批评，为了挽回和保持良好的

① ［美］玛格丽特 · E. 凯克，凯瑟琳 · 辛金克．超越国界的活动家：国际政治中的倡议网络［M］．北京：北京大学出版社，2005：21.

信誉和形象，目标行为体将不得不对自己公开发表的声明、承诺等负责。

（2）杠杆传播。当针对目标行为体的直接传播遭遇阻碍，绿色和平组织还可以转向其他组织，通过寻求更加强势或者与目标行为体利益相关的第三方组织的支持，最终使目标行为体迫于其他组织的压力而停止某种行为或改变某个立场。这种传播过程像物理学中的杠杆原理一样，绿色和平组织作为力量相对薄弱的一方，如何“撬动”强大的目标行为体，所需要做的就是寻找一个可以安放杠杆的“支点”，而这个支点就是所要寻求的第三方组织。绿色和平组织的这种迂回传播方式被玛格丽特·E. 凯克和凯瑟琳·辛金克定义为“回飞镖模式”，当组织对目标行为体的直接传播无法生效，或直接传播渠道被阻塞的时候，传播的“回飞镖模式”就会启动（见图2）。

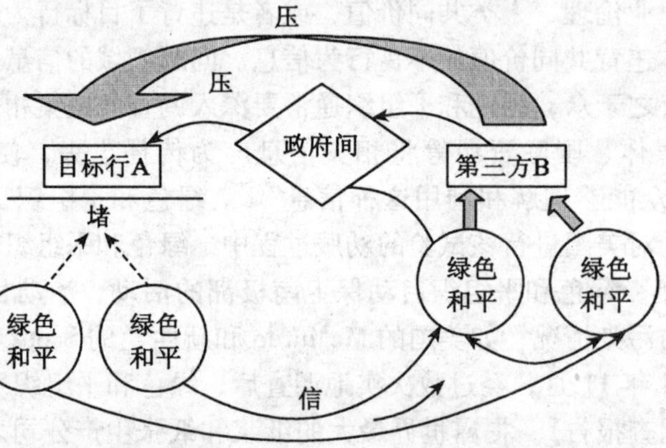

图2　绿色和平组织间接传播的“回飞镖模式”①

如图2所示，绿色和平组织劝服目标行为体A的途径被阻塞，于是转而求助于第三方组织B，通过第三方组织B对目标行为体间接施加压力，最终起到劝服目标行为体A的效果。第三方组织施加给目标行为体的压力主要来自物质和道德两个方面，玛格丽特·E. 凯克和凯瑟琳·辛金克称其为物质杠杆和道德杠杆。物质杠杆是指将绿色和平组织所诉求的事件同目标行为体的明显利益关联起来，如果目标行为体拒绝停止某行为，则由第三方组织出面停止与目标行为体的利益关系。道德杠杆部分程度可以等同于“耻辱运动”（mobilization of shame），即将目标行为体的行为暴露于国际监督之下，使目标行为体为了维护自己的良好形象和信誉而改变立场或行为。“回飞镖模式”在人权非政府组织的活动中有所体现，在绿色和平组织的传播过程中体现地更为明显。

保护森林一直是绿色和平组织活动的重要领域，在劝服非法伐木的木材供应商收效甚微的情况下，绿色和平组织将目光转向木材购买商——家居建材零售企业。2006年绿色和平组织在中国实施“负责任采购政策”（Responsible Purchasing Policy，RPP）项目，目的在于一方面帮助“负责人采购”的企业提高行业竞争力，另一方面对依然坚持购买“非法木材”的企业施加压力。2008年10月，首期“DIY负责任采购政策排行榜”在中国发布，绿色和平组织依据相关标准，结合问卷调查和现场调查的方式，对中国国内家居建材零售企业进行打分，拥有完整“负责人采购政策”（RPP）并有力执行的百安居被评分为A+，而好美家由于自始至终都未对RPP政策做出任何回应得到了D的最差评分。在这里存在两层含义的杠杆传播：木材供应商是目标行为体A，家居建材零售企业是第三方组织B，通过说服家居建材零售企业拒绝购进“非法木材”来对木材供应商施加压力；家居建材零售企业中未对

① 修改自［美］玛格丽特·E. 凯克，凯瑟琳·辛金克. 超越国界的活动家：国际政治中的倡议网络［M］. 北京：北京大学出版社，2005：14.

"负责任采购政策"(RPP) 积极回应，同时继续购进"非法木材"的企业是目标行为体 A，建立并实施"负责任采购政策"(RPP) 的企业是第三方组织 B，通过 RPP 阵营的不断强大形成对"不负责任采购"企业的强大舆论压力。

20 世纪 90 年代末，绿色和平组织在巴西亚马逊州首府玛瑙斯市建立办公室，开始揭露伐木公司和农场主非法砍伐亚马逊热带雨林的种种劣迹。伐木公司和农场主等认为开垦森林比保护森林更有价值，巴西的农产品交易商如大豆交易商等也不拒绝从开垦的森林土地上产出的农产品，基于此，绿色和平组织只好转为劝服麦当劳等企业停止同这些非法伐木公司以及农产品交易商的合作。绿色和平组织发布《吃掉亚马逊》的报告，指出麦当劳用来养鸡的饲料中含有巴西伐木公司在毁坏的林地上种植的大豆产品，要求麦当劳停止购进这样的饲料。麦当劳接受了绿色和平组织的请求，并同其他食品生产商、超市、快餐企业等结成联盟，共同呼吁保护亚马逊的热带雨林。在企业联盟强大的压力下，2006 年 7 月，巴西各主要的大豆交易商纷纷宣布暂停销售或购买从亚马逊新开垦的森林土地上产出的大豆。经过将近十年的不懈努力，绿色和平组织终于取得保护亚马逊热带雨林活动历史性成功：全球最大的四家大豆生产企业接纳绿色和平组织的建议，暂停在亚马逊的被毁林地种植大豆。

亚马逊热带雨林的另一个破坏者是巴西牧牛业，每 2 秒钟就有 1 000 平方米的亚马逊热带雨林毁于巴西牧牛业。2009 年 6 月，绿色和平组织发布报告《被"屠宰"的亚马逊》，指出亚马逊地区的屠宰场将牛皮运至巴西南部的皮革加工厂，再转而出口成为耐克（Nike)、阿迪达斯（Adidas）等世界顶级品牌的产品制作原料。2009 年 7 月 22 日，耐克公司接受绿色和平组织的说服，表示确保耐克品牌的鞋子不使用破坏亚马逊森林的皮革。

在呼吁保护亚马逊热带雨林以及其他自然生态环境的传播活动中，绿色和平组织往往借施加压力给强大的第三方组织（如大型跨国企业麦当劳、耐克等)，使其停止同直接破坏自然环境的目标行为体（如伐木企业、毁林企业等）之间的利益合作关系，最终起到劝服目标行为体停止破坏行为的目的。在杠杆传播的过程中，物质杠杆和道德杠杆是结合使用的，并且一个传播过程中有多个杠杆传播发挥作用，如同样处于第三方组织却不接受非政府组织劝服的组织，其身份既是下一级杠杆中的第三方组织 B，又是上一级杠杆中的目标行为体 A，角色多重。

四、绿色和平组织环保议题的媒体策略

在国际传播过程中绿色和平组织通常并不处于强势地位，要取得传播过程的主动权，除了求助于强大的第三方组织外，绿色和平组织还必须将自己的信息和理念优势发挥到极致。传播的过程其实就是劝服（persuasion）和交往（socialization）的过程，在此过程中不仅要及时、广泛地将自己所掌握的信息发布出去，更重要的是选择信息发布的形式以影响公众对目标行为体或问题事件的认知框架，使公众形成有利于绿色和平组织所诉求事件的认知。绿色和平组织的信息传播主要依靠大众媒介实现，通过吸引大众媒介对绿色和平组织的信息进行报道，从而实现对全球公众认知框架的普遍影响。

1. 大众媒介对社会认知框架的影响

社会认知是社会心理学非常重要的研究领域，主要是指人们对周围的社会和世界形成认识和了解的过程，这种认知包括对他人、组织、社会事件、各种问题和现象等。社会认知过程涉及人们对社会环境中信息的获取，对信息的加工整理，以及依据这些加工过的信息进行判断、推测等方面。一般来说，社会认知可以分为三个过程，第一，对有关对象、事件形成初步的印象和感性认识；第二，以初步印象为基础对认知的对象、事件做出判断和评价；第三，进而推测认知对象的行为或者对其行为做出解释。

认知是人们对自己所处的环境以及所接触到的事件进行认识和了解的过程，人们的认知只有极少部分来自社会现实，其余绝大多数的认知依靠大众媒介的报道和框架实现，“在生存世界的裂缝中，为了获取概念、英雄人物的形象、信息、情感诉求、公共价值的认同以及通常的符号，甚至语言，人们发现自己已经越来越多地依赖于大众媒介”。① 大众媒介并不是像镜子一样完全地反映社会现实，而是通过文字、语言、图像等手段建构和影响人们的认知与想象，通过对特定信息的筛选、删除、反复强调等处理方式来发挥自己的影响和作用。媒介框架（media frame）影响着人们对客观世界认知框架的形成。媒介框架使大众媒介将海量的信息进行识别、纳入认知类别，再通过各种形式的包装呈现给受众。

2. 绿色和平组织构建环保议题的媒介策略

认知框架也就是社会心理学所称的“图式”(schema)，即围绕某个特定的认知主题而形成的认知结构，也即公众对特定主题、事件等所形成的认识与了解。图式有助于人们对各种社会认知信息的组织和加工，在形式上表现为有关某一特定认知对象的有组织的知识和概念。② 图式通常包含认知对象的各种属性、特征以及相互之间的关联，包含以知识、经验形式组成的对认知对象的判断和推理。

构建认知框架是绿色和平组织国际传播的重要策略，戈夫曼（Goffman）称这种认知构建为“框架整合”(frame alignment)，因为框架可以影响人们在认知过程中对信息的组织和加工，“通过赋予事件或发生的情况一定的意义，框架起到了对个人和集体行动总结经验和指导行动的作用”。③ 无论是直接传播还是间接传播的方式，绿色和平组织的国际传播过程中都包含认知框架的构建过程。绿色和平组织在影响公众前，首先要通过大众媒介将其信息传播出去，使相关信息进入公众视野，然后这些信息才能被公众处理和接受。然而媒体总是相对保守的（无论是在美国还是在中国），一般来说，媒体倾向于采纳官方意见等信息来源，而对与非政府组织相关的新闻媒体往往会视而不见、轻描淡写甚至歪曲报道。④ 舆论一般是跟着媒体走的，也就是说能够直接影响公众认知框架的最重要力量就是大众媒介，所以绿色和平组织在国际传播过程中首先要做的就是吸引大众媒介的注意与筛选，也就是获得媒介接近使用权（the right of access to the media）。所谓媒介接近使用权，是指个体可以无条件地或在一定条件下，要求媒体提供时间（如广播、电视等）或空间（如报纸版面等）允许个体免费或付费使用，借以表达其意见和观点的权利。⑤

（1）投其所好制造新闻事件。绿色和平组织很早就意识到借助大众媒介的力量来扩大自己的传播和劝服效果，然而大众媒介的信息筛选有其自己的特定规律，除了基本的真实性、及时性等基本特征外，大众媒介显然更加偏爱冲突的、戏剧性的新闻类型。新闻报道本身需要的是事件，事件建构出意义，然后大众媒介才有可能将大量的相关信息组成文章。

汉森（Hansen）在对1986年到1991年间英国媒体涉及绿色和平组织的报道做内容分析时发现，绿色和平组织获取媒介接近使用权的方式与官方消息来源不同——官方消息来源获得媒介近用权主要依靠其权威性，绿色和平组织倾向于利用生动的视觉影像来吸引大众媒介的注意。⑥ 因此为了吸引媒体的注意，绿色和平组织有意识地制造了一些具有象征意义的媒介事件，即利用夸张的、艺术的、讽刺的行为造成强烈的视觉冲突或戏剧效果，而这些行为

① ［美］托德·吉特林．新左派运动的媒介镜像［M］．北京：华夏出版社，2007：9.

② 周晓虹．社会心理学［M］．北京：高等教育出版社，2008：105.

③ 转引自［美］玛格丽特·E. 凯克，凯瑟琳·辛金克．超越国界的活动家：国际政治中的倡议网络［M］．北京：北京大学出版社，2005：19.

④ 赵鼎新．社会与政治运动讲义［M］．北京：社会科学文献出版社，2006：44.

⑤ 林子仪．论接近使用媒体权［J］．新闻学研究，1991（45）：2.

⑥ ［澳］西蒙·科特．新闻、公共关系与权力［M］．上海：复旦大学出版社，2007：165.

通常也更容易吸引公众的注意。

2004年1月17日，绿色和平组织1 500名成员在美国西部加利福尼亚州南部的海滩上，以人体排出西班牙艺术大师毕加索的作品“Amnistia”的图样。2005年9月13日，绿色和平组织成员为推进墨西哥的环境保护政策、呼吁提升政府环境保护预算，在墨西哥财政部大楼前摆放仿制的抽水马桶，绿色和平组织成员西装革履、西裤退至脚边，集体蹲坐在抽水马桶上，以说服政府“不要将环保政策扔在马桶中”。2005年12月13日，德国柏林几名绿色和平组织男性成员在德国总理府前裸体站立，仅以一块写着“化学制品每天都在损害我的精子”的树叶状的硬片遮羞，以呼吁政府关注日益严重的化学物品污染。2007年5月21日，绿色和平组织的成员在土耳其拉腊山上2 500米高的地方建造了一艘诺亚方舟，方舟长10米、宽4米、高4米，以呼吁人们关注环境保护问题。2007年8月1日，绿色和平组织成员在墨西哥某海滩上竖立起一个巨型白色充气马桶，上面写着“立即清理海滩”的字样，说服政府应关注垃圾和废水对沙滩和海洋的污染。2010年3月18日，绿色和平组织成员在雀巢北京大中华区总部门前装扮成红猩猩的样子，要求雀巢公司立即停止从金光集团购买棕榈油，因为金光集团的棕榈油生产严重毁坏了红猩猩赖以生存的印度尼西亚热带雨林。

无论是用人体摆成的图画、字样，装扮成濒临灭绝的珍稀动物，还是夸张，甚至匪夷所思的道具等，都和绿色和平组织所诉求的事件之间形成了一种象征关系。这些具有象征意义的事件、行为，是对绿色和平组织真正诉求的环保议题极富说服力的解释，是种显而易见的象征符号。这些具有象征意义的新闻事件，一方面满足了大众媒介寻求具有戏剧性事件的新闻筛选规律，另一方面也为绿色和平组织赢得了公众的广泛注意，公众更容易理解、接受象征符号背后的深层意义，也更容易接受绿色和平组织的说服和传播。

（2）信息补贴策略。影响大众媒介对信息进行筛选的因素，除了信息本身的新闻价值属性，还包括信息发布者的公信力程度。大众媒介对非政府组织的可信度的判断，也影响着媒体如何以及何时对该非政府组织的信息予以报道。通常来说，一个组织的范围和代表性越大，它的观点就越被认为是权威的①，因此绿色和平组织在环境保护领域相对而言具有较大的可信度。为了更好地同大众媒介进行合作，绿色和平组织往往会采用信息补贴策略，或是主动充当信息来源（如绿色和平组织间接传播的信息传播方式），提供深入、翔实的新闻报道素材；或是积极为大众媒介的采访、写作提供方便。

信息补贴首先由传播学者奥斯卡·甘地提出②，即新闻制作过程的各种力量为了获得大众媒介的注意和报道，而向大众媒介提供补偿性服务的做法。甘地认为，新闻的生产过程其实是信息提供者与新闻工作者之间的一个价值交换的过程，即信息提供者的补偿性支持降低了大众媒介新闻生产所需要的成本，而大众媒介给予信息提供者相当程度的关注度与报道。绿色和平组织十分注意采用信息补贴的策略，在每一次环保议题的设定与实现过程中，绿色和平组织都为大众媒介提供诸如调查报告、图片和光盘资料、证据清单、新闻通稿以及其他新闻线索，这些“媒体包”可以在绿色和平的官方网站或其每一次举办的新闻发布会上得到。另外，绿色和平组织也积极配合相关媒体的跟进采访与报道，并主动提供与环保议题相关的联系人信息，方便媒体继续深入采访。如在框架印度尼西亚金光集团APP在中国云南毁林的议题时，绿色和平组织提供了APP、云南省政府、林业局以及当地居民等关键人物的联系方式，一方面方便了大众媒介对APP毁林事件的继续追问，另一方面也将APP、云南省政府等相关组织置于强大的舆论压力体系之中。③

---

① ［澳］西蒙·科特．新闻、公共关系与权力［M］．上海：复旦大学出版社，2007：147.

② 潘忠党．“补偿网络”：作为传播社会学研究的概念［J］．国际新闻界，1997（3）：37.

③ 曾繁旭．NGO媒体策略与空间拓展——以绿色和平建构“金光集团云南毁林”议题为个案［J］．开放时代，2006（6）：36.

通过信息补贴策略，绿色和平组织使自己对环保议题的原始框架成功成为大众媒介报道的故事框架。2010 年 3 月 18 日，绿色和平组织发布《近墨者黑：雀巢购买的棕榈油如何推动雨林、气候和红猩猩的毁灭》的报告，称雀巢公司不顾绿色和平组织的一再劝阻和抗议，坚持从金光集团 APP 购进棕榈油并用于其产品奇巧巧克力的生产，同时绿色和平组织的成员装扮成红猩猩在雀巢集团大中华总部门前予以抗议。3 月 19 日，媒体以"雀巢被指毁坏雨林'帮凶' 遭环保组织抗议"的主题对该事件进行了报道（相关新闻有 69 条），并大量援引绿色和平组织调查报告的框架与结论："绿色和平认为，雀巢公司从最大的棕榈油生产企业金光集团采购棕榈油用于奇巧巧克力的生产，而金光集团因迅速扩张油棕种植园，不断侵占热带雨林及碳储量丰富的泥炭地……绿色和平认为，雀巢公司成了威胁红猩猩以及加速气候变暖的'帮凶'……在雀巢大中华总部遭到抗议之前，雀巢在英国、德国、瑞士等地的公司均遭到环保组织的抗议。这或许将推动雀巢改善供应链或影响供应商行为"。① 虽然雀巢公司的立场在该报道中也有体现，但整体来说该新闻报道同绿色和平组织的框架建构类似。

绿色和平组织提供的故事框架之所以会被大众媒介所采用，是因为新闻工作者面对给定材料的框架一般不会"用其他更为繁琐的资料去加以驳斥或使之复杂化"。② 质疑或重构给定材料的框架就意味着不仅要从现场获取更多、更深层次的信息，还要克服由于新闻截稿日期所带来的时间压力，因此大众媒介因为省力原则会愿意接受绿色和平组织给定的信息框架。

（3）"点面结合"策略。曾繁旭在对绿色和平组织建构金光集团云南毁林议题的研究中发现，绿色和平组织有着非常细致的媒体联络和合作策略，在对目标媒体进行分类和设定后，绿色和平组织通常会选择一到两个深度报道媒体作为"点"媒体，来带动其他各类"面"媒体，即"点面结合"的方法。所谓"点"媒体，即最早介入绿色和平组织相关议题的大众媒介，通过"点"媒体的深入报道和推动，加上绿色和平组织及时召开新闻发布会向更多的媒体提供新闻稿和相关材料，完成由"点"到"面"的新闻传播过程。

2004 年，绿色和平组织在北京召开第一次新闻发布会，公布金光集团 APP 毁林调查报告，第二天绿色和平组织成员连同《南方周末》记者前往云南继续进行调查。2004 年 12 月 16 日，《南方周末》整版报道《金光集团博弈云南，亚洲最大纸浆公司圈地始末》，同时绿色和平组织在北京召开第二次新闻发布会，公布金光集团 APP 毁林的最新证据和新闻稿《APP 拒绝六项承诺，绿色和平公布最新证据》。③ 很快，多家媒体对 APP 毁林事件进行了专题报道，印度尼西亚金光集团 APP 毁坏雨林的事件得到了广泛传播并在公众中形成强大的影响与回应。在此次环保议题的建构过程中，《南方周末》充当了"点"媒体，由它带动了包括《北京青年报》、《中国日报》、《中国青年报》、东方卫视等 11 家"面"媒体对该议题的关注与报道，从而形成由"点"到"面"的扩散与传播。

除了在传统媒体方面实行"点面结合"的策略，绿色和平组织还充分利用网络的高覆盖和及时性特征进行由"点"到"面"的传播。相比传统媒体而言，网络的传播速度要快得多。为了说服雀巢公司停止向金光集团 APP 购进棕榈油，绿色和平组织制作了一个"感谢你给红猩猩轻松一刻"的视频，并将其上传至 YouTube 网站。这里 YouTube 网站就是"点"媒体，虽然后来 YouTube 网站以网络审查为由删除了绿色和平组织"轻松一刻"的视

---

① 朱小雯．雀巢被指毁坏雨林"帮凶" 遭环保组织抗议［EB/OL］．［2010-03-19］．http：//company.nbd.com.cn/newshtml/20100319/20100319014159454.html.

② ［美］托德·吉特林．新左派运动的媒介镜像［M］．北京：华夏出版社，2007：14.

③ 曾繁旭．NGO 媒体策略与空间拓展——以绿色和平建构"金光集团云南毁林"议题为个案［J］．开放时代，2006（6）：28.

频，但是网络的力量是无穷的，许多该视频的备份被迅速上传到 YouTube 网站，同时，Vimeo 网站、Youku 网站、Tudou 网站等对“轻松一刻”视频进行了转载，网民也将该视频连接于自己的网络社区、微博和博客上。绿色和平组织“轻松一刻”的视频很快实现了由“点”到“面”的传播，Vimeo、Youku、Tudou 等网站以及网民的博客等构成了该议题传播的“面”媒体，现在全世界“轻松一刻”各个版本的视频浏览量已经超过 150 万次。

（4）分类对待策略。绿色和平组织间接传播的重要对象就是公众，而大众媒介虽然是影响公众认知的最重要载体，但是不同的媒体本身有不同的受众群体，因此绿色和平组织在具体传播过程中还需要考虑对不同的媒体进行区分，进而有选择性地影响相关的受众。曾繁旭在对绿色和平组织的媒体运作人员进行访谈后发现，针对不同类型的媒体，绿色和平组织会提供不同类型的故事版本，正如某绿色和平组织成员所说，“我们会有自己的判断，在与记者沟通的时候，我们会有意识着重讲述希望这个媒体报道的故事版本，以他们最能接受的方式来讲述新闻故事。如果他们觉得有问题，我们会换一个方式跟他们说这个故事，强调故事的另外一些新闻点，让他们选择。有些时候，一个媒体不同部门的记者都来采访，我们也可能有不同的故事版本”。① 根据不同媒体的价值取向和受众群给定不同的故事版本，可以使绿色和平组织更容易得到该媒体的报道支持，即对环保议题的讲述方式越与目标媒体接近，绿色和平组织就越容易得到该媒体的接近使用权。

对于经济类报纸而言，其受众是较为高端的知识分子以及商业人士，于是绿色和平组织在提供环保议题素材的时候会着重强调建构目标行为体“不负责任企业”的形象，指出目标行为体为追求经济利益而缺乏社会责任意识。对于都市类报纸而言，其受众是普通市民、大学生等，绿色和平组织在为都市类媒体提供故事版本时注意调动普通公众的同情心与道德判断，会特别强调目标行为体违背全球环境利益与道德价值，指出目标行为体对生态环境以及当地居民的危害。而对党报类媒体而言，其喉舌意味更浓，因此绿色和平组织在对其提供信息时会注意突出目标行为体对政府政策的无视和对法律的践踏，强调目标行为体的违法行为，进而引起政府的重视。

（5）情理兼顾。加姆逊（Ganson）指出，集体行动框架有三个组成部分：不义（injustice）代理（agency）和认同（identity）。② 其中“不义”指的是用道德愤慨的形式来表达特殊的政治意识，这不仅仅是针对不平等的感知和知识分子的判断，而是基于认知心理学所指的承载着情绪的“热认知”(hot cognition)；“代理”指的是一般认为经由集体行为去改变条件或政策更为可行，因此运动的组织者往往不仅发动议题，还引导人们相信行为的可行性结果；“认同”所强调的是“我们”与“他们”的对立过程，这里的“他们”指的是与我们的利益和价值不同的“他者”，事实上，任何组织行为总有一个对立的他者存在，否则组织的行为就失去了存在的理由。李艳红博士曾撰文分析说，叙事的作用在于，由于不是通过抽象的分析和判断而获得，它往往能够通过情感化的方式来让读者获得“热认知”，在受难叙事之下，读者很容易对导致“受难”的收容遣送制度或其执行者产生愤怒，并对受难者产生同情，进而获得对现行制度存在问题和不足获得热认知。这种叙事在形塑社会意见方面具有纯粹理性分析的评论文章所无可比拟的优势。另一方面，各报通过诸种言论报道体裁所发表的大量有关言论在对社会意见的形塑过程中也扮演了重要角色。作为一种直接观点的表达，言论也是重要的意见形塑载体。不过，与新闻叙事的“热认知”相比，言论更类似于激发读者的理性认知成分，通过理性分析来传达意见，形塑读者对新闻事件的认知和

---

① 曾繁旭 . NGO 媒体策略与空间拓展——以绿色和平建构“金光集团云南毁林”议题为个案［J］. 开放时代，2006（6）：32-33.

② Gamson William. *Talking politics*［M］. New York：Cambridge University Press，1992：7.

看法。①

五、绿色和平组织环保议题的框架建构

通过媒体策略影响大众媒介对环保议题的叙述，绿色和平组织最终可以影响公众对环保议题的认知框架。社会认知是一个完整的过程，其中对信息进行判断和推理是社会认知的目的与结果，也是绿色和平组织在国际传播中试图去影响的部分。对信息进行判断和推理是社会认知的第三个过程，在此过程中，公众对所接收的信息进行编码、形成不同的意义组合，并最后形成对信息的唯一正确的理解和结论，也就是信息推理的三段论（syllogism），如图3所示②：

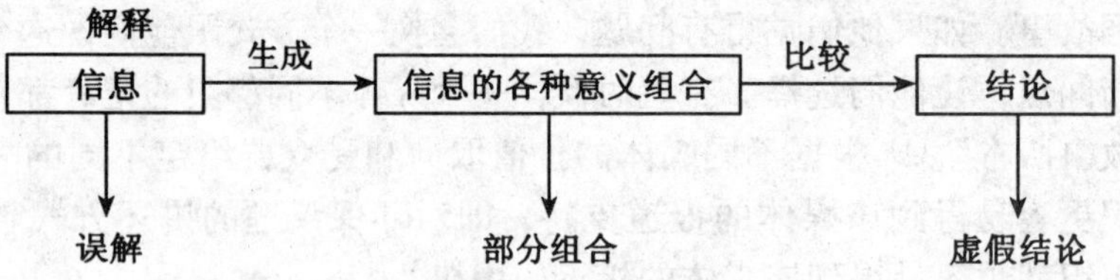

图3　信息推理的三段论

公众将各种信息进行有选择的接收与记忆，将信息所蕴含的各种意义进行组合或部分组合，通过比较各种意义组合进而得出关于认知主题的结论和判断。正如作为具有目的性传播的广告所追求的是改变信息接收者的思想和行动以利于广告主③，非政府组织的国际传播目的也在于使公众形成有利于非政府组织诉求的认知框架。绿色和平组织对环保议题的不同框架，直接影响公众对相关信息的推理与意义组合。简单地说，绿色和平组织通常会为公众建构这样的认知框架：目标行为体的行为已经危及自然环境、原住民、珍稀物种，目标行为体是破坏环境的罪魁祸首。

框架分析最早是由戈夫曼（Goffman）提出的，斯诺（Snow）和他的学生将戈夫曼的框架整合理论应用于非政府组织的活动研究中。框架（frame），即一种可以帮助人们认识、理解和标记周围所发生事物的解读范式。④ 所谓框架整合，是指非政府组织为了对公众进行有效传播，而对所传播内容的意识形态与话语体系进行重构，使其同公众的直接利益或情感紧密联系起来的过程。简单地说，框架整合就是使公众按照非政府组织所设想或期待的方式去形成对目标事件的认知框架的过程。

按照曾繁旭所引用的环境非政府组织议题框架分类，将绿色和平组织实际传播过程中的框架进行细化的话，一共有12种不同的框架建构。本文的这部分讨论将借鉴曾繁旭对环保议题的框架建构分类，以绿色和平组织《近墨者黑：雀巢购买的棕榈油如何推动雨林，气候和红猩猩的毁灭》调查报告为分析范本，从关键字分析和常用框架分析两个方面探讨绿色和平组织在国际传播过程中如何对公众的认知进行框架。

1. 样本

绿色和平组织对印度尼西亚金光集团的劝服由来已久，由于直接传播失败，绿色和平组

① 李艳红．大众传媒、社会表达与商议民主——两个个案分析［J］．开放时代，2006（6）．

② 钟毅平．社会行为研究——现代社会认知理论及实践［M］．长沙：湖南教育出版社，1999：109.

③ ［美］克利福德·G. 克里斯蒂安，等．媒体伦理学：案例与道德论据［M］．北京：华夏出版社，2000：172.

④ 赵鼎新．社会与政治运动讲义［M］．北京：社会科学文献出版社，2006：212.

织转而说服同金光集团有利益关系的第三方行为体——雀巢公司停止同金光集团的商业合作。然而雀巢公司对绿色和平的多次沟通无动于衷，因此绿色和平开始将雀巢公司作为目标行为体的国际传播。这里，雀巢公司既是第一级传播的第三方行为体，同时又是第二级传播的目标行为体。为了揭露雀巢公司间接纵容金光集团毁林的事实，绿色和平组织发布了《近墨者黑：雀巢购买的棕榈油如何推动雨林，气候和红猩猩的毁灭》的调查报告，该报告是绿色和平组织发布的环保议题调查报告中较为典型的一则，其中的内容与叙述框架多为各类媒体所援引，因此以该报告为样本可以较为全面地了解绿色和平组织常用的框架建构手法。该报告有不同版本，本文选择绿色和平组织中国网站所发布的中文版本作为分析对象，为了方便讨论将其内容编号并只列出大致框架与基本内容。

①犯罪现场：印度尼西亚森林

印度尼西亚是目前世界上森林消失速度最快的国家……印度尼西亚成为继中国和美国之后的全球第三大温室气体排放国……

②凶器：棕榈油

近年来全世界对棕榈油（PALM OIL）的需求猛增……油棕种植是目前导致马来西亚和印度尼西亚雨林遭受破坏的首要原因。

③罪犯：金光集团

金光集团是印度尼西亚最大的棕榈油和浆纸制造公司……这些储备用地都在茂密的热带雨林所覆盖的印度尼西亚的巴布亚圣和加里曼丹岛……

④帮凶：雀巢公司

雀巢公司是世界上最大的食品饮料公司……作为重要的购买商，雀巢的棕榈油消费量一直在增长……这些棕榈油被用在众多产品中，包括奇巧巧克力。

⑤受害者

当地居民。在油棕种植扩张的道路上，总是伴随着土地和资源所有权的冲突……包括土地所有权、劳工问题、企业与社区的争端……并且连连爆出印度尼西亚官员非法授予天然林的出让许可证……的政治丑闻。

红猩猩。……为了给种植园让路而大量砍伐森林造成了近年来红猩猩数量的急剧下降。……红猩猩赖以生存的原始森林被油棕种植园替代之后，它们无处觅食以至于不得不去吃油棕的幼苗……竟被视为种植园里的“害虫”而被种植工人杀死。

森林。森林是地球上2/3陆生生物的家……不要说尚未被发现的新的物种，很多已知的物种如红猩猩、爪哇犀牛和苏门答腊虎由于丧失栖息地已濒临灭绝。

气候。……尽管印度尼西亚的法律规定了在泥炭深度大于3米的土地上发展种植园，以及防火焚烧森林都是违法的，但是种植公司仍然肆无忌惮地进行这两项操作。

⑥证据

把红猩猩推向毁灭。……金光集团的林场不仅与红猩猩的栖息地重合，而且金光的毁林开垦已经将这些栖息地损毁了……

威胁原住民生计。过去10年中金光集团油棕种植园的扩张一直伴随着不断的社区冲突……夺取这些原住民最基本的生存资料是金光集团毁林开垦油棕种植的又一大罪状。

毁灭泥炭森林。很多在泥炭地上开发种植园的行为是违背印度尼西亚法律的……

焚烧原始森林。热带雨林和泥炭森林的破坏和退化将原本储存在其中的碳释放出来，而焚烧森林急剧加快了排放过程，并且严重破坏了森林生态系统自我恢复的能力……

违反印度尼西亚法律。绿色和平的调查显示金光集团在各处毁林开辟林场的过程中一再违反印度尼西亚相关的森林法律……

⑦雀巢和它的森林破坏供应链

雀巢公司在给绿色和平的回信中承认金光集团是其供应商……

违背自己设定的标准……

推卸责任……

公平交易的背后……雀巢斥巨资在英国的电视广告和平面广告上发布了新的“公平交易”品牌……但我们不得不注意其“公平交易”品牌产品使用的可可仅占雀巢公司可可用量的1%……

2. 关键词分析

在绿色和平组织的这篇报告中，频繁地出现一些指向性明确的词汇，如犯罪现场、凶器、罪犯、帮凶、受害者等。如表1所示，与金光集团有关的词汇有：罪犯、劣迹斑斑（2次）、恶劣、杀死、蓄意杀害、肆无忌惮、违法（6次）、不惜一切代价、漠视、罪状、毁灭（2次）、非法、糟糕、社会罪恶等。与雀巢集团有关的词汇包括：帮凶、引以为豪、不容商量、忽视、标榜、推卸责任（2次）、视而不见等。全篇对金光集团和雀巢公司的贬义指向关键字占到所有关键字使用量的3/5以上。而对于受害者——包括当地居民、红猩猩等物种以及森林气候等——所使用的关键字多为：脆弱、濒危物种、灭顶之灾等。

表1　**绿色和平组织《近墨者黑》调查报告关键词汇分析**

涉及对象	所用关键词汇	数量统计
金光集团	罪犯、劣迹斑斑（2次）、恶劣、杀死、蓄意杀害、肆无忌惮、违法（6次）、不惜一切代价、漠视、罪状、毁灭（2次）、非法、糟糕、社会罪恶等	21
雀巢公司	帮凶、引以为豪、不容商量、忽视、标榜、推卸责任（2次）、视而不见	8
印度尼西亚官员	非法授予、政治丑闻	2
当地居民	受害者、冲突、社会冲突、争端（2次）、灭顶之灾、威胁	7
红猩猩等物种	受害者、濒危物种、灭绝危险、“害虫”、濒临灭绝	5
森林气候	受害者、犯罪现场、脆弱	3
棕榈油	凶器	1
共计		47

绿色和平组织采用指向性如此明确的词汇来表述不同的对象，其实是利用了公众社会认知过程的标签效应。在所有投向公众的信息中，有一些信息相比其他信息更容易对公众的认知过程产生大的影响，甚至可以左右和改变认知所形成的整体印象，这类信息被称做中心特征，中心特征对认知过程所具有的影响作用就是标签效应。有学者对此做过对比实验，即请同一发言者对两个相似的群体进行演讲，事先对发言者的人格进行描述，一个群体得到的描述词汇为“热情”，另一群体得到的描述词汇为“冷漠”，然后请发言者做同样的演讲。事后请两个群体描述对发言者人格的认知，拿到“热情”描述的群体认为发言者很热情，而拿到“冷漠”描述的群体认为发言者很冷漠。① 也就是说尽管传播的信息很多，但在印象形成的过程中有的信息更具有中心作用，这就是标签效应。

绿色和平组织为推动对印度尼西亚森林的保护，展开了同金光集团长达数年的博弈。为了争取公众支持，在涉及金光集团的描述中绿色和平组织通常采用这样的叙述：您（雀巢）和您的供应商从臭名昭著的金光集团购买棕榈油，从而被卷入了对印度尼西亚珍贵的原始森

① 周晓虹．社会心理学［M］．北京：高等教育出版社，2008：110.

林的破坏；金光集团 APP 是世界上最臭名昭著的“森林破坏大王”之一；除了非法采伐，金光集团 APP 还被指与不良财务记录、贿赂官员和人权侵犯种种丑闻紧密相连……绿色和平组织选择了臭名昭著、“森林破坏大王”、丑闻等指称来描述金光集团及其 APP 公司，以及《近墨者黑》报告中将印度尼西亚森林称做犯罪现场、棕榈油称做凶器、金光集团称做罪犯、雀巢公司被称做帮凶，都是为了使臭名昭著、罪犯、帮凶等指称成为绿色和平组织所传播信息中的中心特征，即标签，从而使公众在形成对于绿色和平组织环保议题的认知框架时较大程度地受这些中心特征的影响，即给金光集团、雀巢公司等贴上罪犯、帮凶等标签。具有贬义的指称使公众将金光集团同“森林破坏大王”和“丑闻”等联系起来，从而形成支持绿色和平组织意义构建的认知框架。

3. 绿色和平组织的框架建构

曾繁旭博士认为，关于环境议题的框架分类大约有以下 12 种①：

（1）信任政府框架，即以正面叙述的方式表述政府的作为及其行动后果。信任政府框架通常隐含这样的诉求：政府能够妥善处理环境问题，政府已经针对有关问题制定相关的政策并采取措施，政府机构表现良好等。

（2）不信任政府框架，即以怀疑或负面的方式表述政府的作为及其行动后果。不信任政府框架通常隐含这样的信息：政府部门未能对环境问题采取有效的措施，质疑政府部门同企业之间的关系，怀疑政府部门为追求政治利益和经济利益而纵容企业的破坏环境行为等。

（3）负责任企业框架，即正面叙述企业解决环境问题的表现。负责任企业框架强调企业积极处理环境问题，创造有利于生态发展的经济环境，企业有能力且有效率应对环境问题，企业主动配合相关机构调查等。

（4）不负责任企业框架，即以负面、批评的方式叙述企业应对环境问题的表现。不负责任企业框架强调企业未能遵守相关的法律法规，企业未能及时、全面告知民众相关风险，企业为了经济利益而牺牲环境利益，企业所提供的调查评估报告等遭受质疑等。

（5）理性组织行动框架，即正面描述社区居民或环境保护组织保护环境的行为。理性组织行动框架强调社区居民通过有组织的抗议或法律行动来对抗由政府组织或企业造成的侵害。

（6）冲突框架，即呈现环境保护过程中凸显的对立与冲突。冲突框架更多注意反映观念或行动的冲突、抗衡，环境破坏者与受害者、环境破坏者与环境保护者之间的冲突与对抗，经济发展与环境保护之间的矛盾等。

（7）健康风险框架，即描述环境污染可能导致的健康问题。

（8）环境灾难框架，即突出环境污染或开发行为对自然生态环境造成的伤害。

（9）处理成本框架，即强调污染处理、环境恢复所需要的费用问题。

（10）环境正义框架，即强调以环境正义为主要诉求，诸如停止对自然以及原住民的侵害，居民与自然物种不应受到来自环境开发所带来的伤害，政府应当保证人民权利等。

（11）漠视环境权框架，即认为民众不必对环境问题太过恐慌，且必须遵从政府的决策。

（12）其他框架。

只要一部分的内容可以构成一个完整的论述框架，本文就将其计算为使用某种框架一次，对《近墨者黑》报告进行框架分析可以知道：如表 2 所示，绿色和平组织在《近墨者黑》这一调查报告中主要采用了不负责任企业框架、不信任政府框架、冲突框架、环境灾

① 曾繁旭 . NGO 媒体策略与空间拓展——以绿色和平建构“金光集团云南毁林”议题为个案［J］. 开放时代，2006（6）：28-29.

难框架来叙述金光集团、雀巢公司以及印度尼西亚政府的不作为给印度尼西亚自然环境和居民带来的影响与灾难，2 次用到负责任企业框架来对比雀巢公司的不负责任企业框架形象，一次环境正义框架呼吁雀巢及金光集团停止对印度尼西亚雨林的破坏。

表 2　　**绿色和平组织《近墨者黑》调查报告框架建构分析**

框架建构	涉及对象	次数
不负责任企业框架	金光集团、雀巢公司	20
不信任政府框架	印度尼西亚政府	1
冲突框架	金光集团、当地居民	2
环境灾难框架	森林、气候、红猩猩等物种	6
负责任企业框架	联合利华、卡夫、壳牌、SAINSBURY'S 等	2
环境正义框架	雀巢公司	1
共计		32

框架建构的目的是归因。所谓归因，指人们对他人或自己的心理活动和行为表现进行分析，并判断、推论造成这样心理活动和行为表现的原因的过程。归因的对象除了个体的人，还包括各类社会组织、社会事件与问题等，涉及个人或社会组织，归因就是对个人和社会组织的心理和行为的原因进行理解与说明的过程；涉及社会事件和问题等，归因就是对社会事件和问题的发生与进行因果分析。归因是社会认知的重要组成部分，标志着对认知对象深层认知的开始。归因是一个从相关到因果的分析、判断和推测的过程①，绿色和平组织所要做的就是通过框架相关信息，使公众形成从“目标行为体的不良行为”到“无辜者受害”的因果判断推理。对《近墨者黑》报告的框架建构进行分析可以发现，绿色和平组织通常采用这样的框架建构策略：

第一，根据不同对象采用不同的框架建构。分析绿色和平组织针对不同的对象所采用的不同叙述框架可以发现，对于金光集团、雀巢公司等目标行为体，绿色和平组织通常采用不负责任企业框架对其进行建构，如表 3 所示，在《近墨者黑》报告中绿色和平组织在对金光集团和雀巢公司的信息叙述过程中运用了 21 次不负责任企业框架；而对于环境受害者当地居民以及自然生态环境等，则多采用环境灾难框架和冲突框架，前者在《近墨者黑》报告中使用了 6 次，后者使用了 2 次；对于政府等，在《近墨者黑》报告中绿色和平组织采用的是不信任政府框架，而在其他时候绿色和平组织也会选择较多使用信任政府框架，如其在构建 APP 云南毁林议题时便是如此。

表 3　　**绿色和平组织《近墨者黑》调查报告框架建构分析**

涉及对象	框架建构
金光集团	不负责任企业框架（15 次）、冲突框架（2 次）
雀巢公司	不负责任企业框架（6 次）
印度尼西亚政府	不信任政府框架
当地居民	冲突框架（2 次）
红猩猩等物种	环境灾难框架（2 次）、不负责任企业框架
森林气候	环境灾难框架（5 次）
其他	负责任企业框架（2 次）、环境正义框架

① 周晓虹．社会心理学［M］．北京：高等教育出版社，2008：113.

第二，合理采用框架以建构自身合法性。绿色和平组织对自身合法性的建构主要通过环境正义框架、环境灾难框架以及不负责任企业框架来实现。虽然在《近墨者黑》报告中绿色和平组织只使用了一次明显的环境正义框架，即在第⑦部分中绿色和平组织呼吁主要的棕榈油消费公司必须立刻采取行动停止从最糟糕的供应商那里采购棕榈油，然而通过前文大量环境灾难框架的应用，绿色和平组织指出：金光集团在印度尼西亚的毁林行为，造成了自然生态环境的极度恶化，"在过去的半个世纪，有超过 7 400 万公顷印度尼西亚的森林被砍伐、焚烧或者退化，这相当于两个德国的面积"(报告第①部分)。环境正义框架与环境灾难框架赋予了绿色和平组织保护环境道义正确的合法性地位，同时，在《近墨者黑》报告中一共有 6 次指出金光集团的毁林行为违反了印度尼西亚的相关法律，这一不负责任企业框架的应用又给予了绿色和平组织发起环境保护议题的法律合法性。

第三，涉及弱势群体。弱势群体受害，即在框架建构时引入悲伤的人情味因素①，是绿色和平组织框架建构的重要方面，因为有时直接受害者的讲述比专家学者的科学论证更有说服力。学者、专家等固然具有较高的权威性，然而在环境保护领域许多科学问题至今尚未有定论。就拿转基因技术来说，究竟转基因产品对自然环境会造成何种程度的影响，生物学家也未能确定，绿色和平组织认为转基因产品是对自然基因的污染，而中国生物学者方舟子却持反对意见并称绿色和平组织是伪环保组织。类似的，森林究竟具有多大程度维持气候正常的作用，海洋系统的再生能力到底有多强，以及濒临灭绝的、尚未被利用的生物资源具有多少价值等，这些问题在科学上始终难有定论。因此，绿色和平组织在构建叙述框架时通常选择直接受害者作为叙述者：虽然科学上某些行为或事件造成的危害仍未可知，但是一些人、生物等已经遭受到毋庸置疑的伤害。被选作叙述者的直接受害者通常是弱势群体，包括无力抵抗的原住民和无家可归的珍稀动物等。金光集团的毁林行为已经危及以印度尼西亚雨林为生的红猩猩等濒危物种和当地居民的基本生存，金光集团"侵扰和污染湿地会严重影响 KAPUAS 河水的来源和质量，而这条河提供了整个西加里曼丹 70% 的淡水鱼，是沿岸居民重要的食物来源"(报告第⑥部分)。弱势群体的控诉对目标行为体是最大程度的压力，鲜血染红海洋的鲸鱼、满目疮痍的原始森林、无辜求助的红猩猩，这些受害者无声的控诉在很大程度上影响着公众对目标认知的架构。

第四，明确责任归属。绿色和平组织在叙述信息时通常从对错的角度对问题进行架构，即说明某种事件的发生或结果的造成并不是出于偶然，目标行为体是直接的责任方。在《近墨者黑》报告中，绿色和平组织将印度尼西亚雨林、红猩猩以及当地居民所面临的困境完全归因于金光集团及其合作者雀巢公司。这样通过简单的对错判断明确责任归属的框架建构策略一向是绿色和平组织环保议题框架建构的重点。2003 年，绿色和平组织要求苹果公司提供其在电子产品生产过程中所使用的有毒化学物质信息，2006 年绿色和平组织针对电子公司进行环保测评，苹果公司排名倒数第一。由于苹果公司始终拒绝停止使用有毒的化学物品，绿色和平组织在发布有关苹果公司的信息时，通常采用这样的叙述框架：苹果公司设计的产品都很诱人，但美丽外表包裹着一颗毒苹果。绿色和平组织将对苹果公司的信息简单因果判断为"苹果有毒"，并在 2007 年 10 月 15 日发布声明指出，苹果当季度最火的明星产品"iPhone 有毒"。事实上简单因果判断是非政府组织构建叙事框架的传统。1967 年雀巢研制出一种婴儿牛奶食品，不适当的奶瓶喂养造成母乳喂养比例下降、婴儿营养不良甚至死亡的惨剧。为了让公众行动起来，英国的非政府组织"向欲望开战"(War on Want) 发行了一本题为《婴儿杀手》(*The Baby Killer*) 的小册子，瑞士第三世界行动组织 (the Swiss Third World Action Group) 将这本小册子译成德文，并将文章改名为《雀巢杀死婴儿》(*Nestlé Kills Babies*)。简单因果判断的叙述方式使公众更容易接受非政府组织的传播逻辑，即依照非政

① 蔡帼芬，刘笑盈．事实与建构［M］．北京：中国传媒大学出版社，2008：32.

府组织的框架设置对接触到的信息进行解读并形成判断推理。

4. 其他影响认知框架建构的方式

除了用各种方式对文字信息进行架构和叙述，绿色和平组织还抓住尽可能的机会利用图片、音频、视频等多媒体信息对公众的认知进行影响。有时候图像比文字更具有感染力，因此富有戏剧冲突的照片、寓言式的宣传片一直是非政府组织传播内容的重点。

1975 年，绿色和平组织发起了备受瞩目的反对捕鲸运动。为了引发公众对终止商业捕鲸的关注，绿色和平组织决定拍摄一组充满戏剧性的画面，即绿色和平组织成员驾驶快艇插入逃命的鲸鱼和致命的捕鲸叉之间，充当鲸鱼的人类保护者，然后向全世界传播。1975 年 4 月，绿色和平组织成员驾驶 Phyllis Cormack 号和 Vega 号由加拿大温哥华驶往太平洋海域，阻挠在加利福尼亚海岸附近的前苏联捕鲸船，一支装着炮弹的鱼叉擦着绿色和平组织成员的头皮径直刺进一只鲸鱼的体内。虽然绿色和平组织的这次行动只救了八只鲸鱼，但是捕鲸叉擦着环保者飞过的画面成为唤起公众注意的经典画面，从此商业捕鲸使鲸鱼濒临灭绝的惨境引起了全世界的关注。

棕榈油被广泛地使用在许多产品中，包括雀巢公司 1937 年开始生产的奇巧（KitKat）巧克力，“轻松一刻，奇巧时刻”（Have a break-Have a KitKat）是雀巢奇巧巧克力广告的流行语。为了推进雀巢公司真正取消向印度尼西亚金光集团购买棕榈油，2010 年 3 月 18 日，绿色和平组织制作了针对奇巧巧克力的宣传片，题为“你轻松一刻，我悲惨一生”。绿色和平组织制作的宣传片同雀巢公司的广告风格类似：持续疲劳的上班族想要轻松一刻，撕开奇巧巧克力的包装……不同于雀巢原广告中吃了奇巧巧克力的员工获得轻松一刻，绿色和平组织制作的宣传片中，上班族打开奇巧的包装纸后露出的是红猩猩一根手指，在上班族咬向巧克力的时候印度尼西亚的红猩猩在流血。惨遭破坏的动植物流血的画面不是第一次出现了，在针对家居业乱砍滥伐自然森林的传播活动中，绿色和平组织也做过类似的公益宣传动画。

无论是具有冲击力的图片还是发人深省的宣传片，通过多媒体信息的广为传播，绿色和平组织成功影响了公众对环境破坏行为的认知框架。公众很容易形成目标行为体是破坏环境的罪魁祸首的认知，并可能积极参与到绿色和平组织的环境保护活动中来。

六、绿色和平组织国际传播活动的制约因素与效果

如前文所提到的，传播的过程其实就是劝服（persuasion）的过程，劝服涉及态度，劝服的目的在于使目标行为体改变已经形成的态度。一种重要的劝服方式是：信息传播者将被劝服对象的注意力集中在相关的论点和论据上，并对此做出肯定、赞成的反应，也就是通过系统地提供有说服力的信息来激起被劝服对象赞成性的认知反应。

1. 绿色和平组织国际传播活动的制约因素

社会心理学家一般认为劝服有四个元素，即信息传播者、信息本身、信息传播的形式和信息接收者，劝服是否取得显著的效果主要由这四个因素决定。

（1）信息传播者。影响信息传播者的劝服效果的因素有两个，分别是信息传播者的内行性和可信度，内行性与可信度共同构成了非政府组织国际传播的合法性。内行性是指人们通常愿意接受一定程度同自己相似的人的观点，这种相似包括年龄、价值观、领导地位、社会背景等。在某些情况下，与信息接收者类似的人会被认为更具有内行性，人们通常会倾向于认为，一个同自己在地位、价值观、利益和需要等方面相同的人会以和自己一样的观点和

立场去思考问题、判断事物。① 可信度即在多大程度上人们相信信息传播者所传递的是其认为最合理的观点。可信度涉及动机，通常来说如果信息传播者的动机被认为是试图捞取个人利益，那么该传播者的可信度就会较低，劝服效果也就不理想。

绿色和平组织在内行性和可信度方面有着天生的优势。绿色和平组织有着关怀全人类的价值理念，对道德原则的坚定诉求同公民内心中的道德价值判断形成强烈共鸣，因而具有较强的内行性，公众也更容易相信绿色和平组织同自己有着一样的思考问题的方式和立场，因而更容易接受绿色和平组织的劝服和传播。同时，绿色和平组织不追求组织个人利益，关注全球性的环境危机、国际救援等问题，它的活动动机具有很强的非营利、公益性色彩，因而绿色和平组织会有较高的可信度，其所传播的观点也更容易被认为是合理的。

作为信息传播者，绿色和平组织的合法性地位随着其自身的发展面临诸多挑战，包括独立性、市场化以及非政府组织自身难以回避的结构性困境。

绿色和平组织的独立性受到来自两方面力量的考验，一是政府组织，二是捐赠者。如前文所讨论的，由于非政府组织对政府资助的依赖，可能使非政府组织同政府走得太近，其“非政府”的独立性将会受到影响。如在德国，有相当一部分的非政府组织的资金主要来源于政府的直接补助，这些组织在国际活动中同政府之间关系密切，因此已经呈现出“准政府”的性质，并且其运作方式几乎同政府组织已经没有多少明显的区别了。② 捐赠者对非政府组织的发展功不可没，许多非政府组织如果没有得到国际捐款的支持就不可能发展到相当的程度和规模。于是几乎很少看到非政府组织公开地批评它的捐赠者，并且通常非政府组织都愿意同其捐赠者保持一种正面的和谐关系。伊恩·斯迈利和约翰·黑利在对南亚地区9个非政府组织的研究过程中发现，实际上许多非政府组织同其捐助者之间的关系是合约性并且是成效导向的，即非政府组织接受捐赠、做捐赠者想要去做的事情，而在这样的过程中非政府组织很容易迷失自己的本来目标。

影响绿色和平组织国际传播主体合法性的另一个因素就是过分市场化、商业化。萨拉蒙在对美国政府与非政府组织之间关系的研究中发现，从20世纪80年代开始，美国联邦政府开始缩减对非政府组织的资助，如从1980年到1986年，政府对非政府组织的资助减少了25%到30%③；同时，美国政府对非政府组织的补贴从生产者补贴转变为消费者补贴，依赖市场决定资源配置，因此将营利性组织也吸引到公共服务领域中来。于是非政府组织越来越多地转向商业化的市场，市场化的运作机制也渗透到非政府组织的运作过程中。事实上，商业化收入对非政府组织来说并不新鲜，20世纪早期的非政府组织的大部分收入都来自服务收费。④ 20世纪80年代，非政府组织市场化的趋势加速继续，给非政府组织存在的本来使命带来了严重的挑战。非政府组织的非营利性特征是非政府组织得以聚集志同道合的志愿者，并在国际社会一呼百应的重要原因，然而由于提供收费服务、同营利性组织竞争所造成的商业化趋向，严重影响了非政府组织根本的价值取向与理念。

此外，绿色和平组织国际传播的主体地位还受到自身结构性困境的挑战，包括透明度、责信度和效率等。非政府组织的透明度普遍不高，2003年世界共同信托组织（One World Trust，OWT）在对18家政府间组织、跨国公司和非政府组织进行评估后，公布了一份题为“没有问责的权力？”（Power Without Accountability）的报告，指出相比于政府间组织和跨国

① 周晓虹．现代社会心理学名著菁华［M］．北京：社会科学文献出版社，2007：223.

② ［美］莱斯特·M. 萨拉蒙，等．全球公民社会——非营利部门视界［M］．北京：社会科学文献出版社，2002：125.

③ ［美］莱斯特·M. 萨拉蒙．公共服务中的伙伴：现代福利国家中的政府与非营利组织的关系［M］．北京：商务印书馆，2008：218-219.

④ ［美］莱斯特·M. 萨拉蒙．公共服务中的伙伴：现代福利国家中的政府与非营利组织的关系［M］．北京：商务印书馆，2008：226，

公司，非政府组织是最不透明的。非政府组织应当具有较高的责信度，即必须提供较高质量的公共服务并忠实于公益价值的理念，然而由于缺乏相应的责任与监督机制，非政府组织运作管理过程中暴露出来的丑闻屡见不鲜。效率低下，即慈善的业余主义，萨拉蒙将非政府组织无法吸引专业人员而主要依靠志愿者的现象称为慈善的业余主义，指志愿制度用业余的方式来处理社会服务问题。① 此外，非政府组织法律意义上的合法性地位、非政府组织之间彼此的不互相合作、非政府组织内部的权利不平等性和层级性等也是制约非政府组织国际传播效果的因素。

（2）传播内容。具有什么样特征的传播内容更容易引起公众的注意和支持，除了内容的可靠性和轰动性外，有两点内容特征尤为重要：一是涉及公平问题，二是涉及弱势群体。

涉及公平问题。个体对信息的注意具有选择性，面对多样、复杂的信息个体的接受能力是有限的。一般来说，信息所蕴含的社会意义和价值越大，该信息就越容易得到公众的注意和选择。涉及公平的传播内容具有较强的社会意义和价值，并且此类信息通常会让公众产生较强的认知反应——公众认识到信息所带来的社会刺激同自己有较大的利害关系，因此更容易引起公众的注意与最终被接受。涉及法律意义上的机会均等问题特别容易引起公众共鸣，因此不仅是绿色和平组织，其他人权组织、妇女权益保护组织等通常也选择涉及社会公平的内容进行传播。

涉及弱势群体。涉及弱势群体的传播内容具有较强的道德感情色彩，玛格丽特·E. 凯克和凯瑟琳·辛金克在研究中也发现，涉及对弱势的、无辜群体的伤害，尤其是身体伤害等问题，特别引人注目。② 反对对弱势群体造成伤害的信息更容易被公众所接受，也最容易在国际上产生较大的影响。无论是濒临灭绝的物种——如红猩猩、苏门答腊虎等，还是岌岌可危的自然生态环境——如印度尼西亚、亚马逊的热带雨林等，还是以自然资源为生计来源的当地居民，都处于相对弱势的地位，并且无力对抗企业、政府等对环境的破坏、对弱势群体的掠夺，而绿色和平组织这时就扮演了维护弱势群体的"悲情"论述的角色。绿色和平组织通常格外强调环境保护同生活在其中的弱势群体之间的关系，因而容易取得较好的传播效果。

（3）信息传播的形式。绿色和平组织国际传播的方式主要通过大众媒介实现，如何通过大众媒介扩大自己的影响前文已经讲得比较多。然而非政府组织同大众媒介之间的关系，并不总是那么的互相合作、亲密无间。媒介在"打开一扇门的同时，又关上了另一扇"③，即大众媒介既可以帮助建构非政府组织的形象，也会对非政府组织的形象造成消解。

美国的社会学家托德·吉特林在解读20世纪60年代美国学生运动与大众媒介之间的相互关系的时候发现，大众媒介对非政府组织存在建构与消解两方面的作用。吉特林考察了《纽约时报》对"学生争取民主社会组织"不同时期的报道，总结出非政府组织同媒介其实处于一种不平等的竞争关系之中，虽然非政府组织也可以通过许多方式影响媒介的报道，但是实际上媒介始终都拥有更多的决定权。吉特林认为媒介对非政府组织存在以下几个方面的消解：

媒介的广泛报道使得大量新成员加入"学生争取民主社会组织"，新成员的加入使得该组织原先的结构变得松散、组织的性质发生转变；媒体在塑造非政府组织形象方面具有相当的影响力，通过选择和强调一些事实、信息以及将这些信息置于某一特定框架中，媒体在某

---

① ［美］莱斯特·M. 萨拉蒙．公共服务中的伙伴：现代福利国家中的政府与非营利组织的关系［M］．北京：商务印书馆，2008：50.

② ［美］玛格丽特·E. 凯克，凯瑟琳·辛金克．超越国界的活动家：国际政治中的倡议网络［M］．北京：北京大学出版社，2005：31.

③ ［美］托德·吉特林．新左派运动的媒介镜像［M］．北京：华夏出版社，2007：88.

种程度上会歪曲非政府组织的真实形象；大众媒介赋予非政府组织领导人的“明星品质”，会使非政府组织领导人在制定组织政策以及实施组织活动过程中为了迎合大众媒介的口味和需要而迷失自己，或者为了维持既有的媒介形象而无法及时调整组织策略与行动等；大众媒介对非政府组织领导人的过分渲染，增加了非政府组织成员中的个人崇拜，而这也给非政府组织的运作增加了相当程度的脆弱性；大众媒介塑造出来的未必真实的非政府组织的负面形象，在很大程度上可能会变成现实，并陷入恶性循环之中，如“学生争取民主社会组织”成员因媒介给予了负面暴力形象而在后来的行动中愈见混乱，“越来越残暴的行为，导致了媒体制造出越来越多的夸大其词的报道以及警察的镇压，这反过来又助长了运动的愤怒与偏执，从而引起了与警察更多的对抗以及媒体的报道”。①

因此，绿色和平组织在国际领域能否有效进行传播，关键也在于是否可以妥善处理好同大众媒介之间的关系。绿色和平组织的发展伴随了极大的非议和否定的声音，2006 年 3 月 3 日《北京科技报》曾刊登方舟子题为“绿色和平是伪环保组织”的文章，其中称绿色和平组织反对转基因作物对公众和媒体是极大的误导，并称绿色和平组织已经堕落成一个反科学组织②；2010 年 4 月 12 日，南方网发布“极端环保组织和伪环保组织是云南大旱的‘人祸’根源”一文，称绿色和平组织等极端环保组织和众多伪环保组织是造成中国云南水资源开发程度低的重要原因之一——“人祸”。③ 大众媒介对绿色和平组织的批评与负面形象塑造从来就没有停止过，因此为了避免媒体对绿色和平组织形象的消解，绿色和平组织成员必须正确对待这种负面形象，以免形成如吉特林所说的，媒介所宣传的形象在之后非政府组织的行动中变成事实，事实再次成为媒体拍摄的照片，于是非政府组织所背负的莫须有形象最终变成了自我寓言的实现。④

（4）信息接收者。这里的信息接收者主要是指非政府组织所劝服的企业、政府组织等目标行为体。一般来说具备以下两个特征的目标行为体更容易接受非政府组织所传播的信息：一是比较注意组织的信誉和良好形象，二是对来自第三方组织的压力具有一定的敏感性。玛格丽特·E. 凯克和凯瑟琳·辛金克将目标行为体所具有的这两个特征总称为“脆弱性”。

目标行为体较注重信誉和形象，则非政府组织将其行为曝露于公众监督、国际社会舆论压力之下的时候，为了挽回、保持较好的组织形象，目标行为体通常会选择接受非政府组织的劝服。同样的，目标行为体对来自第三方组织的杠杆压力具有充分的敏感性，非政府组织的杠杆传播才会取得应有的效果。

不同的目标行为体的“脆弱性”是不一样的，而且目标行为体可能会暂时接受非政府组织的劝服但实际却不做改变。为了取得较好的传播效果，非政府组织通常要持续不断地强化传播的作用，考验目标行为体的“脆弱性”程度。通过一再地揭露目标行为体的不良行为信息，多次将其置于公众的巨大舆论压力下，最终起到成功劝服目标行为体停止某行为的效果。

2. 绿色和平组织国际传播活动的效果

绿色和平组织国际传播的对象有两个层面，一是国际社会公众，二是各类国际组织，无

---

① ［美］托德·吉特林．新左派运动的媒介镜像［M］．北京：华夏出版社，2007：137.

② 方舟子．绿色和平是伪环保组织［EB/OL］．［2006-03-03］．http：//tech. sina. com. cn/d/2006-03-03/0827856593. shtml.

③ 极端环保组织和伪环保组织是云南大旱的“人祸”根源［EB/OL］．［2010-04-12］．http：//news. southcn. com/z/2010-04/12/content_10970160. htm.

④ ［美］托德·吉特林．新左派运动的媒介镜像［M］．北京：华夏出版社，2007：137.

论对哪个层面的传播，绿色和平组织都具有这样的效果：为国际社会引入新的议题并推动国际公约的建立。

大众媒介是绿色和平组织进行国际传播最重要的介质，无论是直接传播还是间接传播，如果没有大众媒介将绿色和平组织的信息在世界范围内广为传播，绿色和平组织都不会取得应有的劝服效果。这里引入议程设置（agenda setting）的相关理论。伯纳德·科恩（Bernard C. Cohen）第一次将媒介的议程设置功能予以明确阐述，科恩指出，媒介或许未必能告知受众怎样思考（what to think），但确实可以告知他们思考什么（what to think about）。西奥多·怀特（Theodore White）进一步指出，媒介设定公众讨论的议程，决定人们去谈什么、想什么。马克斯韦尔·麦库姆斯（Maxwell E. McCombs）和唐纳德·肖（Donald L. Shaw）认为人们倾向于关注大众媒介所关注的问题，并根据媒介对各个问题的不同重视程度来确定自己看待事物的先后顺序和注意力的分配。①

（1）引入新议题。得益于媒介的辅助，绿色和平组织在环境领域的各个方面为国际社会引入新的讨论的议题。麦库姆斯指出，环境是一个具有广度和复杂性的议题，随着媒介报道的不同，环境议题可以是国际性的，也可以是地方性的，可以是抽象的，也可以是具体的。② 绿色和平组织通过大众媒介影响国际社会对某个问题的讨论。

1959 年，18 个国家签订了《南极条约》，规定南极洲是属于全人类的。在《南极条约》的缔约国会议上，新西兰代表团最早提出将南极洲划为“世界公园”进行保护。虽然其余各国对此反应冷淡，但绿色和平组织却开始积极将“世界公园”的建议变为国际社会的普遍共识。1979 年，绿色和平组织指出《南极条约》的缔约国已经相继在南极洲探测矿产资源，“欧洲自由电台”等电台对此进行讨论。1986 年绿色和平组织在南极洲建立了自己的基地，将《南极条约》缔约国污染南极洲的情况通过大众媒介传播出去，终于在 1989 年使越来越多的缔约国意识到南极洲成为世界公园的价值，并在世界范围内引起广泛的讨论。

在应对由毁林而带来的气候变化问题的过程中，绿色和平组织始终在努力推动国际社会建立专门的森林保护基金以帮助发展中国家保护森林。在 2007 年 12 月的联合国气候谈判大会上，绿色和平组织成功将保护森林的金融机制纳入国际气候谈判的议程中。近年来，绿色和平组织又在促成“森林临时禁伐令”（Moratorium on Deforestation）成为国际领域的新议题，“森林禁伐令”指暂停砍伐森林来扩张油棕种植园的行为。

（2）促成国际公约建立。绿色和平组织的国际传播还可以促成某个领域新的国际公约的建立。在许多国际公约的建立过程中，环境非政府组织都发挥了极为重要的作用：绿色和平组织成功促成了几十个国际公约的建立，如禁止输出有毒物质到发展中国家、阻止商业捕鲸、禁止大规模拉网捕鱼、在太平洋建立鲸鱼保护区、禁止向海洋倾倒放射性物质等。

在反对流网捕鱼的活动中，经过绿色和平组织不断在国际性论坛中的游说和传播，1989 年 12 月，联合国会员大会通过了一项禁止扩大流网作业的决议，并呼吁各国应在 1991 年 6 月前停止在南太平洋海域的流网作业，在 1992 年以前全球范围内都应逐步禁止流网作业。

在保护南极洲的活动中，绿色和平组织不仅成功使“世界公园”成为国际社会讨论的新议题，在 1991 年，绿色和平组织还推动了《南极条约》的成员国同意采用新的环境协议，其中就包括至少 50 年内禁止在南极洲开采矿物。

在反对捕鲸的过程中，绿色和平组织成功在 1982 年促成国际捕鲸委员会（IWC）投票表决和通过了一项无限期停止商业捕鲸的决议；1994 年，绿色和平组织又成功促成国际捕鲸委员会设立了“南大洋鲸类保护区”，在这片面积 1 800 平方公里的海域里活动着全球

---

① 李智．国际政治传播：控制与效果［M］．北京：北京大学出版社，2007：114.

② ［美］马克斯韦尔·麦库姆斯．议程设置：大众媒介与舆论［M］．北京：北京大学出版社，2008：93.

90%的鲸鱼，在保护区内捕鲸将被列为违法行为。

不仅是国际公约的建立过程，包括国际公约的实施过程，绿色和平组织也发挥着重要的作用。绿色和平组织充当着国际社会广泛的监督者的角色，通过调查研究、搜集资料、跟踪访问、积极揭露等方式促进了许多国际公约的践行和实施。

（3）促进规范的自觉与反省。绿色和平组织在环保议题的国际传播过程中，通过大众媒介的宣传、举办宣讲会/展览会、建立环境保护中心、组织环保专题讨论等方式普及环保知识，除了可以使公众形成较为深刻的环境保护观念和意识外，还可以促进公众对既定规范的自觉反省。规范（norms）是社会中已经存在的对人们或组织等行为体的约束，即约定俗成或明文规定的标准。规范由于可以明确区分社会结构中受尊敬的团体而具有约束作用①，经过长期的反复实践，规范会变成人们自觉执行、理所应当的准则。一成不变的准则必然走向僵化甚至不合理。同时，行为体遭遇原则规范等习俗难以变更的压力，很难对其习以为常的规范提出质疑、要求变化。

绿色和平组织等非政府组织的规范意识往往具有强烈的自觉性和反省性，即不仅自觉地遵守、制定规范，同时积极扩大规范的实践范围，甚至自动审查既有规范的合理性或改变不合理的规范。人们习以为常的惯例未必就是合理的，在20世纪80年代，公众普遍没有意识到有机污染物对环境有多大程度的危害。为了推动世界各地停止使用有机污染物，绿色和平组织出版了相关的研究报告并在此领域进行了将近10年的连续传播，在1996年促成了联合国环境开发署关于有机污染物国际协定的谈判和讨论。2001年5月22日，90个国家在瑞典斯德哥尔摩签署了一项公约，决定禁止或限制使用12种持久性有机污染物。

绿色和平组织这种对既定规范的自觉与反省可以推广到很多领域，社会生活领域、经济领域、科学领域等都需要有这种反省与质疑精神。绿色和平组织通过国际传播使自觉与反省的规范意识深入人心，既是对他者的反省，也是一种自省。绿色和平组织也有自身不足的地方，例如过于激进就是绿色和平组织饱受诟病的原因，同时绿色和平组织也不是一个永恒的神话，同其所说服的目标行为体一样，它也需要不断的反省与变化。

七、结论与讨论

莱斯特·M. 萨拉蒙和赫尔穆特·安海尔（Helmnut K. Anheier）在1997年发表的文章《公民社会与第三部门》中曾热情地评价说，如果代议制政府是18世纪社会的伟大发明，官僚政治是19世纪社会的伟大发明，那么非政府组织则代表了20世纪社会最伟大的发明。② 不容置疑，全球性的“社团革命”正在如火如荼地进行着，具有区别于政府和企业等组织的独特属性——组织性、私有性、非营利性、自治性、自愿性等——的非政府组织成为国际社会越来越重要的行为力量和国际传播主体。

非政府组织同政府之间的关系也是理论家和批评家关注的焦点。有的学者认为政府的扩张是以牺牲非政府组织为代价的，并且非政府组织是作为政府失灵和市场失灵的替代者出现并发挥作用的。萨拉蒙并不认同这样的看法，他提出了“第三方治理”的理论，即普遍存在的政府支持非政府组织的模式。以美国的经验为例，美国福利国家大量的政府职能通过第三方机构来实施，政府与第三方机构在相当大的程度享有对公共资金和公共服务的裁量权。萨拉蒙认为，政府不会阻碍非政府组织的发展，相反地会促进非政府组织提供更加高质量的社会服务；非政府组织也并不是以政府或企业的替代者的姿态出现，而是在诸多领域补足着

① ［美］玛格丽特·E. 凯克，凯瑟琳·辛金克. 超越国界的活动家：国际政治中的倡议网络［M］. 北京：北京大学出版社，2005：39.

② 何增科. 公民社会与第三部门［M］. 北京：社会科学文献出版社，2000：257.

政府职能。在这种政府同非政府组织互助合作的社会体系中，政府起到管理的作用，并把很大程度的裁量权交给非政府的组织。

本文在以绿色和平组织为案例的分析过程中发现，非政府组织作为国际传播的新兴而强大主体有着自己独特的传播方式。非政府组织国际传播的对象有两类，一是世界范围内的公众；二是各类直接劝服对象，即目标行为体。针对跨国企业、政府组织等目标行为体，非政府组织的传播方式可以分为两大类，一是直接传播，包括初期较为温和的直接沟通与劝服和较为激烈的“非暴力的直接行动”等见证传播方式；二是间接传播，通常在直接传播难以取得预期效果时采用，具体包括信息传播和杠杆传播等。其中，直接传播的对象通常是劝服的目标行为体，间接传播的对象则是可以给目标行为体间接施加压力的社会公众和强大的第三方行为体等。

无论是直接传播还是间接传播，其过程实质上都是对信息接收者对信息的认知进行架构的过程。如何有效地架构公众对信息的解读成为影响非政府组织国际传播效果的关键所在，而大众媒介是影响公众认知的最重要力量，因此非政府组织试图影响公众的话必须先获得媒介接近使用权，即得到大众媒介的注意与筛选。对绿色和平组织构建环保议题的媒介策略进行梳理，本文总结出非政府组织通常有四种国际传播的媒介策略，包括：投其所好制造媒介事件，即通过象征性行为吸引媒介注意；信息补贴策略，即尽可能为大众媒介的采访和报道提供方便；“点面结合”策略，即在具体议题构建过程中，以“点”媒体带动“面”媒体，最后形成对该议题的广泛持续报道；分类对待策略，即针对不同特性的媒体选择不同版本的信息内容等。

本文在对绿色和平组织构建环保议题的框架策略分析后发现，一般来说非政府组织可能采取以下方法影响公众的认知框架：利用指向性明确的词汇使公众对目标行为体形成标签效应，如给定“凶手”、“刽子手”、“罪魁祸首”等中心特征，使公众根据给定的中心特征概括对目标行为体的认知框架；对不同的认知对象采取不同的框架建构，如对企业采用不负责任企业框架，对当地居民采用冲突框架等；合理采用框架以建构自身合法性策略，如绿色和平组织通过环境正义框架、不负责任企业框架等赋予自身地位合法性；尽量涉及弱势群体策略，因为弱势群体受害的框架更能引起公众共鸣；明确责任归属策略，即非政府组织在信息叙述过程中通常进行简单的对错判断将目标行为体同具体事件做因果联系，使公众形成目标行为体就是责任的必然承担者的认知；最后，多媒体视觉冲击策略，即利用现代越来越发达的各种传播技术对信息进行包装，以给公众的认知带来戏剧性的、极富感染力的冲击，最终起到影响公众对目标事件认知架构的效果。

制约非政府组织国际传播的因素可以细化为四个，即信息传播者——非政府组织本身，传播内容——信息本身，传播的形式和信息接收者。这四个因素是一个完整的传播过程所必不可少的组成部分，并且这四个因素有着各自的影响因素。内行性、可信度和吸引力等是影响信息传播者的因素，涉及公平和弱势群体的传播内容更容易得到公众的注意与接受，信息接收者即目标行为体对各种压力的承受能力也影响着非政府组织的劝服效果。尤其注意传播方式的影响，因为大众媒介对非政府组织的形象不仅具有建构作用，也具有消解作用。有时大众媒介会塑造非政府组织的负面形象，甚至对非政府组织进行歪曲报道。非政府组织应当注意避免这样的情况，如前文所提到的，组织背负的莫须有形象最终却成为自我语言的实现。非政府组织国际传播的效果主要有三个，一是促进国际领域新议题的提出，二是促进国际领域新公约的建立，第三是促进规范的自觉与反省。长期存在的规范或许是僵化甚至不合理的，不仅仅是非政府组织，其他组织和公众都应当形成对既定规范的自觉反省，绿色和平组织无疑树立了一个良好的榜样。

无论是在国际关系领域、公共治理领域还是国际传播领域，非政府组织都充当着越来越重要的角色，对非政府组织的研究也会日益正规与深入。本文对非政府组织的理论架构、发展做了相应梳理，对非政府组织同政府之间“剪不断，理还乱”的关系进行阐述，着重将非政府组织置于国际传播领域进行分析。非政府组织所具有的日益重要作用虽然人们已有共识，但依据研究的方面与角度的不同，非政府组织值得研究的内容还有很多，就非政府组织在国际传播领域所具有的作用以及其传播方式，相信就有可以深入挖掘和探讨的地方。限于材料、时间与学术水平，本文的研究或有疏漏、不尽完善之处，仍须继续完善。此外，虽然非政府组织相对于政府、企业等组织有着自己先天的提供公共服务和国际传播的优势，但是非政府组织并不是一个志愿者的神话，相反的，非政府组织随着自身的发展暴露出许多值得关注的问题。非政府组织面临的挑战主要来自外部和内部两个方面。外部的挑战包括：政府同捐赠者等对非政府组织独立性的影响，营利性组织的加入竞争对非政府组织公益性目标和公共服务提供者身份的影响。内部的挑战是指非政府组织自身的困境，包括透明度不高、责信度和效率低下的问题。为了避免过度的政治化与商业化和克服自身的结构性困境，非政府组织的问责被提上议程且呼声日益高涨，这也是今后研究非政府组织可以继续深入的方向。

【作者简介】

吴飞，浙江大学传媒与国际文化学院教授、中山大学教授。主要研究传播社会学、新闻传播理论、新闻传播法、新闻专业主义、国际传播。

傅丽英，浙江大学传媒与国际文化学院研究生。

教育部人文社会科学重点研究基地重大项目
“中国报业发展战略转型研究”报告

中国报业转型发展的民本化战略走向①

吕尚彬　赵　寰

1978 年至今的三十余年时间，是中国社会转型和社会发展的加速时期。在此过程中，伴随着国家—社会关系的演变，民本、民主、民生已经成为社会、政治变革的根本立足点。与之相应，国家—媒体关系也相应调整，新闻传媒不再是过去的单一宣传工具，而是向社会各阶层的信息传播工具、代言工具转化，并最终向公民社会的利益表达渠道转型。我们将此称为大众传媒的民本化战略走向。报业的民本化战略转型是在宏大的历史、社会场域中不断适应不断选择的结果，同时也在政府与媒体双向互动关系的构建过程中获取了新的实践基础与制度资源。伴随我国融入国际化、数字化进程以及社会转型与新闻改革的不断推进，民本化已成为报业持续发展的重要战略走向。

一

传媒发展战略的形成是传媒整合自身的资源条件，适应社会宏观环境的变化，逐步铸造并获得竞争优势的过程。中国报业的民本化战略也历经了一个与传媒社会场域不断适应与互动、媒体角色不断转型的过程。

1978 年以前，中国社会是一个总体性社会。所谓总体性社会是一种“社会高度一体化，整个社会生活几乎完全依靠国家机器驱动的社会。”② 在这样的社会中，政治、经济和意识形态三个中心高度重合，国家对社会实行全面垄断和控制。整个社会的沟通媒介被全面纳入自上而下的纵向沟通系统之中。无论是新闻传媒，还是官方文件，以及其他传播活动，都成为国家向民众实施组织传播的工具。因此，当时的传媒成为单一的党和政府喉舌，充当社会动员与整合的宣传工具角色。在计划经济体制下的机关报一统天下的“党报时代”，最极端的表现是“文革”时期的“两报一刊”，报纸成了纯粹“阶级斗争的工具”。

中国报业民本化战略发端于报纸作为单一宣传工具向大众传播媒介的初步转型回归。1980 年代改革开放的初期，伴随着社会改革“放权”与“分权”双重机制的共同作用，中国社会发生了社会结构的全方位分化，即它同时发生了社会群体的分化、阶层的分化、产业的分化、地域的分化。执政党、政府、社会、公民之间的关系得以重新调整，过去的国家垄断所有资源的格局被打破，新的社会中间阶层开始生成并快速成长，社会结构逐步走向分化，社会利益主体开始重组，国民信息需要迅速觉醒与释放。在此背景下，政府对新闻媒介

① 本文属于教育部人文社会科学重点研究基地重大项目“中国报业发展战略转型研究”(08JJD860220) 中期成果之一。

② 孙立平．现代化与社会转型［M］．北京：北京大学出版社，2005：206.

开始放权，并赋予传媒一定的经营和发行自主权，推动新闻报道向“半自主”的新闻场域转型。由此，随着社会改革和新闻改革的推进，社会、媒介、受众之间的双向互动关系开始形成，传媒开始了自身的大众化历程。其标志是大众化报纸的滥觞——晚报的勃兴与党报深度报道的崛起——党报尝试新闻改革的最初探索，例如1980年中共上海市委机关报《解放日报》创办了文摘类报纸《报刊文摘》，强调以事实、新闻为主体，做读者的贴心服务；1983年《南方周末》创办，创刊之初，其定位为：《南方日报》的补充，以文化娱乐信息为主的小报①。大众化报纸区别于党报的意识形态话语，诉求于“读者需要”，敞露了中国新闻业另外的可能性场域，先前的媒介单一政治宣传工具角色开始转向信息传播、引导社会公共舆论、提供娱乐、广告发布等多元角色。正是在由组织传播媒介回归到大众传播媒介过程中，中国报业民本化战略逐步形成并格局初定。

20世纪90年代，社会主义市场经济这一经济体制改革目标的确立，大大加速了中国社会的市场经济发展进程，使社会主体的创造力急剧释放，公民的权利意识开始觉醒，中国社会新的阶层分化初露端倪。适应经济、政治体制改革的转型要求，中国新闻传媒业开始进行新闻媒体性质的重新定位：传媒业不但传播信息，而且其本身就是一个信息产业。1993年6月，中共中央和国务院发布了《关于加速发展第三产业的规定》，正式将传媒业列为第三产业。在市场经济体制下，传媒业是第三产业，可以进行企业化运作，可以进入市场，这也说明传媒业及其产品具有商品性，既有形而上的“上层建筑属性”，又有形而下的“信息产业属性”，并且这种产业性在实行“企业管理”之后，更具有“企业属性”。② 中国报业从此正式向“自主经营、自负盈亏、自我积累、自我发展”的企业化之路转变。在这种情形下，大众化报纸迎来了都市报的新形式，其典型代表是创刊于1995年的《华西都市报》。该报第一次提出“市民生活报”的定位，成功建构了社会主体（市民）和社会客体（市民权），将市民的知情权、人权、消费权等呈现于媒介空间。③。对于其目标读者、目标受众之“市民代言人”的追逐，成为报业民本化战略继续推进的重要表征。

2002年之后，经济的持续高速发展催生了不同层次和规模的利益主体，不同的利益主体具有不同的利益诉求，中国社会转型进入博弈阶段。与此同时，尤其是2005年以来，社会的博弈与整合两种状态交织并存。一方面，社会的博弈状态持续发展；另一方面，社会整合与社会断裂的修复工作开始进行。和谐社会建构目标的确立，标志着社会整合的开始。以社会整合为取向的和谐社会的建构，既是当下解决社会问题、协调社会冲突、弥合社会结构断裂的策略选择，又是社会转型与发展的目标追求。作为策略选择，政府的转型、再分配政策的调整、公私财产保护法律制度的建立、市场利益均衡机制的形成和一系列民生问题的解决，是建构和谐社会的当务之急。为此，2004年党的十六届四中全会提出要“加强社会建设和管理，推进社会管理体制创新”，2007年党的“十七大”报告则提出要“建立健全党委领导、政府负责、社会协同、公众参与的社会管理格局”，把社会管理创新纳入体系框架之中，意在“加强社会管理法律、体制、能力建设，维护人民群众权益，促进社会公平正义，保持社会良好秩序，建设中国特色社会主义社会管理体系，确保社会既充满活力又和谐稳定。”④ 作为社会转型的目标，和谐社会是一个民主、平等、博爱、法制、公平、正义的

---

① 洪兵．转型社会中的新闻生产——《南方周末》个案研究（1983年至2001年）[D]．上海：复旦大学博士论文，2005.

② 李良荣．中国新闻改革30年 [M] //中国媒体发展研究报告（2008年），武汉：武汉大学出版社，2008.

③ 孙玮．媒介话语空间的重构：中国大陆大众化报纸媒介话语的三十年演变 [J]．传播与社会学刊，2008（总6）：71-92.

④ 胡锦涛在省部级领导干部专题研讨班开班式上讲话 [EB/OL]． [2011-02-19]．中央政府门户网站，http：//www. gov. cn.

社会。实现国民知情权满足、使民众拥有平等媒介接近权、传播权、社会事务参与权与监督权，让公权得以公用，让弱者得以关怀，是建构和谐社会的题中之意。作为和谐社会守望者的中国传媒，民本化转型走向了一个关键而必要的阶段，中国报业需要开拓新的实践空间，不断凸显其社会生活的监视器、社会历史的记录者和思想观念资讯的主要来源的专业职能，从而进一步谋求服务于国家—社会等公共领域问题的新的转型。

经过了20世纪90年代、21世纪前10年的发展，民本化战略已经主导了报业内容生产和新闻报道的基本演进方向。这不仅仅表现在“受众本位”与“满足受众知情权”已经成为报纸新闻报道的基本理念，表现在由党报、晚报、都市报、市场主流报等构成的多元报纸种群已经成为一种能够影响社会运行的重要公共力量，而且还表现在报纸新闻报道“平民化”倾向彰显并向“公民化”方向演进。民本化战略引导着报纸在与网络、电视等传媒的竞争与合作中，与中国社会一起转型、成长，并通过自己的成长推动着社会的进一步转型。

二

报业民本化转型的重要基础是政府与传媒关系的变化。

2008年是报业民本化转型发展的重要节点。报媒与其他传媒在对南方抗击雪灾、汶川大地震、贵州瓮安事件、北京奥运会、“神七”上天、金融危机等一系列大悲、大喜、大忧的事件报道过程中，彰显新闻价值规律，坚定承担社会责任，释放影响社会的激情，获得了极大的话语权与极高的公信力。与此同时，《政府信息公开条例》于当年5月1日正式实施，不仅从行政法规层面保障公民的知情权，也使包括报纸在内的传媒与政府的关系得到了初步的定位——政府与传媒不再是简单的单向控制与被控制关系，而开始逐步走向社会不同子系统之间的双向互动关系——共生关系、工作关系和监督关系。

如果说，在以往中国政府与传媒关系的框架下，传媒是党和政府的喉舌，是组织传播的媒介，是政府行政权力的延伸，是国家的宣传机器，政府与传媒之间是一种单向的控制关系的话，那么今天的传媒管理体制下这种单向控管体制已经被打破，一种新的政府与传媒之间的双向互动关系正在构建。这是因为，在中国的社会转型过程中，政府与传媒的角色正在转型。按照政治体制改革的设想与目标，中国政府的角色正在由传统的控制型政府、人治政府、封闭型政府向服务型政府、法治政府、透明政府转化。社会的治理理念开始由“以国为本”向“以人为本”转化，“坚持以人为本，促进社会事业加快发展，积极解决人民群众最关心、最直接、最现实的利益问题，维护社会公平正义，让全体人民共享改革发展成果”。① 与此同时，中国传媒角色也发生了根本性变化，不断向成为社会各阶层的信息传播工具、代言工具和社会公器的方向转型。尽管从终极意义上讲，传媒国有决定了国家依然拥有对传媒的话语的最终控制权，但是，在法治政府、开放透明政府、服务型政府的框架内，传媒也不可能是政府的简单的“传声筒”和“喉舌”了。政府与传媒之间新型的共生关系、工作关系和监督关系已经开始彰显。

今天中国政府与传媒之间的共生关系、工作关系和监督关系主要体现一种双向互动关系。所谓“双向”既是指传媒对于政府运作的监督、影响，又是指政府对于传媒的依法规制和宏观管理。所谓“互动”，一方面是指传媒作为社会公器，履行自身的社会责任，代表社会和公民监督政府、影响政府，另一方面是指政府通过传媒披露法规、政策和相关的重大社会经济、政治、文化信息，引导社会的常态运行，甚至通过传媒进行政府形象的塑造与传播，进行政府形象、国家形象的构建与提升。所谓共生关系，指的是传媒与政府同时成为社

---

① 温家宝.2007年3月16日答中外记者问（实录）[EB/OL].［2007-03-16］.搜狐新闻网，http://news.sohu.com.

会的有机构成子系统之一，它们之间并不是从属关系，而是彼此之间相对独立而又相互关联、相互作用、相互博弈。政府与传媒之间各自功能的有效发挥则可以促进社会的有效运转。所谓监督关系，指的是政府把传媒作为管理相对人之一，依法对传媒实施宏观监管；而传媒则代表公众，代表社会，对政府实施有效监督，把政府的行为及其结果置放在国民的视野内，对政府及其工作人员的不当职业行为进行批评监督。所谓工作关系，指的是传媒作为政府与公众沟通的途径之一，成为政府塑造其公众形象的公共关系工具之一；而政府信息又是传媒的主要新闻来源之一。这一工作关系，规定着传媒与政府的关系将是职业传播机构与新闻事件当事人的关系，而不是谁控制谁的关系。

正是这样的政府与传媒之间的双向互动关系的构建与发展，为报业民本化转型的持续推进提供了条件，为报业在公民社会建设过程中发挥其社会监视器与探照灯的功能提供了前提。

三

经过三十余年的经济高速发展和社会转型，中国已经到了构建公民社会的一个新阶段。尽管关于中国已经“迈入”还是正在“走向”公民社会存有争议①，但不可否认的是，随着市场机制培育和国际社会影响，公民社会是中国社会发展不可逆转的方向。构建公民社会，才能够为中国的未来民主提供一个社会结构的基础。参与式民主政治和公民社会的构建，将是未来中国社会转型发展的主要走向之一。

媒体作为各种利益表达与聚合的公共平台，其在建构公民性方面具有重要意义。有论者指出，观察分析近年来诸多公共事件和公共议题中的公众参与，当前中国公众参与基本都具有“媒体驱动”(media-driven) 的鲜明特征。② 一个公共事件的发生，首先需要媒体的参与，没有媒体的关键性传动作用，就不会引发大规模的公众参与；没有媒体对民意的呈现与放大，公共危机中的许多问题将难以引起官方重视和产生改革效果。与其他传媒相比较，报纸参与公民社会构建，在倡导社会理性、维护社会良序、坚守社会良心、传播社会良知、传导社会良俗、推进社会民主进程方面优势独具。这是因为，报纸的特质并不在于它的“纸”，而在于其以文字符号操作为主的“报”；报纸的力量来自它报道的客观、真实和公正。即使到了网络互动传媒大行其道、媒介资源相对过剩的今天，客观报道信息、处理信息，对事实提供价值判断与深度解析，依旧是报纸的强项。正是这一强项，使报纸能够以独到的视点，充分满足受众知情权，判断真实、揭示真相、守望公正。今后，民本化战略可能从以下四个方面促进报业发展。

第一，以促进公民社会构建作为新闻报道的高层框架。中国的公民社会正处于构建与发展的关键时期。“公民社会”可理解为“国家或政府系统，以及市场或企业系统之外的，所有民间组织或民间关系的总和，它是官方政治领域和市场经济领域之外的民间公共领域。”③按照美国学者罗伯特 · D. 帕特南（Robert David Putnam）的观点，合格公民是公民社会的主要构件之一。具备一定的“公民性”(civility)，公民方可称之“合格”。所谓“公民性”则指在公民共同体（civic community）中，公民对政治平等的追求和对公共事务的积极参与所表现出来的共同体的“公共精神”。④ 换言之，所谓公民意识，即公民对自己作为个人参

---

① 韩洪刚．北大清华激辩：中国迈进公民社会？［J］．时代周报，2009-01-07.

② 吴麟．公众参与的“媒体驱动型”特征［J］．学术界，2010（4）.

③ 高丙中，袁瑞军主编．中国公民社会发展蓝皮书［M］．北京：北京大学出版社，2008：17.

④［美］罗伯特·D. 帕特南．使民主运转起来［M］．王列，赖海榕，译．南昌：江西人民出版社，2001：100-104，203-206.

与、影响或监督国家公权力运行独立主体身份的认同。只有公民的公共精神、自主理性和自治能力得到提升，民主规制和民主实践才能被激活。在我国，虽然“公民意识”一词已首次出现在“十七大”报告中，但中国民众的民主意识、公民意识相对仍然比较淡薄，培育公民意识需要一个长期的过程。另外，社会民间组织系统发育迟缓，尽管很多民众群体权利意识明显增强，要求享有生存权、平等权和发展权，但与权利意识不断提升的现实相并存的，往往是利益表达渠道的失灵。谁来保护中国民众的权益？迫切需要民间组织的培育与完善，这些组织可以通过凝聚与提炼民众的利益来发挥其建设性的力量，进而维护集体权益，促进社会的公平、公正。鉴于当前国民的公民意识相对缺乏、社会民间组织系统发育迟缓、国民与政府的关系尚未理顺等问题正严重地制约着公民社会的构建，作为社会大船的瞭望者，新闻报道就应以促进公民社会构建作为其报道高层框架，就要立足于促进民间组织系统的发展、引导社会自组织能力的提升，强化公民的权利与义务意识，理顺国民与政府之间的主仆关系，从全面推进公民社会构建的总体指向上，去形成报道模式、设置报道议程、判断新闻价值，以表达公民心声、促进社会发展。

第二，新闻报道的内容层面，将从“以人为本，关注民生”的指向逐步扩展为社会公正的守望，强化对社会公权力的监督，促进社会和解，防止社会溃败。我国当前处于社会转型期，社会体制深刻变革，社会结构深刻变动，思想观念深刻变化，利益格局深刻调整，由此引发的社会矛盾错综复杂，各种社会冲突层出不穷，突发性群体事件不断增加。根据2005年发表的《社会蓝皮书》，从1993年到2003年间，群体性事件已由一万起增加到六万起，参与人数亦增加到307万人。国家行政学院公共行政教研室主任竹立家在接受《瞭望东方周刊》访问谈时透露，从2006年到2010年，群体性事件的数量增加了一倍。有人据此推算，2010年的群体性事件至少有18万起。上海交通大学《2010中国危机管理年度报告》则显示，影响较大的危机舆情事件有72宗，即平均五天便发生一宗影响较大的危机舆情事件①。

在目前这个社会矛盾尖锐、突发性群体事件层出不穷的关键时期，尤其需要报纸的新闻报道强调“以人为本，关注民生”，充分发挥其“政府的监督者、混沌世界的探照灯”功能。如果屏蔽了以报纸为主体的传媒的这一功能，将会导致社会冲突的扩大化和社会矛盾的激化。而要充分发挥报纸的这一功能，首先要站在公民的角度对社会突发性事件进行客观报道。报纸要针对突发性群体事件，深度解析社会结构与官民关系，透析事实本身，对问题的来龙去脉、前因后果、趋势方向进行客观报道，充分满足受众的知情要求，实现信息的透明化；其次要代表社会各阶层公民，对社会公权力的行使进行有效监督，揭示公民“被民主”、“被幸福”、“被就业”、“被代表”、“被和谐”的事实真相。公权力是一个社会的核心资源，也是产生腐败的核心地带。当前中国社会问题的本质不在于“社会动荡”，而在于“社会溃败”，“社会动荡”的反面是社会稳定，“社会溃败”的反面则是社会健康。中国社会的社会肌体已经出现了严重的问题，而问题的核心则是“权力的失控”。② 媒体的使命，就是帮助公众知情、帮助公众表达，切实监督政府和执政党对权力的行使，真正让权力在阳光下运行，保障人民民主的进一步实现。阳光是最好的防腐剂、杀毒剂，作为社会生活探照灯与监视器的报纸，理应突破信息屏蔽，把一些社会深层问题纳入受众关注的视野与可解决的范围，促进社会问题的解决与社会和解、协商，引导社会良性发展，防止社会溃败。

第三，新闻报道的形态上凸显公民新闻。“公民新闻崛起，是2009年中国媒体业的一道亮丽风景，无论是杭州飙车案，还是央视大火，还是邓玉娇事件，都显示了公民新闻的逼人

① 见孙立平．社会失序：我们要面对的严峻挑战［EB/OL］．http：//www.blogchina.com/201102261096438.html，博客中国·孙立平博客专栏．

② 孙立平．中国社会正在加速走向溃败［EB/OL］．［2011-02-27］．人民网四川视窗．

气势。”① 作为一种取向于社会运动的新闻改革浪潮，公民新闻不仅在新闻生产的各个环节中突破了固有方式的禁锢，还在理念上对传统的新闻学进行颠覆，使传媒、政治与社会力量之间的制衡发生了改变。2010 年以来，公民新闻的力量愈加彰显，其与社会发展的紧密联系，加之传统媒体的配合助推，使得新闻报道不像以往那样停留在形成公共议题的讨论阶段，而是更多地顺应民意，从实质上去推动社会变革。例如 2010 年的局长“日记门”、李启铭撞人事件、上海静安大火、力拓“间谍门”、前茂名书记落马案调查、唐骏学历门、紫金矿业污染门等，从道德危机、权力腐化、官商勾结等多维层面进入社会的注目空间，为社会政治变革提供议题，而钱云会案、河南高速天价收费案以及近来的家乐福和沃尔玛两大跨国零售巨头因涉嫌欺诈受罚等事件，则在社会问题社会隐患深度曝光的同时，进而引发社会对国民非制度化生存以及社会体制本身的深入思考与反诘，这同时也促使社会政治变革提上议程。“公民新闻”打破了传统的新闻生产流程，通过多渠道的新闻信息报道满足日益多元化发展趋势下公民的知情权需求。可以预料的是，伴随社会民主化进程与传媒融合大趋势的推进，代表民间草根传播力量和社会大众意见的公民新闻，在社会公共领域的构建过程中，必将成为影响社会舆论走向和社会发展的重要力量。“公共新闻网站将占领突发新闻报道的战场，新闻分析则留给报纸和通讯社去做。这就是我们制造的新闻传播领域的大变局。”② 媒介融合时代的传媒不可能再握有对于信息的垄断权，而需要在与其他传媒形态的紧密配合中，形成自己独家的判断视角、标准和方法，发现新闻事实背后的价值与意义。公共传统媒体与“公民新闻”的互动和融合可以使受众关注的各类议题更容易聚焦呈现，从而使新闻报道更贴近民众的需要，同时，这种融合还将有助于扩大新闻传媒的影响力，有助于推动整个社会的民主进程。重视这种“互动新闻”或“参与式新闻”，将使报纸更尊重传播规律，更尊重受众感受，更关注公共议程。任何无视公民新闻的报纸将会加速其死亡。

第四，主流报纸与公共报纸将得到长足的发展。如果说前 30 年报纸种群演进过程中，从党报的衰落、晚报的勃兴，到都市报的兴盛，再到今天的主流报纸的涌现，新的报纸种群大体上是在民本化转型战略走向执著而坚韧地发展的话，那么主流报纸作为典型的适应公民社会需要的传媒，必将得到持续发展而成为社会的主导报纸种群。经过 30 余年的社会转型，我国新的社会阶层结构雏形已经显现，社会资源垄断趋势的出现、社会分层结构的初步定型化、社会精英群体的互换与联盟的形成，表征着社会主流群体的崛起；与此同时，主导报业市场的都市报种群的同质化困境和规模化市场诉求，已经开始脱离社会主流人群对信息传播的中心需要。“长期形成的对市场的充分重视，使都市报有意无意地简化忽略了主流媒体权威性的内涵和在报道风格上对理性的崇尚。”③ 因此，在一定时期内，一方面由于都市报的勃兴，导致休闲娱乐、日常生活传播资源的过剩；另一方面，报纸又无法满足人民的知情权需要，难以满足体制和政策造成的巨大的信息饥渴，带来“主流报纸”的缺失。“急市民之所需，想市民之所想”固然在一定时期内，发挥了报业的民主化助推力量。但从新闻传播的历史演进规律来看，成熟的报业市场，不仅需要“大众报纸”，更需要具有较大的社会与市场影响力的“高级报纸”，或者说“主流报纸”。这类报纸的目标读者是社会高端读者。他们是社会的“核心动力群体”，对其他层面具有巨大的社会影响力。服务并影响这部分人群，充分发扬新闻专业主义理想与职业精神，深刻地关注和记录社会上正在发生的和形成的历史，才能真正发挥报纸的重大社会影响力与公信力，并进而完成报纸基于推动社会的进步、文明的进化、历史的发展而承担的社会公器的使命。就我国当代报业市场的进程而言，

---

① 笑蜀. 2009：谁引领新闻话语权 [N]. 南方周末，[2009-12-14].

② http：//www. npost. com/interview. jsp? intID = INT00164，转引自蔡雯，郭翠玲. “公民新闻”的兴起与传统媒体的应对 [J]. 新闻战线，2009 (9).

③ 张昆，陈力峰著. 都市报主流转型的困局与出路 [J]. 新闻记者，2008 (9).

主流报纸的市场期待成为报纸的自主追求，是最近十年的重要走向。如今，以《南方都市报》、《北京青年报》、《新京报》、《成都商报》等为代表的一批都市类报纸的主流化转型，注重以高公信力的新闻、高质量的观点吸聚社会影响力大的那些具有决策话语权、知识话语权、消费话语权的受众，在一定程度上，正彰显着报纸主流化的趋势；而以《南方周末》等为代表的一些报纸，独树标高、卓尔不群，正凸显着中国报纸的职业理想、责任情怀与新闻专业主义的追求。这些努力都无疑为报纸民本化战略转向趋于更高、更深层面进行了诠释。

【作者简介】

吕尚彬，武汉大学新闻与传播学院教授、博士生导师，武汉大学媒体发展研究中心副主任，主要学术领域为媒体发展、品牌与广告传播研究。

赵寰，武汉大学新闻与传播学院博士生，东北财经大学新闻传播学院教师。

论中国传媒产业化转型与政府作为①

钱广贵

一、产业化与传媒产业化：如何认识?

自1978年改革开放以来，中国社会进入转型时期，正在经历着人类历史上最大规模的四大转型："一是经济体制的转型，即从指令性的计划经济体制向社会主义市场经济体制转变；二是社会转型，即从以农业为基础的传统农村经济社会向以工业和服务业为主导的现代城市社会逐步转变，同时还正在向以知识为基础的知识经济加速转变；三是政治体制转型，即从传统中央集权政治体制向社会主义民主政治体制转变；四是开放转型，即从封闭、半封闭经济社会向建立开放经济和全面开放社会转变。"② 这四大转型相互联系、相互交织、相互作用，共同促进了当代中国社会的大变革、大变化、大转型和大分化。其中最为关键和影响重大的转型，是中国社会的经济体制的转型，即从指令性的计划经济体制向社会主义市场经济体制的转变，或者说是从计划向市场化的转型。

因此，考察和分析自改革开放以来的中国传媒发展和历史变革，市场化或无疑是一个重大的、不可或缺的视野和角度。事实上，正如罗以澄和吕尚彬教授指出的，民本化、产业化、数字化和国际化是中国传媒发展的四大战略走向。③ 宏观资源配置方式和经济体制的转变，导致中观行业以及特定行业中的微观活动主体性质和形态的转变，是一种必然。在传媒研究领域，正是因为传媒市场化取向的改革和发展，才导致了产业化和传媒产业化的关照视野和研究角度。

传媒产业化概念的始作俑者和提出者是黄升民教授。在进行广州电台的发展战略研究的过程，"中国媒介产业化系列研究" 开始浮出水面，并且形成系列论文发表，出版相关专著。④ 所谓大众传播媒介产业化，指的是"意识形态的媒介"向"产业经营的媒介"过渡的过程；产业化的共同特征一是利益指向，而且淡化行政级别和事业性质，追求相对立的经营实体地位。⑤ 在产业化概念提出之前，新闻学术界已经有"媒介市场化"、"新闻商业化"或者是"新闻企业化"的提法和研究。黄升民等人的研究同时指出，媒介产业化从宏观活动的空间角度来看，是"市场化"；从微观活动的角度来看，是"企业化"，以利益最大化

---

① 本文属于教育部人文社会科学重点研究基地重大项目"中国报业发展战略转型研究"(08JJD860220) 中期成果之一。

② 胡鞍钢．中国崛起之路［M］．北京：北京大学出版社，2007：156.

③ 罗以澄，吕尚彬．民本化、产业化、数字化、国际化：我国传媒发展的四大战略走向［J］．新闻传播，2009 (8).

④ 参见黄升民．关于媒介产业化研究［M］//黄升民著．新广告观．北京：中国物价出版社，2003：93-99.

⑤ 黄升民，丁俊杰主编．媒介经营与产业化研究［M］．北京：北京广播学院出版社，1997：5.

作为追求目标和行为指针。①

媒介产业化从严格的学术角度而言，不算是一个非常严谨的经济学术语。“产业化”代表的是一个过程和动态转变特征，这个用语在20世纪90年代末在传统的事业定位属性的行业领域向市场化的产业转变中曾被广泛使用，并在新世纪以来引起巨大的争议，比如“医疗产业化”、“教育产业化”等，“传媒产业化”可谓是一种特定时代的习惯用语。产业是一个特定的经济学术语，是产业经济学的核心话语和主导研究对象，是指“国民经济中以社会分工为基础，在产品和劳务的生产和经营上具有某些相同特征的企业或单位及其活动的结合”，“产业既不是微观经济的概念，也不是宏观经济的范畴，而是介于两者之间的中观经济概念。”② 微观企业的集合构成产业，产业是国民经济的组成部分，产业的集合与消费者以及政府的经济活动构成国民经济。

可见，产业化和传媒产业化所用的研究视野应该是产业经济学的相关研究资源。但这个术语提出的时候，主要借用的是“市场学、社会文化学等理论，基本的视点还是停留在传播学上。”③ 因为传媒产业化成为主流话语，或许具有某种无意识的路径依赖存在，产业化这个概念具有巨大的阐释空间，对比“市场化”和“商业化”相比似乎具有更为宏大的研究取向，因为成为主流话语有其必然性。所谓传媒产业化，如果从产业经济学的角度而言，是指传媒业从依赖国家拨款生存的事业单位集群成为主要由市场主导配置相关稀缺资源的过程，传媒业成为进入市场生存和发展的产业存在状态，作为单体和集合体的媒介由过去的单纯的国家拨款支持、履行上层建筑和意识形态的构建工具的职能，转向独立的市场主体，通过市场运营获取资源补偿和追求价值增值。产业化的本质是市场化，是市场开始配置稀缺资源的性质转变过程，同时微观活动主体从公益性质的事业单位转变为经济性质以盈利作为根本生存目标和价值函数的企业。传媒“产业化战略是指新闻传媒从单纯的文化、精神生产的事业单位沿着经营和理性的轨迹向企业状态过渡的一种战略走向”④ 就是一种基于微观经济活动主体演变角度的界定，鲜明地体现了传媒产业化这个术语具有的上启微观下联宏观的特征——这也是产业经济学的根本特征。

通过以上分析我们可以看到，传媒产业化的本质就是传媒的市场化生存和发展，市场作为主导配置方式开始对传媒领域的稀缺资源进行优化配置，达成提高效率追求利益回报的目的。

二、传媒产业化转型基本历程与现实问题

传媒产业化转型和发展战略的实施是在多种因素驱动下形成的，这其中既有传媒自身适应社会宏观系统结构变化和要求的内在驱动，也有外在的制度、经济、技术等因素的拉动。自20世纪70年代末以来的中国社会的全面转型和改革开放政策的实施，一直单纯履行政治工具的大众传播媒介的生存生态系统发生了根本转变，迫使媒介自身进行转型。1978年财政部批准《人民日报》等首都八家报纸实行企业化管理的报告，其后形成“事业单位，企业化管理”的传媒体制构成了当代中国大众传媒体制演变的基调。中国传媒市场化产业化重新开始启动，三十多年时间里，中国大众传媒形态发生了巨大变化，以集团化为显著标

① 黄升民，丁俊杰主编．媒介经营与产业化研究［M］．北京：北京广播学院出版社，1997：1.

② 简新华主编．产业经济学［M］．武汉：武汉大学出版社，2001：1.

③ 参见黄升民．关于媒介产业化研究［M］//黄升民著．新广告观．北京：中国物价出版社，2003：98.

④ 罗以澄，吕尚彬．民本化、产业化、数字化、国际化：我国传媒发展的四大战略走向［J］．新闻传播，2009（8）.

志，市场引导、商业取向、消费主导倾向明显，都市生活、财经、文化娱乐类传媒发展迅猛，政治意识形态严重泛化的局面大为改观。①

具体而言，1978年财政部批准《人民日报》等首都八家新闻单位的报告为标志，意味着我国传媒开始了产业化的转变。1979年财政部颁发《关于报社实行企业基金的实施方法》，明确规定报社在财务上实行企业管理的方法，传媒组织以事业单位之身开始市场化经营之路。此后，传媒开始刊登广告、自办发行（对于报刊而言），直接导致了广告市场和媒介市场的重开。20世纪80年代末，在宽松的政治环境和传媒管制环境下，政府赋予了传媒较大的管理权限，使传媒组织在版面扩充、开办周末版、设立广告部等方面实施了“边缘突破”，进一步推动了传媒产业化和市场化发展的深度和广度。1992年党的“十四大”正式确立了建设有中国特色的社会主义市场经济制度后，传媒产业化的制度推动作用在整体改革进程加速的背景下更加明显。1993年，国家计委的《关于全国第三产业发展规划基本思路》、中共中央和国务院的《关于加快发展第三产业的决定》两个文件中，证实把文化、广播影视、新闻出版、报刊经营列入第三产业。2001年，国家广电总局等机构发布的《关于深化新闻出版广播影视业改革的若干意见》，明确将传媒业中的“发行集团”和“电影集团”等从“事业性质”中剥离出来，定位为“企业性质”。传媒产业属性的确认，从传媒产业的规模扩张、结构改革和市场竞争提供了巨大的空间和强大的动力。

从传媒主体的市场属性的清晰化我们可以看出传媒产业化的加速状态。以报业为例，我们可以清晰地看出传媒业产业化市场化加速的历程：传媒组织由事业单位向企业组织演变的趋势。1979年4月，财政部颁发《关于报社试行企业基金的实施办法》，明确报社是党的宣传事业单位，在财务上实行企业管理办法，从而使报业经营改革成为可能。1987年国家编制投入产业表，传媒也列入“信息、咨询服务业”；1988年3月新闻出版署、国际工商行政管理局颁布了《关于报社、期刊社、出版社开展有偿服务和经营活动的暂行办法》，报社多种经营合法化。1994年，上海东方明珠股份有限公司在上海证券交易所上市。这是我国第一家上市的传媒行业股份有限公司。1996年1月15日，经由中共中央宣传部同意，国家新闻出版署正式批准《广州日报》作为报业集团试点单位，组建我国第一家报业集团。1996年4月，广州日报报业集团正式挂牌试点。广州日报报业集团在工商部门注册的全称是“广州日报报业集团有限公司”，表明该报业集团已经转变为企业性质。

2003年以后，传媒产业化进入一个新的历史阶段，即通过上市发行股票来扩大企业规模，降低融资成本，优化传媒组织自身治理结构。传媒产业和资本市场的相互依赖相互促动的关系开始形成，标志着传媒产业的资源进一步整合和集中，同时兼并收购重组成为可能。迄今我国已经有快二十家传媒公司实现上市融资。

但是，传媒产业化战略的实施，遭遇了一些体制上的根本问题和运营上的显示问题。例如，尚未形成全国统一的传媒大市场，地域分割和行政分割严重；传媒产业链不健全，产业分工水平低下，应对市场竞争能力差，整体效益低下；传媒组织产权结构单一，归属不清晰；传媒金融意识和金融资本利用能力缺失，资本运营水平低下，等等。这些问题的解决，都有赖于传媒产业发展环境的优化和产业化战略的持续推进。有专家预测，我国传媒产业化进程将在2020年左右进入传媒业的企业化、市场化和集约化的发展阶段，到2050年左右完成传媒整体产业化而达到一个全新的传媒产业发展新阶段。② 实现这一产业化的目标，需要推动传媒产业化的“主导之手”政府充分进行有效、正确和符合产业发展规律的制度供给，从而最终实现市场这只“看不见的手”在传媒稀缺资源的配置上起到基础性作用。

---

① 金冠军，冯光华．中国传媒产业政策的解读和未来转型［J］．视听界，2005（4）．

② 参见吕尚彬．中国报业转型发展的四大战略走向［J］．中国报业，2010（3）．

三、传媒产业化转型中的政府作为

促进和实现传媒产业化转型过程的完成，构建起独立的、强大的传媒产业体系，实现传媒产业发展的布局合理、结构优化、规模适中、技术水平先进和市场竞争力的强大，在中国特殊的国情下，需要充分发挥政府的“有形之手”正确、科学、规范的“有所为”和“有所不为”。

1. 基本前提：政府主导下的传媒产业化转型

不可否认，中国传媒的市场化转型和产业化转型一直都是在政府的严格控制之下进行的，受到政府的“有形之手”的强大的控制。这种“有形之手”的控制实际上是整体中国经济市场化转型的特征在传媒市场化和产业化领域的体现。20 世纪 80 年代末开始，中国的政界、经济界和学术界开始探索“经济体制改革的目标”，大致提出了四种体制模式①：第一种是后斯大林时期的计划经济模式（又称为“改良的苏联模式”），主张在计划经济体制下给予国有企业更大的自主权；第二种是市场社会主义模式（又称为“东欧模式”），匈牙利等东欧国家在保持国有经济的统治地位和计划经济的总体框架下，力图在微观（企业）层面引进一些市场因素；第三种是政府主导的市场经济模式（“东亚模式”）。“二战”结束后日本、韩国和新加坡等国家采用威权主义政治和市场经济相结合的办法，形成带有重商主义色彩的政府主导的市场经济体制；第四种是自由市场经济模式（“欧美模式”），许多理论界的认识接受了亚当·斯密等古典经济学树立起来的观点，认为政府的基本职能提供包括稳定的宏观经济环境在内的公共物品，政府对于微观经济活动的行政干预会妨碍市场的有效运作并且滋生腐败。虽然我国从 1992 年正式确立了建立社会主义市场经济制度的基本战略，但现实中由于政治体制改革的滞后和政府转型的滞后，政府主导的市场经济模式实际上是我们采取的建立市场经济制度的基本取向。

我们在这里不讨论政府主导的市场经济模式的合理性或者非合理性，只是把这种状态作为一个基本的前提来对待和分析。无疑，在渐进式的中国宏观经济市场化转型过程中，政府的“有形之手”的退出将是一个长期的、复杂的过程。既然最优的市场选择事实上不存在，那么这种选择可以说是一种次优的选择。对于传媒产业而言，政府的思想观念、制度供给和产业政策直接影响和制约着传媒产业的发展。

在承认政府在传媒市场化和产业化转型的主导地位这个基本前提的同时，我们必须构建传媒产业化发展和转型与政府的理性、健康和相互协调的关系。政府与传媒产业化转型以及更为根本的政府与传媒的关系，应该从以下几个方面把握：第一，政府和传媒是互生互动关系，而不是绝对的行政隶属关系。政府和传媒都是社会宏观系统的子系统，分别在不同的场域内履行自身的功能，从而促进社会的整合、沟通和良好运行。如果政府是提供公共产品的代议机构，那么传媒则是提供信息的社会组织，两者互生而互动。在全能主义整治下的那种传媒完全隶属于政府的状态是一种畸形的状态，如中国的“文革”期间，这种畸形的关系不仅给传媒的发展带来致命的打击，同时也导致政府行为的扭曲。第二，政府和传媒是互相监督的关系。政府作为拥有合法暴力和法律赋予的管理国民经济各个领域的权力，政府通过制定法律、产业政策，甚至直接发布行政指令对传媒实施基于公共利益维护和实现的管理。传媒则拥有依据法律监督政府公权力运行的权利，这种权利是宪法赋予不可剥夺的，政府必须尊重这种权利。第三，政府对于产业化的传媒和传媒产业化的管理，从经济领域而言，主要是提供特定的经济政策、财政政策和产业政策来对传媒业进行宏观调控和管理，而不介入

---

① 吴敬琏．吴敬琏改革论集［M］．北京：中国发展出版社，2008：193-194．

传媒的微观运作和管理。政府对传媒产业的管理主要是通过市场的手段而不是行政手段，因为行政手段必然会带来资源配置的扭曲和寻租行为，从而降低整体产业的竞争力。这是我们必须要避免的。

2. 多目标函数制约下的传媒发展与产业化转型的政府制度供给

中国的传媒改革和传媒发展，一直受到多种目标函数的制约。从新制度经济学的角度来分析，就国家主体而言，虽然国家目标可能众说纷纭，但最基本的目标是两个：一是界定形成产权结构的竞争和合作的基本规则（即在要素和产品市场上界定所有权结构），这能使统治者租金最大化；二是在第一个目标框架中降低交易费用以使社会产出最大化，从而使国家税收增加。① 简而言之国家在提供制度供给的时候就具有两方面的目标，它既要使统治者的租金最大化，又要降低交易费用以使社会总产值最大化，从而增加国家税收。我们可以看到，在很多时候这两个目标是相互冲突的。

就传媒改革和传媒发展，不同的利益主体在追求不同的目标实现，从而构成了传媒体制改革的多种目标函数的集合。政府的目标函数是意识形态安全，包括宣传党和国家的法令、法规、政策等；宣传主流价值观，确保马克思主义作为我国指导思想的地位以及各个历史时期党中央的战略构想的实施；保持和弘扬我国优秀的民族文化等。传媒组织自身的目标函数是扩大规模，提高影响力从而实现最大的经济收益以及在政治上的地位和影响。社会和公众的目标函数与学术界的一致，是追求公共利益的最大化，包括保障法律所保护的公众私人利益不受传媒侵犯；满足公民知情权；普遍服务原则，等等。② 不同行为主体和利益主体的目标函数本质上是一致的，但现实实施和追求过程中难免存在冲突和矛盾的地方。

不同的行为主体的传媒改革和发展的目标函数追求的冲突，导致政府在提供传媒体制改革的制度供给方面左右冲突、摇摆不定，从而导致制度供给不足甚至相互冲突和矛盾。无论如何，基于政治合法性和以人为本的基本发展战略以及社会主义社会的本质政治特征，传媒发展和传媒改革的所有的目标函数的追求，都必须建立在公民知情权和表达权的满足和保障上，这应该是传媒改革和发展的最为基本的目标函数，其他目标函数的实现都是必须建立在公民知情权和表达权的满足的基础之上，才具有其存在的合法性和必要性。我们必须确立这种观点。

传媒产业化发展战略是中国传媒改革和传媒发展的一个重要组成部分，但并不是全部。产业化的发展战略决定了传媒发展的本质目标应该是经济领域的，政府提供的制度供给应该在经济和市场的角度提供的，而不能掺杂太多的政治和社会的目标函数在里面。否则企图在传媒产业化的发展战略中实现所有的目标函数，甚至连基本的经济和产业方面的目标函数都无法实现。从根本上说，多目标函数的实现和满足客观上要求对传媒转型实现“分类管理、多元构建”的系统改革，只要在对传媒实施“分类管理、多元构建”的基础上，政府对于传媒的产业化转型和产业化的传媒发展的制度供给才能排除各种无谓的争议和误解，回归经济和产业的领域提供属于政府的经济职能履行的定位上来。

根据《瞭望》新闻周刊报道的关于中国政府就事业单位改革的整体布置可以为多元性质传媒系统构建改革提供某种思路。据《瞭望》新闻周刊报道，高层已就推进事业单位分类改革作了全国性的整体改革部署，改革时间表也已确定。事业单位改革最大举措就是事业单位的分类改革。所谓分类改革，即按照社会功能将现有事业单位划分为承担行政职能、从事生产经营活动和从事公益服务三个类别：对承担行政职能的，逐步将其行政职能划为行政机构或转为行政机构；对从事生产经营活动的，逐步将其转为企业；对从事公益服务的，继

① 卢现祥．西方新制度经济学［M］．北京：中国发展出版社，1997：165-166.

② 李良荣．论新闻改革的优先目标——写在新闻改革30周年前夕［J］．现代传播，2007（4）.

续将其保留在事业单位序列，强化其公益属性。① 对比事业单位的分类改革战略，我们可以看到，传媒的产业化发展战略的政府制度安排和供给，只能是针对从事市场生产经营活动的，并且性质是企业的传媒组织而言。

从古典经济学的角度而言，政府在经济领域的四个职能主要是：提高经济效益、改善收入分配、通过宏观经济政策稳定经济和执行国际经济政策。② 从产业经济学的角度而言，政府的功能是针对市场经济运行中可能出现的市场失灵和错误导向、为修正市场机制作用和优化经济发展过程，对产业发展、产业结构的调整和产业组织提供各种经济政策即产业政策的提供。③ 传媒产业化的政府制度供给就是在不同经济学领域的制度安排和政策供给。但我们必须认识到，就经济领域而言，对于好政府有两个要求，一是有限，二是有效。所谓“有限”是指它是提供公共产品的，而不是“全能”的，应当给市场提供秩序，提供条件，而不应当去处理微观经济事务，更不应该作为经济主体在市场上谋求自身的利益，从而丧失自身的客观公正性；所谓“有效”，是要求政府必须廉洁奉公同时高效率、低成本的提供公共产品。④ 政府在传媒产业化发展过程的制度供给，也必须遵守“有限”和“有效”两个基本原则，否则发挥的功能很可能是适得其反。

3. 推动传媒产业化发展战略深入的政府作为

推动传媒产业化发展战略的深入，在承认传媒体制改革过程中的政府主导的基本前提下，需要政府的“有形之手”的有效作为。简而言之，政府应该在构建公平有序的竞争环境、提供科学规范系统的产业政策等方面为传媒市场化和产业化的深入发展发挥功能。具体而言是下面几个方面：

第一，政府应该提供合理、系统、科学的传媒产业政策，进行传媒体制改革和传媒发展的长期、稳定的战略规划制定。按照产业政策的内容的不同，产业政策可以分为产业发展政策、产业结构政策和产业组织政策。⑤ 传媒产业政策的制定必须遵守针对性、连续性和指导性的原则，通过间接干预手段（包括经济杠杆手段和信息指导手段，其中经济杠杆手段包括财政手段、金融手段、政府订购等手段，信息指导手段包括发展计划、政府重大经济活动、政府权威信息发布和有关经济信息特别是政府意图的日常传递等）和直接干预手段（包括政府的行政管制和行政协调两个方面，行政管制包括市场进入管制、数量管制、价格管制、技术管制和环境保护以及生产安全管制等，行政协调主要是指政府特定的权威和影响力，通过各种形式协调具体企业的生产经营，使之趋向于政府的有关产业发展意图。）⑥

第二，构建全国统一的传媒大市场。古典经济学的研究表明，市场规模的大小决定了市场分工和专业化发展的程度，进而决定了市场竞争水平和资源配置的效率。中国的传媒资源分配的基本格局是在计划经济体制下形成的，所谓的“三级办报、四级办台”就是根据行政级别来进行传媒资源的分配，这种格局在传媒开始市场化和产业化战略发展后越来越成为传媒发展的重大障碍。传媒市场的行政分割、地域分割导致了传媒竞争水平的低下和资源配置的低效。为了推动传媒产业化战略的深入，必须打破传统的传媒市场条块分割、地区封锁、城乡分离的格局，打破计划经济体制下形成的依据行政差序格局配置传媒资源的参与，

---

① 见新闻报道全国事业单位改革时间表敲定，涉及 4 000 多万人［EB/OL］. 新浪网页，http://finance.sina.com.cn/g/20110411/16039668780.shtml.

② 保罗·萨缪尔森，威廉·诺德豪斯著. 经济学（第 16 版）［M］. 萧琛，等译. 北京：华夏出版社，1999：230.

③ 芮明杰主编. 产业经济学［M］. 上海：上海财经大学出版社，2005：455.

④ 吴敬琏. 吴敬琏改革论集［M］. 北京：中国发展出版社，2008：165.

⑤ 芮明杰主编. 产业经济学［M］. 上海：上海财经大学出版社，2005：456.

⑥ 参见芮明杰主编. 产业经济学［M］. 上海：上海财经大学出版社，2005：467-468.

构建起全国统一的传媒产业与传媒市场，从而为传媒资源的充分自由流动和优化配置提供条件。构建这样的传媒大市场，需要进行市场主体的培育、市场空间的拓展、市场规则的制定，也需要构建完善的市场准入、市场推出和运行机制，构建市场服务体系、中介支持系统，最终形成优胜劣汰的市场机制。①

第三，从市场微观主体上确认实现市场化和产业化发展的传媒组织公司性质，推动产业集群。培育面向市场竞争的自主经营、自负盈亏、产权清晰和管理科学的传媒公司，推动产业集群的形成和发展。进行市场化转型和产业化发展传媒，必须根据多元传媒系统构建的基本要求，明确传媒组织的企业身份，使之成为产权清晰、责任明确、自我经营与管理并参与市场竞争的市场主体和法人。只有这样，传媒才能真正实现自主经营、自负盈亏、自我发展和相互竞争，这是实施传媒产业化发展战略必须具备的微观基础。在明确传媒企业组织性质的基础上，组建跨媒体、跨区域的媒体企业以及产业集群，提升传媒产业的产业集中度和规模，最大限度地实现传媒产业所具备的规模经济和范围经济的特征，也为迎接传媒数字化和传媒融合的挑战奠定产业组织上的条件。

【作者简介】

钱广贵，博士，华中农业大学文法学院广告与传播学系副主任、讲师，主要从事广告传播、传媒经济研究。

① 参见吕尚彬．中国报业转型发展的四大战略走向［J］．中国报业，2010（3）．

中国报业数字化转型的问题与对策①

吕尚彬　陈　薇

一

中国报纸数字化发展战略的起点，可以追溯到1987年《经济日报》运行华光Ⅲ型激光照排系统。1994年中国正式与国际互联网链接，为报纸的数字化生存，提供了网络基础。1995年之后，大量的报纸开始自发与互联网"亲密接触"。到了2005年，报业强烈感受到新兴的网络传媒在读者注意力和广告资源等方面的分流威胁，国家新闻出版总署适时提出报纸出版业加快走向"数字报业"转型的战略构想。2006年8月，国家新闻出版总署发布《中国报纸出版业"十一五"发展规划纲要》，正式启动"数字报业发展战略"和"中国数字报业实验室"计划。从此，传统纸质出版向数字网络出版的转型，成为中国报业寻求新的生存制高点的自觉行动。

经过五年多的推进，我国数字报业战略已经取得初步的进展。报业内容生产集成平台与全媒体多通道数字出版系统的建设、报业内容多媒体接触终端的开发、运营模式的电子商务化拓展等取得了一定的实效。概而言之，报业数字化探索的进展至少体现在如下方面：

第一，报网互动开始延伸报纸的影响力。多数纸媒都建立了自己的网站，推出报纸的数字版面或互动窗口。在这些网站上，针对目标受众的需要，可以补充新的新闻内容、音频和视频内容，并把一些受制于纸媒版面无法延展的内容，通过网络传播出去，使受众的阅读体验更丰富和立体。例如，基于报纸与网络合作建立的大渝网、大成网、大秦网、大楚网、奥一网、辽一网等网站，已经成为报网互动的新媒体平台。这些新媒体平台，依托纸媒及其品牌，立足于将本地新闻、本市新闻、民生新闻做细做深做透而形成其较大的影响力。

第二，报业新闻生产、接触终端的改造初见成效。尤其是2006年以来，进入数字报业实验室计划的报纸，从不同方面开展了新闻生产的流程再造试验和探索。例如，解放日报报业集团设计开发的报业全媒体多通道数字出版系统，包括语义搜索、版面分解、内容管理、快速拼版和复合出版五大功能模块，能够在传统报业内容生产与新媒体项目内容需求之间搭建起高效、快捷的数据交换和发布通道，从而实现新媒体采编发布流程中的自动资讯收集、快速模块化拼版和多通道、多载体内容发布。传统报纸版面内容经过一次反解，就能转化成多种标准格式的文件，衍生的新媒体多形态产品就能同步制作和发布。这一系统延伸了报纸的内容"供应链"，传统纸报内容与i-News（手机报）、i-Paper（电子报）、i-Mook（网络数码杂志）、i-Street（公共新闻视频）等新型报纸接触终端的内容实现对接，加速推进内容生产和传播方式的数字化转型，拓展报纸的形态和功能边界。再如，2008年奥运会期间，《广州日报》首创"编辑部前移"的报道新模式。这一模式将编辑部整体进驻北京，报纸的策

---

① 本文属于教育部人文社会科学重点研究基地重大项目"中国报业发展战略转型研究"（08JJD860220）中期成果之一。

划、编辑、评论、美编、制版、校对、作图、技术、传版以及网络视频直播、手机报的编辑制作等均在北京进行“全流程”运作。又如，宁波日报报业集团率先建设集新闻采编、经营管理于一体的全媒体数字技术平台，从体制和机制上为数字化生产、传播、营销、投资和管理搭建统一平台和战略架构，实现媒介产品的多介质、多层次、多频次的生产和销售。他们已初步构建出由三层次媒介组成的全媒介系统：第一个层次包括《宁波日报》、《宁波晚报》、《宁波商报》、《新侨报》及四家县市区报纸；第二个层次是以中国宁波网为核心的网络媒体；第三个层次是以手机报、互动多媒体报、电子纸报、户外大屏幕等为载体的新型媒体。通过报业融合新闻生产流程再造的初步探索，纸媒与新媒体的隔阂在逐渐打通，媒体融合逐步加深，报纸报道“正在发生的新闻”的能力正在提升。

不过，必须承认，我国报业数字化进程中所进行的多通道出版系统、手机报、新闻网站的开发等探索，还属于数字报业发展的“优先变革点”。仅仅停留在“优先变革点”还很不够，这只是让报业变革进入产业激变性演化进程的“新兴”阶段。从报业数字化进程的整体来看，即将从产业激变性演化进程的“新兴”阶段提升到“共存”阶段。而在“共存”阶段，新的数字报纸产业模式的要素正在积累，新的盈利模式即将蓬勃而出。无论是读者、生产者，还是产业供应商面对新模式，不仅越来越理性，而且熟悉程度日益提高。从数字报业“共存”阶段来看，报业数字化发展进程有如下问题亟待解决：

第一，报社组织结构转型的滞后。报社组织向融合新闻生产组织结构的转型，不仅是数字报业发展的现实“短板”，更是保障这些“优先变革点”走向“全面变革”的前提和基础。报业组织的结构转型已经成为制约数字报业在“共存”阶段进行新模式要素积累的关键点和目前面临的核心问题。“三网融合”等产业融合的逐步推进，加大了网络运营商在数字传媒产业链上下游强势扩张的力度，激活了发展内容生产组织和推进内容融合的巨大空间。以生产文本、图片、音频和视频内容见长的报社组织需要在数字传媒产业链上游的融合新闻生产组织领域上重新定位，并形成新的组织结构形式。

第二，新的盈利模式尚须构建。而当前的数字报业在数字化进程中，商业运营模式多为原有运营模式的延伸，缺乏创新；依靠互联网的便利和免费吸引了更多消费者，却没有带来更多的盈利；新闻网站的依附状态限制了自身的独立运营；盲目进入自己并不熟悉的一些新媒体领域，既没有找到自己的盈利模式，又失去成熟稳定的商业模式和收入来源。如都市报业数字化开发形式大同小异，对目标用户市场缺乏深入研究与调查分析，盲目开发，甚至将报纸同质化现象带入报网竞争。① 又如近几年的手机报，信息发布环节完全掌握在无线运营商手里，无线运营商的政策决定了手机报的价格、发行是否通畅，报社完全处于被动地位。② 这些都影响到了数字报纸的盈利模式的构建。

第三，融合形态新闻生产尚须突破。虽然宁波日报报业集团的“全媒体信息技术平台”、解放日报报业集团的“报业全媒体多通道数字出版系统”、烟台日报传媒集团的“全媒体信息技术平台”、《人民日报》的“综合业务信息化平台”等都试图探索新闻信息中心的多级开发与采编流程的再造，但这些还是融合新闻生产流程的初步探索。一方面，出于媒介融合进程中的各媒体之间在同一目标的前提下，实现新闻资源的共享、开发与整合，通过一个中心新闻厨房的集中处理，衍生出不同形式和介质的信息与娱乐产品，传输给多样性的接触终端，这才是数字报业发展内容生产的较高境界。另一方面，公民新闻生产的崛起，又迫切需要传媒生产组织迅速找到新的媒介生态环境中的价值落点，促进专业新闻生产与公民新闻生产的融合，以提升核心产品的影响力。

第四，一些技术壁垒、法规壁垒、管理壁垒尚未突破等。在传媒新技术的创新与扩散日

① 袁志坚．数字报业的商业模式初探［J］．传媒，2007（7）．

② 张世贤．报业数字化面临的问题与解决路径［J］．新闻爱好者，2010（5）：54-55．

新月异的今天，中国报业的数字化转型与报业的市场化、民本化转型叠加推进，导致其传媒环境与社会环境异常复杂，壁垒丛生。推进报业数字化战略进程，可能遭遇市场需要的技术研发能力的短缺、同类产品的多个技术标准难以兼容等技术壁垒，也可能遭遇原有报业政策、传媒法规在数字报业领域的滞后等政策法规壁垒，还可能遭遇不同媒介领域的版权壁垒、管理壁垒。

二

报业生态环境的剧烈变化，进一步加大了推进报业数字化转型的紧迫性。报业数字化转型面临的压力依然十分严峻，互联网络等融合型媒介的强劲发展还持续挤压着报业的生存空间。截至2010年12月底，我国网民总数已攀升到4.57亿，全年新增网民7 330万，年增幅19.1%；手机网民达3.03亿，较上年净增6 930万；网络新闻用户35 304万，占网民总数的77.2%；互联网普及率上升至34.3%，较2009年底提高5.4个百分点。① 互联网络与其他互动媒介的高速发展，导致纸媒的阅读率持续下降，数字化阅读率持续上升。据调查，2010年我国18周至70周岁国民各媒介综合阅读率达到77.1%，比2009年的72.0%增加了5.1个百分点。图书、报纸、杂志的阅读率和数字化阅读方式的接触率较2009年均有增长；数字化阅读方式的接触率为32.8%，比2009年的24.6%增加了8.2个百分点，增幅为33.3%。相比较而言，数字化阅读方式的接触率增长幅度最大。② 不仅如此，三网融合的逐步推进，都迫使报业必须加速向内容生产组织的数字化转型，以铸造新的市场竞争优势。报业数字化战略进程还需要从以下四个方面向纵深推进：

第一，报社组织结构的转型。如果说三网融合及其所表征的传媒产业与电信产业融合趋势，属于报业环境变革要求之一的话，那么报社组织将这一要求内化，则必须进行组织结构的转型。从组织行为学的角度来看，组织结构指的是，对于工作任务如何进行分工、分组和协调合作，它是一种连接任务、技术和人员的互动关系所形成的模式。不同的组织具有不同的结构，组织结构对于员工的态度和行为都具影响。管理者在进行组织结构设计时，必须考虑的6个关键因素是：工作专门化、部门化、命令链、控制跨度、集权与分权、正规化。③ 不仅如此，战略、组织规模、技术、环境4个因素直接决定着组织结构的形式。基于环境适应和组织目标而形成的发展战略，当然是组织结构的核心影响因素；组织结构是实现组织战略的手段。有效的组织结构可以保证资源能够按照组织战略需要得到充分利用。组织规模直接影响到结构类型，专门化、部门化的选择与集权或分权机制的构建。技术作为组织将所拥有的资源转化为产品的手段，则是组织构建生产价值链，以形成竞争优势的基础。由供应商、顾客、竞争者、管理机构、公众压力群体等构成的不确定的环境因素，迫使组织实施调整其结构以适应环境的变化。有学者预测传媒组织结构变革趋势指出："扁平化、大跨度横向一体化、虚拟化、柔性化和注重团队建设是未来传媒组织的演变方向。"④ 在扁平化、大跨度横向一体化新型传媒组织结构类型中，报业组织结构将由内容中心、技术中心、运营中心三大平台构成。其中，内容中心负责整个企业的内容原创采集、加工聚合、分配应用；技术中心负责整个企业组织系统的硬件和软件技术维护与升级，维护三大中心的正常有效运

---

① 中国互联网络信息中心．第27次中国互联网络发展统计报告［EB/OL］．［2011-01-18］．http：//www.cnnic.net.cn.

② 第8次国民阅读调查：数字化阅读增长幅度最大［EB/OL］．人民网，http：//it.people.com.cn/GB/14453962.html.

③ ［美］斯蒂芬·P．罗宾斯著．组织行为学［M］．北京：中国人民大学出版社，1997：423.

④ 屠忠俊主编．现代传媒业经营管理［M］．武汉：华中科技大学出版社，2007：312.

作，保障新闻内容的生产和配置、传播的顺利开展；运营中心是决定报社内容生产发展全局的核心部门，也是统领内容中心和技术中心的战略指挥部。其中，内容中心（信息中心）则是整个结构转型的核心。传播渠道与信息载体的多样化，必将带动新闻编辑部组织结构及其角色和功能的变化。例如，2006 年 11 月 2 日，美国最大的报业集团甘奈特集团首席执行官 Craig Dubow 在一份备忘录中宣布，集团旗下的所有报纸都将设立崭新的“信息中心”，全面取代已有的新闻编辑室，让原先的报纸读者能在任何时候、任何地方，通过任何他们喜欢的平台，接收新闻和信息。信息中心分为七个功能部：数字部（以数据库为基础快速搜集新闻和信息）、公共服务部（媒介监督）、社区对话部（原评论专栏的延伸，帮助实现传—受交流和受—受交流）、本地新闻部、内容定制部（为小众市场定制专门信息）、数据部（发布生活类“有用”信息）以及多媒体内容制作部。这一改革主要有四个目的：一是进一步突出本地新闻和信息优先于全国和国际新闻信息的地位；二是发表更多的由受众贡献的内容；三是每周 7 天、每天 24 小时不间断地跨平台更新和发布新闻和信息（报纸的作用从而下降、网站的作用因此上升）；四是在与受众的互动中进一步发挥他们的舆论监督作用。① 这种新型报业组织的设计与变革思路，将与传媒集团及其治理结构的创新具有兼容性。而在新的结构模式主导数字媒体产业运行之后，将同时引发传媒集团整体组织结构的战略创新，促进传媒集团向有机结构、结构松散、工作专门化程度低、正规化程度低、分权化的无边界组织转型。传媒的无边界组织探索已经初步展开。通用电气公司的前首席执行官杰克·韦尔奇这样描述道：“无边界并不是说所有内部边界和外部边界都彻底消失了。虽然边界继续以某种形式存在，但它们变得更加开放，也更容易穿透了。”② 对新型的传媒组织而言，虽然组织内部各阶层之间的垂直边界、职能部门之间的水平边界，与目标受众、供应商、管理者之间的外部边界，地点、文化和市场之间的地理边界都仍然存在，但是这些边界都不再是传统意义上的刚性存在，而可能逐步变成柔性存在。无论是垂直、水平边界，还是外部、地理的边界，作为柔性存在，都可以通过资源共享、生产价值链的协调与重构而穿透它们。事实上，传媒组织正在探索的一些重大创新举措，正是在媒介无边界组织构建方面拓展和初步转型。例如，《成都商报》构建的新闻指挥协调中心试图打通不同介质媒介之间的边界和组织内部的垂直边界，深度报道小组正在打破传媒与目标受众、新闻资源供应者之间的外部边界；《广州日报》的“编辑部前移”不仅促进了媒介组织内部的媒体、平台、编辑部之间的协调与融合，更打破了地理边界；《解放日报》成立为解放网提供新闻的即时播报记者小组是一个新闻虚拟组织。从传媒的无边界组织构建的角度说，尽管是“小荷才露尖尖角”，但这种趋势已经开始彰显。

第二，促进专业新闻与公民新闻生产的融合，提升产品的公信力和影响力。美国《2011 年新闻媒体状况报告》认为：“未来最大的问题可能不是缺少受众或缺乏新收入来源的试验，而是在数字化领域新闻业已经不再掌控自己的未来”。该报告指出，数字内容的聚合、发布和受众数据等，都掌握在谷歌、Facebook 和苹果公司手中。这说明，正在构建的数字媒体产业链中，渠道掌控者已经开始发力。以生产文本、图片、音频和视频内容见长的报社组织需要在数字传媒产业链上游的融合新闻生产组织领域为自己定位，以重构自己的产业价值链。仅仅从报纸的数字化转型的一个视角来说，融合新闻的生产构成数字报业重构产业价值链的基点。融合新闻也叫多样化新闻，也就是以数字化为方向和纽带聚合并能够通过计算机、通信、个人电子设备等多样化终端自由分配与接触的新闻样态。融合新闻不仅从新闻

---

① 邓建国.“信息中心”：未来报纸的新闻编辑室？——美国甘奈特集团的“激进”报业改革 [J]. 新闻记者，2007 (2).

② [美] 大卫·凯琴，爱伦·伊斯纳著. 战略 [M]. 孔令凯，译. 北京：中国人民大学出版社，2009：217.

信息的发现、鉴别、转换、整合、展示和增值六个基本环节适应数字技术的要求，更重要的是它在新的终端介质上能够实现听、读、看、写、说、录等手段的自由选择和组合，使新闻传播更加自由、更加个性化、更加互动化。伴随着数字报业传播网络融合与接触终端融合的推进，传统纸媒传播渠道和数字新媒体传播渠道之间的藩篱被彻底打破，融合新闻产品将成为转型后的报社组织进行内容产品开发的主要形态，作为重构新闻的原创、生产、应用产业价值链的支撑优势，实现对产业价值链的"内容拥有"和"终端占有"两大端口的拓展。尤其值得注意的是，传媒专业新闻生产已经开始探索与公民新闻的融合。在今天，公众可以通过网络讨论、播客、博客、微博、维基、掘客等网络媒体，参与到新闻信息的传播过程中来，从某种意义上摧毁了传统媒体对于新闻的垄断，将新闻传播变成了互动对话，极大地改变了新闻传播的生态环境，传统媒体对新闻信息的"议程设置"功能受到影响。这进而导致新闻报道的方式正逐渐从以往的专业记者报道方式向专业记者与公民记者相结合的报道形态转变。一部分媒体的融合新闻生产，已经开始寻求将自身新闻的生产与公民新闻的生产融合与统筹。例如，创立于2005年的《赫芬顿邮报》网站成立之初就快速发展为在线巨头，如今已成长为美国访问量最大的新闻网站之一，每天的独立用户访问量超过2 500万。① 其运作成功之道在于"聚合"与"合作"。它以"聚合"的方式，与网站、纸媒、广电直接链接，可以点击跳转至原始网页；以"合作"方式，对自由撰稿人、新闻创作者付费让其提供内容，还可以让提供新闻的部分公民得到网上表达的机会。

因此，专业新闻生产与公民新闻生产的融合，开始成为新闻生产的主要变化动向和方式。不过，融合新闻仅仅是数字新闻的表现样态，并不代表新闻自身的品质或影响力、公信力。正如人人能够做饭，并不能取代专业厨师一样，"人人都是记者"并不能替代新闻传播者的执业素养和专业工作。这是因为决定新闻影响力的核心要素不是新闻的"形"，而是新闻的"质"。对目标受众新闻需要的准确洞察与满足，内容的吸引力、影响力、公信力，信息产品的优质，是新闻报道最重要的品质，也是形成媒介品牌的关键和盈利模式的支点。

第三，持续探索盈利模式。事实上，敢于在数字盈利模式方面持续闯关的，往往正是那些新闻报道品质优良、品牌影响力大的传统媒体。例如，《纽约时报》的数字接触终端采用新的收费计划：用户每月在其网站上免费阅读20篇文章，超过限额需要订阅套餐，其价格为每4周15元或包年195元，也可以通过《纽约时报》的智能手机进行阅读浏览。而使用iPad者需支付每4周20元或年260元套餐费。想通过任意终端阅读《纽约时报》的话，需支付每4周35元或者每年455美元套餐费。该计划实施不到一个月，《纽约时报》网络版的付费读者已达10万，这一结果"好于公司预期"。有学者认为，《纽约时报》网站收费须过七关（①超越该网站每月美国独立用户访问量约为3 200万的1%；②破解 TimesSlect 首次"付费阅读失败的魔咒；③挽留遭遇收费障碍的新闻用户；④保持数字广告收入稳定；⑤让访问套餐成为一大亮点；⑥兼顾各种流量来源；⑦持续改进产品）。② 因此，《纽约时报》的盈利模式探索，尚待进一步关注，但该报的这一探索已经远远领先于其他媒体。

探索新的盈利模式，无疑需要系统统筹各接触终端粘连的受众及其注意力资源。融合新闻传播的接触终端系统即基于网络新技术而运用所有媒体手段和平台来汇流、整合构建全新的新闻传播与接触系统平台。无论是电子阅读器、数字电视、直播卫星电视、网络视频、车载电视、楼宇视频和户外屏幕，还是手机电视、手机电台、手机报纸、网上即时通信群组、虚拟社区、博客、播客、搜索引擎、简易聚合、门户网站等，基于电信网、广电网、互联网

---

① 传媒巨头 AOL 收购《赫芬顿邮报》押宝在线新闻［EB/OL］. 搜狐传媒，http：//media. sohu. com/20110210/n279266448. shtml.

② 《纽约时报》网站免费面对七道坎：驱赶此前失败妖咒［EB/OL］. IP 网络技术圈，http：//www. ip74. com/.

而运行的各类受众接触终端，通过报社组织内容生产中心的全媒体多通道数字出版系统或者内容集成平台，就可以实现新闻信息聚合与互动、分配，为受众提供多媒体、多样化、多层次的接触体验终端。这一终端系统的各个接触点，都可能成为盈利模式的构成点。《西雅图问讯者邮报》的工作人员从160人减少至20人，成为不需要新闻纸的媒体，却比以往更为盈利，秘诀即在于，传播本地新闻，雇佣博客写手，请社区人为报纸捐款（立足于为社区服务），以及集体资助（为某一位或几位记者的调查新闻提供捐赠，包括赞助等）。这样的“报社”，已经是一个专业新闻生产与公民新闻生产融合的无边界组织。不过，即使是无边界组织的报社，形成其盈利模式的原点，则是相对开放的终端系统背后的新闻品牌。我们很难预测，哪一个方面的接点，会成为数字报业盈利模式的核心或者主体，但可以肯定的是，传统媒体所构建的新闻品牌及其影响力，将延伸到数字媒体接触终端系统的各个方面，并以其深刻的洞察力、思想的引导力成为互动传播议程的发动者和引领者。这一内核，恰恰可能成为出售内容的顾客价值所在。一些声誉不佳的宣传媒体，也希望通过内容收费构建自身的盈利模式的铩羽而归，从另一个角度说明了新闻品牌的影响力其实也是数字报纸盈利的关键。

第四，突破技术、政策、管理的壁垒。对技术壁垒、政策法规壁垒、管理壁垒、版权壁垒等的突破，将是数字报业发展的重要走向。从技术层面来看，需要建立并应用数字报业技术标准，以便整合新闻生产和信息资源，克服标准不统一、数据结构不统一、网络协议不统一而导致的“信息孤岛”现象。报业新闻信息技术标准的研发和推广，是制约报业数字化进程的重要壁垒之一。2000年10月，国际新闻电信理事会（IPTC）公布了“新闻标示语言”(News ML)，成为路透社、美联社、法新社、共同社等新闻机构的应用的国际标准。2008年1月，国际新闻电信理事会发布了News ML G2标准，成为支持新闻报道业务数字化发展的标准体系。但是，基于英语的这一国际标准，难以简单地在中文领域予以应用。2003年3月，新华社推出新华标示语言（Xinhua ML）作为新华社业务的内部数据交换标准，为中文新闻信息语言技术标准的研发提供了基础。2006年5月，中文新闻信息技术标准正式发布，开始在全国范围内推广。不过，由于新闻信息标准化工作相对滞后，各媒体之间，尤其是报业集团之间使用多种新闻信息分类标准的“信息孤岛”格局并没有彻底改观。2008年5月，广州日报报业集团等5家以探索报业数字化转型为主体业务的报业传媒机构倡议建立中国报业的技术标准，以便为全行业构建新闻信息产业链创造条件。迄今为止，报业的技术标准尚在研发过程中。要实现异构平台、跨平台信息共享和利用，克服“信息孤岛”现象，就必须形成统一的技术标准和规范。建立并推广这样的标准，首先需要解决新闻信息的组织、管理、存储、分类、共享等技术问题，形成基于国际接轨，又符合中文特色的多媒体新闻信息技术规范；其次，需要技术指导、财政补贴、政策扶持等管理举措，在全国的主要报业集团广泛推广；再者，要大力支持发展报业中介协会，通过民间中介组织或机构，进行有效的协调，尽快推进统一的技术标准和协议。从政策法规层面看，仅仅是一个报业组织结构的转型就可能涉及一系列政策法规壁垒。我国实行条块分割、多头多层的传媒管理体制，报纸、广播、电视、网络、电信、新闻内容分属不同的管理系统掌控。报社组织结构转型，形成融合型产品生产机构和跨媒介组织形态，必然触动不同机构的利益。这需要产业政策资源供给上，首先释放一定的有利于媒介融合持续推进的自由空间。作为国有媒体的传媒组织，其组织结构实质是组织运行的制度结构和权力结构、利益结构。调整组织结构是要对组织内部的既有制度、权力与利益进行重新配置，势必诱发多种利益的冲突与博弈。此外，管理壁垒、版权壁垒的克服，也需要政府整合目前数字报业发展所涉及的电信、新闻传媒、网络等多头监管机构，形成全国统一的数字传媒监管机构。设立统一的数字传媒监管机构之后，可以从机构设置、法规制定、管理规制等方面，形成系统的适应媒介融合规律和要求的产业管理与规制机制。当然，这种新的规制机制，既要兼顾对于数字报业的有效管理，更要兼顾到传播组织和公民传播者自由权利的平衡保护，还要兼顾到对新闻事实的核查和客观、真实传播的保障。

【作者简介】

吕尚彬，武汉大学新闻与传播学院教授、博士生导师，武汉大学媒体发展研究中心副主任，主要学术领域为媒体发展、品牌与广播传播研究。

陈薇，武汉大学新闻与传播学院博士生、武汉纺织大学传媒学院讲师。

国家社科基金项目
“我国大众传媒的竞争与合作研究”报告

中国传媒发展的竞争策略：基于“生态位”理论的考察①

强月新　张明新

一、引言

中国传媒自改革开放以来，长期被忽视和压抑的产业化功能开始启动，市场（market）逐渐成为传媒资源配置的主要方式，传媒间的竞争（competition）日趋激烈。市场竞争、制度变革、技术发展等因素共同主导着中国改革开放以来传媒发展的基本轨迹。那么，如何解释中国传媒三十年来的发展过程？尤其是，如何解释三十年来中国传媒间的竞争现象？这些问题一直吸引着不少学者的兴趣。基于传媒管理制度、传媒组织和新闻从业者个体层次的政治、经济等多层面（multi-level）的分析，是解释此过程的常见路径②。这样的研究路径的确产生了不少富有创新性的发现。然而，这并不意味着学界对三十年间中国传媒的发展变革拥有了充分的理论和经验认识；采用新的研究路径和观察视野，将增进人们对中国传媒发展的理解。

生态学（Ecology）作为观照传媒研究的一种学科视野，甚至是整体性的研究取向（approach），近十年来在相当程度上对传媒发展和竞争研究产生着深刻影响。在西方学界，传媒生态学的独特性表现在将研究重点放在分析传播技术本质或内在的符号（symbolic）和物质（physical）结构如何对文化导致的深远影响上，尤其关注“媒介时代史学”（epochal historiography of media）、“媒介作为环境”（media as environments）等重要议题③。在我国，传媒生态研究从一开始即侧重在传媒的发展环境方面，将传媒置于研究的中心地位④。传媒的生存、竞争与经营管理，尤其是与传媒实践和新闻业务相关的现象，是国内传媒学者探索传媒生态的核心议题，对传媒的理论研究和实践产生影响。

---

① 本文系国家哲学社会科学基金一般项目“我国大众传媒的竞争与合作研究”（批准号：08BXW011）成果。

② 基于体制层面的研究，代表性的如潘忠党．新闻改革与新闻体制的改造——中国新闻改革实践的传播社会学之探讨［J］．新闻与传播研究，1997（3）．基于组织层面的研究，代表性的如傅平．传媒变革：中国传媒集团组织转型与重塑［M］．上海：上海文化出版社，2005．基于新闻从业者个人层面的研究，代表性的如陆晔，俞卫东．社会转型过程中传媒人职业状况——2002上海新闻从业者调查报告之一［J］．新闻记者，2003（1）；陆晔，俞卫东．传媒人的职业理想——2002上海新闻从业者调查报告之二［J］．新闻记者，2003（2）；陆晔，俞卫东．社会转型过程中新闻生产的影响因素——2002上海新闻从业者调查报告之三［J］．新闻记者，2003（3）．

③ 林文刚．媒介环境学在北美之学术起源简史［J］．中国传媒报告，2003（2）．

④ 崔保国．媒介是条鱼——理解媒介生态学［J］．中国传媒报告，2003（2）．

生态学的分析对传媒组织行为的解释和启发意义已被传媒学者关注。“传媒经营管理不能排除在生态位思维的范围之外，它的每个环节都与生态位现象息息相关。”① 具体而言，本研究基于传媒“生态位”(ecological niche) 的选择和优化，探讨传媒如何采用各种竞争策略以建构其在内容、受众和广告市场的竞争优势。本文以下部分的安排如下：首先论述生态位选择和建构的概念，接下来探讨基于生态位选择和建构的传媒竞争策略，然后分析基于组织学习与创新的传媒生态位优化机制及竞争策略，最后是结论。

二、生态位选择与建构：阐释企业竞争现象

在理论生态学中，物种对环境的适应性表现为物种竞争与生态位的选择。物竞天择。一切生物都活在自己的“生态位”上。表面上看，与狼相比，羊似乎是弱者；但自有狼以来，羊并未消失，仍在生生不息地繁衍着，且得到不断进化。种群生态学和组织生态学运用“生态位”的概念具体描述一个种群组织和其他所有组织存在竞争的特定资源空间。“生态位”，又译为“利基”(niche)，作为理论生态学和应用生态学的核心概念，是近几十年来生态学研究的热点；不少学者甚至认为生态学的研究即是生态位的研究②。

自然界中每个物种在进化过程中经由自然选择形成特定形态和功能，在生态空间中占据特定生态位，形成生命系统的多样性。每个和每种生物有机体，通过对环境的适应，选择适合自身生存和进化的生态位空间。Richard Walker 认为，“生态位的选择是物种进化过程中重要组成部分，它扮演着由环境引起的自然选择的补充角色”③。管理学者认为生态位的选择对企业组织的长期生存至关重要。企业的发展，即是在不断选择和追求更高、更宽的生态位。在自然界，生物的生存竞争在于找对自身的生存空间；而企业竞争不仅是找对自身生存空间，而且要不断扩大自身的生存空间，即占据更高更宽的生态位④。

“生态位构建”的观点表达了物种主动选择生态位的现象。1996 年，生态学者 Odling-Smee 等人从进化生态学角度提出“生态位构建”的概念，并运用种群双点位基因模型做出进化推断⑤。所谓“生态位构建”，是物种在可变资源环境中通过新陈代谢及各种活动选择并确定自身生态位。生物对自身适应环境改变的进化结果体现了生态位构建机理。物种的生态位构建作用不仅反映它与可变环境特征间协同进化的规律，也揭示出物种对可变环境的反馈作用。物种对环境的适应常被解释为一个过程，在此过程中，生物不仅对环境表现出适应性特征，也可以部分构造环境⑥。

关于物种的生态位构建研究是生态位研究领域中的最新主题。生态位构建的理念强调物种进化过程中自然选择与生态位构建的共同作用，扩展了现有的物种进化思想，同时也为物种适应性的研究、解释不同尺度上的生态学现象提供着新颖的理论依据⑦。

---

① 刘春花．“生态位”的思考——媒体求变法则之一［J］．新闻采编，2004（2）．

② 尚玉昌．现代生态学中的生态位理论［J］．生态学进展，1988，5（2）．

③ Richard, W.. Niche Selection and the Evolution of Complex Behavior in a Changing Environment［J］. *Artificial Life*, 1995（5）：271-289.

④ 刘玉清．生态位与商家经营定位［J］．商业研究，2003（6）．

⑤ Jones, C. G., Lawton, J. H., Shachak, M.. Positive and Negative Effects of Organisms as Physical Ecosystem Engineers［J］. *Ecology* 1996（78）：1946-1957；Odling-Smee, F. J., Laland, K. N., Feldman, M. W.. Niche construction［J］. *American Naturalist*, 1996（147）：641-648.

⑥ Li, Z. Z., Han, X. Z., Li, W. L.. Evolutionary Dynamic Model of Population with Niche Construction and Its Application Research［J］. *Applied Mathematics and Mechanics*, 2006, 27（3）：327-334.

⑦ 颜爱民，刘虎，邢华伟．生态位构建理论及其应用［J］．湖南农业大学学报（自然科学版），2007（3）．

产业界组织生存与发展的情形和生物界的物质演化有天然类似性。不同的产业或企业组织拥有自身“生态位”。许多规模和实力弱小的中小企业可与“庞然大物”的巨型企业在市场中共同生存和发展，根本原因在于它们选择了适合自身的生态位。然而，企业组织与自然生命系统不同，自然界物质的竞争是在现有空间中争夺生存资源的竞争，自然生命不能创造自身需要的资源空间；而企业，一般来说在其生命过程中没有特定形态，不但可以发展成为经营任何行业与产品的产业组织，亦能创造出自身所需的生存空间。故企业竞争生态位的选择，表现为在现有环境中的生态空间创新选择。

产业组织研究者关注到自然生态位和企业组织生态位之间的差异性。如表1所示①，差异主要体现在生态位的能动性选择、生态位的决定力量、生态位的稳定性和生态位遗传、生态位容量方面。

表1 **生物生态位与企业生态位的差异**

	生物生态位	企业生态位
研究主体	理论上是物种，实践中是种群	主要是企业，也可是企业集群
主体能动性	主动性不强，个体主动选择能力明显弱于企业	能动的，可根据市场环境做主动选择
生态位决定力量	在生态位形成过程中自然选择起主导作用	主要由市场竞争和企业能动性选择两种力量决定
生态位稳定性	相对稳定，时效性长，层次较复杂，定量测量相对容易	相对不稳定、时效性短，层次性更复杂，难以定量测量
生态位遗传	由上一代通过基因遗传至下一代	可由企业向下遗传，也可由潜在子代学习和复制
生态位容量	除非生态系统发生变化，否则生态位最大容量基本不变	技术发展和产品创新可扩大生态位容量

即使在自然生物界，物种或生物有机体的生态位也发生着变化。“生态位宽度”的概念和“扩展的生态位”理论揭示出生态位变化的必然性②。除了生态位分离的机制，还存在着生态位的更新、变异、扩充、共存。Grubb提出“更新生态位”的概念，从原理上看，更新生态位是生态位分化和平衡竞争概念之间的协调；在有限资源空间内，具有相似的生活型及其他特征的物种通过向小空隙的分化更新而共存，这种小空隙起着更新生态位的作用③。生态元的扩充与共存机制亦在自然界得到证实④。此外，物种间竞争亦可导致竞争物种的生态位收缩，以减少竞争的强度⑤。

将此思路用于企业组织，人们认识到企业与环境关系的不同，采取不同的发展战略将为企业带来不同的经营绩效。资源的有限性和能力的独享性决定企业间的竞争策略，导致企业

---

① 作者据闫安，达庆利．企业生态位及其能动性选择研究［J］．东南大学学报（哲社版），2005（1）一文中表1改编。

② 如：Thompson，K.，Gaston，K. J.. Range Size Dispersal and Niche Breadth in the Herbaceous Flora of Central England［J］. *Journal of Ecology*，1999（87）：150-155；Smith，E. P.. Niche Breadth，Resource Availability and Inference［J］. *Ecology*，1982（63）：1675-1681.

③ Grubb，P. J.. The Maintenance of Species-richness in Plant Communities：The Importance of the Regeneration Niche［J］. *Biological Reviews*，1977（52）：107-145.

④ Shmoda. A.，Ellner，S.. Coexistence of Plant Species with Similar Niches［J］. *Vegetation*，1984（58）：29-55.

⑤ 李振基，陈小麟，郑海雷，连玉武编著．生态学［M］．北京：科学出版社，2002：140-146.

占据不同的生态位。企业生态位的竞争是争夺优质的资源空间和扩大可获得资源空间的幅度。寻求更高、更宽、更适应的生态位是企业生存与发展的关键。生态位选择被认为是企业的战略任务，生态位选择是否恰当，直接影响企业的发展。每一个企业的成长都离不开其独有的生态位。

图1揭示企业组织发展中所可能遇到与环境的四种生态位关系。根据“竞争排斥法则”①，在特定的资源空间中两个生态位完全相同的企业，很难长时共存，一个企业终将排斥另一个企业。当一个企业的生态位完全包围另一个企业的生态位时（a），竞争结果将取决于企业的竞争能力。当两个企业的生态位部分重叠时（b），每一个企业占有一部分无竞争的生态位空间，可以实现共存，但具有竞争优势的企业将会占有那部分重叠的生态位空间。当两个企业的生态位彼此邻接时（c），两者虽不发生直接竞争，但此种生态位关系很可能是回避竞争的结果。如两个企业的生态位完全分开，便不会有竞争，两个企业都能占据自己的全部基础生态位（d）。

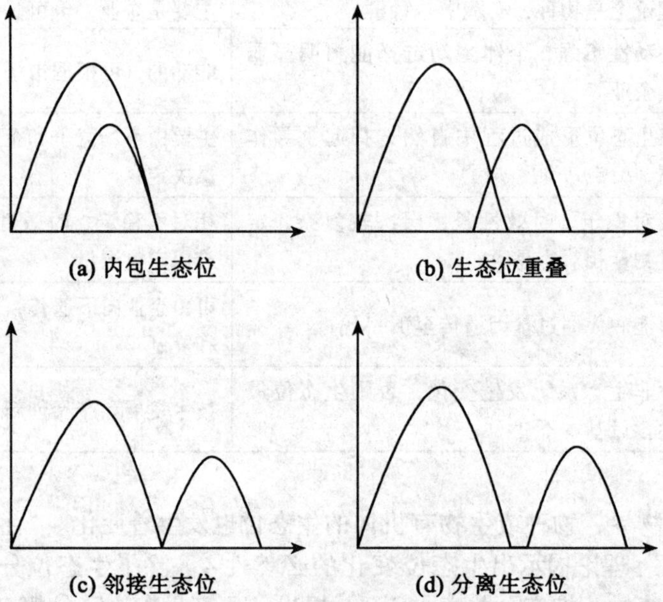

图1　企业组织与环境可能的四种生态位关系

根据生态位选择与建构的观点，企业管理学者提出，在一个环境资源有限的生态系统中，企业不仅要选择恰当的生态位，还要根据环境（竞争格局、资源容量等）变化对生态位做出适时、适当的调整和优化②。有的学者据此提出，为规避企业过度竞争——表现为生态位重叠度过高，企业应实行生态位错位的竞争战略，具体的策略可以是营养生态位的错位（如分离和共存）、生存方式错位（如泛化和特化）、时空生态位错位（如规避和分享）③。

对传媒组织而言，生态位的选择与建构亦有战略意义。“媒体要生存下来，首先要明确自己的生态位，立足生态位求得生存以后，才能再求发展。然而，媒体的生存与发展不是经

① 1934年，著名学者Gause采纳Elton的生态位概念，通过对草履虫的实验发展出经典的“竞争排斥法则”(Principle of competition exclusion)。Gause认为，“生态位”是特定物种在生物群落中所占据的位置，即其生境、食物和生活方式等；如果出现在一个群落中的两个物种受到同一资源的限制，某一个物种必然将具有竞争优势，而另一个物种将被排斥。

② 李勇，郑垂勇．企业生态位与竞争战略［J］．当代财经，2007（1）．

③ 林晓．基于生态位理论的企业竞争战略分析［J］．南京林业大学学报（人文社会科学版），2003（3）．

过自然选择就能确立的。媒介的社会性使得它不再自然而然地遵循自然法则。"① 接下来，本文分析的思路是将上述有关生态位选择和建构的观点——其中已被不少企业管理学者运用于企业管理研究与实践领域——运用于对传媒竞争现象的阐释。

三、基于生态位选择与建构的传媒竞争策略

首先需要指出的是，本文"生态位选择"、"生态位建构"的概念与营销学的"定位"(Positioning) 概念有很大不同。其一，生态位选择和建构的内涵远比"定位"丰富。当营销学者提及"定位"，是为产品或品牌在消费者心目中寻找一个位置，由此产生所谓产品定位、品牌定位的概念②，但此类概念所表达的含义颇为单一，更多体现为静态特征。然而，生态位选择和建构的观点更多具有动态性（dynamic），正如表1中所阐述，生态位是能动性的，在某种程度上可被测量，同时可被复制和遗传，容量亦可改变，具体表现为生态位的扩充、压缩、再选择。其二，生态位的概念对企业或传媒组织而言，体现在多个维度，如对传媒组织，不仅有受众/传媒内容消费者的维度，还包括受众的心理需求、传媒内容、广告收入等多种资源维度，且相互之间可能有着逻辑关联性。这也远远超越"定位"的内涵。

对传媒定位和传媒生态位的选择，传媒学者樊昌志亦有着一段颇为精彩的论述③，强调传媒生态位选择与建构的整体观，而这种整体观对于传媒的发展是极为必要的。

> 媒体在"媒介生态位"上定位，不像一般的定位仅仅是把自己的营销目标用恰当的方式锁定在消费者心智的空白处。这种定位，显然不提倡横蛮地去抢夺市场和到市场上去争夺消费者。它有一个既利他也利己的前提，这就是：它要求媒体在确立发展目标、实行市场运作时，首先要考虑其行为是否会符合媒介生态位系统运行的状态和规律，考虑其是否能够与其他媒体基本和谐相处、共同生存，考虑其即将去占有的"媒介生态位"的段位尽量不与其他媒体的"媒介生态位"的段位重合，自身的生存不以任何其他媒体的毁灭为条件。在遵循这样的前提的情况下，媒体便能确立适宜的营销目标，并以恰当的方式定位在消费者——受众与广告主心智的空白处。而这样，各媒体就能够和平共处。

传媒生态位有不同维度和构成要素，且不同的维度和要素在不同时期所占地位不同。随着各个要素的变化和发展，传媒的生态位应做动态选择，找到适合自身生存和发展的资源空间。不同的传媒组织有不同的生态位，每个传媒组织需要充分利用现有资源并拓展之，参与创造出适合自身生存的资源空间。

接下来，本研究将通过对大量传媒组织竞争现象的考察，总结出各种基于生态位选择和建构的竞争策略，并对各种策略展开论述。这种论述主要是基于对案例的引用和总结，在必要之时也引入量化数据做补充。

1. 生态位分离与传媒生态位的错位竞争

保罗·索尔曼认为："地球上没有一种物种能在完全相同的生活方式下跟另一种物种共

---

① 樊昌志．媒介生态位与媒体的生机［J］．湘潭大学社会科学学报，2003（6）．

② Trout，J．"Positioning" is a Game People Play in Today's Me-too Market Place［J］．*Industrial Marketing*，1969，54（6）：51-55；Ries，A．，Trout，J．*Positioning：The Battle for Your Mind*［M］．New York：Warner Books-McGraw-Hill Inc．，1981．

③ 樊昌志．媒介生态位与媒体的生机［J］．湘潭大学社会科学学报，2003（6）．

存……商业战场如同自然界一样，绝对没有两位竞争对手能够在完全相同的情况下长期共存，每一位都有其不同的生态位……”①。在资源稀缺情形下，生态位重叠越大，竞争便越激烈。在企业管理领域，每个企业皆有优势和劣势，只有凭借其优势，选择合适的资源空间，以不同的机能、资源组合或不同产品为顾客提供服务，才能取得异质优势②。此种竞争思想体现为企业领域的错位经营策略。

“生态位分离”（niche differentiation or separation）是企业错位竞争的思想来源。错位经营是企业根据自身的资源组合和利用效率，选择区别于竞争对手的发展重点来生产和经营。根据影响因素的不同，可从时间、目标市场等方面实施错位经营战略。时间错位战略是企业在选择经营时间方面，根据自己和竞争对手的现实，选择一个自己具备相对优势而同时竞争较小的经营时段。目标市场错位战略是企业根据市场需求、竞争状态和自身实力，为某特定细分市场提供产品和服务实现目标市场的错位。③

图1表达了在同一市场中多个企业拥有相当重叠度的生态位时，竞争颇为剧烈，但当这些企业调整市场策略后，作为结果，生态位应完全或部分分离。Peter等学者提出“生态位分离”的概念。他们在描述生产制造者一般采用的竞争优势策略中，提出四个基本的战略配置：生态位分离、广泛差异（broad differentiator）、成本领先（cost leader）和竞争者跟随（lean competitor），并将生态位分离视为基本竞争策略。他们定义生态位分离为对有差异的产品和服务有一组广泛可能性，但被限制于产品属性，如定制提供特殊的性能或可靠性特性，吸引某些局部消费者的额外服务和不能由大型企业提供的某些地理覆盖④。这一逻辑的本质是通过生态位的分离，避免不必要的投入以便企业能保持敏捷和倾向于适应其服务的市场分割。市场关注需要生态位分离者追求一个狭窄的由消费者、产品、技术或局部地区所确定的市场。

然而在传媒领域，生态位分离原则并未成为业界共识。近几年来，在不少城市，惨烈的传媒竞争不仅限于报业，在广电和网络产业皆愈演愈烈，且呈现为无序状态。姚一宪的研究显示，在2000—2001年的北京，200多家报纸分割该城报业市场，在受众资源、新闻资源和广告资源十分有限的情形下，基本相同的定位导致无序、混乱的过度竞争，最终导致媒介市场的严重分割和媒体整体效益下降的局面⑤。有鉴于此，有学者认为错位竞争应是传媒生态位策略的核心，不同的传媒要想在同一生存环境中共存，必须实现生态位分离⑥。

寻找没有竞争对手的原始生态位进入，暂时规避竞争从而获得生存和发展的空间，是传媒生态位错位竞争的一种策略。其实质是，从竞争对手“资源位”的空缺中寻找进入机会，建立比较优势，并努力使这种优势得以张扬⑦。在广播产业，一直以来，许多电台将增加专业频率作为新的经济增长点积极运作。新增频率可能会带来不菲的经济效益，但如经营者对传媒的生态位策略胸中无数，草率跟进，导致生态位的重叠，可能使市场出现同质化的恶性竞争。与此相反，一位好的媒体经营者，便能主动规避上述风险。2003年，陕西电台在大力推进频率专业化基础上，将关注点投向农村这块被传媒忽略的听众市场。2003年3月，开播全国首家农村广播频率。2003年和2004年的专业调查显示，陕西农村广播的综合排名

---

① 蔡晓明．生态系统生态学［M］．北京：科学出版社，2000.

② 李勇，郑垂勇．企业生态位与竞争战略［J］．当代财经，2007（1）．

③ 王晓凤，周庞，郭风兰．企业生态位与现代企业竞争［J］．集团经济研究，2007（5）．

④ Ward, P. T., Bickford, D. J., Leong, G. K. Configurations of Manufacturing Strategy, Business Strategy, Environment and Structure［J］. *Journal of Management*, 1996, 22（4）: 597-626.

⑤ 姚一宪．京城报业战火重燃［J］．传媒，2001（7）．

⑥ 刘春花．“生态位”的思考——媒体求变法则之一［J］．新闻采编，2004（2）．

⑦ 申启武．媒介的生态位策略与广播频率的专业化设置［J］．暨南学报（哲学社会科学版），2006（2）．

位于陕西广播前列，2003年广告收入达300万元，2004年达700万元①。

另一在广播业界以生态位分离策略获得成功的案例是上海文广新闻传媒集团。20世纪90年代，新组建的东方电台成为与上海电台平行的省级广播电台，两家电台在竞争中获得较快发展，但随着竞争日益加剧，两家电台在频率设置、节目内容和资源利用方面存在重叠和低效现象。两台间在很大程度上呈现同质化的低层次竞争，无法形成合力以应对外部竞争压力。有鉴于此，文广集团于2002年进行广播频率专业化改革，推出全新版面，对外继续保留两台呼号，专门设置新闻、交通、文艺、戏剧、新闻综合、金色、流行音乐、综合音乐、财经、浦江之声10个频率。整合重组之后的专业频率定位更加明确，分工也更为合理，在一定程度上实现了频率之间的生态位分化，避免生态位重叠带来的无序竞争和资源浪费②。

生态位分离作为自然界的一种常见规律，在传媒经营领域却不为管理者们所熟知，甚至为此而曾付出惨重代价。20世纪末的成都报业市场，曾出现“七雄混战”局面。在20世纪90年代中期之前是《成都晚报》一家独霸，1995年《华西都市报》和《成都商报》先后以“市民报”定位介入市场，到1998年，《蜀报》和《商务早报》在定位、新闻处理手法、经营管理方面也以市民报的形式参与竞争，1999年《旅游文化报》和《四川青年报》先后也以相同风格和内容进入市场，上演该城七强争霸的格局。从当时成都报业赖以支撑的广告市场来看，有三四家都市报即可达饱和。“七国大战”的最直接后果是竞争日益趋同化，导致“七报一面”。面对《华西都市报》和《成都商报》的领先优势，余下5报以“近身肉搏”战术，新闻定位、版面设置、读者目标乃至广告模式都逐渐趋同。可以预见，在新闻内容、受众、广告等多种资源维度上生态位高度重叠的竞争必将出现破坏性的后果。最终结局是，“竞争渐次由趋同演化为价格战、发行量欺诈、广告杀价，甚至向竞争对手派出‘卧底’……优势报纸进一步做强的空间被严重挤压，后进者成长的门槛被原始性的竞争成倍放大；另一方面，摆脱趋同的渴望，使一些怪现象时有发生——报道上急功近利和炒作，各报在新闻报道上相互诋毁、刻意策划‘独家新闻’，甚至炮制假新闻。”③

与成都报业市场曾经的“七雄混战”截然不同的是，北京同样是全国报业最火热的集中地，那里积聚《北京娱乐信报》、《北京青年报》、《京华时报》、《北京晨报》、《北京晚报》及此后加入的《新京报》共六家报纸。六报齐集一处，尽管小争不断，但从未有过混乱无序的竞争，原因在于六报新闻内容和受众生态位的分离。根据支英琨先生对六家报纸的概括（见表2），这种分离“削弱了它们彼此之间的摩擦力”④。

表2　　**北京报业市场6家报纸新闻内容和受众生态位的分离**

项目	新闻内容	受众“画像”
《北京娱乐信报》	资讯为主，偶有强烈人文色彩的特别报道，新闻观点独树一帜，时见犀利锋芒，专副刊较有特色，观点鲜明，文化味厚重	年龄：28岁。籍贯：北京。文化层次：大学本科。婚姻状况：未婚。性格特征：兴趣广泛，儒雅博学，有一定社会阅历，显少年老成但涉世未深，偶有冲动

① 曾永强．说农民话的陕西农村广播［J］．中国广播电视学刊，2005（6）．

② 申启武．媒介的生态位策略与广播频率的专业化设置［J］．暨南学报（哲学社会科学版），2006（2）．

③ 支英琨．新传媒帝国：竞争格局下的品牌、资本与产业化［M］．北京：中国水利水电出版社，2005：139-140．

④ 支英琨．新传媒帝国：竞争格局下的品牌、资本与产业化［M］．北京：中国水利水电出版社，2005：216-218．

续表

项目	新闻内容	受众“画像”
《京华时报》	都市新闻报道比较有特色，覆盖面广，报道有一定深度，适合大众口味，俗而不媚，财经新闻以实用和大众化为特色，文体新闻虽不特别出众但综合表现不错	年龄：26 岁。籍贯：北京新移民。文化层次：大专，专升本在读。婚姻状况：未婚。性格特征：乐观向上，有公益心，精力充沛，性格外向，为人踏实，虽文化程度不高，但勤勉好学，因性格较直率，偶尔言辞难以令人接受
《北京青年报》	采编队伍整体素质较高，版面大气，时见精彩报道，但囿于体制原因，报道灵活性不足，部分报道立意宏观，生活贴近性较弱	年龄：35 岁。籍贯：北京。文化层次：大学本科，考虑读研。婚姻状况：已婚。性格特征：为人扎实沉稳，性格平和，喜欢研究国内国际大事，心有远大抱负而不轻易外露；身在体制内多年，深谙国际市情，因涉世较早，磨砺较多，显沉稳有余而冲击力不足
《北京晨报》	都市新闻信息量大，偶见精彩报道，但由于缺乏统一的编辑思想而显得版面较散，致使很多新闻未经深加工，财经新闻定位不明，文体新闻大路货较多；专副刊经营出色，新闻性与实用性统筹较好	年龄：28 岁。籍贯：北京。文化层次：大专。婚姻状况：已婚。性格特征：性格内向，自我意识较强，幼时家境不错而缺乏社会历练，独立进入社会后应对能力较弱，一度彷徨无计，心比天高而时运不佳，自我心态调整与谋生能力学习不足，而致有些愤世嫉俗，甚至开始进入自我封闭状态。近期意识到问题所在，开始以开放心态走向社会，但出身的影响与外部竞争的激烈时时缠绕
《新京报》	立足北京，放眼全国，以新闻的纵深性和视角的独特见长，将时尚与文化很好结合，观点犀利，无旧体制之忧，专副刊特点鲜明，信息量大，财经新闻集宏观、中观报道与实用资讯于一体	年龄：28 岁。籍贯：广州。文化层次：研究生在读。婚姻状况：未婚。性格特征：书生气息浓厚，兴趣极广，性格外向而不失内秀，具有强烈的社会公益心，忧国忧民，酷爱谈论政治
《北京晚报》	以资讯为主，版面内容覆盖面广，新闻报道相对较弱	年龄：40 岁。籍贯：老北京。文化层次：初中大专在读。婚姻状况：已婚。性格特征：为人正直，处事圆滑，“京味”十足，尽管文化水平不高，兴趣却广泛，尤喜尖端、时尚类的东西，但博而不专；自我意识较强，自视较高，对社会进步的深层次原因关注不够，听不进他人意见

成都和北京报业虽然都极为发达，但两城都市报竞争完全迥异的景象令人深思。可见，传媒在经营过程中，应像生态位分离原理所昭示的，彼此错落有致，形成错位经营，默契地相互依存，相辅相成，以避免混乱无序的价格战、产品战和广告战，寻求和谐共存的发展局面。

2. 生态位调整与传媒初始生态位的强化、扩充与放弃

在理想状态下，基于生态位分离而选择和建构的传媒初始生态位，在传媒经营过程中有可能根据环境变化而对生态位做适时调整，如：强化原有生态位、放弃既有生态位、扩充原有生态位，再如：改变生态位的宽度、发现新的生态位空间，皆属于此种策略。

从1993年初到1994年底，北京电台花两年时间先后设置了包括经济、音乐、新闻、儿童、教育、交通和文艺七个专业频率。起初，由于专业化思路不太清晰，当时所谓的专业化仅处于不自觉状态，频率与频率之间各自为政、节目雷同。随着对广播频率专业化认识的加深，1998年以来电台要求各专业频率确定自己的节目范围，制定“红绿黄灯原则”，对各个专业频率统一调控，对栏目设置和节目安排加以限制和要求①。这是电台对专业频率生态位的人为调控，有利于改善电台内部的节目内容生态。

在上述“红绿黄灯原则”基础上，北京电台发展“有所放弃原则”、“开荒理论”和“有所规避原则”，和后来的“圈地原则”和“有所保护原则”②。这些原则所要表达的正是放弃既有生态位、发现新生态位空间、扩充原有生态位和改变生态位宽度等理念。落实在实践上，为了更好利用频率，北京电台在1998年将儿童频率并入教育频率，1999年根据实际需要设置生活频率；为迎接奥运经济的来临，2002年在原生活频率基础上，组建全国第一家体育专业频率。2004年根据北京国际大都会的特点和要求，开办全国第一家外语广播频率。2005年又创造性地变经济广播为城市管理广播。这正是上文所言传媒初始生态位的放弃、强化与扩充的生动体现。作为生态位成功调整的结果，电台的8个频率一直保持着强劲发展势头，2003年广告收入超过3亿元，2004年接近4亿元，2005年达到4.5亿元。

传媒生态位的放弃，即退出传媒原有的市场，也是传媒参与市场竞争的一种策略。当传媒面临资金紧张、市场萎缩和经营困难局面时，从整体战略考虑，可选择退出市场。“该战略往往被媒体所忽视，尽管有时候退出是最明智的选择。我们认为，退出市场战略并不是一种完全被动的、无奈的选择，有时候为了保全实力求得以后更好的发展，媒体应该考虑以退为进的战略。”③

3. 基于生态位宽度选择的传媒生态位泛化和特化竞争

泛化和特化是生物界在激烈生存竞争中产生的两种生态现象。当生存环境中优良资源不足时，捕食者往往形成杂食性或广食性；相反，在食物丰富的环境中，劣质的食物将被放弃，产生特化（如某些哺乳动物的单食性）。在激烈的市场竞争中，产业组织同样表现出泛化或特化两种发展战略。当优良的生态资源不足时，企业常形成很宽的生态位，产生泛化，即多样化战略。泛化战略可利用的资源较多，但生态位的宽度增加，容易与同类企业发生竞争；相反，在生态资源丰富的环境中，劣质的生态资源将被放弃，产生生态位的特化，即专业化战略。特化战略与其他企业的生态位重叠小，可减弱竞争，但如果所依赖的资源急剧减少时，便会危及生存④。

显然，泛化和特化是产业组织对生态位宽度做出不同选择的竞争策略。在企业管理领域，多样化和专业化是对生态位泛化和特化的诠释。一般来说，企业经营往往从某一个特定产业和产品开始，随着企业的发展和竞争加剧，为降低经营风险，随之开始多样化经营。多样化和专业化都可获得成本领先或标新立异的竞争优势。多样化经营，要考虑产品组合的相

---

① 降巩民．服务意识的体现是广播专业化的本质［J］．中国广播电视学刊，2003（3）．
② 降巩民．服务意识的体现是广播专业化的本质［J］．中国广播电视学刊，2003（3）．
③ 卜彦芳．传媒经济学：理论与案例［M］．北京：中国国际广播出版社，2008：192．
④ 葛振忠，梁嘉骅．企业生态位与现代企业竞争［J］．华东经济管理，2004（2）．

关性，以充分利用企业在长期生产经营过程中所获得的技术、人员经验、营销渠道、供应商关系和品牌资产，在突出差异化同时，使成本控制在产业的平均水平。专业化经营如要获得竞争优势，有两种竞争战略：一种是必须使企业在产业中成为低成本生产厂商，即成本领先竞争战略；另一种是企业力求就客户重视的一些方面在产业内独树一帜，即所谓标新立异竞争战略①。

然而，基于生态位宽度选择的泛化与特化两种策略各有利弊。一般而言，泛化策略，即生态位宽度较大，容易与竞争对手的生态位重叠，根据"竞争排斥原理"，与较多的竞争对手产生生态位重叠，对个体生存极为不利。至于特化策略，因为所依赖的资源类型和数量相对较少，往往会使得个体对环境的依赖性过高，容易危及其生存。显然，对于产业组织而言，占据与企业能力匹配的生态位是最佳的选择。理论上，企业实实在在占据的生态位是企业与其他企业的力量对比均衡的结果②。

以生态位泛化与特化的概念可较好解释传媒竞争策略选择的现象。同一媒介种群内的媒体对资源的占有并不是均衡的，强势媒体会占有该"媒介生态位"中较宽的段位，弱势媒体占有较窄的段位③；这是不争的事实。新闻集团子公司天空广播是在新闻内容上采用宽生态位的一个成功案例。订户付费是其最为主要的收入来源。

天空广播的数字电视频道拥有386个频道，包罗万象，能满足不同年龄、不同群体的节目需求，且集中凸显在体育、电影方面的优势。如按照节目的类型分，天空广播数字平台的电视频道可分为娱乐、电影、成人、音乐、儿童、体育、新闻和纪录片、顾客频道和各种专业频道等板块（如图2），2003财年天空广播耗费在节目内容方面的投资占各项成本支出的比例达到57%。在拥有大量精心选择的节目频道基础上，天空广播针对不同观众群体的需求提供多达96个不同类型的频道组合。

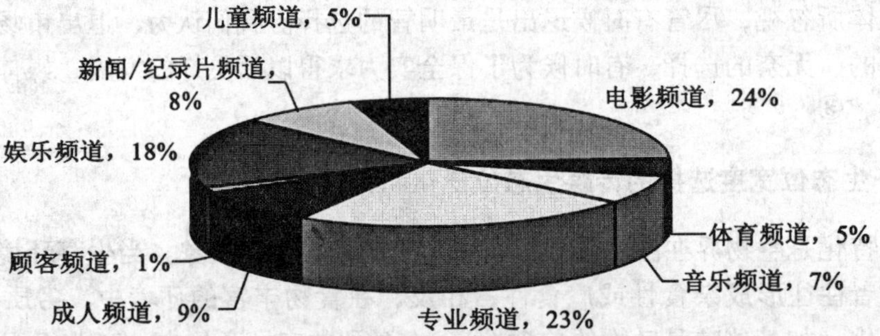

图2　天空广播数字平台的电视节目类型构成

然而，也有不少传媒以较小生态位宽度参与市场竞争。《中国经营报》是一个案例，读者定位在中国的商务人士、商务管理阶层。调查表明该报定位的潜在读者与现实读者构成显示较好一致性。从性别来看，该报是一张男性读者占据绝大多数的报纸，男性读者比例约占83%；从职业构成看，企业界读者与非企业界读者的构成比例分别约为60%和40%；从读者文化程度看，具有大专及大学本科及以上学历的读者占67%；从读者年龄看，20～30岁年龄段的读者是该报最大规模的读者群体，读者平均年龄是29.3岁④。

① 黄熙．浅析基于生态位理论的企业竞争战略［J］．时代经贸，2007（6）．

② 钱言．基于生态位企业间关系优化目标研究［J］．昆明大学学报，2008（3）．

③ 樊昌志．媒介生态位与媒体的生机［J］．湘潭大学社会科学学报，2003（6）．

④ 该段落中的资料取自慧聪报刊资讯网．中国经营报读者分析报告［EB/OL］．［2009-03-12］．http://www.media.sinobnet.com.

4. 基于生态位共生的传媒合作竞争：以传媒联动为例

物种间存在着优胜劣汰的竞争关系，也存在着共生互利的合作关系；以生态位的术语表达，即是“生态位共生”。生态位共生机制表现了两个或多个物种对相近或类似生态资源的共同利用现象。将生态位理论扩展到社会领域，可发现竞争是永恒的，合作也是永恒的，区别在于竞争与合作方式的改变①。在产业组织领域，合作和“合作竞争”(cooperation-competition）理念已成为一种被企业经营者普遍接受的观点。不论是从企业的生存发展、谋求双赢、创新与突破还是企业拓展市场的角度看，合作竞争已成为企业经营战略的新核心②。

传媒生态位的共生，指两个或两个以上传媒组织通过合理分工协作形成“结构有序、功能互补、整体优化、和谐共生”的结构体系，提高传媒生态系统整体对关键资源的吸收、控制、转化和利用能力，在传媒组织个体健康成长的基础上实现群体进化。随着技术和市场需求日新月异，传媒竞争环境也发生了重大改变，传媒竞争的表现形式不再是击败对手(代价往往是高昂的)，而是要建立并发展新型传媒关系，从单纯的竞争走向“竞合”或“合作竞争”，同其他传媒甚至是竞争对手建立传媒战略联盟，以期长期共存，实现“双赢”和“多赢”。与企业组织的合作竞争机制和条件类似③，传媒的合作竞争，也是基于共同的利益、共享的理念、相互的诚信和合作远景等基本条件。

“传媒联动”或“传媒联盟”是两个或多个传媒基于新闻内容资源维度上生态位共生的合作竞争表现形式。研究者指出，媒体联动是整合媒体资讯、打造传媒合力、应对市场竞争的有效途径；为在竞争中立足和发展壮大，媒体间的联合互动在所难免，传媒内部和传媒之间的联动所产生的一个积极效应是强大的传媒合力。传媒联动的形式包括同类媒体的联动和跨媒体联动④。

当前，传媒之间的联动程度和现状到底如何？本文在传媒新闻内容资源维度上，以2008年的“奥运报道”为例，通过对《南方都市报》、《广州日报》、《京华时报》、《成都商报》四家都市报在2008年8月1日至8月31日之间所有“奥运报道”的详尽分析⑤，结果如表3所示。

表3　　五报一网2008北京奥运报道的传媒联动

联动形式	南方都市报（%）	广州日报（%）	京华时报（%）	成都商报（%）
集团内部联动	9.4	0.7	1.7	0
奥运报道联盟	8.4	0.3	0	12.6
报纸与报纸联动	2.7	0	0.1	2.5
报纸与其他传统媒体	18.2	2.6	44.3	30.2

① 庄悦群．从生态位到可持续发展位：概念的演进［J］．中国人口·资源与环境，2005（4）．

② ［美］内勒巴夫（Nalebuff B. J.）．［美］布兰登勃格（Brandenburger A. M）著．合作竞争［M］．王煜昆，等译．合肥：安徽人民出版社，2000．

③ 杨梅英．合作竞争：超竞争环境中的企业基本竞争战略［J］．北京航空航天大学学报（社会科学版），2002（3）．

④ 李淑欢，赖浩锋．媒体联动打造传媒合力［J］．广东广播电视大学学报，2004（3）．

⑤ 本研究中“奥运报道”指在2008年8月1日至8月31日《南方都市报》、《广州日报》、《京华时报》和《成都商报》四家媒体刊载的所有与2008北京奥运会这一盛事（不仅限于奥运赛事）有关的新闻报道；但不包括8月下旬开始的残奥会相关报道。以此为标准，在上述四家媒体互联网上的图形版内详尽搜索，共得3 326篇“奥运报道”文本（4家报纸分别是1 028、760、711、827篇）。

续表

联动形式	南方都市报（%）	广州日报（%）	京华时报（%）	成都商报（%）
报网联动	5.2	2.9	8.4	2.9
网网联动	0	0	0	0
网络与其他传统媒体	0	0	0	0
其他联动方式	3.4	0	0.7	0.1
合　计	47.3	6.4	55.3	48.4

表3显示，传媒联动作为传媒组织在新闻内容资源维度上生态位共生的一种“合作竞争”形式，在除《广州日报》之外的其他3家传媒上相当普遍。《京华时报》，超过55%的报道来自于其他媒体，另两家报纸，即《南方都市报》和《成都商报》，分别有接近约50%的报道来自其他传媒。这里的经验数据为传媒的新闻内容层次上的联动，即传媒在新闻内容资源生态位上的合作竞争提供了强有力的佐证。

新近的传媒联动案例，影响力较大的是32家报网联动报道新中国成立60周年。据2009年2月12日《中国新闻出版报》报道①，为纪念新中国成立60周年，《华西都市报》、《扬子晚报》、搜狐网等全国32家报网从2月9日起推出《中国红1949：我的解放时刻》大型系列报道。这是传媒在新闻内容资源生态位上合作（竞争）的具体表现。

四、基于组织学习与创新的传媒生态位优化机制和竞争策略

一定的资源空间中，在特定时点上有些资源被个体所利用，而有些未被利用，也就是说，客观存在着未被利用的资源，即潜在生态位。在传媒组织的生存环境中，同样存在潜在生态位未被占据。因此，可采取价值创新思维，将潜在生态位变为现实生态位。传媒组织的创新战略要求传媒善于发现生态系统中的潜在生态位，加以合理利用，通过创新来获得竞争优势。这里笔者通过引入“组织学习”和“组织创新”作为解释传媒优化生态位的内在机制，论述传媒在资源生态位上实施的竞争策略。

1. 组织学习、创新与竞争优势的保持和强化

“组织学习理论”(Organizational Learning Theory，OLT）为考察传媒生态位优化机制提供了较好的理论视角。1978年，Chris Argyris 和 Donald Schön 为“组织学习”(Organizational Learning，OL）所下的定义是：“诊断和改正组织错误”。1985年，Fiol 和 Lyles 对“学习”做出准确的表述：“通过汲取更好的知识，并加深理解，从而提高行动的过程”②。Dodgson（1993）指出，所谓学习型组织，是那些为了提高和最大化组织学习，有目的地进行学习框架构建和战略设计的组织③。当下，“学习型组织”(Learning Organization）的概念日益受到认同，越来越多的组织意识到与时俱进、不断变革的重要性。学习是一个动态概念，它强调组织的一种持续变革的特征。现在，对于学习活动的关注重点已从个人学习转移到组织学

① 资料取自慧聪报刊资讯网. 32家报网联动报道新中国成立60周年［EB/OL］.［2009-03-12］. http://info.huicong.com/2009/02/12091171140.shtml.

② Fiol，C. M.，Lyles，M.. Organizational Learning［J］. *Academy of Management Review*，1985，10（4）：803-813.

③ Dodgson，M.. Organizational Learning：A Review of Some Literatures［J］. *Organization Studies*，1993，14（3）：375-394.

习，因为学习是个人成长的要素，而对组织成长同样重要。作为个人集合体的组织，必须以一种适当的形式、流程来保证组织学习，以应对不断变化的环境。

“创新”(innovation) 概念的起源可追溯到1912年著名经济学家熊彼特的经典文献《经济发展概论》。熊彼特提出：创新是把一种新的生产要素和生产条件的“新结合”引入生产体系，包括五种情形：引入一种新产品、引入一种新的生产方法、开辟一个新的市场、获得原材料或半成品的一种新的供应来源。熊彼特的创新概念包含的范围很广，如涉及技术性变化的创新及非技术性变化的组织创新。创新因素被认为是企业发展的直接、持续的动力之一①。

传媒组织需要学习和创新，而组织学习和创新的观点可被用来解释传媒通过优化资源生态位实施和参与竞争的策略。简言之，可做如下理解：传媒组织通过自身学习和创新，尤其是，通过洞悉周遭环境（如受众和广告资源环境、市场竞争环境）的变化，及时做出反应，尤其通过优化新闻内容、受众和广告资源的生态位，如创新发掘新的生态位、寻找其他传媒所未意识到的“小生位”，以保持或加强组织的竞争优势②。接下来，本文通过引入具体案例，详细论述传媒创新发掘新的生态位、寻找为其他传媒所未意识到的生态位，以及占据“小生位”等具体的竞争策略。

2. 传媒组织基于生态位优化机制的竞争策略

组织通过学习和创新不断感知和适应环境变化，实现对原有生态位的优化，以达到保持或加强竞争优势目的，这在传媒实践领域并不少见。相对于上文所述各种策略③而言，基于组织学习和创新的传媒生态位优化更加体现传媒组织在竞争情势中不断调整组织行为的柔性竞争策略。

在成都，《华西都市报》和《成都商报》在近十年的历史中一直是互相较劲的竞争对手，两者在新闻内容、受众和广告资源等各个维度的竞争素来极其激烈，而在多年较量中，两报各有胜负。这里要叙述的是在2003年，《成都商报》通过对自身学习和对环境的适应而实现受众生态位创新的情形④。

2003年，《华西都市报》广告收入增长30%，缩小了与《成都商报》的差距；作为对策，《成都商报》的创新突出体现在发行区域的扩展上——这实际上是该报成功实现了受众生态位的创新。长期以来，处于广告回报的考虑，《成都商报》发行区集中于成都二环路以内，对成都以外基本不作考虑。然而，随着成都周边经济发展和交通状况的变迁，成都“两小时高速经济圈”正在形成。周边城市与成都的商品流、物质流、现金流、人才流和信息流的交换飞速加快。根据相关部门的研究：到2010年成都市圈内（紧密层）总人口将达

---

① 田传平. 创新是企业持续发展的动力 [J]. 市场与发展，2002 (6).

② “竞争优势”(competitive advantage) 是产业组织的一种特质。竞争力大或强的组织才可称得上有“优势”，这种优势是独特的，否则它不可能有更大或更强的竞争力。一般地，只要竞争者在某一方面具有某种特质，它就具有某种竞争优势。竞争力被认为是一种综合能力，而竞争优势只是某些方面的独特表现。企业的竞争优势被认为是独特的或是特质的，是因为该企业的创新能力比别的强，新产品开发迅速及时，且被其他企业难以模仿，即竞争性复制的可能性较低。“竞争性复制”现象同样反映在传媒领域，即所谓产品“克隆”、同质化现象；在当前我国，选秀、海选、相亲、访谈类电视节目刮遍全国各地便是明显例证。竞争优势是一种特殊的方式，它使组织在市场中得到的获益超过竞争对手。

③ 包括如下策略：(1) 基于生态位分离的传媒生态位错位竞争，(2) 基于生态位调整的传媒初始生态位的强化、扩充与放弃，(3) 基于生态位宽度选择的传媒生态位泛化和特化，以及 (4) 基于生态位共生的传媒合作竞争。

④ 资料来自支英琨. 新传媒帝国：竞争格局下的品牌、资本与产业化 [M]. 北京：中国水利水电出版社，2005：148-149.

1 600 万；GDP 将达 5 000 亿元，占四川省 45% 以上；城市化率将达 70% 以上，城镇人口占四川省域城镇人口的 1/3 以上①。

在此种情形下，环境的变迁使得《成都商报》开始考虑发行区域的扩展作为对《华西都市报》的竞争策略。直接表现是，《成都商报》开始探索周边地级市的推广，以争取覆盖全省的品牌广告。2002 年后，《成都商报》开始陆续扩展到绵阳、乐山、内江和自贡等城市。同时，作为对受众生态位调整的辅助策略，《成都商报》还配合性推出专版“四川连线”，这是它在内容生态位维度的扩展，以应对《华西都市报》的“巴蜀新闻”专版。“这一切，一如《成都商报》惯常的风格，低调而迅速。”②

尽管环境变化有可能不被准确预知（如新兴传播技术飞速发展），然而，不论是在组织还是产业层面，善于学习和创新的传媒往往通过对适应环境变迁而实现对生态位的优化。当美国有线新闻网络（Cable News Network，CNN）这一 24 小时电视新闻频道出现时，不少观察家认为《时代》和《新闻周刊》一类的新闻杂志将会淡出；然而结果是它们不但没有“死”，反而在新的环境中更具发展潜力和空间。“反倒恰恰是 CNN 的出现，使它们的发展获得了一个新的空间。”③ 这很大程度上归功于新闻杂志对自身生态位的优化。因为电视新闻频道的出现，极大地刺激了受众对新闻的需求，如同球迷在看完电视足球比赛后，还要看《足球》、《体坛周报》一样，他们希望从更多角度认知赛事。照此思路，新闻性杂志如《时代》和《新闻周刊》，便能根据环境变化而适时调整、优化生态位，在看似绝境之中重现生机。

上面所论述的是传媒创新发掘新的生态位，而寻找为其他传媒所未意识到的生态位也是传媒优化生态位的一种有效策略。十多年前《华西都市报》的崛起，便属于此类策略。

1995 年 1 月 1 日，《华西都市报》在成都诞生，3 年后蹿升为业界名副其实的黑马。1997 年该报发行量达 50 万份，广告收入达 9 000 万元。《华西都市报》的成功，一方面固然应归因于当时的宏观社会背景，即仓促诞生于 20 世纪 90 年代的独特文化语境：“在单一的政治权力话语消解后，中国呈现多元文化共生的局面，个人言说的方式获得某种合法性。”“也就是在这样一个社会转型期，代理市民阶层话语权的都市报形成群落，传统的政治话语势力——日报类党政机关报声色渐衰。”④ 除此之外，便是《华西都市报》的创业者，尤其是元老席文举等对该报生态位的创造性选择，而这种选择是基于当时其他报纸所未能及时发现和占据的生态位。

据支英琨先生的叙述，20 世纪 90 年代中期，在《成都晚报》咄咄逼人的凌厉攻势下，四川日报社决心奋力反击。《四川日报》凭借一种“谨慎的直觉”不敢太过冒险，在 1994 年，派出席文举辗转全国各地考察，一行人仔细考察了《广州日报》、《扬子晚报》等 15 家报社。当时全国出现了晚报热，晚报总数量增加到 103 家，其中既有《扬子晚报》等的功成名就，也有如《金陵时报》等壮怀激烈的失败标本。当时的席文举想得更多是“如何在竞争者的夹缝中，为自己寻找一条出路”。

席文举等认为，从世界范围来看，很难发现像中国这样流行晚报的国家，因此当时《华西都市报》的创办，主要是以当时的晚报作为参考坐标。席文举对全国的晚报进行分类

---

① 这里的数据是在 2003 年统计和研究部门的预测结果，并不代表 2010 年成都的实际情形。

② 支英琨．新传媒帝国：竞争格局下的品牌、资本与产业化［M］．北京：中国水利水电出版社，2005：149.

③ 金雁，王宁．专业报刊品牌经营［M］．北京：中国人民大学出版社，2007：7.

④ 支英琨．新传媒帝国：竞争格局下的品牌、资本与产业化［M］．北京：中国水利水电出版社，2005：19-20.

研究，将当时中国的晚报分为三类①：

> 一是以《新民晚报》、《羊城晚报》为代表的传统晚报。二是以《成都晚报》、《西安晚报》为代表的机关类晚报。这类晚报一方面扮演机关报的角色，上级主管部门往往动用行政力量来进行征订；同时，报纸也努力靠近市民，以“软”的面孔出现，偏重社会新闻，可以说是折中的产物。三是以《扬子晚报》等为代表的新生代报纸。这类晚报大多在20世纪80年代的晚报热中创办，“大胆否定了传统晚报的办报思路和理论，强调自己不是日报的补充，不是供人们茶余饭后消遣的东西，而是报道同市民衣食住行等日常生活密切相关的、实用性强的各类新闻和信息的新型报纸”。

席文举认为第三类晚报的风格和特点更为适合当时成都报业竞争的需要，因此值得借鉴。他明确提出“市民生活报”的概念，将《华西都市报》定位于面向城市的市民生活报，受众目标是现代城市的广大市民。在新闻观念上，《华西都市报》突破过去报纸单纯的宣传取向，强调以服务性、实用性为主，根据市场经济的发展和现代都市生活的变化，全面反映市民生活，满足市民对各种信息的需求②。显然，席文举的此种观点，同时兼具创新发掘新的生态位和选择其他传媒所未发现的潜在生态位的意识。

体现在实践中，《华西都市报》在内容风格上，强调用市民语言来反映市民生活，用市民话语来讲述市民故事，做面对普通中下层市民的“通俗报”而不是“精英报”，讲究通俗化但绝不“媚俗”；质量要体现“一流报纸”的水平，努力满足市民需要但不忽视舆论导向。用本文所持有的理论观点看，这种新闻实践，落实在对受众需求、新闻内容和受众三种资源维度上生态位的创新和选择；而这种选择正是基于创业者们通过自身敏锐的学习能力而达至的适应当时传媒环境变迁的必然结果。

《华西都市报》的成功赢得了极高声誉。正如支英琨先生所写的：“从某种程度上而言，《华西都市报》是一个迟到的早起者。它开创了一种新的报业形态，同时也是报业‘前辈们’精华的集大成者。《华西都市报》的成功，是兼容并蓄基础上的厚积薄发，席文举是一个天才的借鉴者，他的包容给了他很大的创新天地。”

五、结论与讨论

市场因素无疑是中国改革开放以来影响传媒发展进程的关键变量，尽管制度变革、技术演变、国际化浪潮等因素也有相当影响。当考察中国传媒以何种策略参与市场竞争时，我们对这些重要因素显然不能顾此失彼。生态主义观这种理解当今人类社会现象的普遍性思路和逻辑，无疑具有跨越上述多种性质影响因素的潜在价值。同时，在传媒生态学研究领域，传媒生态位研究范式作为传媒生态学研究的一种理论旨趣，有着广阔的理论生长空间及对传媒发展的指导意义③。本文选择生态学理念作为阐释三十年来中国传媒发展进程中竞争策略的观察视野，正是基于上述考虑。

对传媒生态位的探索是传媒生态研究的一种有益思路。传媒生态位被认为是传媒生存和

① 支英琨．新传媒帝国：竞争格局下的品牌、资本与产业化［M］．北京：中国水利水电出版社，2005：24-25．

② 此处及下文叙述来自：支英琨．新传媒帝国：竞争格局下的品牌、资本与产业化［M］．北京：中国水利水电出版社，2005：24-25．

③ 张明新，强月新．传媒竞争研究的生态学进路［J］．武汉大学学报（人文科学版），2010（3）．

发展必须首先考虑的问题①。美国知名传媒研究者 John W. Dimmick 曾明确指出："生态位理论恰好为探寻传媒产业间竞争现象提供了有益的途径。我不是要用它来替换经典的经济学理论，而是要以它来研究传统经济学理论无法解释传媒竞争现象的那些问题。"② 这是本研究采用生态位的理论范式考察我国传媒竞争策略的重要依据。

生态位构建的观点表达着生物有机体主动选择生态位的现象，生态位的选择对产业组织的长期生存和发展至关重要。以生态位的建构和动态选择与优化作为分析的切入点，本研究通过对大量传媒竞争案例的归纳，发展出一些基于生态位选择和优化的传媒竞争策略，包括：基于生态位分离的传媒生态位错位竞争策略，基于生态位动态选择的传媒初始生态位的强化、扩充与放弃策略，基于生态位宽度选择的传媒生态位泛化和特化竞争，以传媒联动为例的基于生态位共生的传媒合作竞争等。传媒竞争常被理解为一个经济学或管理学现象，素来以追求经济效益最大化和成本最小化为旨归，尤其注重考察传媒组织的"有意识的、面对面和直接的策略行为，包括并购、合并及联盟等，以取得市场竞争之优势"③。显然，在传媒实践和政策层面，本研究无论在思路还是结论方面，对传媒竞争实践皆有较强的启发意义。

传媒竞争是一个动态演化的现象，这是本研究着力强调的关键性论述。一个在媒介市场中获得与保持竞争优势的传媒组织，必然是具有较强的学习和创新能力。在生态位的理论视野中，传媒组织需要学习和创新，而组织学习和创新的观点可被用来解释传媒通过优化资源生态位实施和参与竞争的策略。传媒组织的创新战略要求传媒善于发现生态系统中的潜在生态位，加以合理利用，并通过持续性的创新获得竞争优势。通过对相关案例的分析，本研究总结出基于组织学习与创新的传媒生态位优化生态位机制的竞争策略主要有：创新发掘新的生态位、寻找为其他传媒所未意识到的生态位、占据"小生位"的竞争策略等。

以生态学的原理和方法来研究当代媒介现象和传媒问题，被西方传播学者认为是所有社会科学研究方法中最为行之有效的一种。④ 中国本土的传媒生态学研究出自于传媒研究者的学术自觉，与北美学术界对技术、文化和符号的着力关注不同⑤，从一开始即侧重在传媒的

---

① 不少研究者和传媒业界人士皆表达了此种观点，尽管这些文献并未采用规范的研究方法而得到此结论。已有的相关文献如：颜玮楠．财经类电视频道媒介生态位初探［J］．今传媒，2007（12）；谢立文，欧阳谨文．媒介生态位与电视新闻栏目创新［J］．电视研究，2004（12）；樊昌志．媒介生态位与媒体的生机［J］．湘潭大学社会科学学报，2003（6）；刘远军．手机报的媒介生态位考察［J］．新闻爱好者，2008（7）；张志林，王京山．网络媒介生态位初探［J］．出版发行研究，2005（12）；周红路，周文杰．网络广告的媒介生态位［J］．消费导刊，2008（1）；王业明，杨晓训．省级重点新闻网站的生态位［J］．青年记者，2008（1）.

② Dimmick, J. W. *Media Competition and Coexistence: The Theory of the Niche* [M]. Lawrence Erlbaum Associates, Inc., 2003.

③ Li, S. C. S.. New Media and Market Competition: A Niche Analysis of Television News, Electronic News, and Newspaper News in Taiwan [J]. *Journal of Broadcasting & Electronic Media*, 2001, 45 (2): 259-276；李秀珠，彭玉贤，蔡佳如．新传播科技对台湾新闻媒体之影响：从新闻内容之区位谈起［J］．新闻学研究（台湾），2002（72）：27-54.

④ 邵培仁．媒介生态学：媒介作为绿色生态的研究［M］．北京：中国传媒大学出版社，2008：1.

⑤ Liska, J. R., Cronkhite, G.. *An Ecological Perspective on Human Communication Theory* [M]. Fort Worth: Harcourt Brace College Publishers, 1995; Nystrom, C.. Towards a Science of Media Ecology: The Formulation of Integrated Conceptual Paradigms for the Study of Human Communication Systems [D]. Ph. D. Dissertation, New York University, 1973; Postman, N.. *Technopoly: The Surrender of Culture to Technology* [M]. New York: Knopf, 1993; James W.. Carey, J. W.. *Communication as Culture: Essays on Media and Society* [M]. New York and London: Routledge, 1992; Levinson, P.. *The Soft Edge: A Natural History and Future of the Information Revolution* [M]. London and New York: Routledge, 1997.

生存发展环境方面，将传媒置于研究的中心地位。"中国的传媒生态研究真正的传媒生态研究。"① 本研究的价值在于，一方面，以生态学的视野对近来中国传媒发展的一些特点做出阐释，而在被考察的这段时期中，市场因素发挥着相当影响力；另一方面，通过对一些传媒组织发展进程中竞争实践案例的检视，得出解释传媒竞争现象的理论性认识，反过来，此类理论性的概括又对指导传媒竞争的普遍性实践有积极意义。支撑本文结论的论据，大多为传媒竞争的实际案例，尽管本研究没有采用严格的量化证据，但这并不意味着结论不能得到经验层面的支持。如何通过更系统的研究设计为上述理论性阐述提供经验证据，值得进一步探索。

【作者简介】

强月新，武汉大学新闻与传播学院副院长，教授、博士生导师。研究领域：新闻传播实务、传媒经济与媒介市场。

张明新，武汉大学新闻与传播学院副教授、博士，主要研究新媒体的采用与社会影响、传媒生态和媒介竞争。

① 崔保国. 媒介是条鱼——理解媒介生态学［J］. 中国传媒报告，2003（2）.

国家社科基金项目
“媒介融合对新闻传播的影响研究”报告

新媒体中的政治报道：形态演进与内容呈现①

肖 珺

20世纪80年代后，伴随网络社会的崛起，数字技术支持下的新媒体成为信息社会中传播最广泛、最受欢迎的信息载体，数字新媒体也逐渐渗透到世界各地的政治报道中。网络社会带给传统政治生活最大的冲击在于，它“是不受某一集中权力机构管制的条条框框束缚即可运行的社会”②，全球化、去中心化的网络空间对民族国家内的政治制度、政治决策过程、政府管理等都产生了重大而深刻的影响。国家政治事件的传播与报道也同样受到网络社会信息流动的巨大冲击，网络信息即时生成、即时传播、实时互动、高度共享、内容丰富、观点多元的特性使得传统政治报道时刻面临质疑和被解构的挑战。那么，面对全球化和新媒介技术的双重推动，中国新媒体政治报道的现状如何？这正是本文关注的焦点。

本文选取全国两会报道为中国政治报道的缩影，重点分析2011年两会报道中，新媒体报道的形态演变和内容呈现效果。研究对象包括中国七大网络媒体（新华网、人民网、央视网、新浪网、腾讯网、搜狐网、网易网），试图厘清和思考新媒体政治报道的媒体表现形式、内容选择和传播效果。

一、新媒体政治报道形态与生态

两会报道是中国媒体每年的常规选题，也是中国社会最为重要的政治议题之一，因而，每年的两会报道都会受到国内、国际社会的广泛关注，其新闻选题、传播流程向来是谨慎而敏感的。正是因为两会报道的政治效应，我国直到20世纪90年代末，才允许网络媒体进入两会报道的媒体行列，而现在，数字新媒体已经成为中国政治报道不可或缺的重要渠道和内容生产商。新媒体利用互联网、无线通信网络等数字化传播渠道，通过电脑、手机等发布和接收终端，向用户提供两会资讯服务、新闻报道和互动平台，从而成为当下最为人所知和及时有效的两会报道载体。

本文通过检索中国两会报道的历史，发现中国新媒体两会报道形态大致经历了三个演进关键点：

1. 网络新闻的开创与成熟

网络媒体（含新闻网站、商业网站）介入中国两会报道的元年是1999年。当年，中国

---

① 本文为国家哲学社会科学基金项目“媒介融合对新闻传播的影响研究：新技术环境下如何提升中国新闻网站的国际影响力”成果。

② ［英］巴雷特．赛博族状态——因特网的文化、政治和经济［M］．石家庄：河北大学出版社，1998：7.

互联网新闻中心记者采访并报道了两会①，新华社正式在互联网推出两会专题网站②，新浪网也在国内时事频道中推出了专题列表。此后，网络媒体纷纷将每年两会视为网站的常规报道重点，网络专题、原创或整合类新闻报道已是各网站展现综合实力的有效方式，网络新闻成为最成熟的新媒体两会报道形态。

2. 手机报道的出现与普及

2005年两会期间，人民网与中国移动、中国联通合作，率先推出手机互联网两会专题。③其后，各中央及地方新闻网站、各商业网站陆续推出手机报、手机直播、手机记者跑两会、手机互动专题、手机论坛、手机博客等多种依托手机载体的两会报道方式。目前，通过各类新闻网站与移动服务提供商的全面合作，手机播报两会已经成为网络媒体应用娴熟的新媒体报道形态，"掌上"两会报道业已普及。

3. 微博直播的兴起与成长

"微博问政"在2010年新媒体两会报道中成为最大的亮点，新浪微博顺势崛起为最具影响力的微博两会报道平台。据报道称：2010年"有60多位代表、委员在人民网、新浪网开通了实名制微博，很多记者与主持人及中央和地方媒体均在新浪网开通微博"④，在新浪微博中，人气最高的是新华社的两会微博"新华视点"。微博因其平民化、大众化、个性化的及时传播特性，在不到一年的时间内，迅速成长为新媒体两会报道最具生命力的直播形态。

上述分析可见，新媒体作为中国政治报道的新兴力量，经过12年的发展，已经形成一个以网络媒体为资源整合核心，以网络新闻、手机报道和微博直播为主要报道形态，以互联网、无线通信网络为传播渠道，以电脑、手机等为终端的政治报道生态。

二、新媒体政治报道的形态演进与内容呈现

2011年，新媒体报道两会的主要形态仍旧集中在：网络新闻、手机报道和微博直播三种方式，并未显现新的表现形式，这表明，它们已经成为网络媒体普遍接受和采用的两会报道形态。但不难发现，三种形态由于发展时间的长短、各自不同的传播特性、用户覆盖率的大小等原因，呈现出不同的特点和问题。

本文以三大新闻网站（新华网、人民网、央视网）和四大商业网站（新浪网、腾讯网、搜狐网、网易网）为观察对象，从网络新闻、手机报道和微博直播三个角度进行分析，进而凝练出中国新媒体政治报道的概貌。

（一）网络新闻：塑造的共识与个性的张扬

以两会为例，中国政治报道的选题与方式选择历来主张主旋律化的舆论引导。对于新媒体政治报道而言，还存在报道资质的限制和报道内容来源规范化的管理。网络媒体被划分为具有采访资质的新闻网站和只有转载、编辑资质的商业网站；拥有权威信息发布优势的新华

---

① ChinaByte. 1999中国新闻媒体网上发展回眸（下）[EB/OL]. [1999-12-29]. 新浪网，http://tech.sina.com.cn/news/internet/1999-12-29/14393.shtml.

② 新华社推出九届全国人大二次会议、全国政协九届二次会议专题网站[EB/OL]. [1999-03-03]. 新浪网，http://news.sina.com.cn/richtalk/news/tech/9903/030309.html.

③ 整理自赵文捷．两会报道新闻战落幕 手机媒体力拼"时政大餐"[EB/OL]. [2008-04-01]. 人民网，http://news.sohu.com/20080401/n256039716.shtml.

④ 张晋升，黎宇文．两会报道的微博效应[J]. 中国记者，2010（4）.

网等中央新闻网站和必须采用规范稿源的商业网站。这些管理制度的设计，演变为网络媒体新闻报道的内在约束性。因此，如何把握网络新闻报道的主旋律，又彰显网络新闻的个性、互动和多元的特征，从而发挥网络媒体的内容优势和品牌效应，成为网络新闻政治报道的首要挑战。本文对七大网络媒体的相关报道进行了比较研究，发现2011年中国网络媒体的两会报道具有明晰的报道主轴和颇具匠心的个性设计。

1. 塑造的共识："幸福/幸福感"的议题设置

"幸福/幸福感"是2011网络新闻两会报道的明晰主轴，选题的来源始于两会前夕温家宝总理与网友的问答。2月27日，总理通过中国政府网、新华网回答网友问题时，将"幸福的标准"总结为"让人们生活得舒心、安心、放心，对未来有信心"，并结合"十二五"规划，提出将"提升百姓的幸福感"落实到"使国计民生的一系列重大问题都进一步得到改善，使人民生活感到安全，对未来充满信心"。① 国家领导人对于"幸福"和"幸福感"的阐释和强调，引发了社会关注和网友热议，并不出意料地成为今年网络新闻策划的基调。

"幸福/幸福感"的塑造弥漫于网络新闻报道的网页设计、议题设置、互动环节、在线调查等各个细节中，配合五家网络媒体以大红和明黄色为主色调的视觉设计（新浪网以灰白色和橘红为主色调，搜狐网以大红色和灰黑色为主色调），网站所营造的喜庆扑面而来，并逐一展现在网络新闻报道的细节中。

（1）网络新闻专题标题中的角度设计。

表1列举了七大网站两会专题的名称：

表1 七大网络媒体两会新闻专题名称

网站类型	网站名称	新闻专题名称	链接地址
新闻网站	新华网	2011 全国两会	http://www.news.cn/politics/2011lh/
	人民网	2011 全国两会	http://2011lianghui.people.com.cn/GB/index.html
	央视网	2011 全国两会——中国策	http://news.cntv.cn/special/2011lianghui/home/index.shtml
商业网站	新浪网	公平的幸福——开启新十年的追梦	http://news.sina.com.cn/z/2011qglh/index.shtml
	搜狐网	2011 全国两会特别报道	http://news.sohu.com/s2011/11lianghui/
	网易网	中国式改革——2011 全国两会	http://news.163.com/special/2011lianghui/
	腾讯网	大国再出发——2011 年全国两会专题报道	http://news.qq.com/zt2011/2011lianghui/index.htm

网络新闻专题名称的确立一般会显现网络媒体对于新闻事件的基本态度或报道角度。三家新闻网站全部采用事件性标题"2011 全国两会"，仅央视网提炼了"中国策"作为次主题词，这表明，中央级新闻网站更强调全景式报道和政策宣讲。四家商业网站的标题不尽相同，除搜狐网直接采用事件性标题外，其他三家都各有特色：新浪网直接用"幸福"作为专题策划的核心词汇，但强调"公平"之于"幸福"的重要性；网易网"中国式改革"体现出专题内容侧重于对两会政策性内容的解读，尤其关心改革的进程；腾讯网"大国再出发"聚焦于"十二五"规划对未来中国的意义。网络专题标题的差异说明，在涉及重大政治事件选题时，商业网站的标题处理更敢于表达出观察立场。

（2）"幸福/幸福感"议题的首页设置。

本文还采用关键词检索和内容识别的方式，梳理七大网站专题首页中涉及"幸福/幸福感"议题的新闻报道数量及其来源（见表2）

① 整理自：温家宝总理与网友在线交谈［EB/OL］.［2011-02-27］. 新华网，中国政府网，http://www.xinhuanet.com/2011wjbft_index.htm.

表2　　七大网络媒体首页“幸福/幸福感”议题数量及其来源统计

网站类型	网站名称	首页议题数量	原创/比例	转载/比例
新闻网站	新华网	4	3	1
	人民网	4	4	0
	央视网	8	7	1
合计		16	14/87.50%	2/12.50%
商业网站	新浪网	7	1	6
	搜狐网	3	0	3
	网易网	2	0	2
	腾讯网	3	1	2
合计		15	2/13.33%	13/86.67%

从数据可见，三大新闻网站涉及“幸福/幸福感”议题中，原创作品占据约88%的比例；四大商业网站相关议题中，约87%都是转载作品，两类网络媒体的相关指标完全对立。这说明，2011年两会报道中一致出现的“幸福/幸福感”议题是由新闻网站/传统媒体发起和主导，并通过中国网络媒体的巨大合力不断塑造后形成的共识。

这一共识的形成与两会作为政治报道的高度敏感性和中国网络传播管理规范的层级性密切相关。但同时，新媒体政治报道议题的同质化或相似性又与网络传播分众化、小众化和多元化的本质特征相冲突。面对这一现实挑战，各网站如何才能凸显个性、表达观点呢？

2. 个性的张扬：发挥优势与原创突破

在塑造的共识下，七大网络媒体均须面对网络新闻内容同质化的难题。为凸显新媒体政治报道的个性与优势，网络媒体采取的有效方式主要有两个：

第一，发挥新媒体自身强势，在同质化报道中求快、求好、求深。

比如，新华网充分发挥其能独家获取两会权威资讯（如，温总理与网友在线交流、政府工作报告的完整版等）的便利条件，在网络新闻报道中表现出全时性、全面性和权威性的独特优势，在三大新闻网站的两会报道（2011年3月2日至3月15日）中稳居访问量之首（见图1），每天都是网民访问最频繁的新闻网站。

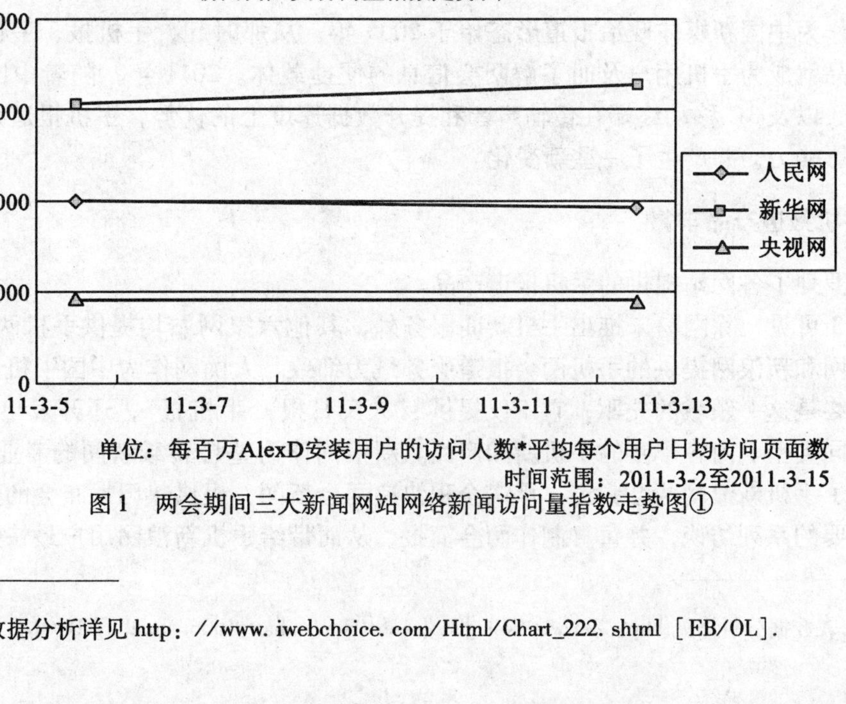

图1　两会期间三大新闻网站网络新闻访问量指数走势图①

① 图表数据分析详见 http://www.iwebchoice.com/Html/Chart_222.shtml [EB/OL].

第二，克服报道资质的限制，在访谈类节目中突破原创瓶颈。

2011 年两会报道中，以网易网、腾讯网为代表的商业网站大力拓展与新闻网站的合作，着力培育网络访谈类新闻报道类型，通过讨论当下社会热点话题，进而提升其原创报道的数量和影响力。比如：网易新闻与中国网合办的《2011 中国网两会访谈网易会客厅》制作的多期访谈节目；腾讯网、中国广播网，联合中部广播联盟联合制作的《崛起中部——跨越发展“十二五”》对数位重量级两会代表的访谈，都取得了良好的传播效果。这两家网站也因为在政治报道原创内容上的突破，在竞争激烈的商业网站两会新闻报道（2011 年 3 月 2 日至 3 月 15 日）中位居访问量前列（见图 2）。

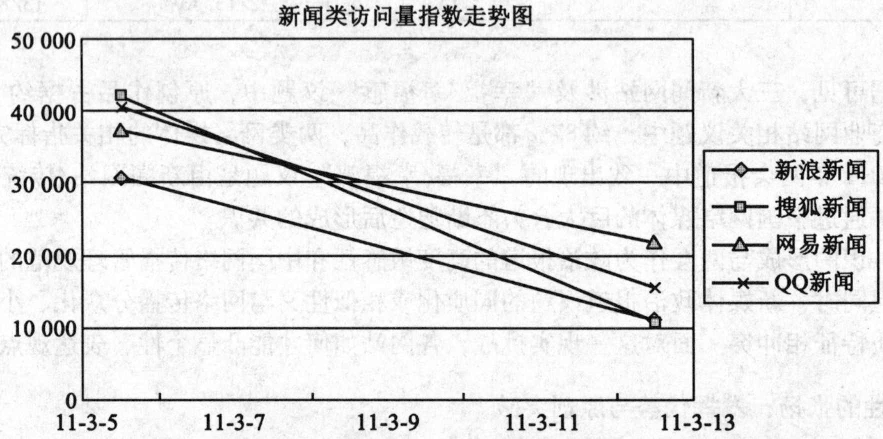

单位：每百万AlexD安装用户的访问人数*平均每个用户日均访问页面数
时间范围：2011-3-2至2011-3-15

图 2　两会期间四大商业网站网络新闻访问量指数走势图①

上述分析可见，网络新闻作为新媒体政治报道的形态之一，其制作方式、议题设置技巧等均已十分成熟。其中，新闻网站在新闻内容报道中的主导优势十分明显，而商业网站也正在不断地突破其报道局限。这表明，既定的社会框架虽然限制了新媒体政治报道观点多元化的可能，但却也同时刺激和推动了网络媒体的锐意创新和竞争意识。

（二）手机报道：产品的丰富与 3G 两会新趋势

手机作为中国新媒体政治报道形态始于 2005 年，从那时起，手机报、手机视频看两会等新闻产品就成为手机用户及时了解两会信息的便捷载体。2011 年，随着中国无线漫游服务的普及，以及 3G 移动终端在传输声音和提升数据速度上的优势，手机报道持续发挥着明显的传播影响力，并产生了一些新变化。

1. 手机报道产品丰富

表 3 罗列了各网站提供的手机报道产品。

从表 3 可见，除网易未推出手机新闻服务外，其他六家网站均提供手机两会新闻报道，其中人民网和新浪网提供的手机两会报道服务最为细致。人民网作为中国手机两会报道的开创者，始终是这一领域的先驱，它不仅提供“《人民日报》手机报”，还开发出“两会 e 刊”等 9 种不同类型、内容丰富的手机新闻产品。新浪网作为整合转载新闻的专业化商业网站，特别开辟了手机新浪网两会频道，承诺全程快递两会新闻，提供热门发布会的全程图文直播和高端政要的系列访谈，并每日制作两会简报，从而带给手机新浪网用户最快的两会新闻。

① 图表数据分析详见 http：//www. iwebchoice. com/Html/Chart_1506. shtml［EB/OL］.

表3 七大网络媒体手机报道产品统计

网站类型	网站名称	手机报道产品
新闻网站	新华网	两会网事手机报；“新华社两会”手机阅读器
	人民网	《人民日报》手机报；两会e刊；手机人民网两会调查；G族看两会；G族代表共话两会；G语总理专线；两会G视点；手机电视看两会；手机记者跑两会
	央视网	CCTV手机电视看两会
商业网站	新浪网	手机看两会；两会每日简报
	搜狐网	手机两会
	网易网	无
	腾讯网	手机看两会

2. 2011新趋势：3G终端的专属服务和内容控制

今年，手机两会报道最大的亮点则是针对iPhone、乐Phone等最时尚的3G手机提供的个性化服务。3月1日，新华社为iPhone手机用户专门打造“新华社两会”手机阅读器正式登录苹果应用商店，手机阅读器开始了速递、热点、花絮、图片和微博五大栏目。3月2日，全国政协十一届四次会议官网新闻中心发出公告，将首次推出以手机为终端的“政协全会”无线网站，即针对iPhone、乐Phone版客户正式开通会议专题，用户只须下载客户端后就可以浏览大会信息。据报道：“手机版的‘政协全会’无线网站采取了分门别类方式，设置了大会新闻、议政建言、提案选登、专委会、图片报道等栏目”，“在手机上就能看到会议的通知、会议的最新报道等内容，同时还能查询到会议后的摆渡车安排。”① 此外，新浪网、腾讯网等也都针对这部分新用户开通了服务。两会报道中最引人关注的相关新闻，则是少林寺方丈释永信带着iPad平板电脑和iPhone4手机上会②，这充分体现出3G两会的新趋势。

手机报道渠道的升级为后台两会信息生产提出了新的要求。本文对新浪网、腾讯网相关部门的调研表明：两网站的移动新闻部门都会安排专门人员更新和推荐两会新闻与图片，并将重要新闻置顶；在进行文图直播时，专业人员会根据新华网、人民网提供的权威信息进行后台粘贴和标题编辑工作，同时对直播间留言板进行管理。

3G两会的快速发展具有两个趋势性的意义。第一，它促使网络媒体通过手机服务实现了与微博直播的无缝对接，更大程度地满足了手机用户的信息需求和体验热情。第二，它昭示了平板电脑、手机等移动终端将会成为未来新媒体新闻报道的主流媒体。

---

① 整理自徐松，陈恃雷．新华社报道进军手机客户端 多媒体展示两会新闻［EB/OL］．［2011-03-11］．新华社，央视网 http：//news. cntv. cn/20110301/119355. shtml；刘正旭．“政协全会”挺潮 手机客户端上线［EB/OL］．［2011-03-04］．金羊网-新快报，新浪网 http：//news. sina. com. cn/c/2011-03-04/021322049374. shtml；全国政协会议推出手机终端无线网站［EB/OL］．［2011-03-03］．东方网，中国网，http：//big5. china. com. cn/2011/2011-03/03/content_22040857. htm.

② 参见 http：//news. xinmin. cn/rollnews/2011/03/09/9673403. html；http：//news. 163. com/photoview/4IQB0001/13545. html#p=6V0OE1SB4IQB0001［EB/OL］.

（三）微博直播：意见领袖的活跃性与话题性报道的呈现

2010年开始出现的微博两会报道，历经1年的发展，已经从新浪微博一家独大的垄断格局演变为多元竞争态势，但由于新浪微博业已积累的技术、人气和内容优势，这种竞争仍然是不完全和不充分的。微博信息发布的随时性、随身性特征使得微博两会报道几乎实现了全时、全景、全员的直播状态，因此，微博成为新媒体政治报道的宠儿。

本文观察的七大网站中，除搜狐网没有看到专门的微博两会报道外，其他网站均设有专门的微博报道栏目，如：新华网的新华说客·两会微博；人民网的2011微评两会、记者微播报；央视网开设的CNTV两会微博、记者微博；网易和中国广播网合作的微博特别节目；等等。本文发现，2011年微博报道区别于2010年微博两会报道碎片化的粗放模式，开始转向意见领袖的培育和话题的组织。

为具体而深入地探究微博两会报道现状，本文将占据市场优势的新浪微博和新兴发力的腾讯微博进行比较，试图分析微博直播政治事件中呈现的新趋势。

1. 意见领袖的培育及其活跃性

此处所指的“意见领袖”区别于微博圈中通过转发机制自发产生的言论领袖，而是指经过网站邀请、认证过的两会代表委员。在两会微博中，他们由于特殊的社会地位和在各行各业中累积的影响力，其发言会快速成为焦点，从而带动微博言论的流动速度和辐射面。于是，培育意见领袖和他们微博发言的活跃性成为微博两会报道的重要任务。

表4中归纳了新浪和腾讯微博意见领袖的分类和数量，并通过计算微博代表委员发言人数占总人数的比例，获取了两大微博的活跃度指标。

表4　　　　新浪、腾讯微博两会中的意见领袖及其活跃度对比表

项目	新浪微博			腾讯微博		
	人数	发言人数	活跃度	人数	发言人数	活跃度
全国人大代表	162	101	62.35%	57	44	77.19%
全国政协委员	202	101	50.00%	46	33	71.74%
地方人大代表	28	15	53.57%			
地方政协委员	51	26	50.98%			
总指标	443	243	54.85%	103	77	74.76%

由表4可见，新浪微博较之腾讯微博有4倍之多的意见领袖，这是新浪微博自2010年建立起来的规模效应。但从活跃度指标看，腾讯微博意见领袖的发言人数占总人数的比例超过新浪近20%，这表明，今年发力的腾讯在保证意见领袖活跃度方面远优于新浪。

此外，本文还统计了腾讯意见领袖两会期间的广播（发布）条数，并按照数量进行了区段的划分，进而对应不同的活跃性表述（见表5），表中的活跃性描述是按照代表委员通过腾讯微博广播（发布）两会情况的数量进行的区段划分，表明两会代表使用腾讯微博所处的不同区段，从而展现出不同的积极性。

从图3可见，2011年，注册腾讯微博的103名两会代表委员在使用腾讯微博广播功能时表现出不一致的活跃性：零活跃（一言不发的不活跃者）人群最少，占13.59%；基本活跃（保证并正常使用微博的较活跃者和活跃者）人群最多，占66.99%；十分活跃（积极使用微博的很活跃者和非常活跃者）人群居中，占19.42%。这表明，腾讯微博作为今年微博报道两会的新兴渠道，已经得到两会代表委员的认可和接受，这群特殊微博主的广播（发

布）活跃性整体较高，基本活跃和十分活跃的微博主占到86.41%，体现出两会代表委员通过微博沟通民意、网上行政的积极态度。同时，研究也发现，仍然存在近14%的零活跃的沉默者，他们虽然接受了微博问政的新传播形态，但并未形成使用微博的习惯，其原因有待调查。

表5 腾讯微博意见领袖两会期间发言活跃性统计表

广播数区段	人数	比例	活跃性
0条	14	13.59%	不活跃
1～10条	36	34.95%	较活跃
10～100条	33	32.04%	活跃
100～300条	10	9.71%	很活跃
300条以上	10	9.71%	非常活跃

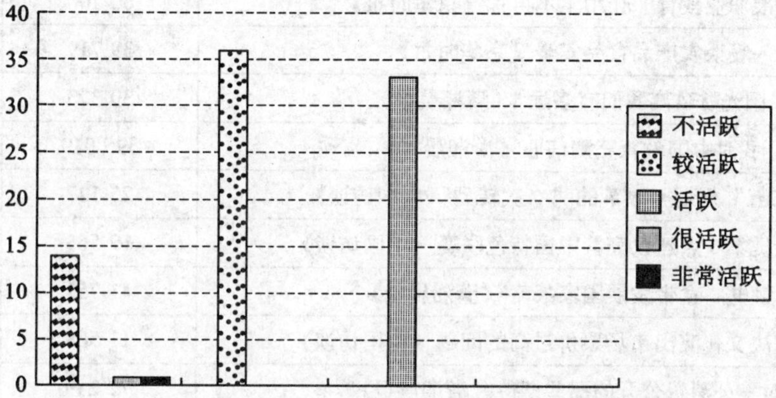

图3 腾讯微博意见领袖两会期间发言活跃性统计图

通过对新浪、腾讯微博意见领袖的数量及其活跃度/活跃性的比较发现：政治事件的微博直播中，意见领袖规模的积累与其发言的活跃度并非正相关；意见领袖已经认可和接受微博直播的新媒体报道形态，且广播（发布）活跃性整体较高。

2. 话题性报道的呈现与效果

本文发现，新浪、腾讯微博在2011年两会报道中，都主动策划了便于互动和参与的讨论主题，并呈现出明显的专题化倾向。下文以新浪“两会微访谈”和腾讯“两会微辩论”为例（见表6、表7），讨论话题性微博报道的呈现与效果。

表6 新浪微博“两会微访谈”话题呈现与效果统计

新浪“两会微访谈”话题	粉丝数量	问题数量
在线征集两会提案（科技）	1 610 880	194
女性视角看两会（女性）	567 314	46
保护动物，取缔活熊取胆《新京报》	14 417	167
如何提高国民收入	45 106	109
如何解救流浪弃儿	106 935	54

续表

新浪“两会微访谈”话题	粉丝数量	问题数量
一个企业家的传奇	682 700	263
谈教育改革	81 516	366
旅游开发和文化保护的双赢选择	26 910	51
畅谈民生	722 908	263
政协委员眼中的股市民生	291 335	18
如何实现教育公平？《潇湘晨报》	30 825	85
中国自主品牌汽车发展《汽车》	15 036	109
向 GDP 说不！夺回被“偷”走的幸福感！《京华时报》	247 293	73
如何应对“让油价飞”时代？《潇湘晨报》	37 123	45
中国需要“民生汽车”《汽车》	15 602	144
发展职业教育　让用工不再荒《京华时报》	80 100	387
畅谈农产品食品安全《京华时报》	39 719	76
阳光财政离我们有多远？《潇湘晨报》	39 323	159
我对中国教育充满信心《潇湘晨报》	595 019	336
“十二五”规划与改革的“二次转型”《中国访谈》	25 127	63
谈两会提案 6 点建议完善中国特色联赛《中国访谈》	19 565	158
触电“宽带发展国家战略”《潇湘晨报》	41 751	135
研究解决文化演出市场票价过高的问题《中国访谈》	11 508	66
对三公消费公开的那些期待《潇湘晨报》	72 219	51
聊聊身边的低碳生活《中国访谈》	330 617	213
合计	5 750 848	3 631

（注：统计数据截至 2011 年 3 月 2—12 日）

表 7　**腾讯微博“两会微辩论”话题呈现与效果统计**

腾讯“两会微辩论”话题	广播条数	参与投票人数
住房限购令能否抑制房价上涨	25 347	679 271
已过六级能否免试考研英语	4 924	629 007
是否赞成国家放开二胎政策	33 803	758 572
幼儿园纳入义务教育是否可行	4 982	325 239
退休年龄应该推迟吗	11 453	411 373
立法限制员工跳槽是否可行	8 014	425 663
你赞成流动人口子女就地高考吗	2 266	44 334
合计	90 789	3 273 459

（注：统计数据截止到 2011 年 3 月 17 日）

由表 6、表 7 可见，新浪微博、腾讯微博设计的话题性报道主要涉及网友高度关注的互动话题和民生议题，最引发关注的是征集提案、建议或提问，其次是教育类等民生问题。新浪“两会微访谈”25 个话题聚集了超过 575 万粉丝数量，但提问者/数量却只有约 3 600 个，显示出：微博主对访谈类互动话题更倾向于关注，而消极对待提问之类的功能设计。腾讯“两会微辩论”7 个话题广播（发布）了约 9 万条微博内容，参与投票人数却高达 327 万，这表明：微博主肯定辩论类型的微博议题，愿意参与辩论，并积极回应投票之类的功能设计。

通过对新浪微博、腾讯微博的深入分析，本文认为，微博直播已经成为 2011 年两会接收和热烈响应的新媒体报道形态，与 2010 年相比，比较明显地出现意见领袖活跃性培育和话题性报道呈现的新现象，并且各自表现出一些传播新特点。不过，由于商业网站经历了几年的市场积累，已经形成了明显的规模效应和品牌声势，未来新闻网站无疑将面对巨大的困难和挑战。

本文深入分析了 2011 年新媒体两会报道，从而概括性地展现中国新媒体政治报道的形态演进（网络新闻、手机报道和微博直播）与内容呈现，并梳理和凝练出一些新媒体政治报道的传播规律。本文认为：从技术形态更替的角度看，后续新媒体政治报道形态将相对稳定，3G 手机等移动新媒体与微博报道方式的融合势必成为发展趋势；从内容建设角度看，我国新闻网站应思考如何优化原创内容的优势，积极融入到移动新媒体的渠道建设和市场推广中，否则这些将成为制约他们未来报道影响力的重要因素；从媒介生态的角度观察，中国既定的政治报道框架仍会延续，新媒体内容管理的层级制度在相当长时间内还会保持，新媒体在政治报道中应依靠其技术和服务优势，更好地思考如何满足公众知情的权利和沟通的欲望。

【作者简介】

肖珺，博士、副教授，武汉大学新闻与传播学院网络传播系副主任。

下　篇

2010 中国媒体发展专题研究报告

“十一五”时期中国传媒业发展的检视与思考

王润珏

一、“十一五”时期传媒业发展的规划与设计

2006年年初，中华人民共和国国民经济和社会发展第十一个五年（2006—2010年）规划纲要正式出台。《纲要》中，将“十一五”时期定位为全面建设小康社会的关键时期，并确立了经济社会发展的主要目标。《纲要》明确了“十一五”时期社会主义文化建设的核心内容：加强思想道德建设；丰富人民群众精神文化生活；深化文化体制改革。

2006年9月，中共中央办公厅、国务院办公厅印发《国家“十一五”时期文化发展规划纲要》，这是我国第一个专门部署文化建设的中长期规划。《纲要》指出，到2010年，我国文化发展的总体目标是：完成“十一五”时期全面建设小康社会赋予文化建设的任务，文化为人民服务、为社会主义服务的能力显著增强，为经济发展、政治稳定和社会进步提供强有力的思想保证、精神动力和智力支持；文化的创新能力和整体实力明显提高，文化产品更加丰富，更好地保障和满足人民群众的基本文化需求，促进城乡和区域之间文化的共同发展；中华文化在世界上的影响力不断扩大，文化在综合国力竞争中的地位和作用日益突出，文化发展的水平与我国的经济实力、国际地位相适应。

2006年11月和12月，国家广播电影电视总局和国家新闻出版总署先后印发《“十一五”时期广播影视科技发展规划》和《新闻出版业“十一五”发展规划》，这是继《国家“十一五”时期文化发展规划纲要》发布后，具体指导“十一五”期间我国广播电影电视、新闻出版行业发展的纲领性文件。其中，“广电规划”具体提出了“十一五”时期我国广播影视科技发展的六大任务：确保广播电视安全播出，建立广播电视安全保障体系；完善广播影视公共服务，加强农村广播影视建设；全面推进广播电视数字化，推进广播电视升级换代；发挥广播影视内容优势，推进数字内容信息服务；加快电影数字化进程，进一步推动电影科技发展；坚持科技创新，充分发挥科技引领作用。“新闻出版规划”进一步明确了新闻出版业“十一五”期间的八大发展战略：积极推动现代内容产业发展；大力发展数字出版；努力构建公共新闻出版服务体系；加强出版物现代流通体系建设；大力发展现代印刷、复制产业；促进少数民族地区新闻出版业发展；积极实施“中国新闻出版业走出去”战略；以国家重点工程建设带动新闻出版业发展。

二、“十一五”时期传媒业发展的梳理与检讨

1. 产业发展平稳快速，规划目标提前实现

“十一五”时期，我国新闻出版业发展迅速，出版物的品种、数量和类型不断增加，产业规模进一步扩大。到2009年底，“十一五”规划目标提前完成。据新闻出版总署统计，

“十一五”期间我国累计生产图书135.8万种、338亿册，是“十五”时期的两倍；报纸年发行量接近500亿份；版权相关产业增加值占国内生产总值的6.4%。2010年新闻出版业总产出预计达到13 000亿元，增加值占国内文化产业核心层增加值的60%以上。①

近年来，我国新闻出版业的生产能力和市场消费能力都保持了稳定和持续的增长态势。2006年以来，图书出版品种年增幅保持在5%以上，2008—2009年连续增幅超过10%；期刊和报纸的品种和印数基本持平，定价总金额的增幅保持在10%左右。2009年，图书出版品种为301 719种、总印数70.37亿册，居世界第一位；日报出版规模已连续9年居世界第一位。② 发行方面，从全国新华书店系统、出版社自办发行单位出版物总销售的统计数据来看，近五年来，中国出版物的发行金额的年平均增幅为7.07%。

截至2009年年底，全国共有29家出版集团，49家报业集团，4家期刊集团，24家国有发行集团；境内外上市的新闻出版企业41家。③ 全国共有各类发行单位108 486家，其中，总发行企业77家，批发企业8 285家，零售单位99 732家，全国性出版物连锁经营企业22家，区域性出版物连锁经营企业107家，外商投资出版物分销企业51家，网上书店70家，读者俱乐部142家（见表1、表2、表3、表4）。④

表1　**2006—2009年图书出版总量**⑤

项目/时间	出版社（家）	出版图书（种）	总印数（亿册）	定价总金额（亿元）
2006年	573	233 971	64.08	649.13
2007年	578	248 283	62.93	676.72
2008年	579	274 123	70.62	802.45
2009年	580	301 719	70.37	848.04

表2　**2006—2009年期刊出版总量**⑥

项目/时间	出版期刊（种）	平均期印数（万册）	总印数（亿册）	定价总金额（亿元）
2006年	9 468	16 435	28.52	152.23
2007年	9 468	16 697	30.41	170.93
2008年	9 549	16 767	31.05	187.42
2009年	9 851	16 457	31.53	202.35

① 数据来源：柳斌杰．“十二五”是建设新闻出版强国关键五年［EB/OL］．［2011-03-12］．http://www.gapp.gov.cn.

② 数据来源：蒋建国．出版量世界第一　2020年建成新闻出版强国［EB/OL］．［2010-12-03］．http://www.people.com.cn.

③ 数据来源：蒋建国．出版量世界第一　2020年建成新闻出版强国［EB/OL］．［2010-12-03］．http://www.people.com.cn.

④ 数据来源：关于开展2011年出版物发行单位年度核验工作的通知［EB/OL］．［2011-01-15］．http://www.gapp.gov.cn.

⑤ 数据来源：新闻出版总署．全国新闻出版业基本情况（2005—2009）［EB/OL］．［2010-11-12］．http://www.gapp.gov.cn.

⑥ 数据来源：新闻出版总署．全国新闻出版业基本情况（2005—2009）［EB/OL］．［2010-11-12］．http://www.gapp.gov.cn.

表3 **2006—2009年报纸出版总量**①

项目 时间	出版报纸（种）	平均期印数（万份）	总印数（亿份）	定价总金额（亿元）
2006年	1 938	19 703.35	424.52	276.09
2007年	1 938	20 545.37	437.99	306.53
2008年	1 943	21 154.79	442.92	317.96
2009年	1 937	20 837.15	439.11	351.72

表4 **2006—2009年音像制品及电子出版物出版总量**②

项目 时间	录音制品		录像制品		电子出版物	
	出版种类（种）	发行金额（亿元）	出版种类（种）	发行金额（亿元）	出版种类（种）	出版数量（万张）
2006年	15 850	15.51	17 856	19.66	7 207	16 035.72
2007年	15 314	11.52	16 641	19.94	8 652	13 584.04
2008年	11 721	11.21	11 772	7.23	9 668	15 770.64
2009年	12 315	11.90	13 069	8.09	10 708	22 900.00

“十一五”期间，广电业收入保持高速增长，内容生产能力明显提高，广播影视数字化全面推进。截至2 010年底，我国共开办广播电台227座、电视台247座、广播电视台2 120座、教育电视台44座。③ 全国广播人口综合覆盖率96.78%；全国电视人口综合覆盖率97.62%。④ 2006—2010年，广播电视收入以年均20%的速度增长，2010年达到2 238亿元；电影票房收入由2005年的20亿元增加到102亿元。⑤ 各级电台电视台开办了10家网络广播电视台和63个互联网视听网站。全国数字电视用户数超过1亿，其中有线数字电视用户达8 799万户，直播卫星数字电视用户达1 350万户，自主创新的移动多媒体广播电视（CMMB）用户近1 000万户。电视剧和电影生产能力逐年提高，2010年故事片产量居世界第三位。截至2010年6月底，全国共有城市院线37条、影院达1 826家、银幕5 300块（见表5、表6、表7、表8）。⑥

① 数据来源：新闻出版总署．全国新闻出版业基本情况（2005—2009）[EB/OL]．[2010-11-12]．http：//www.gapp.gov.cn.

② 数据来源：新闻出版总署．全国新闻出版业基本情况（2005—2009）[EB/OL]．[2010-11-12]．http：//www.gapp.gov.cn.

③ 数据来源：2010年统计公报（广播电影电视部分）[EB/OL]．[2011-02-18]．http：//www.sarft.gov.cn.

④ 数据来源：2010年广播电视事业产业继续保持良好发展态势[EB/OL]．[2011-02-18]．http：//www.sarft.gov.cn.

⑤ 数据来源：文化体制改革举行新闻发布会[EB/OL]．[2011-03-20]．http：//www.china.com.

⑥ 数据来源：深化改革促进广播影视业发展[EB/OL]．[2010-10-20]．http：//www.people.com.cn.

表 5　　2006—2010 年广播业发展状况

项目 / 时间	综合人口覆盖率	广播节目套数	全年广播节目播出时间（万小时）
2006 年	95.04%	2 366	1 078
2007 年	95.43%	2 433	1 127
2008 年	95.96%	2 437	1 163
2009 年	96.31%	2 675	1 227
2010 年	96.78%	/	/

表 6　　2006—2010 年电视业发展状况

项目 / 时间	综合人口覆盖率	电视节目套数	全年电视节目播出时间（万小时）	有线电视用户率
2006 年	96.23%	3 092	1 360	37%
2007 年	96.58%	3 214	1 455	40%
2008 年	96.95%	3 287	1 495	42%
2009 年	97.23%	/	1 578	44%
2010 年	97.62%	/	/	/

表 7　　2006—2010 年电影业发展状况①

项目 / 时间	故事片生产数量（部）	全国电影主业收入（亿元）	城市电影票房收入（亿元）	城市电影票房增幅
2006 年	330	57.3	26.20	28.1%
2007 年	402	67.26	33.27	27%
2008 年	406	84.33	43.41	30.5%
2009 年	456	106.65	62.06	43%
2010 年	526	/	101.72	63.9%

表 8　　2005—2010 年广播电视业收入状况②

项目 / 时间	总收入（亿元）	广告收入（亿元）	有线电视收视费（亿元）
2006 年	1 099	527	184
2007 年	1 316	601	212
2008 年	1 584	702	250
2009 年	1 853	782	285
2010 年	2 238	970	/

① 数据来源：国家广播电影电视总局发展研究中心．2010 年中国广播影电视发展报告［M］．北京：新华出版社，2010：68-69；2010 年全国城市电影票房统计［EB/OL］．［2011-02-18］．http：//www.sarft.gov.cn.

② 数据来源：全国广播电视收入情况［EB/OL］．［2010-12-18］．http：//www.sarft.gov.cn.

2. 文化体制改革纵深发展，市场主体建设成果显著

2003年，文化体制改革正式启动，传媒业被纳入这一总体性的改革框架之中，这是近年来对中国传媒业发展影响最为深远的制度安排。按照文化体制改革的总体设计，从改革启动至今大致分为三个阶段：一是“开展试点、积极探索”阶段，从2003年6月到2005年12月。二是“扩大试点、由点到面”阶段，从2005年12月到2009年8月。三是“加快推进、全面展开”阶段，从2009年8月至今。全面推开出版、发行、电影、文化市场管理等领域改革，2012年以前基本完成中央已确定的文化体制改革各项任务。① 这就意味着，“十一五”时期就成为文化体制改革由“试点探索”到“全面展开”的关键时期，具有承前启后的重要意义。

2006年1月，中共中央、国务院发出《关于深化文化体制改革的若干意见》，标志着文化体制改革进入纵深发展的新阶段。《意见》强调，深化文化体制改革，关键是创新体制机制，必须坚持公益性文化事业和经营性文化产业两手抓、两加强，要规范国有文化事业单位的转制，重塑文化市场主体，科学规划和配置公益性文化事业资源、报刊及广播电视资源，促进文化资源配置向农村和中西部地区倾斜。2009年9月，我国第一部文化产业专项规划——《文化产业振兴规划》正式出台，文化产业首次晋升为国家战略性产业。

依据上述思路，国家新闻出版总署先后出台《关于深化中央各部门各单位出版社体制改革的意见》(2009)，明确了中央各部门单位出版社体制改革的指导思想、任务、原则和目标；《关于进一步推进新闻出版体制改革的指导意见》(2009)，首次以文件的形式对非公有出版工作室进行了积极和明确的表述。2009年8月，国家广播电影电视总局下发《关于认真做好广播电视制播分离改革的意见》，这是总局第一次专门针对制播分离改革发布的指导性文件，文件明确提出了进行节目分类，明确制播分离范围；通过直接购买、委托制作、合作制作、招标制作节目播出，以及联合运营频率频道等方式，深入推进播出机制改革；通过组建节目制作公司、改革台内节目制作运营机制，深入推进制作体制改革；以制播分离改革带动内部管理改革，推动体制创新，积极探索科学有效的节目导向管控机制和方式的改革思路。

从行业实践来看，“十一五”时期体制改革成效显著。到“十一五”期末，我国经营性图书、音像出版单位基本完成转企改制，1 251家非时政类报刊出版单位转制或登记为企业法人，10多万家印刷复制单位、3 000多家国有新华书店完成转制，100多家新闻出版企业集团成功组建。投融资体制改革取得重大突破，45家新闻出版企业成功上市，总市值达5 700亿元。非公有资本和外资全面进入印刷、复制、发行和新媒体硬件制作等领域，民营文化工作室有序参与出版策划服务。② 全国有35家电影制片厂、70家电视剧制作机构、204家省市电影公司、293家电影院等国有经营性事业单位完成转企改制，9家广播影视企业重组上市，亚洲最大的国家中影数字制作基地等一批影视、动漫产业基地已建成③，混合所有制及民营广播影视制作发行企业3 475家。④

---

① 孙志军．文化体制改革经历了三个发展阶段［EB/OL］．［2010-02-20］．http：//www.people.com.cn.

② 数据来源：柳斌杰．“十二五”是建设新闻出版强国关键五年［EB/OL］．［2011-03-12］．http：//www.gapp.gov.cn.

③ 数据来源：全国35家电影制片厂、204家电影公司完成转制［EB/OL］．［2011-03-04］．http：//www.people.com.cn.

④ 数据来源：深化改革促进广播影视业发展［EB/OL］．［2010-10-20］．http：//www.people.com.cn.

3. 公共服务体系建设有序推进，农村公益性事业健康发展

传媒业公共服务体系的建设是建构合理媒介结构，兼顾传媒体制改革效率与公平的重要内容。在涉及我国传媒业发展的各级“十一五”发展规划中，均对公共服务体系的建设进行了专门性的讨论，公共文化建设七大重点工程（村村通广播电视、农村电影放映、乡镇综合文化站建设、文化信息资源共享、重大文化自然遗产保护、“西新工程”、重大文化设施建设）其中五项涉及传媒领域，尤其关注农村公共服务体系的建设。近年来，国家从政策、财政、技术等多个方面予以重点支持。到“十一五”期末，规划任务基本完成，我国农村涵盖“广播电视—书刊—电影”的传媒公共服务体系初步建成，并向“数字化”方向进一步发展。

2006 年 9 月，国务院办公厅下发《关于进一步做好新时期广播电视村村通工作的通知》，提出了到 2010 年年底，全面实现 20 户以上已通电自然村通广播电视的目标。根据国家广电总局统计的数据，截至 2010 年年底，全国“十一五”广播电视村村通工程建设任务全面完成，共累计完成 72.28 万个 20 户以上已通电自然村广播电视覆盖“盲村”“村村通”建设，20 户以上已通电自然村全部实现通广播电视。其中，采用直播卫星方式完成 53.03 万个村，有线光缆联网方式完成 15.67 万个村，其他方式完成 3.58 万个村（地面无线覆盖、MMDS 等方式）。中西部偏远地区主要采用直播卫星方式进行建设，共完成近 1 350 万套直播卫星接收设备安装调试，使广大偏远农村地区农户通过直播卫星收听收看到多套清晰的数字广播电视节目。东部等有条件省区积极采用有线光缆联网等方式进行“村村通”建设。①

1998 年，国家广电总局和文化部就联合提出了农村电影放映“2131”工程。2005 年，农村数字电影流动放映技术实验区的重要突破，随后农村电影公共服务体系建设推进速度大幅提高。2007 年，国务院办公厅转发国家广电总局、国家发改委、财政部、文化部等部门《关于做好农村电影工作的意见》，明确提出在 2010 年基本实现每个村每个月看一场电影的公益服务目标。农村电影改革发展暨数字化放映由试点正式转向全国铺开。截至 2009 年 12 月 31 日，全国已组建农村数字电影院线 218 条，数字电影放映队 28 730 支；全年共放映 781 万场，观众达 18.15 亿人次。②

2007 年，国家开始实施农家书屋工程，旨在解决广大农民群众“买书难、借书难、看书难”的问题。2007 年上半年，新闻出版总署、国家发改委等多个国家部委联合下发了《农家书屋工程实施意见》，规划了“十一五”时期在全国建成农家书屋 20 万个，2015 年基本覆盖每个行政村的建设目标。几年来，中央财政已累计投入资金 45 亿元，地方投入资金 30 多亿元。目前，全国已建成农家书屋、社区书屋、职工书屋等 38 万家。随着当前新一轮建设工作启动，预计 2011 年农家书屋建成数量将达 50 万家左右；到 2012 年，农家书屋工程将基本竣工。③

4. 数字化进程全面提速，走出去工程任务艰巨

“数字化”和“走出去”是我国传媒业应对信息化和全球化趋势的必然之举，也是增强

---

① 数据来源：全国“十一五”广播电视村村通工程建设任务全面完成［EB/OL］.［2011-03-12］. http：//www. sarft. gov. cn.

② 国家广播电影电视总局发展研究中心 . 2010 年中国广播电影电视发展报告［M］. 北京：新华出版社，2010：49.

③ 2011 年全国农家书屋工程建设工作会议召开［EB/OL］.［2011-01-22］. http：//www. gapp. gov. cn.

中国传媒业结构调整、产业升级和竞争力提升的重要内容。

信息技术的发展带来了传媒业的整体技术变革，将传媒业带入了一场从媒介形态到发展战略的深刻变革。“十一五”时期，中国传媒业进入全面数字化发展阶段，“广播电视数字化”、“电影数字化”、“数字出版”、“数字新媒体”成为近五年媒介发展的主题词。截至2009年年底，全国电台电视台节目采集、制作、播出已基本实现数字化，有线数字电视用户达8 799万户，其中双向覆盖用户近5 000万户。地面数字电视已覆盖全国308个地市以上城市；开播16个高清电视频道。中国自主研发的移动多媒体广播电视（CMMB）已在331个城市覆盖并提供多套节目服务，用户近1 000万户，成为全球最大的手持电视网络。①国家广电总局批准从事互联网视听服务的网站达398家；电影制作、发行数字化进程加快，数字放映已成发展主流。②

据中国出版科学研究所发布的数据，2009年我国数字出版产业的产值达799.4亿元，是2006年产值（213亿元）的3.75倍，年均增长率超过55%。其中数字期刊收入6亿元，电子书收入14亿元，数字报（网络版）收入3.1亿元，网络游戏收入达256.2亿元，网络广告达206.1亿元，手机出版（包括手机音乐、手机游戏、手机动漫、手机阅读）则达到314亿元。③

2010年，我国三网融合进入实质推进阶段，北京、上海、大连、哈尔滨、南京、杭州、厦门、青岛、武汉、深圳、绵阳和湖南省长株潭地区12个城市成为首批三网融合试点地区（城市）。④

另一方面，“走出去”工程则承担着提高我国国际传播能力和传媒产业国际竞争力的重要任务。2006年以来，“走出去”工程成果初显：中国长城电视平台新开播东南亚、澳大利亚平台，落地覆盖不断扩大，全球付费用户突破10万户；中国网络电视台完成5个海外镜像站点一期工程建设；2010年，63部次影片在25个电影节上获得89个奖项；电影海外收入超过35亿元，电视剧动画片等产品和服务出口超过8亿元。⑤

然而，在进出口贸易方面，中国的贸易逆差仍然十分明显。其中出版物进出口金额比例为9：1；版权贸易引进品种与输出品种比例为3.3：1。⑥ 2008年、2009年连续出现的出口金额的下滑。从增长趋势来看，尽管增长率不尽相同，但各类出版物都保持了一定的增长，但出口总金额近年一直呈下降趋势；出口出版物中，2009年仅期刊出口金额出现增长，而音像制品和电子出版物则连续三年出现大幅下滑。根据中国广播电影电视总局公布的数据：2009年，电视节目进出口总额为5.83亿元人民币，较上年增长0.7%。我国的电视节目出口的贸易逆差同样存在，以2008年的数据计算，电视节目进出口贸易金额比例为4：1，进出口总量比例为2.3：1（见图1、图2、表9）。

---

① 数据来源：全国35家电影制片厂、204家电影公司完成转制［EB/OL］.［2011-03-04］. http：//www.people.com.cn.

② 数据来源：国家广播电影电视总局发展研究中心. 2010年中国广播电影电视发展报告［M］. 北京：新华出版社，2010：99-103.

③ 2010中国数字出版产业年度报告发布［EB/OL］.［2011-01-07］. http：//www.epuber.com.

④ 国务院办公厅关于印发第一批三网融合试点地区（城市）名单的通知［EB/OL］.［2011-01-18］. http：//www.sarft.gov.cn.

⑤ 吴保安介绍2010年广电工作情况和2011年广电工作规划［EB/OL］.［2011-01-30］. http：//www.sarft.gov.cn.

⑥ 数据来源：蒋建国. 出版量世界第一 2020年建成新闻出版强国［EB/OL］.［2010-12-03］. http：//www.people.com.cn.

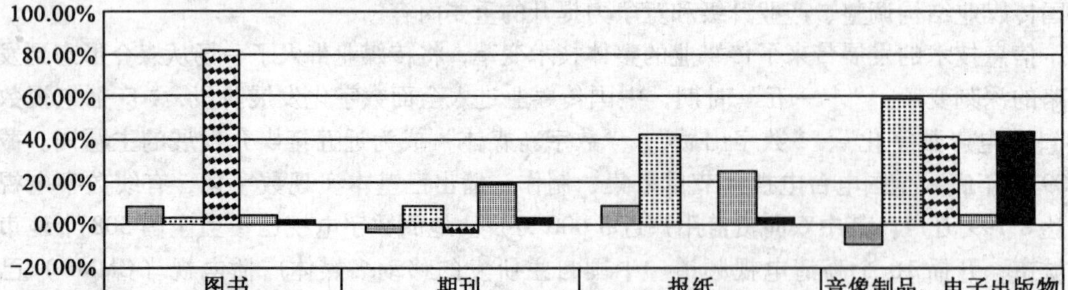

	图书	期刊	报纸	音像制品、电子出版物
2005年	8.44%	-2.58%	8.93%	-9.50%
2006年	3.04%	8.61%	42.01%	59.31%
2007年	80.67%	-4.05%	-0.19%	40.95%
2008年	4.38%	18.79%	24.28%	4.99%
2009年	1.98%	2.79%	3.38%	43.24%

图1　出版物进口增长率①

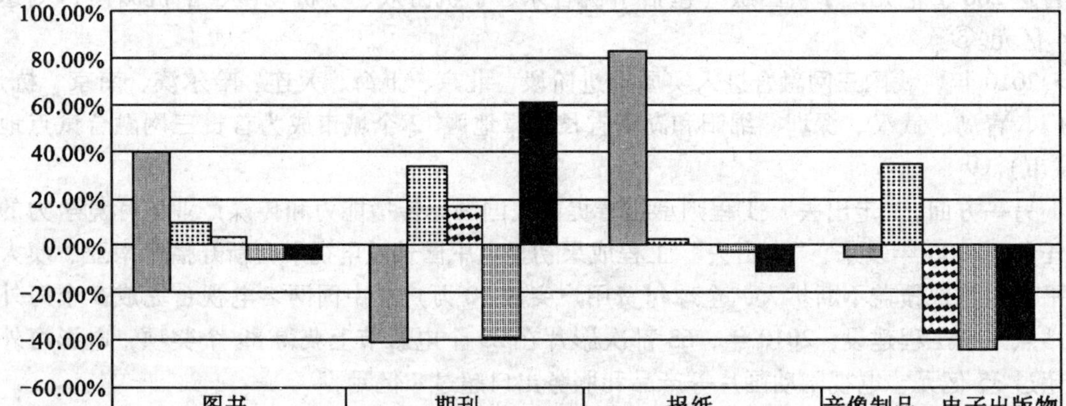

	图书	期刊	报纸	音像制品、电子出版物
2005年	40.12%	-40.78%	82.59%	-4.09%
2006年	9.28%	33.52%	2.61%	35%
2007年	3.33%	16.07%	0.39%	-36.66%
2008年	-5.09%	-38.50%	-3.09%	-43.87%
2009年	-5.38%	60.98%	-10.08%	-39.68%

图2　出版物出口增长率②

表9　　电视节目进出口状况③

项目 / 时间	电视节目进口		电视节目出口	
	金额（万元）	总量（小时）	金额（万元）	总量（小时）
2005 年	40 162.02	72 644	6 786.63	6 680
2006 年	33 714.22	35 914	16 939.79	8 051
2007 年	32 153.46	25 137	12 174.94	5 097
2008 年	45 420.67	20 550	12 476.06	10 300

①　数据来源：新闻出版总署．全国新闻出版业基本情况（2005—2009）[EB/OL]．[2010-11-12]．http：//www.gapp.gov.cn.

②　数据来源：新闻出版总署．全国新闻出版业基本情况（2005—2009）[EB/OL]．[2010-11-12]．http：//www.gapp.gov.cn.

③　数据来源：全国广播电视节目进出口情况（2005—2008）[EB/OL]．[2010-12-18]．http：//www.sarft.gov.cn.

三、传媒业的未来发展趋势

2011年，是中国新一轮五年规划的开局之年。与5年前相比，中国传媒业所处的社会、经济环境都发生了许多变化，传媒业的发展水平、国家和社会对传媒业的期待亦与“十一五”时期有所不同。

1. 传媒公共服务体系建设提速，回应转型期社会经济发展需要

从国家经济社会发展的总体局势来看，国内生产总值和人均国民收入逐年增加，经济结构转型加快，为传媒业的发展积累了巨大的潜在市场需求；另一方面物价上涨压力加大，社会矛盾明显增多，国家发展中不平衡、不协调、不可持续问题日益突出。这使得国家和政府将更加关注传媒引导社会行为、缓和社会矛盾和社会管理方面的功能，必然在政策上加大对公益性媒体建设的支持力度，加强公共性和服务性媒体产品生产的投入，传媒体制改革步伐放缓。

事实上，“十一五”时期的传媒政策与文化体制改革初期相比，已经有了明显的政策回调。以广电业为例，外资进入、跨媒体跨地域经营等都被重新限制。2011年初国家广电总局再次明确了，电台电视台作为党的重要新闻媒体和宣传思想文化阵地，必须坚持事业体制，坚持喉舌和公益性质，坚持以宣传为中心。改革中，不允许搞跨地区整合，不允许搞整体上市，不允许按频道频率分类搞宣传经营两分开，不允许搞频道频率公司化、企业化经营。这就意味着广电集团整体上市的尝试被全面叫停，全国范围内广播电视市场的建设和资源配置短期内也无法实现，加速制播分离成为广电领域体制改革的主要方向。

2. 传媒业生产创新能力增强，“走出去”工程任重道远

近年来，中国图书、版权、电视节目、电影等内容的进口数量和交易额不断增长，已成为世界传媒产业的重要市场。然而传媒产业的内容交易和版权交易均存在明显的贸易逆差。在全球化背景下，中国传媒业要继续发展壮大就需要提高生产创新、积极参与国际竞争，逐步缩小贸易逆差，由传媒产品输入国向输出国转变。

当前，传媒产品“走出去”的意义已远远超出其市场和产业价值。20世纪70年代以来，文化产业在世界范围内勃兴，文化已成为一种现实生产力和综合国力的重要组成部分，在国际竞争中的地位和作用不断提升。有学者提出，21世纪的竞争不再是经济的竞争，军事的竞争，而是文化的竞争。① 作为文化产业的核心构成，传媒业的走出去自然还承担着提升国际传播能力和提高中华文化的国际影响力的战略重任。因此，培育具有国际竞争力的传媒企业，优化输出结构，丰富输出类型，加大对发达国家、周边国家、港澳台地区的版权输出力度也是我国未来传媒业发展的重要内容。

3. 三网融合持续推进，数字化转型不断深入

随着信息传播时代的到来，传统媒体的数字化转型已经成为媒介发展不可逆转的趋势。2010年开始进入实质推进阶段的“三网融合”仍将是未来中国广播电视、电信、互联网等行业共同关注的核心问题。依据三网融合的政策，广电和电信可以双向进入对方原有领域，混业经营终于获得政策许可。虽然IPTV内容播控平台仍然掌握在广电手中，但广电系统缺乏统一性全国网站，无法与电信网、互联网对接，使得IPTV、语音通话等业务无法正常开展。因此，加快有线网络数字化和双向化改造，建设IPTV和手机电视集成播控平台和监管

① 厉无畏，王玉梅．论产业文化化［J］．科技和产业，2004（11）．

系统的建设就成为广电业能否抓住“三网融合”所带来的机遇的关键因素。

与数字化相伴而来的还有媒介融合和更大范围内的产业融合。目前，中国全民阅读比例总体呈逐年上升趋势，但传统纸质阅读的人数上升较慢，而用手机、网络等其他移动终端进行阅读的人数每年都在快速增长。① 传统传媒产业如何适应这一趋势并寻求到新的生存模式是当前中国传媒业发展不可回避的重要课题。“十一五”时期，电台电视台节目采集、制作、播出已基本实现数字化，数字出版、数字电影生产取得一定成效。在未来一段时间内，中国传媒业还需要更多的科技创新、传播手段创新和传播渠道创新。而更为重要的则是以“数字化”的思维推动传媒业的发展，实现媒介系统结构重组和重新分工。

因此，以数字出版引导传统报业、出版业转型，加速推进三网融合，促进传媒业的数字化转型将成为未来中国传媒业发展的主题，这一趋势将使市场对传媒管理体制改革的需求变得更加迫切。

4. 媒介治理模式有待改革创新

信息时代和网络社会的发展使得媒介治理问题变得异常复杂：现实问题被虚拟化，虚拟空间的问题又引发新的社会现实问题。从传媒业对国家社会经济发展的意义来看，中国媒介治理思路亟待创新。正如英国学者尼古拉斯·加汉姆所言“社会传播的结构和进程已经深深地植入广泛的特定社会形态的结构和进程中”。随着信息时代的到来，在来自政治、经济和社会领域的各种力量的同时挤压下，形成于大众媒介时代的媒介治理思路和方式显现出越来越多的不适应：治理主体的价值取向不一致；治理理念与治理对象的现实需求不匹配；治理方式与媒介发展的现实状态不协调；治理结构难以实现不同类型主体间的利益平衡。当前，政府对传媒业的制度安排和政策设计上所显现的模糊和不确定就恰恰是治理模式不适应的表现。可以说，中国的媒介治理模式能否回应变化、顺应发展，不仅关系媒介系统持续发展，更涉及国家社会经济发展战略，这也成为“十二五”时期，中国传媒业发展的最大期待。

【参考文献】

[1] 国家广播电影电视总局发展研究中心 . 2010 年中国广播电影电视发展报告 [M]. 北京：新华出版社，2010.

[2] 郝振省 . 2009—2010 中国出版业发展报告 [M]. 北京：中国书籍出版社，2010.

[3] 崔保国 . 2010 年：中国传媒产业发展报告 [M]. 北京：社会科学文献出版社，2010.

【作者简介】

王润珏，中国传媒大学新闻传播学博士后。研究方向：媒介经营与管理、媒介发展。

① 新闻出版业未来五年将加快改革发展 [EB/OL]. [2011-03-10]. http://www.gapp.gov.cn.

美国媒介批评中的民主危机论及其问题

刘 学 向宗平

民主对自由媒介的依赖是美国媒介批评（media criticism）的重要主题。① 20 世纪以来，这种批评时刻警惕媒介制度和媒介表现对民主的危害，形成了有关媒介导致民主危机的批评话语，本文称其为民主危机论。这种民主危机论在我国被广为介绍，但是却忽视了对其理论视野、批评方法和结论的应有反思，导致不能正确看待美国媒介的历史和现状。本文将在美国媒介与民主互动的历史与现实基础上对美国媒介批评的民主危机论进行再思考，以期更理性地建构媒介批评话语，更客观地认识美国媒介与民主的互动。

一、美国媒介批评中的民主危机论

美国媒介批评所论述的民主危机主要包括两个重要方面，一是媒介的集中垄断减少了公众发表和获取不同意见的机会，从而使得民主政治所需要的信息传播和公共辩论大大减少，民主将无以为继；二是媒介的商业化使得新闻报道非公共化，这种新闻报道方式把公民塑造为单一的消费者，造成广泛的政治冷漠，危害民主。

1. 媒介集中垄断对民主的危害

美国媒介系统是世界上最典型的商业化媒介制度，媒介的集中垄断是媒介市场发展的必然法则。美国报业的集中垄断从进步主义时期开始便受到广泛的批评，认为媒介的集中减少了不同意见所赖以存在的市场自由，因此也影响到从不同立场监督政府的功能。辛克莱（Upton Sinclair）于 1919 年自己出版《无耻收买》(*The Brass Check*）一书，以激愤的笔调描绘了商业利益窒息新闻自由的图景。② 在 20 世纪 20 年代，公众已经非常抵制报纸合并，“这类合并，尤其是在大城市里，被有些人认为是在向危险的垄断公共信息渠道的方向迈进。”③ 在 20 世纪 30 年代，对报业垄断集中的批评已经非常普遍，强大的报团被认为是对公民自由和国家精神的重要威胁。1938 年出版的《报阀》(*Lords of the Press*）指出，“不到五年以前，一些领导者指控赫斯特报团实际上是人民的敌人。最近，赫斯特则被称为联邦的第一号敌人。”④ 大的媒介集团作为一种新兴的权力中心，已经成了除政府之外对新闻自由的最大威胁。

---

① Linda, J.. *Lumsden Press Criticism* [M] //William David Sloan & Lisa Mullikin Parcell, eds.. *American Journalism*: *History*, *Principles*, *Practices.* Jefferson, North Carolina: McFarland & Company, 2002: 55-65.

② Sinclair, U.. *The Brass Check*: *A Study of American Journalism* [M]. University of Illinois Press, 2003.

③ [美] 弗林特. 报纸的良知 [M]. 北京：中国人民大学出版社，2005：359；Flint, L. N.. *The Conscience of the Newspaper* [M]. New York: D. Appleton, 1925.

④ Seldes, G.. *Lords of the Press* [M]. New York: J. Messner, inc., 1938: chapter 17.

20 世纪 40 年代，新闻自由委员会在全面检视新闻自由的状况之后认为，社会的发展使得公众日益依赖新闻机构提供的新闻和意见的发表平台，但是新闻机构新的经济结构——所有权越来越集中的典型的大企业，使得“新闻和意见来源的多样性受到了威胁”，“公众的自由表达权利失去了它早期的现实性”，新闻机构因而不能满足社会的需要。新闻媒介的集中垄断已经使新闻自由处在危险之中。①

当“二战”结束的时候，美国 80% 的报纸都是家族所有的独立媒介（family-owned independent media）。② 但是在随后的岁月里，媒介集中走向了一个更加重大、更加危险的变化，即独立媒介向公司媒介的转型。具体而言，就是新闻媒介与其他非新闻媒介公司从 20 世纪 70 年代开始联合，到 20 世纪 80 年代，这种联合加速发展，“大公司基本上都拥有至少一家重要的传播媒介，而具有影响力的媒介也都在别的产业中拥有公司。”③ 巴格迪坎勾画了快速发展的媒介垄断的图景：1982 年，50 个媒介集团控制着一半以上的大众媒介；1986 年，控制着绝大部分大众媒介的是 29 个媒介集团；1990 年是 23 个媒介集团；1992 年是 14 个媒介集团；1997 年是 10 个媒介集团；2000 年是 6 个媒介集团，2004 年是 5 个媒介集团④。《纽约时报》的总编辑吉恩·罗伯特（Gene Roberts）在专业记者协会（Society of Professional Journalists）1995 年会上提醒他的同事们说，“年复一年，报纸已经集中到越来越少的公司控制之下。那些公司已经变得越来越集中，越来越不关心信息向公众的流动，越来越被流向总公司的利润所统治。”⑤ 大部分美国编辑认为媒介所有权的集中危害媒介的自由。⑥

媒介批评者认为大众媒介的集中垄断减少了公众利用不同媒介发表不同意见的机会。同时，媒介集团对新闻内容的统一定制和发布也使得新闻内容和观点表达同质化，大大减少了公众接触不同信息和言论的机会。公民间协商对话便失去了议题和空间，民主政治所需要的信息传播和公众舆论无从形成。

2. 新闻报道非公共化造成公众政治冷漠危害民主

公众政治冷漠（political apathy）又被称为公民冷漠（citizen apathy）、沉默的公众（silent citizen）、政治疏离（political estrangement）等。美国在 20 世纪 30 年代开始出现所谓“沉默的公众”问题，显现出公众政治疏离的征兆⑦。具体表现包括公众政治知识缺乏、不信任政治机构、对政治不感兴趣、低投票率等。1954 年的一个调查显示，大多数美国选民对于选举的主动关心程度要么很弱，要么就根本不关心。⑧ 20 世纪后半期美国总统大选投票率持续下降（见图 1）。即便那些经常投票的公民，后续的分析也显示，他们投票并不一定意味着他们关心政治。经常投票的公众中也有 61% 的人表示对政治只有少量兴趣或者根

---

① 新闻自由委员会．一个自由而负责的新闻界［M］．展江，王征，王涛，等译．北京：中国人民大学出版社，2004.

② Corrigan，D. H.．*The Public Journalism Movement in America*：*Evangelists in the Newsroom*［M］．Praeger Publishers，1999：170.

③ 巴格迪坎．传播媒介的垄断：一个触目惊心的报告：五十家大公司怎样控制美国的所见所闻［M］．林珊，等译．北京：新华出版社，1986：3-5.

④ Bagdikian，B. H.．*The New Media Monopoly*［M］．Beacon Press，2004.

⑤ Jensen，C. et al.．*Censored*：*The News that didn't Make the News-And Why*：*The 1996 Project Censored Yearbook*（20th Anniv Edition）［M］．Seven Stories Press，1996：32.

⑥ Garry，P.．*Scrambling the Protection*：*The New Media and the First Amendment*［M］．Westport，Conn.：Greenwood Press，1994.

⑦ Neuman，W. R.．*The Paradox of Mass Politics*：*Knowledge and Opinion in the American Electorate*［M］．Harvard University Press，1986：10.

⑧ Berelson，B. R.．*Voting*：*A Study of Opinion Formation in a Presidential Campaign*［M］．Chicago：University of Chicago Press，1954：306.

本不感兴趣。① 即便活跃地参与政治活动的人，其动机也往往并非政治本身，而可能是追求活动过程中的友谊或者活动过程所体现出的对履行责任的满足感。② 并且，2002 年的一项调查发现，选民经过三次选举投票或者不投票，就可以形成投票或不投票的习惯，且很难改变。这样，投票选举就变成了习惯的延续，失去了政治内核，从知理的政治变为习惯性投票。③ 无论是习惯性投票还是为追求友谊和满足感而投票，它们都反映了投票这种政治参与活动的空壳化，即公众的政治冷漠，这和低投票率一样。而且调查显示，2/3 的公众对政治只有少量兴趣或者根本就没有兴趣。④ 1965 年，仅有 5% 的美国人关于未来的忧虑包含政治内容，而仅有 2% 的人面向未来的希望包含政治内容。⑤ 他们主要的关注点、希望和忧虑集中到具体的个人生活细节方面。

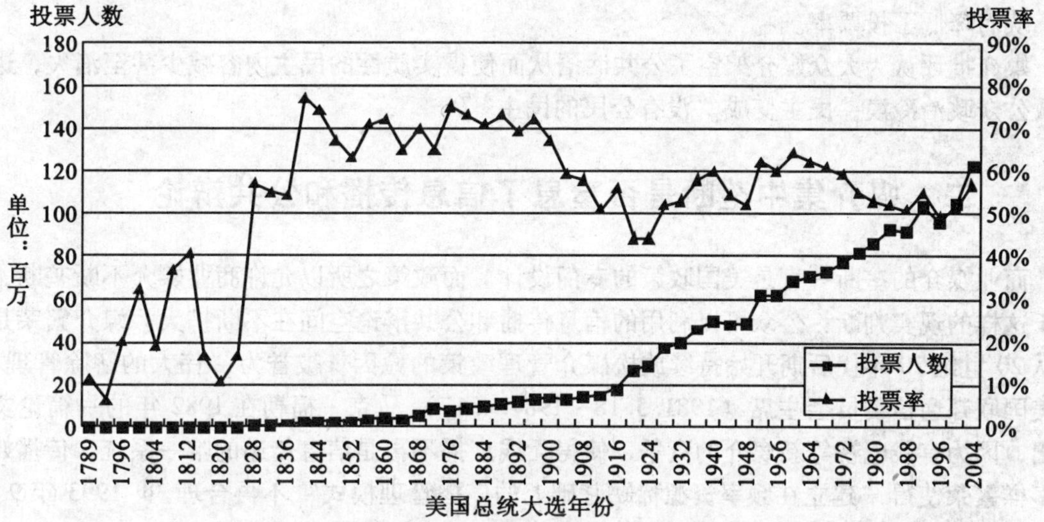

图 1　美国历届总统大选投票人数和投票率走势示意图

数据来源：Federal Election Commission，Office of the Clerk，U. S. Census Bureau

20 世纪 80 年代的传播研究证实了媒介在政治议程设置方面的强效作用⑥，媒介效果研究从弱效果理论走向新的强效果理论。因此，一些学者很自然地把政治疏离的问题与媒介的新闻报道联系起来。媒介批评者认为，新闻报道非公共化造成了广泛存在于美国

---

① Campbell, A., Converse, P. E., Miller W. E., Stokes D. E.. *The American Voter* [M]. New York: John Wiley, 1960: 31.

② Verba, S., Nie N. H.. *Participation in America: Political Democracy and Social Equality* (Reissue Edition) [M]. University Of Chicago Press, 2004.

③ Plutzer, E.. Becoming a Habitual Voter: Inertia, Resources, and Growth in Young Adulthood [J]. *American Political Science Review*, 2002 (96); Franklin, M.. Too Much Democracy? How Elections to the European Parliament Depress Turnout at National Elections in Europe [C]. Paper Presented at the ECPR General Conference, Marburg, 2003.

④ Berelson, B. R.. *Voting: A Study of Opinion Formation in a Presidential Campaign* [M]. Chicago: University of Chicago Press, 1954; Campbell, A., Converse, P. E., Miller W. E., Stoke D. E.. *The American Voter* [M]. New York: John Wiley, 1960.

⑤ Cantril, H.. *The Pattern of Human Concerns* [M]. New Brunswick, NJ: Rutgers University Press, 1965.

⑥ 艾英戈，金德. 至关重要的新闻：电视与美国民意 [M]. 刘海龙，译. 北京：新华出版社，2004：185.

的公众政治冷漠①。媒介批评关注的一个重要方面便是政治竞选报道的非公共化，又被称为赛马式报道（Horse-Race Journalism）②、戏剧风格报道（Melodramatic Journalism）③、“公共信息娱乐化”（Infotainment）。这种报道方式注重报道竞选过程中的竞争性侧面（就像赛马这类竞技体育）、公众人物的个性化侧面（就像戏剧），从而使竞选报道呈现出戏剧、竞技体育所具有的生动情节和紧张吸引力。相反，那些需要审慎讨论的复杂公共议题，则因为缺乏可读性与兴奋点而被忽略。批评者认为竞选报道应该主要报道重要的政治议题，而不应该把注意力集中于竞选策略、选举结果、民意测验这种直接诉诸胜负的环节，或者一些好看的鸡毛蒜皮的小事和政治宣传的细枝末节上面。④⑤ 缺乏公众参与和公共内容的政治报道把民主政治抽象化为“一种观赏性体育”。⑥ 兰尼（Austin Ranney）指出，电视新闻培养了美国民众缺乏政治兴趣的传统，降低了他们对政治机构的信任感，培养了公众对民主程序的蔑视，从而降低了投票率。

媒介批评认为大众媒介架空了公共话语从而使得实质性的民主内容减少甚至消失，进而导致公众政治冷漠，民主变成“没有公民的民主”⑦。

二、媒介集中垄断是否窒息了信息传播和公共辩论

商业媒介的垄断一直是美国政策的专门设计。而政策之所以允许商业媒介不断垄断，是基于这样的现实判断：公众可以利用的信息传播和公共辩论空间在不断扩大。媒介繁荣是美国从20世纪70年代后期开始持续放松媒介管理政策的原因。被誉为“伟大的解除管理者”的美国联邦通信委员会主席（1981.5.18—1987.4.17）马克·福勒在1982年的一篇论文中提出，因为有线电视等新媒介的竞争，使得无线广播不再是信息传递的唯一系统。传播媒介的多样繁荣使得“建立在频率资源稀缺基础上的广播管理模式”不再合理。⑧ 1993年9月，媒介巨头默多克（Rupert Murdoch）针对电信和网络传播的发展说：“这种技术已经把人们从一度强有力的传媒巨头手中解放出来了……人人都可以开办媒介，只要支付了电话费，人人都能够得到他想要的东西。”⑨ 1996年《电信法》（*Telecommunication Act*）声称放松电信管

---

① Fallows, J.. *Breaking the News: How the Media Undermine American Democracy* [M]. New York: Pantheon, 1996; Entman, R. M.. *Democracy Without Citizens: Media and the Decay of American Politics* (Reprint edition) [M]. Oxford University Press, 1990.

② Broh, C. A.. Horse-Race Journalism: Reporting the Polls in the 1976 Presidential Election [J]. *The Public Opinion Quarterly, Polls and the News Media: A Symposium*, 1980, 44 (4): 514-529.

③ Grisprud, J.. *Public Sphere and Democracy: Ideals and Realities in Understanding Media Culture* [M]. Oxford: New York, 2002.

④ Patterson, T. E., McClure, R.. *The Unseeing Eye: The Myth of Television Power in National Elections* [M]. New York: Putnam's, 1976; Farnsworth, S. J., Lichter R.. *The Nightly News Nightmare: Network Television's Coverage of U.S., Presidential Elections*, 1988-2000 [M]. Lanham, MD: Rowman & Littlefield, 2003; [美] 艾英戈，金德. 至关重要的新闻：电视与美国民意 [M]. 刘海龙，译. 北京：新华出版社，2004.

⑤ Patterson, T. E.. *The Vanishing Voter: Public Involvement in an Age of Uncertainty* [M]. Alfred A. Knopf Publishers, 2002.

⑥ [美] 莫耶斯. 美国心灵：关于这个国家的对话 [M]. 北京：三联书店，2004: 37-50.

⑦ Entman, R. M.. *Democracy without Citizens: Media and the Decay of American Politics* (Reprint Edition) [M]. Oxford University Press, 1990.

⑧ Fowler, M. S., Brenner D. L. A Marketplace Approach to Broadcast Regulation [J]. *Texas Law Review*. 1982 Austin: Feb. 60 (2): 207-258.

⑨ Greenslade, R.. Sky is not the Limit [J]. *New Statesman and Society*, 1993 (10): 16-17.

理的目的是为了提升竞争和促进传播新技术（主要指互联网）的应用，来确保美国电信消费者获得低价高质的服务①。1999 年 9 月，维亚康母（Viacom）宣布以 3 730 万美元兼并哥伦比亚广播公司（CBS Corporation）后，维亚康母的执行长雷石东（Summer M. Redstone）和哥伦比亚广播公司总裁卡尔马津（Mel Karmazin）宣称，因为有线电视和卫星电视以及互联网络的繁荣，广播所有权限制已经过时，需要修正。② 2003 年，联邦通信委员会（Federal Communications Commission，FCC）试图继续全面大幅放松媒介所有权管理，其理由是"技术的进步已经带来了空前丰富的信息和节目，而既有的广播所有权管理条款却像是从过去传来的遥远回声，仍在把广播执照拥有者当做信息把关人来严格限制。这些条款不能充分适应有线电视充满竞争的现实，也无视国际互联网带来的增强多元化的价值。"③

一般认为主要是大的媒介所有者信奉这种媒介繁荣理论。实际上，一些严肃的学者和政府官员也支持这种理论。这种理论与自由主义的媒介批评坚持相同的理论根据，即坚持媒介监督政府的功能，肯定新闻自由的价值。只不过，在对现实的判断上，它认为媒介现实并没有违背这些信念，特别是因为互联网和其他传播新技术的出现创造了无限、便利、低廉的传播空间，因此并不存在民主危机。1983 年，麻省理工学院（MIT）的政治学教授普尔（Ithiel de Sola Pool）指出，传播科技的发展带来了无限的传播自由的可能。④ 本杰明·康配恩（Benjamin Compaine）指出，从一个小的、特殊产业的媒介视角来看，媒介的集中是无可辩驳的。但是"如果把所有的媒体作为一个产业来看，媒介之间具有比以前更多的竞争，这又没有什么异议。一个词就可以终结这个问题：互联网。"⑤ 康配恩总结道，互联网的出现打破了集中的媒介权力。针对批评者否认互联网可以带来新闻自由的言论，布鲁斯·欧文（Bruce Owen）认为，言论自由的核心问题是否有多元内容传播的可能性，即没有政治和经济的障碍。从政治和意见市场的视角来看，互联网的出现消解了言论自由的传统障碍。⑥ 信息技术带来的廉价发表言论的可能，将改变媒介的现状，带来更加民主和多元的传播。⑦

这种观念正与美国传统的新闻自由理念相吻合。传统观念是，如果你想发表意见，那就自己办一份报纸好了。由于美国公民创办媒介的自由是有充分保障的，因此新闻自由在理论上是无限的。20 世纪 40 年代的新闻自由委员会认为，这种表达自由在"先辈"的年代是具有现实性的，是自足的："在他们那个年代，任何有话要说的人，相对而言都不那么困难就能发表它。表达自由的唯一严重障碍是政府的新闻检查制度。"先辈新闻自由的现实性基础是，"那时的新闻界由各种小印刷所发行的手工印刷传单构成……印刷机是廉价的；一个熟练印刷工人只需要借上几美元就能自办印刷所，再雇佣一两个助手，就可以摇身一变成为发行人和主编。"新闻自由委员会还认识到，更重要的是因为那时候主张自己的新闻自由权利的主体，即公民群体自身的特殊性："能读书看报的人、活跃的公民与能够将资源用于出版

---

① *Telecommunication Act* of 1996.

② Labaton, S.. Wide Belief U.S. Will Let a Vast Deal Go Through [J]. *New York Times*, 1999 (8): 14.

③ FCC. *Report and Order and Notice of Proposed Rulemaking* [M]. Adopted: June 2, 2003: Chapter I, 4.

④ Pool, I. de Sola. *Technologies of Freedom* [M]. Cambridge: Harvard University Press, 1983.

⑤ Compaine, B. M., Gomery D.. *Who Owns the Media?: Competition and Concentration in the Mass Media Industry* (3rd ed)[M]. Mahwah, N. J.: Lawrence Erlbaum Associates, 2000: 574.

⑥ Owen, B. M.. Confusing Success with Access: "Correctly" Measuring Concentration of Ownership and Control in Mass Media and Online Services [J/OL]. *Progress on Point*, 2005, July 11, http://www.pff.org/issues-pubs/pops/pop12.11owen.pdf.

⑦ Volokh, E.. Cheap Speech and What It Will Do [J/OL]. *The Yale Law Journal*, 1995, 104 (7): 1805-1850; Noam, E. M.. Media Concentration in the United States: Industry Trends and Regulatory Responses [EB/OL]. http://www.vii.org/papers/medconc.htm.

的人，在数目上没有多大出入。"① 在这样的社会基础上，下面的新闻自由观就很完美了："如果对现有媒介不满，我们所有人都可以自由地去创办自己的报纸。新闻自由只属于那些拥有媒介的人。"② 但是新闻自由委员也认识到，"新闻自由不是一种一成不变的和孤立的价值观……它是一个社会的一种内在功能，必须随着社会情境的变化而变化。"20 世纪 40 年代的美国已不同于"先辈"所处的社会情境，"公众的自由表达权利失去了它早期的现实性"。首先是公众在数量上大大增加，这样就把很多教育程度低、经济实力弱的人纳入了公民的范围；其次，媒介越来越大，越来越集中，一方面使得媒介进入门槛升高，另一方面使得公众在媒介上发表意见的机会越来越少。因此绝大多数公众在当时社会无法自主地创办媒介或者进入既有媒介发出声音，公众的信息传播空间缩小了。但是进入网络时代以后，传统的表达自由的现实性再次发生变化。网络极大降低了出版成本、公民受教育程度普遍提高、社会政治领域大大拓展等社会因素变化恢复了新闻自由委员会所说的表达自由的现实性，扩大了公众的信息传播空间。

虽然媒介繁荣的各种理论宣称从另一个侧面忽视了大众媒介系统中权力控制的不平等，但是它所指出的媒介繁荣的侧面是当今社会公众已经能够体验到的真实内容。在美国，个人化的政治博客和新闻网站、公民组织和社区组织的网络信息传播与社区媒介的发展，公民新闻和社会化媒介参与公共事务的作用增强，都显示了公众能够使用的媒介空间的扩大。公众传播空间的现实生长，使得媒介批评对社会的解释虽然深刻，但是也有些片面而武断。

三、媒介政治冷漠是否危害民主

政治冷漠在美国是一个相当复杂的社会现象，简单地在"新闻报道非公共化→政治冷漠→民主危机"三者之间作出单向的推论，则过于抽象化和本质化。从美国的历史来看，公民参与公共事务、政治活动的参政率并不存在一个单纯的下降趋势，而是复杂的波动。而且也不存在媒介批评者所设想的理想的公共参政时期。

从 17 世纪到 18 世纪的殖民地时期再到 19 世纪 20 年代，美国公众的参政率一直很低③，尽管这个时期的公民本来就很少。"政治冷漠在公民中盛行，除非他们感觉到自己的当前利益受到威胁。"④ 低参政率一直持续到 19 世纪 20 年代。从新闻媒介所提供的公共辩论的空间来看，在殖民地时期，报纸在所有的问题上都极力避免纷争。而在独立革命时期，报纸则被迫进行政治立场的选择，不支持独立的报纸老板往往遭受人身安全的威胁。⑤ 而且这一时期的报纸主要是开放（open）报纸而不是自由（liberty）报纸，它对各种观点开放，但是并不提供独立的信息和观点。⑥ 缺乏公共信息、缺乏理性的公共政策辩论，这样的报纸

---

① ［美］新闻自由委员会．一个自由而负责的新闻界［M］．展江，王征，王涛，等译．北京：中国人民大学出版社，2004：7-8.

② Liebling，A. J.．*The Press*［M］．New York：Ballantine，1964.

③ Zemsky，R.．*Merchants，Farmers，and River Gods：An Essay on Eighteenth-Century American Politics*［M］．Boston：Gambit，1971：37；Gienapp，W.．*Politics Seem to Enter into Everything：Political Culture in the North*，1840-1860［M］．Stephen E. M.，Kushma J. J.，eds.．*Essays on American Antebellum Politics*，1840-1860［M］．Texas：Texas A&M Press，1982：15；Formisano，R. *The Transformation of Political Culture：Massachusetts Parties*，1790s-1840s［M］．New York：Ovford University Press，1983：17.

④ Formisano，R.．*The Transformation of Political Culture：Massachusetts Parties*，1790s-1840s［M］．New York：Ovford University Press，1983：27.

⑤ Botein，S.．"Mere Mechanics" and an Open Press：The Business and Political Strategies of Colonial American Printers［J］．*Perspectives in American History*，1975（9）：127-228.

⑥ Martin，R. W. T.．*The Free and Open Press：The Founding of American Democratic Press Liberty*，1640-1800［M］．New York：New York University Press，2001.

就很难构筑理性的政治公共领域。

19世纪30年代到20世纪90年代是美国历史上投票率最高的时期。杰克逊（Andrew Jackson）任总统时期，由于各州取消对选举权的财产限制，选举人数猛增。这种情况下，美国的政党开始致力于争取大众的投票支持，政党大众化，使得选举投票率不断攀升。19世纪30年代，南部投票率达到80%是比较普遍的现象。但是政党之间的分歧主要的不是政治议程，而是种族和宗教。① 大众投票也主要依据不同种族和宗教社区进行选择，而很少涉及理性的公共议题的辩论和考量。此时的报纸也主要提供单面化的简单化观点，来强化读者的种族和宗教片面性。② 因此我们很难说这一时期的高投票率就代表着现代意义上的理性民主。

从美国历届总统大选投票率的走势来看，20世纪的公众政治冷漠并不是一个新鲜事。公众政治冷漠的过程在美国历史上反复出现，而且20世纪后半期的公众政治冷漠从投票率来看并没有到达一个前所未有的低谷。

对政治冷漠的评价，在美国历来就有另一种声音。当李普曼1925年出版《幻影般的公众》(*The Phantom Public*) 批评公众在政治管理中的虚幻化之后③，1927年的一篇书评就评论道，李普曼所言固然有道理，但是他忽视了一点，即民主政治仍在正常运转。④ 伯纳德·贝雷森（Bernard Berelson）1954年指出，适当的政治冷漠不仅无害，反而有益。政治冷漠甚至是社会稳定的指针。⑤ 塞缪尔·亨廷顿（Samuel Huntington）1975年也指出，民主参与并非越多越好。⑥ 勃鲁斯·阿克曼（Bruce Ackerman）认为，公众参与是间歇性的，即在社会运行良好的时候，实际上不需要公众的参与，其表现就是政治冷漠。只有当出现危机，比如宪法修正等威胁到民主的基础的时候，或存在外在威胁的时候，公众才有义务通过自身的参与来挽救民主。⑦ 这也就是最低公民参与的理论。

不可否认，这种自由主义的理论对投票率的长期走势和短期波动具有较强的解释力。在政党政治活跃的时期，种族和宗教冲突在美国越来越激烈，最终导致内战的发生。与这种激烈的社会政治冲突相伴而行的是高投票率。当内战结束，曾经激烈的冲突逐渐平息的时候，投票率便开始走低。到新政前后，由于经济大萧条的日益深重，经济问题转化为社会稳定、国计民生的政治问题，联邦政治开始大范围的新政改革，投票率便开始回升。紧随新政的是第二次世界大战，珍珠港事件使美国被迫卷入战争，战争成为美国人无可逃避的现实。面对战争威胁和切身的利益，投票率于是持续上升。“二战”结束以后，美国社会再次恢复平静，投票率开始下降。但是20世纪50年代和20世纪60年代美国国内政治开始动荡，民权运动、妇女解放等议题使得国内政治升温，投票率再次应声走高。当黑人的选举权得到民权法案的保护之后，随着政治相对平静，投票率开始下降。20世纪末期美国政治相对稳定发

---

① Campbell, B.. *Representative Democracy: Public Policy and Midwestern Legislatures in the Late Nineteenth Centrury* [M]. Cambridge: Harvard University Press, 1980: 92.

② McGerr, M.. *The Decline of Popular Politics: The American North*, 1865-1928 [M]. New York: Oxford University Press, 1986: 21.

③ Lippmann, W.. *The Phantom Public* [M]. Transaction Publishers, Originally Published in 1925 by the Macmillan Company, 2004.

④ Park, R. E. Book Review for The Phantom Public [J]. *Annals of the American Academy of Political and Social Science*, 1926 (124): 194.

⑤ Berelson, B. R.. *Voting: A Study of Opinion Formation in a Presidential Campaign* [M]. Chicago: University of Chicago Press, 1954.

⑥ [美] 亨廷顿. 民主的危机：美国 [M] //克罗齐，等. 民主的危机. 马殿军，等译. 北京：求实出版社，1987：54-105.

⑦ 阿克曼. 我们人民：宪法变革的原动力 [M]. 孙文恺，译. 北京：法律出版社，2003.

展，投票率便持续下降。可见只有当美国公众面对直接的危机的时候，政治参与才会活跃。而且，只要有危机存在，即需要政治参与的时候，公众的政治参与程度马上就会作出回应。2001 年的“9 · 11”事件使美国走人“反恐时代”，美国国内安全再次成为重要的政治议题，对外开始反恐战争。这种情势下，2004 年的美国总统大选投票率大幅攀升，显示了公众政治参与处于激活状态。因此，美国公众政治参与的波动呈现的可能是一种健康的动态。

我们只有把政治参与问题和媒介问题一起放到社会历史中去考察，才能理性地认识新闻报道非公共化与政治冷漠的问题。首先，美国社会的政治和文化中占主导地位的是自由主义的传统，即建立在功利主义基础上的，对个人自由和平等、财产权的信奉，对个人偏好的肯定，以及对个人奋斗的责任的强调等因素①。在这种传统内，政治参与只具有工具性的意义。正如罗尔斯所言，这种制度需要公民参与，但是“参与原则……不规定一个公民权利和义务的理想蓝图，也没有提出一种要求所有人积极参与政治事务的义务。”相反，他指出，“在一个治理良好的国家中，只有较少的人花费大量时间来从事政治，因为还存在着人类善的许多其他形式。”“许多利益集团和政治生活中心都有它们的一些积极成员在照管它们所关心的事情。”② 这种代议的民主制度中，个人的偏好和自由才是一种主要的“善”。因此，如果国家“治理良好”，美国自由主义的政治和文化传统必然导致某种程度的政治冷漠。

四、结语

美国媒介批评的民主危机论有很多方面值得进行深入的辨析。本文仅仅从媒介垄断、政治冷漠两个角度提出一些思考，并非要推翻或者否定美国媒介批评的民主危机论，而是希望增进围绕这个话题的审慎的讨论。通过更加审慎的讨论，促进对美国媒介批评以及西方媒介批评理论谱系的理性认识。

【作者简介】

刘学，武汉大学新闻与传播学院讲师，博士，主要研究比较新闻学。

向宗平，华中师范大学外国语学院副教授，硕士，主要研究美国文化。

① 钱满素．美国自由主义的历史变迁［M］．北京：三联书店，2006.

② ［美］罗尔斯．正义论［M］．何怀宏，等译．中国社会科学出版社，1988：217-218.

中国传媒治理结构变迁及其政治动因

殷 琦

一、传媒改革与传媒治理结构的提出

"传媒治理结构"自21世纪初成为中国传媒实践与研究的重要议题。2001年8月，中共中央办公厅、国务院办公厅转发《中央宣传部、国家广电总局、新闻出版总署关于深化新闻出版影视业改革的若干意见》，要求新闻出版广播影视业"健全党委领导与法人治理结构相结合的领导体制"，从官方层面正式提出传媒治理结构问题及其改革目标。特别是随着2003年的文化体制改革拉开帷幕以及2009年《文化产业振兴计划》的出台，传媒改革由"增量改革"转向"存量改革"，进入"重塑传媒市场主体、建立现代企业制度"的体制改革攻坚阶段，使得系统考察并改善传媒治理结构问题更显紧迫。

公司治理结构（corporate governance structure）是现代企业制度中最重要的组织架构。之前的研究中往往"将公司治理结构定义为一系列措施，这些措施可以保证投资者（出资人、股东或债权人）从其投资中得到回报。"① 特别是"在法和经济学学者中，公司治理的标准定义就是如何保护股东（stockholder）的利益"。② 而一种更为宽泛的定义于近年逐渐兴起，此种定义将利益相关者（stakeholder）囊括入内，认为除了股东，企业还有许多其他利益相关者：雇员、顾客、供应商以及邻居等，他们的利益也应得到重视。③ 于是，从广义上讲，公司治理结构作为一种制度安排，决定公司为谁服务，由谁控制，风险和利益如何在各利益群体之间分配等一系列问题。④

由此，所谓的"传媒治理结构"即是关于传媒机构由谁控制，为谁服务，各项权、责、利如何在不同利益群体之间分配的制度安排。对于中国传媒机构而言，它所处的制度环境、市场结构、意识形态信仰，无论与其他国家抑或是与其他行业相比较，都极富独特性。

在这种特殊语境之下构成的传媒治理结构的改革必然呈现出一种渐进式改革（Incremental Reform）的特点，它一方面要基于路径依赖以保证制度变革的稳定性，依赖于既有的制度资源进行制度变迁；另一方面又要在缺乏明确发展参照的情况下进行探索，"走一步、看一步"，"摸着石头过河"，并要求在国家、市场、传媒甚至社会层面达成一系列的合意，这种合意的达成往往也步履维艰。

因此，要对中国传媒治理结构形成正确理解，一方面，将其视为一个动态过程从而对它的历史渊源与转型路径的考察尤显必要；另一方面，传媒治理结构内生于它所依存的时代背

① Shleifer, A. & Vishny R. W.. A Survey of Corporate Governance [J]. *Journal of Finance*, 1997, 52 (2): 737.

② Tirole, J.. Corporate Governance [J]. *Econometrica*, 2001, 69 (1): 1-35.

③ Tirole, J.. Corporate Governance [J]. *Mimeo*, 1999.

④ 梁能，等. 公司治理结构：中国的实践与美国的经验 [M]. 北京：中国人民大学出版社，2000：4.

景与制度环境，传媒治理结构的变迁不仅是在一定的经济环境下进行，而且广泛地受到政治因素的影响。特别是在中国，从某种程度上而言，“政治上是否合适比经济上是否有效更为关键”。① 因此，在对传媒治理结构进行考察的过程中，政治因素对中国传媒治理结构变迁的方向与路径的重大影响尤为值得关注。

二、行政型治理结构向现代企业治理结构的转型

中国传媒治理结构的初始构建与改革内生于中国政治环境与经济体制变革，因应于中国传媒“市场取向，渐进方式”的改革道路，传媒治理结构也经历着自行政型治理结构向现代企业治理结构的转型。

1. 行政型治理结构的建立（1956—1978）

1956年年底，三大改造完成之后，全国所有的报纸、通讯社、广播都作为社会主义事业的组成部分被纳入国家所有制中，并基于“喉舌论”建立起“党报体制”、“党台体制”，传媒作为“党和政府的喉舌”成为党和政府的工作部门。

这与当时的社会情境极为契合，经历长期战乱的新中国百废待兴，要在短时期内迅速鼓舞数量巨大的人民群众拥护中国共产党的领导，并积极投身于社会主义建设，传媒作为党的“宣传者”与“组织者”应责无旁贷地引导舆论、灌输意识形态。与传媒是“党和政府的喉舌”的论断相适应，在传媒治理层面，行政型治理结构可以更有效地在传媒机构内部贯穿党和政府的意志，适合于新中国成立初期建立的集权主义体制，以及国家政治整合和大推进式现代化赶超战略的要求。

治理主体的单一化，是此阶段传媒治理结构最重要的特征。在当时“总体性社会”的历史环境中，集权主义的政治体制以及指令性计划经济体制使得政治力量一元独大，政治逻辑主导一切。而中国共产党在新中国建立后由革命的领导者变为政权的领导者，作为中国政治形态的创制者存在并发挥作用，于是，原本应为党和政府共同组建的双重管理与决策的权威主体结构在实际行动中变成以党委核心的决策权为主体结构，政府成为党的执行机构和附庸②，“变成了党去包办一切、干预一切；实行一元化领导，变成了党政不分、以党代政”。③ 具体到传媒领域，即是由党组织统管全国各类新闻媒体，于是，虽然传媒名义上为国家所有，实际上党组织却成为真正的产权拥有者（见图1）。

在治理机制上呈现出自上而下“命令—控制”式科层制特点。一方面，作为集中计划经济体制下的国有事业单位，所有权与经营权高度合一，都掌握于党组织手中。传媒单位无经营权且具有相应的行政级别，分为中央级、省级和县市级，“媒体在科层式权力结构中的位置决定了它地位的高低和权威的大小。”④ 另一方面，在传媒内部，采用编委会领导下的总编辑负责制。总编辑（或社长、台长）由党委（或主管部门）任命或批准，编委会由总编辑挂帅，经党委（或政府、主办部门）分层授权，全面管理媒体的各项工作。

“文革”期间，在极左政治教条与意识形态的影响下，党政权力对于传媒单位的控制更是有过之而无不及。

---

① 吴金群．新中国成立以来国企治理结构变迁的政治根源［J］．中共宁波市委党校学报，2010（4）．

② 贺善侃．当代中国转型期社会形态研究［M］．上海：学林出版社，2003：155.

③ 邓小平文选（第2卷）［M］．北京：人民出版社，1994：142.

④ 丁和根．中国传媒制度绩效研究［M］．广州：南方日报出版社，2006：24.

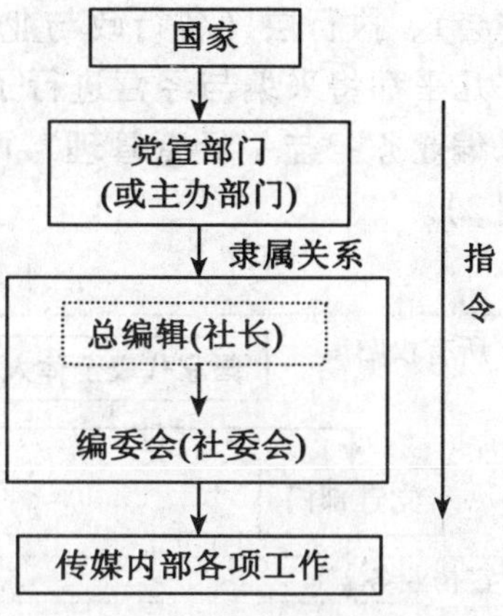

图1 行政型传媒治理结构

这一阶段中国传媒治理结构以党政权力为逻辑起点和归属并由行政机制所支撑，集中体现了高度政治化的行政治理特色，这种治理模式与新中国成立初期的集权主义体制相契合。

2. 对行政型治理结构的改革（1978—2003）

“文革”使得集权主义体制的合法性深陷危机，以经济领域的改革实绩作为新时期政党统治合法性的新来源成为必然选择。此部分内容在1978年党的十一届三中全会上被表述为“将党的工作重心转移到经济建设上来”。在以调整中共权力结构，重新确立党的政治路线和工作重心这种政治改革的方式发动经济体制改革的过程中①，原先为政治所垄断的权力部分让渡给经济。于是，这一阶段改革的核心集中体现于“放权让利”。

这种“放权让利”在传媒领域中体现为自1978年开始的“事业单位，企业化管理”所推动的所有权与经营权的适度分离，将经营权部分下放至传媒机构，且产生了一定的激励作用。一方面，通过财政部门与传媒机构之间形成的旨在使传媒机构“独立核算，自负盈亏，照章纳税”的“承包合同制”，之前由政府全额负责传媒机构的运作经费改为政府仅承担对党报的财政津贴、新闻纸补贴，政府财政负担大幅减轻；另一方面，广告经营的重启使得传媒机构开始进行盈利性经营。由此，传媒机构拥有了一定的财政自主权与部分经营权，并开始具有独立于党政主管部门之外的“本位利益”。

20世纪80年代，《羊城晚报》率先实行的社长领导下的总编辑、总经理分工负责制即是得益于此，经营权的部分获取使得经营部门获得与编辑部门平等地位。此外，党政关系从党政合一向党政分开的转型，使得对传媒的管理也由党委宣传部“大权独揽”变为党宣部门领导传媒内容与高层人事，政府主管部门侧重于对新闻媒介的行政管理，管理职能的分清理顺也在一定层面上促成了内容与经营的分开。

20世纪90年代初期，市场经济被予以制度认可，传媒机构的产业属性也得到官方的正式认定，雪藏多年的传媒经济属性终于觉醒。传媒机构迫切地希望能扩大规模以获得更多的市场利润；与此同时，经过十余年发展，传媒机构数量迅速增长并呈“散、滥”趋向，政府也希望通过集团为龙头，以两级治理的方式加强传媒管理和舆论控制。传媒机构的经济追逐与政府的政治需求相耦合，集团化就成为此时传媒机构发展的现实选择。

1996年广州日报报业集团成立，拉开了中国传媒集团化的序幕。在组建传媒集团的过

① 俞可平．中国治理变迁30年（1978—2008）[M]．北京：社会科学文献出版社。

程中，不少传媒集团也开始模拟现代法人制度来设计治理结构。初步建成了决策层（包括党委会或社委会、编委会、经委会）、执行层（各行政与业务部门）、监督层（工会、纪委监察、监委会）的治理结构，并几乎都将采编与经营进行了分离，实行了采编和经营“双轨”治理，即是一个集团里“采编业务”与“经营管理”两个轮子分开转，这也是中国传媒集团化发展的特有景观（见图2）。

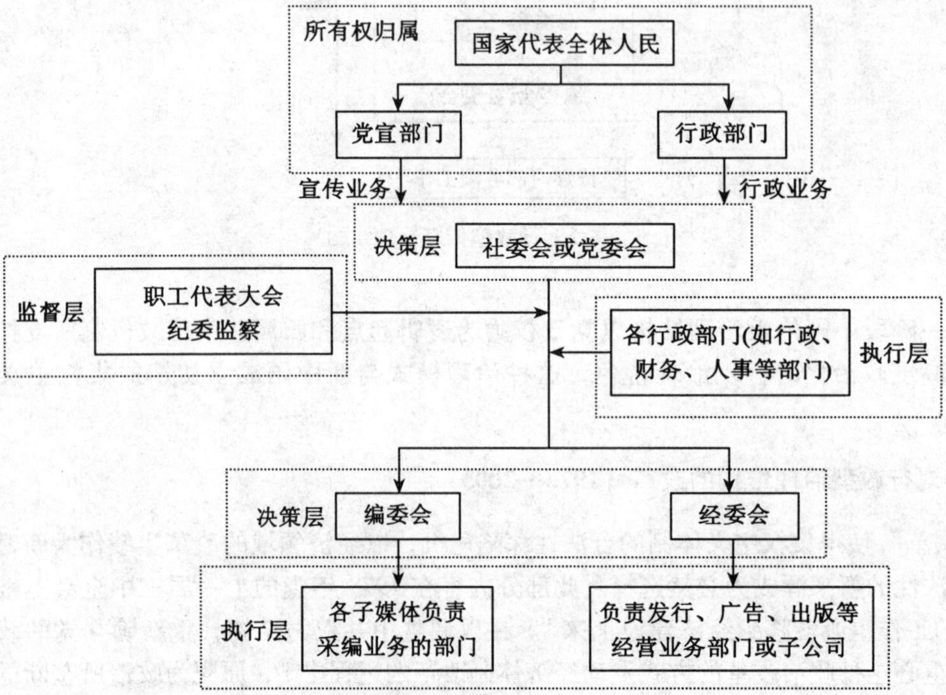

图2　行政型治理结构的改革

尽管如此，在“事业单位，企业化管理”框架下模拟现代企业制度建立的传媒治理模式仍未摆脱掉浓厚的行政治理的色彩。由于传媒机构的性质仍然是事业单位，与党和政府之间的隶属关系尚未改变，传媒机构的国有资产所有权与绝大部分的经营权仍然牢牢掌握在党和政府手中。

首先，传媒机构的党委会或社委会主要成员由党委组织部、宣传部考察任命，党委会或社委会处于决策地位，行使的是企业中的董事会职权，即决策权；其次，管理层（主要是编委会与经委会，特别是管理传媒核心业务的编委会）往往由党委成员组成，决策机构和执行机构尚未分开，难以发挥相互制衡的作用。与此同时，许多传媒机构并未设立规范的监事会，有些虽然设立了监事会或形同虚设，或由于处于党委会和管理层的领导之下而无法发挥监督作用。由此，在传媒治理结构中，法人代表既是传媒机构党委会的负责人，又是决策部门负责人，还是管理、执行部门的负责人，除了接受来自党委和政府有关部门的监督以外，内部没有形成制衡机制，基本上是一种高度集权的机制。

这样，即使传媒机构搭建起了现代法人制度的基本框架，但是由于传媒机构作为事业单位而招致的产权模糊及非独立性，特别是党和政府在传媒治理结构中具有决定性影响使得行政型治理结构没有从根本上得以改变，距离真正意义上的现代企业制度仍然相去甚远。政企不分、产权不明和所有者缺位等问题成为政府与传媒机构不得不面对的难题。

3. 现代企业治理结构的初建（2003 年至今）

进入新世纪，加入 WTO 给中国传媒发展带来了强大的外生压力。面对即将与西方传媒站立于同一平台进行竞争且在中西之间无论是在传媒制度还是在传媒实践都存有巨大差异的境况下，中国传媒如何才能抵御西方发达传媒的“进攻”与“影响”，并有可能争夺中国国际话语权？“做强做大”成为此时官方话语体系中中国传媒面临西方传媒冲击的应对之策。

此时的中国传媒虽获益于政治环境日渐开放而摆脱了党政权力的全盘控制，并因社会主义市场经济制度的确立与完善而经济自主性日益增强，传媒的市场化程度日渐加深。但是传媒的“事业单位”身份所引致的体制性障碍日渐凸显，如权力经营、条块分割、资金封闭都限制了传媒的进一步发展，体制成为传媒发展的最大障碍。于是，在西方传媒竞争的外部压力与传媒体制困境日益凸显的内部需求的双重作用下，传媒体制改革成为传媒发展的题中之意。

2002年年底，党的“十六大”确定了文化体制改革的方针，文化体制改革对公益性文化事业和经营性文化产业进行科学分类，希望通过发挥市场机制的作用来发展文化产业。作为文化产业的重要组成部分，传媒体制与机制都将在这次改革予以重构。翌年，国务院印发《文化体制改革试点中支持文化产业发展的规定（试行）》和《文化体制改革试点中经营性文化事业单位转制为企业的规定（试行）》两个规定，文化体制改革正式启动，传媒机构踏上了“转企改制、重塑市场主体”的路途。

在“转企改制、重塑市场主体”的过程中，传媒机构所面临的事业体制股东如何有效管理现代企业、管理层监督激励、员工身份待遇等问题都直指传媒治理结构该如何重构，于是，建立现代企业治理结构无疑成为必然取向。

但是，中国传媒治理结构的特殊之处在于“党委领导与法人治理结构相结合”被作为对传媒治理结构进行制度安排时的原则性框架，即是在按照现代企业制度建立规范的法人治理结构时，要保证“党管媒体不能变，党管干部不能变，党管导向不能变，党管资产不能变”。

构建现代企业治理结构，首要是解决产权不清的问题，而进行国有资产授权经营被认为是解决这一问题的有效途径。首先，国有资产监管机构作为国有资产的唯一所有者，统一行使国有资产所有权，包括资产收益权、重大决策权和选择经营者权利。然后，国有资产监管机构向传媒机构（集团公司）派驻董事、监事，传媒机构（集团公司）向旗下子公司派出股权代表，来行使国有资产所有者权利。于是，通过国有资产监管机构的授权，传媒机构（集团公司）成为旗下子公司的股权（产权）所有者，并且两者之间是平等的法人关系。

在“三权”、“四会”安排上，既要避免由于职权重叠与人员重合所造成的职责不清、决策混乱，同时又要保证党委领导的政治核心地位，党组织与股东会、董事会、监事会与经理层往往采取“双向进入、交叉任职”。党委书记与董事长一般由一人兼任，以确保控制权掌握在党委会手里；未设立董事会的传媒企业，大多实行党委书记兼任副总经理、总经理兼任党委副书记的交叉任职模式；在少数特殊情况下，党委书记与总经理也会出现由一人兼任的情况。

在实际工作中，为防止党委会越权、过度干预传媒企业经营，党委会与董事会、监事会、经理层之间权责的划分就尤为重要。一般而言，党委会拥有重大事项的决定权，宣传业务的审核权，主要领导干部的任免权；董事会负责传媒企业重大问题的决策与经营；经理层（编委会、经委会）负责决策与经营的具体执行；监事会履行监督职能，尤其是对董事会、经理层的有效监督（见图3）。

尽管在文化体制改革的时代背景下，在重塑市场主体的过程中，传媒机构的企业身份得以承认，产权主体和“三权”“四会”基本就位并各司其职，但是传媒治理结构现状仍然堪忧，如国有股一股独大，产权结构多元化也未建立；党委会权力过大且监督机制孱弱，行政型治理模式仍存留影响，现代企业治理结构尚未完全实现。

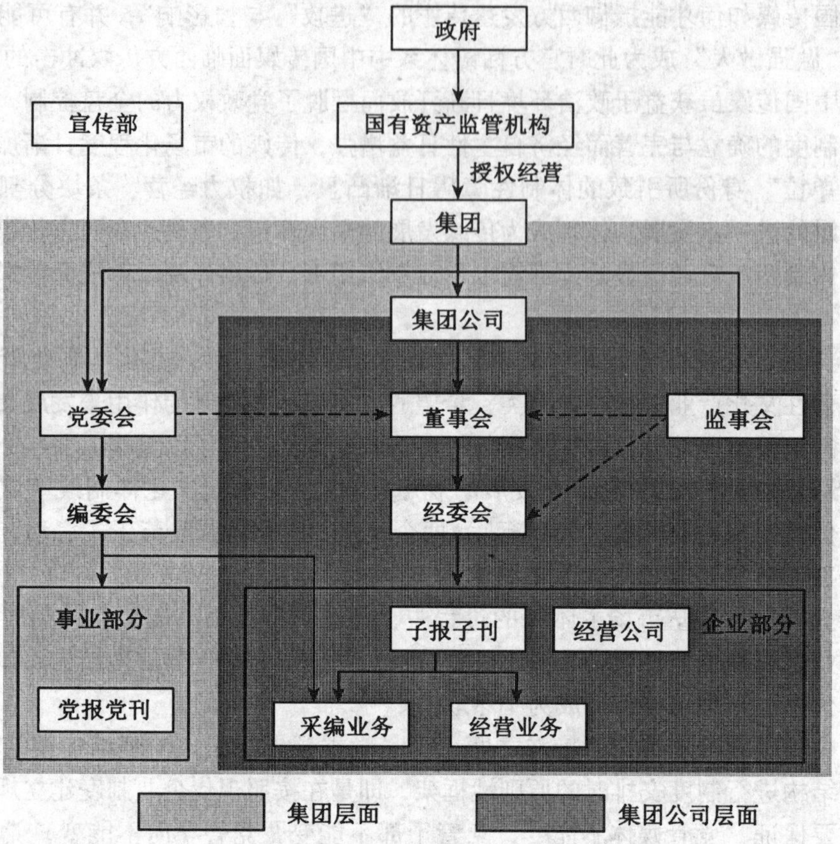

图3　现代企业治理结构的初建

三、传媒治理结构变迁的政治动因分析

作为一种制度安排，内生于宏观政治经济环境的传媒治理结构必然受到政治因素的影响，打上政治的烙印。

1. 党政行为的主导作用

政治究竟是什么?《布莱克维尔政治学百科全书》为其做出如下定义，“政治是在共同体中并为共同体的利益而作出决策和将其付诸实施的活动”“政治可以被简单地定义为一群在观点或利益方面本来很不一致的人们作出集体决策的过程，这些决策一般被认为对这个群体具有约束力，并作为公共政策加以实施。”① 因此，所谓的政治其实是一种典型的“集体选择”，或者可将其更确切地表述为在分歧中建立一致的“集体行动”，而这种分歧的达成往往是政府利用强制性权力促成的结果。

于是，在一定程度上，“政府行为”与“政治”可被视为同义词。② 那么，我们在分析中国传媒治理结构变迁的政治动因时，党和政府在这一变迁中所施发的影响与作用就成为最重要的思考维度。

---

① 戴维·米勒，韦农·波格丹诺．布莱克维尔政治学百科全书［M］．北京：中国政法大学出版社，1992：583，584.

② 康晓光．权力的转移［M］．杭州：浙江人民出版社，1999：29.

在对传媒治理结构转型考察过程中，传递出来的首要而清晰的信息是，党和政府的作用至关重要。传媒治理结构作为一种制度安排，其变革与转型的动力极大地依赖于党和政府，市场并不直接决定传媒治理结构的呈现形态。一个重要原因，即是中国传媒自形成初始即是被严格控制于“党—国家”的体制框架之下，传媒改革是从集权主义体制起步，并且在相当长的时期内，党和政府代表国家全面占有和控制传媒资源，拥有传媒产权和实际控制权，处于一种绝对优势的地位。其后虽经历陆续的调整与改革，党和政府的控制性影响有所弱化，但仍居于主导性地位。

传媒治理机构两次方向性的转变都来自于党和政府的指引。其一是“事业单位，企业化管理”的报告为官方批准后开始的对行政型治理结构的改革；其二是在“十六大”确立文化体制改革要进行“企业、事业两分开”背景下，为“重塑市场主体，完善现代企业制度”而进行的现代企业治理结构的初建。并且，在传媒治理结构变革路径的选择上，党和政府会根据自己对传媒治理结构的期许（如“做大做强”应对外媒冲击）与约束条件（如“党委领导与法人治理结构相结合”）对变革方案进行审度，而且会通过“试点—小范围推广—全面铺开”的方式来指导制度变革。除宏观层面党和政府在改革中占据重要地位并得以继续，在传媒机构的微观层面，党政权力同样在一定程度上予以存留，如在对行政型治理结构的改革期，传媒机构“事业单位”身份与行政级别的保留；其后，在现代企业治理结构初建期，在“党政分开”、“政企分开”的思路下，政府权力从传媒企业中退出，但是党委会的核心领导地位依旧不变。

2. 意识形态的影响

党和政府行为在治理传媒结构变迁主导作用的施发，一方面基于政府拥有的强制性权力，另一方面，意识形态的作用同样不容忽视。尽管政府可以通过强制性权力来促成行动，但是社会成员对政府行为的认同和自觉服从无疑可以降低政府的统治成本。政治学将这种促使被统治者自觉自愿接受政府统治的能力称为政府的“合法性能力”，正是基于意识形态提供一种价值和信念，它是个人和社会达成协议的一种节省交易费用的工具，具有确认现行制度合法性或凝结某些社会团体的功能。①

因此，在治理结构的变迁过程中，意识形态作为党和政府最重要的权力要素之一发挥了重要作用，几次重大的改变几乎都是以主流意识形态对传统约束的突破为前提的。

在新中国成立后一直到20世纪70年代末，社会中的市场因素完全消失，其他异质的意识形态被消解，意识形态统一于社会主义共产主义的思想和理想，传媒被看做是纯粹的意识形态宣传工具，采用的高度政治化行政型治理结构与传统社会主义意识形态及计划经济体制相适应。

1978年党的十一届三中全会以后，在思想解放运动及“左”倾意识形态被扭转的推动下，市场化取向的经济改革得以逐步展开。得益于此，传媒领域同样也发生了剧烈的变革，逐渐摒弃将媒体视为单纯的“阶级斗争工具”的“喉舌论”，将“喉舌论”置于更加宽泛的理解中，但是基于政治风险的考虑，此阶段并未明确提出对媒体其他功能与多重性质的说法，传媒治理结构改革进入维持“事业单位”性质前提下的放权让利阶段。

1992年，党的“十四大”明确指出“我国经济体制改革的目标是建立社会主义市场经济体制”，使得中国成功地从保守的意识形态困境中走出来，意识形态转型开始具有了明确的目标，一个连贯的向市场体制转变的战略开始出现。② 在此情境之下，对于传媒的认识也有了重大突破，1993年6月的《关于加快发展第三产业的决定》将“报刊经营管理”政治

① 黄新华．意识形态的新制度经济学分析［J］．理论与改革，2000（6）．

② 吴金群．中国意识形态转型30年：政治经济学的三维透视［J］．理论与改革，2008（3）．

列入第三产业；与此同时，对传媒功能既包括喉舌功能，也包括传播信息、普及知识、文化娱乐、舆论监督，以及广告功能的说法达成广泛共识①，于是在传媒经济组织属性及多重功能被予以认同后，传媒机构开始按照现代企业制度来构架自身的治理结构。

直至2003年文化体制改革的启动，经营性传媒机构的企业身份才被正式认定，现代企业治理结构也就成为传媒治理结构改革的目标。

3. 利益群体的博弈与共谋

政治作为一种集体选择和集体行动，虽然党和政府在传媒治理结构变迁中占据强势地位，其他利益群体之间及其与党和政府作为强势利益群体之间博弈或共谋仍然对治理结构演化产生影响。在"放权让利"所欲达成的以"权利换效率"② 的过程中，传媒机构的经营层拥有了部分的经营权，相应地也就拥有了基于自身本位利益。"放权让利"使得传媒机构在保有"事业单位"身份、赚取完成政治与意识形态宣传任务后，还能获得更多的经济利润，无疑较大地调动了传媒经营者和职工的积极性。于是，"放权让利"无论是对于经营者还是职工都能让他们得到更多利益。

然而，"放权让利"终究只是从行政型治理结构向现代企业治理结构转换时期的一种过渡方法，传媒机构在本质上还是党政机构的附属物，于是在经历了最初的经济收入快速增长后，传媒治理也陷入了危机之中。随着社会主义市场经济体制的建立与完善，传媒市场的快速发展与逐步成熟，传媒机构的"事业单位"身份令其因产权不清、内部人控制、权责不明、政企不分等原因在传媒产业发展中遭遇瓶颈，于是，获得独立市场主体地位及企业身份成为传媒机构经营者的美好愿景。而对于传媒职工而言，在改制过程中，他们可能失去先前体制内身份、面对更加严格的管理且工资与福利未必能有所提高，所以他们的总体福利可能受到损害，对传媒机构的改企转制未必持赞同态度。

但是，作为一种制度安排，治理结构的改革进程与最终结果取决于利益群体间力量的对比，党和政府由于其拥有强制性权力与主导意识形态的支持，作为强势利益群体从而在制度变迁中拥有决定性的权力；传媒经营者在改革过程中逐步拥有经营权，因而也会对改革方向与进程产生影响和形成压力；传媒职工作为相对边缘的利益群体，在制度变迁中影响有限。因此，在党和政府以及传媒经营者的共同期愿下，改企转制、建立现代企业治理结构也就成为传媒改革的必然方向。

四、结语

正如将路径依赖研究应用于制度研究的集大成者诺斯（North）所言，"我们赖以到达今天的制度的过程是相关的，并限制着未来的选择。"③ 故而，过去所做出的制度选择决定了现在可能的制度选择，现在进行的制度选择也可能影响或决定未来制度的发展取向。因此，对传媒治理结构变迁政治动因的考察，对于我们理解传媒治理结构现状与发展趋势十分必要。

政治动因作为影响治理结构变迁的重要因素在过去的研究中长期被忽略，但事实上，党和政府、意识形态以及相关利益群体等政治因素都极大地影响着，甚至在某种程度上决定着

---

① 黄升民，丁俊杰．媒介经营与产业化研究［M］．北京：北京广播学院出版社，1997：10.

② 林毅夫，蔡昉，李周．充分信息与国有企业改革［M］．上海：上海三联书店、上海人民出版社，1997：47.

③ North，D. C.．*Institutions*，*Institutional Change and Economic Performance*［M］．Cambridge：Cambridge University Press，1990：94.

中国传媒治理结构从行政型治理结构向现代企业治理结构的改革步骤与进程，并且还将影响传媒治理结构的进一步改革。

当然我们也应注意到，当传媒治理结构由以行政导向为主的行政型治理结构过渡到市场导向为主的现代企业治理结构初建阶段后，经济因素将彰显出其对于制度安排的日益强大的影响力及操控力，因此对政治动因的重视并非意味着对经济动因的忽视，而是以一种更为宽阔且多维的视角来认识与审视中国的传媒治理结构，进而更好地把握传媒治理结构改革的未来。

【作者简介】

殷琦，厦门大学新闻传播学院助理教授，博士。

新闻与广告：议程设置的比较研究

张　微　　窦光华

马克斯韦尔·麦库姆斯和唐纳德·肖所提出的“议程设置”(agenda-setting) 理论，尽管问世以来一直争议不断，但它作为传播学中最具影响力的经典学说之一，其对传播学发展所起的巨大推动作用却也是毋庸置疑的。随着这种争论的持续，“议程设置”理论的内涵和外延都获得了不断的深入和拓展：从外延方面说，议程设置已由最初对总统竞选过程中媒介所设议程对公众议程的影响，扩大到对公共政策、环境监测、人权保护、灾害管理等领域；从内涵方面说，已从第一层面的“对象议程”(agendas of objects) 研究深入到第二层面的“属性议程”(agendas of attributes) 研究，即从“想什么”深拓到“怎么想”。这表明，议程设置理论的研究受到了国际学术界的高度重视，正在不断地向纵横两个方面深入发展。

应当指出的是，上述议程设置无论是处于第一层面还是第二层面，并不仅仅限于新闻报道，其他传播形式如广告也同样可以进行。但由于新闻与广告本身所存在的异同关系，就导致二者在议程设置方面既存在着某些相似性，又存在着某种差异性，这是必然的、毫无疑义的。

一、新闻与广告：议程设置的共同性分析

欧文、拉兹洛曾经指出：“通讯过程的决定性成分乃是从事件的原始材料到这一生命系统可以消耗或加工的信息形式的转化。”① 从这个角度思考，新闻可以说是“被传播（报道）的事实的信息。”而广告则显然与此不同，广告大师约翰·肯尼迪认为“广告是印在纸上的推销术”，阿尔伯特·拉斯克尔也颇有同感：“广告是由可识别的出资人通过各种媒介进行的有关产品（商品、服务和观点）的有偿的、有组织的、综合的劝服性非人员的信息传播活动。”② 通过比较，我们不难发现，新闻与广告在本质上属于两种不同的传播活动：新闻主要传播最近发生的事实，是一种无偿的、非促销的信息传播活动，而广告则与此相异，它是一种服务于营销的商业性传播，然而二者作为传播又不可避免地存在着某些相通之处。这种相通之处也必然反映在议程设置方面：

第一，无论是新闻的议程设置还是广告的议程设置，都要努力将受众引导到一个特定的问题上来。

关于这个问题，我们可以从两方面进行探讨，即“想什么”和“怎么想”。“想什么”被称为议程设置的第一层面即“对象议程”(agendas of objects)，而“怎么想”则被称为议程设置的第二层面即“属性议程”(agendas of attributes)。

我们先来研究一下第一层面即对象议程问题。

---

① 欧文，拉兹洛．系统、结构和经验［M］．上海：上海译文出版社，1987：125.

② 阿尔伯特·拉斯克尔．拉斯克尔的广告历程［M］．焦向军，等译．北京：新华出版社，2006：27.

马克斯韦尔·麦库姆斯指出："起初，在大众传播和选民行为的传统语境中展开的研究里，议程设置概念的隐喻般的名字，是从这样一想法中获得的，即大众媒介具有一种将新闻议程中的显著性议题变为公众议程的能力。"① 潘忠党则说得更为直白："议程设置是一种现象，即在媒体时代公众关注力受媒体驱使。"② 如此说来，所谓议程设置，实际上是指媒体通过有选择的报道来把公众的关心和注意力引导到某一特定的方向。这种引导往往是从三个方面进行的：其一是选择——新闻媒体每天都要接收到大量的信息，有的为本媒体记者所写，有的为国内外通讯社所发，有的为各类媒体所载，等等。面对此类海量信息，他们不可能全部刊播出来，只能从中挑选出一种或几种。此时，他们总是选择那些他们所认为的重要问题、显著性问题进行报道。其二是突出和强调，如放在最重要位置和版面，或在黄金时间播出。其三是多次报道（跟踪报道）。在一般情况下，媒体所设议程就转变为公众议程即得到公众的重视和关注。广告的议程设置也与此相类似：广告从业人员同样面对多种信息：大众媒体各类信息、书籍、网络、自身的观察和体验、从各种人际传播得到的资讯……接着是从中选择出自认为很重要的话题，发布时也讲究黄金时段和最佳位置（版面）的安排，并进行反复刊播，其结果也和上述新闻议程一样，可将社会公众的注意力引导到一个特定的方向上来。

我们再说第二层面即"属性议程"问题。

麦库姆斯和肖 1972 年提出了议程设置这一重要理论，在全球传播学界产生了极为深刻的影响。若干年后，麦库姆斯又提出了议程设置第二层面即"属性议程"概念，从而将议程设置研究推进到一个新的阶段。克瑞格·凯罗、麦库姆斯指出："议程设置关注的是这些报道体属性的显著程度，新闻媒体并不仅仅展示出一个报道客体的议程，他们还描述这些报道客体。这些报道客体的某些方面往往被倾注大量笔墨强调突出，而有的某些方面则点到为止，还有一些则被一笔带过，因而对于在新闻媒体上的每一个报道客体来说，都存在一个属性议程。"③ 可以看出，上述两种不同的议程设置存在着下列差异：对象议程是从众多报道客体中选出最重要的一个予以报道，而属性议程则是从一个报道客体的多个侧面中选出一个侧面进行报道；前者是要公众"想什么"，后者则是要公众"怎么想"，即把公众引到一个主体所设定的属性上来。

广告也是如此。广告从业人员从表现客体（如美国与伊拉克战争）的多个侧面中选出一个侧面进行重点详细叙述，其他侧面则点到为止或一笔带过，其根本目的是要公众对这个侧面产生深刻的印象且持久地关注，成为一个讨论的话题，并进一步产生社会影响（或销售促进）。

由上不难看出，新闻与广告在议程设置上，无论是第一层面的"对象议程"（想什么），还是第二层面的"属性议程"（怎么想），都存在着某种共同之处，那就是二者皆企图通过选择而设置一个话题，从而将公众引导到一个特定的方向上来，以发挥特定的社会功能。

第二，新闻与广告在进行议程设置时，都要遵循传播专业主义——新闻专业主义与广告专业主义的概括与升华而形成的一种自律性规范体系。美国著名传播学者阿特休尔指出："新闻专业主义是指：新闻媒介摆脱外界干涉，摆脱来自政府、广告商甚至公众的干涉；新闻媒介为实现公众的知晓权服务；新闻媒介探求真理，反映真理；新闻媒介客观公正地报道

---

① ［英］罗杰·迪金森，等编．受众研究读本［M］．单波，译．北京：华夏出版社，2006：27.

② ［美］简宁斯·布莱恩特，等主编．媒介效果——理论与研究前沿（第 2 版）［M］．石义彬，彭彪，译．北京：华夏出版社，2009：11.

③ ［美］克瑞格·凯罗，M. 麦考姆斯．商业报道对大企业在公众中的形象与舆论的议程设置效果［M］//邓理峰，译．新闻与传播评论（2005 年卷）．武汉：武汉出版社，2006.

事实。”① 在他看来，新闻专业主义的核心和要求就在于新闻从业者必须坚持独立自由，坚持真理，坚持服务大众。中国学者陆晔、潘忠党则比阿特休尔讲得更仔细、更具体，认为新闻专业主义要素应包括下列五个方面：①传媒是社会公器，新闻工作必须服务于公众利益，而不是仅仅服务于任何政治或经济利益集团；②新闻从业者是社会的观察者、事实的报道者，而不是某一利益集团的宣传员；③他们是信息流通的“把关人”，采纳的基准是以中产阶级为主体的主流社会的价值观念，而不是政治、经济、利益冲突的参与者或鼓动者；④他们以实证科学的理性和标准评判事实的真伪，服从于事实这一最高权威，而不是臣服于任何政治权力或经济势力；⑤他们受制于建立在上述原则之上的专业规范，接受专业社区的自律，而不接受在此之外的任何权力或权威的控制。② 可以说，陆、潘二位学者对新闻专业主义的认识与阿特休尔大体上保持了一致，但较之于他们又有所丰富，如强调新闻专业主义选择事实是以中产阶级为主体的主流社会的价值观念为基本标准就是如此。总之，我们认为新闻专业主义的核心理论就是“三坚持”：即坚持思想和行为上的独立自由，不受任何政治、经济势力的操控；坚持真理和客观公正，努力为公众服务；坚持培养出色的新闻专业技能，力求使文本生动感人，进而获得受众的衷心喜爱。

上述专业操守不能仅仅局限于新闻从业者，还应扩大到广告从业人员和一切传播工作者，将新闻专业主义扩展为广告专业主义，甚至进一步概括和升华为传播专业主义，使之成为所有传播行业员工自觉遵循的专业规范和自律律令。

那么，新闻和广告在遵循传播专业主义进行议程设置方面究竟有哪些相近之处呢？其一，坚持真理，客观公正。对此，米切尔·舒德森有很好的论述：“现代的新闻从业者承认并且满足了他们对于事实的严谨和忠诚，如果对此持有疑义，那是不可思议的。”德国学者玛丽埃诺·斯洛姆卡也指出：“新闻人必须以事实为准则，自己所说的看到的经历过的都按照真实的原则进行报道，而不是对其大加渲染或者是隐藏真相。这些是我对客观公正报道的理解。”③ 在他们看来，新闻从业者在议程设置方面虽然不能排除主观价值判断对新闻的影响，然而他无论是就高房价、矿难和“东伊运”制造的恐怖事件，还是就日本福岛核泄漏埃及、利比亚等国爆发的大规模反政府事件设置议程，都必须通过公正、客观地揭示问题的真相，来设置某种吸引受众讨论的议程，而不是去进行有意识的歪曲和隐瞒，比如为了服务于某种政治势力或经济集团，而去刻意回避某些公众急于知晓的事件，甚至不惜以歪曲事实真相来保护社会权力集团的利益，那是绝对为新闻专业主义所不容的。

广告也是为此，它在运用、选择社会实际发生的事件设置议程时，也要使事实的叙述与原始事件完全吻合，并以此引发消费者的热议，一方面为此推动进步，另一方面也可提高产品的知名度和美誉度。如贝纳通的《血衣》广告，就将以美国为首的北约轰炸南联盟给民众带来的巨大痛苦如实地展示出来，引起了受众的强烈愤慨。如果与此相反，即为了社会上某些政治势力或经济集团的利益，而去有意隐瞒一些对社会、对公众有利的事实，或昧着良心有意歪曲事件真相，这在西方国家广告议程设置中时有所闻。

其二，坚持承担应负的社会责任，为公众提供良好的服务。以美国芝加哥大学校长哈钦斯为代表的社会责任论者认为，传统的自由主义理论应当受到某种限制，不能运用言论自由去煽动仇恨、制造谎言和诽谤他人、玷污真理；在必要时政府应当采取行动保护公民的自由，促进媒体为大众和社会利益服务；新闻界有责任倡导道德，激励公民运用理性；他们还对人的观点的自我纠正表示质疑，这就需要新闻从业者的帮助才能纠正错误，提高自己。事

① ［美］赫伯特·阿特休尔．权力的媒介［M］．黄煜，等译．北京：华夏出版社，1989：282.

② 陆晔，潘忠党．成名的想象——中国社会转型过程中新闻从业者的专业主义［J］．新闻学研究（台北），2002（71）.

③ 吴飞．新闻专业主义研究［M］．北京：中国人民大学出版社，2009：44.

实上，新闻和广告在设置议程时，都对自己所肩负的社会责任给予高度重视。我们看到，大多数有良知的新闻、广告从业者，遵循哈钦斯等所确立的原则，力求效力于社会进步和大众利益，如在美国和伊拉克的战争中，中国内地媒体设置了一系列反对战争、维护世界和平的议程，一次又一次地引发了中国读者的热烈讨论；无独有偶，意大利贝纳通同时也发布了著名广告《浑身沾满油污的鸟》——这只可怜的鸟浑身沾满黑色的原油，睁着血红的眼睛，已经濒临死亡，奄奄一息，其中透露出的信息和中国内地媒体上述议程设置所包含的观念不是相当一致吗？新闻和广告在设置议程时坚持真理、坚持社会责任、坚持为大众谋利益的一致性，由此可以见出。

其三，对传播业务的精湛要求。无论是新闻议程设置还是广告议程设置，除了上面的要求之外，还要求二者在表述中要有高超的专业水平，而这正是传播专业主义的又一重点。我们看到，在具体的议程设置中，相当多的新闻和广告所写事件和人物做到了以形写神、形神兼备，还做到了结构上的层层深入、有条不紊，以及语言上的准确、生动、形象，达到了义理和辞章的统一，从而使话题更具吸引力和感染力，并且进一步强化了话题的社会正面效应。

第三，新闻、广告的议程设置都要受到从业人员思想倾向的影响，其内容要符合社会和受众的一般文化规范与价值观念。这主要体现在新闻和广告从业人员面对众多的社会事实，总是要实行过滤和筛选。他们在选择时绝不是随心所欲的，而是遵循一定的标准对它们进行甄别，符合标准的将被刊播出去，否则就会被淘汰。更进一步的考察告诉我们，新闻、广告从业人员的选择标准又必须符合社会和受众的一般文化规范和价值观念，否则就会受到受众的抵制和反抗，从而使议程设置完全失去效果而使传播陷于失败之中。

从上面的分析中，我们不难看出，新闻与广告虽然分属于不同的传播类型，但二者作为传播又必然存在着某些相通之处，这就决定了二者在议程设置方面必然存在着某些共性。深入地揭示这些特殊规律，对于促进议程设置的实践和理论研究，都无疑有着十分重要的意义。

二、新闻与广告：议程设置的差异性探讨

诚然，新闻与广告在议程设置方面确实有着不少共同之处，但由于二者质的区别，因而在议程设置方面又必然存在着重大差异。这种差异主要表现在以下几点：

首先，新闻中进行议程设置的只是整个新闻文本中的一部分——应该说是最具新闻价值、影响又较大的一部分，但在广告中，进行议程设置的则更少。更重要的则在于，新闻议程设置固然不是篇篇皆是，但至少每天皆有——它一方面要讲究及时性，另一方面从宏观上看，则可以发现新闻议程设置对社会的反映是相对完整和系统的，即是说，如果以较长的一段时间来考察（如一年、五年甚至十年，等等）可以发现新闻议程设置构成某一国家某一时期相对完整的发展链环或历史。而广告议程设置则不同，它一般是缺乏及时性的，并且是零碎的和不完整的，不可能构成一个发展的系列，因而也不可能形成对一个国家某一时期较为完整的系统的反映，从中不可能构成一个相对完整的历史微缩和发展链环。

其次，新闻议程设置，即使是经济方面的议程设置，一般也不从产品品牌构建方面着手，而广告议程设置却一般是以品牌构建为中心的。克瑞格·凯罗、马克斯韦尔·麦库姆斯曾经从经济报道的视角，探讨了议程设置第二层面（属性议程）与第一层面（对象议程）的关系，指出经济报道属性议程设置的重心在于表现企业产品质量、运营能力、企业资产的良好利用及信用诸种属性，从而让受众理解并接受这些属性，而这些显然并未涉及品牌构建的核心问题。

而广告则与此明显不同。它常常从产品品牌方面进而议程设置。如意大利贝纳通《艾

滋病篇》广告，讲述了艾滋病人 David Kirby 在濒临死亡时被家人围绕诀别的感人故事，发布后在世界范围内引起了激烈而广泛的争议，乃至于成为引发全球关注艾滋病运动的导火索。很显然，上述广告为广大受众设置了一个极具刺激力和关注度的话题，那就是艾滋病患者最需要公众关爱而绝不应该受到任何歧视。这种高度的人道主义精神成为贝纳通品牌的核心价值观念之所在，以其关心人类未来的高尚品格，为贝纳通树立了一个良好的品牌形象，并为最终使其成就为一个世界性著名品牌作出了巨大贡献。

再次，二者之间的差别还包括新闻议程设置所选择的事件往往是随机性的、没有预设的促销目的，而广告议程设置往往要策划出、有意制造出一个威尔伯·施拉姆所说的“媒介事件”，并且有着预设的促销目的，而这正是新闻与广告在议程设置上的又一重要差别。

由上可见，在议程设置上是否注重塑造产品品牌形象，是否具有及时性和随机性，构成了新闻与广告在议程设置方面的主要差异。

三、新闻与广告：议程设置异同的原因研究

对新闻与广告在议程设置方面的异同状况，我们已经有了一个基本的了解。那么，究竟是什么原因导致上述状况的发生呢？

我们首先追溯二者相同方面的因果联系。我们认为，这主要是由于新闻与广告共用一个媒介即大众媒介引起的——新闻可以说是完全运用大众媒介进行传播，而广告则只能说是主要依赖于大众媒介——既然如此，那么二者就必须都遵循大众媒介的本质规定性进行实践。根据后期法兰克福学派的主要代表人物哈贝马斯的观点，大众传媒的真正本质就在于它是社会公共领域的一个重要组成部分。他指出：“有些情况下，人们把国家机构用来沟通公众的传媒如报刊也算作‘公共机构’。”“有些时候，公共领域就是公众舆论领域。”① 值得注意的是，哈贝马斯在这里所说的“公共机构”实质上就是指“公共领域”，而公共领域的根本职能之一无疑就是引导舆论。既然如此，那么作为大众媒介主要传播对象的新闻与广告当然也就把引导舆论作为它们的一项基本任务——在这方面，虽然新闻比广告承担着更多也更重要的责任，然而广告所承担的此类使命也不可忽视。而二者引导舆论或舆论导向又主要靠议程设置来完成。“相对而言，舆论导向的含义更广泛一些，它包含了对社会认知、价值、态度和全面引导，‘议程设置’则是舆论导向的第一阶段，即传媒通过有选择地报道新闻把社会注意力和社会关心引导到特定的方向。”② 这表明，新闻与广告要引导舆论就必须进行议程设置——必须把社会注意力引导到某一特定方向和问题上去，而要使这种引导卓有成效，就必须坚持传播专业主义——新闻专业主义、广告专业主义的升华和概括，还包括精湛的专业水平。这些正是新闻与广告议程设置上的共性之所在，而这种共性又是由二者都是大众媒介的传播对象，因而都要引导舆论所决定的。

其次，我们再来探讨一下新闻与广告在议程设置上为什么会存在相异之处。我们认为，这主要取决于二者特殊的本质。欧文、拉兹洛说过：“通讯过程的决定性成分乃是从事件的原始材料到这一生命系统可以消耗或加工的信息形式的转化。”这就启示我们，新闻的构成要素必然包括新近的事实、选择（重要性、显著性）和符号化（用文字或图像对事实进行报道或叙述）。因此，所谓新闻，实质上是指新近发生的、经过选择的事实的符号化。这就决定了新闻必然具有及时性、真实性、选择性以及无偿性（对被报道的对象而言）。而广告则与此迥然相异。威廉·阿伦斯指出：“广告（advertising）是由已确定的出资人通过各种媒介进行有关产品（商品、服务和观点）的，通常是有偿的、有组织的、综合的劝服性非人

---

① ［德］哈贝马斯．公共领域的结构转型［M］．曹卫东，译．上海：学林出版社，1999.

② 郭庆光．传播学教程［M］．北京：中国人民大学出版社，1999：218.

员的信息传播活动。”约翰·肯尼迪也认为：“广告是印在纸上的推销术。”与新闻相比，广告的特征无疑在于促销性、有偿性、非人员推销性等。正是由于上述区别才造成了二者议程设置上的巨大差异：例如新闻的非促销性和广告的促销性决定了新闻议程设置的非品牌性和广告议程设置的品牌性特征；新闻的及时性和广告议程设置的非及时性，造就了新闻议程设置的及时性和广告议程设置的非及时性；新闻事件的随机性和广告媒介事件的非随机性，决定了新闻议程设置的随机性与广告议程设置媒介事件的非随机性，如此等等。

四、结论

M. 麦库姆斯与 D. L. 肖所提出的“议程设置”理论，无论是处于第一层面的“对象议程”，还是处于第二层面的“属性议程”，都不仅适用于新闻议程设置，而且也广泛地运用于广告议程设置。二者存在着一种明显的异同关系。不管是相同还是相异，其背后都隐藏着一种深刻的因果联系。对上述问题进行深入的揭示和探讨，无论是对于议程设置理论的不断丰富和发展，还是对于新闻议程设置与广告议程设置实践效果的强化与提升，都有着不可忽视的重大价值。

【作者简介】

张微，武汉大学新闻与传播学院副教授，主要从事广告学研究。

窦光华，武汉体育学院体育新闻与外语系，博士，主要从事传播学研究。

变局中的困境与突围
——省级卫视限播背景下广告经营策略分析

程　明　　谭淑娴

中国广告市场自1979年1月28日“参桂养荣酒”的广告在上海电视台播出以来，已重开三十余年，经过多年的发展已进入高速稳定发展时期。但是中国的广告市场在蓬勃发展的同时也产生了一系列不能忽视的问题，如虚假广告满天飞、广告创意制作粗劣、广告容量过于膨胀等，整个广告生态环境让人担忧。为规范广电广告市场、净化传播环境，2004年1月1日试行的17号令曾让广告市场喧哗一片，而2009年底通过的61号令对广告内容、播出时长的限制，无疑给以广告收入为主要经济来源的广播电视机构带来巨大压力。

挑战，换个角度看也是机遇。在这个全盘清场的媒体环境下，电视媒体如何打破困境，积极寻求合理对策走出一条新的广告经营之路，是整个行业都在思考的重大问题。不同媒体在媒体收视/听、销售能力以及广告运作等方面明显不同，此管理办法虽适用广播电台、电视台，但对不同媒体的影响不同。央视靠其稀缺性资源的独特优势面临的危机相应较小。因此，本文将在分析61号令对省级卫视的影响基础上，分析省级卫视在限播条件下所采取的广告经营，以期各省级卫视可在这场变局中求得自己的生存之道。在此之前，有必要先对新颁发的61号令进行全面解读。

一、电视广告限播解读：从17号令到61号令

2003年8月18日国家广播电影电视总局通过了《广播电视广告播放管理暂行办法》，即17号令。17号令对规范广告播出秩序与促进广电健康发展都起到了积极作用，但是各电视台在商业利益的驱动下屡屡突破底线。随着我国的经济、社会、文化等领域的发展与进步，社会各界对广播电视在广告播出方面有了更高的要求与期望，在此形势下广电总局于2009年9月8日发布《广播电视广告播出管理办法》，即61号令，并宣布2010年1月1日起施行。

广电61号令延续了17号令中对于商业广告播出时长进行限制的规定，并且按照“控制总量，均衡配置”的原则进一步明确了广告禁播、限播和规范播出的办法。相比之下，61号令对广播电视商业广告的操作性规范，播出更量化、内容更细化、管理处罚更严厉。在播出时间上的变化主要体现在以下几个方面：其一，总的广告播出时间上的压缩。虽然17号令也对广告播出时长有“每天不得超过总量20%”的规定，但按天计算给监管带来了一定困难，一般电视台采取了相应的逃避政策，如集中广告在收视率高的时段——因此形成白天广告少，晚上广告多的局面。而新61号令第十五条把每套节目商业广告播出量由原来的“按天计算”调整为“按小时计算”，严格规定每小时不得超过12分钟。关于公益广告播出时长，17号令也规定播出机构每套节目每日不得少于商业广告时长的3%，而61号令加以量化为“广播电台在11：00至13：00之间、电视台在19：00至21：00之间，公益广告播

出数量不得少于4条（次）。”① 对公益广告播出的时长及条数进行硬性规定也将相应压缩商业广告的时间。其二，某些具体时间段广告时间有宽松。新61号令第十七条将17号令规定的电视台播放一集影视剧（一般为45分钟左右）中，从“可以插播一次广告，插播时间不得超过2.5分钟。”② 改为“插播2次商业广告，每次时长不得超过1分30秒”——总时长延伸30秒。另外，在19：00至21：00之间播出电视剧时，从“不可插播”到“每集中可以插播1次商业广告，时长不得超过1分钟”。其三，61号令还明确规定不能随意插播广告、必须提示广告时长、禁止挂角广告、冠名标识的几种不可行情况、酒类广告的控制等，并将资讯服务、广播购物和电视购物等短片广告纳入商业广告的范畴，计入广告播出总量进行管理，这些规定都相应限制了各电视台利用这些机会打广告“擦边球”的可能性。

以往，广告在各大电视台呈铺天盖地的姿态，严重超时，一再挑战观众的耐心与接受程度，批判之声如浪汹涌。61号令将广告播出时长计算细化，进行严格控制，再辅以严厉的管理处罚，则可改善这种情况，有利于促进广播电视广告的合理编排，有利于提高广告的到达率。公益广告本来就是体现媒体社会责任感、塑造或展示企业良好形象的优秀载体，如果善加利用能起到良好的社会效果。央视市场研究股份有限公司表示“2010年将有超过100亿元的广告因61号令被压缩掉”，骤减20%。③ 但61号令的施行使亿元广告资源被压缩的同时，也为各省级卫视提供了审视其广告经营模式的机遇。

二、省级卫视的“突围”举措

这是一个泛媒体、富媒体的时代，各家电视台都在不断调整、扩频扩版，有线电视突起，省台陆续“上星”，电视台和频道的数量在大量增加，各类新媒体被不断开发利用。这些媒体日益扩展自己的影响力与覆盖面，抢夺受众资源与广告资源。电视媒体所面对的市场环境竞争已呈白热化，而《办法》的出台使得各方反应不一，各种声音不断。总的来说，长期受广告轰炸的观众群体鼓掌叫好，强媒体积极寻找对策，弱媒体则消极叫苦，大部分广告主都表示出了担忧焦虑的情绪。省级卫视在这一不可扭转的趋势下想要突围，需根据自身的特点与定位使出浑身解数，而他们采取的不同应对措施，主要有以下几种方式。

1. 广告招标，资源价值的最大化

媒体经济说到底是一种注意力与影响力经济。2010年的媒介环境风云变幻，优质广告资源的竞争呈白热化。有话说，谁掌握了优质媒体资源，谁就掌握了市场的话语权。以中央电视台为例，其凭借具有绝对优势的覆盖率、收视率、公信力、权威性以及品牌知名度等，在当前的电视台格局中居于垄断地位，国内外的广告主对其广告资源趋之若鹜。央视于1994年首次尝试以招标的形式来解决黄金时段广告销售中的供求矛盾，其收入基本上呈年年攀升的状态。2010年央视黄金资源广告招标预售活动总额为109.6645亿元④，同比2009年增长18.47%，2011年广告招标及预售总额达到126.687亿元，比2010年增长15.52%。⑤

在61号令的限播下，为紧缩资源，一些省级卫视也开始仿效央视进行广告招标。湖南

---

① 广播电视广告播出管理办法第三章：第十六条［R］.

② 广播电视广告播放管理暂行办法第十八条［R］.

③ 解读广电61号令：四十五条军规［EB/OL］. http：//www.tstv.cn/Article/guangdiann/201001/141778.html.

④ 冯联联．央视完善营销网络［EB/OL］. http：//news.a.com.cn/Infos/news_87419.html.

⑤ 2011年央视广告招标总额126亿元，创17年新高［EB/OL］. http：//finance.sina.com.cn/china/hgjj/20101108/20078919154.shtml.

卫视凭借其全国所有卫星频道（含央视所有上星频道）收视排名第二的地位，将采取竞标与议价两种方式营销优质资源。2009 年 11 月 26 日，湖南卫视已在长沙召开首次广告招标会，主题是"快乐力量"，为《快乐大本营》、《天天向上》、《金鹰独播剧场》冠名与广告套装以及晚间"730""830"季播带等品牌栏目的优质广告资源进行招标。2010 年 4 月 17 日上午，"2010 湖南卫视快乐男生"套播广告招标会在湖南长沙举行，此类别共设立 18 个广告套餐，除正一位置属于总冠名商不参与招标外，其他 17 个套餐参与招标。据透露，2010 年收入比 2009 年好，即超过 1.2 亿元。

2. 边缩时边提价，以保证收入

按照 CTR 今年（2009 年）前 10 个月对中国广告市场的推算，2010 年被 61 号令压缩的广告时间应该有 8 万小时，换算到每一个频道大概是 60 分钟，这 8 万小时按照今年电视媒体的收入测量大概有 126 亿元。① CTR 副总裁田涛表示：以 2009 年 1—7 月为测算基础，走出 61 号令限制的广告时长达到 8 万小时，以 2009 年的电视广告收入预估，2010 年电视台广告价格平均涨幅只有达到 24%，广告收入才会和 2009 年持平。"② 因此，为了保证收入与往年大致持平，提价成为普遍作法，广告进入"贵"时代。

2009 年 10 月 20 日，安徽卫视 2010 年首场广告招商会在合肥拉开序幕，随后其广告招商又陆续在上海、广州、北京三个重点城市登场。从安徽卫视几次征订会的情况看，广告平均增幅为 15%，重点时段广告价格增幅达到 20%。根据从综艺社官方网站得到的数据，各卫视广告经营相关负责人都对 2010 年广告涨幅进行了预期估计。江苏卫视广告价格的涨幅约为 30%，广告运营目标为 14.4 亿元左右。山东卫视广告涨价幅度达 30%，四川卫视涨幅 15%。而江苏卫视广告部主任龚立波表示，今年卫视整体市场上升了 10%，在广告价格方面，前五名平均涨了 38%。③ 从这些媒体的情况看，广告价格涨幅是往年的 2 ~ 3 倍。而且除保守预期与 2009 年广告收入持平的媒体外，很多媒体还希望广告目标在一定幅度内增长。如安徽卫视的广告目标是增长 15%，达到 17 个亿。湖南卫视的广告价格将上涨 25% 左右，预期总收入实现 30% 的增长，达到 26 亿元左右。

3. 植入式广告，成为经济增长新空间

当今的营销传播正从"打扰时代"进入"植入时代"。④ 植入式广告在世界及中国都由来已久，只是一直处于不温不火的状态，只在一些作品中零星穿插。这几年随着业界的实践，各卫视积累了丰富的实战经验，这种营销模式逐渐成熟，手段也越来越高明，其优点也被业内外的相关利益方所认可。传统的平播广告常占用特定的广告时段，以独立的作品形式呈现给受众。植入式广告却与其他作品以一定形式紧密结合整体呈现，在一定程度上具有强制接收性。在 61 号令的规范下，这种既不占用有限广告时段又具有隐蔽性诉求的广告形式便成为极佳的新选择。

2010 年湖南卫视为加强营销力度，实行是"硬广经营"向"软广与硬广经营相结合"转变。该台实施"价值升级、营销升级"变革理念，除再推重磅资源、全新编排、节目活动外，还致力于更加合理配置广告时段，大举开发植入广告、虚拟广告、特殊形式等在内的

---

① 中国新闻出版报：61 号令带动广告业连锁反应 [EB/OL]. http://media.ifeng.com/critical/200912/1203_4264_1460718.shtml.

② 田涛. 2010 年，中国广告市场的七大变化 [J]. 中国广告，2010 (3).

③ 2010 电视广告转型——格局与策略生变 [EB/OL]. http://www.zongyiweekly.com/list0213473.html.

④ 薛敏芝. 植入式广告异军突起 [EB/OL]. [2008-03-04]. 中华广告网.

"软广蓝海"。虽然我国电视剧产业发展的模式尚不完善，生产方式、经营手段与发行方式尚不够成熟，但若在操作上更具灵活性，加强植入式广告的深度和广度，植入式广告将成为新的经济增长点。

4. 营销方式多元化，全面整合

单纯靠售卖广告资源为主的经营方式，正面临一个增长天花板的现实，突破成为必需。为弥补广告限播压缩的经济价值空间，各省级卫视还根据各自特点积极探索，采取了多元化的营销方式。很多卫视在电视广告收入被日益分流的形势下转而以活动营销、植入式营销、特殊形式营销等多元化的全方位营销方式。安徽卫视的经营团队将依靠其定制剧与自制剧的空间进行全方位、多渠道的整合宣传推广，为节目和客户量身定制推广活动，线上传播与线下推广活动相结合。通过整合营销，期望达到"强互动"的效果，即广告终端化和终端广告化。而四川、重庆、云南、贵州和广西五省由于地缘和文化的亲邻成立"合力联盟"，五省联盟，依靠其极大的成本优势，采取了最大整合化的合作模式，叠加覆盖规模，形成优势互补，从而最大限度提升市场价值。合力联盟涵盖广告经营与活动营销方面的全面整合，给客户带来"桂+川+渝+云+贵=大西南"组合投资概念。

从以上分析可以看出，广告招标是强势媒体所采取的措施，提价是普遍的策略，植入式营销是有待继续开发的大市场，另外，还有很多媒体在积极地谋求广告经营与运作方式的创新，不断地整合其他资源、开拓新的营销模式。面对如此纷繁的媒体市场，电视台不仅应该不断提高媒体市场化意识，还需要提升媒体的服务意识，做好经营创新、服务创新。

三、省级卫视广告经营策略关键词

未推出61号令之前，媒体行业的马太效应已经很明显，而该令的推出使该效应进一步凸显，强者更强、弱者更弱。上文谈到的策略虽有一定作用，但并非适用于所有卫视，也非长久之计——毕竟不同的电视台有不同的媒体特点与市场地位。以贩卖时间为主、薄利多销的广告经营模式已经落伍，只有切实强化媒体品牌经营，提高各节目含金量，才能在这场围剿中突围。

1. 创新：提升电视台自我品牌，建立强大磁场吸附广告

广告投放对广告主而言，是一种期望得到效益的投资行为。央视之所以能吸引优秀客户资源，其最主要的原因就是其强大品牌带来的具有稀缺性的影响力资源。各省级卫视在激烈的两极夹击竞争格局中，要想分得一杯羹，需要通过创新提升自己的品牌吸引优质广告资源、为客户创造更高价值，实现媒介、观众、广告主的三赢。

广告市场的争夺是一场关于生存的战争，赢者为王，败者为寇。无论是定位战、独播战、选秀战、编排战还是资源战，内容创新都是生命力的源泉。湖南卫视坚持以娱乐为形、以快乐为神的方针，创造快乐体验，为其节目与营销提供广阔空间。从2012年历久弥香的《快乐大本营》到2009年上档就一炮而红的《天天向上》、从演唱秀到全民参与、从明星极限挑战、平民闯关到全家展示……无一不体现了该台的创新精神。东方卫视在2010年进入调整期，在频道内容建设上增加综艺节目，减少电视剧的播出，频道包装力求在视觉上凸显上海城市文化，内容上紧扣世博主题，为其提供主要宣传平台。

对于全体电视媒体而言，收视率是一种普适性基本价值，而影响力则是一种只有少数媒体才具有的稀缺性价值。在"内容为王"的时代，各电视都应该重视全天的节目建设，发展优质节目，以高质量、有特色的节目立台，提升节目推广能力。只有创新节目做强品牌，达到广覆盖率、高影响力，才能不断地实现并提升媒介价值——有了强大媒介价值作支撑，电视台就自然形成一种强大的磁场，从而吸附优秀的广告资源。陕西电视台也从节目研发、节目生产到节目考核，形成新的机制，开播了系列新的电视节目，并实行节目和广告双重考核手段，以求回归价值型媒体。

总的来说，以往的广告经营模式，如折扣、关系、回扣等灰色途径已不适应，努力提升自身的本体营销传播能力成为关键，创新节目编排方式、创新广告产品营销策划、创新电视台的综合服务能力、创新整合营销传播方式等成为更有成效的方式。

2. 整合：整合媒体内外进行营销传播，促进营销模式升级

61 号令是应市场杂音所需而产生的，在此规范下电视台除价值升级之外，其营销理念与手段也应同时升级。整合有利于资源的有效配置发挥最大价值，有利于提升整体的营销能力以体现电视台经营优势。电视台须对内外各媒体资源进行全面整合，包括同台媒体内部资源的整合、卫视频道间的整合以及不同媒体形态的整合。

其一，媒体内部资源的整合，省级台将所有媒体资源进行统一调配和经营，如广告时段、节目资源、经营渠道等。将单一时段的售卖发展为各广告时段的整体经营；通过线上与线下的融合，以大型活动为突破口，如东方卫视借助世博会的平台，广东卫视借助亚运会的平台，为客户提供整合营销服务。其二，省级卫视频道之间的整合。整合需求由来已久，各卫视之间也一直存在着各种形式的合作关系，但一直碍于管理体制的敏感没有逾越。在破局后，立足于大西南的合力联盟成立，湖南卫视与青海卫视牵手，东方卫视与宁夏卫视牵手。种种迹象表明：一向单兵作战的省级卫视频道和频道之间，开始了更有策略的“抱团”作战。两家或几家卫视跨地域在互相尊重的基础上合作，既节约成本，还能获得新的节目制作理念、创作机制、市场运营模式以及合作红利，也带来媒体节目、广告的新的组合投放模式，以资源互补取得共赢，迅速提升品牌影响力。其三，不同媒介形态之间的整合。虽然电视广告认可度高，但是由于价格的大幅上涨不排除很多广告资源将分流到纸媒、网络广告、户外电子屏、移动公交电视等渠道。电视台既可以开发自己的新媒体平台，也可与手机电视、移动电视展开广泛的合作。如齐鲁电视台的“1+3”媒体组合，“1”指的是齐鲁台自身，而“3”是其独家买断经营的超联传媒、常青藤传媒和农村公益院线三种新媒体的组合。新媒体具有的海量存储、互动传播、动态传播等独特优势，新旧媒体融合将形成了更广阔的传输平台。

3. 适度：掌握火候，把握分寸

根据量变质变规律，量变只有在一定的范围和限度之内，事物才能保持其原有的性质。在全面、正确的自我认识基础上，各卫视做决策时要注意分寸，掌握火候，坚持适度原则。电视剧是吸引收视率的重要武器，也是能大量安置广告内容的载体，但是广告的植入应该本着“艺术第一，广告第二”的原则精心策划、整体运作植入广告，经济效应与美誉度共赢。竞标的广告招商方式适用于具有足够影响力的电视台，资源紧缺、处于供不应求的状态，广告主才有角逐空间。弱媒体不应看到强媒体通过广告招标获取可观经济利润就想一竞千秋。

价格是市场最敏感的因子，是广告经营的核心。提价虽然是普遍行为，但是幅度必须严格把握。媒体与广告主处于双向选择的状态，现时的中国媒体广告价格与价值存在着严重的剪刀差问题——在收视率年年下降的同时广告价格却在不断攀升。价格杠杆的作用应该被正确发挥，媒体在广告定价上如果只考虑自己的经济利益而不在乎顾客的心理承受能力只会导致适得其反的效果——广告顾客资源的流失，同时应该对所有广告客户持公平公正、诚实守信的原则，规范操作。广告主面对媒体普遍提价的行为，可能会采取各种应对，如减少投放频率、采取其他营销策略等，以调整广告市场与媒介市场的供求关系。另外，中国电视行业的发展水平并不是整齐划一的，在确定价格策略时应该充分考虑参差性，而不能盲目定价。

最后，价格并不是固定不变的，在实际操作中各台可灵活调整，如不同季节、同段、广告编排位置、栏目的收视率、收视习惯等。

四、结语

省级卫视是中国电视产业的重要一环，是电视市场主体，其广告经营直接关系其生存与发展，关系到传媒业的健康持续发展。省级卫视，外在受到市场的压力（包括境外媒体、国内异质媒体及同质不同级媒体等的挑战）、政策调整带来的阵痛等，内在受其市场经营意识欠缺，行业不规范等，双重压力下其广告经营步履蹒跚。而61号令的发布，危中有机，压缩利润空间的同时也为媒体提升经营品质、拓展经营思路、转变经营观念提供了一个重要契机。各广电合力促使广告经营模式从粗放型向集约化、专业化经营转向，全民共创绿色的媒介生态环境。这将是中国电视广告的一次全面回归，借此契机，凭借口碑的上扬使媒体价值上升，从而使我国广电媒体走上可持续发展的道路，构建和谐传媒和谐社会。

【参考文献】

[1] 广播电视广告播放管理暂行办法［EB/OL］. http：//www. chinasarft. gov. cn/manage/publishfile/20/1006. html.

[2] 广播电视广告播出管理办法［EB/OL］. http：//www. sarft. gov. cn/articles/2009/09/10/20090910104027660524. html.

[3] 马丽婕，马涛. 广播电视广告管理新令出台，引领广告经营走向新的平台——专访国家广电总局传媒机构管理司副司长任谦［J］. 媒体，2009（10）：41-45.

[4] 任文鹤. 广电广告限播令出台，影响几何［J］. 广告主市场观察，2009（10）：64-65.

[5] 马丽婕. 2010年电视广告经营的五大趋势［J］. 媒体，2009（12）：22-25.

[6] 马涛. 像湖南卫视一样去创新——对话湖南电视台副总编、广告部主任樊旭文［J］. 媒体，2009（12）：28-31.

[7] 刘珊. 剧时代，变者强——安徽卫视广告经营战［J］. 媒体，2009（12）：32-33.

[8] 马涛. 四川广电广告经营的内外兼修之道［J］. 媒体，2009（12）：34-35.

[9] 靳智伟. 卫视合作的期待［J］. 广告大观，2010（4）.

[10] 韩学功.《管理办法》对电视广告业的影响——以省级卫视为例［DB/OL］. http：//cjr. zjol. com. cn/05cjr/system/2010/01/14/016235442. shtml.

[11] 田涛. 2010，中国广告市场的七大变化［J］. 中国广告，2010（3）：74-75.

[12] 付立红，邢小兰. 2010，广电广告的新一轮清场［J］. 中外企业文化，2009（11）：71-72.

[13] 姜德贤. 2010年电视广告运营的两大关键词［J］. 广告主市场观察. 2010（4）：70-71.

[14] 关键. 看电视江湖，谁主沉浮——省级卫视竞争态势及发展走势之分析［J］. 声屏世界，2010（9）：5-7.

[15] 国家广电总局61号令带动广告业连锁反应［EB/OL］. http：//www. luolang. com. cn/Article/politics/200912/Article_20091203102104_248602. html.

[16] 湖南卫视广告“贵”时代的生存法则［EB/OL］. http：//www. wowa. cn/Article/90595. html 374/143.

【作者简介】

程明，武汉大学新闻与传播学院教授，博士，主要从事广告传播和媒介经营与管理研究。

谭淑娴，武汉大学新闻与传播学院硕士研究生。

媒介、环境与受众的涡旋互动

——论广告传播在数字互动媒介中的涡旋控制模式①

赵 鹏 江 南

尼葛洛庞蒂在《数字化生存》一书中向人们预言模拟技术将彻底让位于数字虚拟技术，大众传媒将演化为真正个人化的双向交流。② 数字媒介受众既是广告传播的接受者，同时也是传播者，数字媒介的整合能力和空间的无疆域性大大推动了广告信息的传播速度和传播的全球化。多媒体与互动性传播是数字互动媒介传播与大众传播的本质区别。数字互动媒介是一个数字社会的中介者和控制者，它负载的信息作用到人的身上，对人的行为产生影响，从语言方式、行为方式到思想方式。

自然界和工程中大尺度流体团的强烈旋转现象，如机翼尾涡、龙卷风等，这种流动状态称为涡旋。涡旋的产生是由于流体团积聚较强涡量并围绕某一公共轴线（可以是曲线）旋转形成涡旋。涡旋特性是当流体存在强烈涡旋运动时，成为主宰流动的因素，即在同一水平面上某点的流速与该点所处半径的乘积保持不变，即涡旋越往里速度越快，压力越小，因此涡旋具有向心抽吸的作用。因此将流动力学中的涡旋理论引入到广告传播中来研究数字媒介。

涡旋控制模式是以传播过程中的现象为研究对象，探讨一种关于数字互动模式下的全新传播方式。可控涡旋模式的范围由四个要素组成：第一，要有媒介。要建立一种结果不受控制的关系，要有载体，在两个交换合作者之间要有相应的文化参照点。第二，要有信息。广告传播行动存在着交换因素，信息表明了认知的意志。原始信息在被经过过滤，减少不肯定性的同时，成为一种有潜在意义的可以被解释的信息。第三是交换伙伴（即受众），广告传播行动确定两个或者若干个交换伙伴之间的相互认同和交换意图，理解交换背景，相互提供信息流通的渠道。第四是环境。数字互动环境包含显现的空间和遮蔽的时间，传播者对于广告信息能够控制其传播的空间却难以控制信息持续传播的时间。

从传播的角度来看，涡旋控制模式是一个新型的传播空间和一个新型的传播方式为人类提供没有地域距离的传播场所，是一个新型的人与人之间，人与群体，群体与群体之间交流、交换和共享信息的“公共领域”。

一、数字互动媒介中涡旋的显现

“字少，短小，一秒钟的传播时间，迅捷，但却具备了信息社会中能量最大化的最基本优势。”如果不是因为微博，2010 年的秋天对于江西宜黄钟家姐妹来说，将会艰难得多。同样，如果不是微博，对于河北保定的李刚父子来说，将会一如既往的嚣张。但数字互动媒介的介入，改变了这些正在发生的事情，也改变了他们的生活。

微博，给力中国。事实上，以网络、手机为载体的数字互动媒介早已崭露头角。综观

① 本文为山东大学青年自主创新项目成果，项目编号：11100070612077；山东大学研究生自主创新项目成果，项目编号：11100070613016。

② ［美］尼葛洛庞蒂．数字化生存［M］．胡泳，范海燕，译．海口：海南出版社，1997.

“微博”的核裂变过程，我们不难看出：这一“事件”在发生之前几乎没有任何征兆，发生之初也没有进入监管者的视野。当我们的监管部门开始重视的时候，事件内容早已遍及我们的绝大多数受众了。李希光认为：“不可否认，数字互动媒介的出现，将严重影响到原有主流传播渠道的权威地位。”① 的确，随着数字化和互联网的兴起，手机报纸、网络电视、网络广播、微博、车载电视、楼宇电视等新兴媒体迅速崛起，并逐渐呈现主流化趋势。

1. 数字媒介空间中跨文化下的涡量

数字互动媒介技术的发展形成一个多维的信息传播空间——数字媒介空间，这一空间中受众的舆论占据主导位置。卢梭曾经说过舆论是永不终止的法，没有公众舆论的空间，就不会有社会的安定。在形式上，舆论所涉及的符号或操作，都有数据和纯粹的信息构成。“这些信息一部分源于与自然和物质世界相关的运作，而更多地则来自维系人类的科学、艺术、商业和文化活动的巨大信息流”。②

1973 年伊丽莎白·内尔-纽曼发表了《重归大众传媒的强力观》一文，提出了关于“沉默的螺旋”(The Spiral Of Silence)③ 的五个假定，在这五个假定的基础上，纽曼又发展了一整套以“沉默的螺旋”假设为核心的关于舆论的学说，这个学说综合起来解释就是指，受众在信息传播过程中具有意识的累积性、普遍性和共鸣性。

依据开尔文定理研究数字互动媒介下的传播是说服性信息传播，是受众认知信息处理、认知结构变化、受众互动行为的过程。即一个信息在社会系统中的生产、转换、相互影响的过程，以此构建一个数字媒介空间框架，在这一框架下论述涡旋传播组织、制度和文化在数字互动媒介传播技术影响下所发生的转换。数字媒介是一个非物质的、没有固定场所的、充满受众舆论的空间。数字互动媒介空间是现实空间的延伸，是对现实空间的虚拟，是现实空间的映射，如同麦克卢汉所说的“媒介是人的延伸”。在这里“涡旋是广告信息、受众舆论在数字空间里的延伸”。

将数字互动传播中的广告信息、受众舆论与有旋运动中的涡量结合，依据开尔文定理研究有旋运动与数字互动媒介广告传播的联系，有旋运动指广告信息、受众舆论在一定的空间、时间范围内进行传播。这个传播存在一个深度与广度的研究问题。生活现实和虚拟社会的人与人之间交往像流体的黏性，通过交往使涡量产生。固壁无滑移条件指信息传播过程中的准确性没有发生变化。信息传播过程中犹如非正压性流体密度的不同受众对信息的获取也有所不同由此产生信息的互动传播。数字互动媒介空间中，最基本的单位不是原子而是“比特”即由 0 或 1 表现出来的一种二进制的数字单位数据形式。比特不同于原子，信息传播环境犹如无势质量力场很容易被毫厘不差的复制出来近乎光速进行传输。流场中的强间断面是指打破常规的传播方式及一些在跨文化传播中出现的违背道德和法律的信息传播。最后指出的涡量是什么？涡量是数字互动媒介传播中广告信息、受众舆论汇集产生的一个传播范围也就是数字互动媒介空间。

2. 涡蔽：道德与法律环境

数字互动媒介使人人都可以参与传播，非理性、情绪化的言论得到传播的机会就会大大增多，这让信息传播难以监控。因此研究数字互动媒介的道德与法律环境，通过一定的方式对数字互动媒介进行引导和调控就成为一种必要。任何事物都有两面性，数字互动媒介空间是一个开放的、自由的、比特的传播空间，受众缺少一种监管和识别能力易于被舆论误导。

---

① 新媒体无极时代 怎样确立风向标时间［EB/OL］.［2006-03-26］. 新华网.

② 秩名 . 网络空间、交往和身份认同［EB/OL］. http：//www. chinaue. com.

③ 李颖帅 . 从美伊战争看“沉默的螺旋”理论的式微［EB/OL］.［2003-07-10］. 传媒学术网.

例如，被数字互动媒介捧红的“模特”苏紫紫、犀利哥、郭德纲徒弟打人等。绯闻经过网络、微博的传播一发不可收拾。可见制定比较系统地维护数字媒介传播秩序、针对数字媒介传播行为加以约束的道德规范体系的建立十分必要。

针对数字媒介的互动性改善媒体布局，加强内容引导，增强政府对数字媒介的“议程设置”。从“引流”和“开源”两个方面来加强政府对数字媒介舆论的引导能力。引流就是调整政策规范，将各种数字媒介组织纳入管理范围，对这些媒介形态和传播单位进行梳理，对大众传播行为设立可行的监管规范，将这些目前还在管理规范之外的行为纳入制度化渠道。一方面控制其负面效应，另一方面也为数字媒介的生长提供法制环境。“开源”就是增加主流信息的渠道和数量，政府进行良性的数字媒介舆论引导，特别是在方法和技巧上相应革新，开辟主流舆论在数字媒介中的阵地。

3. 数字信息虚拟环境下涡能的扩散

在传播学的理论当中，麦克卢汉曾认为一种媒介改变世界和思想方式。哈贝马斯说，“技术进步的方向在很大程度上依然是那些从社会生活的强制性的再生产中自发产生出来的社会利益决定的”。① 实际上社会的每个变化是各种过程加起来的结果，涡能的扩散也就是数字信息依靠技术媒介及互动的受众产生出的传播动能。

数字互动媒介信息传播中涡能就是用受众注意力和注意力的再产生来扩大涡能的再生产，就是信息资源组合本身大于资源创造，用传播学的术语来说，即是传播方式大于信息内容。无论从意识形态的目的来说还是从效率的目的来说，涡能的扩散的结果都是为了共享某种信息资源，但同时又面临着信息的分配和变异的矛盾。

涡能在数字互动媒介环境下产生的动力主要有以下几方面：

一是，信息互动。信息是构成传受之间必不可少的中介，“传播是信息在时间和空间中的移动和变化。”② 在数字媒介广告传播过程中受众在收听（看）和接收信息的过程中，又会及时反馈信息，有的甚至还产生了“表达欲”、“参与欲”，从而在往返流程中实现信息互动，产生数字互动媒介环境下的涡能。

二是，心理互动。传受者的心理互动就是传者与受者之间相互追寻心理行为的互动，其互动表现形式呈综合性、多样性的特点，有潜在的、显型的、即时的、继时的、暂时的、长期的、静态的和动态的等。产生心理互动也是涡能增强的一个因素。

三是，情感互动。施玲在《广播电视节目主持人与受众的互动关系透视》一文中认为“情感互动是建立在认知的基础上的。”数字媒介广告由表现产品的外在特征和内在本质两部分组成，传者对认识、理解为思想互动，由数字媒介广告引发的心灵共鸣、震撼为情感互动。情感互动是数字互动媒介广告传播中涡能的原动力。

二、涡旋对数字媒介广告传播的构建

数字互动传播的竞争实质是发展受众的竞争，占领市场中的主流人群，让他们为商品进行互动宣传。使已经存在涡量流体团保持有旋性；本来无旋的流体团可能生成新的涡旋。于是在理想流体流动中可能存在有旋流动区和将有旋流动区的交界面，也就是说，在理想流体运动中涡旋具有明确的界面，因此容易辨认。在一般情况下，我们把被无旋理想流场或近似无旋流场包围的有旋流体团称为涡旋。根据以上流体力学中涡旋的理论着重从受众接收信息的角度来论述数字互动媒介传播过程中传者、受者的各自特征及它们之间的相互关系的构建。

---

① 秩名．网络空间、交往和身份认同［EB/OL］．http：//www.chinaue.com.

② 李颖帅．从美伊战争看“沉默的螺旋”理论的式微［EB/OL］．［2003-07-10］．传媒学术网．

1. 信息传播的拓扑性

分子黏性效应使涡旋在空间中扩散，使原来无旋的流场中生成涡量。并且随时间不断扩张，也就是说有旋流动的范围不断扩大。在数字互动媒介传播中信息的传播道理也同样是由于受众的互动信息随时间不断扩张使受众范围不断扩大。如果理想流体中有旋流体质集中在一个面上，涡量必沿该面的切线方向，这种理想的旋涡成为片涡（也称涡片）。片涡的影响仅在于传播的表面没有深层次的影响，相对于数字媒介广告来讲只是传达给受众信息没有与受众形成互动。在真实的黏性流体中由于分子扩散效应，实际的涡旋是具有一定涡量分布的有限体。在研究数字互动媒介广告时要将广告信息和广告受众圈定一个范围也就是一个限定的数字互动媒介环境空间之内，这样的传播涡旋才会达到传播效果既有广度又有深度的受众互动。在既有扩散又有迁移和生成的曲涡线情况下，扩散过程由于非线性的迁移以及生成耦合在一起而十分复杂。

一般来说信息生成项能使涡量聚集，扩散项使有旋区扩大。从数学形式上看生成项是非线性的，扩散项是线性的。数字互动媒介传播信息对受众的影响存在外加动机和内发动机。外加动机是指由接受者以外的重要人物提出来的接受动机，接受信息的目的存在于接受活动之外。内发动机是指由接受者本人自发产生的接受动机，接受信息的目的隐含在接受活动之中。在数字互动媒介传播中生成项接受的真正原动力来自接受者本身，因为就生成项接受的实质来说，它是以接受者为主体的一种独立的积极主动的接受活动，而不是受外来力量的驱使，在迫不得已的情况下进行的活动。

因此，内发动机的作用应该大于外加动机的作用，并居于一切动机作用的中心地位。外加动机也只有内化为受者的内发动机才能真正起作用。但事实上信息在对流（非线性）、扩散系统中，涡旋的生成和扩散是耦合在一起的，不能简单地分开讨论。本来这种信息的动机是一种看不见、摸不着、隐藏在人的内心深处的抽象意念和想法。表层动机往往是符合社会规划的，公众能够认同的，个体在明确承认后不会引来非议的接受信息的念头和意愿。深层动机是一种深藏不露、秘而不宣的或者是连受众本人也不清楚的接受倾向和意念。人们已在混合层中发现涡旋的合并和分裂，涡旋的合并和分裂使涡管的拓扑性质发生改变，而这种拓扑性质的改变是由扩散造成的。

在数字互动传播中，针对受众所处的文化层面进行有针对性的传播，使受众将注意力转入到理解阶段增加信息的拓扑性，反之如果受众抵触信息则说明广告传播产生注意力没有触动受众深层动机而不能支撑注意力成长。

2. 受众语言：涡旋中信息的传递

苏姗·朗格把人类的传播符号分为推理性符号（语言符号）和表象性符号（非语言符号）两大类。① 但是，语言并非万能的表达工具，它无法忠实地完成情感表现的任务。于是，服务于情感表现的另一种符号——即与推理性符号相对的表象性符号应运而生。在数字互动媒介传播中，传播者运用的是数字语言符号系统，这是数字互动媒介传播传受关系产生的基础。数字互动媒介传播语言符号系统也包括语言符号和非语言符号两大部分，但与人际传播中的符号系统相比有一些不同，因为在两种传播活动中感知的渠道不同。数字互动媒介传播中传播者与受众之间的互动是以数字语言为桥梁的间接交往。数字受众语言是数字互动媒介传播在现代传播科技支持下重返亲身传播的一种努力。

数字媒介环境空间互动是数字媒介传受关系的表现形态，在数字媒介传播的环境空间互

---

① 哈贝马斯．作为“意识形态”的技术和科学［M］．李黎，郭官义，译．上海：学林出版社，1999.

动中，传播者和受众是处于相同的时空之中的，受众通过数字互动媒介的信息传递空间，直接与数字互动媒介中人发生日常性的接触和交流。此外受众语言互动信息传播要注重扩充涡旋震撼力营造，数字互动媒介信息要与受众语言保持一致性，不断满足目标受众变化的需求，通过与受众语言的一致性让受众潜移默化地感知着广告主的精巧安排的传播方式，使广告传播成为一种社会力量，去打动人，震撼人。

3. 受众角色的双重互动性

“互动”是受传者之间信息往返的流动，是传受双方平等的沟通交流。互动意识是数字媒介实现互动的前提，是数字互动媒介广告传播构成的必不可少的重要元素。受众角色的双重互动性指在数字互动媒介广告传播过程中，受众即接受广告信息又传播广告信息。正如《传播学原理与应用》一书所指出：“传播不仅仅是传播者向受传播者传递信息的单向过程，而是具有信息交流的双向性传播者、受传者总是处在互动之中”。因此，“传播者中的受传者，在反馈信息时则是传播者。同理，传播中的传播者在反馈信息时则是受传者。”① 在数字互动媒介传播中受众的传播者和受传者的角色是互相转换其实是数字媒介信息文化接受者和传播者角色的转换。受众是数字互动传播关系的本质，受众的发展或者说受众的素质和能力的提高是广告传播发展的根本目的。传播者和受众的身份在数字互动媒介广告传播沟通当中进行互动和交换，受众在消费传播媒介的同时参与社会性的认知活动。

如苹果为 iPad 2 造势的广告活动中，就利用受众对乔布斯因病治疗暂时离开苹果的关注，猜测关于他还会不会回来的信息点，使更多人开始关注 iPad 2，参与到 iPad 2 的上市讨论中，了解 iPad 2 的各项优势。在广告信息的传播中起到了非常显著的传播效果。由此看出广告信息传播的市场指向不仅仅是媒介如何影响受众，而且还是受众对媒介如何反应。媒介与受众的接触界面取决于媒介是否与受众建立相互之间的认同关系，这就涉及一个媒介的市场定位问题。如果一则信息使受众接收都不行就更谈不上受众的再次传播了。所以在数字互动媒介广告传播过程中注意受众角色的双重互动性十分必要。

三、结语与展望

“涡旋控制模式”是个看似简单、实则复杂的问题，也是本文在数字互动媒介广告传播领域研究所要回答和明确的问题。它的复杂不在于研究问题的庞杂，而在于它的多学科交叉性所导致的研究视角的多维性，使得涡旋控制模式研究成为一个多维、多层次的复杂体系。

涡旋互动探讨的是媒介、环境、受众在数字互动广告传播中它们之间的相互关系。这其中媒介是一个大的平台，受众是涡旋的动能起到影响数字互动媒介广告信息传播空间的广度和时间的持久度的作用。如何将媒介、环境、受众三者的互动控制方式运用到数字互动媒介广告传播是今后要继续深层分析揭示的问题。

新的方法为数字互动媒介传播研究打开了一扇窗户，展现出一幅丰富的数字互动媒介传播研究地图，每一个立方体代表一个数字互动媒介传播研究领域，开发每一个未知的领域、在每一块空白上留下足迹，将这幅地图描绘得五彩斑斓，需要所有数字互动媒介传播研究者的共同努力。

【作者简介】

赵鹏，山东大学艺术学院，讲师，博士研究生。

江南，三峡大学艺术学院，讲师，博士研究生。

① 刘京林．大众传播心理学［M］．北京：北京广播学院出版社，1997．

新媒体环境下党报价值的回归

张金海　黎　明

广义上，党报泛指一切政党宣传纲领、路线和政策的工具，也称“政党报”。在大众媒体的发展史上，政党报是报纸的最初形态之一。① 作为本文研究对象的党报，专指中国共产党各级党委的机关报。作为党的新闻事业，党报与党休戚与共，是党的一部分。党报在当代中国的媒体中，不是一般意义上的社会环境监测者和守望者，而是党和政府的喉舌。

党报产生于革命斗争的需要，为舆论宣传而创。20 世纪 80 年代以来，在市场化报媒的冲击下，党报为应对市场化生存的挑战，又做出种种调整。在政治逻辑和市场逻辑之间上下求索，不乏成功者，但多数并不成功。21 世纪以来，数字传播技术的发展和以互联网为代表的新一代媒体崛起，全面改写了传媒格局和传播环境。媒体的发展有其自身的规律，而作为报纸媒体一种具体类型的党报在中国语境下又是如此特殊的存在。那么，面临所有媒体发展都无法绕行的新媒体环境，党报的现实生存和未来发展又该如何？

实际上，对党报而言，无论是市场逻辑还是政治逻辑，最终指向的是同样一件事情：对党报的媒体价值的追问。换言之，党报社会影响力和舆论导向力，以及经济利益的实现实际上都根植于党报与受众主体之间的价值关系之上。

价值是最高的哲学范畴之一，它表明世间一切事物，包括自然存在物和社会存在物，对于人和社会的“意义”。自然存在物是自恰，无论对主体是否具有“意义”，它都存在于自然规律的因果链条中。而对社会存在物来说，价值则是对其生存于世的根本理由的本质追问。作为哲学范畴的价值，是具有特定属性的客体对于主体需要的意义关系。价值存在于主客体关系之中，是客观性与主观性的统一。客体本身及其属性构成价值的客观基础，主体的需要则体现价值的主观尺度。

作为一种社会存在物，媒体的续存与发展同样需要生存的根据，或者说必须将自身作为客体，并在“主体—客体”的价值关系中对其他社会主体的需要具有意义。这种对媒体的生存理由的本质追问也就是“媒体价值”。“媒体价值”是具有特定属性的媒体对于受众主体需要的意义关系。媒体本身及其属性构成价值的客观基础，受众主体的需要则体现价值的主观尺度，即受众对媒体的价值评判和价值选择。作为社会主体的受众是媒体价值的决定者和主导者，媒体是否具有价值以及在多大程度上具有价值，取决于受众主体选择何种媒体来满足他们的相关需要。

媒介依赖论认为受众个人越依赖于通过使用媒介来满足需求，媒介在个人生活中所扮演的角色就越重要。就宏观的社会层面而言，依赖某种媒介的受众个体越多，这种媒介的影响

---

①　之所以提及广义的党报，是因为抛去意识形态和特定历史场等方面的不同，仅就作为政党的宣传工具这一点而言，西方无论是政党报纸时期还是当下由政党所掌控的“政党报”和当今中国特定语境下的“党报”具有某种类似性，其演进发展的逻辑可供参考。

力就越大，在社会中的角色就愈发重要。① 根据媒体依赖论的观点，受众对媒体存在三种类型的依赖：理解依赖（理解自我和社会）、定向依赖（指导行动与决策）和娱乐依赖。就媒体价值而言，这三种依赖关系实际上表明了受众对于媒体的需要类型和对于某种媒体是否能够满足其需要类型的价值判断和价值选择，以及具有不同媒体特性和价值属性的媒体对这些需要类型的满足。主客体两方面的结合让这种媒介依赖关系得以确定，并从“媒体—受众”的结构中界定了媒体的信息价值、娱乐价值以及社交价值。② 值得注意的是，媒体的信息价值实际上包含了两个方面，一个是政经、文体、娱乐新闻包括生活资讯等的信息提供，另一个是意见主导和舆论引导。

一、党报的传统价值生存

政党的观点斗争和宣传影响需要是党报产生和存在的前提条件，因此党报的传统生存无一不指向媒体的信息价值——更具体地说，是媒体的“意见主导和舆论引导”价值——而不是娱乐或社交价值。从世界范围报纸媒体发展来看，在发轫之初，政党报是最早兴起的报纸形态之一，其得以勃兴的原初价值正是舆论引导和意见整合。

与此类似，作为中国共产党各级党委的机关报，党报是“党的重要的宣传机关，党的喉舌”③，其最主要的任务是“以最快的速度传达中央的最新精神……抓住社会舆论的热点，发表有权威性的言论，以起到正确引导舆论的作用。”④ 从诞生之日起，其存立于世的根据便建立在和“自身属性-主体需要”之间“意见主导和舆论引导”的价值关系之上。

从媒体价值的客观向度来看，党报所具备的党委机关报，也即是党最主要的宣传和发声工具的价值属性是其媒体价值的客观基础，这些媒体价值属性正好与这一时代特定生存环境下中国共产党及革命统一战线的主体需要相契合。党报紧密配合各个时期的工作和斗争形势，向国内外及时传达党中央的路线、方针、政策，在国内革命战争、抗日战争、解放战争时期都发挥着极其重要的作用。因此，党报“舆论引导”和“意见主导”的传统价值生存是不言而喻的。

客观地说，党报的“舆论引导”和“意见主导”的传统价值是用一种直接的宣传方式来实现。在长期的宣传实践中，党报逐渐形成基本报道模式：以会议新闻和政要报道传递党和政府的最新动态，以理论文章和社论等方式阐述党的路线方针政策。另一方面，党报通过直接，甚至有点直白的宣传手段来实现其舆论引导的价值，是建立在革命战争的特定时代和特定地区的主体需要上，既具有必要性，同时也具有历史特定性。这种党报价值及其实现方式一直延续到新中国成立之后，党报无论是在宣传党的观点、团结群众以及批判错误的思潮等方面一如既往发挥着重大作用。

然而，“价值绝不是某种只存在于‘彼岸世界’的纯粹抽象的超验实在或本体，或者说，价值本身是现实世界的经验性存在，具有经验现实性。”⑤ 作为具有特定属性的媒体对于受众主体需要的意义关系，党报的媒体价值关系的建构有赖于处在特定的时空背景下的主体与客体。毋庸置疑，随着党和国家的重心由农村转向城市，由战争走向建设与发展，党报价值的主体向度，即人民群众的主体需要已经发生了改变。党内一些有识之士意识到这个问

① ［美］斯坦利·巴兰，丹尼斯·戴维斯．大众传播理论：基础、争鸣与未来［M］．曹书乐，译．北京：清华大学出版社，2004：315.

② 张咏华．一种独辟蹊径的大众传播效果理论：媒介系统依赖论评述［J］．新闻大学，1997（1）：29-33.

③ 穆青．穆青论新闻［M］．北京：新华出版社，2003：317.

④ 范敬宜．总编辑手记［M］．北京：人民日报出版社，1997：49.

⑤ 赖金良．关于价值哲学与价值科学的思考［J］．学术月刊，2006（9）：66.

题，也曾倡议和着手过党报的改革以适应新的国内外形势和人民群众的需要。但由于种种历史原因，党报的这种以宣传进行宣传，纯意识形态化的舆论引导一直延续到改革开放以前。

二、市场化报媒冲击下党报价值的扩张

20世纪80年代初以来，随着中国社会进入改革开放的新阶段，晚报和都市报开始兴起。由于党报通常是日报，晚报一直被视为其的补充。都市报一般创办于中心城市，以核心市区的各阶层市民为读者对象，以报道都市生活为特色。不管是晚报还是都市报，市场化媒体的核心价值都是立足于资讯提供，注重报道的趣味化、大众化、通俗化和实用化，以大量的社会新闻、体育新闻、文化新闻、娱乐新闻、文艺副刊以及有关日常生活的实用资讯，从而较之党报更好地满足受众主体多元化的信息需要。20世纪90年代以后，很多党报为了应对市场化报媒的挑战，或主动或被动地扩张其媒体价值：在保留其"舆论引导"和"意见主导"传统价值的基础上，增版扩容，以信息量的大幅度提升，将资讯提供纳入其媒体价值关系中。客观地说，市场化报媒冲击下党报的这种价值扩张并不乏成功者。其中佼佼者如《广州日报》。党报早期的对开4版，在政策、党政会议等党报必须完成的宣传报道之外，确实欠缺版面来进行资讯提供。《广州日报》多次扩版则为提高信息量、丰富资讯内容提供了条件。在保留自身作为党报的权威性、公信力等媒体价值属性，实现其"舆论引导"和"意见主导"价值的同时，大量提供社会文化、娱乐体育等新闻资讯以及与受众主体的日常生活工作密切相关的实用资讯。①

但《广州日报》以及《人民日报》、《南方日报》等少数几家增量改革式的价值扩张的党报的成功都有各自的特殊性，并不具备普适性和普遍性。除《广州日报》等少数几家外，实际上多数党报价值扩张的努力都并不像那么成功。这种不成功根本上是由于党报作为一种特殊的报纸，具有自身的政治目的，因而必须遵守特定的政治逻辑。换言之，"舆论引导"和"意见主导"是党报在任何情况下都必须坚守的核心价值，无论市场化还是非市场化，这一点都确定无疑。因此，党报的价值扩张有其自身的限制和底线。这也就是与市场化报媒相比，党报的独特的媒体价值属性。"资讯提供"的价值，对于市场化报媒而言是安身立命之本，而对于党报而言，则只是应对挑战而扩展出来的价值。由于媒体价值属性的种种限制，党报相对市场化报媒，在"资讯提供"价值这一点完全处于劣势。另一方面，在党报的优势和传统价值，即"舆论引导"与"意见主导"上，多数党报仍停留在传统的纯意识形态宣传的价值实现模式上，无法真正与处于改革开放以来日益发展的受众主体对可信度高、意见引导式、权威性信息的需要相对接。

这样，在"党报—受众"的主客体关系之间，扩展价值无法与市场化报媒竞争，传统生存的核心价值又跟不上特定历史条件下受众主体的新的需要。除成功的少数外，多数党报进退两难，裹足不前，无可避免的发生价值衰减，受众主体经由其价值评判，选择其他媒体来满足其对资讯、意见和舆论的信息需要，从而消解自身与党报之间的价值关系。

这在微观层面体现为读者群不断缩减，尤其是自愿订阅读者群的缩减。据中国记协2000年的一份调查，从征询读者自费订阅报纸的角度，列出包括党报在内的14类报纸，让读者来自愿进行选择，党报被排在第十位。读者在报刊上自愿选购所列出的14类报纸时，党报被排在第13位。从整体层面，则体现为发行量的持续下滑。调查显示，我国31家省级党报从1994年开始一路下滑，下降到28.66万份，比1993年减少2.09万份，降幅达6.8%。在1994—1999年这6年间，省级党报的平均发行量减少4.75万份，降幅达

① 王冰，范占英．访戴玉庆社长：掀起报业改革第三次浪潮［N］．中国新闻出版报，2007-9-14；朱春阳．《广州日报》两个10年：一份机关报营销理念的演变［J］．中国传媒科技，2003（10）．

16.57%。至2002年，这一数量更是跌至平均只有22.10万份。① 中央和地市级党报的情形也大抵如此。党报的发行量不仅从历时态看呈持续走低，与市场化报媒的同期发行量的横向对比同样形成鲜明对照。据世界报业协会2003年6月份公布的报告：《扬子晚报》发行165万份；《齐鲁晚报》发行85万份；《大河报》发行60万份；《钱江晚报》发行60万份；《楚天都市报》发行121万份。而这些市场化报媒所归属的党报《新华日报》、《大众日报》、《河南日报》、《浙江日报》、《湖北日报》的发行量均只在30万份左右。②

三、新媒体环境下党报的核心价值取向

21世纪以来，以互联网为代表的新一代媒体崛起。一方面，截然有别于传统媒体，基于数字技术和通信技术的网络媒体只有无数作为节点的计算机终端或者移动数字终端之间的相互连接，而不依赖于某一个特定的中心节点，而并不存在传统媒体中的“一个或一些专门负责提供内容的中心节点和专门接收这些内容以满足需要的其他节点”的二元结构。传统媒体的中心节点作为“受众—媒体”二元结构中垄断的信息生产者和提供者，受限于其载体、成本和时间等因素，网络媒体则提供“所有节点对所有节点、所有人对所有人”的框架和平台，让专业信息生产商、专业信息集成商以及非专业的机构和个人能够以多种形式、低成本甚至无成本地参与信息的生产和传播。就受众对媒体的价值判断和价值选择而言，网络媒体具有海量的免费信息、更多元化的信息源、更为主动的信息获取、更平等的横向交流。因此，较之传统报媒，网络媒体能更好地满足受众主体的信息需要（尤其是政经、社会、娱乐、生活等通用资讯）。无论承认与否，传统报媒的资讯提供的信息价值正向网络媒体转移。

另一方面，网络媒体基于数字技术的海量信息储存和传输以及“所有人对所有人”开放互动式体系，在提供海量的、多来源、多元化、互动式资讯的同时，也意味着信息的混杂、冗余、无序和离散。正如柯勒律治所言，“到处是水，却没有一滴水可喝。”通用资讯类信息的易得天然地包含着其反题主导意见类信息的稀缺。这是众声喧哗的网络媒体的一体两面。从媒体价值的角度看，网络媒体价值属性优势体现在能够更好地满足受众主体对丰富多元信息的需要，却同时意味着对受众主体可信度高、意见引导式、权威性信息的需要无能为力。

报纸媒体长期以来作为专门的信息生产社会组织和专业的信息传播者，恰恰拥有网络媒体所不具备的公信力、权威性、接近核心信息源等价值属性。这些价值属性，尤其是在党报身上体现得淋漓尽致。

党报作为各级党政机关的下属部门，最为接近甚至在某种程度上是垄断着党委、人大、政府、政协及各级党政部门等最重要的新闻信息源。很多情况下，党政部门对于重要事务的信息发布，规定只允许党报参与采访，其他媒体只能转载，甚至有些媒体连转载的资格都没有。因此，不同于社会、娱乐、文化、体育等通用资讯，第一手的关于党的方针政策以及关乎国计民生、具有深远社会影响的重大新闻的获取与传播并不可能为网络媒体乃至其他报媒所替代，为党报所独家掌握。

更重要的是，作为各级党委的机关报，党报具有“法定”地位，代表同级党委的立场和观点，这是其他市场化报媒如都市报无法比拟的天然的政治优势。上述重大新闻的权威发

---

① 数据来源：杨磊，孙业．我国省级党报的现状与走势——全国省级党报基本情况调查报告上［J］．新闻记者，2001（8）．

② 数据来源：王武录．关于党报的几个问题［EB/OL］．［2004-12-17］．http：//www.people.com.cn/GB/14677/22114/42004/42009/3062297.html.

布，除了有赖于对核心信息源的接近之外，更需要由政府信用带来党报的权威性和公信力，特别是有关政策文件的发布，重大国际交往和重大突发事件等重要信息的披露上。要了解党和政府的大政方针，往往将阅读党报作为首选。这就是党报的权威性和公信力所在。重大新闻和党政事务的权威发布不只是资讯的提供，其本身就蕴含着正本清源的“舆论引导”和“意见主导”的价值。不仅如此，党报的权威性和公信力还在于对时政新闻、经济新闻和权威政策解读、分析与评论。当受众面临复杂的社会现象，面临众说纷纭的意见疑惑不解时，都习惯在党报上寻找权威的意见。这正是党报“舆论引导”和“意见主导”的价值呈现。

中国传媒大学党报党刊研究中心课题组2006年9月采用配额抽样的方法，对分布在东、中、西部以及中央部委的100名阅读过党报的读者，进行问卷调查。数据表明，对于不同渠道发布的同类新闻，有61%的人更信任党报的消息来源；读者对目前党报表示满意（基本满意+比较满意+非常满意）的比例为73%。对党报满意程度最高的两个方面依次是：权威性与公信力。① 另据中国记协2001年“读者对不同渠道发布新闻的信任度调查”显示，55.1%的读者最信任党报。②

由于党报独特的媒体价值属性，如果仅就党报的生存发展而言，这种由新媒体所引起的环境改变在某种意义上是有利的。一方面，相对于网络媒体长于丰富多元的资讯提供、短于舆论引导和意见整合，党报所拥有的公信力、权威性、接近核心信息源等媒体特性在“资讯提供”和“意见主导”这两种媒体价值上的表现正好相反：党报就是以舆论引导和意见主导为专长的。被网络媒体无可挽回替代的丰富多元的通用资讯提供的价值，对党报而言，只是为应对市场化报媒挑战而扩展出来的价值，本就不是党报媒体价值属性的优势所在。因此这一块价值本身就可以让渡出来。这种价值的替代和转移，在党报那里实际上是未动根本的。甚至我们可以更进一步说，网络媒体对传统媒体资讯提供的价值的替代，在某种意义上，是对党报在资讯提供这一既非其擅长，又非其志趣，但因为市场化报媒的冲击不得已而为之的扩展价值上所存在弊端的消除。另一方面，在信息源单一、信息垄断的弊端为网络媒体的崛起而消除之后，党报上述公信力、权威性、接近核心信息源的优势价值属性开始凸显，成为满足受众主体在网络媒体背景下随着信息混杂和过剩加剧必然不断增加的对可信度高、意见引导式、权威性信息的需要的优势选择。

因此，在新媒体环境下，党报寻求生存发展的核心价值取向应该是在将其资讯提供的扩展价值让渡给网络媒体的基础上，强力回归到其赖以安身立命的核心价值，也就是指党报意见主导和舆论引导价值的回归。党报拥有的公信力、权威性、接近核心信息源等独特的价值特性，是党报实现价值强力回归的客观基础。就其媒体价值的主体向度而言，受众主体的需要是多元的，在新媒体多元信息混杂的环境下，对于社会文化、娱乐体育、生活服务等通用资讯的需要，已为新媒体以及其他媒体满足的同时，又凸显出新的需要，也就是对具有公信力的信息（尤其是在事关重大，却有众说纷纭的情况下）和权威性的新闻解读与舆论引导的需要。这样，媒体价值属性和受众主体的需要对接，构成了党报意见主导和舆论引导价值回归的现实基础。

更为重要的是，作为报纸媒体的一种具体类型，党报在中国语境下是如此特殊。它的创立和存在，具有一般媒体所不具备的与生俱来的政治逻辑和目的。从传播者的角度看，党报的“舆论引导”和“意见主导”价值从来就不只是简单的是否能实现的问题，而是必须实现的问题。如果说“舆论引导”和“意见主导”是党报得以产生和生存的传统价值，是市

① 数据来源：中国传媒大学党报党刊研究中心课题组．“人民共和国党报论坛”第三届（2006）年会综述［J］．现代传播，2006（6）：125.

② 数据来源：王武录．关于党报的几个问题［EB/OL］．［2004-12-17］．http：//www.people.com.cn/GB/14677/22114/42004/42009/3062297.html.

场化报媒冲击下党报作为党的宣传工具所必须坚守的核心价值，那么它更是新媒体环境下党报必须回归的价值。

【参考文献】

[1] [美] 斯坦利·巴兰，丹尼斯·戴维斯．大众传播理论：基础、争鸣与未来 [M]．曹书乐，译．北京：清华大学出版社，2004.

[2] 张咏华．一种独辟蹊径的大众传播效果理论：媒介系统依赖论评述 [J]．新闻大学，1997 (1).

[3] 穆青．穆青论新闻 [M]．北京：新华出版社，2003.

[4] 范敬宜．总编辑手记 [M]．北京：人民日报出版社，1997.

[5] 赖金良．关于价值哲学与价值科学的思考 [J]．学术月刊，2006 (9).

[6] 王冰，范占英．访戴玉庆社长：掀起报业改革第三次浪潮 [N]．中国新闻出版报，2007-09-14.

[7] 朱春阳．《广州日报》两个10年：一份机关报营销理念的演变 [J]．中国传媒科技，2003 (10).

[8] 杨磊，孙业．我国省级党报的现状与走势——全国省级党报基本情况调查报告(上)[J]．新闻记者，2001 (8).

[9] 中国传媒大学党报党刊研究中心课题组．"人民共和国党报论坛"第三届 (2006) 年会综述 [J]．现代传播，2006 (6).

[10] 王武录．关于党报的几个问题 [EB/OL]．[2004-12-17]．http：//www.people.com.cn/GB/14677/22114/42004/42009/3062297.html.

【作者简介】

张金海，武汉大学媒体发展研究中心主任，武汉大学新闻与传播学院教授、博士生导师。

黎明，武汉大学新闻与传播学院、武汉大学媒体发展研究中心2009级博士研究生。

城市媒介群落的“入侵种”
——区域性报纸地方版发展策略思考

张艳红　陈桂婷

现代城市为媒介群落的形成提供了理想的条件。与乡村空间相比，城市空间在媒介总量、媒介“物种”的丰富度和密度方面都有很大提高，媒介群落有更强的多样性和生命力；与社区空间相比，城市媒介群落的层次性丰富得多，有着较为复杂的结构，能够更为充分地利用物质、能量和信息条件；与古代城市相比，伴随着媒介载体的革新和传播技术的不断进步，传播的速度更快，传播的延续性和持久性更强，现代城市传播形态已大大超越了过去以人际传播为主的传统，从而使得媒介存在于群落中的稳定性大大增强了。现代城市因其对大众传播的旺盛需求和工具性依赖，令各种媒介都“如鱼得水”，形成了理想的媒介群落。

一、区域性报纸地方版：城市媒介群落的“入侵种”

所谓区域性报纸地方版，是指区域性的报纸把服务的范围定在一定地区内，以本地市民为主要读者群，以本地发生的事件为主要报道内容的报纸。“区域性报纸创办地方版一般有两种形式，一是创办地方新闻版，指区域性报纸向外扩张过程中，在主报上设置地方版面，用于刊登地市新闻；二是创办子报，随主报在一定范围内发行，用于弥补主报地方新闻信息的不足。”①

首先，区域性报纸覆盖了众多城市和乡村，在传播广度和主流影响力上具有绝对优势，为什么会成为“入侵种”，以“地方版”的姿态挤进原本波澜不惊的城市媒介群落，力图在城市里“生根发芽”呢？这首先是由报纸追求经济效益的性质决定的。在现代社会，报纸已经是一种具有强烈社会功能的商品，而商品的本质特性就在于它具有使用价值。“报纸的使用价值就是指通过信息交流和舆论宣传服务于读者，即实现报纸的有用性，这就是社会效益。”② 报纸具有的传播效能，通过出售广告版面的形式，与广告商实现交换价值。为了更好地吸收各个城市的广告商资源，实现其经济效益，区域性报纸不惜放下身段，扎根城市。

其次，这是由各地方的文化背景存在的差异性所决定。不同地方的文化风俗背景导致不同的受众，从而引起受众分化。“受众的分化形成了许多受传者群落的‘碎片’，传播致效的一个基本前提，就是必须重视每一个细分的个性化族群的特征，以及每一位单一消费者的个性和心理需求。一个能深刻地把握这一阶段性特征的传播者必然会看到这样一种碎片化之下的真正社会涵义，这就是在‘分众’背后新的‘聚众’的需求。”③ 重视“聚众”往往会提升受众主体地位，导致受众自我意识的认同感加强，当然，这种认同感是由一定区域内的共同文化背景下形成的。尽管受众会根据自己的教育程度、收入状况、工作等个人因素组成

---

① 李炳庠，韩自贤．根有多深，竞争力就有多强——省级都市报创办地方版的探索与思考［J］．采．编．写，2005（4）．

② 杨耕耘，熊唤军．报纸区域化发展态势初探［J］．新闻前哨，2005（9）．

③ 喻国明．“U化战略”——纸媒生存的大趋势［J］．新闻战线，2007（2）．

相对独立的小群体，但同一文化背景往往会导致选择的趋同性。为了寻求“分众”和“聚众”最大限度的平衡，区域性报纸地方版应运而生。

最后，区域性报纸地方版的出现是为了弥补与地方市民贴近性不足的缺陷。区域性报纸面对的是一定的区域，比如广东省、华南地区等，以整个区域内的读者为目标受众，尽管传播广度有很强的优势效应，但与各个城市市民的贴近性就存在明显的不足，在传播深度上也有着先天的局限。区域性报纸越是强调新闻资讯的共享，则越需要舍弃地方实用信息，造成城市资讯过少、可读性降低、读者依赖性降低的不良影响。创立地方版恰恰能够弥补这种缺陷，与当地的市民更加贴近。

区域性报纸地方版“入侵”城市媒介群落会引发一系列问题，尤其是侵占了本土城市媒介生存发展的生态资源，可能会造成一些生态损失，破坏原有城市媒介生态的自然性和完整性。在传媒行业高度市场化的体制内，甚至可能出现“入侵种”彻底击垮原有媒介物种的现象，从而危害城市媒介群落的多样性，并最终波及媒介生态的健康发展。然而更多的情况是，区域性报纸地方版“入侵”后与原有城市媒介竞争共存，有的发展成这个城市媒介群落中的“优势种”，有的成为群落中的“常见种”，有的则始终是“稀有种”。

二、“入侵种”的竞争优势与生存劣势

东莞是一座位于珠三角地区的新兴工业城市，位于广州和深圳的中间地带，是穗港经济沿线的重要枢纽。2002 年以来，不少区域性报纸逐渐落户东莞或者开设了东莞专版，抢占东莞的新闻和广告市场，其中比较重要的具有东莞版的区域性报纸有：《南方都市报》、《信息时报》、《新快报》、《广州日报》以及《南方日报》。下面的表 1 对这几家报纸及其东莞版的开设进行简要的介绍。

表 1　　报纸的东莞版概况

报纸名称	创刊时间	东莞版创办时间	有无东莞办事处	受众定位	其他地方版分类
南方都市报	1997 年	2002 年	有	精英阶层、年轻人	佛山、珠海、深圳、广州
信息时报	1985 年	2003 年	无	高收入者	广州、佛山
新快报	1998 年	2002 年	有	白领阶层	中山、佛山、珠海、广州
广州日报	1952 年	2002 年	有	一般市民，外来人口	佛山、江门、顺德、广州、三水
南方日报	1949 年	2003 年	有	行政人员、商人、专业人士	广州、佛山、深圳、江门

1. 竞争优势

首先，地方经济的崛起为地方版的创立提供了经济基础。“对于向外扩张的报纸来说，能否争取到一定规模的读者群和广告客户，找到新的利润增长点，无疑是其创办地方版的首选目标。”① 区域性报纸建立地方版的地方都是一些经济比较发达的地区，这些地区市场潜力大，市民文化层次、阅报积极性都比较高，而当地也存在报纸行业进一步发展的空间。

其次，区域性报纸的地方版具有较强的舆论监督力。相对地方党报《东莞日报》来说，区域性报纸就等同外地报纸，无须承担东莞市委、市政府的指令性的宣传责任和报道任务，

① 黄俊华．区域化竞争中的都市报地方版现象［J］．新闻前哨，2005（12）．

相较于地方新闻，更具备“旁观者清”的条件，能够按照新闻规律去采访、选编稿件，还可以刊登当地报纸不会登、无法登甚至根本不能登的新闻，从而形成一定的报道强势。

最后，报纸本身的人才储备、办报经验以及集团的支持为创办地方版提供保障。区域性报纸经过几十年的发展，积累了大量成熟和正在走向成熟的办报人才，他们具备丰富的办报经验，有较高的把握舆论导向的能力，加上集团雄厚的物力支持以及集团信息的广泛与通畅，所有这些都为地方版的创建提供了基本的保障。

2. 生存劣势

尽管存在上述竞争优势，但是由于现行体制的局限，以及地方版自身发展定位等多种因素影响，区域性报纸东莞版的生存和发展还面临着不少困难和挑战。

首先，区域性报纸发展地方版受到地方保护主义的遏制。“长期以来，我国报刊的活动都是按国家行政系统组织进行的，即所谓“归口管理”。任何跨地区、跨部门、跨组织的行为，都是对主管单位管辖权的侵犯，他们都会想方设法地阻止其发展，使它夭折。”①

其次，本地化不足带来了困扰。一般来说，报纸能否有更多的人去关注，很大程度上取决于是否贴近读者的生活，正是这种贴近性，使作为外来者的报纸面临着这样一种困境：“当地新闻太少，难以吸引读者；当地新闻太多，又会冲击报纸原有的版面结构和版面设置，成为毫无风格的‘四不像’。”② 为了保持原来的版面结构，只能不断增加版面，但是这样做又会增加报纸的成本。

最后，东莞报业的成长也给其发展带来挑战。区域性报纸之所以创办东莞版，除了利用自己的市场办报经验外，更多的是利用东莞报业市场的不成熟的现状。但是，随着东莞报业的不断发展，特别是《东莞时报》(东莞第一份本土都市报）的出现，给它们带来了很大的危机感。

三、《南方都市报·东莞版》的群落竞争策略

我们试以《南方都市报·东莞版》为例，对区域性报纸在“入侵”地方后的生存、发展境遇和群落竞争策略进行描述和分析。《南方都市报》创刊于1997年，以“办中国最好的报纸”为办报宗旨，是在国内新闻界具有较大影响力的媒体。2002年，《南方都市报》在东莞建立记者分站。2002年4月12日，《南方都市报·东莞杂志》的正式发行标志着《南方都市报·东莞版》的正式出版。

1. 积极改版，迎战“入侵”困境

从2002年到2009年的七年中，《南方都市报·东莞版》共经历了九次改版，容量不断扩大，出版频率从每周一天逐渐增加到每周五天，内容逐渐多元化、年轻化，新闻逐渐贴近市民，信息逐渐专业化，其不断发展的版块定位从某种程度上凸显了区域强势媒体作为“入侵种”的无奈。

在《南方都市报·东莞版》历次改版中，本土民生新闻的存废问题十分引人关注。从最初的单纯服务信息到2003年5月初设新闻版块，其后经历了两次新闻版块的“被取消”(2005年7月和2007年9月）和“被恢复”(2007年4月和2008年3月），并于2008年9月完成了新闻与服务信息的整合。我们认为，本土民生新闻版块“被取消”的思路是“大盘

① 黄俊华．区域化竞争中的都市报地方版现象［J］．新闻前哨，2005（12）．

② 周庆文．媒体政策坚冰初破　异地办报提上日程［EB/OL］．［2009-03-21］．http：//news.xinhuanet.com/newmedia/2003-10/29/content_1149247_1.htm.

考虑，服务地方”，把“大都市”视为安身立命的根本性优势，以“主流”的面貌称雄于市场，凸显南方报业“高度决定影响力”的“侠骨”；反之，本土民生新闻版块“被恢复”的思路是“新闻立报，扎根地方”，把“小城市”视为媒介发展的实质性动力，以“本土”的面貌取悦于市民，展现地方版全心全意贴近市民的“柔情”。在不同的经济形势和城市化背景下，两种思路均得到了充分的实践：既有民生新闻被服务广告（以地产、汽车消费为主）绝对压倒的极衰时期（2005 年 7 月），也有民生新闻全面崛起的极盛时期（2008 年 3 月）。区域性报纸对城市角色的反复思考引致其改版决策的反复变化，这恰恰反映了它们“上天不得，落地不能”的生存困境，也折射出“入侵种”在改变自身、力求适应城市媒介群落这一过程中所经历的挫折遭遇。

2. 优化办报策略，适应“入侵”需求

《南方都市报·东莞版》承袭了《南方都市报》及南方报系的良好传统，同时也在主动积极的“入侵”实战中形成了有区域色彩的办报特点。其办报策略反映在以下几个方面：

第一是办报方针。《南方都市报·东莞版》以传播消息，提供资讯，主打经济，引导消费，服务生活为办报方针。具体来说，在报道上，《南方都市报·东莞版》不但注意反映市民生活，服务市民需要，还强调介入和引导市民生活，为市民当好参谋，是一份典型的“市民报”。根据我们的文献分析，其民生新闻数量占其新闻总量约 80%。这种定位在 2002 年东莞的城市媒介群落中是独一无二的，引领并改变了受众的信息接受心理，树立了稳固的行业先锋地位。因此，尽管后来多家区域性报纸推出的东莞版均以民生为口号，《东莞时报》(倡导民生的本土报纸）和《今日莞事》(电视民生节目）也相继出现，然而《南方都市报》的“市民报”地位始终没有被撼动。

第二是内容制作。《南方都市报·东莞版》关于报纸内容定位的考察，与城市化背景下的受众需求是紧密相关的，甚至成为催生消费需求的推动力。如果说现阶段人们读报纸的主要目的（及其反映的主要需求）可以用“解闷”、“解气”和“解惑”来概括①，那么基于这样一种城市居民收受需求结构，目前《南方都市报·东莞版》是由两部分组成的，一部分是“东莞读本”(以民生新闻和评论为主)，一部分是“东莞杂志”(以消费服务信息为主，重点为房地产、汽车、旅游、餐饮及其他消费)，报道内容上至国家政策方针、民生社稷，下至百姓衣食住行、家长里短，较为充分地满足了不同受众的不同需求。

第三是编辑思想。《南方都市报·东莞版》的编辑思想是恪守新闻道德，遵循新闻规律，注重新闻价值，讲究新闻方法。总体而言，该报十分重视新闻报道的尺度把握问题。从宏观来说，《南方都市报·东莞版》对所有的批评报道或者所谓的敏感题材把握上，都立足于推进整个社会能够健康、稳定、公平地向前发展。具体来说，则重视新闻事实的准确和新闻态度的客观，从而保证了对新闻道德和新闻规律的把握。为了凸显新闻价值，《南方都市报·东莞版》重视本土民生题材的挖掘，视角新鲜，注重新闻价值；在重大事件的报道上则注重提炼主题，剖析机理，形成了既便于目标受众阅读理解，也具有一定思辨色彩的报道风格。此外，编读互动是《南方都市报·东莞版》最具竞争力的内容之一。无论是国家大事，还是市井民生，读者都可以发表有价值的评论，形成了一种“公民写作”的言论气势，使其逐渐成为南方舆论的重要阵地。

第四是市场定位。《南方都市报·东莞版》的市场定位与其母报《南方都市报》的定位是一致的，以广东省富裕地区的精英阶层、年轻人群为主要目标受众。其服务信息多数融会于时尚潮流、旅游休闲、娱乐先锋等版面，满足了东莞等地的城市人口年龄构成需求（城市人口平均年龄较低，集中于约 25 ~ 35 岁的青壮年劳动年龄段）。为了吸引这部分受众中精

① 喻国明．报纸的定位：大众传播网络的结构性考察［J］．新闻战线，2000（7）．

英阶层的关注，该报以专栏社论为强项，重视争取城市精英阶层的关注和支持。其社论多由评论员执笔，开设了众多知名“智库”的专栏，广泛征求专家学者的专业性意见，具有很强的理论高度和专业水平。2008 年 9 月改版以后，经济版开始对本土城市的企业、行业、产业进行具有相当水准的调查报道和形象塑造，由此也可以看出其对精英阶层有目标的贴近。

3. 专注品牌化和本土化，凸显群落竞争策略

《南方都市报》在东莞建立分站后，在新闻内容品质建设的基础上进行了一定的品牌推广。最初建立品牌的认知度主要是通过广告来实现的。《南方都市报》选用电视、公交车站、电梯等媒介发布广告，形式多为普通市民对其做出热情而正面的评价，给读者亲切的印象，从而提高认可度。其次，《南方都市报》还着力建立读者对品牌的偏好度。为使对该报具备一定认知度的读者进一步对报纸产生好的印象和感觉，《南方都市报》东莞站通过各种途径（如公益活动和营销推广活动）建立自己的正面形象，使目标对象对自己产生偏好。例如在 2009 年 2 月 28 日、29 日，《南方都市报》与东莞市交通局联合举办了“文明东莞 · 公交体验”大型公益活动，通过与东莞小学生一起乘坐公交车的行动，支持“绿色出行”，支持东莞创建文明城市。该活动的开展，不仅有利于增强市民对该报的认可程度，也使媒体与相关政府部门的联系更为密切，有助于得到地方政府的理解和支持。

为了保持一种持久的正面形象或肯定性评价，《南方都市报》把日常新闻报道视为最好的形象塑造工具。作为一份级别更高、视野更为广阔的“外来报纸”，《南方都市报》所受的束缚相对较少，能够以舆论监督为己任，大胆辛辣地揭露社会的阴暗面。与目前东莞市场上的其他报纸相比，《南方都市报》的东莞新闻基本具备了这种独特性，因为它并不满足于仅向公众提供危机事件零散的信息，还随着事态的进展做出自己的评价。尤其是每当发生一些社会民生的重大事件时，都有大新闻大独家，深入浅出地剖析事情的来龙去脉。在关注民生民意的同时对社会进程中边缘的焦虑和思考很重视，大胆地接触和报道现实问题，敏锐捕捉社会焦点和潮流。这是值得同类报纸学习的。如 2008 年 4 月 28 日，《南方都市报》发现并系列报道了凉山童工事件，引起了社会广泛关注，最终由广东省劳动与社会保障厅督办，东莞市劳动监察大队负责协调解决问题，将来自凉山的孩子解救了出来。在东莞，来自《南方都市报》的声音和观点常常令人们印象深刻以至反思社会，令城市管理者发现问题以至被督促解决问题，最终参与和推动了城市的进步。

在城市媒介群落中，为了从“入侵种”转化成能够游刃有余的“优势种”，并进而转变为有能力影响全局的“本土优势种”，《南方都市报 · 东莞版》在本土化方面做出了许多努力，也抓住了不少机遇。2006 年，东莞进入城市化经济社会双转型时期。这是东莞在经历了环境严重污染、产能过剩、“民工荒”、治安乱等“城市病”之后痛定思痛的自觉行为。2008 年，谋求转型的东莞尚未进入真正的实践期，一场猝不及防的金融危机席卷了全球，产业结构低下的东莞成为中国境内受此影响最严重的“灾区”。在主动转型动力和被动升级压力的内外驱动下，城市发展进入诸多潜在矛盾日益凸显的关键时期，政府作为公共管理者也时时处于矛盾的风口浪尖，亟待媒体作为“第四权力”发挥其舆论监督和社会协调功能。《南方都市报 · 东莞版》化挑战为机遇，积极报道有重大社会意义和现实意义的城市命题，在客观真实反映各方矛盾争端的同时较好地把握了舆论导向，得到了受众和政府的肯定和支持，形成了更为调和的生存发展环境。

四、针对区域性报纸地方版发展策略的建议

区域性报纸“入侵”地方是我国快速城市化进程中出现的颇有意思的现象。这种“入

侵”行为冲破了一定的地域、政策、体制和文化的局限，打乱了原有的城市媒介群落格局。经过一段时间的适应、调整、竞争之后，有的区域性报纸地方版生存了下来，有的甚至成为融入本土群落的优势媒体，还有的则因种种原因黯然退出城市媒介市场。尽管在中国著名的三大城市带（珠三角、长三角、京津），区域性报纸的发展已经产生了一些经验和教训，但在中国大多数城市化仍处于早期阶段的地区，区域性报纸及其地方版的创办和发展仍有待于观察和研究。我们对区域性报纸地方版的发展策略有如下建议：

第一，做好进入本地市场的前期准备，主要包括做好市场调查、进行市场定位以及找出本地市民的新闻空间需求。做好市场调查主要是充分研究竞争对手，研究读者如何看待它们，找出它们的特点和优势，这个地方还存在的新闻空间和发展机会。然后在进入市场前一定要明确报纸的市场定位，因为它几乎决定了媒体的生存和推广的效果。最后就是要找出这些有效读者群的新闻空间需求。时代飞速发展，新事物、新思想、新现象纷纷涌现，在人们的工作和生活中也出现了许多焦点、难点、盲点，新的新闻空间也层出不穷。报纸要找出这些新的新闻空间，并且尽可能地满足受众的需求。这也是加强本土化的一个方面。

第二，进入本地市场后要保证高质量报纸的发行。报纸的质量很大程度上是由新闻稿件的质量决定的，而新闻是否有价值以及价值的大小对新闻稿件的质量也有很大的影响。判断新闻价值的大小，可以它是否具有真实性、鲜活性、显著性和趣味性这几个特性中的两个以上，一般情况下，一条新闻，只要具备两个特性，便有了新闻价值，而如果同时具有的特性越多，新闻价值就越大。因此，要求新闻从业人员具有敏锐的新闻感，懂得从细节中找到新闻，从偶然中发现新闻。在保证了新闻价值的基础上，还要尽可能地彰显新闻报道风格的独特性，形成具有竞争力和影响力的舆论强势。

第三，重视版面设计对受众的影响。区域性报纸在报道范围方面既涉及国际、国内、区域内新闻，还有大量的本土城市新闻，以至社区新闻，内容庞杂。良好、稳定的版面设计能够在心理上稳定受众的阅读习惯，使之形成对报纸的版面依赖感，因此版面的规划和编排必须引起足够的重视。具体而言，版面安排方面可采取板块化理念，突出图片，从而形成视觉冲击力。版面设计上要图文并茂，美观大方，朴素实在。要坚持形式与内容紧密配合，努力突出内容，做到既尽情渲染，又不喧宾夺主、哗众取宠，让人看后感到赏心悦目、舒服愉快。

第四，要处理好广告、服务类信息与新闻的关系。在现代社会，读者对广告和服务类信息的需要程度大大增加，良好的消费信息服务不仅能为报方带来经济效益，也能够服务读者。然而，有的区域性报纸地方版或迫于生存压力，或盲目追求经济利益，在新闻版面不加筛选地刊登形形色色的消费广告，削弱了其“区域大报”的公信力优势，也无法建立起受众代言者的民生形象。因此，应从方便读者阅读、尊重读者选择权的角度对广告和服务类信息进行归类，合理安排版面，注意报纸广告、服务类信息与新闻之间的相互呼应，不要让读者在广告中找新闻，更不要因为广告而对新闻报道产生负面影响。

第五，增强市民的参与性。具体来说，可以让市民参与办报，提供新闻线索，反馈办报意见；让记者介入生活，干预生活，揭露社会的不良现象，实行舆论监督，帮助老百姓解决实际问题。此外还可以建立大众评报制度，让市民通过新闻热线、电子邮件、信函等方式，对新闻报道的内容、版面的安排、图片的设计等方面进行意见的反馈。对于区域性报纸地方版而言，贴近市民就是融入本土城市的最关键的法宝。

第六，要根据合理流程进行品牌推广。品牌推广不仅仅是创刊初期的广告投放，而是与报纸的生存和发展紧密相随的一项长期工程。区域性报纸地方版首先要有鲜明独特的品牌定位，全方位地对品牌形象进行建设和完善，进而才能在明确目标读者群的基础上，进行有的放矢的推广。这个推广的过程可借助一定外力（如平面广告、电视广告等），但更多地应植根于自身的内在耕耘（如保证报纸的质量、积极开展公关活动、塑造良好的社会形象、提升报纸市场竞争力等）。

【作者简介】

张艳红，武汉大学新闻与传播学院博士研究生，东莞理工学院文学院讲师。
陈桂婷，东莞理工学院广播电视新闻学专业毕业生。

吉林省报纸广告产业集中度、市场份额及收入分配的粗略分析：基于媒体视角

高红阳　杨　柳

一、吉林省报业集团与报纸广告现状概述

据《吉林年鉴》统计，目前吉林省共有报纸78种，总印数9.5亿份，总印张20.47亿。其中，综合性报纸47种，专业性报纸31种，省级报纸35种。2009全年全省14家主要报纸的广告收入近4亿元。①

目前吉林省主要的报业集团有吉林出版集团、吉林日报报业集团和长春日报报业集团。2003年12月12日，经中宣部、新闻出版总署批准，吉林出版集团成立。它是全国出版体制改革的试点单位之一，实行母子公司体制。母公司为吉林出版集团有限责任公司，拥有出版权。虽然成立时间比较晚，但是经过几年的发展，已经在发行、覆盖众多领域上占据了第一的位置，是吉林省报纸行业的后起之秀。吉林日报报业集团是经国家新闻出版署批准，以《吉林日报》为龙头组建的全民事业法人单位，是吉林省第一家报业集团，现辖9报1刊1网，构成了可观的报刊系列。《长春日报》是长春市委机关报，创刊于1945年。1999年12月16日，在《长春日报》的基础上成立了长春日报报业集团，下辖5种报纸和多个经营实体。《长春日报》、《长春晚报》、《长春商报》、《影视图书周报》、《求知时报》，形成了具有强大竞争实力的报业结构。《长春日报》成为集团的龙头报纸，带动着其他3报1刊蓬勃发展。

据吉林省工商行政管理局广告监管处数据，2008年吉林省广告业经营总额达18.8亿元，与2007年相比增长了1.1%左右。报纸广告产业是广告产业的重要组成部分。作为四大传统媒体之一的报纸广告，经营额不但持续增长，而且在全省广告经营总额中所占的比例也节节攀升（见图1）。吉林省经济的不断发展上升，带动吉林省广告业发展水平不断提高。

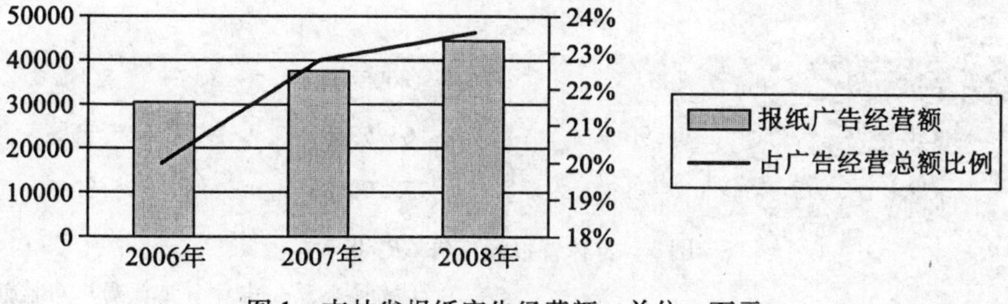

图1　吉林省报纸广告经营额　单位：万元

（数据来源：吉林省工商局广告监管处）

① 2009吉林省统计年鉴［R］.

吉林省报纸广告经营额与吉林省 GDP 总值呈高度正相关（见图 2）。因此针对吉林省报纸广告市场的研究，不仅有利于了解和规范市场竞争行为，促进市场持续健康的发展，增加报纸广告经营额，更有利于推动吉林省乃至全国报纸广告业的发展，从而促进经济的发展。

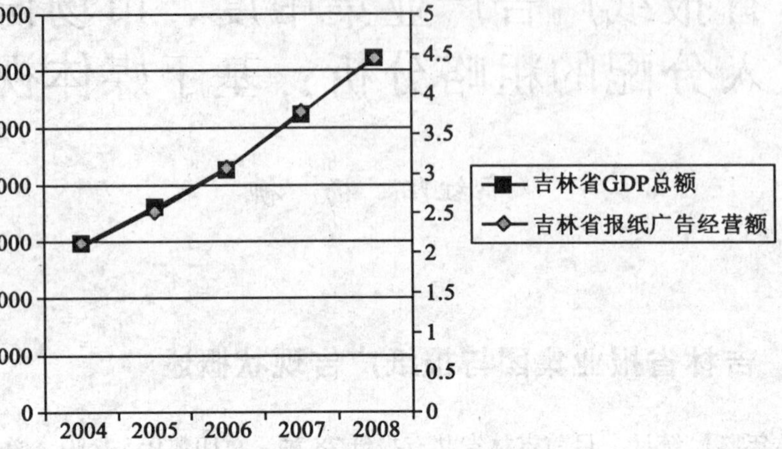

图 2　吉林省报纸广告经营额与 GDP 相关度　单位：亿元

（数据来源：中国统计年鉴）

二、吉林省报纸广告产业市场结构分析

1. 吉林省报纸广告产业的绝对集中度

产业集中度一般以产业内最大前 n 位企业（通常取前 4 位或前 8 位）的有关指标（产量、销售额、资产额、增加值、职工人数）占整个市场或行业的份额表示，是一种绝对衡量指标。一般来说，市场的集中度越高，该市场的垄断程度就越高。其计算公式为：

$$CR_n = \sum_{i=1}^{n} \left(X_i / \sum_{i=1}^{m} X_i \right)$$

我们同样可以借用 CR_n 指数来反映报纸广告产业的市场集中度情况。先假设市场中有 m 家企业，式中 n 的取值应视研究需要确定，通常取 $n=4$ 或 $n=8$。一般说来，CR_n 越大意味着前 n 位企业对市场的操纵能力越强。在本文研究中因数据获取的原因，我们暂分别取规模处于前 4 位和前 6 位企业的报纸广告经营额来计算吉林省报纸广告产业市场的集中度，如图 3 所示。

CR_n	2007 年	2008 年	平均
CR_4	68.90%	64.59%	65.75%
CR_6	77.73%	72.90%	75.32%

图 3　吉林省报纸广告 CR_n 指数

（数据来源：吉林省工商局广告监管处）

对照贝恩创立的分类标准（见表 1）来评判 CR_n 指数所决定的市场结构，可知吉林省报纸广告产业市场属于高集中寡占型市场。介于完全竞争与完全垄断之间的寡占市场的显著特征是市场中只有一个以上的少数几个企业，每个企业在市场中都具有举足轻重的地位，都对市场具有相当的影响力。任何一家企业进行决策时，都必须把竞争者的反应考虑在内，因而市场内所有企业都既不是产品价格的制定者，更不是价格的接受者，而是价格的寻求者。由于寡头企业在规模、资金、信誉、市场等方面已然形成的优势，导致该市场经常存在很高的进退壁垒。目前位列吉林省报纸广告经营额前四位的报纸分别为《新文化报》、《城市晚报》、《长春晚报》和《东亚经贸新闻》①，分别隶属于吉林出版集团、吉林日报报业集团和长春日报报业集团，三大报业集团实力不相上下且相互牵制，呈三寡头垄断竞争的局面。

表1 **贝恩提出的市场竞争结构标准对照表**

市场类型	市场集中度		该产业的企业总数
	CR_4（%）	CR_6（%）	
极高寡占型	75 以上		1~40 家
高集中寡占型	65~75	85 以上	20~100 家
中（上）几种寡占型	50~65	75~85	企业数较多
中（下）几种寡占型	35~50	45~75	企业数很多
低集中寡占型	30~35	40~45	企业数很多
原子型（即竞争型）	30 以下	40 以下	企业数极多，不存在集中现象

2. 吉林省报纸广告产业的洛伦兹曲线

洛伦兹曲线（Lorenz curve）最初用于收入分配研究，是指在一个总体（国家、地区）内，以“最贫穷的人口计算起一直到最富有人口”的人口百分比与对应各个人口百分比的收入百分比的点组成的曲线，该曲线作为一个总结收入和财富分配信息的便利图形方法得到广泛应用。洛伦兹曲线后作为一种相对集中度指标，移用于产业经济学中市场集中度的分析，以反映产业内企业规模分布的不均匀程度，表明市场占有率与市场中由小企业到大企业的累计百分比之间的关系。我们同样可以借用洛伦兹曲线来反映吉林省报纸广告产业市场中，市场占有率与企业收入的分配关系。

根据《2009 吉林省报纸行业年鉴》数据，我们可以大致推算出吉林省报纸广告产业的洛伦兹曲线。纵轴代表市场占有份额百分比，将之分为五等份，每一份分别代表 20% 的市场占用率。横轴则将吉林省 78 家报纸广告经营额从左向右依次排列并分为五等份，第一个等份代表广告经营额最低的 20 家报纸。在坐标中，将每 20% 等份的报纸所拥有的市场份额百分比累计起来，得到相应的坐标点并在坐标中一一对应描点，然后用平滑的曲线将描得的点连接起来，便得到吉林省报纸广告产业的洛伦兹曲线，如图 4 所示。

图 4 中从坐标原点出发的对角线代表每任一企业经营额百分比均等于其市场占有百分比，即企业的市场占有与其收入分配是完全平等的，洛伦兹曲线此时表现为通过原点的 45°线，是市场份额分配的绝对平等线，而这在现实中一般是不存在的。与此相反，另一个极端的特殊情形是所有收入都集中于一个企业，而其余企业均一无所获，此时市场收入分配完全不平等，洛伦兹曲线也表现为通过对角线两个端点的特殊的折线。一般来说，一个产业的市场份额与收入分配之间的关系既不会是完全不平等，也不会是完全平等，而是介于两者之间，所以相应的洛伦兹曲线，既不是对角线，也不是折线，而是像图中所示介于两曲线之间的向横轴突出的弧线。洛伦兹曲线的弯曲程度有重要意义，它反映了市场份额分配的不平等

① 吉林省工商局广告监管处数据［R］.

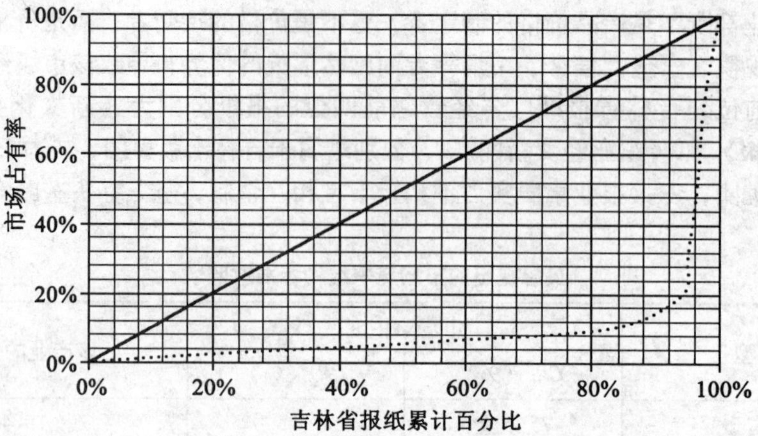

图 4　吉林省报纸广告市场洛伦兹曲线

（数据来源：2009 吉林省报纸行业年鉴）

程度。弯曲程度越大，市场份额分配越不平等，反之亦然。

通过洛伦兹曲线形状，可以直观地看到吉林省报纸广告产业市场集中度与收入分配的一般状况。图 4 中，吉林省报纸广告产业的洛伦兹曲线与绝对均等线距离很远，二者相交构成的图形近似于直角三角形且弯曲程度趋向于 90°，18% 的报纸占据着吉林省报纸广告产业 90% 的市场份额，而其余多达 82% 的报纸则只集中在 10% 的市场经营空间中①。显然，吉林省报纸广告产业市场绝大部分份额是为少数几家报纸所有，产业内部发展较不均衡。

3. 吉林省报纸广告产业的基尼系数

基尼系数（Gini Coefficient）是 20 世纪初意大利经济学家基尼在洛伦兹曲线基础上定义的综合考察居民内部收入分配差异状况，以此判断收入分配公平程度的一个重要分析指标。设洛伦兹曲线和收入分配绝对平等曲线之间的面积为 A，洛伦兹曲线右下方的面积为 B，并用 A 除以 $A+B$ 的和，计算所得的商即为基尼系数，也称洛伦兹系数。基尼系数最大为 1，最小等于 0。前者表示居民之间的收入分配绝对不平均，即 100% 的收入被一个单位的人全部占有了；而后者则表示居民之间的收入分配绝对平均，即人与人之间收入完全平等，没有任何差异。但这两种情况都是理论上的绝对化形式，在实际生活中一般不会出现。因此，基尼系数的实际数值常介于 0 ~ 1 之间。收入分配越趋向平等，洛伦兹曲线的弧度越小，基尼系数也越小，反之，收入分配越趋向不平等，洛伦兹曲线的弧度越大，那么基尼系数也越大。

在广告产业经济分析中，我们通常可以用基尼系数来反映某一市场的竞争状况，是反映市场相对集中程度的又一指标。近年来国内外学者尝试为基尼系数提出了十余种不同的具体计算方法。这里我们选取其中的两种方法计算吉林省报纸广告产业的基尼系数。

一种是臧日宏编著《经济学》中所提出的方法，其基尼系数的计算公式如下：

$$G = 1 + \sum Y_i P_i - 2\sum\left(\sum P_i\right)' Y_i$$

上式中，G 代表基尼系数，Y_i 代表第 i 组人口总收入占全部人口总收入的比例，P_i 代表第 i 组人口数占全部人口总数的比重，$\left(\sum P_i\right)'$ 表示累计到第 i 组的人口总数占全部人口总数的比重。

另一种是山西农业大学经贸学院张建华提出的一个更为简便易用的公式：

① 2009 吉林省报纸行业年鉴［R］.

$$G = 1 - 1/n\left[2\sum W_i + 1\right]$$

其中 W_i 表示从第1组累计到第 i 组的人口总收入占全部人口总收入的百分比，i 为1到 $n-1$。

按照以上两种计算方法，代入相关数据，所得基尼系数分别为0.821和0.808。参考联合国有关组织规定，基尼系数低于0.2表示收入绝对平均；0.2～0.3表示比较平均；0.3～0.4表示相对合理；0.4～0.5表示收入差距较大；0.5以上表示收入差距悬殊。由此可知，在吉林省报纸广告产业中，企业广告收入分配差距悬殊，各报之间广告经营额呈现较突出的两极分化。

综合以上分析，吉林省报纸广告产业的市场结构可以概括为高集中度、弯洛伦兹曲线及高基尼系数。具体而言，吉林省报纸广告产业属于强寡头垄断市场结构，由吉林出版、吉林日报报业和长春日报报业三家报业集团控制着产业内绝大部分市场份额，并占有极高比例的收入份额。

三、"两高一弯"市场结构的优劣势与发展思路分析

1. 吉林省报纸广告产业市场结构的优势分析

吉林省报纸广告产业的发展优势集中体现在"两高一弯"市场结构即寡头垄断带来的竞争与效率的提升，这是吉林省报纸广告产业未来发展的现实基础。寡头垄断市场结构的现实有效性越来越为学界和实践证实，这主要可以从以下三个方面得到论证：

第一，寡头垄断市场结构是现实市场选择的结果，并已在不同的行业得到印证。产业经济学大师、芝加哥大学的哈罗德·德姆塞茨（Harold Demsetz）指出，高效率的企业可以占有较大的市场份额，且伴随着产业集中度的提高，优秀企业的良好绩效是因为效率而不是因为市场垄断造成的，也就是说，寡头垄断的市场结构其实是非常有效率的。一个市场有无效率，取决于它的竞争性，而真正意义上的竞争关系则取决于各竞争主体实力的均衡。寡头垄断市场中几个寡头之间可以达到实力的均衡，进而展开有意义的竞争，提高效率并促进产业竞争的有序进行和产业结构优化。

第二，垄断导致资源配置效率低下的传统观点已被现实否定。传统经济学理论一直认为垄断破坏和降低有效的市场竞争，阻碍经济与技术的发展。事实上，垄断作为竞争的矛盾对立面，其存在并没有消灭竞争，尤其是寡头垄断改变的只是竞争形式，而非竞争本身。实际上，寡头垄断格局反而会使竞争加剧。以熊彼特（J. A. Schumpeter）为代表的一些经济学家根据寡头垄断企业组织在经济生活中起到越来越重要的作用这一事实，指出"垄断导致资源配置低效率"的观点，是建立在完全竞争假设前提上的，而这个前提缺乏现实性，因而此观点的正确性大打折扣。如果说完全垄断企业由于缺乏竞争，一般不会自觉地追求高效率，从而导致实际效率与最大可能效率之间存在巨大偏差，那么寡头垄断企业并非真正独占市场，这一点就使寡头垄断企业不得不为抢占和保卫市场追求高效率，从而使行业发展具有竞争的动力和潜力，使其高效率具有现实性。

第三，寡头垄断是现代社会大规模生产的客观需要，寡头垄断组织具有综合优势。在资金筹集方面，由于经济实力强大，抵御风险能力较强，因而使资金成本节约，资金有保证；在生产方面，可以获得规模经济和范围经济带来的效益提升与协同效应；在技术进步和创新方面，寡头垄断企业有更大的积极性与可能性投入大量研发费用，因而更有可能不断出新；在企业内部管理方面，可通过实行统一指挥，分工负责的内部管理体制，节约管理成本，节约交易费用，提高管理效率。此外，寡头垄断企业大规模多样化的经营使企业更容易在各种业务、各个方面平衡盈亏，因而获得较强的应变和生存能力。

广告产业尽管具有不同于一般有形产品生产行业的特殊性，但寡头垄断市场结构质的内在一致性将使广告产业的发展同样遵循如上规律。“两高一弯”的强寡头格局既是吉林报纸广告业自然发展的必然选择，又是吉林报纸广告业参与未来竞争的基础和保障。

2. 吉林省报纸广告产业市场结构的劣势分析

寡头垄断格局本身也是一把双刃剑，在带来产业自身发展优势的同时，又不可避免地给产业的未来发展带来负面影响。吉林省报纸广告产业发展中的劣势集中表现在目前产业发展过程中面临的以下几个方面问题：

第一，寡头垄断市场结构下企业决策难度加大。由于寡头垄断企业之间存在很强的相互依存性，且这种相互依存关系是被明确认识到的，任何一家企业做出某项决策的时候，都必须考虑其竞争对手的反应，并对这种反应做出估计，这进一步使寡头垄断企业的某项决策将会产生的结果部分取决于其对手的反应。因此，寡头垄断企业的竞争结果具有很大的不确定性，对身处其中的企业来说，这种不确定性使其决策的难度相应提高。这可从省内报纸广告产业的现实发展情况得到证实。

第二，寡头垄断市场结构存在着寡头企业滥用市场支配地位限制竞争、损害消费者利益、构筑市场进入壁垒，甚至寡头之间“默契合谋”的可能。由于在寡头垄断市场结构中，企业数量很少且每个企业相对规模实力较大，所以寡头企业比较容易利用垄断权力来限制竞争，比较容易利用规模经济性来阻碍新的竞争者进入，比较容易形成联盟或者达成某种默契，以对市场进行有效的操纵，从而给消费者利益带来损害。具体到省内报纸广告产业，由于三家报业集团占据绝大部分市场份额，其余大多数的报社实力相对弱小。小报社迫于成本、市场份额等压力，无力提高广告质量；而实力雄厚的报业集团，由于自身的垄断地位使其拥有稳定的市场份额和收入，所以也不积极致力于报纸广告的创新。这种现象使吉林省报纸广告普遍呈现出表现形式单一、内容同质化等问题，报纸广告整体质量的提高受到阻碍，报纸广告的传播效果也无力保证，不利于吉林省报纸广告行业的长久持续发展。

第三，互联网产业等相关产业对报纸广告产业的巨大冲击。400 年的发展历史使报纸在先后经历了来自广播、电视的冲击后，并未被完全替代，最主要原因在于报纸的文字信息比广播、电视的图像或声音更详尽、更深入，也更便于保存。但是，报纸的这些优势在互联网的冲击下便荡然无存。互联网可以高速传输文字、图像和声音，故被称为迄今为止所有传播媒介表现形式及优点的集大成者。正因如此，互联网的普及速度非常之快，其高成长性和可替代性对报纸产业构成了客观的威胁。

3. 吉林省报纸广告产业的发展对策

第一，从思想上转变，改变对垄断的片面理解，辩证地看待寡头垄断结构下的产业发展问题。正如特纳所言：“垄断与竞争一样，原来就属于市场经济范畴，二者如同哲学上所讲的静止和运动的关系，垄断只是绝对运动的竞争中的一个相对静止点，不含垄断因素的竞争和不带竞争因素的垄断从来就是不存在的”①。

第二，深化报业企业改革，使企业成为真正的产业组织微观主体。企业充满活力，对外界信号具有灵敏的反应能力，并具有强烈的创新欲望和扩张动力，是产业组织趋向合理的基础和前提。为此必须以产权改革为突破口，使企业真正成为独立的法人实体和市场竞争主体，具有不断追求规模经济、开展技术创新、提高市场占有率的内在动力和压力。只有这样，企业之间才能展开有效的改制、改造和改组，资产存量才能实现合理流动和配置，产业

---

① ［美］玛乔里·谢泼德·特纳．琼·罗宾逊与两个剑桥之争［M］．胡希宁，范重庆，译．南昌：江西人民出版社，1991：118.

分散经营、重复建设、规模效益差和专业化协作水平低等弊病才能得到有效矫正。以吉林出版集团为例。吉林出版集团有限责任公司于2003年6月被国家列入全国七个出版体制改革试点单位之一，于2003年12月12日经中宣部、新闻出版总署批准正式成立。自成立以来吉林出版集团大胆实践，进行体制创新和机制创新，在母子公司体制、内部机制改革和产业发展道路等方面做出了积极探索，极大地解放和发展了文化生产力。吉林出版集团组建后，在对全集团的出版资源进行整合的过程中，完全实行了市场化的操作办法，通过有偿转让方式进行资源整合。不仅盘活了一批不良资产，而且培育并创造出新的经济增长点。《新文化报》作为吉林出版集团的龙头报纸，其广告经营额在吉林省内居首位，同时拥有54.73%的市场①和35.4%的市民读报常用率②，其发展思路对于省内其他报纸具有很大的启迪意义。

第三，建立和规范报纸广告市场体系和市场竞争秩序，形成有效竞争。完善的市场体系和规范的市场竞争秩序，有利于打破区域封锁、市场分割和各种不合理的进退壁垒，实现资源在各地区、部门和产业间的合理流动，促进资源的优化配置，推动企业之间的有效竞争。为此，必须做好两方面工作：一是完善报纸广告产业市场规则，包括市场进入、竞争和交易规则等；二是加强报纸广告市场管理和监督，包括对媒体、广告公司资格的审查及管理，对报纸广告内容及形式的管理，对报纸广告市场经营和竞争活动的管理等。

第四，充分发挥政府的引导和推动作用。在国际国内竞争环境日趋复杂、省内报纸广告产业发展相对滞后的情况下，为避免自由竞争可能产生的资源浪费、过度竞争等负面效应，必须充分发挥政府的引导和推动作用。政府可以通过制定和实施科学的产业组织政策法规，改善企业外部环境，一方面支持规模经济显著的三大报业集团更快发展，引导企业自主联合、自由兼并、跨国发展和多样化经营，大力促进产业资本与金融资本的结合，为其成长提供长期、及时、稳定的资金来源；另一方面，也要促进更多中小报社的发展，激发其自身潜力，使其在市场竞争中赢得一席之地。

第五，打破内容同质，整合优势资源。定位相像、内容类似、推广手法趋同，是省内报纸广告产业市场存在的普遍现象，不同报纸的风格定位、版面设置、受众市场、新闻报道乃至广告模式、表现形式等都大同小异，产业同质化竞争十分激烈，这就要求各报纸企业必须打破内容同质，以差异化战略寻求突破；传统媒体与互联网技术的有机结合给深受互联网打击的报纸广告产业注入了生机。纸质报纸、手机报和网络的整合格局，能够有效地整合和延长报纸广告产业链，提高经济和社会效益，优化资源配置，强化传播效果。

【参考文献】

[1] 臧日宏．经济学［M］．北京：中国农业大学出版社，2002.

[2] 高红阳，杨柳．吉林省综合类报纸广告内容分析［J］．广告研究，2010（2）：45-49.

[3] 闵宗陶，杨秀云．寡头垄断：优化产业市场结构的选择［J］．当代经济科学，2001（4）：70-74.

[4] 王坚．寡头垄断市场的形成及其积极意义［J］．商业时代，2006（19）：55-56.

【作者简介】

高红阳，东北师范大学传媒科学学院副教授，博士，应用经济学在站博士后。

杨柳，东北师范大学传媒科学学院硕士研究生。

① 2008报刊媒体广告发展白皮书［R］.

② 中国商务广告协会，中国传媒大学．《2009中国消费者理想品牌大调查》长春项目组调查报告［R］.

报业上市公司经营绩效差异的经济影响因素研究
——基于企业战略管理的分析视角

刘友芝 胡玉婷

根据《我国主要报业上市公司经营绩效的实证分析》一文对我国内地报刊集团（社）控股的6家报业上市公司2006—2009年12月31日期间所公开披露的年度财务报告信息，对其经营绩效的实证研究表明①：我国报业上市公司上市后的经营绩效产生了较大的经营绩效差异：一方面，从横向比较来看，6家报业上市公司整体的平均经营绩效水平（如平均盈利能力、成长能力和运营能力）均低于同期资本市场中上市公司总体的平均经营绩效水平；另一方面，从纵向比较来看，报业上市公司内部之间存在着个体的经营绩效差异，博瑞传播的经营绩效较好，处于经营绩效最优区间，赛迪传媒和粤传媒经营绩效较差，处于经营绩效最差区间，而华闻传媒、新华传媒和北青传媒的经营绩效表现一般，处于中间地带。正视报业上市公司上述经营绩效的差异现象，并进一步探究造成报业上市公司经营绩效差异的影响因素，无疑是探寻当下报业上市公司整体经营绩效差异和个体经营绩效差异缩小的重要途径。

当下我国报业上市公司产生较大的经营绩效差异的影响因素是多方面的，既广泛涉及国家政治、经济、社会和技术等宏观方面因素的影响，又涉及我国报业产业和报业市场等中观层面因素的影响，更与报业上市公司自身内在的经营管理能力的影响密不可分。本文从企业战略管理角度，整合上述多个层面的影响因素，着眼于分析其主要的经济影响因素。从战略管理角度来看，报业上市公司产生较大的经营绩效差异，在很大程度上源于近几年来我国报业上市公司内外部经营环境的深层次影响。而外部经营环境一般由报业上市公司的宏观层面和中观层面两方面的外部经营环境共同决定，是造成报业上市公司整体经营绩效差异的外部系统性经济影响因素；而内部经营环境一般由报业上市公司微观层面的内在经营管理能力决定。它是报业上市公司之间产生个体经营绩效差异的内在经济影响因素。

一、报业上市公司整体经营绩效差异：外在系统性经济影响因素

从企业战略管理角度来看，一个行业的外部经营环境状况在很大程度上决定着一个行业内整体企业的外部生存与发展空间，影响着一个行业的整体的投融资行为（如资产利用的比率）和整体的投融资效率（如资产利用的效率），从而最终影响着一个行业内整体企业的平均的和长期的经营绩效。因而，我们探究报业上市公司整体的经营绩效差异，首先必须分析报业上市公司整体的外部经营环境因素，以探究我国报业上市公司整体经营绩效差异的外在的系统性经济影响因素。这种外在的系统性经济影响因素主要体现在两个层面，一是宏观层面的国家政经影响因素；二是中观层面的报业市场和报业产业的产经影响因素。

---

① 刘友芝，朱江波．我国主要报业上市公司经营绩效的实证分析［M］//中国媒体发展研究报告（2010年卷），武汉：武汉大学出版社，2011：319-328.

1. 宏观层面的政经影响因素：现行报业投融资政策瓶颈的严格限制

我国报业上市公司所属的行业——报业，是一个受到国家宏观政策严格管理的非自由竞争的行业领域，国家宏观政策的相关规定和变化对我国报业上市公司的投融资行为产生着重大的直接影响。

自党的“十六大”以来，为了振兴文化产业，政府加大对文化产业特别是传媒产业的支持力度，传媒产业的投融资政策逐渐松动，一些报业上市公司通过边缘政策突破策略，逐渐开拓了一些投融资渠道。但从近期来看，作为我国传媒产业的核心领域之一的报业，国家对报业投融资政策的进一步松动仍是非常谨慎的，因而报业投融资政策的松动程度是十分有限的，已有的报业投融资政策松动的作用也并未通过报业上市公司的经营绩效得到有效显示。报业投融资政策的严格限制，使报业上市公司尤其是区域性地方报业上市公司的主业投资渠道不畅，报业上市公司通过上市获得的大量资金无法有效地流入报业主业的内容生产和营销领域，制约了我国报业上市公司上市融通资金的整体的资产利用比率，并影响了其整体的资产利用效率，最终影响着报业上市公司整体的和长期的经营绩效。

（1）报业上市公司跨区域、跨媒体投融资政策瓶颈的严格限制

在我国，由于传媒业的特殊产业属性，国家对传媒业的管制严格，其管制主要包括准入管制和行为管制。首先是严格的准入管制，实行主管主办制，严格限制产权交易，防止外部资本进入传媒产业核心部分，禁止一报多式，刊号成为报业极其稀缺的资源①。由于传媒行业实行属地化管理政策以及多个管理部门的分割化管理，导致传媒业的区域化分割和行业化分割，优势媒体的跨区域、跨媒体的投资和收购兼并受到国家宏观政策的严格限制，严重制约了优势媒体的快速扩张和发展，使优势传媒企业在上市后难以获得可持续发展的优质投资发展项目。意识形态属性越强的传媒上市公司受到的限制程度越高，相比由户外广告媒体、网络媒体、移动媒体，甚至出版行业媒体控股的传媒上市公司，报业上市公司受到的跨区域、跨媒体投资扩张的限制程度明显要高，这是因为中国报业受制于刊号资源的管理，意识形态方面的因素与行政力量的左右占了很大比重，报业企业采取的是特许经营方式，刊号资源成为最为稀缺的资源，即使能收购刊号，当地管理部门也要求刊号留在该地区运作，报业企业即使有充足的资金和人才也很难进行异地扩张②。

在实践运作过程中，区域化地方报业控股上市公司相比全国性报业控股上市公司受到的限制程度要高。如隶属于人民日报社事业发展部的“华闻传媒”报业上市公司通过一系列股权合并等跨区域资本运作，最终控股华商传媒，进而取得华商传媒已有的《华商报》和《新文化报》等媒体的发行、印刷、广告等业务的独家代理权；“华闻传媒”同时跨区域拥有深圳证券时报传媒有限公司84%的股权。目前，“华闻传媒”拥有独家代理经营《华商报》五报四刊的广告、印刷、发行等业务的三十年的独家经营权，尤其是拥有《证券时报》商业广告、财经信息的咨询策划、设计制作与代理发布等相关业务的三十年独家经营权，跨区域的报业投资扩张为“华闻传媒”的信息传播业务的稳健增长提供了良好基础。而其余五家区域化地方性报业在实施跨地区并购方面，则要困难得多。一家省级报业集团的资本，无法去收购另一省的省级报业集团；行政级别低、经营效益好、资本实力强的报刊企业，也不能收购行政级别高、经营状况差的报刊企业。

在跨媒体并购方面，优质报业集团利用资本扩大其主营业务市场，遇到无法跨越的体制性障碍，报刊业的市场被现有的体制人为层层分割，归属于不同主管部门管制。虽然随着政策的松动，较低行政级别的地区的报刊和广电有机会整合于同一集团内（如成都报业集团

① 常永新．传媒集团公司治理［M］．北京：中国传媒大学出版社，2006：107-112.

② 郭全中．传统媒体上市融资情况研究［J］．文化产业导刊，2010（3）：36-41.

与成都广电集团合并成立了成都传媒集团），但大范围的跨媒体整合和双跨（既跨地区也跨媒体）整合在短期内难以出现。

长期的跨区域、跨媒体的投资政策的严格限制，使报业上市公司在投资渠道上也受到很大的制约，报业上市公司通过上市筹集的资本无法通过有效空间和渠道进入产业运作区间，以北青传媒为例，其通过上市筹集的9.5亿港元，至今尚有4.5亿港元未动用，并且因港元兑人民币贬值，而不得不完全转换为人民币。这就在一方面造成报业上市公司筹集的充裕资金无法通过投资新行业或新业务而得到有效利用，并因通货膨胀和汇率风险等贬值，另一方面造成报业上市公司长年维持利润率不断下降的传统已有业务不变，而新业务迟迟无法上马，其经营绩效必然受到影响。

目前，投资效益良好的博瑞传媒，避开投资政策的限制，传统业务走深度挖掘、精细管理和资源整合的道路，通过挖掘现有资源的潜力，提高营业利润率，不寻求跨地区的发展。资本扩张做大做强的希望则主要放在新媒体战略上，通过收购当地网游企业梦工厂来提升盈利能力和布局新媒体市场。

总体上看，报业跨区域和跨媒体的投资政策瓶颈，对我国报业上市公司投资行为的影响主要表现为如下几个方面：一是总体上形成了我国条块分割的传统报业市场格局。除华闻传媒外，其余的报业上市公司都是区域性地方报业上市公司，影响了报业上市公司跨地区的相关多元化扩张；二是在区域性报业市场发展框架下，报业上市公司的区域性传统报业市场（报业发行市场、广告市场、印刷市场）相对饱和，本区域内的报业市场领域缺乏有吸引力的优质投资项目；三是在层出不穷新媒体的不断冲击下，传统报业的发展空间受到进一步挤压，开拓新媒体市场领域，又存在着长期发展与短期盈利之间的经营矛盾，使一些报业上市公司在布局新媒体业务和文化产业链业务等战略业务方面显得犹豫不决，很大程度上影响了报业上市公司对新兴战略业务的投资力度，最终影响了报业上市公司的资产利用率和资产负债率。

在国家文化产业振兴的战略发展背景下，人们有信心期待着包括报业在内的我国传媒业现行投资政策有所松动，使报业上市公司将上市融资的资本金能顺利地投资于有利于发挥其现有竞争优势和提高其核心竞争力的相关多元化投资项目上，才能提高报业上市公司的资产利用率和资产负债率，并在控制投资风险的前提下有效提高报业上市公司的整体经营绩效。

（2）报业上市公司采编与经营业务“整体上市”政策瓶颈的限制

从提高报业上市公司的整体经营绩效来看，报业企业应采用“整体上市”方式，但出于意识形态安全的需要，报业企业改革遵循着“采编经营两分开”的政策思路。因而，报业企业在上市运作时，较普遍的方法是将采编业务与经营业务剥离，只将经营业务及资产注入报业上市公司。由于采用经营业务和采编业务的剥离分拆上市方式，对于报业上市公司的经营绩效产生了直接而重大的影响：其一，采用买壳和借壳的剥离分拆上市运作方式，使上市后的报业公司需要为壳资源的巨额债务埋单，同时，买壳借壳上市的间接上市方还易使其陷入非相关多元化经营的陷阱之中，直接影响了总体的资产利用效率；其二，“剥离分拆上市”方式造成纸质媒体最有价值部分的核心——采编业务人为地与经营性业务脱节，割裂了报业上市公司完整的产业链，影响着报业上市公司整体的资产利用效率和报业综合经营绩效的提升；其三，“剥离分拆上市”方式容易滋生出报业集团母公司作为控股股东与报业上市子公司之间的非公允性关联交易（如控股母公司对控股报业上市子公司实施剥夺型的非公允性关联交易），大大影响了报业上市公司的正常运营活动，降低了其经营绩效。

党的“十七大”以来，图书出版企业的上市运作开始突破“采编经营两分开”政策瓶颈的严格限制，辽宁出版集团控股的图书出版上市公司——出版传媒于2007年12月率先在实践上实现了采编与经营业务的“整体上市”，但作为传媒业的核心领域之一的报业企业采编与经营业务的“整体上市”政策之门能否开启、何时开启和怎样开启至今都是一个未解的政策难题，期待着相关政府部门、报业企业和学界共同努力，以寻求政府部门、社会大众与报业企业等多方利益主体之间的最佳平衡选择。

2. 中观层面的产经影响因素：传统的报业市场和报业产业遭遇发展瓶颈

我国报业上市公司当前整体经营绩效差异，在外部经营环境上，除了在宏观层面受到现行报业投融资政策严格限制的直接影响外，在中观层面还受到近年来传统报业市场和报业产业遭遇发展瓶颈的显著影响，主要表现为对传统报业甚至传统媒体等相关多元化投资项目的投资报酬率和流动资产利用效率产生了显著的不利影响。

首先，从产业生命周期来看，我国传统的报业产业，经历了20世纪七八十年代的初创期、九十年代的成长期和进入21世纪以来的成熟期，21世纪伊始，伴随第二代都市报在各地的勃兴，传统区域性报业市场竞争格局就开始由“卖方市场”向“买方市场”不断转变，加剧了平面媒体之间的同质化竞争，传统的报业市场容量接近饱和状态；与此同时，2005年以来，伴随传播数字技术的变革，层出不穷的新媒体形态的不断涌现和迅速崛起，不断分流着传统报媒的读者群，蚕食着传统报业的广告市场份额。在区域性报业市场同质化竞争和新媒体竞争的双重竞争挤压下，传统报业主营业务的发展空间受到较大限制，发展前景不甚乐观，现已进入一个产业发展瓶颈期，主要表现为近几年来传统报业主营业务的经营成本逐年上升、利润空间不断受到挤压，多数报业上市公司的传统报业主营业务投资项目的投资报酬率远远低于预期甚至严重亏损，影响了报业上市公司上市融通资金在主营业务领域的资产利用效率，并在客观上又进一步降低了报业上市公司上市融通资金的使用比率和资产负债率，极大地影响了报业上市公司的未来成长能力和盈利能力的持续增长，对报业上市公司整体而长期的经营绩效产生了显著不利影响。

其次，近几年传统的报业市场和报业产业遭遇发展瓶颈，更是直接影响了报业上市公司的流动资产利用效率。在六家报业上市公司中，除“华闻传媒”外，其余五家报业上市公司都是区域性地方报业上市公司，而区域性报业市场呈现出“买方市场”竞争格局逐年加剧的趋势，区域性地方报业上市公司的传统主营业务（报刊印刷、广告、发行投递）的外部经营环境尤其是销售环境不断恶化，赊销已成为一些报业上市公司的主要销售模式，尤其是报业广告（占多数报业上市公司主营收入的50%以上）销售的赊欠现象严重。大量销售收入（尤其是广告收入）不能及时变现而被迫转变为应收账款，同时应收账款的现金回收速度日趋缓慢，回收难度逐步加大，累计应收账款持续走高，不少应收账款演变为呆账、坏账而难以回收，产生了大量不良债权，直接降低了流动资产的利用效率，表现在应收账款周转率指标上，报业上市公司整体的平均应收账款周转率低（2006—2009年四年六家报业上市公司整体平均应收账款周转率仅为0.1331次/年），使报业上市公司增加了许多额外的成本费用和损失，直接降低了报业上市公司各年度的净利润，对报业上市公司各年度的经营绩效产生了显著不良影响。

二、报业上市公司之间个体经营绩效差异：内在差异性经营管理影响因素

“外因通过内因发生作用”这一唯物辩证思想对企业战略管理的启示便是：外部经营环境给企业提供的发展机会或带来的潜在威胁并不直接导致企业的成功与失败，而与企业面对外在机会或威胁的内在反应能力密切关联①。面对长期以来的报业投融资政策的严格限制和近几年来中国传统的报业市场与报业产业外部发展空间的客观限制，报业上市公司之间的个

① 徐波. 管理学（第2版）[M]. 上海：上海人民出版社，2008：8-17.

体经营绩效差异，主要源于其自身的内在经营管理应变能力的差异。从现实观察来看，在六家报业上市公司中，面对报业外在经营环境的种种限制，博瑞传播及时调整其战略发展思路，苦练内功，提高资产运营管理能力，使传统单一的主营业务结构得到及时调整和优化，成功地“转危为机”，其内在经营管理应变能力最强，因而其经营绩效居六家报业上市公司之首，而其余五家报业上市公司的内在经营管理应变能力不与上市过程同步提升，大多缺乏对外部客观经营环境变化的有效应对，难以降低甚至会进一步加剧报业上市公司宏观层面和中观层面的外部经营环境对报业上市公司资产利用效率的不利影响，拖累了报业上市公司的整体经营绩效，并使报业上市公司之间的个体经济绩效出现两极分化的差异。

1. 战略发展定位的调整能力差异

从管理学讲，管理成功的首要秘诀是“做正确的事”，即确定公司正确而清晰的战略定位，它决定着公司的发展愿景（成为什么样的企业？）和使命（业务是什么？）①。面对传统报业发展空间的限制与新媒体的挑战等外部经营环境的客观限制和国家将文化产业提升为战略产业的重大战略发展机遇，需要报业上市公司首先及时重新调整其未来发展方向，即重新调整自身战略发展定位。然而，在六家报业上市公司中，除了博瑞传播根据新的外部经营环境的挑战与机遇和自身内部条件及时准确清晰地调整其战略定位外，其余五家报业上市公司并未及时准确清晰地调整其战略定位，新时期战略发展方向不明晰，一些报业上市公司在重大战略发展问题上举棋不定，贻误了获得新的市场先机和良好投资报酬率的重要战略投资机遇，而一些传统报业主营业务的传统投资项目因政策和市场的限制而投资报酬率低，从而影响了报业上市公司整体的长期投资报酬率，对报业上市公司长期的经营绩效带来消极影响。两个典型的例子是博瑞传播和粤传媒。博瑞传播面对报业市场和报业产业环境的变化及时审时度势地重新确定了新的战略发展定位，主营业务战略发展定位拓展为“传统媒体服务运营商、新兴媒体内容提供商和文化产业战略投资者”②，围绕上述新的战略业务发展定位，选择了一系列符合新时期报业上市公司发展方向的优质投资项目，如在整合传统媒体广告、印刷和发行投递等业务基础上，利用成立成都传媒集团的利好，整合成都日报报业集团旗下的纸质媒体和成都广电集团旗下的广电媒体资源，拓展广告来源，同时积极投资文化产业，通过参与创办《每日经济新闻》，入主《西部商报》，创办户外广告公司、数据库营销公司和公关与创意策划公司，涉足网游等多形式的战略投资组合，稳健涉足文化产业各个延伸价值链。正确而清晰的战略发展定位为博瑞传播在新的时期赢得了新的市场发展先机，也为博瑞传播提高上市资金使用率和投资报酬率打下了坚实的基础。而与博瑞传媒同属于市级媒体的粤传媒，2007 年上市承诺投资项目为印报厂扩建技术改造、商业印刷扩建技术改造项目、增加连锁经营网店技术改造等项目，截至 2009 年 12 月 31 日，累计投入募集资金 26 143. 86 万元，资金投入率仅为 53. 27%。而已投入的印务和连锁店等投资项目因为市场状况变化利益不佳而暂停投入后，其资金一直处于闲置状态。这与粤传媒 2007 年上市后没有根据新时期外部经营环境变化而审时度势地重新确立新的战略发展定位，一直没有找到优质的投资项目作为利润增长点有着密切的关联。

2. 资产运营管理能力的差异

企业的成功，三分靠战略，七分靠执行，执行力就是企业落实战略实现经营目标的能力③。熟练的资产运营管理能力（包括长期资产的投资管理能力和短期流动资产的日常运营

① 金占明. 战略管理——超竞争环境下的选择［M］. 北京：清华大学出版社，1999：21-56.
② 王艳萍. 我国报业市场结构与产业绩效分析［J］. 商业时代，2006（17）：28-31.
③ 余世维. 赢在执行［M］. 北京：中国社会科学出版社，2005：126-132.

管理能力）无疑是报业上市公司在正确的战略定位前提下获取良好资产利用效率的重要保障。博瑞传播正是凭借着多年的投融资实践活动，逐步探索了较为熟练的长期资产投资管理能力，在新时期主营业务正确而清晰的战略定位前提下，通过具体投资项目的合理选择和跟踪管理，保障了其上市长期资金的使用效率（达到90%的投资使用率），并且其18项投资项目均取得了良好的投资报酬率；同时，从短期流动资产的日常运营管理来看，博瑞传播加强对应收账款的事前、事中和事后的管理，使其应收账款周转率（RTR）在报业上市公司中一直稳居翘首（博瑞传播2006—2009年四年的平均应收账款周转率为0.4247次，比六家报业上市公司同期整体平均应收账款周转率高出两倍多，2009年博瑞传播应收账款周转率分别是华闻传媒的2倍、新华传媒和北青传媒的6倍，粤传媒的7倍和赛迪传媒的1.5倍），短期流动资产的利用效率也较高。凭借熟练的资产运营管理能力有力地保障了博瑞传播经营绩效的连年持续稳步增长；与博瑞传播形成鲜明对比的是，赛迪传媒、北青传媒、新华传媒、粤传媒等报业上市公司总体上的资产运营管理能力并没有与上市同步提升：首先，缺乏新时期清晰正确的战略定位的指导和具体投资项目的合理选择。造成一些投资项目因实际投资报酬率低于预期而被迫中途搁浅，尤其是粤传媒上市招股计划书承诺投资项目大多因投资报酬率低于预期被迫中止，甚至出现首发募集资金后资产总额反而连年减少、净资产增长率、每股收益逐年下降甚至亏损的状态。赛迪传媒更是因一些新媒体投资项目的失败而一步一步地沦为首家报业ST传媒公司；其次，赛迪传媒、北青传媒、新华传媒、粤传媒等四家报业上市公司的流动资产运营管理能力薄弱，广告等主营业务收入的赊欠现象严重，导致四家报业上市公司平均应收账款周转率在0.05次/年以下，远低于六家报业上市公司平均0.1331次/年的应收账款周转率，产生了大量不良债权，影响了报业上市公司日常经营活动的正常运转，直接拖累了报业上市公司年度经营业绩，严重地甚至会造成其资金链的断裂，引发财务危机。

3. 传统单一的主营业务结构调整和优化能力的差异

合理的业务结构是上市公司规避市场风险和保证稳定盈利的基础，合理的业务结构由报业主营业务战略定位和资产运营管理能力共同决定。在六家报业上市公司中，博瑞传播由于新时期主营战略业务战略定位清晰，并适应报业上市公司宏观和中观层面的外部经营环境的变化，立足传统传媒和积极布局新媒体乃至整个文化产业价值链的稳健投资发展策略，不断开拓新业务，逐步改变了单一老化的传统报业主营业务结构，保障了其经营绩效的持续稳健增长，成为其他报业上市公司主营业务结构调整和优化的典型。而其他报业上市公司，有的是缺乏适应外部环境变化的主营业务战略发展定位的及时调整，有的是根据内外经营环境的变化及时调整了战略业务定位却因缺乏熟练的资产运营管理能力的有力支持而中途被迫搁浅。因而，绝大部分报业上市公司的主营业务结构仍然集中在报刊业广告、印刷和发行投递等传统报业主营业务上，跨媒体和新媒体甚至大文化产业等提升报业上市公司核心竞争优势的新兴相关多元化业务结构并未形成，传统的主营业务结构基本上无实质性变化。单一老化的传统主营业务结构，导致报业上市公司规避传统报业市场和报业产业的整体的周期性经济风险能力差，其盈利状况不稳定，经常受报业市场景气和报业产业周期性影响而起伏不定，影响着报业上市公司整体经营绩效的持续稳定增长。

新的时期，面对宏观和中观层面等外部经营环境带来的某些外在制约因素和国家加大对文化产业特别是传媒产业的支持力度的外部战略发展机遇，报业上市公司要积极应对，不断致力于提高自身应对外部经营环境变化的内在经营管理能力，提高报业上市公司整体的核心竞争力，才能最终走出经营困境，逐步提高整体的经营绩效，实现可持续的健康发展。

【参考文献】

[1] 刘玉丽．上市传媒公司经营绩效及资本运营实证分析［J］．价值工程，2006（4）．

[2] 叶文，李伟剑．传媒上市公司经营状况分析［J］．青年记者，2007（6）．

[3] 姚德权，等．传媒上市公司资本结构与绩效相关性研究［J］．国际经贸探索，2008（12）．

[4] 王艳萍．我国报业市场结构与产业绩效分析［J］．商业时代，2006（17）．

[5] 刘强，等．基于DEA分析框架下我国报业市场绩效研究［J］．中国社会科学院研究生院学报，2008（9）．

[6] 王艳萍．传媒市场的结构、行为与绩效：中外理论和经验研究［J］．中州学刊，2006（6）．

[7] 朱毅．中国报业发展与传媒企业上市［J］．中国报业，2007（12）．

[8] 刘友芝，朱江波．报业上市公司经营绩效的实证研究［M］//中国媒体发展研究报告（2010年卷），武汉：武汉大学出版社，2010．

[9] 张红军．中国上市公司股权结构与公司绩效的理论及实证分析［J］．经济科学，2000（4）．

[10]［美］伯利·米恩斯．现代公司与私有财产［M］．北京：商务印书馆，2005．

[11] Jensen，M. C.，Meckling，W. H.．Theory of the Firm：Managerial Behavior Agency Costs and Ownership Structure［J］．*Journal of Financial Economics*，1976．

[12] Jenson，M. J.，Ruback R. S.．The Market for Corporate Control：The Scientific Evidence［J］．*Journal of Financial Economics*，1983．

[13] La Porta，Lopez-de-Silanes R.，F.，Shleifer A.，Vishny R.．Corporate Ownership Around the World［J］．*Journal of Finance*，1999．

[14] Fama，E.，Jensen M. C.．Separation of Ownership and Control［J］．*Journal of Law and Economics*，1980．

[15] Claessens，S.．Ownership and Corporate Governance：Evidence from the Czech Republic［D］．*Working Paper of the World Bank*，1997．

[16] Stephen P.，Robbins Mary Coulter. *Management*（Seventh Edition）［M］．北京：清华大学出版社，2001．

[17] 邵培仁．媒介战略管理［M］．上海：复旦大学出版社，2003．

[18] 章平．战略传媒：分析框架与经典案例［M］．上海：复旦大学出版社，2004．

[19]［美］平狄克等．微观经济学［M］．北京：中国人民大学出版社，1997．

[20]［美］罗斯等．公司理财（第6版）［M］．北京：机械工业出版社，2004．

[21] 姚德权．欧美新闻出版企业融资模式分析及其启示［J］．出版发行研究，2008（1）．

[22] 王化成，等．企业业绩评价［M］．北京：中国人民大学出版社，2003．

[23] 常永新．传媒集团公司治理［M］．北京：中国传媒大学出版社，2006．

[24] 郭全中．传统媒体上市融资情况研究［J］．文化产业导刊，2010．

[25] 徐波．管理学（第2版）［M］．上海：上海人民出版社，2008．

[26] 金占明．战略管理——超竞争环境下的选择［M］．北京：清华大学出版社，1999．

[27] 余世维．赢在执行［M］．北京：中国社会科学出版社，2005．

[28] 博瑞传播、赛迪传媒、北青传媒、华闻传媒、新华传媒、粤传媒等6家报业上市公司2006—2009年度公开披露的各年度的年度财务报告资料．

【作者简介】

刘友芝，武汉大学新闻与传播学院教授，博士，武汉大学媒体发展研究中心研究人员，主要从事传媒经济、媒介经营管理研究。

胡玉婷，武汉大学新闻与传播学院研究生。

股权激励的媒介样本：博瑞传播激励变革研究

王松茂　晋艺菡

自1994年我国首家媒介类上市公司东方明珠登录上交所以来，越来越多的传媒企业开始借助资本市场实现企业自身的发展。股权融资业已成为传媒企业优化融资结构、拓宽融资渠道，加速规模扩张，形成自我更新优化机制的重要渠道。截至2011年4月底，在我国主板、中小板和创业板上市的媒介类公司已达26家，按照现代企业制度的要求，上市公司实行所有权与经营权分离，企业管理人员作为股东的代理人经营企业。随着竞争环境日益复杂和管理日益专业化，所有者与经营者出现“委托代理关系”，管理人员容易出现决策的自利行为，影响股东利益与公司的长远发展。由于企业管理者的企业决策受到各种因素的影响，决策非常复杂且无规律性，在信息不对称、外部监督难以奏效的条件下，构建有效的激励机制是优化上市公司治理结构的有效途径。在企业治理结构变革的过程中，管理者的激励机制也在不断发生着变化，出现了工资、奖金、福利、股票和股票选择权等多种方式，从计划经济体制下的行政级别工资制、固定薪酬制逐渐转向年薪制乃至股权激励，特别是中国证监会于2006年1月1日施行《上市公司股权激励办法（试行）》，国资委和财政部于2006年1月27日和2006年9月30日联合发布了《国有控股上市公司（境外）实施股权激励试行办法》和《国有控股上市公司（境内）实施股权激励试行办法》等有关股权激励的规章制度，证监会颁布《股权激励有关事项备忘录1号》和《股权激励有关事项备忘录2号》以后，作为中长期激励的股权激励逐渐发展起来。股权激励开始逐步受到媒介类上市公司的关注。其中博瑞传播的股权激励实践作为媒介类上市公司的首家实施者，无疑具有重要的样本研究价值。

一、博瑞传播股权激励的背景

上市公司博瑞传播的前身为岷江机床电器厂，该厂始建于1965年11月，1980年更名为四川电器厂。1988年被列为股份制试点的超前改革企业之一，同年12月26日，四川电器股份有限公司成立。1989年，向社会公开发行股票。1999年四川电器实施重大重组，博瑞传播收购《成都商报》发行投递广告有限公司93%的股份，成为其控股股东，并注入上市公司。2000年更名为博瑞传播。在资产重组的过程中，博瑞传播通过参股、控股及重大资产置换，确立了公司传媒经营主业的发展优势。截至2010年末，公司总资产23.16亿元，实现净利润4.28亿元，在国内“文化传播行业”上市公司中以综合效益指标排名第一。博瑞传播之所以成为综合效益靠前的媒介类上市公司，存在多方面的影响因素，但与2006年该公司推出股权激励方案不无关系。

所谓股权激励，是指现代企业以本公司股票为标的，通过管理人员获得公司股权形式给予企业经营者一定的经济权利，使他们能够以股东的身份参与企业决策、分享利润、承担风险，从而解决所有权与经营权分离带来的代理问题，使管理层与股东利益趋同，避免或减少经营者的机会主义行为。股权激励兴起于20世纪的美国，其后迅速推广到世界各地，成为一种行之有效的激励方式。20世纪90年代以后，我国陆续有企业开始尝试试行股权激励。

1. 股权激励机制与媒介类上市公司激励机制与治理结构的完善

包括传媒在内的我国企业经历了放权让利、承包责任制、产权适度变革等阶段。在计划经济条件下，受分配中平均主义思想的影响，我国传媒业管理者的薪酬处于较低水平，一定程度上挫伤了管理者的积极性、主动性和创造性。随着传媒业体制改革的推进，企业管理者才能作为一种生产要素逐渐得到承认与认可，经营者的薪酬水平逐渐提高，2010年华谊兄弟的王中磊年薪达到201.3万元，近十年媒介类上市公司的高管年薪高值年复合增长率为12.4%，薪酬增长幅度高于我国职工工资的增长幅度，也高于我国的年均经济增长速度，表明高管薪酬在收入分配中的比重提升。渐次提高的薪酬水平是对企业管理者风险性、创造性劳动的充分认可，是对其企业家价值的肯定。在高管薪酬持续增长的同时，高管薪酬与业绩的关联程度并没有更加密切。高管薪酬主要根据本人资历和公司所处行业、地区和规模确定，在一定时期内相对稳定，没有与业绩呈现线性变化。并且存在激励惩罚不对称，甚至只激励不惩罚的情况。赛迪传媒2008年和2009年分别亏损170 063 904.44元和134 656 726.52元，2010年微利5956581.13元，但薪酬高值仍然分别高达36.77万元、32.31万元和43.5万元①与企业经营状况相关性非常低。其次，受管理体制的影响，我国传媒业的核心业务仍然属于政府管制，垄断性较强，企业盈利状况与管制程度直接相关，高管个人对企业业绩的提升作用有限，但高管薪酬仍然处于高位。歌华有线2010年度实现营业利润347 459 083.05元，企业高管27人，除6人未在公司领取薪酬外，21人的薪酬总额达到1 164.91万元，而歌华有线所处的有线电视业明显处于政府高度管制之中。此外，公司高管薪酬考核的利润目标随意性大，考核程序不公开，这些均影响到薪酬激励效应的发挥。

此外，作为高管激励机制的核心组成部分，高管薪酬包括工资、奖金、津贴、补贴、红利、酬金、福利等形式，不同的薪酬形式所发挥的激励功能不同。职位越高，薪酬的构成越丰富，即合理的激励结构保证企业高管与企业利益最大程度的一致。我国媒介类上市公司高管薪酬的设计以年薪为主要薪酬形式，但基本薪酬加与绩效挂钩的报酬与福利的形式仍然偏重于短期激励，因此短期激励所占的比重明显偏高，长期激励比重偏低，有些公司甚至没有。这样容易引发高管决策中的短视行为。

媒介类上市公司股权激励的探索始于电广传媒。2000年7月22日，电广传媒临时股东大会审议并通过了《关于对公司经营管理者实施股权激励的议案》，在其增发新股的招股说明书中提出：电广传媒对经营管理者的薪酬采用"基薪收入+年功收入+奖励股票"的股权激励模式，除每月固定发放的基薪收入外，企业从年度净利润中提取2%作为公司董事会成员、高层管理人员及有重大贡献的业务骨干的激励基金。此为传媒业试行股权激励的雏形。2006年1月23日，中信国安宣布，为使公司管理层、核心技术人员、核心业务人员等员工的利益与股东及公司利益相结合，中信国安有限公司同意：将在本次股权分置改革完成后，在遵循国家相关法律、法规规定的前提下，以不低于最近一期经审计的每股净资产作价，向中信国安拟定的股权激励对象提供1 650万股中信国安股票作为实行股权激励机制所需股票的来源。遗憾的是，上述两个方案均未实施。

2. 股权激励与我国媒介产业人力资本的特性高度吻合

作为一种使用范围日趋广泛的激励手段，股权激励具有激励力度大、激励时效长的特点，引入股权激励可以有效弥补我国媒介类上市公司高管薪酬激励中存在的激励正效应不足、激励结构不合理以及激励短期化的缺陷。与其他产业相比，传媒产业是知识密集型产

① 相关数据根据赛迪传媒2008年、2009年年报，深交所网站提供。

业，从业人员受教育程度高。以出版传媒为例，2010年底，公司在职员工总数为1 090人，其中具有研究生学历的有85人，大学学历的546人，大专学历的426人①，高学历员工人数接近全部员工人数的90%以上。而且，传媒产业具有创新要求较高，生产标准化程度较低，产出与从业人员的智力水平、学习态度、敬业精神联系比较紧密等特点，这些特点决定了对企业员工难以实现低成本监督。在此情况下，引入股权激励可以成为激发关键员工创新激情的催化器。

二、博瑞传播股权激励计划的制订与实施

1. 博瑞传播股权激励计划的决策

中国证监会于2006年1月1日施行《上市公司股权激励办法（试行）》以后，2006年7月26日，博瑞传播公司六届五次董事会及五届二次监事会，审议通过《公司股票期权激励计划（草案）》议案；2006年10月20日，董监事会决议公告 通过了《成都博瑞传播股份有限公司股票期权管理办法》议案。根据《公司法》、《证券法》、中国证监会《上市公司股权激励管理办法（试行）》以及公司2006年第一次临时股东大会审议通过的《成都博瑞传播股份有限公司股票期权激励计划》的有关规定，公司董事会确定2006年10月26日为激励计划授予日。本计划拟授予激励对象1 600万份股票期权，每份股票期权拥有在有效期内的可行权日以行权价格和行权条件购买一股公司人民币普通股的权利，占当前公司总股本18 225.21万股的8.779%；股票期权的行权价格为14.85元；股票期权激励计划的有效期为八年。

2. 博瑞传播股权激励计划的主要内容

根据博瑞传播《公司股票期权激励计划》的设计，公司股权激励的对象包括上市公司董事会与监事会成员11人，上市公司高级管理人员3人，上市公司控股子（分公司）董事、总经理、副总经理及核心骨干人员30人，共计44人，激励对象行使已获授权的股票期权必须同时满足如下条件：在2006—2008年三个会计年度内，分年进行考核，激励对象年度个人绩效考核达标，扣除非经常性损益后的净利润比上年增长不低于15%，该年度每股收益不低于0.48元，当年度考核达标的，全体激励对象在年度报告公告日起获得当年新增的可行使股票期权额度，数量分别为640万份，480万份和480万份，未达到当年度考核指标要求，则当期的全体激励对象股票期权总额被注销。

3. 博瑞传播股权激励计划的行权过程

自公司董事会确定2006年10月26日为激励计划授予日，2007年7月13日，六届十二次董事会及五届九次监事会根据公司实施2006年度利润分配情况将每份股票期权行权价格由原来的14.89元调整为14.69元，2007年度被激励对象达到相关的考核指标后，以2008年2月29日为登记日，将公司股票期权激励计划首期行权涉及的2 000 000份股票期权统一行权，其中公司董事、高管人员行权股份总数318 173股，实际行权人数为38人，认购资金净额29 350 000元。公司由于2008年5月15日实施了2007年度利润分配和资本公积金转增股本方案，2008年6月27日，将公司未行权股票期权行权数量由原来的1 400万份调整为2 520万份，未行权每份股票期权的行权价格由原来的14.69元调整为8.05元。成都博瑞传播股份有限公司于2009年3月13日以通讯表决方式召开七届六次董事会及六届六次监

① 相关数据根据出版传媒2010年年报，上交所网站提供。

事会，会议审议通过，鉴于公司2009年3月4日股东大会已通过2008年度利润分配方案[每10股派1.50元（含税）]，依照《股票期权激励计划》相关规定，股票期权行权价格调整为7.90元/份，2008年度被激励对象达到相关的考核指标后，公司以2009年3月23日为登记日，将公司《股票期权激励计划》第二次行权涉及的8 000 000份股票期权统一行权，实际行权人数为38人，行权价格为7.90元/股，认购资金净额63 170 000元已全部出资到位。

2010年5月7日，博瑞传播刊登调整公司股票期权行权价格及数量的公告，鉴于公司已实施了2009年度利润分配及资本公积转增股本方案［每10股送2股转增4股派1.50元(含税)］，依照《股票期权激励计划》有关规定，调整后未行权股票期权行权数量为2 752万份，行权价格为4.84元/份。2009年度被激励对象达到相关的考核指标后，成都博瑞传播股份有限公司以2010年5月14日为登记日，将公司股票期权激励对象第三次行权涉及的1 536.00万份（占公司现有总股本约2.56%，占股票期权可行权数量的55.81%）股票期权统一行权，公司董事、高级管理人员行权股份总数为6 682 949股，募集资金净额7 431.24万元。博瑞传播公司制定的三年期股权激励计划如期完成，其中未出现公司经营未达到限制性条件未行权的现象。

4. 博瑞传播股权激励效果分析

股权激励的效果可以从公司股东大会、资本市场的股价表现以及公司业绩等指标进行分析。从股东大会对股权激励计划的审议情况分析，2006年10月8日上午，博瑞传播召开2006年第一次临时股东大会，审议股权激励计划，参加表决的股东及股东代理人共17人，代表有表决权股份93 218 129股，占公司有表决权股份总数的51.15%，100%同意，0股反对，0股弃权通过了股权激励方案。可见该方案得到了股东大会的一致赞成。公司的股价表现来看，公司通过股权激励计划时，公司股价维持在14元左右，在股权激励计划实施的过程中，公司股价最高接近40元，虽然公司股价表现受到多方面因素的影响，但其中股权激励计划也是其中重要的影响因素。从公司的经营业绩来看，股权激励方案实施以后，博瑞传播的业绩呈现较快增长：2006年度每股收益为0.50元，扣除非经常性损益后净利润增长率为26.12%；2007年每股收益0.70元，扣除非经常性损益后净利润增长率为37.68%；2008年每股收益0.52元，扣除非经常性损益后净利润增长率为67.63%；2009年每股收益0.70元，扣除非经常性损益后净利润增长率为32.78%。每年都达到了绩效考核目标，显示了股权激励的威力。

三、博瑞传播股权激励方案的经验与启示

1. 科学评估股权激励的外部环境与内在约束因素

股权激励作为一种长期激励手段，激励时效的长期性、评价指标的动态性和激励效果的复杂性导致其受到多方面因素的影响与制约，特别是资本市场有效性的影响。由于股权激励直接与股票市场价格挂钩，在健康有效的资本市场上，股票价格可以反映公司的业绩和长期赢利能力。如果上市公司股价不能有效反映上市公司业绩，激励作用就会大打折扣。由于我国证券市场尚不成熟，公司股价与公司经营业绩时常不一致，甚至有时表现出逆向关系。这时难以对公司的盈利能力和管理水平给予客观的市场评价。

从企业内部来讲，由于传媒产业的特殊性，大多数媒介类上市公司在上市过程中形成了股权高度集中于单一大股东的特点，控股股东对上市公司的行为往往超越了上市公司的法人边界。除董事会受大股东操纵，缺乏独立性，难以体现科学决策精神外，由于公司治理结构

不完善，存在所有者缺位的现象，从而出现一定程度的内部人控制现象。如果上市公司的真正控制者不是股东，而是公司的经营管理者，那么股权激励计划就不能代表股东的真实意图，一旦管理层滥用，股权激励计划就可能会损害上市公司利益。

2. 选择切实可行的股权激励模式

股权激励的目的在于激励管理者致力于提升业绩，提高股东权益。博瑞传播以后，许多媒介类上市公司开始推出股权激励方案，方案涉及的激励对象、激励形式、激励力度存在较大差异，如何切实制定有效可行的股权激励方案仍是一个未定的问题。媒介类上市公司应根据传媒业的人力资源特点、行业特点和收入分配现状，选择合理的股权激励对象、有效期、激励力度和激励方式。

首先，应适当延长股权激励的有效期，并规范被激励对象的行权有效期。博瑞传播的股权激励周期为三年，仍属于短期激励，长期性不足。随着股权激励制度的完善，股权激励的有效期应适当延长。应进一步规范被激励对象的行权有效期，通过规定适当的锁定期，防止股权激励在授予后立即实现权益，从而避免可能导致的短期套现行为。否则，股权激励将蜕变为一次性福利，也容易出现内幕交易或操纵股价的行为。

其次，应适度扩大股权激励的范围。博瑞传播股权激励的范围局限于部分董事和高级管理人员，属于窄基股权激励，与我国传媒产业人力资源的状况与特点相比，激励范围过窄，不利于调动关键的技术员工和创意人员的积极性、主动性与创造性，也容易扩大收入分配差距。随着股权激励的深入，股权激励应适度考虑扩大股权激励的范围，以充分发挥股权激励的激励效应。

再次，应科学确定激励力度。根据我国的相关规定，上市公司全部有效的股权激励计划所涉及的标的股票总数累计不得超过公司股本总额的10%。非经股东大会特别决议批准，任何一名激励对象通过全部有效的股权激励计划获授的本公司股票累计不得超过公司股本总额的1%。激励力度是股权激励计划中特别需要均衡考虑的因素。力度不足难以起到激励作用，激励目的难以实现；力度过大对股本影响大，会增加企业成本，并使股东权益摊薄问题变得敏感。

最后，应合理选择股权激励手段。经过长期实践，股权激励已经出现了诸如业绩股票、股票期权、虚拟股票、股票增值权、限制性股票、延期支付、经营者/员工持股、账面价值增值权等多种形式，国际通行的股权激励方式主要有股票期权与限制性股票。媒介类上市公司可以根据激励对象和产业特点选择不同的激励手段，实施多元化的股权激励。

3. 设计科学的股权激励考核制度

股权激励是否能够达到预期效果，关键在于业绩考核评价体系的建立与完善。科学完整的业绩评价体系有利于正确评价被激励对象的业绩，提供科学的激励计量标准，体现正向的股权激励效应。就博瑞传播的股权激励计划看，行权的限制性条件仅为简单的每股净收益和利润增长率，指标单一。使用单一的财务指标评价经营业绩不仅过于片面，而且使得股权激励的行权条件易于实现，会客观鼓励激励对象利用职务和技术之便人为调整财务考核指标，扭曲股权激励的作用。之后，电广传媒制定的子公司股权激励方案的绩效考核指标则包含了体现投资收益水平的净资产收益率、投资收益率、考核期利润总额或年度利润复合增长率，体现公司市场竞争能力和成长性指标的净利润总额或增长率、主营业务收入规模或增长率等，反映子公司收益质量指标的主营业务收入利润率、年度应收账款和坏账比率、现金营运和周转数等，指标设置更加科学、完善。因此，在设计股权激励的考核制度时，评价指标体系应更科学、完整。财务评价指标除盈利能力指标以外，还应根据行业和地区设置偿债能力、营运能力、发展能力等中长期指标，设定不同指标的加权系数，最后计算出加权平均值，以此作为评价标准，以与股权长期激励指向相匹配。除财务指标外，还应包括道德标准和能力标准等非财务指标，综合考评被激励对象的品德、管理能力和职业素质。

4. 完善股权激励的企业配套制度

由于股权激励内在的长期性、复杂性，为使股权激励真正成为激励关键员工的“金手铐”，公司应为股权激励完善相应的配套制度。其中包括上市公司的董事会制度以加强对被激励对象的监督及薪酬管理，有效抑制道德风险，从而解决内部人控制问题。对于股权激励的决策机构薪酬委员会和被激励人委员，应该建立追溯制度。由于股权激励的长期性，如果薪酬委员会和被激励人在股权激励设计和激励期内出现重大疏忽或偏差，对上市公司造成实质性损害的，即使已经行权，也应该追溯其相应责任，回收相关的权益。再就是应完善上市公司的信息披露制度。目前上市公司对高管薪酬和股权激励信息的披露仍然有待规划完善。如电广传媒2000年开始准备实施股权激励计划，但其后近十年的时间并无任何信息披露，高管持股数量则持续增加；中信国安披露股权激励的设想以后，无任何进展信息的披露。股权激励计划实施后应对股权激励计划的相关信息进行及时、完整的披露，以助于监管机构、小股东及民众的监督。

总而言之，股权激励作为一种长期激励手段在世界范围的兴起，证明了其旺盛的生命力和适应性。随着我国传媒业体制改革的深入，股权激励正在成为越来越多上市公司的可行的激励模式。但是，由于股权激励自身的特点，我国媒介类上市公司在设计股权激励计划的时候，应该充分考虑股权激励效应的实现条件与约束因素，科学选择具有针对性的激励方案，以便最终能够实现股权激励的目标。

【参考文献】

[1] 黄扬略，刘明．传媒上市指引［M］．深圳：深圳报业集团出版社，2009.

[2] 朱勇国，王智．国有控股上市公司实施股权激励的现状与问题研究［J］．中国人才，2008（13）.

[3] 张俊瑞，张健光，王丽娜．中国上市公司股权激励效果考察［J］．西安交通大学学报（社会科学版），2009，29（1）.

[4] 张莉艳．浅析我国上市公司股权激励机制的优化［J］．生产力研究，2009（24）.

[5] 周正庆．证券知识读本（修订本）［M］．北京：中国金融出版社，2008.

[6] 董景山．国有控股上市公司股权激励机制研究［J］．学术探索，2009（3）.

[7] 上海荣正投资咨询有限公司．上市公司高管激励制度设计［J/OL］．上证联合研究计划第20期（2009-12），http：//www.sse.com.cn/sseportal/webapp/datapresent/SSEDisquisitionAndPublicationAct？REPORTTYPE=上证联合研究计划.

[8] 赵春明．上市公司高管激励制度设计［J］．上证联合研究计划第20期重点课题报告书（2009-11），http：//www.sse.com.cn/sseportal/webapp/datapresent/SSEDisquisitionAndPublicationAct？REPORTTYPE=上证联合研究计划.

【作者简介】

王松茂，武汉大学媒体发展研究中心研究人员，武汉大学新闻与传播学院副教授、博士，主要从事媒介经济学研究。

晋艺菡，武汉大学新闻与传播学院2008级本科生。

数字内容产业监管体系构建研究

黄玉波

一、数字内容产业的兴起及其变化

1. 数字内容产业的兴起

近年来，数字化宽带技术、多媒体传播终端与互联网的兴起，对传统的经济与文化生产形成了巨大的冲击，由此诞生了横跨通信、网络、娱乐、媒体及传统文化艺术等多个行业的数字内容产业。

数字内容产业来源于内容产业的发展。1995 年，西方七国信息会议首次提出“内容产业”概念。1996 年，欧盟《信息社会2000 计划》进一步明确其内涵为“制造、开发、包装和销售信息产品及其服务的产业”。1998 年，经合组织把内容产业界定为“由主要生产内容的信息和娱乐业所提供的新型服务产业”，具体包括出版和印刷、音乐和电影、广播和影视传播等产业部门。并进一步把“内容”划分为两类：一类是旧媒体，也就是传统的视听和音乐内容等；另一类是新媒体，综合了数字化的文本、资料、视听内容等多媒体服务，通过数字化终端或互联网传送、销售或发行，如电子书籍、以 MP3 元件存在的音乐、新闻、游戏、软件等①。后者就是我们通常所说的数字内容产业。

一般认为，数字内容产业（Digital content）是指以创意为核心、以 3G、互联网等信息技术终端为载体，将图像、文字、声音、影像等内容，运用数字化处理技术进行整合运用的产品或服务。从产品形态上来看，它则是一种以创意内容或知识为核心的精神产品。其主要由以下七大类构成：数字视听类、数字动漫游戏类、数字教育学习类、数字媒体类、无线内容类、互联网服务类、衍生产品商业化服务类。

2. 融合：数字内容产业发展变化的主要特征

随着下一代互联网和3G 技术的发展，未来基于数字技术的内容及其服务业的边界将会越来越大，与文化产业、信息产业等相关产业之间的界限也将越来越模糊。融合，将成为3G 时代下的数字内容产业发展变化的主要特征。

如何理解这种融合现象呢？产业融合的相关理论为我们提供了某种启示：产业融合是指不同产业之间的传统边界趋于模糊，甚至消失的现象。产业融合出现的主要原因是技术创新、政府放松经济性规制、企业跨产业并购、组建战略联盟以及四者之间的相互作用②。

产业融合从不同的侧面可以有不同的分类。于刃刚提出产业融合可以分为两类：部分融

---

① OECD. 作为新增长产业的内容［R］. 1998.

② 于刃刚，李玉红，麻卫华，于大海．产业融合论［M］．北京：人民出版社，2006：10.

合和全面融合。① 如果两个产业融合形成了一个新的产业，而原来的两个产业还依然存在，这种融合就是部分融合；如果新的产业出现后，原来的两个产业不再存在，则为全面融合。周振华从产品的角度，提出产业融合可以分为替代型融合、互补型融合和结合型融合。② 所谓替代型融合，就是指具有相似特征及其功能的独立产品在共同的标准元件束或集合中得以替代性的整合。也就是，原本各自独立产品进入一个共同的标准元件束或集合后，以其具有的相似特征及其功能整合成一种可替代产品。其中一种比较特殊的替代型融合，是发生在现实产品与虚拟产品之间的。互补型融合，就是具有互补性的若干独立产品在同一标准元件束或集合下得以高度兼容的整合。也就是，原本各自独立的产品进入共同标准元件束或集合后形成一个系统，使其能够有机地联合使用。结合型融合是指原本各自独立产品在同一元件标准束或集合下通过功能渗透完全结合为一体的产品整合。

数字内容产业与其他产业之间的融合呈现出以下主要特征：

（1）数字内容产业是文化产业与信息服务业部分融合的产物。

目前，数字内容产业的逐步形成并不是取代了信息服务业或文化产业，而现实是，无论是信息服务业还是文化产业，都把数字内容产业作为本产业具有发展潜力的重要组成部分加以对待，扶持发展。数字内容产业正在成为文化产业和信息服务业发展新的增长点。

（2）数字内容产业是文化产业与信息产业的一种替代型融合。

数字内容产品是文化产业信息化的产物。从产品的形态上看，传统的文化产品通过数字化改造，从印刷出版的有形产品，改造成电子化的无形产品；从产品传播途径看，以纸介质、磁带、光碟为主的载体形式正在过渡到以网络为主的传播方式。同时，它又不仅仅是单纯文化产品的数字化改造，而是在数字化的过程中，融入了数字技术的特色，从而对原有的文化产品进行了一次创新。

二、传统内容监管体系及其不足

1. “竖井”模式的形成及其历史作用

我国传统的内容监管模式是依据传播平台确立的以内容特质为基础的分类监管模式。其内容标准一般是基于不同的信号传输物理介质即传播平台的不同进行分类的，如报纸和杂志属于新闻出版机构监管，电视台、有线网属于广电监管，通信网和互联网属于信息产业部门监管。由于各网络传输的内容或服务比较单一，所以一般以此分类来实现对基于各种不同传播平台内容业务的监管，并因此形成了典型的新闻出版、广电、电信等分类监管模式。

对此，美国联邦通信委员会政策与规划办公室主任罗伯特·佩特在第一届中美有线电视高级管理研讨会上用“竖井”来形象地比喻传统媒体之间条块分割的管理体制。他说：“‘竖井’是把各个行业分开管理的，每个竖井的顾客是不同的。顾客总认为有线和无线，电视和电话都不是一回事，可是现在发生变化了。”“我们的旧规定不一定适合新的技术。联邦通信委员会的管理难题是如何从竖井这样的管理模式和机构上转到融合上来。”③

传统的“竖井”式的分类监管模式有利于发挥相关管理部门已有的管理经验，提高各自的监管效率。但分散的监管模式容易产生职能交叉或者管理漏洞等问题，相互之间的协调又会加大行政成本。

---

① 于刃刚，李玉红，麻卫华，于大海. 产业融合论［M］. 北京：人民出版社，2006：64.

② 周振华. 论信息化中的产业融合类型［J］. 上海经济研究，2004（2）：11-17.

③ ［美］罗伯特·佩特. 美国联邦通信委员会及通信政策管理概览［M］//赵子忠. 内容产业论. 北京：中国传媒大学出版社，2005：136.

2. “竖井”模式的不足

①多头监管体系导致模糊的监管权限配置。传统的内容监管过程中，往往受到党委宣传部门（负责舆论导向和主要人事管理）和政府多个监管部门的共同管理。主要部门有：信息产业部、新闻出版局、广电局、文化局等部门（负责行政管理与行业管理），还有国资委（管国有资产）、工商局（管广告和不正当竞争行为）、物价局（管定价）等部门。平时这些部门各管一摊，按照官方的语言是“分工负责，协调配合”。实际情况却表明，平常的“各管一段，多头监管”的效果总不尽如人意，如虚假广告、内容的庸俗化问题、网吧整治、扫黄打非等成为长久以来难以解决的老大难问题。因此，就诞生了中国特色的联合“治理整顿”这样一种非常规的监管方式。如2003年的报刊治理整顿、2005年的虚假广告联合治理整顿，每年数次的“扫黄打非”专项治理行动等。

“多头管理”实际运作过程中往往会演变成为“无人负责”，“分工负责，协调配合，形成合力”的背后实际上是“多头管理、体制分割、职责不清”，因而管理上出现乏力和漏洞，它深刻地反映了我国内容监管体制层面的问题。这种体制的弊端造成日常监管行为的困难，也折射出我国内容监管机构权力配置的模糊。

从监管理论来分析，模糊的监管权限配置将导致监管权力的可能滥用。① 监管部门具有相关产业法规设立和一定的行政裁决权，这种将立法和执法以及制定和执行相关监管政策集于一体的机构基本上垄断了产业的行政边界。但在模糊的监管权限配置过程中，这种行政监管边界的划分也是十分模糊的。因此，在诸多原则性的框架下，各主管监管机构事实上拥有了更多、更大的自由裁量权。特别是在新兴的交叉性数字内容业务领域，也就有可能产生相互之间的监管权的争夺与滥用的问题。

②监管手段割裂：以政策调控和部门规章为主，各自为阵。我国传统的内容监管手段主要是以政策调控为主，法律监管为辅。首先体现在数量上新闻法规的偏少，大量的管理是通过灵活迅速的政策来进行的，如中共中央和中宣部发布的各种各样的通知、规定、座谈会、纪要、领导人讲话……其次，在实际功效上，也往往体现为法规为“虚”，政策纪律为“实”的“约束”机制。②

其次，在我国现行内容监管法律中，数量最大的就是国务院制定、发布的专门管理新闻传播活动的行政法规（法规性文件），如《出版管理条例》、《广播电视管理条例》、《有线电视管理暂行办法》等，以及新闻出版、广播电视行政管理部门制定、发布的部门规章（规章性文件）、规范性文件，如《广播电台电视台设立审批管理办法》、《关于进一步加强广播电视广告宣传管理的通知》等。

我国现行内容监管法律中以行政法规、部门规章为主的原因在于：行政法规、部门规章的法律效力虽不及法律，但其修改程序、创制程序比较简单容易，为其因时因地制宜，针对新的传播环境作出适时调整提供了便利。但是，以行政法规、部门规章为主的传媒法制现状，使得各级行政部门在部门规章制定过程中势必会倾向维护本部门、本地区的利益，部门利益与地区利益之间错综复杂的冲突使得传媒产业的跨媒体、跨行业，尤其是跨地域发展一直成为传媒经营管理中的老大难问题。如广电与电信在网络业务和信息增值服务业务之间的冲突，报纸与广电之间也缺少产业合作，很少形成跨媒体发展的综合性传媒集团。

③监管效果：高成本、短期化。政策的灵活性、应急性制定机制，使其对于内容监管过

---

① 此处参考周耀东. 中国公用事业管制改革研究［M］. 上海：上海人民出版社，2005：77-79，88-89.

② 夏倩芳. 新闻改革与双轨管理体制——一种政策和官方话语分析［M］//新闻与传播评论（2004年卷）. 武汉：武汉出版社，2005：128.

程某些具体问题的解决往往显得比较迅速有效，与制定法律相比成本较低。但是对于内容监管中的体制性问题、老大难问题，政策呈现出短期效应，往往是“头痛医头，脚痛医脚”，而且需要不断激活，与法律的稳定相比较，总体管理成本的增加就不可避免。政策的短期效应，还造成公众对政策多变、政策不稳定的社会心态，产生“上有政策，下有对策”的逃避政策调控机制，加大了政策调控运行与监督环节的成本，影响了政策执行的效度。其结果不外乎经过一阵运动式的整治以后，问题往往会“卷土重来”。如我国治理虚假广告泛滥的问题，党和政府几乎每年就要重复出台类似的政策进行治理，便是一个明证。

形象来说，我国传统媒体内容的分类监管效果模式可以概括为“问题式”监管和“运动式监管”。所谓“问题式”监管模式的突出特点是滞后效应，不能预见问题，不能提前作出反应。所谓“运动式”监管的突出问题是短期效应，没有长效机制，无法保持理想的监管效果。①

面对新世纪数字内容产业的蓬勃发展，我们在监管模式应该深刻反思传统分类监管的体制性弊端，适应现代技术开放、融合的本质特征，构建新型的融合性内容监管体系。

三、现代数字内容监管的难题、困境

数字媒体传播具有信息数量庞大、内容繁杂、形式多样，信息的发布、传播、处理等具有隐蔽性、传播快、影响面广等特点，信息的发布者、传播者、接收者不容易掌握；参与数字媒体新闻传播业务的既有各类企业，又有新闻媒体，主体复杂。而且，面对新兴数字内容产业的多种融合形态，原有的法律法规难以适应快速发展的产业的需求。所有这些，都使数字媒体传播的内容监管更加复杂和困难。

中国人民大学匡文波教授的研究表明：数字媒体作为高新技术的产物，是在行业的交叉地带发展起来的，横跨多个行业，产业链条复杂，其发展速度之快，带来的问题之复杂，超越了目前普遍的认知水平和管理水平，出现了管理责任不明、管理依据不足、管理力量薄弱等问题，也出现了行业发展受利益驱动明显、知识产权保护不力、产业生态环境恶化等监管难题。②

学者郑保卫针对数字化时代的内容监管难题指出：“数字媒体内容的出现和加速发展使得传统的内容监管体系猝不及防。在传统媒体内容监管时代，控制既是监管的目的，也是监管的手段；在数字化时代，对媒体内容的控制仍是必需的，但它已不再是监管的有效手段。探寻如何以疏导为主的方式来达到控制的目的，才是数字媒体内容监管的当务之急。”③

深圳大学黄春平和余宗蔚的研究表明，在数字内容融合的产业背景下，传统的内容监管模式面临以下三个方面的困境：“首先，网络的融合使得传统的分类监管陷入困境，从而出现数字内容的监管模式抉择。其次，终端的融合使得传统的源头控制失效，从而带来数字内容的监管失控。再次，内容的融合使得交叉的内容业务出现，从而导致数字内容的监管权属之争。”④

传统的内容监管模式来源于作为公共传媒的资源稀缺的理论。既然内容的发布作为一种对社会发展起着巨大作用的稀缺性公共资源，理所当然应该对其进行监管。且由于广播、电视、报纸等内容载体具有不同的物理特性与生产流程，因此有必要进行分类监管。但是，如

① 付玉辉．我国数字媒体内容监管的演变特征［J］．当代传播，2009（4）：85.

② 匡文波．论中国数字媒体内容监管体系的创新［J］．国际新闻界，2007（11）：32.

③ 郑保卫．数字化技术与传媒的数字化革命［J］．国际新闻界，2007（11）：10.

④ 黄春平，余宗蔚．媒介融合背景下我国数字内容的监管难题与解决路径［J］．深圳大学学报，2010（3）：141.

今传播平台的融合使得不同传播平台可承载同一内容，或者同一内容可由多个传播平台传输和接收。“在技术汇流和媒体融合的大背景下，只有通信运营商、内容提供商、服务提供商，而不再存在单纯意义上的报纸或电视”①。因此传统的依据传播平台确立的以内容特质为基础的分类监管模式开始陷入困境。

三网融合，导致原来分别划归为通信电话网、计算机互联网和有线电视网的业务实现了互联互通。由此，彼此之间的内容业务出现了相互交叉的情况。同一种内容可以在不同的平台之间彼此共享。并且，网络融合所产生的更多的传播渠道也刺激了更多内容的生产集成。如新的可以在广电网上和电信网上提供的业务形态 IPTV、手机电视，等等。“内容产品来源范围会更多，不同的行业会提供不同的内容产品，过去的管制方法主要是通过稀缺媒介控制来实现的。但是，数字技术使媒介从稀缺走向丰富，原有通过媒介控制的方法正在逐渐失去基础。”② 这样传统的传播内容源头控制将失效，从而导致数字内容的监管失控。

新型的数字内容媒体如手机报、网络视频、手机电视等传播载体发布的内容既有传统媒体的内容特质，又带有新媒体的属性。它们是按媒体属性由意识形态主管部门来实施管理，还是按产业属性由信息产业部门来实施管理？它们是否需要资格准入？这种资格准入是以按广电或出版的标准准入还是采纳电信的准入方式？这些问题都是由于网络的融合所导致的业务的融合乃至产业形态的交叉融合而引发的，传统的监管主体基于自身监管权利的延伸，很容易出现彼此之间监管缺位或越位的情况，从而导致数字内容监管的归属之争。

近几年来，关于 IPTV、视频网站内容监管权力的激烈争夺，几乎使得相关产业的发展处于停滞状态。这些教训使得新型融合性内容监管模式显得愈加急切和紧迫。

四、如何从“竖井”走向融合？

应该说在以往产业分立背景下，传统的内容监管有相对完整的计划管制体系和相应的激励措施，尤其是在内容管控和意识形态控制等方面是非常谨慎和严格的。但对于媒介融合，尤其是在融合背景下的数字内容产业发展的现代监管却准备不足。随着数字内容产品的极大丰富，原有的监管框架和方式将发生革命，三网融合将进一步推动新型融合型监管体系的重建。数字内容产业的大融合与迅猛发展已经到了需要通过现代政府监管体系的改革来扫除前进路上障碍的时刻。

1. 遵循数字融合文化应成为数字内容产业监管的基本思维

以数字信息传播为核心的传播体系所具有的开放性和互动性正在进一步趋于明显。伴随着数字技术的融合，原来的受众不再是被动接收的一方，同时也成为主动的内容生产方。这样扩大了内容生产的范围，媒介的主体身份发生了改变：传播主体从特定人员到全体民众。个人作为一个个独立的内容提供者，将会成为重要的内容创造力量。

当具有开放性特征的数字媒体内容传播日益融合，并成为人类社会重要的信息传播方式时，如果采取传统的分类监管思维，将违背数字媒体发展的客观规律，而且很难取得有效的管理效果。“只有采取开放的管理思维，才能够真正把握数字媒体内容监管的客观规律，形成开放、有序的数字媒体内容传播环境。”③

2. 强化融合性监管立法

作为一种硬性控制手段，加强数字媒体内容监管的法律法规建设，是世界各国数字内容

① 支庭荣．融合与转型：传统媒体的未来生存法则［J］．中国记者，2006（2）：52.

② 赵子忠著．内容产业论［M］．北京：中国传媒大学出版社，2005：125.

③ 付玉辉．我国数字媒体内容监管的演变特征［J］．当代传播，2009（4）：86.

监管的主要做法。韩国是第一个有专门的网络审查法规的国家。韩国于1995年制定了《电子传播法》，由信息通信道德委员会对“引起国家主权丧失”或“有害信息”等文字和音视频内容进行审查。在新加坡，1996年7月，政府广播管理局宣布对互联网实行管制损害公共道德的内容，包括色情，鼓吹性解放和性乱交、宣扬暴力、性、裸体或恐怖等内容。1996年9月，英国政府颁布了互联网监管法规《3R安全规则》，打击通过网络发布色情内容和其他有害信息。在法国，1996年针对通信自由制定的《菲勒修正案》，迫使互联网服务供应商必须向用户介绍并推荐使用内容过滤软件。

数字媒体有其特殊的产业发展规律与技术特点。在制定有关数字媒体的政策与法规时，要避免“鸵鸟”政策。政策制定与立法原则应该是顺应和促进数字媒体产业发展，规范与发展并重。如大力加快知识产权相关立法进程，保护数字内容产业发展的核心竞争力。但是，我国目前对数字媒体内容的监管存在一个严重问题，就是重“规范”轻发展。政策法规本应该是促进数字媒体产业的发展，而事实却是许多政策法规都在制约其发展。实际上体现为监管权的恶性竞争。例如2010年2月，广电总局发放首批3G手机视听牌照，包括央视、上海文广、《人民日报》、新华社、中国国际广播电台、央广视讯、视讯中国、华夏视联这八家与广电关联的企业入选。很显然，这也是三网融合初期，广电对全媒体视频内容播控权的强化。今后，其他各类产业主体要发展手机电视业务也须获得广电总局的牌照，或者与获得视频牌照的广电企业合作。

3. 借助“大部制”改革契机，重新整合现有的监管机构

面对数字融合的飞速发展，监管机构的独立化趋势日益明显。以美国为源头，世界上大多数国家相继建立起相对独立的政府监管机构来管理数字内容产业的发展。如美国联邦通信委员会（FCC）、英国的通信管理局（OFCOM），等等。

这些相对独立的监管机构在监管过程中显示出许多优越性①：一是数字内容产业具有技术性强、需求变化复杂等特点，而独立监管机构是由相应的专家组成，丰富的专业知识有助于他们更好地履行监管职能。二是独立监管机构通常由立法机构直接设立，不受政府领导人的直接干预，能在相当程度上避免各种利益集团的影响，客观公正地进行监管活动。三是独立监管机构的职能单一，机构与成员相对稳定，这有利于积累监管经验，保持监管政策的连续性，有利于企业制定长期的投资决策。正是因为独立监管机构具有这些优越性，许多经济发达国家在传媒产业监管改革过程中，通常都设立了独立监管机构。

“大部制”改革为政府监管机构适应数字内容产业发展的要求提供了契机。政府监管改革应以促进数字融合为现实目标，根据新的产业分类以及数字融合的特点及趋势，重新整合现有的监管机构。建议在现有整合广电、文化、新闻出版、信息产业管理等部门的基础上，进一步整合信息产业的相关职能，使原先针对数字内容产业的门类分散的监管职能，集中成立一个相对独立的监管主管机构，从根本上解决目前监管中存在的机构重叠、多头管理以及政企不分的问题。

4. 加强社会性监管，注重对受众和消费者权益的保护

社会性监管，是以保障劳动者和消费者的安全、健康、卫生、环境保护、防止灾害为目的，对物品和服务的质量和伴随着它们而产生的各种活动制定一定的标准，并禁止、限制特定行为的监管。②

作为一个具有广泛社会影响力的公共产业和产品。好的内容对社会产生巨大的正向外部

① 王俊豪. 中国垄断性产业管制机构的改革［J］. 中国工业经济，2005（1）：56.

② 植草益著. 微观规制经济学［M］. 朱绍文，胡欣欣，译. 北京：中国发展出版社，1992：27.

性效果，同样质量低劣、导向错误的内容将给社会带来灾难。因此，有必要加强对数字内容产品的社会性监管。数字内容产业的社会性监管重点在于加强受众和消费者权益的保护。数字内容由于其隐蔽性和虚拟性，更容易发生消费者侵权事件。前不久发生的“QQ 大战 360”事件便凸显了消费者权益保护的重要性。结合数字内容的特殊性，根据我国消费者权益保护法的相关规定，数字内容产业的消费者在其数字信息消费的过程中应享有以下几项基本的权利：①消费者知情权；②自主选择权；③公平交易权；④维护尊严权；⑤消费安全的权利；⑥依法请求赔偿的权利。①

伴随着数字内容产业的迅速发展，国内数字信用体系和法律规范不健全的弊端已经显现。内容产业的渠道商和运营商侵犯消费者权益的现象日益增多。在数字内容信息的消费中，由于内容产品和传播服务的分享性，侵权的对象往往是群体消费，而侵害群体消费者权益的行为往往同时具有巨大社会效应。因此我们还应借鉴其他国家的做法，完善现行的诉讼程序，建立适合于解决数字内容消费纠纷的诉讼程序。如建立民事公益诉讼制度，赋予消费者协会、有关行政执法机关或者检察机关代表消费者提起诉讼的权利，以更好地追究内容运营商的法律责任，保护消费者的合法权益。

5. 充分发挥行业协会行业自律的作用

行政执法与行业自律相结合，是完善市场监管体制的重要内容。在我国数字媒体内容监管体系中，行业协会为数字媒体监管提供了有效的补充作用。基于信息技术的产业融合的大量发生，以及监管产业技术含量增加，单纯依靠政府机构的监管已经无法满足要求。而行业协会拥有专门的人才，对经济运行更专业，熟悉产业间和产业内的发展融合趋势，能够大大降低信息不对称。因此，行业协会对于监管体系作用的发挥不可或缺。

在监管体系中，行业协会担负着实施行业自律的重要职责。健全的市场秩序离不开管制，但并非所有的管制都需政府机构来强制实施。健全的行业自律组织可以替代政府的部分管制职能，而这可为改变政府权力过大的弊端创造条件。在市场中，大量的管制应当是自愿性管制。如果存在自治性的行业协会进行自愿性管制，政府的管制范围就可大大缩小，从而节约政府运作成本。

数字内容产业本身就是技术创新与商业模式创新的产物。数字内容的监管者和缔造者一样需要富有创新精神！

【作者简介】

黄玉波，新闻学博士，深圳大学传播学院副教授，深圳大学传媒与文化发展研究中心研究员。主要研究传媒经营与管理、广告传播。

① 田韶华，等著．传媒产业法律规制问题研究［M］．北京：中国传媒大学出版社，2009：189-190.

2010年湖北省热点网络舆情分析报告

石义彬　朱剑虹　贺　程

一、2010年湖北省网络舆情热点事件

1. 年度热点舆情事件

武汉农民土炮抵抗拆迁事件：为了反对强制拆迁，武汉农民杨友德在自己承包地里搭了一个“炮楼”，用自制火炮于2010年2月和5月两次打退拆迁队。

武汉市黄陂区拆迁活埋事件：2010年3月3日，武汉市黄陂区发生一场惨案，一名七十岁的老妇人在阻止拆迁方施工的过程中被人殴打摔入沟内，然后被挖土机铲土活埋，虽经家人奋力抢救，仍因被埋太久不治身亡。

襄樊市男子派出所“服毒死”事件：2010年3月5日，湖北省襄樊一村民因趁货车翻倒之际搬走遗撒货物而被叫到派出所接受问讯，3小时后在距派出所几百米外的医院不治身亡。

荆州看守所在押人员“洗脸死”事件：2010年3月27日，湖北省公安县麻豪口镇黄岭村村民薛因盗窃自行车被公安县公安局给予治安拘留15日，4月7日，薛宏福被发现在拘留室中死亡。官方调查后宣布该男子为自杀溺水死亡。

彭宝泉与十堰“精神病”事件：2010年4月，湖北省十堰市郧西县网友彭宝泉2010年4月9日上午拍摄了几张群众上访的照片后，被送进派出所，并在其家属不知情的情况下于10日凌晨两点被派出所送进当地的茅箭精神病医院。

湖北厅官妻子被疑上访遭群殴事件：2010年6月23日，湖北省政法委一厅级官员的妻子在湖北省委门口遭到6名“信访专班”警察的围殴，殴打持续了16分钟。

鲁迅文学奖得主车延高及“羊羔体”事件：2010年10月19日，鲁迅文学奖获奖名单公布，武汉诗人车延高凭借诗集《向往温暖》获得诗歌类奖项。网友联系到车延高武汉市委常委、纪委书记的公务员身份，抨击鲁迅文学奖已经成为亵渎鲁迅之名的伪文学奖，并称其诗歌为“羊羔体”。

恩施公安局长“日记门”事件：2010年11月11日一名网友通过微博直播的方式，记述了湖北省恩施自治州某官员的升迁过程，涉及色情、权力寻租、行贿受贿等细节，最后在天涯论坛上形成一篇长达两万字的网帖《腐败书记微博》，内容直指湖北恩施公安局副局长谭志国。

魏霞、信义兄弟等宣传典型：2010年，湖北省涌现出不少优秀人物，他们的事迹也在网络上产生了巨大的影响。捐献全身器官的魏霞和讲求信义的孙水林兄弟是湖北省内主流媒体宣传的重点，其中信义兄弟被中央电视台评为“感动中国”十大人物。

2. 重点舆情案例分析

（1）武汉市黄陂区拆迁活埋事件

2010 年 3 月 3 日，武汉市黄陂区发生一场惨案，一名七十岁的老妇人在阻止拆迁方施工的过程中被人殴打摔入沟内，然后被挖土机铲土活埋，虽经家人奋力抢救，仍因被埋太久不治身亡。而在场的施工人员和警察对老人被埋不予理会，被村民指责见死不救。媒体纷纷对此事件予以关注，以“武汉七旬老妇被活埋”、“武汉七旬老妇阻拦拆迁，遭棍击被活埋致死”等作为标题吸引公众的注意，而随后官方用“意外”来解释此次事件更是掀起了轩然大波。网民利用网络媒体纷纷对此事件发表观点和看法，抨击暴力拆迁行为与警察的不作为，甚至上升到制度和体制层面进行炮轰。之后一名现场拆迁负责人和铲车司机被刑拘，死者遗体被火化，王翠云的儿子分别获得“800 平方米还建房、60 万补偿款”。

事实上，在经历了重庆最牛钉子户事件之后，强行拆迁已经成为中国的制度性问题，相关事件很难再掀起巨大的舆论热潮，而发生在武汉的这起事故之所以引发如此大的关注是因为其特殊性，首先“七旬老太”和“活埋”这样的字眼很容易挑动网民愤怒的神经，在一个长幼有序的法治社会，舆论不允许看到老妪被活埋这样惨无人道的场景；其次，事后处理的草率和私密协议的传闻加剧了网络舆论对此事件的关注。

（2）湖北厅官妻子被疑上访遭群殴事件

2010 年 6 月 23 日，湖北省政法委一厅级官员的妻子在湖北省委门口遭到 6 名“信访专班”警察的围殴，殴打持续了 16 分钟。事后官员妻子神志不清被送往武汉大学中南医院，经检查被害人全身 100 多处淤伤并伴随轻微脑震荡。当天，武昌区公安分局负责人前往医院看望，称“打人纯属误会，没想到打了这个大领导的夫人”。事件波澜在 7 月份于全国范围扩大，新民网一条“惊曝！湖北省委门口领导家属被便衣误作信访对象暴打”引发舆论地震，网友多方了解之后得知被害人常年上访，于是是否属于“打错”有待商榷。但警察机构肆意殴打上访人员、政府机关默认纵容的行为被舆论猛烈抨击。

在此事件中，最为网民所诟病的不只是殴打上访人员的恶劣举动，更令舆论哗然的是作为执法机关的公安局，居然说出“打错了”这样不负责任的言论，官方失实和漠然的回应使得该事件进一步扩大，新民网网帖“警方可以随便打上访者”中指出，“从领导的话中不难发现，一是打人是正常的，只不过今天打错了，所以称误会；二是因为你不是一般上访群众，而是省委大院领导家属，所以误会了；三是打人也是工作任务。上访者他们可以随便打，老百姓他们可以随便打，就是不能打当官的！”这一席言论，直接把武汉政府与陈玉莲之间的个人问题，上升到政府与所有上访者之间的矛盾，并引起了网友们的广泛关注和不满，也把武汉警方推到了风口浪尖。①

（3）恩施公安局局长“日记门”事件

2010 年 11 月 11 日，一名 ID 为“某-书-记”的网友通过微博直播的方式，记述了湖北省恩施自治州某官员的升迁过程，涉及色情、权力寻租、行贿受贿等细节，最后在天涯论坛上形成一篇长达两万字的网帖《腐败书记微博》，在直播过程中该帖被疯狂转载。该官员日记的香艳程度，并不亚于年初曝光的烟草局长日记，故而引发了众多网友的追捧。人肉搜索显示，日记主角系现任湖北恩施公安局副局长谭志国。但当事局长称帖子无中生有，系侮辱

① 王蕾．湖北“打错门”舆情应对分析［EB/OL］．［2010-02-20］．舆情网，http：//yuqing. sjtu. edu. cn/index. php？ option = com _ content&view = article&id = 587：2010-10-17-08-48-10&catid = 44：2010-10-14-10-42-48&Itemid = 58.

毁谤。恩施官方面回应称，初步调查显示日记不是谭本人所写。① 网民依旧保持很高的热情，11 月 16 日晚，恩施宣传部门透露，相关部门已就腐败“日记门”召开专门会议，并组建了“专门班子”。至此，公众开始期待公正明确的调查结果。

在官方进行调查的同时，网民也在网络论坛上展开激烈的讨论，据人民网舆情中心的抽样统计数据，23% 的网民倾向于认为该日记内容为真，19% 的网民要求核实事实公布财产，共有 83% 的网民对此事件持相信态度。可见，在当下的社会环境中，普通民众已将官员腐败行为视为常态，对官方回应也大多采取不信任的态度。

二、2010 年湖北省网络舆情特征解析

舆情是指在一定的社会空间内，围绕着中介性社会事项的发生、发展和变化，作为主体的民众对作为客体的国家管理者产生和持有的社会政治态度，一般是指公众所具的社会政治态度。网络舆情一般是指公众依靠互联网这一媒介对某些焦点和热点问题表达出的有一定影响力、倾向性的意见或言论。网络舆情就是通过互联网表达和传播的各种不同情绪、态度和意见交错的总和。② 针对湖北省 2010 年的重点舆情案例，本文将从舆情主体、传播工具、公共事务等五个方面为出发点来分析 2010 年湖北省网络舆情的具体特征。

1. 舆情主体层面

（1）网民意见趋向多元化，媒介素养有待提高

近年来，随着技术的不断进步，互联网接触已经成为普通民众生活的一个重要部分。信息传播成本的大幅降低使得网民能把自己看到的事件及时在网上发布，许多消息的发布往往早于传统媒体。在这个过程中，每个网民既是接收者，也是传播者，传统媒体权力的分散导致了传播的“去中心化”，“主流观点”也逐渐受到了不同程度的挑战，网络媒体为传统媒体设置议程的情况已屡见不鲜。在网络空间中，原本广为分散的个体，会因共同的兴趣或对某一事件产生共同关注而发出“群体”的声音，并使他们的声音被政府和政治家所听到。③

当下，基于社会公义和社会正义的讨论呈现多元化的趋势，无论这些声音是发自既得利益者还是旁观者，都是一种讨论和协商的基础。然而，意见的多元化很可能导致群体间的互相攻击。在网络论坛上我们经常可以发现，网民往往被分割成几个持有不同观点的小群体，这些小群体内的成员互相支持，一致对外，最后往往演化成网络暴力。这种情绪化的表达方式，一方面使理性化的表达被淹没，另一方面使网民习惯了这种舆论氛围，新的观点表达者想使自己的观点得到网友的支持，就需要更激烈的表达方式。这样的舆论环境会影响意见的表达。

（2）利益集团对舆情的影响力逐渐增强

在这个众声喧哗的时代，我们在分享网络带来的传播便利的同时，网络推手与网络炒作的出现不得不使人们冷静下来，理性的思考网络狂欢背后的利益博弈。网络的匿名性、互动性、个人化等特点有利于塑造并引导舆论，随着网络炒作和网络营销的日益风行，利益团体利用网络舆论维持或获取政治、经济利益的现象也越来越普遍。网络公关公司为了商业利益或者政治原因，经常组织和雇佣大量“网络水军”就某一事件进行铺天盖地的宣传，同时

① 湖北恩施公安副局长“日记门”舆情应对［EB/OL］. 人民网，http：//www. people. com. cn/GB/209043/210114/13515141. html.

② 刘毅．网络舆情研究概论［M］．天津：天津人民出版社，2007：53.

③ 斯坦利·巴兰，丹尼斯·戴维斯．大众传播理论：基础、争鸣与未来［M］．曹书乐，译．北京：清华大学出版社，2005：354-355.

利用现代电子技术制造仿真场景和照片也变得容易，不明真相的网民接触到该类信息，很有可能跟进发帖和评论，那些主观上的情绪表达实则陷入了网络策划的陷阱当中，舆论也越来越被网络公关公司所制造的“信息流瀑”围裹和导控着。①

2. 舆情传播工具层面

（1）微博成为新兴的舆情生成与传播工具

近两年来，微博逐渐取代了博客和 SNS 网站成为网络空间最受关注的传播工具，各种名人微博和机构微博纷纷上线，截至 2010 年 10 月，中国微博服务的访问用户规模已达到 1.2 亿人，活跃的注册用户数突破 6 500 万个，在新媒体运用更加敏捷、广泛的今天，微博正在给中国公众带来新的话语空间，也在改变着信息、媒体，甚至包括政府公共服务信息的传递。② 因为其短小精悍、转载方便且传播随意性大，所以信息把关难、传播异常迅速成为微博区别于其他网络传播工具的特点。在许多网络舆情事件中，知情人或者当事人往往就是通过微博发布第一手信息的，同时一些经典的评论也会借助微博转载而迅速流传。③ 在湖北恩施公安局局长“日记门”事件中，微博扮演了重要的角色，ID 为“某-书-记”的网友在微博上发布的信息被迅速转播，并被收集制作成网页，形成了舆论热潮。即便在当事人和相关部门声明该微博内容纯属虚构之后，也没有遏制舆论的进一步扩散。

（2）自媒体与传统媒体合力传播

在网络舆论发力的同时，传统媒体的作用仍然不可忽视。正如一些研究者所言，网络舆情的产生离不开传统媒体的报道和评论，新老媒体之间原本就具有相互依存的关系，二者的互动模式主要表现为两种：第一种是传统媒体首先就某一事件进行报道，经过门户网站转载后，引发第一轮网络舆论；此后在一些 BBS 和网络社区出现相关的讨论帖，同时部分专业人士通过发表博客就事件进行评论，形成第二轮网络舆论。第二种情况则更为普遍，事件首先曝光在网络媒体上，经过网络写手和 BBS 版主的推动，引发网友大范围关注，形成第一轮舆论；当关注度达到一定程度，传统媒体会跟进报道并核实消息，最终形成较为完整、可信度较高的事件信息，这些信息被互联网再度转载，引发门户网站新闻评论、BBS 评论、博客评论，形成第二轮舆论。④ 由于网络媒体把关功能的弱化，一些敏感的能触动社会神经的信息通过网络渠道公布出来后很容易引起广泛而深刻的讨论，而禁忌一旦被打开，传统媒体会出于自身的经营考虑加入其中，这种参与是被动与主动的结合。如果是主动，媒体间便会形成循环往复的多间次互动议程设置，从而推动议题被更广泛地关注。如“湖北厅官妻子被疑上访遭群殴事件”，事发一个月后，新民网一篇名为“惊曝！湖北省委门口领导家属被便衣误作信访对象暴打”网帖的发布，才将该事件曝光，并迅速得到广泛的关注。随后《南方都市报》深入采访报道，引发了社会对该事件的进一步关注。

3. 舆论客体——公共事务层面

（1）对公权力的关注占据了网络舆情的中心

2010 年网络舆情的焦点依旧主要指向公权力。随着社会经济发展和改革开放的逐步深

---

① 倪萌林．略论网络舆论的组织与自组织及其启示——基于网络舆论生成机制的分析［J］．前沿，2010（6）：162-165.

② 肖明超．媒体称微博带来新话语空间 裂变式传播信息［EB/OL］．［2011-01-16］. http：//www.sina.com.cn.

③ 2009 中国网络舆情综述［EB/OL］．［2011-01-16］. http：//news.sina.com.cn/c/2010-04-19/193520107301.shtml.

④ 2009 中国网络舆情综述［EB/OL］．［2011-01-16］. http：//news.sina.com.cn/c/2010-04-19/193520107301.shtml.

入，社会转型期的种种问题也开始出现，“相对剥夺感”逐渐成为一种普遍现象，它是人们在将自己的利益得失与其他群体进行比较以后而产生的，表现为人们通过与其他群体比较而感知到自己所得的回报与所做的贡献不成比例，并因而产生了不公平感①。这种不公平感表现在网民对公权力的普遍质疑上，网民们更加关注自己的私人空间和利益是否受到公权力的侵蚀。从行为主义角度看，网络舆论压力的大小与公权力是否很好地执行之间的关联符合霍曼斯“行为主义交换理论”中的“攻击—赞同”命题：当一个人的行动没有得到他期望的报酬，或得到他没有预料到的惩罚时，他将被激怒并可能采取攻击行为，这一行为的结果对他更有价值；当一个人的行动得到了他期望的报酬，特别是比他期望的报酬还多时，或者没有受到意料中的惩罚时，他会感到高兴并可能采取赞同行为，这一行为的结果对他更有价值。②

正是如此，在绝大多数网络事件中，是否有公权力的介入和影响，成为网络舆论关注的首要问题，一旦发现了公权力的影子，网络舆论就容易秉持质疑和攻击的态度；如果公权力顺从网络民意，则整个网络事件会逐渐消解，反之，则会激起更激烈的舆论热潮，致使事件一发不可收拾。在前文所列举的网络事件中，除了魏霞和信义兄弟等正面典型之外，都涉及对公权力的质疑和拷问。“羊羔体”事件本身是对鲁迅文学奖公正与否的争论，但在事件中网友关注的重点不仅是车延高的诗作水准，还有他武汉市委常委、纪委书记的公务员身份。诗作的水准是一个见仁见智的问题，但网友的质疑几乎都提到了他的身份，而“书记”也是网友评论中出现频率最高的词。

（2）戏剧性和情感因素是舆情生成的重要因素

网络能提供海量信息，但是网络媒体不同于传统的大众媒体，它在本质上是个人化的传播工具，信息的制作和传播具有强烈的个人色彩。网络信息传播者要寻求最大化的传播效果，最有效的方法便是发布具有颠覆性和戏剧性的信息，进行情感动员，以求在最短时间里获得最多的关注。在网络事件中，网民可以借助计算机自由而多元地调用各种符号来设置议程，缔造了不需要面对面交流就能感知“彼此共享命运”的公众网络，浸没于日常生活中的原子化个体，像网络磁场中的铁屑，被迅速吸引到公共议题上来，他们自主调用“意义储备库”，拉高话题可见度，自发制造“新闻”热点，并设置舆论导向、建构集体认同感。这是现阶段中国社会网络民意沸腾、网络舆论能够深度影响社会现实的重要原因。③这种戏剧性策略在“邓玉娇事件”中就发挥过重要作用，随着网络接触时间的增加和网络使用的熟练，网民掌握了更多的情感动员技巧。例如拆迁问题是这两年的舆论热点之一，但除非有重大状况产生，一般很难吸引公众目光，所以在黄陂拆迁活埋事件中，“活埋”一词被反复强调，在很大程度上激起了民愤，使公众对事件的关注提高了几个层次。

4. 网络言论及网络行为的新发展

（1）网络言论在理性与非理性间继续徘徊

网络的发展让我们看到了普通人参与公共事务的可能，但是目前的网络言论仍徘徊在理性与非理性之间，网络空间距离哈贝马斯所描述的公共领域仍有相当大的距离。网络确实在改变着人们参与公共事务的方式，但是“社会知识—权力”结构并未发生根本性的改变。

---

① 罗桂芬．社会改革中人们的“相对剥夺感”心理浅析［J］．中国人民大学学报，1990（4）．

② George C. Homans. Social Behavior：Its Elementary Forms［EB/OL］．［2009-12-18］．New York：Harcourt Brace Jovamovich，1974；参见我国网络公共社区舆论的形成发展与消解．http：//news. sohu. com/20091218/n269054455. shtml.

③ 王英．网络事件中的符号运作技巧——以“小百合BBS汉口路西延事件”为例［J］．东南传播，2009（10）：48-50.

由于网络技术是既有知识—权力结构的产物，仅依靠网络技术本身是无法迈向民主社会的；在公众参与这一群体行动中，比“民主”的网络和民主的意愿更重要的是参与所需要的知识与能力。在群体中，由于从众心理、团体认同等非理性因素的作用，人们更容易丧失独立思考的能力，对事物形成较为偏执的立场。信息在网络空间中传播的两个特点表明，网络群体在行动时所依据的信息传播快、区位化且容易失真，这可能进一步使得网络群体的偏执性得到极度的放大，而形成强烈的关于共同信念的集体想象。这种对群体观念的认同一旦形成，就可能左右群体中的网民的意志，令其以想象的共同信念替代对信息的负责任的独立思考。同时，鉴于网络空间中的意见表达的操作成本很低且不会对个人产生直接危害，人们在网络空间中更容易以游戏的态度随意地表达意见。这样一来，特别是当所谓的共同信念与其他事物相对抗时，在网络空间中发起的共同抵制往往可能在短时间内形成声势和规模。

（2）策划性舆论事件增多

网络言论呈现多样化的趋势，“网络水军”和“五毛党”的状况在某些事件中得到比较明显的体现。由于缺乏把关人，网络中的信息传播更加个人化，网民发布信息是一种有目的的行为，并且希望自己的信息对他人有预期的影响作用，尤其是网民中的“意见领袖”，其发布信息的目的性和论理性更强，对他人的影响更大，因而对网络舆论起一种组织作用；其中不乏专门的网络推手，其为了自己的欲求目的专门裁剪信息内容、设计能吸引人的标题，对网络信息推波助澜。①

湖北十堰“精神病”事件之所以广受关注，与网友彭宝泉在网络上进行“民女许身救父”的策划是分不开的。除了普通网民之外，网站也会对信息采集和发布进行策划，已达到吸引注意力的目的。一般网站都是通过版块设置与调整、信息发布的选择、版主或坛主的选任与调换等手段来对信息发布进行设计和策划。不同的版面安排会产生不同的传播效果，不同的版主有不同的价值取向，这都会影响事件的发展趋势。在很多网络事件中，网站往往派出采编人员进行调查，然后再以普通网民的身份发布相关信息，推进网络事件的发展。网络空间的去中心性使得破坏性和对抗性的群体行动较建设性的群体行动更容易进行，如果任其发展，网络解构性和破坏性将远远大于建设性和整合性。

5. 公共机构等组织的回应

（1）政府能及时回应相关事件，但是透明度不够

相比 2009 年发生的邓玉娇案，在 2010 年的网络事件中，地方政府领导人的回应比较及时，一般能够做到在第一时间及时表态。领导人对网络舆情的重视，一方面体现了网络舆情的重要性，另一方面也推动行政管理观念和方式的转变。舆情作为民众的社会政治态度，在本质上始终贯穿了民众与国家管理者之间不断变动的利益关系，是一种以民众和国家管理者之间的对立与依存的利益关系为基础的社会政治态度。政府对网络舆情的重视和主动介入，使得“电子治理”有了从理念走向实际的可能。但是与此同时，官方对事件回应的透明度依然不够，很多时候仅仅向社会表态，而没有采取实质性的举动，引发了民众对官方的持续不信任。

（2）政府主动设置议程，影响并引导网络舆论

政府能主动利用网络进行议程设置和舆论引导，取得了较好的传播效果。在 2010 年的“湖北群星”现象的宣传工作中，网络发挥了很大作用。政府首先发布权威正面信息，先上网，后见报，先简报，后详报，占领网络发言的主动权和主导权。除此之外，网络视频将会

---

① 倪荫林．略论网络舆论的组织与自组织及其启示——基于网络舆论生成机制的分析［J］．前沿，2010（6）：162-165.

在典型报道中扮演重要角色，其传播还可以通过互联网、IPTV 和新一代广电网等多种渠道，向电脑、手机、电视机、iPad 等多屏发布。当下，领导干部积极主动地利用新媒介与网民互动已经产生了不错的效果。例如湖北荆门市政府新闻办公室主任李书新，以实名在荆门论坛上注册，并公布了自己的手机、办公电话、QQ 以及电子邮箱。这一举动受到了网民的热烈追捧，很多网民留言，指名要李书新回答，为政府和群众的交流沟通架起了桥梁。

三、湖北省网络舆情的治理措施及舆情发展趋势

1. 网络舆情的治理措施

（1）政府治理

网络舆情的政府治理主要是指政府等公权力机构根据具体情况决定、协调和执行有关舆论引导和管理的公共政策，为舆论发展创造有利环境，并推动社会整体的进步。在现阶段地方舆情频繁发生的状况下，地方政府应该加大信息透明度，正面回应公共危机事件。

2011 年 2 月 11 日，湖北省检察院在腾讯网、新浪网开通了网名为“湖北省人民检察院”的微博，并通过网站实名认证。据悉，这是全国第一个省级检察院在腾讯网、新浪网开通微博。① 与此同时，湖北省委办公厅转发了省检察院关于“创新社会管理、公正廉洁执法”的意见，提出探索建立涉检网络舆情监测、报告、研判和预警机制。以此事件为契机，湖北省各市、州纷纷出台涉检网络舆情处置预案，其中武汉市纪委投入 38 万元资金与人民网共同研发了“武汉市反腐倡廉网络舆情监测系统”，着力提高收集、分析以及应对网络舆情的能力；湖北孝感市检察院出台《涉检网络舆情处置预案》，要求加强队伍建设，进一步提升检察机关公信力，全力打造执法为民的新形象，从源头上根除涉检网络舆情。除此之外，湖北兴山、竹山、江夏等县区级检察机关也纷纷制定预案和措施来应对网络舆情。可以说，湖北省检察部门的一系列举措为其他公权力机构应对网络舆情提供了借鉴意义。

（2）社会治理

网络舆情的社会治理主要是指作为舆论传播载体的网络新闻媒介以及参与信息传播的个人与机构如何进行自律和互相监督。所以，社会治理包含两个重要的方面，一是作为载体的新闻媒介如何进行舆论监督和信息审核，二是作为普通个人或机构如何分辨并传播网络信息。社会治理的关键要素在于传播媒介和传受双方应该如何合力，促使网络舆情朝理性负责的方向发展，而不是简单地将舆论“点燃”，坐等其变。

一方面，湖北省内的主流媒体要发挥多媒体平台联动的优势，积极将焦点公共事件的各种信息提供给受众，注意利用与消息来源（比如政府）的关系向公众介绍相关舆论事件的最新进展和发展趋向，切实做好舆论引导的工作；另一方面，作为普通公众，尽管在有限的环境中没有力量解决由体制或体制缺失所施加于身上的各种困扰②，但作为有责任感的公民，不轻信、不散播谣言也是舆情社会治理的重要向度。另外，如何在社区和街道等基层行政单位中加强对普通公众媒介认知能力的培养是又一个需要重视的问题。在这方面，湖北省各基层组织可以借鉴其他省市的先进经验，比如江苏省南京市建邺区南苑街道兴达社区开通社区“微博”网络舆情信息系统，通过这个集民意建言会、舆情信息员队伍、社区网络服务在线、社区亲情便民服务卡和社区微博“五位一体”的网络舆情信息平台，社区居民可

---

① 推进阳光检务搭建互动平台 湖北省检察院开通微博［EB/OL］.［2011-02-23］. 法制网 . http://www.legaldaily.com.cn/bm/content/2011-02/19/content_2477363.htm?node=20733.

② C. 赖特 · 米尔斯 . 社会学的想象力［M］. 陈强，张永强，译 . 北京：生活 · 读书 · 新知三联书店，2005：9.

以随时随地反映问题和需求，及时获得相关部门对问题的处理、落实和反馈情况。①

（2）技术治理

技术治理主要是指采取技术措施对网络舆情进行分析、监控和预测。执行技术支持的机构主要是独立于政府与网民的专业性公司，它们可以利用先进的技术条件进行数据采集、数据挖掘，通过对某一时期舆论的分析和检测来优化和疏导舆论。图1即是一个用于网络舆情技术监控的系统方框图，可以有助于理解并分析网络舆论：通过对目标网站的数据采集和处理，制作计算模型，可以对舆情趋势作出分析并能据此有效引导舆论。前文所提及的“武汉市反腐倡廉网络舆情监测系统”正是仰赖新型的监控技术而对舆论热点进行分析和把握的。如果该系统能够成为湖北省各政府机关普遍应用的技术，或将有助于迅速快捷地对危机事件作出反应。比如可以利用该系统对湖北省内较有影响力的论坛类网站——东湖社区、大楚网论坛等进行监控，及时了解这些反映湖北省草根群体话语的舆论空间，从而有利于跟进相关热点舆论事件。

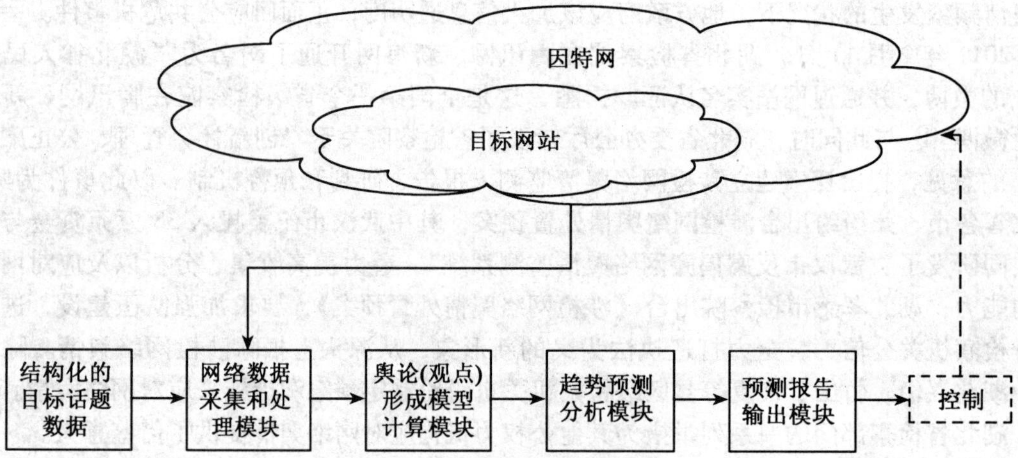

图1　网络舆情的技术监控②

2. 湖北省网络舆情的展望

（1）微博传播将继续成为舆论生成发展的重要载体

可以预见，微博客的巨大作用将继续体现在对公共事件走势的深刻影响上。随着微博客用户数量的持续增长，如果这种舆论载体能解决其合法身份的问题（目前中国内地所有微博客均为测试版），无疑将在未来的网络舆论中发挥更大的作用。目前，尽管对于政府管理部门是否允许微博客的发展，以及给予多大言论空间还需要观望和思考③，但党政机关使用微博进行信息发布和舆情引导已经成为一种趋势，据人民网舆情监测室统计，截至2011年3月中旬，仅新浪微博上的政府机构微博就已经接近2 000个，其中已获认证和推荐的政府机构微博有367家。同时，官员微博增长很快，新浪认证和推荐的官员微博有1 200位，而腾讯微博认证和推荐的“两会代表委员”也达到97位。在政府微博中，公安部门微博数量十分突出。据监测，截至3月中旬，公安部门微博在人民微博认证的有65家，在新浪微博

① 南京试点社区“微博”网络舆情信息系统［EB/OL］.［2011-01-12］. http：//www. hbiia. org. cn/xxdt/ShowArticle. asp？ArticleID=9942.

② 罗胃峰，等. 网络舆情治理研究［J］. 通信技术，2010（4）：83.

③ 祝华新，等 .2010 年中国互联网舆情分析报告［EB/OL］. http：//www. people. com. cn/GB/209043/210110/13740882. html.

认证的有 1 200 家，在腾讯微博认证的则有 192 家。① 据统计数据显示，尽管湖北省的官方微博数量并没有排进全国前十，但湖北省统计局副局长叶青的微博在“全国十大官员微博”中排名第四，在一定程度上反映出湖北省“微博问政”的初步成效。可以预见，在未来几年像叶青和李书新这样利用微博与网民互动的现象会逐渐增多。

（2）利益群体进行的策划传播将会成为未来影响公共舆论的主要推手

在当下中国，随着社会经济的不断发展和利益关系的重组，中国的利益集团可能会更加多元化，其诉求表达会更加多样化，这样，公众舆论面临的问题也更为复杂，因为各种各样的矛盾冲突开始呈现：国家与社会的矛盾、中央与地方的矛盾、贫富差距的矛盾、城乡的矛盾、公共职能部门与公众的矛盾。与此同时，伴随着全球化和信息化的发展，外部世界的景象更加复杂，中国的利益团体更加混乱。如何辨明这些利益群体对公共舆论的影响是至关重要的。在湖北省内，无论是政府还是普通网民都需要关注哪些群体、机构或个人已经成长为舆论领袖，并要学会从各种角度去分析这些舆论领袖的社会影响。彭宝泉事件尽管是一个个案，但它体现出了草根民众利用智慧影响公共决策的可能性。这必将给许多弱势群体或特殊利益群体提供如何营造舆论的启示，特别是当大众传播媒体为了体现新闻性而与这些群体进行联动时，其产生的社会影响可能会成倍地增加。

（3）公权力不可避免地会继续成为舆论批评的焦点

网络事件几乎都尽力把冲突引向公权力这种行为，有其行动策略上的意义：各阶层为实现或维护自己的利益需求，尽其所能地把自己面临的问题转变为政府关注的问题，这样，才可以获得比其他方式更有影响力、更有效果的力量。② 网民在网络事件中突出公权力的影响，是把个人问题转换成公众问题，这无疑是引起更多人关注的最简捷的方法。如果成功的案例增多，自然会引来更多人模仿，网络舆论将难以控制，进而左右政府的决策，有可能会带来负面的影响。但可预见的情况是，在加快中部经济崛起成为中央政策目标的压力下，湖北省还是有很大可能出现各种针对公权力的群体性事件，特别是集中在强制拆迁和官员作风行为等问题上。

【参考文献】

[1] 刘毅．网络舆情研究概论［M］．天津：天津人民出版社，2007.

[2] 罗霄峰，等．网络舆情治理研究［J］．通信技术，2010（4）.

[3]［美］斯坦利·巴兰，丹尼斯·戴维斯．大众传播理论：基础、争鸣与未来［M］．曹书乐，译．北京：清华大学出版社，2005.

[4] 倪荫林．略论网络舆论的组织与自组织及其启示——基于网络舆论生成机制的分析［J］．前沿，2010（6）.

[5] 罗桂芬．社会改革中人们的“相对剥夺感”心理浅析［J］．中国人民大学学报，1990（4）.

[6] 王英．网络事件中的符号运作技巧——以“小百合 BBS 汉口路西延事件”为例［J］．东南传播，2009（10）.

[7] 聂哲，等．个体间相互影响的网络舆情演变模型［J］．计算机工程与应用，2009（14）.

[8]［美］赖特·米尔斯．社会学的想象力［M］．陈强，张永强，译．北京：生活·

① 人民网舆情监测室发布党政机构和官员微博发展报告［EB/OL］．人民在线，http://www.people.cn/news.jsp?id=1944.

② 李永刚．“国家防火墙”——中国互联网内容监管的政治学分析［D］．南京大学政治学理论博士研究生毕业论文，2006.

读书·新知三联书店，2005.

[9] 姜珊珊，李欲晓，徐敬宏．非常规突发事件网络舆情中的意见领袖分析［J］．情报理论与实践，2010（12）.

[10] 荀瑶．公共危机事件与网络舆情安全［J］．黑龙江社会科学，2010（6）.

[11] 许鑫，章成志，李雯静．国内网络舆情研究的回顾与展望［J］．情报理论与实践，2009（3）.

[12] 刘志华，单学刚，潘宇峰．人民网《地方应对网络舆情能力排行榜》的出台及其启示［J］．今传媒，2009（10）.

[13] 祝华新，等．2010 年中国互联网舆情分析报告［EB/OL］．http：//www. people. com. cn/GB/209043/210110/13740882. html.

[14] 肖明超．媒体称微博带来新话语空间裂变式传播信息［EB/OL］．http：//www. sina. com. cn.

[15] 2009 中国网络舆情综述［EB/OL］．http：//news. sina. com. cn/c/2010-04-19/193520107301. shtml.

【作者简介】

石义彬，武汉大学新闻与传播学院教授，博士生导师，武汉大学媒体发展研究中心专职研究员，主要从事传播理论研究。

朱剑虹，武汉大学新闻与传播学院 2009 级在读博士研究生，主要从事传播理论研究。

贺程，武汉大学新闻与传播学院 2010 级在读博士研究生，主要从事传播理论研究。

基于用户视角的网络媒体公信力评价体系的构建及实践①

——以湖北省网络媒体为例

洪杰文 陈 婷

网络的出现改变了信息传播的方式，作为第四媒体的网络媒体也逐渐进入了社会的每一个角落。网络媒体打破了传统媒体垄断发言权的状态，信息的传播由单对多的传播变成了多对多的互动传播。可是，在网络媒体所具备的时效性、海量信息、交互性、多媒体性、分众化这些巨大的优势背后，我们也看见了信息来源的不确定性所带来的新闻报道的失实、低劣信息的充斥与流言的快速蔓延，它们给网络媒体这一广受追捧的新兴传播方式蒙上了阴影，也让网络媒体面临着公信力的考验。网络媒体公信力的缺失使舆论引导的作用难以发挥，同时公信力较差的网络媒体也难以形成竞争力。因此网络媒体公信力问题已关系到新闻传播的社会效果，同时也关系到网络媒体自身的生存与发展，网络媒体公信力危机已经成为摆在网络媒体面前一道限制其发展的壁垒。通过对网络媒体公信力评价指标进行调查与分析，确定初步指标与指标权重，构建我国网络媒体公信力评价指标体系，有利于分析目前网络媒体公信力的实际状况，为网络媒体公信力的提升提供指导。

一、网络媒体公信力评价指标的选择

1. 研究蓝本

Wathen 与 Jacquelyn 在 2002 年的研究中，对已有文献中关于传统媒体与网络信息可信度的研究进行了回顾与总结，并根据文献综述提出了网络信息可信度判断模型②（Proposed model for how users judge the credibility of on-line information）。该模型将使用者对网络信息的可信度判断标准分为两个类别：外观可信度判断（Evaluation of Surface Credibility）和信息可信度判断（Evaluation of Message Credibility）。两个类别分别包含许多影响因素，具体见表 1。

在我国的社会文化背景之下，这些量表不一定适合直接测量我国的情况。所以本研究以此模型为研究蓝本，设计《网络媒体公信力评价指标初步调查问卷》并进行调查与分析，确定网络媒体公信力初步评价指标。

---

① 本文为 2009 年度教育部人文社会科学研究项目“我国主流网络媒体的影响力和公信力研究”成果之一，项目批准号：09YJA860013。

② C. Nadine Wathen, Jacquelyn Burkell. Believe It or Not: Factors Influencing Credibility on the Web [J]. *Journal of the American Society for Information Science and Technology*, 2002 (11): 134-144.

表 1　　**Wathen 与 Jacquelyn 的模型中影响网络信息的可信度判断的因素**

类别	判断对象	影响因素
外观可信度判断（Evaluation of Surface Credibility）	页面外观（Appearance/Presentation）	色彩与图片（colours/graphics）
		字体与编排（font size/clutter）
		无明显错误（no obvious errors/typos）
		细节设计（attention to detail）
	用户友好（Usability/Interface Design）	导航与菜单（navigability/menus）
		无死循环（no dead ends/loops/）
		互动功能（interactivity）
		下载速度快（download speed）
	信息组织（Orgnization of Information）	层次清晰（layers/ease of access）
		深层页面链接（choice of detail level）
信息可信度判断（Evaluation of Message Credibility）	来源机构（Source）	专业性与能力（expertise/knowledge/competence）
		可信赖性（trustworthiness）
		资历与影响力（credentials/influence）
		吸引力（attractiveness）
		立场一致（similarity to receiver beliefs/context）
		亲切善意（likeability/goodwill/dynamism）
	新闻信息（Message）	选题视角敏锐（topics/content）
		中肯恰当（relevance）
		报道及时（currency）
		报道准确（accuracy）
		编辑与加工（tailoring）

2. 问卷调查方案设计

为了深入了解民众对我国网络媒体公信力的判断指标，设计了一个包含封闭式问题和开放式问题的问卷，要求被访对象尽可能多地列出他们心中具有公信力的网络媒体应具备的特征。

（1）封闭式问题的设计：根据 Wathen 与 Jacquelyn 的模型中影响网络信息可信度判断的 21 个因素设计问卷中的封闭式问题。为了避免歧义与误解，采用“概念+正面陈述说明”的方式来解释每一个判断因素（所谓“正面陈述说明”是指若陈述成立则网络媒体公信力高），如“资历与影响力：该网络媒体与其团队在业内有一定资历与影响力”。请受访问者在他们认为对网络媒体公信力的判断有影响的因素后打“√”，此题为多选题。

（2）开放式问题的设计：为了更加真实全面地了解民众对网络媒体公信力的判断依据，需要在问卷中设计开放式问题来了解民众是否还有其他看重的特征，问题表述为：“还有哪些特征您认为很重要，却没出现在我们问卷上？请您写下，或告知工作人员。”

（3）问卷的发放与收集：

样本容量：结合本研究，考虑到实验误差、调查成本和时间的限制，样本容量定为 200 左右。

抽样方法：本研究采用便利抽样的非概率抽样方法，此方法调查难度小、费用消耗低、节省时间，对调查条件的要求也较低，实验操作的可行性高。而且，该方法能够基本满足一般学术研究的需要，所以选择此抽样方法。

抽样地区：由于时间与费用等资源的缺乏，本次研究调查的抽样范围大多来自校园或网络，而且使用网络可以使抽样地区并不局限于湖北省。在研究过程中将尽量扩大研究对象的范围，减少对实验结果造成的影响。

3. 评价指标的甄选

本次调查共收集有效问卷167份，对封闭式问题与开放式问题的结果进行了提取，提取过程中自动省略了一些明显不符合逻辑和主题的答案，合并了含义明显相同的答案。提取结果如表2所示。

表2　**访谈和问卷提取结果**

编号	选项（封闭式问题）	编号	选项（开放式问题）	编号	选项（开放式问题）
1	色彩与图片	22	搜索引擎排行	43	专题策划能力
2	字体与编排	23	同类媒体的相互链接	44	网络资源
3	无明显错误	24	立场中立	45	媒体非官办
4	细节设计	25	娱乐爆料	46	来源可追溯
5	导航与菜单	26	有主见	47	总部离北京的距离近
6	无死循环	27	公布更多咨询途径	48	观点公平公正
7	互动功能	28	事件描述逻辑清晰	49	深入分析
8	下载速度快	29	贴近民众立场	50	内容健康
9	层次清晰	30	态度明确	51	社会责任
10	深层页面链接	31	媒体的口碑	52	相关链接恰当丰富
11	专业性与能力	32	报道真实	53	广告比例适当
12	可信赖性	33	报道完整详尽	54	网络安全
13	资历与影响力	34	引用权威观点	55	炒作
14	吸引力	35	观点有根据	56	无冗余与垃圾信息
15	立场一致	36	报道有参考价值	57	有正式域名
16	亲切善意	37	网民资料保密	58	网站方便使用
17	选题视角敏锐	38	更新频率快	59	页面设计专业
18	观点中肯恰当	39	敢于表达反面意见		
19	报道及时	40	对网民的信息反馈		
20	报道准确	41	突出重要信息		
21	编辑与加工	42	信息的敏感性		

以访谈和问卷结果进行指标的初步提取之后，还要对指标进行删减，以保证指标体系的准确性。指标的删减过程一共进行了两次，两次删减的依据和结果如下：

第一次删减的依据是概念的交叉。由于概念交叉进行的删减有：娱乐爆料与炒作合并为“不随意炒作”；有主见与敢于表达反面意见合并为“不跟风有主见”；观点有根据与来源可追溯合并为“根据、来源可追溯”；对网民的信息反馈与互动功能合并为“互动活跃积极”；观点公平公正并入观点中肯恰当；媒体的口碑并入资历与影响力；导航与菜单、无死循环、层次清晰、深层页面链接并入网站的方便使用性；色彩与图片、字体与编排、细节设计并入页面设计的专业性；专业性与能力指标涵盖了很多民众关心的子指标（如报道真实、准确性、及时性），所以去除专业性与能力指标。第一步共删去14个指标。

第二次删减的依据是出现的频次过低。由于出现频次过低而删减的指标有：立场一致、亲切善意、编辑与加工、搜索引擎排行、同类媒体的相互链接、立场中立、贴近民众立场、态度明确、引用权威观点、网民资料保密、信息的敏感性、专题策划能力、网络资源、总部离北京的距离近、内容健康、有正式域名。第二步共删去16个指标。

最后，我们将剩下的29个候选项分为五类，组成网络媒体公信力指标候选项表（见表3）：第一类为表现网站建设特征的指标项，第二类为表现新闻专业素质，第三类为表现网络新闻技巧的指标项，第四类为体现网络媒体社会地位与形象的指标项，第五类为表现网络媒体职业操守的指标项。

表3　**网络媒体公信力指标候选项表**

类别	指标项	指标描述
网站建设	网站方便使用	网站方便使用，页面层次设计合理、导航与搜索功能完善
	页面设计专业	版面与色彩的设计、字体与图片的编排具有专业性
	下载速度快	页面打开的速度让人满意
	网络安全	登录网站安全，无恶意链接，无病毒，不泄露隐私
新闻专业素质	报道真实	真实报道，新闻报道不含虚假、猜测和虚构成分
	报道完整详尽	对新闻事件完整报道，不回避任何民众想知道的重要事实
	报道准确	新闻报道准确无误
	观点中肯恰当	客观呈现新闻事件原貌，不加入报道者的偏见
	事件描述逻辑清晰	新闻事件的描述与表达清晰有逻辑
	报道有参考价值	新闻报道有参考价值
	根据、来源可追溯	观点有根据，新闻来源与根据可追溯
网络新闻技巧	报道及时	新闻报道迅速及时，有时效性
	无明显错误	没有出现明显的错误
	选题视角敏锐	新闻视角敏锐，善于发现问题
	深入分析	能够对复杂的新闻事件提供有深度的分析和解释
	更新频率快	新闻与信息更新频率快
	突出重要信息	页面中突出显示当前重要新闻信息
	相关链接恰当丰富	相关链接信息丰富，设置恰当
	无冗余与垃圾信息	信息量充分，没有信息过量，没有垃圾信息
	互动积极活跃	互动功能完善，网友积极活跃，网站及时回馈
	公布更多咨询途径	公布多种对相关新闻与信息的咨询方式
社会地位与形象	媒体非官办	该媒体是民办而非官办的
	社会责任	该媒体有社会责任感，关注最广大民众的利益
	可信赖性	该媒体是值得信赖的
	资历与影响力	该媒体及其团队在业内有一定资历与影响力
	吸引力	该媒体对网民具有吸引力

续表

类别	指标项	指标描述
职业操守	不随意炒作	新闻格调高尚，不随意炒作粗俗不雅的新闻
	不跟风有主见	不人云亦云，有主见，敢于针砭时弊
	广告比例适当	广告比例适当

二、网络媒体公信力评价体系的构建

1. 网络媒体公信力评价指标权重的确定

权重反映每个指标的影响力大小，研究中为了确定每个指标的重要程度，需要对每个指标赋予一定的权重。权重的确定是建立评价体系的一个非常关键的步骤，直接影响到评价结果的客观性与真实性。本研究根据初步指标使用克里特量表的五级梯度排列法设计评价量表，并设计《网络媒体公信力评价指标调查问卷》，让受访问者判断网络媒体公信力评价量表中每一个候选指标的重要程度（即权重），再进行数据分析、筛选指标与确定权重。

在调查中对被访问者进行了50份的预测试。在本次预测试的结果中，受访问者表示：对“媒体公信力”的概念理解模糊，需要在问卷开头进行注明；“广告比例适当”一项应该更加具体的说明，改为“广告比例适当，不影响阅读，没有影响用户体验”；“该媒体是可信赖的”一项与“公信力”概念交叉，应该删除。因此，经过预测试的修改，《网络媒体公信力评价指标调查问卷》最终一共设计28个指标项指定数据分析的标识。

在正式调查中共发放问卷300份，回收276份，其中，有效问卷为248份，问卷发放对象主要是浏览过网络媒体的网民，均采用电子邮件或网络问卷的方式填写。与调查实施前的分类进行对比，可以发现因子分析的结果与原来的设想有些许改变。下面按新的分类来进行解释说明：

因子1“新闻专业素质与技巧”：因为专业素质与专业技巧的概念区分不是非常明显，所以受访问者将两个分类做了类似的理解。所以原属于“新闻专业素质”的“报道真实”、“报道完整详尽”、“观点中肯恰当”、“根据、来源可追溯”、“报道准确”、“事件描述逻辑清晰”、“报道有参考价值”七项与原属“网络新闻技巧”类别的“无明显错误”、“深入分析”、“选题视角敏锐”、“报道及时”四项被同归于此类，并改名为“新闻专业素质与技巧”类别。还有原属“职业操守”类别的“不跟风有主见”和原属“社会地位与形象”类别的“社会责任”两项都被归于此类，可见民众认为有主见和有社会责任是媒体所应具有的基本素质。

因子2“网络信息特征”：原属“网络新闻技巧”类别的“相关链接恰当丰富”、“互动积极活跃”、“公布更多咨询途径”、“更新频率快”、“无冗余与垃圾信息”、“突出重要信息”六项被归于此类，因为这些都是网络媒体区别于传统媒体的独特信息特点。原属“社会地位与形象”类别的“媒体非官办”与“资历与影响力”两项被归于此类的原因有：因为网络的精神是自由平等，所以基于网络的特点，民众认为民办的网络媒体会比官办的更有公信力；网络海量信息的特征让有信息需求的网民无所适从，所以网民就只能求助于媒体的资历与影响力。原属“职业操守”类别的“不随意炒作”一项被归于此类，原因是现在网络炒作的泛滥，民众认为虽然网络的特性能够让信息广泛地被传播，但是恶意的网络炒作是需要被有效制止的。

因子3“网站建设”：此项与之前的分类无区别，包含“下载速度快”、“网站方便使用”、“网络安全”、“页面设计专业”四项。

因子4“媒体形象”：除了原本就属于此类的“吸引力”一项，此类还加入了原属“职业操守”类别的“广告比例恰当”一项，可见，广告设置得不恰当会极大地影响媒体的形象。

因此参考问卷调查结果中各题项重要性评分的均值，可以得出4个因子对于媒介公信力评判的不同重要程度，详见表4。

表4 因子重要性

维度	数据标识	题项	重要性评分均值	因子重要性
新闻专业素质与技巧	ZB05	报道真实	4.4919	4.2723
	ZB06	报道完整详尽	4.4516	
	ZB08	观点中肯恰当	4.2903	
	ZB11	根据、来源可追溯	4.2218	
	ZB07	报道准确	4.4839	
	ZB13	无明显错误	4.1250	
	ZB15	深入分析	4.0645	
	ZB27	不跟风有主见	4.2540	
	ZB09	事件描述逻辑清晰	4.2863	
	ZB14	选题视角敏锐	4.1452	
	ZB12	报道及时	4.3427	
	ZB10	报道有参考价值	4.0766	
	ZB23	社会责任	4.3065	
网络信息特征	ZB18	相关链接恰当丰富	3.8065	3.8024
	ZB20	互动积极活跃	3.6815	
	ZB21	公布更多咨询途径	3.6089	
	ZB22	媒体非官办	3.0726	
	ZB16	更新频率快	4.0645	
	ZB19	无冗余与垃圾信息	4.0242	
	ZB24	资历与影响力	3.7056	
	ZB17	突出重要信息	4.1008	
	ZB26	不随意炒作	4.1573	
网站建设	ZB03	下载速度快	4.3065	4.2168
	ZB01	网站方便使用	4.0363	
	ZB04	网络安全	4.6774	
	ZB02	页面设计专业	3.8468	
媒体形象	ZB25	吸引力	3.9597	3.9154
	ZB28	广告比例适当	3.8710	

经过因子分析得出的网络媒体公信力评价指标体系包含了4个维度：“新闻专业素质与技巧”、“网络信息特征”、“网站建设”、“媒体形象”。四个维度的重要性加总平均值分别

为4.2723、3.8024、4.2168、3.9154，代表了每个维度在公信力评价中的重要程度。从表4中可以看出，公众是否信任网络媒体最为看重的是“新闻专业素质与技巧”方面。从单个指标来看，公众最为看重的是网络安全以及报道的真实完整和准确，无论哪个文化层次的人都给予了高度的重视。可见，网络媒体是否具有和传统媒体一样的专业性，是否具有足够的安全性和真实性是网民现阶段最为关心的问题，能够满足这些要求的网络媒体当然更容易得到网民的信任。将上述重要性表中各题项的评分值除以总体评分值可以得到各评价指标的权重值（具体见表5）。

表5 **网络媒体公信力评价指标权重值**

一级指标	二级指标		权重值
新闻专业素质与技巧（0.4852）	ZB05	报道真实	0.0392
	ZB06	报道完整详尽	0.0390
	ZB08	观点中肯恰当	0.0375
	ZB11	根据、来源可追溯	0.0369
	ZB07	报道准确	0.0391
	ZB13	无明显错误	0.0360
	ZB15	深入分析	0.0355
	ZB27	不跟风有主见	0.0371
	ZB09	事件描述逻辑清晰	0.0374
	ZB14	选题视角敏锐	0.0364
	ZB12	报道及时	0.0379
	ZB10	报道有参考价值	0.0356
	ZB23	社会责任	0.0376
网络信息特征（0.2990）	ZB18	相关链接恰当丰富	0.0333
	ZB20	互动积极活跃	0.0322
	ZB21	公布更多咨询途径	0.0315
	ZB22	媒体非官办	0.0268
	ZB16	更新频率快	0.0355
	ZB19	无冗余与垃圾信息	0.0352
	ZB24	资历与影响力	0.0324
	ZB17	突出重要信息	0.0358
	ZB26	不随意炒作	0.0363
网站建设（0.1474）	ZB03	下载速度快	0.0376
	ZB01	网站方便使用	0.0353
	ZB04	网络安全	0.0409
	ZB02	页面设计专业	0.0336
媒体形象（0.0684）	ZB25	吸引力	0.0346
	ZB28	广告比例适当	0.0338

2. 网络媒体公信力评分办法

上文中“网络媒体公信力指标体系”探究的是网民对网络媒体公信力有哪些要求和期待，而“网络媒体公信力评价量表”(评价量表对应的指标具体见表5）考察这些要求和期待在网民心中落实的情况，这是两个紧密联系的逻辑过程。媒介公信力实际上就是民众对媒介的社会期待在民众看来所实际落实的情况①，所以指标体系与评价量表的本质是一致的。但是，“媒体非官办”这一项虽然是网民对网络媒体公信力的评判标准之一，但是它并不适合作为评价量表中的项目来进行评分，所以在评价量表中删除此项。但在计算总分时，还是要将此因素考虑进去（具体方法在下文中进行说明)。

应用前面建立的评价量表5，可以建立相应的调查表来对网络媒体公信力进行问卷调查。在“网络媒体公信力指标体系”中，用1~5分代表不同的重要程度评价，而“网络媒体公信力评价量表”则使用中国人比较习惯的10分制来进行评分。调查表的提问方式设计为：

“以下列出了网络媒体的一些基本特征，××网络媒体目前在这些方面做得怎样呢？请根据您自己的感受，用1~10分来给××网络媒体的实际表现打分。（最低0分表示在这个方面做得非常差，最高10分表示在这个方面做得非常好，6分及格；做得越好打分越高，请您打分。)”

为了避免歧义与误解，仍然采用正面陈述说明的方式来解释调查表中的每一个评分点，如表6所示。

表6 **网络媒体公信力调查评分表**

网络媒体基本特征（共25个）		评分
1	网站方便使用，页面层次设计合理、导航与搜索功能完善	
2	版面与色彩的设计、字体与图片的编排具有专业性	
3	页面打开的速度让人满意	
4	登录网站安全，无恶意链接，无病毒，不泄露隐私	
5	真实报道，新闻报道不含虚假、猜测和虚构成分	
6	对新闻事件完整报道，不回避任何民众想知道的重要事实	
7	新闻报道准确无误	
8	观点中肯恰当，客观呈现事件原貌，不加入报道者的偏见	
9	新闻事件的描述与表达清晰有逻辑	
10	新闻报道有参考价值	
11	观点有根据，新闻来源与根据可追溯	
12	新闻报道迅速及时，有时效性	
13	没有出现明显的错误	

① 喻国明，等著．中国大众媒介的传播效果与公信力研究——基础理论、测评方法与实证分析［M］．北京：经济科学出版社，2009.

续表

网络媒体基本特征（共25个）		评分
14	新闻视角敏锐，善于发现问题	
15	能够对复杂的新闻事件提供有深度的分析和解释	
16	新闻与信息更新频率快	
17	页面中突出显示当前重要新闻信息	
18	相关链接信息丰富，设置恰当	
19	信息量充分，没有信息过量，没有垃圾信息	
20	互动功能完善，网友积极活跃，网站及时回馈	
21	公布多种对相关新闻与信息的咨询方式	
22	该媒体有社会责任感，关注最广大民众的利益	
23	该媒体及其团队在业内有一定资历与影响力	
24	该媒体对网民具有吸引力	
25	新闻格调高尚，不随意炒作粗俗不雅的新闻	
26	不人云亦云，有主见，敢于针砭时弊	
27	广告比例适当，不影响阅读，没有影响用户体验	

该网络媒体公信力得分就是每一个特征的评分均值与权重值的乘积和，满分为10分。值得注意的是，在调查时删除了“媒体非官办”（TZ22）这一项，但在计算总分时，还是要将此因素考虑进去。具体方法暂定为：如果该媒体为官办，这一项的得分为零；如果该媒体为民办，这一项的得分为满分；如果该媒体的性质不是单纯的官办或民办，可以由研究者酌情打分或通过相关调查来确定。也就是说，以上二十七项的评分均值与权重值的乘积和计算出来之后，应该再加上这一项的得分才能最终得出该网络媒体的公信力总分（关于“媒体非官办”这一项的计分方式还值得进一步商榷）。

三、湖北网络媒体公信力评价

1. 湖北网络媒体公信力评分结果

湖北的网络媒体主要有荆楚网、长江网、汉网、大楚网、火凤网、现在网、武汉热线等。在调查中获取了126份有效问卷，受访问者都在或曾在湖北生活或学习，年龄主要分布于20岁至30岁之间。湖北网络媒体公信力评分问卷数据统计评分结果如表7所示。

25项指标所获得的评分均值结果显示：

共有23项获得了及格分（6分以上），2项不及格（6分以下）。没有得分在8分以上的指标，有10项指标得分在7~8分之间，有13项指标得分在6~7分之间。

最高分为“报道及时”（7.9921）和“无明显错误”（7.9841），不及格的两项分别为“不跟风有主见”（5.7460）与“无冗余与垃圾”信息（5.9603）。

经过加权，湖北网络媒体公信力的总得分为7.22分。四个维度的评分总分由高到低排列为：“新闻专业素质与技巧”、“网站建设”、“网络信息特征”、“媒体形象”。

表 7　　湖北网络媒体公信力评价得分

维度	数据标识	指标	权重值	评分均值
新闻专业素质与技巧	TZ05	报道真实	0.0392	6.5397
	TZ06	报道完整详尽	0.0390	6.2540
	TZ08	观点中肯恰当	0.0375	6.7619
	TZ11	根据、来源可追溯	0.0369	7.0556
	TZ07	报道准确	0.0391	6.5635
	TZ13	无明显错误	0.0360	7.9841
	TZ15	深入分析	0.0355	6.8730
	TZ27	不跟风有主见	0.0371	5.7460
	TZ09	事件描述逻辑清晰	0.0374	7.3810
	TZ14	选题视角敏锐	0.0364	6.9762
	TZ12	报道及时	0.0379	7.9921
	TZ10	报道有参考价值	0.0356	7.3651
	TZ23	社会责任	0.0376	7.2698
网络信息特征	TZ18	相关链接恰当丰富	0.0333	7.1984
	TZ20	互动积极活跃	0.0322	6.0714
	TZ21	公布更多咨询途径	0.0315	6.3651
	TZ16	更新频率快	0.0355	7.8889
	TZ19	无冗余与垃圾信息	0.0352	5.9603
	TZ17	突出重要信息	0.0358	7.6984
	TZ26	不随意炒作	0.0363	6.0397
网站建设	TZ03	下载速度快	0.0376	6.9762
	TZ01	网站方便使用	0.0353	6.6587
	TZ04	网络安全	0.0409	7.6746
	TZ02	页面设计专业	0.0336	6.2619
媒体形象	TZ28	广告比例适当	0.0338	6.3413

2. 湖北网络媒体公信力评价结果分析

本次湖北网络媒体公信力评价结果总得分为 7.22 分，整体评价应为中等或一般。这说明，用户对湖北网络媒体的公信力仅为基本满意，在许多方面还应作出改进。由各维度评分结果可见，四个维度中，新闻专业素质层面获得较高得分，其次是技术层面与信息网络信息特征层面，最后是媒体形象层面。下面从四个维度入手来分别进行讨论：

（1）新闻专业素质与技巧。在网民心中，湖北网络媒体还是具有良好的专业素质与技能，能够及时对事件进行报道、较少出现低级错误、叙述逻辑清晰、报道较有参考价值、社会责任感、来源根据可追溯，与这些特征相应的指标都获得了 7 分以上的得分。这与湖北较知名的网络媒体一般都拥有传统媒体的背景有一定关系，如荆楚网属于湖北报业集团、长江网隶属于武汉市市委宣传部、汉网属于长江报业集团。

但是，不可忽视的是湖北省网络媒体公信力评价结果也反映出湖北网络媒体较缺乏主见、报道不够详尽完整、缺乏真实性与准确性，观点不够中肯恰当，较少进行深入分析、选题不够敏锐与独到，与这些特征相应的指标都仅获得了7分以下的得分。其中，“报道真实”、“报道准确”两项的权重值在整个评价体系中位于前列，而此次调查湖北网络媒体在这两方面的得分的确排在了所有指标中偏后的位置，值得深思。除此之外，“不跟风有主见”还获得了整个评分中的最低分，可见网民眼中湖北网络媒体上的新闻信息与评论观点多是跟从主流媒体，缺乏能够体现媒体自身独特视点与观点的内容，网民希望见到更多视角敏锐的独家新闻与观点犀利独到的评论。

（2）网站建设。在网站的建设方面，网络安全性和网页的打开速度网民都基本满意，其相应指标“网络安全”与“下载速度快”分别获得了7.67分与6.98分。但是，“网站方便使用”和“页面设计专业”两项指标的得分都偏低，说明网站设计不够人性化与专业化，媒体在此方面没有加大重视，团队中缺乏掌握此方面技术的优秀人才。因此页面显得呆板，不够生动，不能满足网民要求。

（3）网络信息特征。网络媒体必须注重并充分运用网络信息特征，才能更好地进行新闻信息服务。湖北网络媒体在消息的更新频率与重要信息的突出处理方面获得了网民的基本认可，得分值均在7.5分以上。但是，相关链接不够丰富恰当，也没有公布更多的信息咨询方式让网民可以获得进一步的详细信息，与这些特征相应的指标虽已获得了及格以上的得分，却仍不令人满意。除此之外，“无冗余和垃圾信息”、“互动积极活跃”、“不随意炒作”三个指标的得分都在6分左右徘徊。可见，湖北网络媒体存在网站信息过量让阅读者无法抓住重点，垃圾信息充斥影响阅读者的停留时间，网民与媒体的互动不活跃，进行恶意炒作的报道的现象，让媒体的公信力大打折扣。

（4）媒体形象。广告最容易影响用户的阅读质量和网站的形象。湖北网络媒体在广告的设置方面较差强人意。页面上广告设置与排版的失误，影响了网民的阅读质量，从而影响了其在网民心中的印象，这就要求媒体不仅要均衡经济利益与社会效益，还要在广告的设置上多花心思，让广告不再成为影响阅读的最大障碍。

3. 提升湖北省网络媒体公信力对策分析

对湖北省网络媒体公信力评分结果的分析表明，湖北网络媒体还需要在许多方面进行反思与改进，提高公信力水平。在此提出以下几点建议，以供参考：

（1）明确网站定位，本地性、新闻性、服务性并重。湖北网络媒体属于地方媒体，所以在同全国性的商业门户网站和中央重点新闻网站的竞争中还处于劣势，一味地追求大而全，设置国内新闻、国际新闻、房产、汽车等频道或栏目，只会造成同质化现象严重，地方特征不明晰的后果。由于地域性的限制，很多信息都是从其他大型网站转载，网民感觉其无独立的观点与见解，时常跟风炒作；又由于专业人才的缺乏，网站的设计只能照搬大型媒体的设计，却经常由于没有模范到位而弄巧成拙，反而使网站缺少人性化的设计，不方便使用。所以，找到符合自身特质的发展方向和发展策略，增强本地性、新闻性和服务性是湖北省网络媒体发展的关键所在。

（2）整合资源与优势，提高技术水平。湖北网络媒体多具有传统媒体背景，拥有资源上的优势：人员大多就地取材，而且有着较高的职业素养，拥有许多本地的新闻资源，因此，在做新闻方面有着得天独厚的优势。但是，我们同时也看到网络相关技术人员的缺乏，可以说，技术是制约新闻网站顺利发展的关键环节之一。目前，大多数地域性网络媒体的技术团队的规模都较小，这就需要加大对此方面的重视程度与资金投人，将区域内的新闻资源进行整合，吸引优秀人才的加入，升级技术版本，提高技术水平，将会提高本地网络媒体的技术水准。

(3) 加强与传统媒体的合作、与网民的互动。本地网络媒体网站易于与集团内部以及本地其他各媒体联动，拥有本地畅通的传播渠道，有利于最大限度地传播信息和发挥媒体的影响力。进入 Web2.0 时代，出现最多的关键词恐怕就是“互动”，本地网络媒体拥有在地域性上最接近的网民，互动的便利性与趣味性大大增强，网民的感情更加容易被调动起来，线上线下的联动更容易开展。互动的目的就是提升地方新闻网站的影响力和访问量。近年来，发展较好的地方网络媒体都开发了独特的互动功能，如东方网的“东方网眼榜”、大河网的“焦点网谈”。

(4) 提升新闻报道的质量。虽然技术性与互动形式是本地网络媒体发展的关键因素之一，但是作为新闻网站，最核心的根本还是新闻本身。曾被新闻人称道多年的真实性、准确性与完整性在这个节奏越来越快、竞争越来越激烈、越来越急功近利的社会中，已被媒体从业人员慢慢淡忘，他们开始不择手段地追逐利益的最大化，甚至本末倒置，置社会责任于不顾。这样不仅损害了受众的利益，也降低了媒体的公信力。归根结底，无论媒体的规模与形式如何变化，媒体的本职始终是做新闻，真实、准确、完整永远是制胜根本。

四、结语

网络媒体公信力的问题关系到了新闻传播的社会效果，同时也关系到网络媒体自身的生存与发展。通过借鉴国内外学者对媒介公信力的理论和评价方法的研究成果，结合网络信息可信度评价和网站评价的特殊性等，引入国内民众问卷调查的结果，构建了一套适合我国网络媒体公信力评价的指标体系，并对湖北网络媒体这个整体进行了量化的测评和分析，希望能够促进网络媒体的规范运作，推动建构网络媒体的良性竞争格局，使其在将来国际化竞争中具备更强的实力。

【作者简介】

洪杰文，武汉大学新闻与传播学院副教授，博士，主要从事网络传播研究。

陈婷，武汉大学新闻与传播学硕士研究生。

台网融合中的网络媒介呈现与受众参与①

——对凤凰卫视与凤凰网的台网融合与互动实证研究

陈 薇

一、研究的背景和意义

伴随传播技术的进步、媒体形态的变革，“媒介融合”的概念被多次频繁地提出。媒介融合使新闻的信源结构与新闻传播主题、新闻媒介组织工作与工作流程、新闻载体性能与传播主体发生了变化。从今年初开始，关于推进三网融合的方案在加快实施，2010 年也被称为“三网融合”元年。三网融合是一个广义的概念，并不仅仅意味着电信网、计算机网和有线电视网三大网络的物理合一，而是指高层业务应用的融合。其表现为技术上趋向一致，网络层上可以实现互联互通，形成无缝覆盖，业务层上互相渗透和交叉，应用层上趋向使用统一的 IP 协议，在经营上互相竞争、互相合作，朝着向人类提供多样化、多媒体化、个性化服务的同一目标逐渐交汇在一起。台网融合是三网融合的一种体现，也是必须实现的一个战略之一。

在台网融合的进程中，凤凰卫视是成功地把握自身优势成为电视台网融合中较成功的典范。最初凤凰卫视以电视为主业，之后不断开拓新领域，创建凤凰新媒体，它以“凤凰网”为旗舰，融合互联网、无线通信和网络视频三大平台，整合多种媒介资源，打造一流的华语新媒体信息平台，成长为跨媒介经营、跨行业合作、跨终端覆盖的多媒体产业集团。因此本文以凤凰新媒体作为研究对象，试图通过对台网融合与互动中的媒介呈现和受众互动进行微观层面的内容分析，从而为台网互动提供深入发展的实证分析数据与对策依据。

二、文献综述

1. 媒介融合

在媒介融合的大背景之下，已经有了大量的理论研究。“媒介融合”(Media Convergence）这一概念最早由美国马萨诸塞理工大学浦尔教授提出，其本意是指各种媒介呈现出多功能一体化的趋势。最初关于媒介融合的观点更多的集中于将电视、报刊等传统媒介融合在一起，但它不仅是简单技术上的融合，还包括各个媒介之间的合作和联盟，制度与结构上的融合，以及媒介行业与其他行业的整合。关于媒介融合的功能和影响，媒介融合不仅具有传统媒体的功能，还有“生活场”、“生活情境”的功能，同时也是把双刃剑，可能影响观点和声音的多样化，新闻的品质受损，全球范围内的文化殖民，以及传媒整合带来的法律、

① 本文为国家社科基金课题“三网融合背景下中国报社组织结构转型研究”(课题编号：10BXW013）基础研究成果之一。

社会和监管上的难题。关于媒介融合的产业链，王菲认为，媒介融合是以数字技术和网络技术为生产平台，多角色化和分工精细化形成对立统一的融合性生产关系，对规模化和差异化的追逐。陶喜红则认为，资本在媒介融合中的纽带作用更加明显，媒介融资的渠道更宽、力度更大，成本降低，同时扩展新的盈利模式。

2. 台网融合

学术界认为媒介融合分为三个不同的阶段，媒介互动、媒介整合和媒介融合。媒介互动是最初的媒体战术性融合阶段；第二层次是媒介整合，即媒体组织结构性融合；第三层次是媒介大融合，即不同媒介形态集中到一个多媒体数字平台上。台网融合不仅在技术上是新媒体与传统媒体互动，同时在组织结构上也是协同作战，同一旗下各个媒介品牌的整合。不管是数字电视，网络电视还是手机电视，电视节目将以频道、节目的方式继续在新的媒介平台上生存。中国广电媒体台网一体的道路经过三个阶段：即 Web1.0 的“网为台服务，台为网铺路”的台网联动阶段；Web2.0 的“台网平行，互动前行”的台网互动阶段；到 Web3.0 的“网为中心，台为辅助”的台网融通阶段。

凤凰卫视的媒介融合体现在产业层面、个人或团队层面、项目以及资料库服务的方式。凤凰网拥有自己的采访报道权与内容供应链，是其实现新老媒体共赢的重要因素。蔡骐，吴晓珍认为，凤凰网的辉煌，正是因为它被当做凤凰卫视传媒集团中跨平台的网络传媒旗舰，而不仅仅是凤凰卫视的网络渠道；也正是凭借凤凰卫视的资源优势，它才得以在众多综合性网站各显风流的网络世界中占据自己的一席之地，在新媒体与传统媒体的此消彼长的现实中，能够保持上凤凰卫视网站和看凤凰卫视的观众之间相当大的重合度。李瞳通过分析凤凰卫视的节目《戈辉梦工厂》，认为这一档节目就是发挥媒介融合的优势，有效地运用网络媒体博客为电视节目服务的最佳说明。

纵观以上国内学者对于媒体融合和台网融合的研究，如何在媒介融合的背景之下真正走上台网联动之路，依然需要更多的理论与实证分析数据支持。

三、研究设计

1. 研究目的

通过研究媒介融合背景之下凤凰卫视与凤凰网的网络呈现与受众互动是如何最大化的为台网融合推波助澜的。

2. 研究方法

本研究采用内容分析法对台网融合与互动中的媒介呈现和受众参与进行分析和研究，采用了定量和定性分析的方法，对选取样本进行分析。

3. 样本选择

网络是台网融合和互动的主体之一，凤凰新媒体集团在其创办的网站“凤凰网”(http：//www. ifeng. com/）中设置了“凤凰卫视”专栏，这是其凤凰卫视与凤凰新媒体互动的平台。本研究选取的样本是凤凰卫视最具典型的互动性节目，如资讯类、评论类和访谈类节目。具体资讯类节目专区选取《华闻大直播》从 2010 年 1 月到 5 月近 120 期的节目内容和凤凰网的互动情况；主持人专区和评论员专区选取闾丘露薇和陈文茜最近发表的近 30 篇博文观点和互动专区作为分析对象。

四、结果分析

1. 台网融合与互动中网络媒介的呈现情况

（1）节目互动专区。

《华闻大直播》这个节目虽然不是凤凰网点击率或者人气最高的节目，但是他对社会问题的关注可能是最为全面的，社会各界的新闻第一时间被传递给全球华人，同时向世界发出了华人的声音。在《华闻大直播》的互动专区，我们可以浏览到的不仅仅是电视台节目的一个总汇，同时还有很多凤凰名记者撰写的图文报道，这是对《华闻大直播》有线节目时间的扩充，对世界资讯的更加深刻的挖掘与思索。因此，该研究选取了从今年1月14日至5月14日的《华闻大直播》的共120个新闻话题为研究对象。

①新闻话题主题。由图1看出，所有120个新闻话题样本中，政治类主题最多，共占57.75%。其中有关当时热点话题两会的政府政策内容几乎每天形成一个短时专题，例如"政府对房价的态度"等。不管是中国内地政治还是中国台湾地区政治抑或是国际政治关系，都是凤凰新媒体比较关注的时事话题，其中不乏经济博弈中的政治问题，例如，中美关系的话题一度成为《华闻大直播》关注的话题，中美关系牵扯达赖喇嘛、经济制裁、人民币汇率等一系列的问题。除此之外，社会生活和经济类也是关注的重点。由此可见，《华闻大直播》的节目定位是更关注宏观有重大政治经济意义的新闻选题。

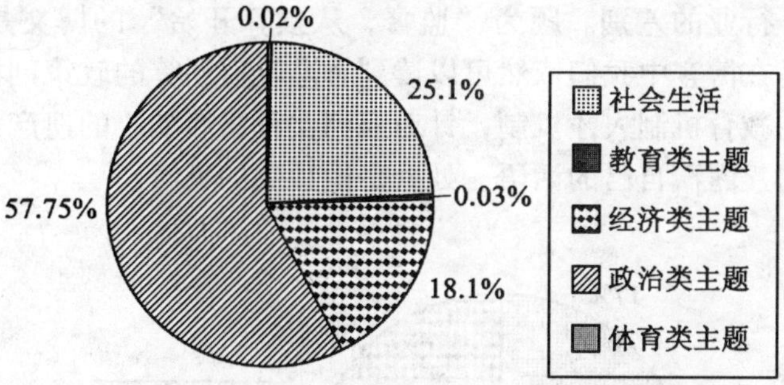

图1 《华闻大直播》互动区随机30天新闻主题比例图

②新闻话题关注区域。在话题关注地域方面，《华闻大直播》互动区表现的也有一定的综合性。充分显示凤凰卫视连线全球的巨大优势（见图2）。

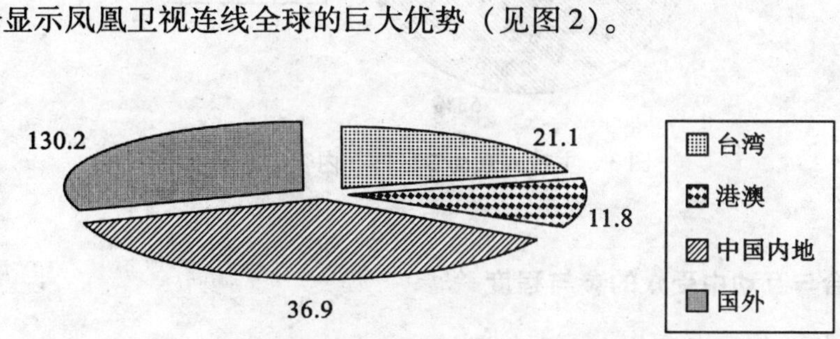

图2 《华闻大直播》互动区新闻话题的分布区域的比例图

《华闻大直播》互动区的新闻话题31.9%集中于我国的港澳台地区，而且每天必然会有港澳台各地各类的新闻，不仅报道当地政治经济新闻大事件，例如台湾地区的选举，马英九当局的执政状况等，也会有港澳台地区的社会新闻，如港台地区群众举办的庙会，过节的习俗等。通过凤凰卫视，我们能了解到的不再那么局限，只要是有价值的新闻几乎都会在节目中出现。

当然，在整体的节目中中国内地部分的新闻所占的比重依然是最大的，占36.9%。也就是说，凤凰卫视最主要的受众群还是在中国内地。同时国际新闻也占有高达30.2%的比重，这说明凤凰的国际化也是其重要的特征。凤凰出生于国际化的香港，占有信息通畅、媒体众多的优势；同时凤凰的工作人员来自五湖四海，是东西南北文化大荟萃，这点从凤凰卫视的创办人身上得以体现。刘长乐代表东方文化，他的合作伙伴 News Corp. 则是西方文化的象征，两者的合作，正是东西文化的融合。东西方的文化各有长短，而凤凰卫视所做的，正是把中国内地文化与港台文化，流行文化与传统文化融合起来。全球华人社区是凤凰的生存空间，面向泛大中华区即立足香港，展望全球广泛采集全球资讯；以华人为本，融通世界，用儒家文化视野审视大千世界。因此《华闻大直播》网络互动版也是更细致地将新闻视角面向更广的世界范围。

（2）主持人互动专区

在主持人专区上选取的是闾丘露薇专区，主要的主持人表述的观点基本上集中于闾丘露薇的博客之中。在她最近30篇博文中，每一篇都涉及她对于政治经济社会生活等各方面的观点，细腻而且深刻地剖析政治类社会类的话题。

如图3所示，在闾丘露薇的最近30篇博文中，她的职业定位使她的新闻触角能够延伸到各种政治与社会生活的鲜为人知的方面，处处可见新闻敏感。博客中政治话题占30%，社会类话题占53%，其他话题占17%。例如，两会期间她往来机场从机场的服务考虑到不同国家文化下的服务行业的差别。题为“监督，从预算开始”的博文是一篇未能在卫视播出的新闻专题，但是在博客中我们依然可以读到香港政府预算的政策剖析。闾丘露薇通过回顾高考以反思现今的教育机制人才机制，针对亚洲女首富龚如心的遗产争夺案来观察今天的法制社会。处处是闾丘露薇自己的话语，处处是她独到的见解。

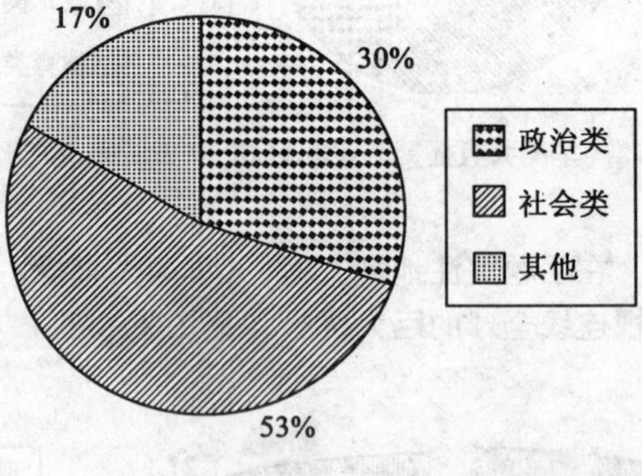

图3　主持人互动专区博客内容分布图

2. 台网融合与互动中受众的参与程度

（1）《华闻大直播》的网络点击率与回复

针对《华闻大直播》将近120个新闻话题，网友的浏览平均点击率达到了每天2 944次。在《华闻大直播》互动区每天供网友浏览的节目中都会有一个现在采访，集中讨论在节目播出的中心话题。其中讨论最多的是政治经济话题，只有两次涉及教育话题。例如在2010年3月16日的讨论中，主题是问：“您认为两会余音未落，北京又出新“地王”，原因在哪里?”共有41 168人投票，共有13为网友留言在互动中发表自己的意见。这些网友中有独到见解的意见在电视直播中一同被采纳，成为节目观点的一部分（见图4）。

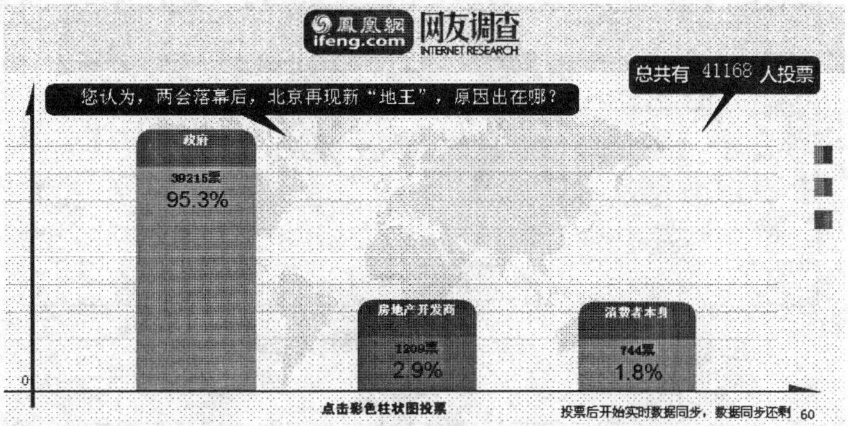

图4　凤凰网友投票图（数据来源于凤凰网调查 http：//news. ifeng. com/vote/）

研究发现，所有的话题都会被网友关注，也都会有发表自己观点的网友，其中时事政治类与社会生活类的回复更多，和被浏览的次数基本上是成正比的。在所有的话题讨论中持反面立场的占总数的0.07%。大部分网友基本上持中立和正面的立场。网友对于发生在我国的政治和社会生活类事件的回复是相对较多的，明确地表达自己的立场（见表1）。

表1　所有话题的浏览次数与回复

	话题总数	均值	最小值	最大值
浏览次数	120	2 944	1 034	165 984
回复次数	120	7	3	26

2. 闾丘露薇互动专区的点击率与回复

研究发现在闾丘露薇的博客互动专区中，闾丘露薇平均每两天发表一篇博文，因此在近两个月的时间里闾丘露薇共发表了30篇博文，平均点击率为44 224次，点击率超过20万的是分别名为《和谐》和《陈冠中周保松座谈纪录》博文，前者从文章名来看很容易分辨出有关于政治类的博文，后者的主题是在和《盛世中国2013》作者陈冠中和香港中文大学政治行政系助理教授，研究社会道德以及政治学的周保松一起讨论中国的复兴。因此，在闾丘露薇的博文中受关注最多的还是政治类主题（见图5、图6）。

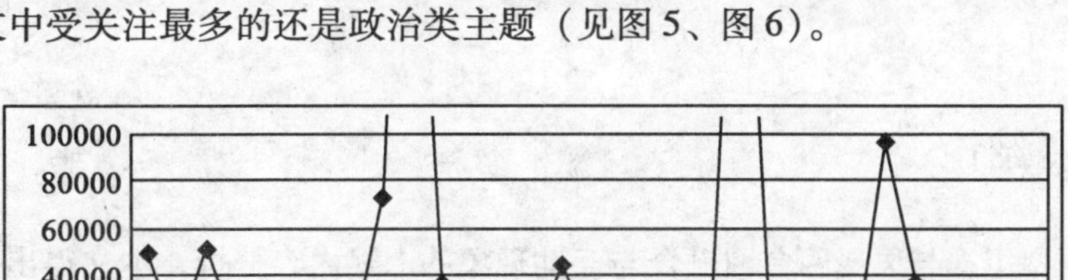

图5　闾丘露薇博客的点击率走势

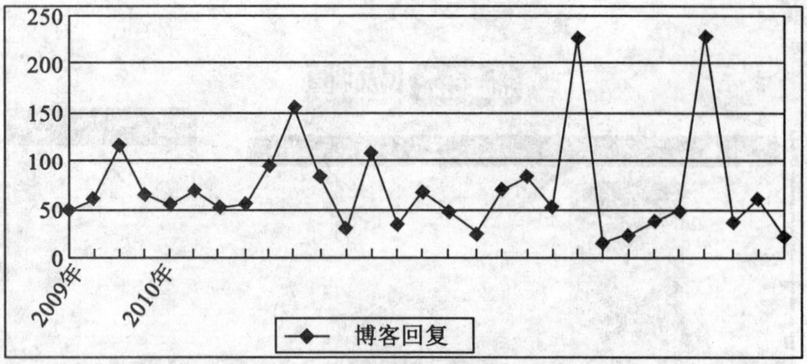

图6　闾丘露薇博客的回复走势图

将图5和图6比较可见，闾丘露薇的博客点击率与网友的回复率成正比，越是受关注的话题网友发表的意见越多，由此可见，在网络媒体上受众的参与与媒介内容的呈现息息相关。

3. 台网互动中网络媒介呈现情况与受众参与程度关系

①新闻话题和文章主题与受众参与程度关系。浏览量最大的两大主题分别是政治类、社会生活类。回复量最大的两个主题分别是政治类、社会生活类。研究发现被报道与传播越多的政治类和社会生活类话题受参与程度高。越是贴近网友生活的话题受参与程度越高。

②新闻话题所关注地域与受众参与程度的关系。新闻话题关注地域与浏览量并没有显著相关，但是关注地域与回复数相关比较明显。尽管国际新闻话题所占比重较大，但对于发生在世界范围内的事件网友评论较少，而越是发生在针对周边事件的新闻话题，受参与程度也越高。这表明在获知信息时，虽然受众没有明显的偏好是只关注自己身边事，还是关注世界范围内的事情，但是受众更愿意就自己身边发生的事情，以及与自己相关的事情发表评论和表达观点。

③主持人、评论员及记者交流方式与受众参与程度的关系。凤凰卫视的主持人，评论员及记者通过在凤凰网上的一系列的互动，提高了受众与主持人交流的机会，使受众感受到了自己与主持人和媒介的距离在拉近，更重要的是这种交流加大了受众对媒介的好感，直接将受众培养为情感性受众。而这些受众随着在网络媒介平台互动的深化，对媒介的品牌好感加深，从而进一步成为媒介品牌自然而然的宣传者，此时的受众已经成为媒介品牌的忠诚型受众，不仅保证收视、阅听特定的媒介品牌，且会积极宣传推荐此媒介品牌。由此可见，主持人、评论员及记者与受众交流越密切和深入，受众对于媒介的参与程度就越大，对于媒介品牌也越忠诚。

五、结论

通过对凤凰卫视与凤凰网台网融合与互动现象的上述内容分析，本文得出以下结论：

首先，在凤凰卫视与凤凰网的台网融合与互动中，呈现在网络媒体上的两者互动主题以时事政治类最多，关注地域以中国内地为重点。台网融合主要是本媒介集团下的卫视节目与专题和集团下网站的互动与融合，也有网络受众根据社会热点提出某些话题引发的网络探讨。

其次，受众对台网融合与互动中的参与以政治类和社会生活类主题为最多，由于凤凰卫视目前最大的受众群体是中国内地观众，对开放性政治观点更乐于接受，因此在凤凰网络的互动平台上易于表达自己的时事政治观点。同时社会生活类的主题与网友的生活息息相关，也是受众注重并且参与互动的重点。

再次，受众对于获知的信息没有明显的地域差异，对于身边的新闻与国外的新闻没有求知上的明显区分。但是参与讨论，与媒体进行深入的互动时，受众更愿意对自己身边熟悉的新闻事件进行评论与表述。对于远离自己的事件，或是不熟悉的事件越少显示出互动。

最后，受众面对凤凰卫视的主持人、评论员及记者的交流方式容易形成一种品牌忠诚度；对于这些优秀媒体人的社会活动表示关注，并且积极参与其互动。通过这些媒体人互动专区中，受众可以了解电视新闻背景链接以及深度报道，获知尽可能多的关于电视新闻的延伸信息，从而弥补单一媒介形式呈现信息的不足。而媒体人又可以在自己的互动专区中得知公众对这一新闻事件的关注和讨论，这些又可以作为媒体人深入报道的依据和指向，在此过程中不仅是两种媒体的互动，也是媒体与受众间的互动，网络呈现与受众参与相互影响。

六、研究限制与建议

1. 研究限制

①样本类型上，分别在资讯类节目中选取《华闻大直播》，主持人和评论员专区选取闾丘露薇和陈文茜的博文专栏；时间上，本文选取了凤凰卫视和凤凰网从2010年1月到5月的电视节目和网络互动，单一的节目类型和半年的时间跨度对于研究凤凰卫视和凤凰网的台网融合和互动是不够的，因此样本选取和时间跨度存在限制。

②本研究只限于对凤凰网中涉及凤凰卫视的文本进行量化研究，而未通过其他方式对于台网互动进行多方位数据搜集和考证，也没有采取诸如问卷调查、深度访谈等形式来了解融合媒介的真实效果和受众反应。此外，本研究亦没有选取其他媒介集团的台网融合实践进行对比研究。因此，不能完全反映出凤凰卫视与凤凰网台网融合与互动的特点。

2. 研究建议

因此，本研究建议下一步可选择凤凰卫视更多节目类型在网络上的呈现，如访谈节目、财经节目、历史文化，社会专题等，以及更多形式的网友互动进行研究。同时研究方法上除了内容分析，还应将调查问卷和深访作为补充手段。此外，还应选取其他媒介集团的台网融合实践进行对比研究，如湖北省广播电视总台旗下的火凤网与火凤电视的台网融合与互动，以得出更加客观、全面的结论，使本研究在深度和广度上有更大提高。

【参考文献】

[1] 蔡骐，吴晓珍．媒介融合趋势下的电视台网融合之道［J］．中国广播电视学刊，2008（2）：55-56.

[2] 常永新．三网融合背景下广电媒体发展的战略思路［J］．新闻传播，2010（3）：8-11.

[3] 陈绚．论媒体融合的功能［J］．国际新闻界，2006（12）：72-76.

[4] 高钢，陈绚．关于媒体融合的几点思索［J］．国际新闻界，2006（9）：51-56.

[5] 李瞳．论电视媒体与网络媒体的融合［J］．山西师大学报（人文社科版），2008（4）：117-119.

[6] 栾轶玫．台网联动、台网互动、台网融动——中国广电媒体台网一体“三段论”［J］．中国广播，2009（4）：94-95.

[7] 陶喜红．论媒介融合在中国的发展趋势［J］．中国广告，2007（9）：160-162.

[8] 王菲．媒介大融合［M］．广州：南方日报出版社，2007.

[9] 吴海荣．凤凰卫视媒介融合策略探析［J］．西南民族大学学报（人文社科版），2006（9）：152-155.

[10] 熊澄宇．整合传媒：新媒体进行时［J］．国际新闻界，2006（7）：7-11.

[11] 许颖．互动、整合、大融合——媒体融合的三个层次［J］．国际新闻界，2006（7）：32-36.

[12] Eradl，I. J.. Researching Media Convergence and Cross media News Production：Mapping the Field［J］．*Nordicom Review*，2007，28（2）：51-61.

【作者简介】

陈薇，武汉大学新闻与传播学院博士生，武汉纺织大学传媒学院讲师。研究方向：媒介发展。

故事的讲述与意义的建构：叙事学视角下的《中国国家形象片》[①]

刘 娜 刘 娜

2011年1月17日，首部《中国国家形象片——人物篇》于胡锦涛主席访美期间在美国纽约时报广场播放；1月25日，国家形象片之《角度篇》也在光明网上首次发布，并于春节期间在“探索频道”亚洲电视网、德国北威州电视台“中国时间”栏目等海外媒体上播出。虽然此类形象片在国内早已有之（如北京“申奥片”、“中国制造”广告片），但以“国家形象”的名义制作并在胡锦涛主席访美、中国春节等具有特殊意义的时期进行对外播出，该片尚属首次，因而具有极其重要的研究意义。本文将从叙事学理论出发，试图回答该片作为一种叙事文本，如何完成自身的故事叙述；在此基础上，本研究将进一步探索文本表层之下的深层叙事逻辑与意义结构。

一、文本概述

《中国国家形象片》分为《人物篇》与《角度篇》，分别长1分钟与17分钟。其中《人物篇》涵盖了文艺、体育、商界、智库、模特、航天等各行各业的五十几位杰出人物；《角度篇》则分八个主题向世界展示了中国政治、经济、社会、文化、教育、环境等多方面内容。其中，《角度篇》在内容与形式上都有质的提高。内容上，该片既突破了北京奥运会“申奥片”及其系列宣传片的社会文化属性，也超越了“中国制造”广告片所聚焦的经济贸易领域，全面表达了中国政治、经济、社会、文化等多个面向。形式上，该片首次使用解说词与人物同期声来组织画面并引导受众解读，这表明中国首次开始主动“说出”自己的故事，而不仅仅是将自己展现出来供别人理解与评论。解说词和同期声的运用，不仅能够更加明确地表达中国的国家形象及其内涵，还有助于减少误解，从而增强该片的传播效果。基于此，本文将分别探讨《中国国家形象片》的话语（即外在媒介表现）、故事（即内在叙事结构）与意义（即意义生成机制）。

二、研究方法

有关叙事学的研究方法，学界并未达成统一观点，不同领域的研究者提出了各自的分析方法。安德烈·戈德罗与弗朗索瓦·若斯特在分析电影叙事学时，曾提出两种研究方法，分别是从影片到叙述机制和从叙述机制到影片。② 第一种研究方法首先涉及受众研究，第二种

---

① 本文系2010年度武汉大学人文社会科学自主科研项目“70后计划”项目“中国对外传播效果评估体系研究”成果之一。

② 安德烈·戈德罗，弗朗索瓦·若斯特著．什么是电影叙事学［M］．刘云舟，译．北京：商务印书馆，2005：49.

方法则首先从叙事文本出发，建构出影片的叙事机制。基于此，本文将采用第二种研究方法，主要对叙事文本进行分析。

在具体的故事分析模式方面，威廉·拉波夫和乔舒亚·瓦尔茨基提出了社会语言学的叙事分析模式，该模式把故事结构分为六个部分："摘要"是一个包含着故事主旨的简短的预备性陈述；"定向"是确定时间、地点、参与者以及语境的叙事部分；"纠纷"以故事里的某些复杂化行动为中心；"评价"是"叙述者指出叙事主旨及其存在理由的手段，点明叙述的原因和叙述者要达到的目的"；"解决"是对故事中最后发生的事情进行描述的部分；最后是"尾声"，表示叙事实际上已经结束并且使"语言视角"回到现在。① 该模式六个部分结构连贯，适合用来分析一个完整的故事。而本文目标文本之一的《角度篇》由多个故事组合而成，它们具备同一个"摘要"与"尾声"，但每个故事都有不同的"纠纷"、"评价"与"解决"，因此需要进行取舍，采取混合分析模式。

三、文本分析

1.《中国国家形象片——人物篇》(以下简称《人物篇》)

由于《人物篇》② 时长较短，仅一分钟，且没有解说词，画面切换比较简单，人物动作也基本为静态，因此本文将主要从画面人物构成、字幕与意义等方面对其进行分析，如表1所示：

表1　《中国国家形象片——人物篇》分析

画面序号	画面人物构成	字幕	意义
1、2	章子怡、范冰冰、杨丽萍、周迅、张梓琳、郜丽华	令人惊艳的中国美	影视艺术卓越
3、4	金晶、林浩、刘国长、甄子丹	激励人心的中国勇气	国人性格勇敢顽强
5	吴宇森、陈凯歌	一流的中国人才	电影界人才辈出
6、7	黄永玉、谭盾、郎朗、刘欢、宋祖英、李云迪、谭晶	迷人的中国艺术	音乐艺术享誉世界
8	袁隆平	尖端的中国农业	农业科学处于世界前沿
9、10	李彦宏、丁磊、马云、王建宙	有影响力的中国财富	经济力量影响世界
11、12、13	郭明义、朱邦月、阿里帕、李灵、张正祥、翟墨	非凡的中国人民	平民百姓品质非凡、贡献巨大
14、15、16	郎平、郭晶晶、姚明、丁俊晖、邓亚萍	令人兴奋的中国体育	体育健儿驰骋世界体坛
17	丘成桐、吴敬琏、孙家栋、厉以宁、岑拯	发人深思的中国学术	学术成就得到世界公认

① 戴卫·赫尔曼. 社会叙事学：分析自然语言叙事的新方法［M］//戴卫·赫尔曼主编. 新叙事学. 马海良，译. 北京：北京大学出版社，2002：151.

② 视频来源于光明网"中国国家形象片"专题，《中国国家形象片——人物篇》60 秒版本［EB/OL］. http：//www. gmw. cn/content/node_9107. htm.

续表

画面序号	画面人物构成	字幕	意义
18	张志峰、马艳丽、马岩松、何镜堂、张永和	雅致的中国设计	设计师参与世界重大项目
19、20	李丹妮、裴蓓、关琦、吴英娜	领导潮流的中国超模	国人领导国际时尚界
21	陈鲁豫、水均益、敬一丹、白岩松	有魅力的中国对话	媒体能够向世界发声
22	杨利伟、翟志刚、景海鹏、刘伯明、聂海胜、费俊龙	中国的太空旅行	航天事业突飞猛进
23	千万张中国面孔凝聚成一幅红色的中国地图	中国（China）-结尾	千万个中国人都是如此杰出与优秀，且他们都团结一心，共同为国奉献

从表1分析可知，《人物篇》通过对文化、艺术、经济、体育、科学等各个领域享誉世界的杰出人才的展示，意在向世界说明中国在这些领域均有杰出表现与卓越成就，进而表达中国的整体实力很强，塑造一个综合国力强大的国家形象。

此外，片中人物多以静态呈现，稳重大方、表情自信、面带微笑，显示出人物对各自专长的领域充满信心，也表现了中国人民的善良与友好，进而说明中国人对自己的国家有足够信心。片尾无数个国人面孔凝聚为一幅红色中国地图，表达了正是因为有了国人的既有贡献与对未来的信心，中国在未来会更加强大。

综上所述，《人物篇》传达了这样三层意义：中国有实力，中国有信心，中国会更好。

2. 《中国国家形象片——角度篇》(以下简称《角度篇》)

《角度篇》① 长17分钟，分为八个主题，总共800多个画面，且采用了解说词与同期声，下文将分别从话语、故事与意义三个方面对其进行分析。

（1）话语。主要包括对目标文本各部分标题、解说词、同期声、画面构成等要素进行分析，试图展示该文本表达了怎样的话语及其如何进行表达。分析如表2。

表2 **《中国国家形象片——角度篇》分析**

序号	标题	解说词（仅选择部分）	同期声（关键词）	画面构成（仅选择部分）
0	片头	传统是一种背负，还是一种推动发展的动力？文化的传承是太受到关注，还是太漫不经心	无	布达拉宫、天安门广场、长城、宇航员行走太空、国旗、太极、空竹、摇滚、熊猫、京剧
1	开放而有自信	30年前，一扇世界上最大的窗户打开了…… 人们不得不承认，中国在和全世界接轨的同时，保持着自己鲜明的特色	包容性强、有文化、不断变化、更加开放与自信	20世纪80年代自行车、城市夜景、流浪歌手、港口、车展、入世、申奥、水立方鸟巢建设、奥运会焰火、星巴克与变脸

① 视频来源于光明网“中国国家形象片”专题，《中国国家形象片——角度篇》[EB/OL]. http://www.gmw.cn/content/node_9107.htm.

续表

序号	标题	解说词（仅选择部分）	同期声（关键词）	画面构成（仅选择部分）
2	增长而能持续	（孟子）这类思想，如今被称做循环经济。在今天的中国，你可以看见 GDP 的增长，收入的增长，甚至梦想的增长。也可以看到更多人享受着教育的增长。能源的增长以及责任心的增长……	教育变化天翻地覆、转向素质教育、教育更丰富多元	鱼鹰捕鱼、农夫进山林、工厂流水线、高铁、飞机、港口集装箱、股市表、基金表、少数民族小孩学习、大学生毕业、风车发电、国际环保会议、志愿者环保行动
3	发展而能共享	越来越多的外籍人士正在把中国作为自己事业新的起点。在北京，农民工的孩子现在拥有了自己的班级甚至学校。发展利益的合理分享将不懈地被追求下去	国人友好、机会多、文化多样、各阶层都能享受国家福利	外国人学习中文与拿筷子、奥运会焰火、世博会夜景、亚运会开幕式、国际救援、北京农民工子弟学校、北京人力资源和社保局
4	多元而能共荣	各民族之间的人文交流更加密切。少数民族的生育政策相对宽松，他们可以养育两个孩子，让自己多彩的文化继续繁荣下去 中国正更具包容性，更鼓励张扬的个性和多样化的风格	中国精神的顽强坚持、艺术的平民化、艺术生态的丰富	少数民族青年载歌载舞、蒙古包、傣族泼水节、少数民族小孩、北京798、画展、博物馆、兵马俑、京剧、音乐会、影院、音像店、街舞
5	自由而有秩序	中国的网民正逐渐适应自己这种影响舆论的角色 他们拥有敏捷的反应和正直的感情，对可以改进的社会现象，或者那些需要帮助的人，从来都不吝啬献出自己的良心和爱心	网民既是信息收集者又是传播者、国人乐观自信、爱有心、爱无语	蒙古族人、森林工人、藏族妇女、喇嘛、维吾尔族女孩等人用手机、蒙古老人用电脑、“5·12”地震烛光行动、志愿者捐赠体育用品、哑语表演
6	民主而有权威	今天，中国已经在拥有9亿人口的农村地区全面实现了村官选举。中国最高权力机关为全国人民代表大会，在此就国家最重要的事情做出决定。法制思想……作为武器或者保护盾的作用开始深入人心	人民是国家的主人、国家发展快、法制文明深入人心、民主法治建设日新月异	民众游行历史影片、革命烈士、1949 年阅兵式、农村选举、天安门、全国人民代表大会、20 世纪 70 年代投选票影片、现代投选票场景、国徽、法官接待群众
7	贫富而能互尊	贫富的改变，可能在旦夕之间，永远不会改变的，反倒是人和人之间的互尊和互爱。生活的改善，也让人们有意愿更多地参与改善公德或公益类活动	应有责任感、相互关爱、“藏富于民”须成为执政目标	豪华车展、李彦宏、李宁、马云、李嘉诚等人的照片、商人赞助青少年艾滋病防治教育工程、工友分享水、志愿者给小学生捐赠文具

续表

序号	标题	解说词 （仅选择部分）	同期声 （关键词）	画面构成 （仅选择部分）
8	富裕而能节俭	中国的老百姓正在从实物消费向信息消费过度 中国自古有着鼓励储蓄的文化……（这）成为中国经济增长的可靠后盾 国家也在各项活动中做出节俭的示范	注重精神享受、消费用于精神生活、环保、垃圾分类、节能减排	飞机驾驶、小孩、妇女学钢琴、书架、居民存钱、国庆60年群众游行、世博园、小女孩拧紧水管、外国人学戏剧、练太极、老人用电脑
9	片尾	中国在路上	中国加油、世界你好	碑林、城市夜色、音乐会、立交桥、动感音乐

片头部分，太极、空竹、京剧等极具中国传统文化特色的内容与摇滚、演唱会、摄像机等现代文明的产物交错出现，表达了解说词中“文化的传承与融合”。第一小节纵向展示了中国改革开放三十年的巨大发展，从20世纪80年代的“自行车”王国到近年中国入世、举办奥运会以及城市的快速建设，中国已经从一个落后保守的国家发展成为积极融入国际的开放国家。第二小节引孟子名言“数罟不入洿池，鱼鳖不可胜食也。斧斤以时入山林，材木不可胜用也”，暗示中国早在2000多年前就已懂得可持续发展的道理。少数民族小孩学习知识、志愿者参与环保活动等画面旨在说明中国从经济实力、教育水平到国人素质都不断提高。第三小节，外国人来华经商、学习以及奥运会、世博会等一系列国际盛会的举办，说明中国的国际化程度正不断提高。北京农民工子弟学校的建立则意在说明社会弱势群体得到了社会关心。第四小节对少数民族服饰、语言、居住地自然环境、传统习俗等的展示，意在表达以汉族为主的中国人对少数民族的尊重与包容。而博物馆、音乐会、街舞与国画、京剧、兵马俑同时出现，表达了“多元”一词的内涵。第五小节，通过对不同民族、不同职业、不同地域人们使用手机与电脑的画面展现，短片展示出现代科技广泛深入人们生活之中，并扮演了交流与表达的重要角色。“5·12”地震后许多网友在网上支援，并组织线下烛光行动，这正表达了人们的善良与爱心。第六小节，通过展现农村民主选举、人民大会堂开会以及不同年代的选举投票场景，短片意在说明民主思想已深入人心。法院办事场景则配合同期声共同表达了普通百姓的法制观念与维权意识。第七小节中，解说词对“富豪大多曾经贫穷”的补充，说明中国贫富阶层并非天然对立。富豪捐助公益事业则表明他们“富而有仁心”的一面。建筑工地上监工与工人一起喝水、吃西瓜表现了不同社会地位人们的互相尊重、和谐共处。第八小节，驾驶飞机、学习钢琴、读书等活动表明中国人的精神生活更加丰富。银行存款办理、女孩拧紧水龙头等画面阐释了普通人的“节俭”与“环保”观念。解说词对国庆60周年花费减少与世博会使用环保材料的说明，则表达国家层面上的“节俭”与“环保”理念。片尾动感钢琴音乐与城市的流光溢彩相配合，展示了生机勃勃、充满活力的现代化城市景观。人物同期声“中国加油”与“世界你好”表达出中国人积极向上、努力融入世界的愿望。

综上所述，《角度篇》综合运用解说词、人物同期声与多元画面，意在向外界展示中国政治的民主进程、经济的可持续发展、文化的多元与融合、社会的和谐与关爱、各民族的共荣、人们生活水平的提高、公民素质的增强等多个积极面向，努力塑造一个与西方现代国家不断靠近但又保持自己特色的国家形象。

（2）故事。主要包括对目标文本的摘要、纠纷、评价、解决、尾声五个部分进行分析，并试图理清其中的叙事逻辑。其中，《角度篇》八个小节拥有共同的摘要与尾声，将先作讨论；其次再对八个小节的纠纷、评价、解决等要素进行分析（见表3、表4）。

表3　　摘要与尾声分析

摘要	传统是一种背负，还是一种推动发展的动力？文化的传承是太受到关注，还是太漫不经心？你看到的是冲突还是融合，是回忆还是未来
尾声	从传统得到启示，从未来得到激励，是中国人不断更新自己观念、建立当代精神的共同途径
叙事逻辑	摘要以三个疑问句开启，分别涉及传统文化在当代的角色、人们对待传统文化的态度，以及传统与现代之间的张力。通过中间八个小节不同方向的展示，尾声得出结论：传统文化可以为现代发展提供灵感与经验、人们更加珍视传统文化、传统与现代可以互相促进、共同繁荣。由此回答了摘要部分的提问，首尾呼应，完成文本整体叙事

表4　　八个小节分析

序号	纠纷	评价	解决
1	改革开放能否保持自身特色	中国包容性与应变能力很强，自信开放	中国在打开国门的同时，选择了适合自己国情的发展道路
2	经济发展是否可持续	可持续发展理念古已有之，教育普及并多元化	经济增长带来责任心增长，经济发展不会以牺牲环境为代价
3	发展成果是否能为国内外共享	外籍人士有更多机会、各阶层都能享受福利	经济发展使中国更好地担当世界公民使命，发展利益将不断合理分享
4	社会发展是否允许多元共存	少数民族保持发展、文化艺术生态很丰富	中国更具包容性，鼓励张扬与个性化，试图建立开放、勇敢、活跃的国家形象
5	信息开放是否带来社会混乱	网民扮演多种角色、主动传播信息、传递爱心	国人通过互联网影响舆论、改进社会不良现象、帮助他人
6	民主法治进程是否有进步	民主培训深入基层、法律意识深入人心	基层民主逐步发展、法制思想起着武器或保护盾的作用
7	贫富差距是否造成社会对立	人们应该相互关爱、执政应求“藏富于民”	贫富悬殊并未造成社会对立，互尊互爱与公益行动缓和矛盾
8	经济发展是否带来先进理念	人们更注重精神享受、国家与社会更注重环保	国人精神消费提升、理财观念增强、主动践行环保理念

综上所述，《角度篇》有一个整体设问与回答，八个小节也有各自的冲突焦点与评价解决。其中首尾的叙事逻辑围绕中国作为一个传统文化深厚的文明古国与迅猛发展的现代化国家的双重性进行讨论，首问末答，形成完整的整体结构。这一逻辑又引导了之后的八个小节，它们均是“传统与现代之争”的核心议题。八个小节的叙事侧重点依次是：改革开放——经济发展——社会利益——文化多元——社会秩序——民主法治——社会矛盾——先进理念。若抛开首尾的“改革开放”与“先进理念”，则可发现其余六个小节中，经济、文化、政治三者之间均以“社会”隔开，不同的社会“利益”、“秩序”、“矛盾”充当了三个重点面向之间的缓冲地带。另外，“经济—文化—政治”的顺序安排也符合中国现代化进程的现实逻辑，即最先看到经济的发展，其次带来文化的多元，最后触及政治理念的改进。其中每一步都伴随着社会的变化：经济发展与社会利益、文化多元与社会秩序、民主法治与社

会矛盾三组关系各自紧密联系，相互呼应。

（3）意义。通过以上八个小节的话语讲述与故事呈现，该片传达出以下意义：中国成功走出了一条适合自己的发展道路；中国的经济发展为世界做出了重要贡献；中国积极参与世界事务；中国执政党正努力趋向发达国家的价值理念，即民主、法制、自由；中国人的个人修养与综合素质正在不断提高，他们热爱国家、充满正义感，并且善良友好、勤奋努力。因此，当代中国在走向现代化的过程中，在国内方面，保持了传统文化的传承与社会的和谐有序；在国际方面，积极参与世界事务并主动吸取发达国家的先进理念。因此，中国是一个正在逐渐成长的“青年中国”，她既非弱小落后的“少年中国”，也非已致辉煌的“壮年中国”，更非暮气沉沉的“老年中国”。

四、结论

本文运用叙事学理论与分析方法，对《中国国家形象片》进行了话语、故事与意义等方面的综合分析。其中，《人物篇》通过对不同领域50多位杰出中国人的展示，传达了这样三层意义：中国有实力，中国有信心，中国会更好。《角度篇》中八个小节均采用小节标题、解说词、人物同期声与画面的综合表达方式，展示了中国政治进步、经济发展、文化多元、社会和谐、民族共荣、公民素质增强等多个积极面向。在此基础上，本文挖掘出八个小节中各自的核心矛盾及其最终解决，说明该片正视了外界对中国发展的诸多质疑并一一做出了回答。因此，《角度篇》塑造了一个正在逐渐壮大的“青年中国”形象。

【作者简介】

刘娜，武汉大学新闻与传播学院副教授，主要从事传播学研究。

刘娜，武汉大学新闻与传播学院研究生。

中国3D电影产业的发展现状与策略分析①

司峥鸣

2009年末，导演詹姆斯·卡梅隆（James Cameron）执导的《阿凡达》(Avatar）以全球28亿美元的成绩创造了电影史上新的票房纪录，揭开了电影制作的新纪元，开创“3D电影元年”，继而引发2010年的“3D狂欢年”。2010年北美电影票房排行榜上，票房最高的前十部电影中，有六部以3D格式上映。尽管“是否需要把电影拍成3D版”这一问题成为久争不决的议题，纵观2010年全球电影市场，“3D”仍然是首要关键词。电影向全数字化演进已成为电影产业发展的必然选择②，3D电影同样也成为中国电影界的热门话题，更多3D电影将因市场的蓬勃，势不可挡地汹涌而来。本文主要试图探讨中国电影数字化的进程中，3D电影的发展阶段应如何在产业价值链上创造可持续的创新动力。

一、中国3D电影处于数字电影发展的初级阶段

1. 3D电影数字化放映改造建设初具规模

影院数字化放映改造是数字3D电影发展基础，国家对影院数字化的推动，为3D立体放映提供硬件条件。2008年9月，数字3D电影正式进入我国影院，3D银幕数量增长快速。首次引进《地心历险记》(Journey to the Center of the Earth)、《闪电狗》(Bolt）两部实验影片，全国仅有86块3D银幕。2009年底，全国数字银幕已达1 800多块，具备放映3D电影近500块，接近全国数字银幕的1/3。2010年《阿凡达》(Avatar）上映时，全国3D银幕突破500块。目前，全国3D银幕数量已经发展到近1 500块，数量约占全球的1/7，居亚太地区首位、全球第二，是中国电影数字化发展的一次重要飞跃。

3D电影票房收益回报成为数字化院线改造的直接推动力。3D电影的全球收益（戏院票房加上家庭录影带）达制作成本的10倍以上。③ 2008年《地心历险记》在中国票房为6 900万元，平均每块银幕赚取70多万元票房，远远高于同期上映的其他影片；2009年夏天，《冰川时代3》在中国院线330块3D银幕上收入达到了1.4亿元票房，每日平均银幕票房在1.5万元左右。放映首周5天，票房已超过《冰河世纪2》在中国的总票房。随后上映的《飞屋环游记》成绩同样不俗；2010年元月4日，《阿凡达》在国内公映，其银幕票房已超过13亿元人民币，更是高达该片总票房的70%，成为中国数字放映史上的第一部数字

---

① 本文为黑龙江省艺术科学规划青年项目“新媒体时代黑龙江3D电影产业发展策略研究”(10D004）的阶段成果；哈尔滨工业大学“985工程”人文社科学科专项建设项目“数字媒介形态背景下的虚拟艺术本体研究”阶段成果。

② 朱虹．中国数字电影的现状与发展战略［J］．现代传播，2010（11）．

③ 黄宝云．3D电影动画电影——台湾进入国际数位内容产业的契机［D］．台北：台湾国立政治大学硕士论文，2005．

票房赶超胶片票房的影片。在《阿凡达》上映期间，数字放映机供应甚至出现脱销现象，反映中国电影市场的巨大容量与需求。

2. 电影制作单位积极推进国产3D电影迈入新技术革命

2009年9月25日，中国第一部3D立体动画电影《齐天大圣前传》上映，这是我国首次尝试独立完成技术处理，按照国际数字电影通用格式制作，并向电影院正式商业发行的3D电影。该片虽仅获得近500万元人民币票房，在票房成绩与动画技术等方面还不能与好莱坞数字电影大片相媲美，但这样一部完全国产化的3D数字电影，其意义“并不在于它今天的市场回报，而在于它迈出了中国全3D产立体动画电影的第一步”①，推进了国产电影与世界电影同步迈入新一轮的3D技术革命。不断推出的优秀影片是支撑3D电影产业的重要因素，其中3D电脑动画电影将成为影院3D电影的主要片源。3D影院的增加和实拍设备技术的不断改进，很多知名导演也投入到3D电影的创作行列，国产3D立体电影也纷至沓来。2009年暑期，中国首部3D真人实景电影《乐火男孩》、《惊魂平安夜》上映；《花木兰》、《唐山大地震》、《堂吉诃德》、《大闹天宫》等都被制作成3D立体版本；“3D动画三部曲”中《齐天大圣闹天宫》、《猪八戒招亲》的两部也将陆续制作推出。目前众多的制片公司积极推进数字3D影片的制作，3D电影的质量和数量将会有所提高，促进我国国产数字电影的探索进行新技术革新与创造。

3. 政府政策保障中国3D电影产业有序发展

2010年1月21日国务院制定发布了《关于促进电影产业繁荣发展的指导意见》，明确提出：2009年至2012年基本完成地级市数字影院建设改造任务，完成部分县级市数字影院建设改造任务；2013年至2015年基本完成县级市和有条件县城的数字影院建设改造任务。在电影制作、发行、放映、存储、监管等环节广泛应用，加快推进数字化转换，大力推动我国电影产业跨越式发展，实现由电影大国向电影强国的历史性转变，把电影技术创新和电影数字化发展，作为促进电影发展的重要举措。② 早在2008年，中国广电总局电影局将发展中国数字3D电影提到重要议事日程，“要尽快发展中国3D电影与国产设备研发”成为中国3D电影发展目标。广电总局电影局和科技司支持中国电影科研所对3D电影的发展进行了立项研究，探索如何尽快打通3D电影拍摄、制作、发行、放映的产业链，尽早实现3D技术与设备国产化。广电总局在“十二五”规划中明确要求：建立并完善数字电影技术服务监管平台，强化电影市场监管，促进数字电影健康有序发展，提高对监测数据的综合分析处理和应用能力。3D电影作为战略性新兴产业已成为中国现代电影发展的必然趋势和推动重点，国家政府政策的制定为加快数字电影发展提供有力保障，促进了3D电影产业的有序发展。

二、中国3D电影产业存在的问题

随着国产3D电影突围众多进口片的夹击，中国3D电影产业得以在国内上映，在中国动画电影的道路迈出了坚实的一步，但其发展尚处于培养探索阶段。当前，我国发展3D电影仍存在一些问题，突出的表现在如下几个方面：

---

① 梁汉森.3D分享：记中国首部3D立体动画电影《齐天大圣前传》[M]. 北京：中国电影出版社，2010.

② http: //www. gov. cn/zwgk/2010-01/25/content_1518665. htm [EB/OL]. 来源于中华人民共和国中央人民政府网站.

1. 数字3D电影核心技术、关键技术体系基础薄弱

与传统2D动画的不同点在于，3D电影除了创意外，相当依赖科技。我国虽然已经掌握了国外主要数字3D电影放映系统的技术特点，但数字3D电影的拍摄、制作尚处于探索阶段，3D核心技术还掌握在国外公司手中，数字3D放映辅助设备尚未国产化。

3D电影特点强调视觉冲击力、震撼力和画面的纵深层次感，但随之带来的一些技术缺陷。其中一个典型的是：不稳定的镜头会无法流畅地表现剧中角色的快速运动，结合立体画面，产生出一种令人眼花缭乱的视觉效果，其细节全无，主体也不能突出，这种杂乱的感觉会使人观看后不知所云。3D电影所用镜头视野是随场景变化的，由此导致的透视与距离的关系的变化可能会显得不自然。分辨率问题也是其中普遍的技术问题，画面的分辨率是图像质量最为重要的指标之一，不同播放媒介需要不同的分辨率。为了让清晰的图像填充巨大屏幕，IMAX电影被拍摄和翻印到巨大容量的胶片上，如果将IMAX胶片图像转换成数字图像，其分辨率至少需要达到4K（4096 * 2160）以上，才能基本保证其色彩和分辨率的还原，而这样的分辨率比高清数字摄影机分辨率1920 * 1080也提高了四倍以上。真正的IMAX胶片拍摄及放映的3D立体影片采用立体摄像机处理，所需高昂的费用致很多大片都采用后期图像处理方法进行3D立体版的制作。其方法成本低廉（费用500万～1 000万美元），但不可避免地会使画面的清晰度降低，进接影响观影的视觉效果，被称为“伪3D”的诟病。由于3D电影核心技术、关键技术存在的一些原因，已上映的国产3D电影在动画制作上最终都不是很理想，正如张艺谋所言：《阿凡达》绝对是电影界史无前例的大作，我们确实还差得很远。

2. 3D电影产业资源规模少，制作资金与营销渠道缺乏

国内的电影内容制作部门大多属于小作坊式的产业结构，电影的拍摄资金普遍不足。目前，国产3D电影同样并不能获得充足资金。3D电影产业在国内的发展还处于萌芽阶段，3D技术基本是呈散点状分布，各自为营进行研发开拓，与3D电影相关的其他产业发展缓慢，具有供给能力的厂商还很稀少，资金投入有限，缺乏市场竞争力。而电影制作人员又期望通过3D效果作为宣传手段吸引消费者，获得“体验经济”的回报，就只能勉强在片中实现部分的3D效果，后期转制摇身一变立体大片便跻身3D市场，出现并非天生“立体”的技术与伦理问题。另外，资金的投入问题也直接引发营销问题，营销渠道、手段、时间等问题需要资金的有效利用，更需要专业人才的实际指导应用。

3. 优秀片源内容和数量尚少，不足以支撑市场发展

3D电影产业飞速发展，硬件设施增长迅猛，却基本处于“中国人修高速路，跑的多是外国车”。虽然连年的3D电影票房数值一路在攀升，实际上，为数不多的进口电影所取得的电影票房成绩也远远超出了国内电影票房的总和。① 2006年之前，中国的动画长片50年来仅有12部，这与中国电影大国形象极不相符。2009年中国暑期档唯一一部真人实景3D立体影片《乐火男孩》，却成为一部不受欢迎的3D立体电影。“我感觉，如果当时不推‘3D’，只做‘歌舞青春片’的概念，票房应该会更好。起码大量的粉丝能进去看，电影院打折30元就进去了。”② 出品人李程承认了自己策略的失误。毋庸讳言，3D电影市场在好莱坞电影的垄断下，国产优秀观众反应和票房不佳，不能满足市场需求。

---

① http://www.chinasarft.gov.cn/articles/2010/04/09/20100408053522200866.html [EB/OL]. 来源于国家广电总局2010年4月9日在官方网站上公布的数据。

② 唐磊. 3D电影的冰与火 [J]. 中国新闻周刊，2009-10-12.

4. 技术专业人才、后备力量匮乏短缺

目前，在全国5 000多家动画公司中，由于动画电影制作成本高昂，制作周期漫长，技术程度和艺术创作结合难度以及院线放映回收条件等原因，国有与民营动画公司生产的大部分数字电影只是二维动画，无法改造成3D电影。而如何运用新设备和技术，更不是一日之功。据业内统计，中国内地现有两台拍摄真人实景的3D立体设备，掌握技术的专业人才后备力量匮乏短缺。实际上，国内缺少资金只是一种表面现象，硬件从来都不是国产电影的问题，电影器材都能是从国外引进的世界一流水平最新设备，真正问题是中国电影缺少的是高层次的电影创意和营销等方面（能把叙事、电影技术和艺术乃至相应的商业活动进行深度融合）的人员。这种关键资源的欠缺制约了中国电影的发展，人才培养跟不上电影发展的步伐，培养电影人才刻不容缓。

5. 电影数字化发行网络和统一放映服务技术平台仍待进一步规范化

中国电影数字化的快速发展，导致诸多数字化发行网络和放映服务技术平台建构的缺失。其中较为典型的是，3D影院最亟待解决的是发行母版的统一问题。由于市场上有几种不同的数字3D放映形式和使用不同厂家的服务器，造成一部3D影片要制作多个发行母版和数据包（DCP）。虽然DCI在2007年4月公布了《数字立体电影补充规范》V1.0版，SMPTE DC28也在2006年1月成立了专门负责起草数字3D影院技术标准的工作组，但正式标准的推出仍待进一步完备。而中国的数字母版问题尚处于研究探索阶段。另外数字3D放映与数字影院的兼容性也是一个影响发展的问题。随着3D电影制作与发行数量的增加，亟须建立一套安全、高效、覆盖城镇的电影数字化发行网络和全国统一的国家数字电影发行放映服务技术支撑平台，只有解决这些根本性的影响3D电影产业可持续发展的不定因素，中国3D电影产业发展才会有所突破。

三、中国3D电影产业的发展策略

3D电影带来的冲击力被称为是电影从无声到有声、从黑白到彩色、从平面到立体的第三次革命，新技术给电影市场创造了票房收入的新高增长点，拉动了经济增长需求，但正如美国影评人罗杰·艾伯特（Roger Ebert）所言：好莱坞对3D的趋之若鹜是一种集体自杀。中国3D电影产业处于发展阶段，并不是中国动画电影“最好的时候”，已经是“黄金期”的自豪与呼声还为时尚早，我们需要理性地对待现实选择。

1. 加快3D数字电影制作和设备国产化，建立国家级3D技术基地

中国影像市场潜力巨大，应加快3D数字电影制作的设备国产化，提升数字技术在影片制作中的应用水平，争取有利的国际分工地位。以本土制作资源、技术为核心，市场化运作，实现中国数字电影技术的先进性、科学性的国际水准。在全国建立3~5个布局合理、具有世界先进技术水平和较大规模的、适应产业发展的集约化大型数字化制作加工基地，形成规模生产能力，牵引关联产业的快速发展，促进整个产业结构的转型。鼓励民营企业投入基地建设，兼顾各方主体利益，加大国家级3D技术基地建设，为中国数字电影发展提供强有力的技术支持与智力保障。

2. 好故事比技术更重要：发展数字内容产业创作理念

3D技术是一种趋势，但绝不是全部。“有好故事就可能有一部好影片，如果故事不能成立，那么影片必将是灾难。”3D是一种技术，但也只是技术，不能只着力于追求3D的电脑特技效果和画面质量，技术难成电影主体。电影的核心还是故事，一个好故事永远比好技术更重要，技术只是电影的一个补充与修饰，正如卡梅隆所言“享受的只是故事本身”。“别了，阿童木”的失望与无奈，恰恰表明仅以3D概念而大量投入制作和影院建设，必产生巨大的投资风险。3D电影要慎选题材、慎选剧本，“一个适合3D的剧本，一个会用3D说故事的导演，能演好3D电影的演员”的要求，加大了3D电影创作的难度，但也正因如此高度，才会让3D电影产生无限的吸引力。中国传统文化博大精深，继《花木兰》、《功夫熊猫》之后，中国元素炙手可热，我们应立足中国文化的创作理念，真正创造出中国风格、中国气派的好故事，发展中国数字内容产业。

3. 人才培养：提升中国文化创意产品品质的重中之重

创意是商业，也是不同的事物与人，有创意的人是目前经济与社会的驱使者。学者黎宏河总结《阿凡达》的成功指出：技术上，它们永远是吸纳最前沿的科学技术；宣传推广上，它们永远是利用当前最主流的渠道和最主要的方式，如网络、手机等新媒体；内容上，它们的主题永远是全球性的，语汇则以该国特有的文化为主。“它们在时刻启示我们，不要一味地输出传统文化，要有创新有选择地推介自己的文化产品；要选择最吸引人的传播方式去推广，选择主流的平台和渠道去展开；更不要盲目西化、盲目创新、盲目学习。”① 创意产业是全球化市场中传递重要表象的文化产业，它们是聚合的服务环境中传递基本资讯与娱乐服务的服务产业，同样需要有效率的研发工作，以便来持续创新以及提供内容与应用。目前，加快电影领域科技领军人才和复合型人才的培养与储备，推动国内高科技企业的高新技术人才，向数字电影科研与研发领域聚集，加大数字电影人才的交流与合作力度，是提升中国文化创意产品品质的重中之重。

4. 国际合制：中国3D电影竞争全球市场的初级合作模式

目前3D电影产业还是以美国居于领先地位，主要的三家公司分别为Pixar、DreamWorks Animation SKG及Blue Sky，也是3D电脑动画电影产业的先驱。迪士尼与Pixar合作最早、也最具代表性，他们的合作模式奠定以后3D电脑动画公司与主要制片厂的合作基础，其共通的发展模式为：电视广告+3D短片+电影3D特效+全3D电脑动画电影。目前，我国3D电脑动画产业同样依循这样的发展模式，但在后两个阶段，由于国内制作规模过小，限制3D产业的发展，无法继续供应3D产业的成长动力。内需市场不足以支持产业的扩大发展，推动业者向外发展，形成共同出资、共同版权、共有品牌的国际合制合作模式，拓宽国际交流合作渠道，竞争全球电影市场。

5. 产业链条化：推动国际竞争中可持续成长动力

3D电影并不是一个孤立的产业，其所需创意、制作与技术的支持，需要多种配套产业并行发展，是产业系统的支持，产生价值系统，以推动持续的创新和发展力（见图1）。3D影像市场涉及产业规模巨大，从电影院、游乐园、电视广播到电视接收终端，甚至包括DVD、MP4以及各种眼镜等，其巨大的产业链形成立体的消费市场。好莱坞的成功在于已经形成了完整的产业链式的立体发展；日本松下集团在好莱坞成立创新中心，学习欧美先进技术制作高质量3D产品，在亚洲成立国际3D协会亚洲分会，在日本国内持续不断地培养大量的3D人才，形成整个产业链条化，保持可持续发展态势。中国最重要的发展目标是超越世界先进水平，不是单纯的技术，也不是单纯的艺术，而是电影产业整体的发展②。新技

① 李钟梅．3D电影：艺术生产与大众狂欢［J］．电影文学，2010（23）．

② 张宏．3D时代中国电影内容产业持续发展的思考［J］．当代电影，2010（7）．

术推动新经济模式的建立，产业链化异业整合增加产值，吸引外资发挥市场发展潜力，促进区域经济成长与多样化，提升国家文化建设能力。

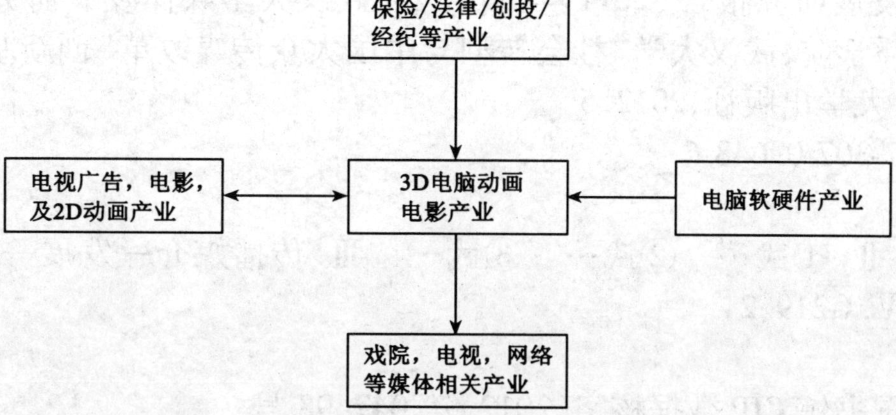

图1 3D电影产业与相关支援性产业

3D电影的热潮不但代表了电影产业发展的方向，也意味着其将成为一种新的行业制作和欣赏的标准，电影人正在努力用新技术、新形式开辟电影的艺术表现力，中国3D电影产业发展还有一段艰辛之路要走！

【参考文献】

[1] 朱虹．中国数字电影的现状与发展战略 [J]．现代传播，2010 (11).

[2] 黄宝云．3D电影动画电影——台湾进入国际数位内容产业的契机 [D]．台湾政治大学硕士论文，2005.

[3] 李钟梅．3D电影：艺术生产与大众狂欢 [J]．电影文学，2010 (23).

[4] 梁汉森．3D分享：记中国首部3D立体动画电影《齐天大圣前传》[J]．中国电影出版社，2010.

[5] 张宏．3D时代中国电影内容产业持续发展的思考 [J]．当代电影，2010 (7).

【作者简介】

司峥鸣，哈尔滨工业大学媒体技术与艺术系讲师，博士，主要研究领域：媒介文化、数字媒体。

图书在版编目(CIP)数据

中国媒体发展研究报告.2011年.媒体卷/武汉大学媒体发展研究中心,武汉大学新闻与传播学院,武汉大学"社会转型与中国大众传媒改革"创新基地主办.—武汉:武汉大学出版社,2012.5

ISBN 978-7-307-09648-6

Ⅰ.中… Ⅱ.①武… ②武… ③武… Ⅲ.传播媒介—发展—研究报告—中国—2011 Ⅳ.G219.2

中国版本图书馆CIP数据核字(2012)第047498号

责任编辑:詹 蜜　　责任校对:黄添生　　版式设计:支 笛

出版发行:**武汉大学出版社** (430072 武昌 珞珈山)

(电子邮件:cbs22@whu.edu.cn 网址:www.wdp.com.cn)

印刷:湖北恒泰印务有限公司

开本:880×1230 1/16　印张:24　字数:672千字　插页:3

版次:2012年5月第1版　　2012年5月第1次印刷

ISBN 978-7-307-09648-6/G·2474　　定价:48.00元